NEW 일본어 상용한자 2136

한권으로 끝내기

한선희, 이이호시 카즈야 공저

다락원

머리말

일본어를 공부하는 학생들에게 일본어 학습 중 무엇이 가장 어려운가 질문을 하면 망설임 없이 한자라고 대답합니다. 최근에는 일본어 학습 연령은 점점 낮아지고 인터넷의 보급으로 일본어를 접할 기회는 많아져서 일본어 구사능력은 좋아졌습니다. 그러나 단계가 높아지면 한자 어휘의 양이 많아져서 그 벽을 넘지 못하고 쉽게 초급과정에서 포기하는 사람도 많이 있습니다. 본서는 특별히 그러한 분들을 위하여 재미있게 한자 공부를 할 수 있도록 만들었습니다. 일본어 공부를 계속하기를 원하나 한자가 어려워 한자 공부를 못했던 분들에게 좋은 교재가 될 것입니다.

한자 문화권인 일본과 한국은 비슷한 한자 어휘를 사용합니다. 쓰기, 읽기 교육이 일본보다 약하다고는 하나 한자 어휘를 사용하므로 한국인에게 일본어 한자 학습은 매우 유리합니다. 뜻이 비슷한 데다가 음도 비슷한 부분이 많아 쓰기, 읽기만 반복하면 충분히 정복할 수 있습니다. 이 교재를 사용하여 날마다 조금씩 쉬지않고 꾸준히 한다면 반드시 좋은 결과가 있을 것이며 이미 많은 학습자를 통하여 그 학습결과가 확인되었습니다.

다락원에서는 이미 일본어 상용한자의 기초를 정복하기 위해 2020년 4월 1일 일본에서 개정된 내용에 맞게 『NEW 일본어 상용한자 기초마스터 1026』을 출간한 바 있습니다. 『NEW 일본어 상용한자 기초마스터 1026』은 일본의 초등학교 한자를 학년별로 나누어 음과 훈의 의미를 적고 단어와 예문을 제시한 책입니다. 본 교재는 일본어 상용한자 1026자의 한자(교육한자)에 나머지 상용한자 1110자를 더해 한글의 가나다순으로 배열하여, 모든 상용한자를 실었습니다. 단어는 실생활에서 많이 사용하는 단어를 먼저 배열하였으며, 회화에 응용할 수 있도록 되도록 쉬운 예문을 실었습니다. Tip 항목을 만들어 한국어 음이 같으나 한자가 다른 경우, 의미가 비슷하거나 또는 읽기가 비슷한 한자를 예문과 함께 제시하여 그 의미를 확실히 이해하도록 하였습니다. 또한, 재미있는 일러스트를 곁들여 지루하지 않게 학습하도록 하였고, 부록에는 형태가 비슷한 한자를 단어와 함께 실어 혼동하지 않도록 하였습니다.

한자 어휘 공부는 일본어 학습의 대부분을 차지하고 있습니다. 한자를 반복 공부하여 일본어 어휘가 증가하면 일본어에 자신감이 붙습니다. 한자를 꾸준히 쓰고 읽는 것이 쉽지는 않지만, 쉬지 않고 매일 조금씩 계속 반복하면 반드시 좋은 결과가 있을 것입니다. JLPT 급수도 제시되어 있으므로 JLPT 시험 공부에도 도움이 될 것이므로 아무쪼록 도중에 포기하지 말고 꾸준히 학습하여 좋은 결과를 얻으시기 바랍니다.

저자 일동

이 책의 사용법

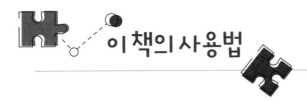

Ⅰ 일본어 상용한자에 대하여

1 일본어 상용한자(常用漢字)란?

중국에서 만들어진 한자는 그 양이 방대해서, 아주 옛날 책에서만 사용된 것부터 현대사회의 정보화에 따라 생긴 것까지 포함하면 몇 만자에 이릅니다. 그 많은 한자를 공용문서에서 마음대로 사용한다면 전하고 싶은 정보가 잘 전달되지 않을 수 있습니다. 그러므로 일본에서는 문부과학성(文部科学省, 한국의 교육부에 해당)이 "법령, 공공 문서, 신문, 잡지, 방송 등"의 일반적인 사회생활에서 현대 일본어를 표기할 때 한자의 사용기준을 두고 있습니다. 그 기준이 된 한자를 "상용한자(常用漢字)"라고 부르며, 한자들을 일람표로 정리한 것을 "상용한자표(常用漢字表)"라고 합니다.

2 왜 개정되었나요?

2020년 개정 전부터 초등학교 학습지도요령에는 '일본의 47都道府県(47도도부현)의 명칭과 위치를 4학년에서 이해하도록 하는 것'이 학습목표로 명기되어 있었습니다. 그러나 47都道府県(47도도부현)의 명칭에 사용되는 한자와 초등학교 학습지도요령이 정한 한자(통칭 교육한자)에는 서로 모순이 있었습니다. 이 모순을 해소하기 위하여 2020년 개정이 이루어지게 되었습니다.

3 어떻게 개정되었나요?

개정은 이러한 모순을 해소하기 위한 방침으로 시행되었습니다. 즉, 47都道府県(47도도부현)의 명칭에 사용되는 한자는 4학년까지 모두 학습하도록 하였으며, 초등학교 4학년의 학습 부담을 고려하여 개정은 다음과 같이 시행되었습니다.

새로 4학년에 배당된 한자(20字)

⊕ 茨 媛 岡 潟 岐 熊 香 佐 埼 崎 滋 鹿 縄 井 沖 栃 奈 梨 阪 阜

구5학년으로부터 신4학년에 배당된 한자(4字)

⊕ 賀 群 徳 富

구6학년으로부터 신4학년에 배당된 한자(1字)

⊕ 城

구4학년으로부터 신5학년에 배당된 한자(21字)

⊕ 囲 紀 喜 救 型 航 告 殺 士 史 象 賞 貯 停 堂 得 毒 費 粉 脈 歴

구4학년으로부터 신6학년에 배당된 한자(2字)

⊕ 胃 腸

구5학년으로부터 신6학년에 배당된 한자(9字)

⊕ 恩 券 承 舌 銭 退 敵 俵 預

Ⅱ 책 구성

본서는 일본 문부과학성이 2020년 4월 1일 새로 고시한 일본어 상용한자 2136자를 한글의 가나다순으로 정리하였고, 같은 음이 있는 경우는 획순과 JLPT 급수를 고려하여 배열하였습니다.

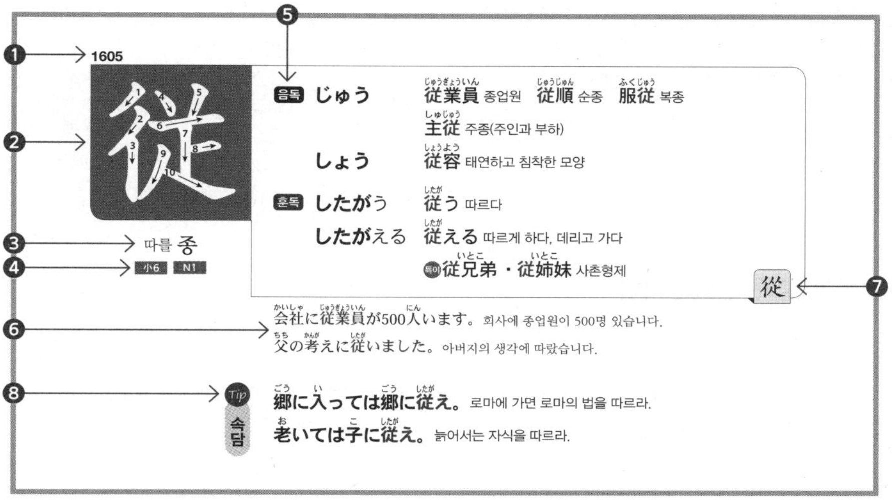

❶ 일련 번호

한글의 가나다순에 따른 한자의 번호입니다.

❷ 표제자와 필순

- 올바른 순서대로 한자를 쓸 수 있도록 필순을 표시했습니다.
- 한자 안의 번호는 쓰는 순서, 화살표는 쓰는 방향을 나타냅니다.

※일본 한자의 필순은 표기 방식의 차이로 우리나라 한자의 필순과 항상 똑같지는 않습니다.

❸ 한자의 음

한자가 가진 여러 의미 중 대표적인 것을 제시하고 한자의 음을 실었습니다.

❹ 해당 한자가 일본어에서 어느 수준에 해당하는 지를 나타내기 위해, 일본의 초등학생들이 배우는 교육한자(1026자), 중학교 이상에서 배우는 한자(1110자)를 구분해서 정리하였고, 일본어 능력시험(JLPT)의 급수도 표시하였습니다.

小1 ~ 小6 초등학교 1학년 ~ 초등학교 6학년	中 중학교 이상에서 배우는 한자
N1 ~ N5 JLPT 급수	급수 외 JLPT 급수가 아닌 한자

❺ 음독/훈독/특이/예외

- **음독/훈독** : 일본에서 그 한자를 읽는 법으로, 음독이나 훈독이 아예 존재하지 않거나 거의 쓰이지 않는 경우는 표기하지 않았습니다. 또한 각각의 한자가 쓰인 단어들도 자주 쓰이는 순서대로 표기하였습니다.
- **특이/예외** : 본래의 일본어 음훈과는 달리 특이하게, 또는 예외로 읽는 경우입니다.

❻ 예문

해당 한자가 적절하게 사용된 예문을 제시함으로써, 쓰임에 대한 이해를 도왔습니다.

❼ 한국 한자 : 우리나라에서 사용하는 한자(정자)가 있는 경우는 따로 표기하였습니다.

❽ Tip

- **동음이의어** : 일본어, 혹은 한글로 발음은 같으나 의미가 다른 경우, 뜻과 예문, 그림 등을 통해 차이점을 설명하였습니다.
- **속담, 관용구, 사자성어** : 해당 한자가 쓰인 속담이나 관용구, 사자성어 등을 적어 쓰임새의 다양화를 꾀하였습니다.

일본어 한자에 대하여

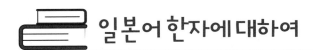

일본어를 표기할 때는 주로 한자, 히라가나, 가타카나가 사용됩니다.
히라가나는 문법적인 말(활용어미나 조사, 조동사 등), 가타카나는 외래어나 강조하고 싶은 말 등에,
한자는 실질적인 어휘에 사용되며, 실질적인 어휘를 나타내는 만큼 매우 중요합니다.
그럼, 일본어 한자의 특징에 대하여 알아봅시다.

1 음독과 훈독이 있습니다

일본어 한자는 음독과 훈독으로 발음합니다.
음은 중국에서 한자가 건너올 때 한자가 나타내는 중국어 발음을 그대로 일본어에 도입한 것을 말하고, 훈은 일본인이 한자를 알기 전부터 사용했던 음입니다. 한자가 일본어로 전해지면서 같은 뜻을 나타내자 훈으로 읽게 되었습니다.
그래서 대개 훈을 보면 의미도 알 수 있습니다.

山
- **음** さん　중국어 발음을 일본어에 도입한 음
- **훈** やま　한자가 나타내는 중국어 의미를 일본어로 표기한 것

우리나라에서는 한자에 음독과 훈독이 하나씩인 경우가 많지만,
일본어 한자는 음독과 훈독이 다양하며 의미가 여러 가지 있는 경우도 많습니다.

生
- **음** せい, しょう
- **훈** いきる, いかす, いける, うまれる, はえる, なま, き

2 발음이 변할 때가 있습니다

한자의 앞이나 뒤에 다른 한자나 다른 단어가 붙어서 새로운 단어가 되었을 때, 예와 같이 발음이 변하거나 특별하게 읽는 경우가 있습니다.

① 促音化(촉음화)

앞의 음이 く・ち・つ로 끝날 때 か・さ・た・ぱ행이 이어지면
그 음이 촉음으로 바뀌는 현상입니다.

学(が<u>く</u>) ＋ 校(こう) → 学校(が<u>っ</u>こう)
학　교　학교

② 連濁(연탁)

뒤의 첫음이 청음에서 탁음으로 바뀌는 현상입니다.

天(てん) ＋ 国(<u>こ</u>く) → 天国(てん<u>ご</u>く)
천　국　천국

③ **連声**(연성)

앞의 음이 ん・ち・つ로 끝날 때 あ・や・わ행이 이어지면
그 음이 な・ま・た행으로 바뀌는 현상입니다.

因(いん) ＋ 縁(えん) → 因縁(いんねん)
인 연 인연

④ **熟字訓**(숙자훈, 특별하게 읽는 법)

특별하게 읽는 경우입니다.

田(でん) ＋ 舎(しゃ) → 田舎(いなか)
전 사 시골

※ 본서에서는 단어의 촉음화/연탁/연성에 대한 특별한 설명은 따로 하지 않았습니다.
특별하게 읽으나 자주 사용하는 숙자훈에 대해서는 “특이” 또는 “예외”표기를 했습니다.

3 오쿠리가나(送(おく)り仮名(がな))

오쿠리가나는 문장을 읽을 때 쉽게 읽기 위하여 한자 뒤에 붙는 히라가나를 말합니다.
기본적으로 훈독으로 읽는 동사, 형용사, 부사(일부)에 있고,
동사, 형용사에는 활용어미(活用語尾)에, 부사에는 마지막 음절(音節)에
사용하여 정확한 의미, 문맥을 알 수 있도록 하는 역할을 합니다.
오쿠리가나에 따라 의미가 달라지므로 주의해야 합니다.

동사	閉(し)まる 닫히다 閉(し)める 닫다 生(う)む 낳다 生(う)まれる 태어나다
イ형용사	細(ほそ)い 가늘다 細(こま)かい 상세하다, 작다 苦(くる)しい 괴롭다 苦(にが)い [맛이] 쓰다
ナ형용사	幸(しあわ)せだ 행복하다 幸(さいわ)いだ 다행이다
부사	最(もっと)も 가장 必(かなら)ず 꼭 概(おおむ)ね 대강, 대체로

차례

»

일본어 상용한자 익히기

0001

음독 か　歌手(かしゅ) 가수　歌詞(かし) 가사　国歌(こっか) 국가　校歌(こうか) 교가

훈독 うた　歌(うた) 노래　鼻歌(はなうた) 콧노래　歌声(うたごえ) 노랫소리

うたう　歌う(うた) 노래하다

노래 **가**

小2　N3

最近(さいきん)、外国(がいこく)で韓国(かんこく)の歌手(かしゅ)が人気(にんき)があります。 최근, 외국에서 한국 가수가 인기가 있습니다.

カラオケに行(い)って、よく日本(にほん)の歌(うた)を歌(うた)います。 노래방에 가서 자주 일본 노래를 부릅니다.

Tip 1274 うたう 참조

0002

음독 か　家族(かぞく) 가족　家事(かじ) 가사　家計(かけい) 가계　国家(こっか) 국가　作家(さっか) 작가

け　本家(ほんけ) 본가　分家(ぶんけ) 분가

훈독 いえ　家(いえ) 집

や　空(あ)き家(や) 빈집　大家(おおや) 집주인, 본가　家賃(やちん) 집세

집 **가**

小2　N3

家族(かぞく)は何人(なんにん)ですか。 가족은 몇 명입니까?

家賃(やちん)は大家(おおや)さんに直接(ちょくせつ)、渡(わた)します。 집세는 집주인에게 직접 건넵니다.

Tip 가계

家計(かけい) 집안 살림을 꾸려나가는 상태, 살림살이

働(はたら)いて家計(かけい)を支(ささ)える。 일해서 집안 살림을 꾸려나가다.

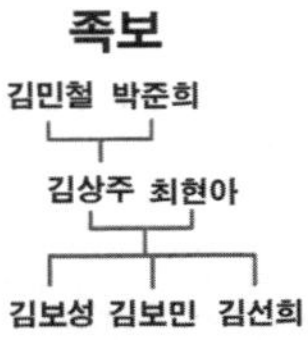

家系(かけい) 한 집안의 계통, 가통

家系図(かけいず)を作(つく)る。 족보를 만들다.

0003

음독 か　加入(かにゅう) 가입　加工(かこう) 가공　参加(さんか) 참가　追加(ついか) 추가

훈독 くわわる　加(くわ)わる 늘다, 추가되다, 참여하다

くわえる　加(くわ)える 보태다, 더하다, 넣다, 첨가하다

더할 **가**

小4　N2

ボランティアに参加(さんか)しました。 봉사활동에 참가했습니다.

塩(しお)を加(くわ)えてください。 소금을 첨가해 주세요.

0004

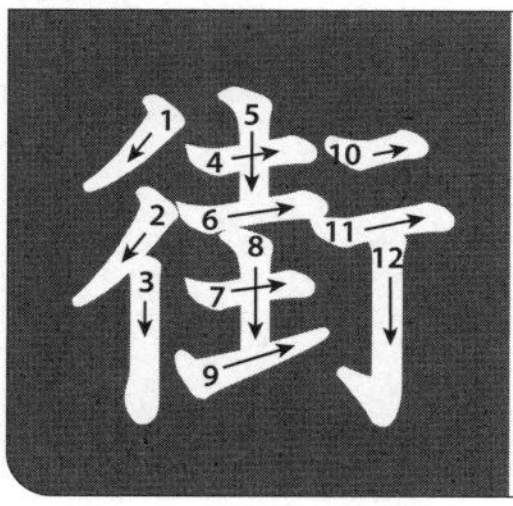

음독 **がい** 街路樹(がいろじゅ) 가로수 街灯(がいとう) 가로등 商店街(しょうてんがい) 상점가 繁華街(はんかがい) 번화가

かい 街道(かいどう) 가도, 간선도로

훈독 **まち** 街(まち) 거리 街角(まちかど) 길모퉁이

거리 **가**

小4 N1

デパートの地下(ちか)には商店街(しょうてんがい)があります。 백화점 지하에는 상점가가 있습니다.

食事(しょくじ)の後(あと)、街(まち)を散歩(さんぽ)しました。 식사 후, 거리를 산책했습니다.

Tip まち

街(まち) 번화한 거리

大学周辺(だいがくしゅうへん)は学生(がくせい)の街(まち)だ。 대학 주변은 학생의 거리이다.

町(まち) 시가지, 시내

富良野(ふらの)は広(ひろ)い町(まち)だ。 후라노는 넓은 시내이다.

0005

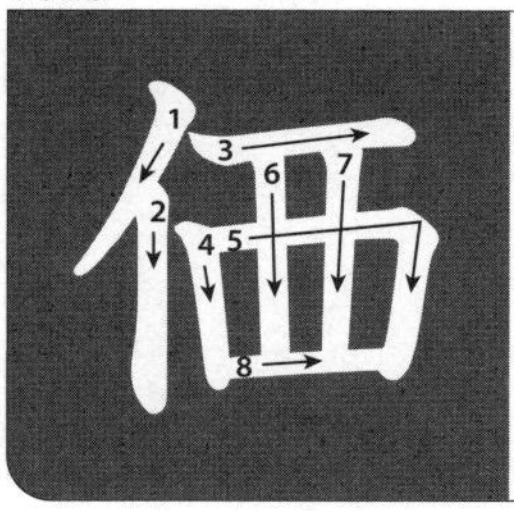

음독 **か** 価値(かち) 가치 価格(かかく) 가격 物価(ぶっか) 물가 定価(ていか) 정가

훈독 **あたい** 価(あたい) 값, 가격, 가치 ～に価(あたい)する ～할 가치가 있다, ～할 만하다

값 **가**

小5 N1

ガソリンの価格(かかく)が上(あ)がりました。 기름값이 올랐습니다.

この建物(たてもの)は一見(いっけん)に価(あたい)します。 이 건물은 한 번 볼 가치가 있습니다.

0006

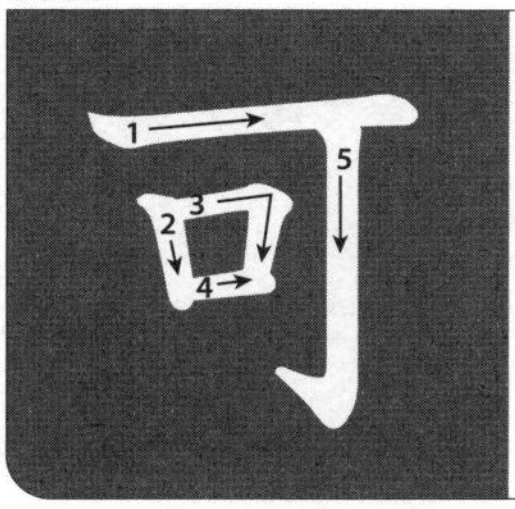

음독 **か** 可能(かのう) 가능 可決(かけつ) 가결 許可(きょか) 허가 不可(ふか) 불가

허락할 **가**

小5 N2

手話(しゅわ)が可能(かのう)な人(ひと)はいますか。 수화가 가능한 사람은 있습니까?

この部屋(へや)を使(つか)うには許可(きょか)が必要(ひつよう)です。 이 방을 사용하려면 허가가 필요합니다.

0007

음독 か　仮定(かてい) 가정　仮説(かせつ) 가설　仮面(かめん) 가면　仮想(かそう) 가상

け　仮病(けびょう) 꾀병

훈독 かり　仮契約(かりけいやく) 가계약　仮払(かりばら)い 가불

거짓 **가**

小5　N1

仮説(かせつ)を立(た)てて、考察(こうさつ)します。 가설을 세워서 고찰합니다.

出張旅費(しゅっちょうりょひ)を仮払(かりばら)いしました。 출장비를 가불했습니다.

Tip **가설**

仮説(かせつ) 아직 검증되지 않은 이론

仮説(かせつ)を検証(けんしょう)する。 가설을 검증하다.

仮設(かせつ) 임시로 설치함

震災(しんさい)のために仮設住宅(かせつじゅうたく)で暮(く)らしている。 지진의 재해 때문에 가설주택에서 살고 있다.

0008

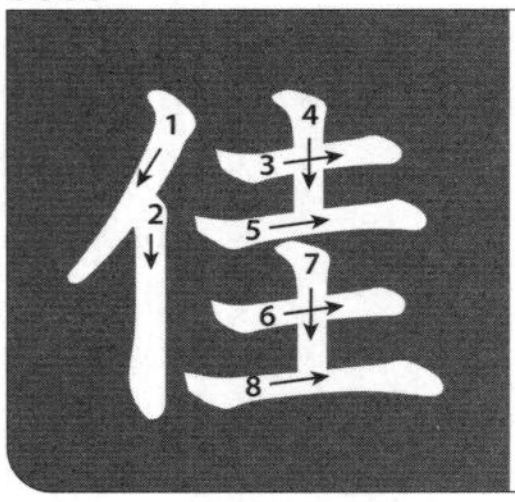

음독 か　佳作(かさく) 가작

아름다울 **가**

中　N1

私(わたし)の絵(え)が佳作(かさく)に選(えら)ばれました。 내 그림이 가작으로 뽑혔습니다.

0009

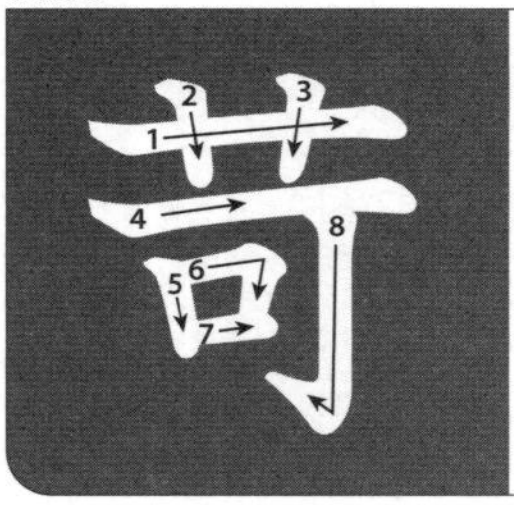

음독 か　苛性(かせい) 가성(동식물의 조직 등을 짓무르게 하는 성질)　苛酷(かこく) 가혹함

훈독 いら　苛立(いらだ)つ 초조해지다, 안절부절못하다　苛々(いらいら) 초조해하는 모양

苛

가혹할 **가**

中　급수 외

苛性(かせい)ソーダを使(つか)って、せっけんを作(つく)ります。 가성소다를 사용해서 비누를 만듭니다.

はっきりと言(い)わないので、苛立(いらだ)ちます。 분명하게 말을 안 해서, 초조해집니다.

0010

음독 か　架線(かせん) 가선(송전선, 전화선 등의 선을 가설하는 일)
架橋(かきょう) 가교, 다리를 놓음　書架(しょか) 서가, 책장　担架(たんか) 들것

훈독 かける　架(か)ける 설치하다, 가설하다
かかる　架(か)かる 연결되다, 가설되다

시렁/가설할 **가**
中 N1

けがした人(ひと)を担架(たんか)に乗(の)せます。 다친 사람을 들것에 싣습니다.
来年(らいねん)、この川(かわ)に新(あたら)しい橋(はし)が架(か)かります。 내년에 이 강에 새로운 다리가 놓입니다.

Tip かける

架(か)ける 가설하다
橋(はし)を架(か)ける。 다리를 가설하다.

懸(か)ける 상으로서 약속하다
賞金(しょうきん)を懸(か)ける。 상금을 걸다.

掛(か)ける 걸터앉다
椅子(いす)に掛(か)ける。 의자에 걸터앉다.

0011

음독 か　転嫁(てんか) 전가, 남에게 덮어씌움

훈독 よめ　嫁(よめ) 신부, 며느리　花嫁(はなよめ) 신부
とつぐ　嫁(とつ)ぐ 시집가다

시집갈 **가**
中 N1

責任(せきにん)を転嫁(てんか)しないでください。 책임을 전가하지 마세요.
母(はは)は22歳(さい)の時(とき)に、この家(いえ)に嫁(とつ)ぎました。 어머니는 22살 때, 이 집으로 시집왔습니다.

0012

음독 か　休暇(きゅうか) 휴가　余暇(よか) 여가

훈독 ひま　暇(ひま) ①시간, 틈, 짬 ②한가함　暇(ひま)つぶし 심심풀이

틈/한가할 **가**
中 N1

有給休暇(ゆうきゅうきゅうか)をもらいました。 유급휴가를 받았습니다.
今日(きょう)は忙(いそが)しいですが、あしたは暇(ひま)です。 오늘은 바쁘지만, 내일은 한가합니다.

0013

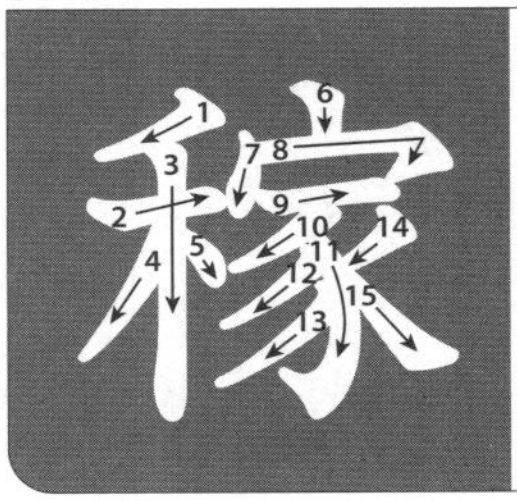

음독 か　稼業(かぎょう) 생업, 직업　稼働(かどう) 가동(稼動로도 씀)

훈독 かせぐ　稼(かせ)ぐ 돈벌이하다　共稼(ともかせ)ぎ 맞벌이
出稼(でかせ)ぎ 객지에 나가 돈벌이를 함　荒稼(あらかせ)ぎ 막일

일할 가
中 N1

工場(こうじょう)の機械(きかい)が稼働(かどう)しています。 공장의 기계가 가동되고 있습니다.

私(わたし)の両親(りょうしん)は共稼(ともかせ)ぎです。 나의 부모님은 맞벌이입니다.

0014

음독 かく　角度(かくど) 각도　三角形(さんかくけい) 삼각형　直角(ちょっかく) 직각
頭角(とうかく) 두각(뛰어난 학식이나 재능을 비유할 때 씀)

훈독 かど　角(かど) 모서리, 모퉁이　街角(まちかど) 길모퉁이
つの　角(つの) 뿔　角笛(つのぶえ) 뿔피리

뿔/모퉁이 각
小2 N2

日本(にほん)には「おにぎり」という三角形(さんかくけい)の食(た)べ物(もの)があります。
일본에는 '오니기리'라고 하는 삼각형의 음식이 있습니다.

次(つぎ)の角(かど)を右(みぎ)に曲(ま)がってください。 다음 모퉁이를 오른쪽으로 돌아 주세요.

0015

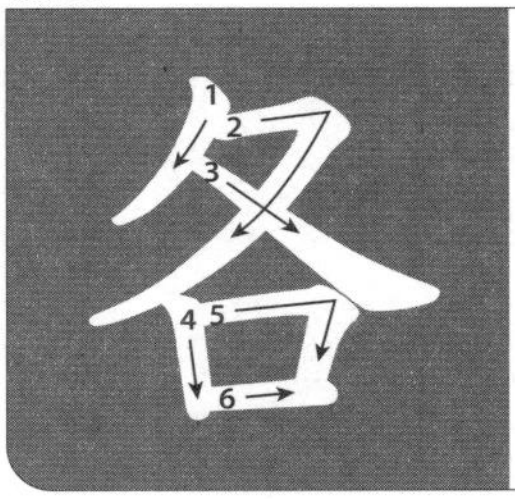

음독 かく　各自(かくじ) 각자　各地(かくち) 각지　各種(かくしゅ) 각종　各国(かっこく) 각국

훈독 おのおの　各々(おのおの) 각자, 각각

각각 각
小4 N2

あしたはお弁当(べんとう)を各自(かくじ)、持(も)ってきてください。 내일은 도시락을 각자 갖고 오세요.

子(こ)どもたちは各々(おのおの)、好(す)きな本(ほん)を読(よ)んでいます。
아이들은 각자 좋아하는 책을 읽고 있습니다.

0016

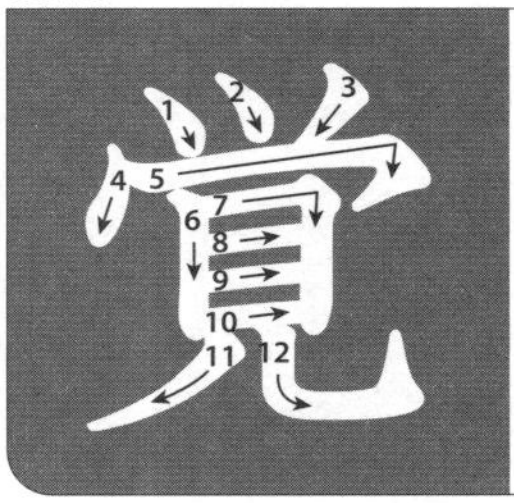

음독 かく　覚悟(かくご) 각오　覚醒(かくせい) 각성　感覚(かんかく) 감각　視覚(しかく) 시각

훈독 おぼえる　覚(おぼ)える 기억하다, 익히다
さます　覚(さ)ます 깨우다, 깨다　目覚(めざ)まし時計(どけい) 자명종
さめる　覚(さ)める 잠이 깨다, 눈이 뜨이다

覺

깨달을 각
小4 N2

とても寒(さむ)くて、手(て)の感覚(かんかく)がありません。 너무 추워서 손의 감각이 없습니다.

赤(あか)ちゃんが目(め)を覚(さ)ましました。 아기가 잠에서 깼습니다.

0017

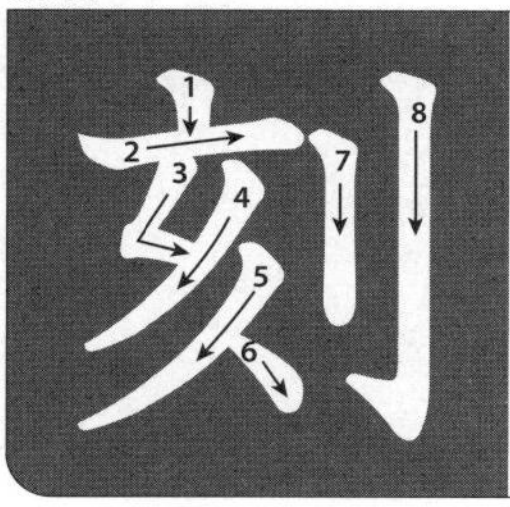

음독 こく　刻印(こくいん) 각인　時刻(じこく) 시각　遅刻(ちこく) 지각　定刻(ていこく) 정각

훈독 きざむ　刻(きざ)む ①잘게 썰다 ②조각하다, 새기다

새길 각

小6 N2

あしたは遅刻(ちこく)してはいけません。 내일은 지각해서는 안 됩니다.

ねぎを刻(きざ)んでください。 파를 잘게 썰어 주세요.

0018

음독 かく　閣僚(かくりょう) 각료　閣議(かくぎ) 각의(각료 회의)　内閣(ないかく) 내각　入閣(にゅうかく) 입각

관서 각

小6 N1

閣僚会議(かくりょうかいぎ)があります。 각료 회의가 있습니다.

日本(にほん)は議員内閣制(ぎいんないかくせい)です。 일본은 의원 내각제입니다.

0019

음독 きゃく　却下(きゃっか) 기각(신청을 받지 않고 물리침)　返却(へんきゃく) 반환, 반납　売却(ばいきゃく) 매각　焼却(しょうきゃく) 소각

물리칠 각

中 N1

申請(しんせい)が却下(きゃっか)されました。 신청이 기각되었습니다.

この本(ほん)は来週(らいしゅう)までに返却(へんきゃく)してください。 이 책은 다음 주까지 반납해 주세요.

0020

음독 かく　地殻(ちかく) 지각, 지구의 외곽　卵殻(らんかく) 알껍데기

훈독 から　殻(から) 껍데기, 껍질　貝殻(かいがら) 조개껍데기　吸(す)い殻(がら) (담배)꽁초　抜(ぬ)け殻(がら) 탈피한 껍질, 허물

殼

껍질 각

中 N1

地殻変動(ちかくへんどう)で地震(じしん)が起(お)きました。 지각 변동으로 지진이 일어났습니다.

たばこの吸(す)い殻(がら)を捨(す)てないでください。 담배꽁초를 버리지 마세요.

0021

脚

다리 각

中 N1

음독 きゃく　脚本(きゃくほん) 각본　脚色(きゃくしょく) 각색　立脚(りっきゃく) 입각　三脚(さんきゃく) 삼각

きゃ　脚立(きゃたつ) 접사다리(사다리 2개를 합치고 위에 발판을 댄 것)

훈독 あし　脚(あし) 다리　雨脚(あまあし) 빗줄기

あの人(ひと)は有名(ゆうめい)な脚本家(きゃくほんか)です。 저 사람은 유명한 각본가입니다.

雨脚(あまあし)が強(つよ)くなってきました。 빗줄기가 강해졌습니다.

Tip あし

脚(あし) 사물이나 곤충의 다리

机(つくえ)の脚(あし)を直(なお)す。 책상 다리를 고치다.

足(あし) 사람이나 동물의 발

ボールを足(あし)で蹴(け)る。 공을 발로 차다.

0022

間

사이 간

小2 N5

음독 かん　間食(かんしょく) 간식　間接(かんせつ) 간접

けん　世間(せけん) 세간, 세상　世間話(せけんばなし) 세상 이야기, 잡담　人間(にんげん) 인간

훈독 あいだ　間(あいだ) 사이, 동안　間柄(あいだがら) 혈족 관계, 친척 관계

ま　間(ま)に合(あ)う 제 시간에 대다　間違(まちが)う 틀리다

友達(ともだち)と世間話(せけんばなし)をしました。 친구와 세상 이야기를 했습니다.

間(ま)に合(あ)わないから、すこし急(いそ)ぎましょう。 제 시간에 갈 수 없으니까 조금 서두릅시다.

0023

刊

새길 간

小5 N2

음독 かん　刊行(かんこう) 간행　週刊誌(しゅうかんし) 주간지　朝刊(ちょうかん) 조간　新刊(しんかん) 신간

売店(ばいてん)で週刊誌(しゅうかんし)を買(か)いました。 매점에서 주간지를 샀습니다.

毎朝(まいあさ)6時(じ)に朝刊(ちょうかん)が届(とど)きます。 매일 아침 6시에 조간이 도착합니다.

0024

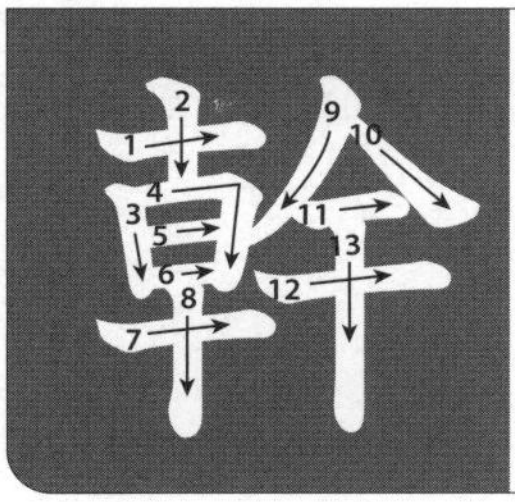

음독 かん　幹線(かんせん) 간선　幹部(かんぶ) 간부　語幹(ごかん) 어간　根幹(こんかん) 근간, 근본

훈독 みき　幹(みき) 나무줄기, 사물의 주요 부분

줄기/근본/중요 부분 간

小5 N1

午後(ごご)に幹部会議(かんぶかいぎ)があります。 오후에 간부 회의가 있습니다.

木(き)の幹(みき)にせみがいます。 나무줄기에 매미가 있습니다.

0025

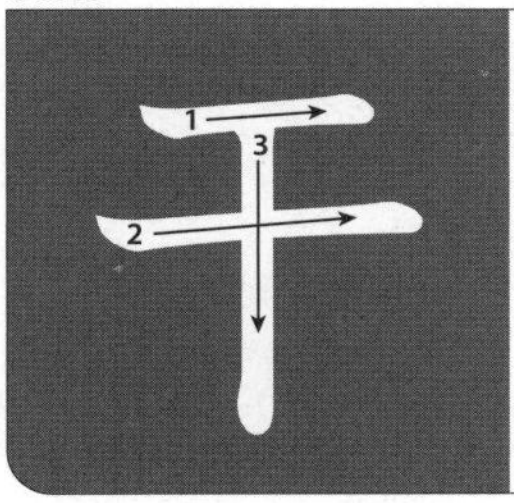

음독 かん　干潮(かんちょう) 간조, 썰물　干渉(かんしょう) 간섭　干拓(かんたく) 간척　若干(じゃっかん) 약간

훈독 ほす　干(ほ)す 말리다　干(ほ)し柿(がき) 곶감

ひる　干菓子(ひがし) 말린 과자　干物(ひもの) 건어물

간여할 간/마를 건

小6 N2

私(わたし)たちの問題(もんだい)に干渉(かんしょう)しないでください。 우리들 문제에 간섭하지 말아 주세요.

干(ほ)し柿(がき)が食(た)べたいです。 곶감이 먹고 싶습니다.

0026

음독 かん　看護(かんご) 간호　看病(かんびょう) 간병　看板(かんばん) 간판　看守(かんしゅ) 간수

특이 看取(みと)り 간병, 간호　看取(みと)る 간병하다

볼 간

小6 N1

姉(あね)は看護師(かんごし)です。 언니는 간호사입니다.

新(あたら)しいお店(みせ)の看板(かんばん)が見(み)えます。 새 가게의 간판이 보입니다.

0027

음독 かん　簡単(かんたん) 간단함　簡略(かんりゃく) 간략함　簡潔(かんけつ) 간결함　書簡(しょかん) 서간, 편지

간략할 간

小6 N2

この問題(もんだい)はとても簡単(かんたん)です。 이 문제는 매우 간단합니다.

意見(いけん)を簡潔(かんけつ)に言(い)ってください。 의견을 간결하게 말해 주세요.

0028

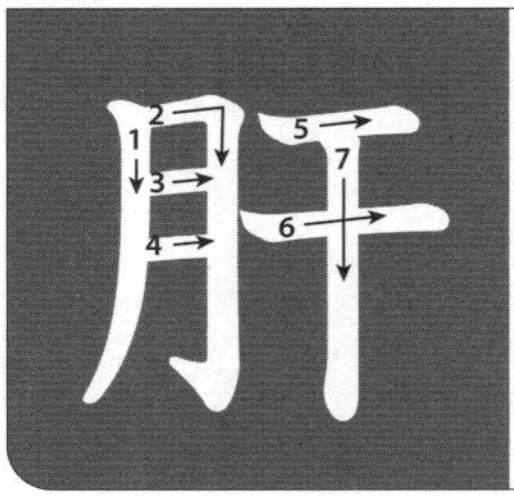

음독 かん　肝臓(かんぞう) 간장(장기)　肝心(かんじん) 중요함, 요긴함　肝要(かんよう) 매우 중요함

훈독 きも　肝(きも) ①간장(장기) ②담력　肝試(きもだめ)し 담력 시험　肝(きも)っ玉(たま) 담력, 배짱

간/요긴할 **간**

中　N1

お酒(さけ)は肝臓(かんぞう)に悪(わる)いです。 술은 간에 좋지 않습니다.

うちの母(はは)は肝(きも)っ玉(たま)が大(おお)きいです。 우리 엄마는 대담합니다.

0029

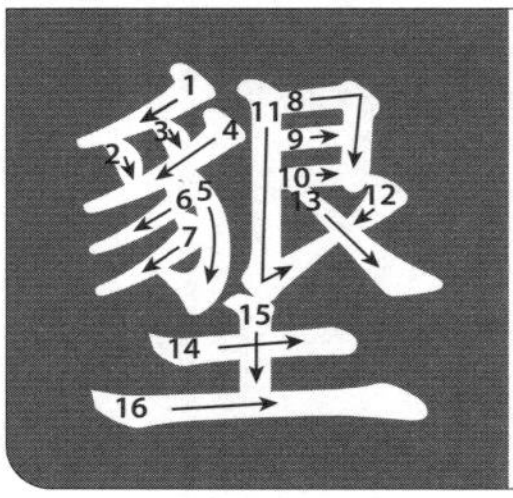

음독 こん　開墾(かいこん) 개간

개간할 **간**

中　N1

荒地(こうち)を開墾(かいこん)しました。 황무지를 개간했습니다.

0030

음독 こん　懇談(こんだん) 간담　懇願(こんがん) 간원, 간청　懇親(こんしん) 친목　懇意(こんい) 친하게 지냄

훈독 ねんごろ　懇(ねんご)ろ ①공손함, 정성스러움 ②친함

간절할 **간**

中　N1

6時(じ)から懇親会(こんしんかい)があります。 6시부터 친목회가 있습니다.

仕事(しごと)を通(とお)して、田中(たなか)さんと懇(ねんご)ろになりました。 일을 통해서 다나카 씨와 친해졌습니다.

0031

음독 かつ　喝采(かっさい) 갈채　恐喝(きょうかつ) 공갈　一喝(いっかつ) 일갈(큰 소리로 꾸짖음)

喝

꾸짖을/외칠 **갈**

中　N1

その金(きん)メダリストは喝采(かっさい)を浴(あ)びました。 그 금메달리스트는 갈채를 받았습니다.

犯人(はんにん)は銀行員(ぎんこういん)を恐喝(きょうかつ)しました。 범인은 은행원을 공갈했습니다.

0032

음독 **かつ** 渇望(かつぼう) 갈망 渇水(かっすい) 갈수(물이 마름) 枯渇(こかつ) 고갈 飢渇(きかつ) 굶주림과 목마름

훈독 **かわく** 渇(かわ)く 목이 마르다, 갈증나다

渇

목마를 **갈**

中 N1

資金(しきん)が枯渇(こかつ)して、会社(かいしゃ)がつぶれました。 자금이 고갈되어, 회사가 망했습니다.

喉(のど)が渇(かわ)いたので、水(みず)が飲(の)みたいです。 목이 말라서 물을 마시고 싶습니다.

Tip かわく

渇(かわ)く 목이 마르다

喉(のど)が渇(かわ)く。 목이 마르다.

乾(かわ)く 사물이 마르다

タオルが乾(かわ)く。 수건이 마르다.

0033

음독 **かつ** 葛藤(かっとう) 갈등 葛根湯(かっこんとう) 갈근탕(칡뿌리탕)

훈독 **くず** 葛(くず) 칡 葛粉(くずこ) 갈분, 칡가루 葛湯(くずゆ) 갈분 암죽(칡가루 죽)

葛

칡 **갈**

中 급수 외

正直(しょうじき)に言(い)うかどうか葛藤(かっとう)しました。 솔직히 말할까 말까 갈등했습니다.

風邪(かぜ)をひいたので葛湯(くずゆ)を飲(の)みました。 감기에 걸려서 갈분죽을 먹었습니다.

Tip 이 한자는 葛로도 쓰임

0034

음독 **かつ** 褐色(かっしょく) 갈색 褐炭(かったん) 갈탄

褐

갈색 **갈**

中 N1

男性(だんせい)は肌(はだ)が褐色(かっしょく)のほうが素敵(すてき)です。 남성은 피부가 갈색인 편이 멋집니다.

褐炭(かったん)は品質(ひんしつ)の悪(わる)い石炭(せきたん)です。 갈탄은 품질이 좋지 않은 석탄입니다.

0035

느낄 **감**

小3 N2

음독 かん

感覚(かんかく) 감각　感謝(かんしゃ) 감사　感情(かんじょう) 감정　予感(よかん) 예감
感じる(かんじる) 느끼다

感謝(かんしゃ)の気持(きも)ちを母(はは)に伝(つた)えました。 감사의 마음을 어머니에게 전했습니다.

本(ほん)を読(よ)んで感(かん)じたことを書(か)いてください。 책을 읽고 느낀 점을 써 주세요.

0036

덜 **감**

小5 N2

음독 げん

減少(げんしょう) 감소　減額(げんがく) 감액　増減(ぞうげん) 증감　削減(さくげん) 삭감

훈독 へる

減(へ)る 줄다

へらす

減(へ)らす 줄이다

子(こ)どもの人口(じんこう)がだんだん減少(げんしょう)しています。 어린이 인구가 점점 감소하고 있습니다.

ダイエットしているので、ごはんの量(りょう)を減(へ)らしました。
다이어트하고 있기 때문에 밥량을 줄였습니다.

0037

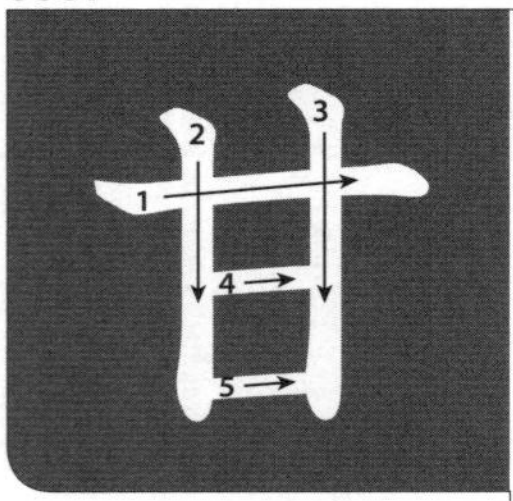

달 **감**

中 N2

음독 かん

甘受(かんじゅ) 감수함, 달게 받음　甘味料(かんみりょう) 감미료

훈독 あまい

甘(あま)い ①달다 ②엄하지 않다　甘口(あまくち) 단 것을 좋아하는 사람
甘酸(あまず)っぱい 달콤새콤하다　甘辛(あまから)い 달고 짜다, 매콤달콤하다

あまえる

甘(あま)える 어리광부리다

あまやかす

甘(あま)やかす 응석을 받아 주다

あまんじる

甘(あま)んじる 만족해하다

その政治家(せいじか)は批判(ひはん)を甘受(かんじゅ)しました。 그 정치가는 비판을 감수했습니다.

このケーキはあまり甘(あま)くないです。 이 케이크는 별로 달지 않습니다.

子(こ)どもが親(おや)に甘(あま)えています。 아이가 부모에게 어리광부리고 있습니다.

0038

음독 かん　勘(かん) 육감, 직감　勘定(かんじょう) 셈, 계산　勘弁(かんべん) 용서함　勘案(かんあん) 감안　勘違い(かんちがい) 착각, 잘못 생각함

헤아릴 **감**

中　N1

勘(かん)で答(こた)えが当(あ)たりました。 직감으로 답을 맞췄습니다.

お勘定(かんじょう)をお願(ねが)いします。 계산해 주세요.

0039

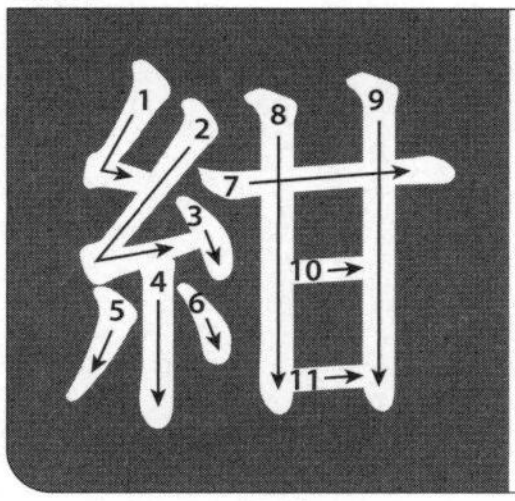

음독 こん　紺(こん) 감색　紺色(こんいろ) 감색　濃紺(のうこん) 짙은 감색

감색 **감**

中　N1

黒(くろ)か紺(こん)のペンで書(か)いてください。 검정이나 감색펜으로 써 주세요.

私(わたし)は紺色(こんいろ)の服(ふく)をよく着(き)ます。 나는 감색 옷을 자주 입습니다.

0040

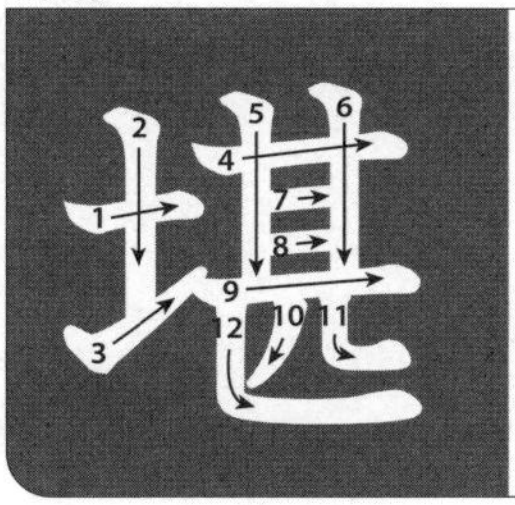

음독 かん　堪忍(かんにん) 견딤, 인내

たん　堪能(たんのう) 능란함, 뛰어남(かんのう로도 읽음)

훈독 たえる　堪(た)える 참다, 견디다

견딜 **감**

中　N1

吉田(よしだ)さんは英語(えいご)が堪能(たんのう)です。 요시다 씨는 영어에 능통합니다.

木村(きむら)さんは、いつも私(わたし)の悪口(わるくち)を言(い)うので堪(た)えられません。
기무라 씨는 언제나 내 험담을 해서 참을 수 없습니다.

Tip 0343 たえる 참조

0041

음독 かん　敢行(かんこう) 감행　敢闘(かんとう) 과감하게 싸움　果敢(かかん) 과감함　勇敢(ゆうかん) 용감함

훈독 あえて　敢(あ)えて 감히, 억지로, 무리하게, 굳이

감히 **감**

中　N1

日帰(ひがえ)りで日本旅行(にほんりょこう)を敢行(かんこう)しました。 당일치기로 일본여행을 감행했습니다.

つらい記憶(きおく)を、敢(あ)えて話(はな)す必要(ひつよう)はありません。
괴로운 기억을, 억지로 이야기할 필요는 없습니다.

0042

음독 かん　監獄(かんごく) 감옥　監督(かんとく) 감독　監視(かんし) 감시　収監(しゅうかん) 수감
監査(かんさ) 감사

볼 **감**

中　급수 외

映画監督(えいがかんとく)になりたいです。 영화감독이 되고 싶습니다.

軍人(ぐんじん)が国境(こっきょう)を監視(かんし)しています。 군인이 국경을 감시하고 있습니다.

Tip 감사

監査(かんさ) 감독하고 검사함

会計監査(かいけいかんさ)を報告(ほうこく)する。 회계 감사를 보고하다.

監事(かんじ) 법인의 업무·회계를 감사하는 기관, 감사관

監事(かんじ)に就任(しゅうにん)する。 감사관에 취임하다.

0043

음독 かん　遺憾(いかん) 유감

섭섭할 **감**

中　N1

このような結果(けっか)に終(お)わって、とても遺憾(いかん)に思(おも)います。
이러한 결과로 끝나서 매우 유감으로 생각합니다.

0044

음독 かん　鑑賞(かんしょう) 감상　鑑定(かんてい) 감정(살펴서 판정함)　図鑑(ずかん) 도감
年鑑(ねんかん) 연감

훈독 かんがみる　鑑(かんが)みる 거울삼다, 감안하다

거울/살펴볼 **감**

中　N1

子(こ)どもが昆虫図鑑(こんちゅうずかん)を見(み)ています。 어린이가 곤충 도감을 보고 있습니다.

今(いま)の政策(せいさく)は現状(げんじょう)を鑑(かんが)みていません。 지금의 정책은 현 상황을 감안하고 있지 않습니다.

0045

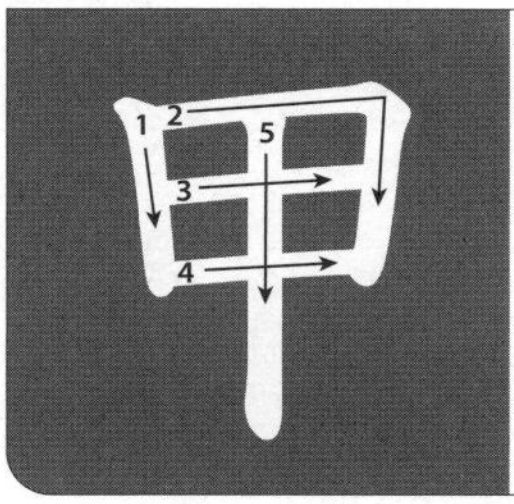

음독 **こう** 甲羅(こうら) 등딱지　甲乙(こうおつ) 갑을, 우열　亀甲(きっこう) 거북의 등딱지

かん 甲板(かんぱん) 갑판　甲高い(かんだかい) 새되다, (목소리가) 날카롭고 높다

갑옷/첫째 천간 **갑**

中　N1

ウミガメの甲羅(こうら)は大(おお)きいです。 바다거북의 등딱지는 큽니다.

佐藤(さとう)さんは甲高(かんだか)い声(こえ)をしています。 사토 씨는 목소리가 가늘고 높습니다.

0046

훈독 **みさき** 岬(みさき) 곶(바다나 호수로 가늘게 뻗어 있는 육지의 끝 부분)

곶 **갑**

中　급수 외

岬(みさき)には灯台(とうだい)があります。 곶에는 등대가 있습니다.

0047

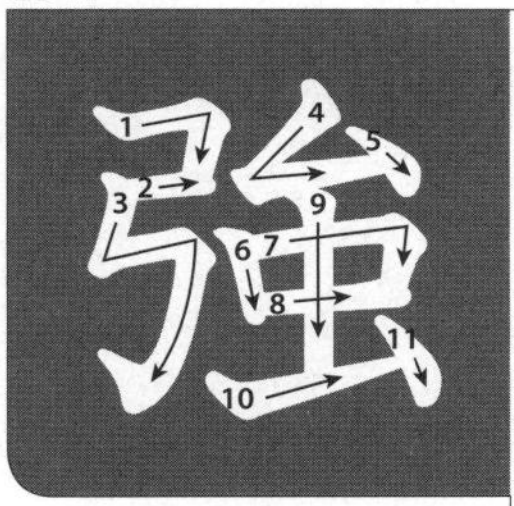

음독 **きょう** 強力(きょうりょく) 강력함　強制(きょうせい) 강제　勉強(べんきょう) 공부

ごう 強引(ごういん) 억지로 함, 강행

훈독 **つよ**い 強(つよ)い 강하다　強気(つよき) 강세, 오름세

つよまる 強(つよ)まる 강해지다

つよめる 強(つよ)める 강화하다

しいる 強(し)いる 강요하다

강할 **강**

小2　N3

あきらめないで勉強(べんきょう)してください。 포기하지 말고 공부해 주세요.

力士(りきし)は力(ちから)が強(つよ)いです。 씨름꾼은 힘이 셉니다.

無理(むり)にお酒(さけ)を強(し)いるのは良(よ)くありません。 억지로 술을 강요하는 것은 좋지 않습니다.

0048

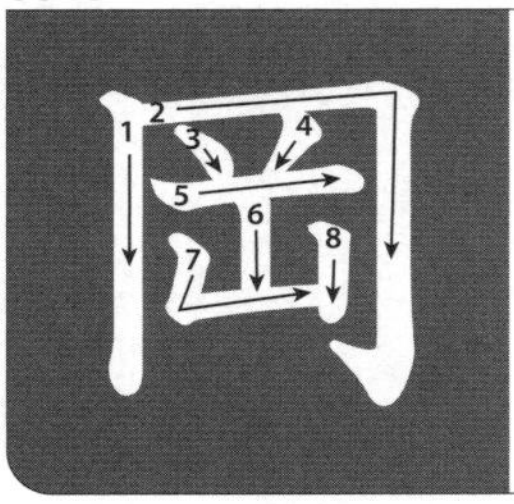

훈독 **おか**　岡山県(おかやまけん) 오카야마현　岡持ち(おかもち) 요리 배달용 통

언덕 **강**

小4　N1

高橋(たかはし)さんは岡山県出身(おかやまけんしゅっしん)です。다카하시 씨는 오카야마현 출신입니다.

岡持ち(おかもち)に入(い)れて、うどんの出前(でまえ)をします。배달용 통에 넣어서 우동 배달을 합니다.

0049

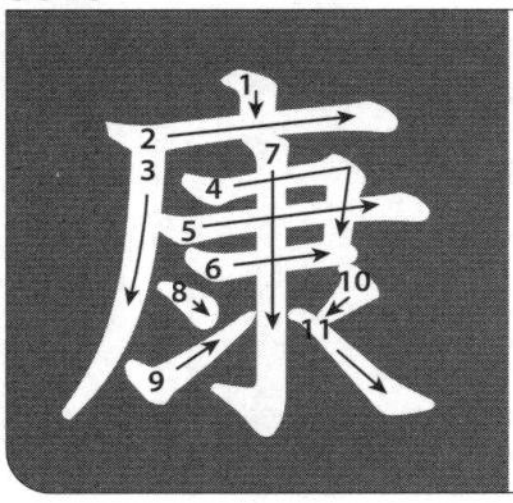

음독 **こう**　健康(けんこう) 건강

小康(しょうこう) ①병세가 조금 좋아짐 ②소강(상태가 잠시 가라앉음)

편안할 **강**

小4　N1

健康(けんこう)のため野菜(やさい)をたくさん食(た)べましょう。건강을 위해 채소를 많이 먹읍시다.

雨(あめ)は小康状態(しょうこうじょうたい)です。비는 소강 상태입니다.

0050

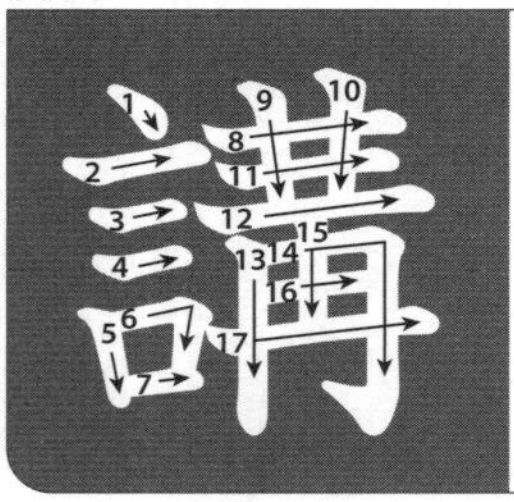

음독 **こう**　講義(こうぎ) 강의　講師(こうし) 강사　開講(かいこう) 개강　休講(きゅうこう) 휴강

강의 **강**

小5　N2

社会学(しゃかいがく)の講義(こうぎ)はおもしろいです。사회학 강의는 재미있습니다.

台風(たいふう)で休講(きゅうこう)になりました。태풍으로 휴강이 되었습니다.

0051

음독 **こう**　降雨(こうう) 강우　下降(かこう) 하강　降伏(こうふく) 항복　投降(とうこう) 투항

훈독 **おりる**　降(お)りる (탈것 등에서) 내리다(⇔乗(の)る 타다)

おろす　降(お)ろす 내리다, 내리게 하다

ふる　降(ふ)る (비 등이) 내리다

내릴 **강** / 항복할 **항**

小6　N2

1945年(ねん)に日本(にほん)は降伏(こうふく)しました。1945년에 일본은 항복했습니다.

次(つぎ)の駅(えき)で降(お)りましょう。다음 역에서 내립시다.

0052

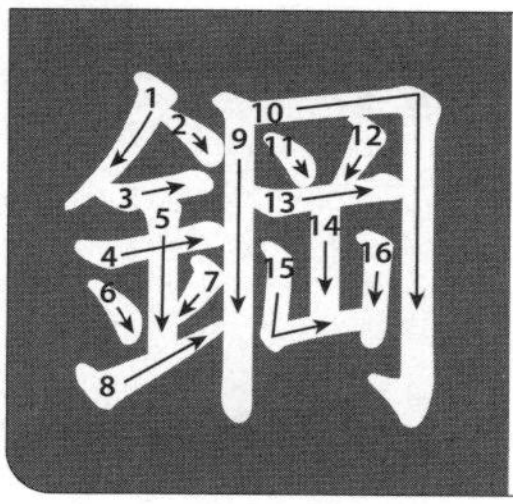

음독 **こう** 鋼鉄(こうてつ) 강철 鋼材(こうざい) 강재(여러 모양으로 가공한 강철) 製鋼(せいこう) 제강 鉄鋼(てっこう) 철강

훈독 **はがね** 鋼(はがね) 강철

강철 **강**

小6 N1

鋼鉄(こうてつ)を輸出(ゆしゅつ)します。 강철을 수출합니다.

鋼(はがね)を打(う)って、包丁(ほうちょう)を作(つく)ります。 강철을 두드려 부엌칼을 만듭니다.

0053

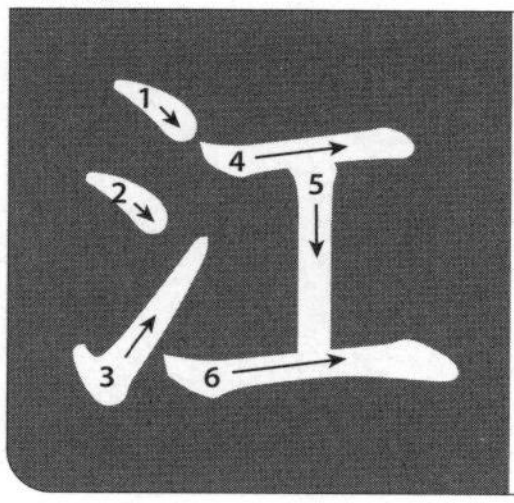

음독 **こう** 長江(ちょうこう) 장강 揚子江(ようすこう) 양쯔강

훈독 **え** 江戸(えど) 에도(지명. 지금의 도쿄) 江戸時代(えどじだい) 에도시대(1603~1868)

강 **강**

中 N1

中国(ちゅうごく)に行(い)って揚子江(ようすこう)を見(み)ました。 중국에 가서 양쯔강을 봤습니다.

江戸時代(えどじだい)の文化(ぶんか)について勉強(べんきょう)しています。 에도시대 문화에 대해서 공부하고 있습니다.

0054

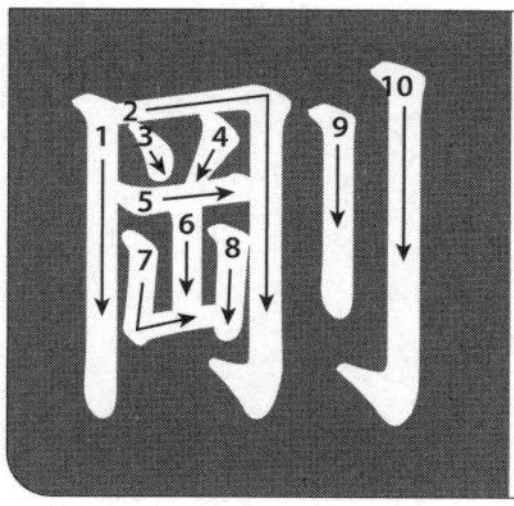

음독 **ごう** 剛球(ごうきゅう) 강속구 堅剛(けんごう) 의지가 강함 金剛(こんごう) 금강

굳셀 **강**

中 N1

剛球(ごうきゅう)を投(な)げる選手(せんしゅ)が入団(にゅうだん)しました。 강속구를 던지는 선수가 입단했습니다.

0055

음독 **こう** 大綱(たいこう) 대강(근본적인 사항) 要綱(ようこう) 요강

훈독 **つな** 綱(つな) 밧줄 綱引(つなひ)き 줄다리기 命綱(いのちづな) 생명선 横綱(よこづな) 요코즈나(일본 씨름꾼의 최고의 지위)

대강/줄 **강**

中 N1

要綱(ようこう)を見(み)て、論文(ろんぶん)を作成(さくせい)します。 요강을 보고 논문을 작성합니다.

命綱(いのちづな)をつけて作業(さぎょう)します。 생명선을 달고 작업합니다.

0056

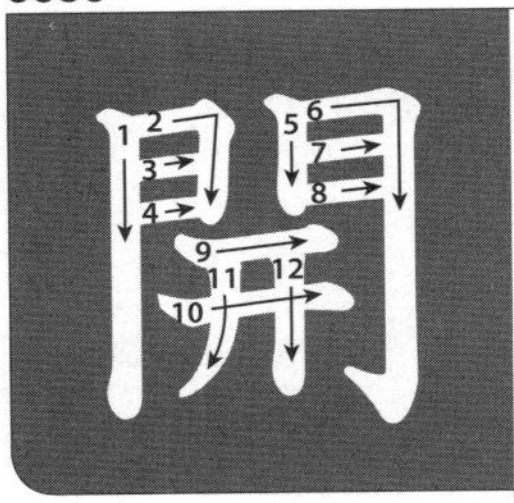

열 **개**

小3 N3

음독 **かい** 　**開発**(かいはつ) 개발　**開店**(かいてん) 개점　**満開**(まんかい) 만개　**展開**(てんかい) 전개

훈독 **ひら**く　**開**(ひら)**く** 열다, 열리다

ひらける　**開**(ひら)**ける** 열리다, 트이다

あく　**開**(あ)**く** 열리다, 개점하다

あける　**開**(あ)**ける** 열다

開店時間(かいてんじかん)はいつですか。 개점 시간은 언제입니까?

窓(まど)を開(あ)けてもいいですか。 창문을 열어도 됩니까?

Tip あく

開(あ)**く** 열리다

ドアが開(あ)く。 문이 열리다.

空(あ)**く** 공간이 비다, 나다, 놀다

席(せき)が空(あ)く。 자리가 나다.

0057

고칠 **개**

小4 N2

음독 **かい** 　**改革**(かいかく) 개혁　**改札**(かいさつ) 개찰　**改良**(かいりょう) 개량　**改正**(かいせい) 개정

훈독 **あらた**まる　**改**(あらた)**まる** 새로워지다, 고쳐지다, 달라지다

あらためる　**改**(あらた)**める** 고치다, 바꾸다

改札口(かいさつぐち)で友(とも)だちが待(ま)っていました。 개찰구에서 친구가 기다리고 있었습니다.

その学生(がくせい)は不誠実(ふせいじつ)な態度(たいど)を改(あらた)めました。 그 학생은 불성실한 태도를 바꿨습니다.

Tip 개정

改正(かいせい) 바르게 고침

憲法(けんぽう)を改正(かいせい)する。

헌법을 개정하다.

改定(かいてい)

한 번 정했던 것을 고쳐서 다시 정함

バスの運賃(うんちん)を改定(かいてい)する。

버스 운임을 개정하다.

改訂(かいてい) 책의 잘못된 내용을 바로잡음

辞書(じしょ)の改訂版(かいていばん)を出版(しゅっぱん)する。 사전의 개정판을 출판하다.

0058

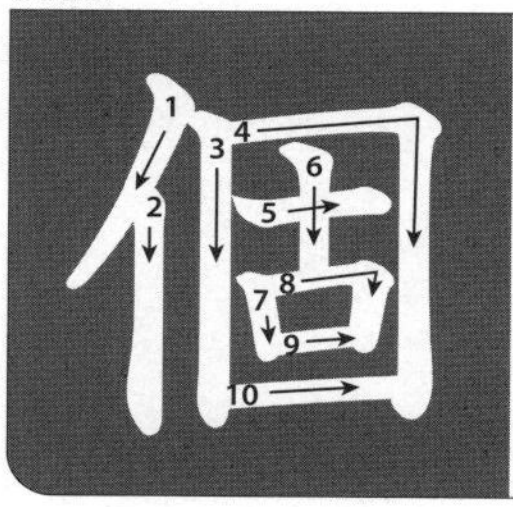

음독 こ　個性(こせい) 개성　個人(こじん) 개인　個別(こべつ) 개별　別個(べっこ) 별개

낱 **개**

小5　N2

パクさんのファッションは個性的(こせいてき)です。 박 씨의 패션은 개성적입니다.

個人展(こじんてん)を開(ひら)きました。 개인전을 열었습니다.

0059

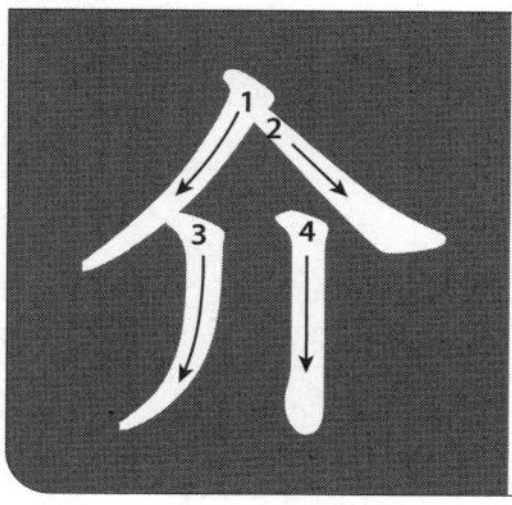

음독 かい　介護(かいご) 간호　介入(かいにゅう) 개입　紹介(しょうかい) 소개　媒介(ばいかい) 매개

낄/소개할 **개**

中　N2

母(はは)は介護(かいご)の仕事(しごと)をしています。 어머니는 간호 일을 하고 있습니다.

皆(みな)さんに林先生(はやしせんせい)をご紹介(しょうかい)します。 여러분께 하야시 선생님을 소개합니다.

0060

음독 かい　皆無(かいむ) 전무, 전혀 없음　皆勤(かいきん) 개근　皆目(かいもく) 전혀, 도무지
皆既日食(かいきにっしょく) 개기일식

훈독 みな　皆(みな) 모두　皆様(みなさま) 여러분　皆(みな)さん 여러분

다 **개**

中　N2

中学生(ちゅうがくせい)のときに皆勤賞(かいきんしょう)をもらいました。 중학생 때에 개근상을 받았습니다.

皆(みな)さんに会(あ)えて、うれしいです。 여러분과 만나게 되어서 기쁩니다.

0061

음독 がい　慨然(がいぜん) 분개하는 모양　感慨(かんがい) 감개　憤慨(ふんがい) 분개

慨

분개할 **개**

中　N1

昔(むかし)のことを思(おも)い出(だ)すと、とても感慨深(かんがいぶか)いです。
옛날 일을 생각하면, 매우 감회가 깊습니다.

坂本(さかもと)さんは、その話(はなし)を聞(き)いて憤慨(ふんがい)しました。 사카모토 씨는 그 이야기를 듣고 분개했습니다.

0062

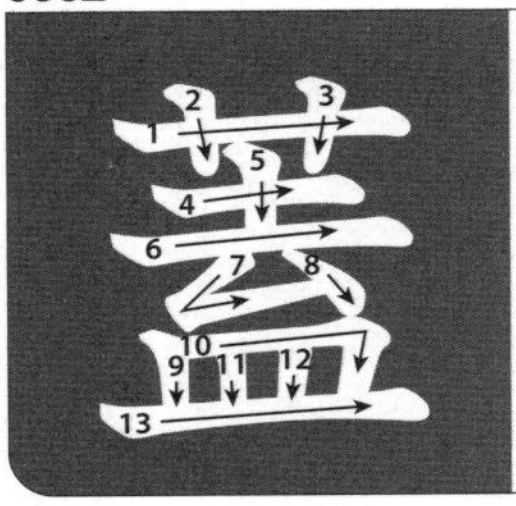

음독 がい　　蓋然(がいぜん) 개연　口蓋(こうがい) 입천장

훈독 ふた　　蓋(ふた) 뚜껑　鍋蓋(なべぶた) 냄비 뚜껑

落(お)とし蓋(ぶた) 냄비 안에 쏙 들어가게 만든 작은 뚜껑

蓋

덮을 **개**

中　급수 외

「可能性(かのうせい)」と「蓋然性(がいぜんせい)」は意味(いみ)が少(すこ)しちがいます。
'가능성'과 '개연성'은 의미가 조금 다릅니다.

鍋(なべ)に蓋(ふた)をして、10分(ぷん)煮(に)こみます。 냄비에 뚜껑을 덮고 10분 끓입니다.

0063

음독 か　　箇所(かしょ) 개소, 곳, 군데　箇条(かじょう) 조항, 항목

箇条書(かじょうが)き 항목별로 쓰기

낱 **개**

中　N1

このビルに喫煙所(きつえんしょ)は何箇所(なんかしょ)ありますか。 이 빌딩에 흡연소는 몇 군데 있습니까?

注意点(ちゅういてん)を箇条書(かじょうが)きしました。 주의점을 항목별로 썼습니다.

0064

음독 がい　　概(がい)して 대개, 일반적으로　概略(がいりゃく) 개략, 대략　概念(がいねん) 개념

概論(がいろん) 개론　概観(がいかん) 개관(대충 살펴봄)

概

대개 **개**

中　N1

9時(じ)から英文学概論(えいぶんがくがいろん)の授業(じゅぎょう)があります。 9시부터 영문학개론 수업이 있습니다.

経済(けいざい)の動向(どうこう)を概観(がいかん)してみましょう。 경제 동향을 대략 살펴 봅시다.

0065

음독 きゃく　　客席(きゃくせき) 객석　客観(きゃっかん) 객관　乗客(じょうきゃく) 승객　観客(かんきゃく) 관객

かく　　旅客機(りょかくき) 여객기(りょかっき로도 읽음)

손 **객**

小3　N2

お客(きゃく)さまを客席(きゃくせき)に案内(あんない)します。 손님을 객석으로 안내합니다.

会場(かいじょう)には観客(かんきゃく)がたくさんいました。 회장에는 관객이 많이 있었습니다.

0066

坑

음독 こう　坑道(こうどう) 갱도(지하에 낸 통로)　坑夫(こうふ) 광산의 갱내 노동자, 광부
廃坑(はいこう) 폐광　炭坑(たんこう) 석탄을 캐는 구덩이

구덩이 **갱**
中　N1

坑道(こうどう)は奥(おく)まで続(つづ)いています。 갱도는 안쪽까지 이어져 있습니다.
危険(きけん)ですから廃坑(はいこう)に入(はい)らないでください。 위험하므로 폐광에 들어가지 마세요.

0067

去

음독 きょ　去年(きょねん) 작년　除去(じょきょ) 제거　退去(たいきょ) 퇴거
こ　過去(かこ) 과거
훈독 さる　去(さ)る 떠나가다, 가다, 지나가다

갈 **거**
小3　N3

去年(きょねん)、ここに引(ひ)っ越(こ)してきました。 작년, 여기로 이사 왔습니다.
冬(ふゆ)が去(さ)って、春(はる)になりました。 겨울이 지나가고, 봄이 되었습니다.

0068

挙

음독 きょ　挙手(きょしゅ) 거수, 손을 듦　挙動(きょどう) 거동　選挙(せんきょ) 선거　快挙(かいきょ) 쾌거
훈독 あがる　挙(あ)がる ①(범인이) 잡히다, 검거되다 ②(증거가) 드러나다
あげる　挙(あ)げる ①(손 등을) 들다 ②(식을) 올리다

舉

들 **거**
小4　N1

意見(いけん)がある人(ひと)は挙手(きょしゅ)してください。 의견이 있는 사람은 손을 들어 주세요.
姉(あね)は来月(らいげつ)、結婚式(けっこんしき)を挙(あ)げます。 언니는 다음 달, 결혼식을 올립니다.

Tip あがる

挙(あ)がる ①(범인이) 잡히다
②(증거가) 드러나다
犯人(はんにん)が挙(あ)がる。 범인이 잡히다.

上(あ)がる ①(위로) 올라가다
②(가격 등이) 오르다, 비싸지다
物価(ぶっか)が上(あ)がる。 물가가 오르다.

揚(あ)がる 튀겨지다
天(てん)ぷらが揚(あ)がる。 튀김이 튀겨지다.

0069

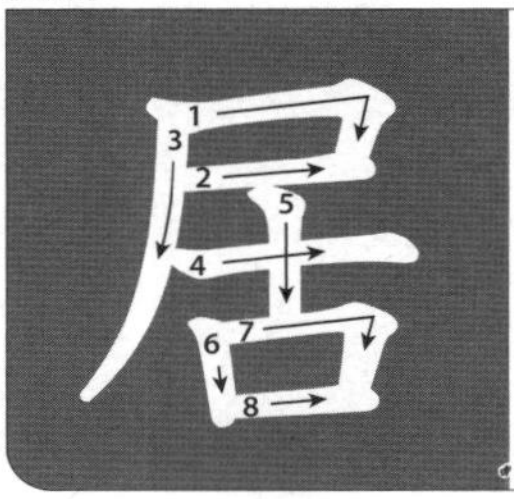

음독 きょ　居住(きょじゅう) 거주　同居(どうきょ) 동거　別居(べっきょ) 별거　転居(てんきょ) 이사, 이전

훈독 いる　居(い)る 있다, 존재하다　居間(いま) 거실　居眠(いねむ)り 앉아서 졺
居酒屋(いざかや) 선술집

살 **거**

小5　N2

市役所(しやくしょ)に転居届(てんきょとどけ)を出(だ)しました。 시청에 전입신고서를 냈습니다.

帰(かえ)りに居酒屋(いざかや)に寄(よ)りました。 귀가 길에 선술집에 들렀습니다.

0070

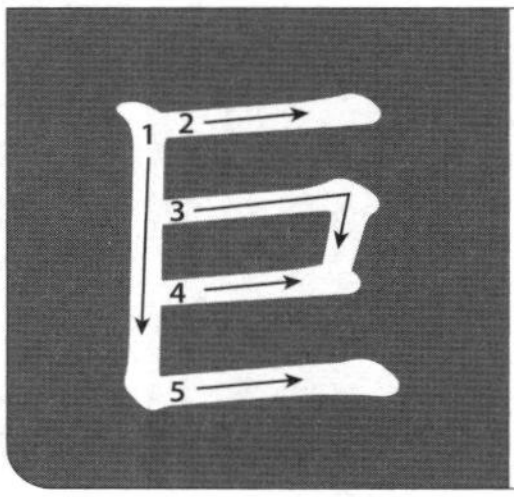

음독 きょ　巨大(きょだい) 거대함　巨人(きょじん) 거인　巨額(きょがく) 거액　巨木(きょぼく) 거목, 큰 나무

클 **거**

中　N2

港(みなと)に巨大(きょだい)なタンカーがとまっています。 항구에 거대한 유조선이 정박해 있습니다.

公園(こうえん)には桜(さくら)の巨木(きょぼく)があります。 공원에는 커다란 벚꽃 나무가 있습니다.

0071

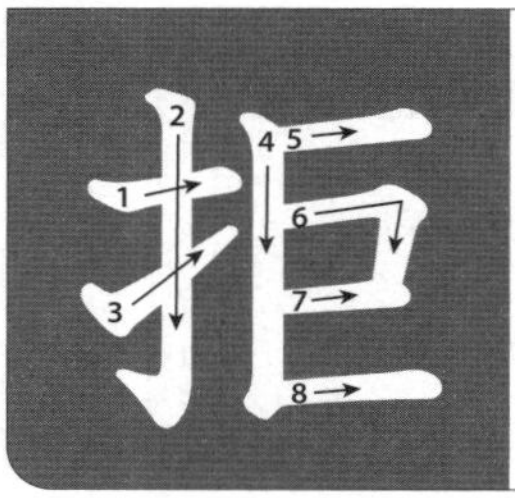

음독 きょ　拒否(きょひ) 거부　拒絶(きょぜつ) 거절

훈독 こばむ　拒(こば)む 거절하다

막을 **거**

中　급수 외

彼(かれ)は私(わたし)に会(あ)うのを拒否(きょひ)しました。 그는 나와 만나는 것을 거부했습니다.

田中(たなか)さんはパーティーの誘(さそ)いを拒(こば)みました。 다나카 씨는 파티 초대를 거절했습니다.

0072

음독 きょ　根拠(こんきょ) 근거　依拠(いきょ) 의거　占拠(せんきょ) 점거

こ　証拠(しょうこ) 증거

據

근거/웅거할 **거**

中　N1

それは根拠(こんきょ)のない噂(うわさ)です。 그것은 근거 없는 소문입니다.

裁判(さいばん)で弁護士(べんごし)が証拠(しょうこ)を提出(ていしゅつ)しました。 재판에서 변호사가 증거를 제출했습니다.

0073

据

훈독 すえる　据(す)える 설치하다　据(す)え付(つ)ける 설치하다
すわる　据(す)わる 안정되다

있을 **거**
中　N1

新(あたら)しく買(か)ったテレビを部屋(へや)に据(す)えました。 새로 산 TV를 방에 설치했습니다.
生後(せいご)３～４ヶ月経(げつた)つと、赤(あか)ちゃんの首(くび)が据(す)わるようになります。
태어난 지 3~4개월 지나면, 아기의 목이 안정됩니다.

0074

距

음독 きょ　距離(きょり) 거리　長距離(ちょうきょり) 장거리　短距離(たんきょり) 단거리

떨어질 **거**
中　N1

駅(えき)から学校(がっこう)までの距離(きょり)は３キロです。 역에서 학교까지의 거리는 3km입니다.
彼(かれ)は長距離(ちょうきょり)の選手(せんしゅ)です。 그는 장거리 선수입니다.

0075

裾

훈독 すそ　裾(すそ) 옷단, 옷자락　裾幅(すそはば) 옷자락 폭
お裾分(すそわ)け 얻은 것의 일부를 나누어 줌

옷자락 **거**
中　급수 외

ズボンの裾(すそ)を３センチぐらい短(みじか)くしてください。 바지 단을 3cm정도 짧게 해 주세요.
お土産(みやげ)でもらった梨(なし)を田中(たなか)さんにお裾分(すそわ)けしました。
선물로 받은 배를 다나카 씨와 나누어 먹었습니다.

0076

建

음독 けん　建設(けんせつ) 건설　建築(けんちく) 건축　再建(さいけん) 재건
こん　建立(こんりゅう) 건립

훈독 たてる　建(た)てる 건물을 짓다, 세우다
たつ　建(た)つ 건물이 서다

세울 **건**
小4　N3

大(おお)きな橋(はし)を建設(けんせつ)しています。 큰 다리를 건설하고 있습니다.
新(あたら)しく家(いえ)を建(た)てました。 새롭게 집을 지었습니다.

Tip 0566 たつ 참조

0077

음독 けん　健康(けんこう) 건강　健全(けんぜん) 건전함　健闘(けんとう) 건투　保健(ほけん) 보건

훈독 すこやか　健(すこ)やか 몸이 튼튼함, 건강함

군셀 **건**

小4 N1

保健室(ほけんしつ)で休(やす)みました。보건실에서 쉬었습니다.

子(こ)どもは健(すこ)やかに育(そだ)っています。아이는 건강하게 자라고 있습니다.

0078

음독 けん　事件(じけん) 사건　条件(じょうけん) 조건　用件(ようけん) 용건　物件(ぶっけん) 물건

물건 **건**

小5 N2

その事件(じけん)は昨夜(ゆうべ)、起(お)こりました。그 사건은 어젯밤 일어났습니다.

条件(じょうけん)がいいアルバイトを見(み)つけました。조건이 좋은 아르바이트를 발견했습니다.

0079

음독 きん　巾着(きんちゃく) 주머니　布巾(ふきん) 행주　雑巾(ぞうきん) 걸레

수건 **건**

中 급수 외

布巾(ふきん)で食器(しょっき)をふいてくれますか。행주로 식기를 닦아줄래요?

古(ふる)くなったタオルを雑巾(ぞうきん)にしました。오래된 수건을 걸레로 만들었습니다.

0080

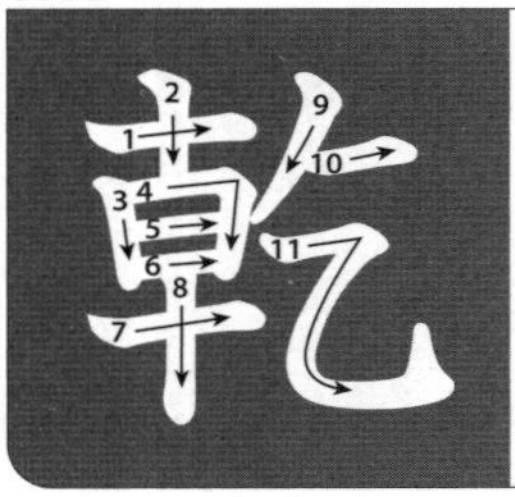

음독 かん　乾杯(かんぱい) 건배　乾季(かんき) 건기　乾燥(かんそう) 건조　乾電池(かんでんち) 건전지

훈독 かわく　乾(かわ)く 마르다, 건조하다

かわかす　乾(かわ)かす 말리다

마를 **건**

中 N2

それでは皆(みな)さん、乾杯(かんぱい)しましょう。그러면 여러분, 건배합시다.

洗濯物(せんたくもの)が乾(かわ)きません。빨래가 마르지 않습니다.

Tip 0032 かわく 참조

0081

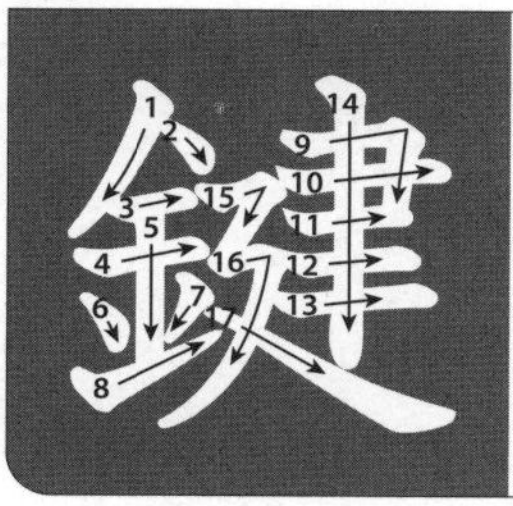

음독 **けん**　鍵盤(けんばん) 건반　白鍵(はっけん) 흰 건반　黒鍵(こっけん) 검은 건반

훈독 **かぎ**　鍵(かぎ) 열쇠　鍵穴(かぎあな) 열쇠 구멍　合鍵(あいかぎ) 맞쇠, 여벌 열쇠

열쇠/건반 **건**

中　N1

この曲(きょく)は低(ひく)い鍵盤(けんばん)をたくさん使(つか)います。 이 곡은 낮은 건반을 많이 사용합니다.

部屋(へや)を出(で)るときは必(かなら)ず鍵(かぎ)をかけてください。 방을 나갈 때는 꼭 열쇠를 잠가 주세요.

Tip かぎ

鍵(かぎ) 열쇠

合鍵(あいかぎ)を作(つく)る。 여벌 열쇠를 만들다.

鉤(かぎ) 갈고랑이

鉤(かぎ)で引(ひ)っかける。 갈고랑이로 걸다.

0082

훈독 **こう**　乞(こ)う 바라다, 원하다　雨乞(あまご)い 비를 빎, 기우　物乞(ものご)い 구걸　乞食(こじき) 거지

빌 **걸**

中　급수 외

先生(せんせい)に教(おし)えを乞(こ)いました。 선생님께 배우기를 원했습니다.

日本(にほん)では「乞食(こじき)」という言葉(ことば)を使(つか)ってはいけません。
일본에서는 '거지'라는 단어를 사용해서는 안 됩니다.

0083

음독 **けつ**　傑作(けっさく) 걸작

뛰어날 **걸**

中　N1

『こころ』は夏目漱石(なつめそうせき)の傑作(けっさく)です。 『마음』은 나츠메 소세키의 걸작입니다.

0084

음독 けん　検査(けんさ) 검사　検察(けんさつ) 검찰　検問(けんもん) 검문　点検(てんけん) 점검

檢

검사할 **검**

小5 N1

病院(びょういん)で検査(けんさ)を受(う)けました。병원에서 검사를 받았습니다.

毎月(まいつき)15日(にち)は定期点検(ていきてんけん)の日(ひ)です。매달 15일은 정기점검의 날입니다.

Tip **검사**

検査(けんさ) 사실을 살펴 검토하거나 조사하여 판정함

ガス管(かん)を検査(けんさ)する。가스관을 검사하다.

検事(けんじ) 형사 소송의 원고로, 사건의 공소를 제기하는 사람

検事(けんじ)になるための勉強(べんきょう)をする。검사가 되기 위한 공부를 하다.

0085

음독 けん　倹約(けんやく) 검약, 절약　倹素(けんそ) 검소함

儉

검소할 **검**

中 N1

倹約(けんやく)して、お金(かね)を貯(た)めます。절약해서 돈을 저축합니다.

彼(かれ)は倹素(けんそ)な暮(く)らしをしています。그는 검소한 생활을 하고 있습니다.

0086

음독 けん　剣道(けんどう) 검도　剣術(けんじゅつ) 검술　刀剣(とうけん) 도검　真剣(しんけん) 진지함

훈독 つるぎ　剣(つるぎ) 검

劍

칼 **검**

中 N1

息子(むすこ)は剣道(けんどう)を習(なら)っています。아들은 검도를 배우고 있습니다.

古代(こだい)の墓(はか)から剣(つるぎ)が発見(はっけん)されました。고대 무덤에서 검이 발견되었습니다.

0087

음독 **けい** 掲載(けいさい) 게재 掲示(けいじ) 게시 別掲(べっけい) 따로 게재함

훈독 **かか**げる 掲(かか)げる 내걸다, 게재하다

掲

걸 **게**

中 N1

雑誌(ざっし)に私(わたし)の写真(しゃしん)が掲載(けいさい)されました。 잡지에 내 사진이 게재되었습니다.

売(う)り上(あ)げ10%増(ぞう)を目標(もくひょう)に掲(かか)げます。 매상 10% 증가를 목표로 내겁니다.

0088

음독 **けい** 休憩(きゅうけい) 휴게, 휴식 小憩(しょうけい) 잠깐 쉼

훈독 **いこ**う 憩(いこ)う 쉬다, 휴식하다 憩(いこ)い 휴식

쉴 **게**

中 N1

ちょっと休憩(きゅうけい)しましょう。 잠깐 쉬죠.

清渓川(チョンゲチョン)はソウル市民(しみん)の憩(いこ)いの場(ば)です。 청계천은 서울 시민의 휴식처입니다.

0089

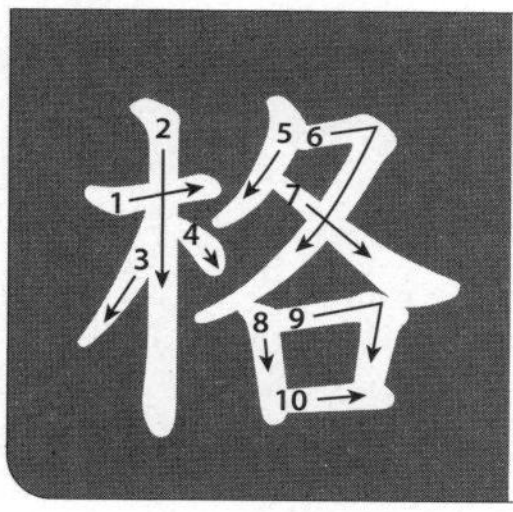

음독 **かく** 格差(かくさ) 격차 格好(かっこう) 모양, 모습 性格(せいかく) 성격 合格(ごうかく) 합격

こう 格子(こうし) 격자, 체크(무늬)

인격/지위/격자 **격**

小5 N2

田中(たなか)さんは性格(せいかく)がいいです。 다나카 씨는 성격이 좋습니다.

大工(だいく)が格子(こうし)の枠(わく)にガラスをはめて窓(まど)を作(つく)っています。
목수가 격자 틀에 유리를 끼워 창문을 만들고 있습니다.

0090

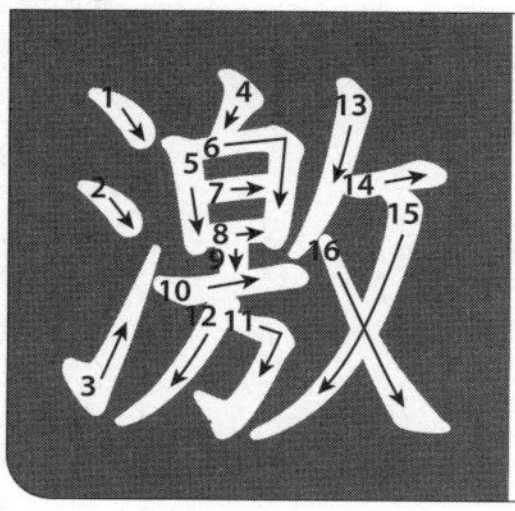

음독 **げき** 激増(げきぞう) 격증 激励(げきれい) 격려 感激(かんげき) 감격 過激(かげき) 과격함

훈독 **はげ**しい 激(はげ)しい 심하다

격할 **격**

小6 N1

彼(かれ)の話(はなし)に感激(かんげき)しました。 그의 이야기에 감격했습니다.

雨(あめ)が激(はげ)しく降(ふ)っています。 비가 심하게 내리고 있습니다.

0091

음독 かく　隔離(かくり) 격리　隔年(かくねん) 격년(한 해씩 거름)　間隔(かんかく) 간격　遠隔(えんかく) 원격

훈독 へだてる　隔(へだ)てる 사이에 두다, 거리를 두다

へだたる　隔(へだ)たる 사이가 떨어지다, 사이에 두다

사이 뜰 **격**

中　N1

間隔(かんかく)を空(あ)けて並(なら)んでください。 간격을 띄워서 줄서 주세요.

韓国(かんこく)と日本(にほん)は海(うみ)で隔(へだ)たっています。 한국과 일본은 바다를 사이에 두고 있습니다.

0092

음독 げき　撃退(げきたい) 격퇴　撃墜(げきつい) 격추　攻撃(こうげき) 공격　反撃(はんげき) 반격

훈독 うつ　撃(う)つ 공격하다, (총으로) 쏘다

撃

칠 **격**

中　N1

敵(てき)が攻撃(こうげき)してきました。 적이 공격해 왔습니다.

軍隊(ぐんたい)で銃(じゅう)を撃(う)つ訓練(くんれん)をしました。 군대에서 총을 쏘는 훈련을 했습니다.

Tip うつ

撃(う)つ (총으로) 쏘다, 사격하다

銃(じゅう)を撃(う)つ。 총을 쏘다.

打(う)つ ①치다, 때리다 ②(두드려) 박다

釘(くぎ)を打(う)つ。 못을 박다.

討(う)つ (무기 등으로) 공격하다, 토벌하다

敵(てき)を討(う)つ。 적을 토벌하다.

0093

음독 けん　愛犬(あいけん) 애견　名犬(めいけん) 명견

훈독 いぬ　犬(いぬ) 개　子犬(こいぬ) 강아지

개 **견**

小1　N3

秋田犬(あきたいぬ)は名犬(めいけん)です。 아키타견은 명견입니다.

私(わたし)は犬(いぬ)を飼(か)っています。 저는 개를 기르고 있습니다.

0094

음독 けん　意見(いけん) 의견　見学(けんがく) 견학　発見(はっけん) 발견　見物(けんぶつ) 구경

훈독 みる　見(み)る 보다　お見舞(みま)い 위문, 문병　見本(みほん) 견본

みえる　見(み)える 보이다

みせる　見(み)せる 보이다, 나타내다

볼 **견**

小1　N5

仁寺洞(インサドン)を見物(けんぶつ)しました。 인사동을 구경했습니다.

見本(みほん)を見(み)せてください。 견본을 보여 주세요.

Tip みる

見(み)る (눈으로) 보다

映画(えいが)を見(み)る。 영화를 보다.

診(み)る 진찰하다

患者(かんじゃ)を診(み)る。 환자를 진찰하다.

0095

음독 けん　絹糸(けんし) 견사, 비단실　絹布(けんぷ) 견직물　純絹(じゅんけん) 순견　人絹(じんけん) 인견

훈독 きぬ　絹(きぬ) 비단(실크), 견직물　絹織物(きぬおりもの) 견직물, 비단, 명주

비단 **견**

小6　N1

「人絹(じんけん)」とはレーヨンのことです。 '인견'이란 레이온을 말합니다.

絹(きぬ)のスカーフを買(か)いました。 실크 스카프를 샀습니다.

0096

음독 けん　肩甲骨(けんこうこつ) 견갑골(어깨뼈)　肩章(けんしょう) 견장

훈독 かた　肩(かた) 어깨　肩(かた)こり 어깨 결림　肩車(かたぐるま) 목마　肩書(かたが)き 직함

路肩(ろかた) 갓길

肩

어깨 **견**

中　N2

肩甲骨(けんこうこつ)の辺(あた)りをマッサージします。 견갑골 주위를 마사지합니다.

子(こ)どもを肩車(かたぐるま)して散歩(さんぽ)しました。 아이를 목마 태우고 산책했습니다.

0097

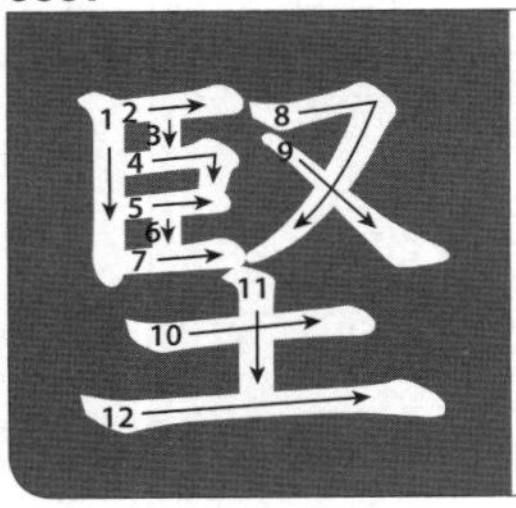

음독 **けん** 　堅固(けんご) 견고함　堅持(けんじ) 견지, 고수　堅実(けんじつ) 착실함, 건실함　堅牢(けんろう) 견고함

훈독 **かた**い　堅(かた)い 단단하다, 견고하다　手堅(てがた)い 견실하다

굳을 **견**

中　N1

わが社(しゃ)の社長(しゃちょう)は堅実(けんじつ)に会社(かいしゃ)を経営(けいえい)しています。
우리 회사의 사장은 건실하게 회사를 경영하고 있습니다.

河村(かわむら)さんは口(くち)が堅(かた)い人(ひと)です。 가와무라 씨는 입이 무거운 사람입니다.

Tip かたい

堅(かた)い 견고하다(강하고 튼튼하다)

守備(しゅび)が堅(かた)い。 수비가 견고하다.

固(かた)い 신념이나 의지가 굳다 (심지가 굳다, 단단하다)

団結(だんけつ)が固(かた)い。 단결이 굳다.

硬(かた)い 딱딱하다(부드럽다의 반대말)

餅(もち)が硬(かた)い。 떡이 딱딱하다.

0098

음독 **けん**　派遣(はけん) 파견　先遣(せんけん) 먼저 파견함

훈독 **つか**う　遣(つか)う 고용하다　お遣(つか)い 심부름(꾼)　お小遣(こづか)い 용돈　仮名遣(かなづか)い 가나표기법

つかわす　遣(つか)わす 파견하다

보낼 **견**

中　N1

外国(がいこく)の支社(ししゃ)に社員(しゃいん)を派遣(はけん)しました。 외국 지사로 사원을 파견했습니다.

子(こ)どもにお小遣(こづか)いをあげました。 아이에게 용돈을 주었습니다.

Tip 0856 つかう 参조

0099

음독 **けん**　繭糸(けんし) 고치실, 명주실

훈독 **まゆ**　繭(まゆ) 누에고치

繭

고치 **견**

中　N1

市場(いちば)で繭糸(けんし)を取引(とりひき)します。 시장에서 명주실을 거래합니다.

蚕(かいこ)の繭(まゆ)から絹(きぬ)を作(つく)ります。 누에고치에서 비단을 만듭니다.

0100

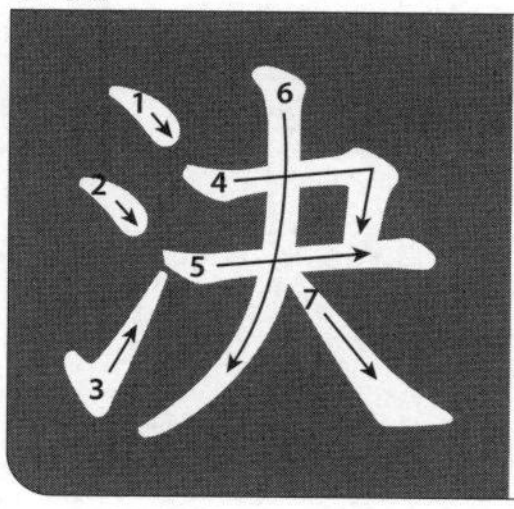

음독 **けつ** 　決定(けってい) 결정　決意(けつい) 결의　解決(かいけつ) 해결　対決(たいけつ) 대결
決して(けっして) 결코, 절대로

훈독 **きまる** 　決(き)まる 결정되다　決(き)まり ①규정, 규칙 ②결정
きめる 　決(き)める 결정하다

결단할 **결**
小3　N2

あしたは韓国(かんこく)と日本(にほん)のチームが対決(たいけつ)します。내일은 한국과 일본팀이 대결합니다.
行(い)くか行(い)かないか決(き)めてください。갈지 안 갈지 결정해 주세요.

0101

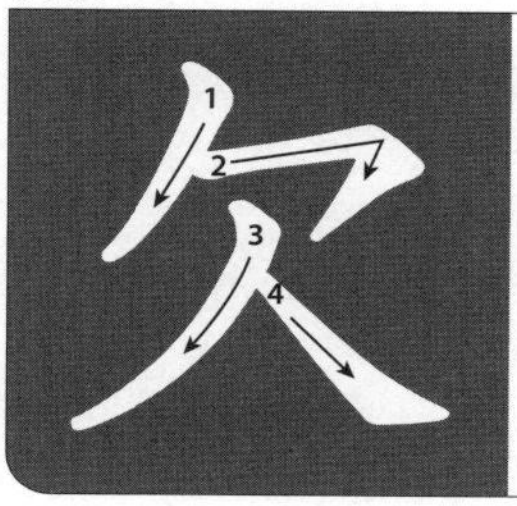

음독 **けつ** 　欠場(けつじょう) 결장　欠席(けっせき) 결석　欠点(けってん) 결점　不可欠(ふかけつ) 불가결

훈독 **かける** 　欠(か)ける ①깨져 떨어지다 ②부족하다 ③빠지다
かく 　欠(か)く ①깨다, 상하다 ②빠지다, 거르다
かかす 　欠(か)かす 빠뜨리다, 빼다, 거르다

缺

이지러질/빠뜨릴 **결**
小4　N2

鈴木(すずき)さんは今日(きょう)、欠席(けっせき)です。스즈키 씨는 오늘 결석입니다.
忙(いそが)しい時(とき)には食事(しょくじ)を欠(か)くことがあります。바쁠 때에는 식사를 거를 때가 있습니다.

Tip **かく**

欠(か)く 빠지다, 결여하다
欠(か)くことのできない条件(じょうけん)。빠뜨릴 수 없는 조건.

掻(か)く 긁다
かゆいところを掻(か)く。가려운 곳을 긁다.

0102

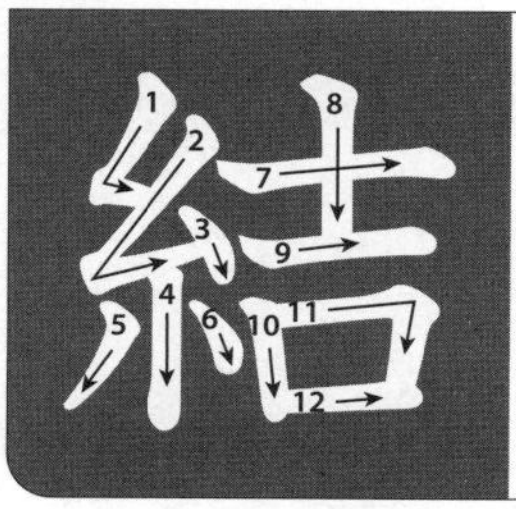

음독 **けつ** 　結婚(けっこん) 결혼　結果(けっか) 결과　団結(だんけつ) 단결　終結(しゅうけつ) 종결

훈독 **むすぶ** 　結(むす)ぶ ①매다, 묶다 ②잇다 ③맺다
ゆう 　結(ゆ)う ①매다, 묶다, 엮다 ②(머리를) 땋다
ゆわえる 　結(ゆ)わえる 매다, 묶다

맺을 **결**
小4　N1

検査(けんさ)の結果(けっか)が出(で)ました。검사 결과가 나왔습니다.
くつのひもを結(むす)んでください。신발끈을 묶어 주세요.

0103

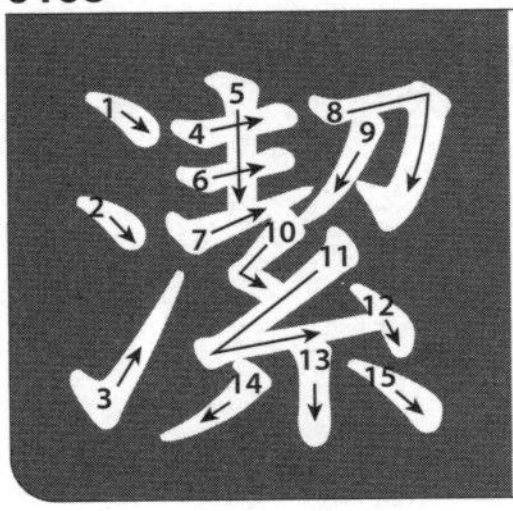

음독 **けつ**　潔癖(けっぺき) 결벽　潔白(けっぱく) 결백　清潔(せいけつ) 청결　簡潔(かんけつ) 간결함

훈독 **いさぎよい**　潔(いさぎよ)い ①맑고 깨끗하다 ②결백하다 ③단념이 빠르다

潔

깨끗할 **결**

小5　N1

部屋(へや)を清潔(せいけつ)にしましょう。 방을 청결하게 합시다.

大臣(だいじん)は潔(いさぎよ)く辞(や)めました。 장관은 미련없이 그만뒀습니다.

0104

음독 **けん**　兼業(けんぎょう) 겸업　兼用(けんよう) 겸용　兼任(けんにん) 겸임　兼備(けんび) 겸비

훈독 **かねる**　兼(か)ねる 겸하다

兼

겸할 **겸**

中　N1

これは男女兼用(だんじょけんよう)の服(ふく)です。 이것은 남녀겸용 옷입니다.

事務所(じむしょ)にはファックスも兼(か)ねたコピー機(き)があります。
사무실에는 팩스도 겸한 복사기가 있습니다.

0105

음독 **けん**　謙虚(けんきょ) 겸허함　謙遜(けんそん) 겸손함　謙譲(けんじょう) 겸양　謙譲語(けんじょうご) 겸양어

謙

겸손할 **겸**

中　N1

謙虚(けんきょ)な態度(たいど)で話(はなし)を聞(き)きました。 겸허한 태도로 이야기를 들었습니다.

「食(た)べる」の謙譲語(けんじょうご)は「いただく」です。 「食べる」의 겸양어는 「いただく」입니다.

0106

훈독 **かま**　鎌(かま) 낫　鎌倉(かまくら) 가마쿠라(일본 가나가와현(神奈川県)에 있는 지명)

鎌

낫 **겸**

中　N1

鎌(かま)で草(くさ)を刈(か)ります。 낫으로 풀을 벱니다.

0107

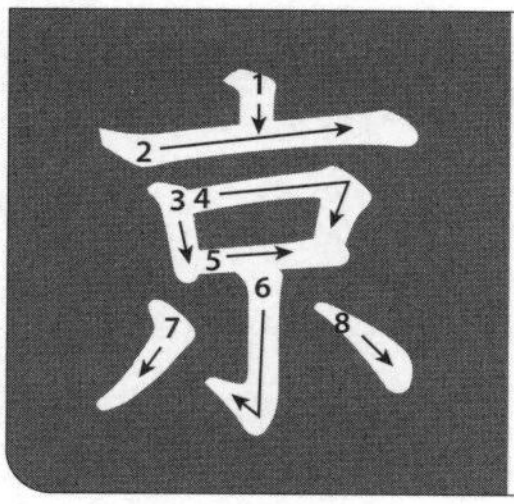

음독 きょう　東京(とうきょう) 도쿄　京都(きょうと) 교토　上京(じょうきょう) 상경
けい　京阪神(けいはんしん) 교토·오사카·고베　京浜(けいひん) 도쿄와 요코하마
きん　南京豆(なんきんまめ) 땅콩

서울 **경**
小2　N3

私(わたし)は東京(とうきょう)生(う)まれです。 나는 도쿄에서 태어났습니다.
京阪神(けいはんしん)は京都(きょうと)、大阪(おおさか)、神戸(こうべ)のことです。 게이한신은 교토, 오사카, 고베를 말합니다.

0108

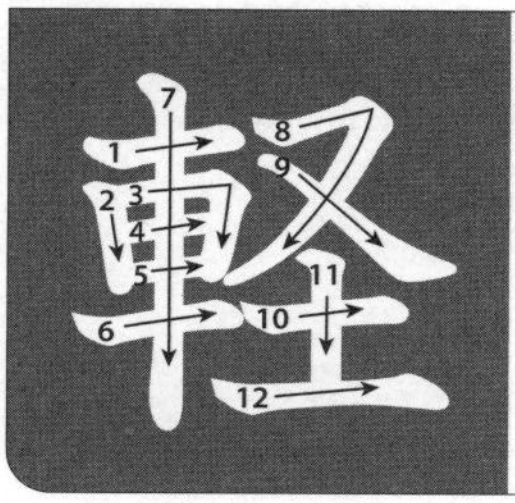

음독 けい　軽視(けいし) 경시　軽快(けいかい) 경쾌함　軽蔑(けいべつ) 경멸　軽自動車(けいじどうしゃ) 경차
훈독 かるい　軽(かる)い 가볍다　気軽(きがる) 깊이 생각하지 않음, 가볍게 행동함
身軽(みがる) ①몸놀림이 가벼움 ②간편한 모양　軽口(かるくち) ①익살 ②입이 가벼움
かろやか　軽(かろ)やか 가뿐함, 경쾌함

輕

가벼울 **경**
小3　N3

軽快(けいかい)な音楽(おんがく)が聞(き)こえてきます。 경쾌한 음악이 들려옵니다.
気軽(きがる)に何(なん)でも聞(き)いてください。 부담 없이 무엇이든 질문해 주세요.

0109

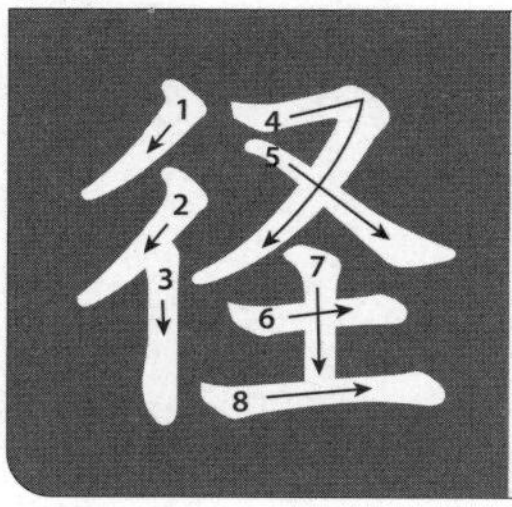

음독 けい　径路(けいろ) 경로　直径(ちょっけい) 직경, 지름　半径(はんけい) 반경, 반지름
口径(こうけい) (총이나 카메라의) 구경

徑

길/지름 **경**
小4　N1

会場(かいじょう)までの径路(けいろ)を案内(あんない)します。 회장까지의 경로를 안내하겠습니다.
円(えん)の直径(ちょっけい)を計(はか)ります。 원의 지름을 잽니다.

0110

음독 けい　景気(けいき) 경기　景品(けいひん) 경품　風景(ふうけい) 풍경　夜景(やけい) 야경
예외 景色(けしき) 경치

별/경치 **경**
小4　N2

最近(さいきん)、景気(けいき)が悪(わる)いです。 최근, 경기가 좋지 않습니다.
ここから見(み)る夜景(やけい)はきれいです。 여기에서 보는 야경은 아름답습니다.

0111

음독 きょう　鏡台(きょうだい) 경대　望遠鏡(ぼうえんきょう) 망원경　顕微鏡(けんびきょう) 현미경　三面鏡(さんめんきょう) 삼면경

훈독 かがみ　鏡(かがみ) 거울　手鏡(てかがみ) 손거울　鏡餅(かがみもち) 설 같은 때에 신불에게 올리는 찰떡

특이 眼鏡(めがね) 안경

거울 **경**

小4　N1

これは母(はは)が使(つか)っていた三面鏡(さんめんきょう)です。 이것은 어머니가 사용했던 삼면경입니다.

お正月(しょうがつ)に作(つく)るもちを「鏡餅(かがみもち)」と言(い)います。 설날에 만드는 떡을 '가가미모치'라고 합니다.

0112

음독 けい　競馬(けいば) 경마　競輪(けいりん) 경륜

きょう　競争(きょうそう) 경쟁　競売(きょうばい) 경매

훈독 きそう　競(きそ)う 다투다, 겨루다, 경쟁하다

せる　競(せ)る 다투다, 겨루다, 경매하다

다툴 **경**

小4　N2

週末(しゅうまつ)は競馬場(けいばじょう)に行(い)きます。 주말에는 경마장에 갑니다.

友(とも)だちと競(きそ)いながら勉強(べんきょう)します。 친구와 경쟁하면서 공부합니다.

0113

음독 けい　経済(けいざい) 경제　経営(けいえい) 경영　経歴(けいれき) 경력　神経(しんけい) 신경

きょう　経典(きょうてん) 경전　読経(どきょう) (불교)독경

훈독 へる　経(へ)る ①흐르다, 경과하다 ②지나다, 거치다

經

지날/글 **경**

小5　N2

父(ちち)は会社(かいしゃ)を経営(けいえい)しています。 아버지는 회사를 경영하고 있습니다.

東京(とうきょう)を経(へ)て、シドニーに行(い)きました。 도쿄를 거쳐 시드니에 갔습니다.

0114

음독 こう　耕作(こうさく) 경작　耕運機(こううんき) 경운기　耕地(こうち) 경작지　農耕(のうこう) 농경

훈독 たがやす　耕(たがや)す 갈다, 일구다, 경작하다

밭 갈 **경**

小5　N2

この村(むら)は耕地(こうち)がありません。 이 마을은 경작지가 없습니다.

畑(はたけ)を耕(たがや)して暮(く)らしました。 밭을 일구며 살았습니다.

0115

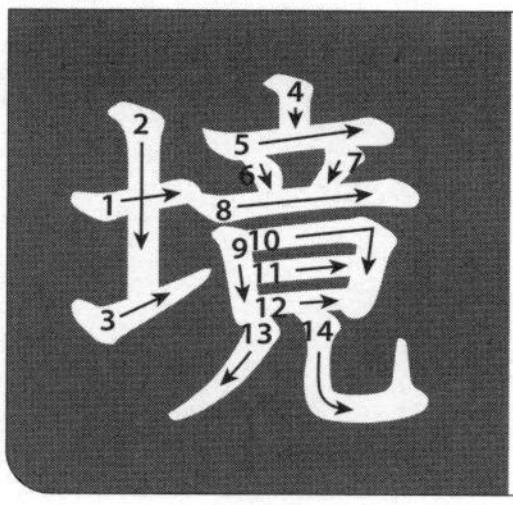

음독 きょう　境界(きょうかい) 경계　境地(きょうち) 경지　環境(かんきょう) 환경　国境(こっきょう) 국경

けい　境内(けいだい) 경내(신사・사찰의 구내)

훈독 さかい　境(さかい) 경계, 갈림길, 기로　県境(けんざかい) 현과 현의 경계

경계 **경**

小5　N2

環境問題(かんきょうもんだい)について考(かんが)えましょう。환경문제에 대해서 생각합시다.

この川(かわ)は広島県(ひろしまけん)と山口県(やまぐちけん)の県境(けんざかい)です。이 강은 히로시마현과 야마구치현의 경계입니다.

0116

음독 けい　敬語(けいご) 경어　敬礼(けいれい) 경례　尊敬(そんけい) 존경

畏敬(いけい) 경외(공경하면서 두려워함)

훈독 うやまう　敬(うやま)う 존경하다, 공경하다

敬

공경 **경**

小6　N2

私(わたし)は父(ちち)を尊敬(そんけい)しています。나는 아버지를 존경하고 있습니다.

「敬老(けいろう)の日(ひ)」はお年寄(としよ)りを敬(うやま)う日(ひ)です。

'경로의 날'은 나이드신 분들을 공경하는 날입니다.

0117

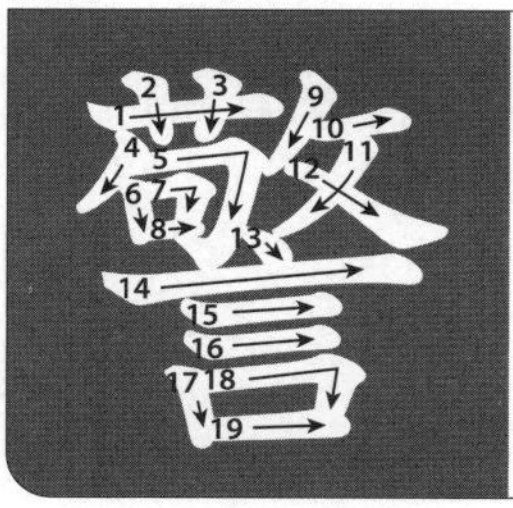

음독 けい　警察(けいさつ) 경찰　警報(けいほう) 경보　警告(けいこく) 경고　警備(けいび) 경비

警

경계할 **경**

小6　N2

警察(けいさつ)が取(と)り締(し)まりをしています。경찰이 단속을 하고 있습니다.

ガス警報機(けいほうき)が鳴(な)っています。가스 경보기가 울리고 있습니다.

0118

음독 けい　地下茎(ちかけい) 땅속줄기　塊茎(かいけい) 덩이줄기　根茎(こんけい) 뿌리줄기

훈독 くき　茎(くき) 줄기　歯茎(はぐき) 잇몸

莖

줄기 **경**

中　N1

じゃがいもは地下茎(ちかけい)で育(そだ)ちます。감자는 땅속줄기로 자랍니다.

歯茎(はぐき)から血(ち)が出(で)ました。잇몸에서 피가 났습니다.

0119

음독 **こう** 更迭(こうてつ) 경질 変更(へんこう) 변경 更新(こうしん) 갱신 更生(こうせい) 갱생

훈독 **さら** 更(さら)に 한층 더, 더욱더

ふける 更(ふ)ける (밤·계절 등이) 깊어지다

ふかす 更(ふ)かす 밤 늦도록 깨어 있다 夜更(よふ)かし 밤을 샘

고칠 **경** / 다시 **갱**

中 N2

契約(けいやく)を更新(こうしん)しました。 계약을 갱신했습니다.

夜更(よふ)かしは健康(けんこう)に悪(わる)いです。 밤을 새는 것은 건강에 좋지 않습니다.

Tip ふける

更(ふ)ける (밤이나 계절 등이) 깊어지다

夜(よ)が更(ふ)ける。 밤이 깊어지다.

老(ふ)ける 나이를 먹다, 늙다

顔(かお)が老(ふ)けている。 얼굴이 늙어 보인다.

0120

훈독 **ころ** 頃(ころ) 쯤, 무렵 頃合(ころあ)い 적기 近頃(ちかごろ) 최근, 요즘 年頃(としごろ) 적령기

手頃(てごろ) 알맞음, 조건에 걸맞음

잠깐 **경**

中 N1

子(こ)どもの頃(ころ)の思(おも)い出(で)がありますか。 어릴 적 추억이 있습니까?

近頃(ちかごろ)は不景気(ふけいき)です。 요즘은 불경기입니다.

0121

음독 **こう** 脳梗塞(のうこうそく) 뇌경색

きょう 桔梗(ききょう) 도라지

줄기 **경**

中 급수 외

祖父(そふ)が脳梗塞(のうこうそく)で倒(たお)れました。 할아버지가 뇌경색으로 쓰러졌습니다.

桔梗(ききょう)の花(はな)が咲(さ)いています。 도라지꽃이 피어 있습니다.

0122

음독 **こう** 硬貨(こうか) 동전 硬直(こうちょく) 경직 硬式(こうしき) 경식(딱딱한 공으로 경기하는 방식)

훈독 **かた**い 硬(かた)い 단단하다, 딱딱하다

굳을 **경**

中 N2

外国(がいこく)の硬貨(こうか)を集(あつ)めるのが趣味(しゅみ)です。 외국 동전을 모으는 것이 취미입니다.

お餅(もち)が硬(かた)くて食(た)べられません。 떡이 딱딱해서 먹을 수 없습니다.

Tip 0097 かたい 참조

0123

음독 **けい** 傾向(けいこう) 경향 傾斜(けいしゃ) 경사 傾倒(けいとう) 심취함, 열중함 傾聴(けいちょう) 경청

훈독 **かたむ**く 傾(かたむ)く 기울다

かたむける 傾(かたむ)ける 기울이다

기울 **경**

中 N2

最近(さいきん)の人(ひと)は本(ほん)を読(よ)まない傾向(けいこう)があります。 요즘 사람들은 책을 읽지 않는 경향이 있습니다.

地震(じしん)で家(いえ)が傾(かたむ)いてしまいました。 지진으로 집이 기울어져 버렸습니다.

0124

음독 **けい** 慶事(けいじ) 경사 慶弔(けいちょう) 경조 慶賀(けいが) 경하

内弁慶(うちべんけい) 집 안에서만 큰소리침, 또는 그런 사람

경사 **경**

中 N1

日本(にほん)では慶事(けいじ)のとき、どんな服(ふく)を着(き)ますか。

일본에서는 경사일 때 어떤 옷을 입습니까?

うちの子(こ)どもは内弁慶(うちべんけい)な性格(せいかく)です。 우리 아이는 집 안에서만 큰소리치는 성격입니다.

0125

음독 **けい** 憧憬(どうけい) 동경(しょうけい로도 읽음)

동경할 **경**

中 급수 외

多(おお)くの女(おんな)の子(こ)がアイドルに憧憬(どうけい)します。 많은 여자아이들이 아이돌을 동경합니다.

0126

음독 **げい** 　 **鯨肉**(げいにく) 고래 고기 　 **捕鯨**(ほげい) 포경, 고래잡이

훈독 **くじら** 　 **鯨**(くじら) 고래

고래 **경**

中 N1

捕鯨(ほげい)に賛成(さんせい)ですか、反対(はんたい)ですか。고래잡이에 찬성입니까, 반대입니까?

鯨(くじら)が泳(およ)いでいるのが見(み)えます。고래가 헤엄치고 있는 것이 보입니다.

0127

음독 **きょう** 　 **驚異**(きょうい) 경이 　 **驚異的**(きょういてき) 경이적 　 **驚嘆**(きょうたん) 경탄 　 **驚愕**(きょうがく) 경악

훈독 **おどろ**く 　 **驚く**(おどろく) 놀라다

おどろかす 　 **驚かす**(おどろかす) 놀라게 하다

驚

놀랄 **경**

中 N1

日本(にほん)の選手(せんしゅ)が驚異的(きょういてき)な記録(きろく)を出(だ)しました。일본 선수가 경이적인 기록을 냈습니다.

火事(かじ)のニュースを見(み)て、とても驚(おどろ)きました。화재 뉴스를 보고 매우 놀랐습니다.

0128

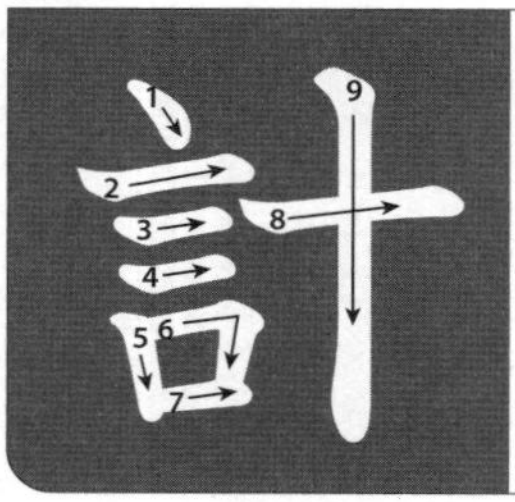

음독 **けい** 　 **計画**(けいかく) 계획 　 **計算**(けいさん) 계산 　 **合計**(ごうけい) 합계 　 **体温計**(たいおんけい) 체온계

훈독 **はか**る 　 **計る**(はかる) ①(길이를) 재다 ②(무게를) 달다

はからう 　 **計らう**(はからう) 처리하다, 의논하다

셀 **계**

小2 N3

合計何人(ごうけいなんにん)ですか。합계 몇 명입니까?

体温(たいおん)を計(はか)ってみましょう。체온을 재 봅시다.

Tip はかる

計る(はかる) 시간이나 길이를 재다

時間(じかん)を計(はか)る。시간을 재다.

量る(はかる) 무게를 달다

容積(ようせき)を量(はか)る。용적(용량)을 재다.

測る(はかる) 길이나 양을 측정하다

水深(すいしん)を測(はか)る。수심을 측정하다.

図る(はかる) 여러모로 요량하다, 도모하다

便宜(べんぎ)を図(はか)る。편의를 도모하다.

諮る(はかる) 자문하다, 상의하다

審議会(しんぎかい)に諮(はか)る。심의회에 자문하다.

謀る(はかる) 꾀하다, 속이다

暗殺(あんさつ)を謀(はか)る。암살을 꾀하다.

0129

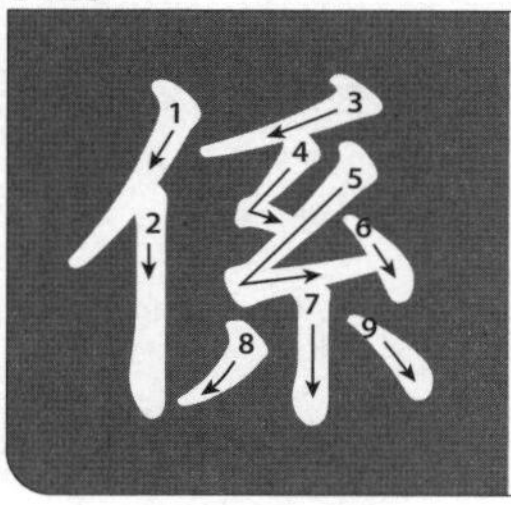

음독 **けい**　関係(かんけい) 관계　係数(けいすう) 계수　係留(けいりゅう) 계류, 붙들어 맴　係争(けいそう) 계쟁(소송의 당사자끼리 법률상으로 다툼)

훈독 **かかる**　係(かか)る 관계되다　受付係(うけつけがか)り 접수 담당

かかり　係(かかり) ①담당 ②관계　係長(かかりちょう) 계장

繫

맬/이을 **계**

小3　N2

その事と私(わたし)は関係(かんけい)がありません。그 일과 저는 관계가 없습니다.

仕事(しごと)を係長(かかりちょう)に相談(そうだん)しました。업무를 계장님과 상의했습니다.

0130

음독 **かい**　世界(せかい) 세계　業界(ぎょうかい) 업계　境界(きょうかい) 경계　他界(たかい) 타계, 죽음

지경 **계**

小3　N3

キムさんは世界中(せかいじゅう)に友達(ともだち)がいます。김 씨는 전 세계에 친구가 있습니다.

彼(かれ)は事故(じこ)で他界(たかい)しました。그는 사고로 타계했습니다.

0131

음독 **かい**　階段(かいだん) 계단　階級(かいきゅう) 계급　一階(いっかい) 1층　段階(だんかい) 단계

층계 **계**

小3　N2

トイレは階段(かいだん)を下(お)りて、右(みぎ)です。화장실은 계단을 내려가서 오른쪽입니다.

本屋(ほんや)は５階(かい)にあります。서점은 5층에 있습니다.

0132

음독 **き**　季節(きせつ) 계절　四季(しき) 사계　夏季(かき) 하계　冬季(とうき) 동계

계절 **계**

小4　N2

韓国(かんこく)も日本(にほん)も四季(しき)がはっきりしています。한국도 일본도 사계가 뚜렷합니다.

ここは冬季(とうき)オリンピックの予定地(よていち)です。여기는 동계올림픽 예정지입니다.

0133

음독 かい

機械(きかい) 기계(인력 이외의 동력에 의한 복잡하고 대규모의 기계)

器械(きかい) 기계(도구나 인력에 의한 단순하고 소규모의 기계)

기계 **계**

小4 N2

これは何(なん)の機械(きかい)ですか。 이것은 무슨 기계입니까?

妹(いもうと)は器械体操(きかいたいそう)の選手(せんしゅ)です。 여동생은 기계체조 선수입니다.

0134

음독 けい

系統(けいとう) 계통　系列(けいれつ) 계열　家系(かけい) 가계, 집안　直系(ちょっけい) 직계

이을 **계**

小6 N1

系列会社(けいれつがいしゃ)に異動(いどう)しました。 계열사로 이동했습니다.

私(わたし)の家系(かけい)には太(ふと)った人(ひと)が多(おお)いです。 우리 집안에는 살찐 사람이 많습니다.

0135

훈독 とどける　届(とど)ける ①보내다 ②신고하다

とどく　届(とど)く 배달되다, 도착하다

居

이를 **계**

小6 N2

先生(せんせい)にお祝(いわ)いの花束(はなたば)を届(とど)けます。 선생님에게 축하 꽃다발을 보냅니다.

年賀状(ねんがじょう)が届(とど)きました。 연하장이 도착했습니다.

0136

음독 かい

戒律(かいりつ) 계율　厳戒(げんかい) 엄중히 경계함　警戒(けいかい) 경계　懲戒(ちょうかい) 징계

훈독 いましめる　戒(いまし)める 훈계하다, 징계하다　戒(いまし)め 훈계, 교훈, 주의

경계할/타이를 **계**

中 N1

台風(たいふう)が近(ちか)づいているので、警戒(けいかい)が必要(ひつよう)です。
태풍이 다가오고 있기 때문에 경계가 필요합니다.

父(ちち)の戒(いまし)めを守(まも)ります。 아버지의 교훈을 지킵니다.

0137

음독 けい　契機(けいき) 계기　契約(けいやく) 계약　契約書(けいやくしょ) 계약서

훈독 ちぎる　契(ちぎ)る 굳게 약속하다　契(ちぎ)り 약속, 언약

契

맺을 **계**

中　N1

契約書(けいやくしょ)にサインをしてください。계약서에 사인을 해 주세요.

彼(かれ)と永遠(えいえん)の仲(なか)を契(ちぎ)りました。그와 영원한 사이를 굳게 약속했습니다.

0138

음독 けい　啓発(けいはつ) 계발　啓蒙(けいもう) 계몽

拝啓(はいけい) 배계('삼가 아뢰'의 뜻으로 편지 첫머리에 쓰는 말)

謹啓(きんけい) 근계(편지 첫머리의 인사말)

啓

일깨워줄 **계**

中　N1

能力啓発(のうりょくけいはつ)のためのセミナーです。능력계발을 위한 세미나입니다.

拝啓(はいけい) 小林様(こばやしさま)、お元気(げんき)ですか。삼가 아룁니다. 고바야시님, 잘 지내시나요?

0139

음독 けい　渓谷(けいこく) 계곡　渓流(けいりゅう) 시냇물

渓

시내 **계**

中　N1

秋(あき)の渓谷(けいこく)はとても美(うつく)しいです。가을 계곡은 매우 아름답습니다.

この渓流(けいりゅう)には魚(さかな)がいます。이 시냇물에는 물고기가 있습니다.

0140

음독 けい　継続(けいぞく) 계속　中継(ちゅうけい) 중계　後継(こうけい) 후계　承継(しょうけい) 승계

훈독 つぐ　継(つ)ぐ 잇다, 계승하다　息継(いきつ)ぎ 한숨 돌림, 잠시 쉼

後継(あとつ)ぎ 상속자, 후계자

繼

이을 **계**

中　N1

衛星中継(えいせいちゅうけい)で海外(かいがい)のニュースを見(み)ます。위성중계로 해외 뉴스를 봅니다.

大学(だいがく)を卒業(そつぎょう)して、父(ちち)の会社(かいしゃ)を継(つ)ぎました。
대학을 졸업하고 아버지의 회사를 이어받았습니다.

0141

음독 **けい** 稽古(けいこ) 익힘, 연습 滑稽(こっけい) 해학, 익살 荒唐無稽(こうとうむけい) 황당무계함

머무를 **계**

中 급수 외

午後(ごご)から柔道(じゅうどう)の稽古(けいこ)をします。 오후부터 유도 연습을 합니다.

それは荒唐無稽(こうとうむけい)な話(はなし)です。 그것은 황당무계한 이야기입니다.

Tip 이 한자는 **稽**로도 쓰임

0142

음독 **けい** 鶏卵(けいらん) 계란 鶏肉(けいにく) 닭고기 鶏舎(けいしゃ) 닭장 養鶏(ようけい) 양계

훈독 **にわとり** 鶏(にわとり) 닭

鷄

닭 **계**

中 N1

鶏肉(けいにく)の値段(ねだん)が安(やす)くなりました。 닭고기 가격이 싸졌습니다.

うちでは鶏(にわとり)を飼(か)っています。 우리집에서는 닭을 기르고 있습니다.

0143

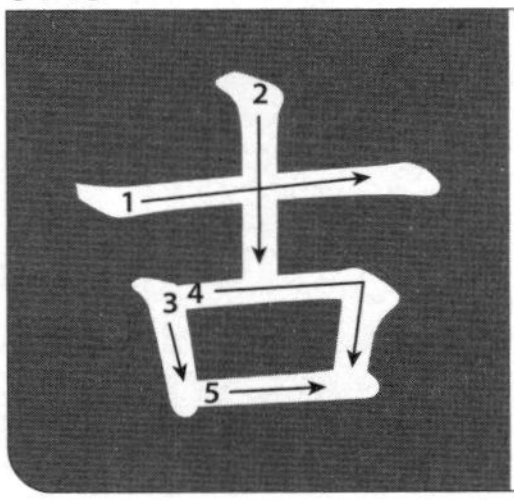

음독 **こ** 古代(こだい) 고대 中古車(ちゅうこしゃ) 중고차 古書(こしょ) 고서 古文(こぶん) 고문 古典(こてん) 고전

훈독 **ふる**い 古(ふる)い 낡다, 오래되다 古本(ふるほん) 헌책, 고서 古着(ふるぎ) 헌옷

ふるす 古(ふる)す 낡게 하다

옛 **고**

小2 N5

古代(こだい)エジプト展(てん)を見(み)に行(い)きました。 고대 이집트전을 보러 갔습니다.

彼(かれ)は私(わたし)の古(ふる)い友達(ともだち)です。 그는 나의 오래된 친구입니다.

0144

음독 **こう** 考古学(こうこがく) 고고학 考察(こうさつ) 고찰 参考(さんこう) 참고 再考(さいこう) 재고

훈독 **かんが**える 考(かんが)える 생각하다 考(かんが)え 생각

생각할 **고**

小2 N3

新聞記事(しんぶんきじ)を参考(さんこう)にして、レポートを書(か)きました。
신문기사를 참고로 해서 리포트를 썼습니다.

もっと深(ふか)く考(かんが)えてみましょう。 더 깊게 생각해 봅시다.

0145

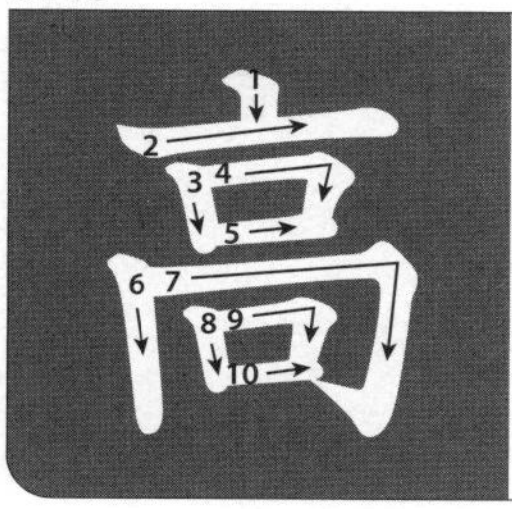

음독	こう	高校(こうこう) 고등학교	高級(こうきゅう) 고급	高価(こうか) 고가	最高(さいこう) 최고
훈독	たかい/たか	高(たか)い 높다, 비싸다	売上高(うりあげだか) 판매액	残高(ざんだか) 잔고	
	たかまる	高(たか)まる 높아지다			
	たかめる	高(たか)める 높이다			

높을 **고**

小2 N4

妹(いもうと)は高校(こうこう)二(に)年生(ねんせい)です。 여동생은 고등학교 2학년입니다.

中村(なかむら)さんは背(せ)が高(たか)くて、ハンサムです。 나카무라 씨는 키가 크고, 미남입니다.

0146

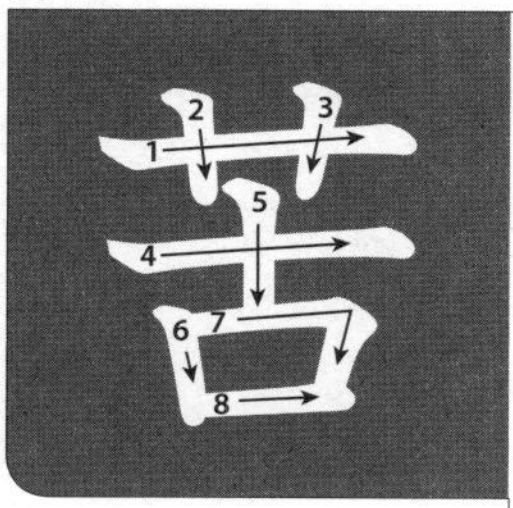

음독	く	苦労(くろう) 고생, 수고	苦痛(くつう) 고통	苦情(くじょう) 불평, 불만	苦戦(くせん) 고전
훈독	くるしい	苦(くる)しい 괴롭다, 고통스럽다, 난처하다			
	くるしむ	苦(くる)しむ 괴로워하다, 고민하다			
	くるしめる	苦(くる)しめる 괴롭히다, 걱정시키다			
	にがい	苦(にが)い (맛이) 쓰다			
		苦手(にがて) ①서투름, 잘하지 못함 ②벅찬 상대			

苦

쓸 **고**

小3 N2

両親(りょうしん)は若(わか)いとき、とても苦労(くろう)しました。 부모님은 젊었을 때 매우 고생했습니다.

月給(げっきゅう)が安(やす)くて生活(せいかつ)が苦(くる)しいです。 월급이 적어서 생활이 어렵습니다.

この薬(くすり)は、とても苦(にが)いので飲(の)めません。 이 약은 매우 쓰기 때문에 먹을 수 없습니다.

Tip 속담

苦(くる)しい時(とき)の神頼(かみだの)み

평소에는 안 믿는 신불(神仏)을 어려움에 빠지면 찾게 됨, 급하면 관세음보살

苦(くる)しい時(とき)の神頼(かみだの)みで、受験(じゅけん)の前(まえ)に神社(じんじゃ)に行(い)く。

'급하면 관세음보살'이라고, 시험 보기 전에 신사에 간다.

0147

음독	こ	車庫(しゃこ) 차고	金庫(きんこ) 금고	倉庫(そうこ) 창고	冷蔵庫(れいぞうこ) 냉장고
	く	庫裏(くり) 절의 부엌			

곳집 **고**

小3 N2

車(くるま)を車庫(しゃこ)に入(い)れます。 차를 차고에 넣습니다.

冷蔵庫(れいぞうこ)でビールを冷(ひ)やします。 냉장고로 맥주를 차갑게 합니다.

0148

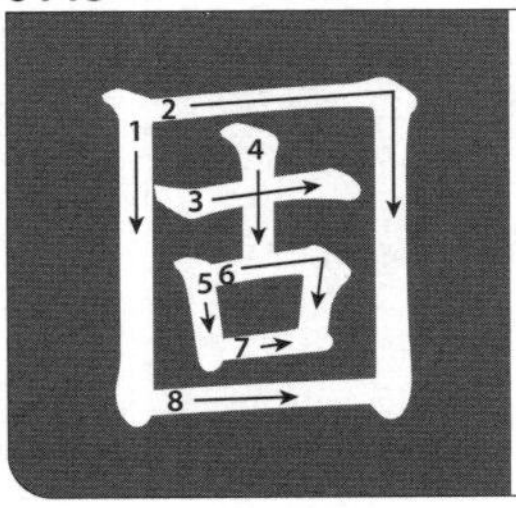

음독 **こ**　固有(こゆう) 고유　固体(こたい) 고체　強固(きょうこ) 강고함, 견고함　堅固(けんご) 견고함

훈독 **かた**い　固(かた)い 단단하고 튼튼하다, 견고하다

かたまる　固(かた)まる 굳다, 확고해지다　固(かた)まり ①덩어리 ②무리, 떼

かためる　固(かた)める 다지다, 굳히다

굳을 **고**

小4　N2

これは日本固有(にほんこゆう)の植物(しょくぶつ)です。이것은 일본 고유의 식물입니다.

留学(りゅうがく)する決意(けつい)を固(かた)めました。유학할 결의를 굳혔습니다.

Tip 0097 かたい, 0209 かたまり 참조

0149

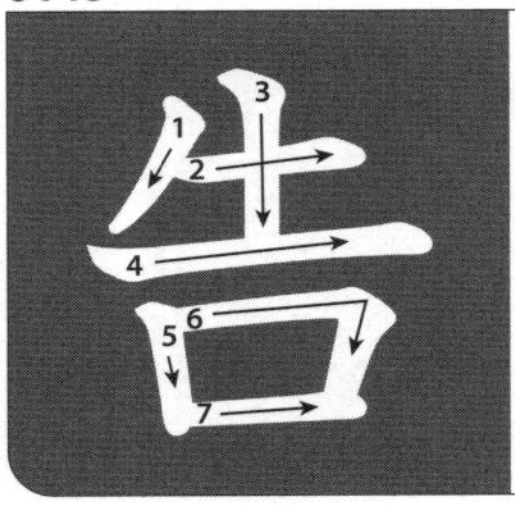

음독 **こく**　告白(こくはく) 고백　告知(こくち) 고지, 통지　広告(こうこく) 광고　報告(ほうこく) 보고

훈독 **つ**げる　告(つ)げる 고하다, 알리다

고할 **고**

小5　N2

スーパーの広告(こうこく)を見(み)て、買(か)い物(もの)に行(い)きました。
슈퍼마켓의 광고를 보고 쇼핑하러 갔습니다.

彼(かれ)は別(わか)れを告(つ)げて、去(さ)っていきました。그는 이별을 고하고 떠나갔습니다.

0150

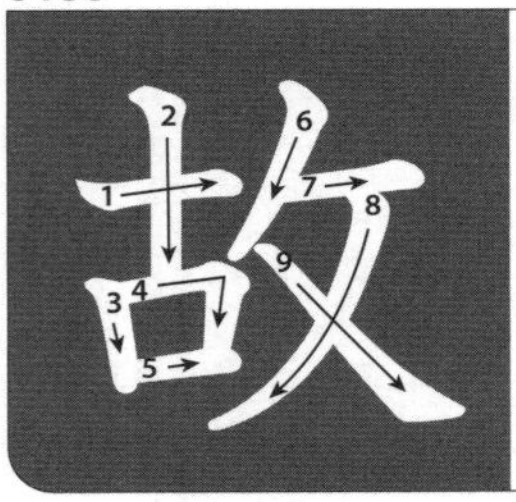

음독 **こ**　故障(こしょう) 고장　故郷(こきょう) 고향　故人(こじん) 고인, 죽은 사람　事故(じこ) 사고

훈독 **ゆえ**　故(ゆえ) 까닭, 이유　故(ゆえ)に 그러므로, 따라서

연고 **고**

小5　N1

コピー機(き)が故障(こしょう)して使(つか)えません。복사기가 고장나서 사용할 수 없습니다.

愛煙家(あいえんか)故(ゆえ)にタバコがやめられません。애연가이므로 담배를 끊을 수 없습니다.

0151

훈독 **しり**　お尻(しり) 엉덩이　尻込(しりご)み 꽁무니를 뺌　目尻(めじり) 눈가, 눈꼬리

꽁무니 **고**

中　N1

お尻(しり)に注射(ちゅうしゃ)しました。엉덩이에 주사를 놓았습니다.

目尻(めじり)にしわができました。눈가에 주름이 생겼습니다.

0152

음독 こ　股間(こかん) 사타구니　股関節(こかんせつ) 고관절

훈독 また　股(また) 가랑이　二股(ふたまた) ①두 갈래 ②양다리

股下(またした) (바지 등의) 가랑이에서 바짓부리까지의 길이

蟹股(がにまた) O형다리

넓적다리 **고**

中　급수 외

股関節(こかんせつ)の手術(しゅじゅつ)をしました。 고관절수술을 했습니다.

このズボンは股下(またした)が長(なが)いです。 이 바지는 바짓가랑이가 깁니다.

0153

음독 こ　孤独(こどく) 고독　孤立(こりつ) 고립　孤児(こじ) 고아　孤島(ことう) 고도, 외딴 섬

외로울 **고**

中　급수 외

友(とも)だちがいないので、孤独(こどく)でさびしいです。 친구가 없어서 고독하고 외롭습니다.

孤児院(こじいん)に寄付(きふ)をしました。 고아원에 기부를 했습니다.

0154

음독 ごう　拷問(ごうもん) 고문

칠 **고**

中　N1

拷問(ごうもん)は法律(ほうりつ)で禁止(きんし)されています。 고문은 법으로 금지되어 있습니다.

0155

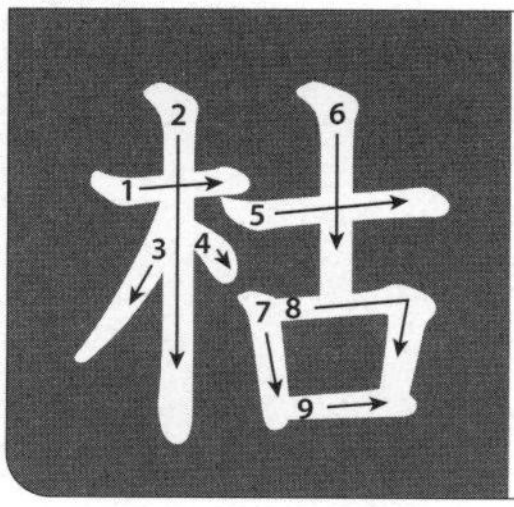

음독 こ　枯渇(こかつ) 고갈　栄枯(えいこ) 영고(성함과 쇠함)　栄枯盛衰(えいこせいすい) 영고성쇠

훈독 かれる　枯(か)れる 시들다

からす　枯(か)らす 시들게 하다

木枯(こが)らし 늦가을부터 초겨울에 걸쳐 부는 찬 바람

마를 **고**

中　N2

井戸(いど)が枯渇(こかつ)しました。 우물이 고갈되었습니다.

バラが枯(か)れてしまいました。 장미가 시들어 버렸습니다.

0156

음독 こ　　雇用(こよう) 고용　解雇(かいこ) 해고

훈독 やとう　　雇(やと)う 고용하다　日雇(ひやと)い 일용, 날품팔이　雇(やと)い主(ぬし) 고용주　雇(やと)い人(にん) 고용인

雇

품팔 **고**

中　N2

会社(かいしゃ)から解雇(かいこ)されました。 회사에서 해고되었습니다.

アルバイトの学生(がくせい)を一人(ひとり)、雇(やと)いました。 아르바이트 학생을 한 명 고용했습니다.

0157

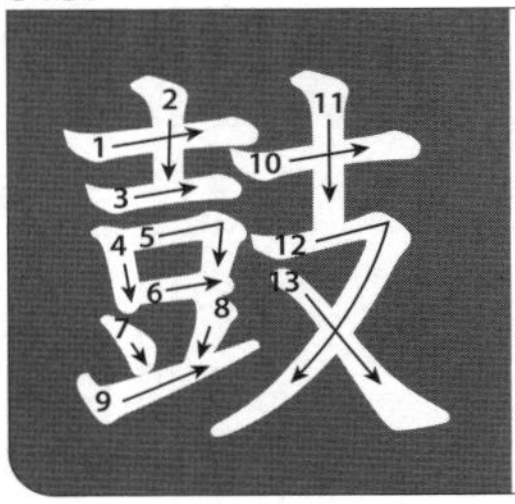

음독 こ　　鼓舞(こぶ) 고무(격려하여 기세를 돋움)　鼓動(こどう) 고동　鼓膜(こまく) 고막　太鼓(たいこ) 북

훈독 つづみ　　鼓(つづみ) 타악기, 북　舌鼓(したつづみ) 입맛을 다심

북 **고**

中　N1

医者(いしゃ)が心臓(しんぞう)の鼓動(こどう)を確認(かくにん)します。 의사가 심장 고동을 확인합니다.

笛(ふえ)と鼓(つづみ)の演奏(えんそう)がありました。 피리와 북의 연주가 있었습니다.

0158

음독 こう　　稿料(こうりょう) (원)고료　原稿(げんこう) 원고　投稿(とうこう) 투고　予稿(よこう) 예비 원고

원고 **고**

中　N1

原稿(げんこう)を郵便(ゆうびん)で送(おく)ります。 원고를 우편으로 보냅니다.

読者投稿(どくしゃとうこう)の記事(きじ)を読(よ)みます。 독자투고(란)의 기사를 읽습니다.

0159

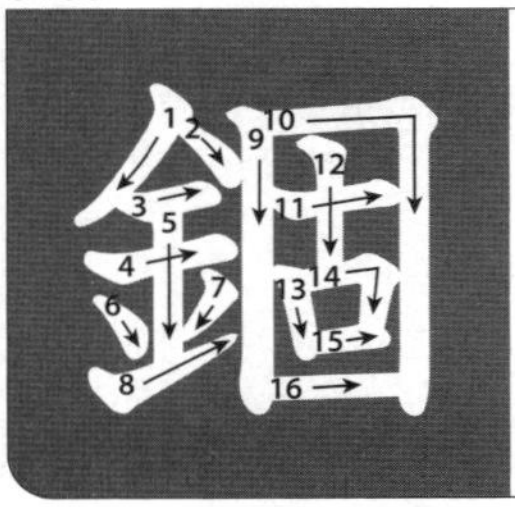

음독 こ　　禁錮(きんこ) 금고　禁錮刑(きんこけい) 금고형

막을 **고**

中　급수 외

犯人(はんにん)は禁錮刑(きんこけい)になりました。 범인은 금고형을 받았습니다.

0160

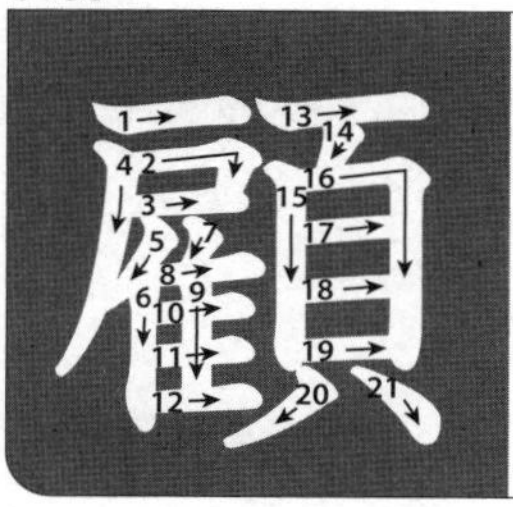

음독 こ　顧客(こきゃく) 고객　顧問(こもん) 고문(자문에 응하여 의견을 말하는 직책)
回顧(かいこ) 회고　愛顧(あいこ) 아끼고 돌보아 줌

훈독 かえりみる　顧(かえり)みる ①뒤돌아보다 ②되돌아보다, 회고하다

顧

돌아볼 **고**

中　N1

顧客(こきゃく)に案内状(あんないじょう)を出(だ)します。 고객에게 안내장을 보냅니다.

歴史(れきし)を顧(かえり)みる必要(ひつよう)があります。 역사를 되돌아볼 필요가 있습니다.

Tip かえりみる

顧(かえり)みる 되돌아보다, 회고하다

歴史(れきし)を顧(かえり)みる。 역사를 되돌아보다.

省(かえり)みる 돌이켜보다, 반성하다

自分(じぶん)の行動(こうどう)を省(かえり)みる。 자기 행동을 반성하다.

0161

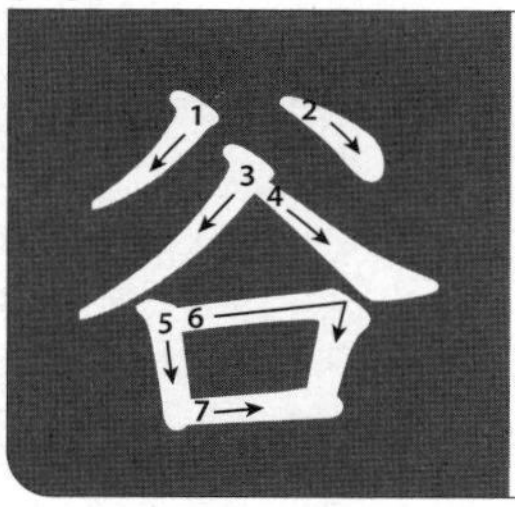

음독 こく　渓谷(けいこく) 계곡　峡谷(きょうこく) 협곡

훈독 たに　谷(たに) 골짜기　谷間(たにま) 골짜기　谷川(たにがわ) 계류, 산골짜기 시냇물
谷風(たにかぜ) 골짜기 바람(골짜기에서 산비탈을 따라 부는 바람)

골짜기 **곡**

小2　N2

渓谷(けいこく)にはキャンプ場(じょう)があります。 계곡에는 캠프장이 있습니다.

谷川(たにがわ)で魚釣(さかなつり)をしました。 계류에서 낚시질을 했습니다.

0162

음독 きょく　曲線(きょくせん) 곡선　曲目(きょくもく) 곡목, 곡명　作曲(さっきょく) 작곡　名曲(めいきょく) 명곡

훈독 まがる　曲(ま)がる 구부러지다, (방향을) 바꾸다, 돌다
まげる　曲(ま)げる 구부리다, 기울이다

굽을 **곡**

小3　N2

ギターを使(つか)って作曲(さっきょく)をしました。 기타를 사용해서 작곡을 했습니다.

道(みち)が曲(ま)がっているので、注意(ちゅうい)してください。 길이 구부러져 있으니 주의해 주세요.

0163

음독 こく　穀物(こくもつ) 곡물　穀倉(こくそう) 곡창, 곡식 창고　雑穀(ざっこく) 잡곡　脱穀(だっこく) 탈곡

穀

곡식 **곡**

小6　N1

穀物(こくもつ)を倉庫(そうこ)に入(い)れます。곡물을 창고에 넣습니다.

米(こめ)を脱穀(だっこく)しています。쌀을 탈곡하고 있습니다.

0164

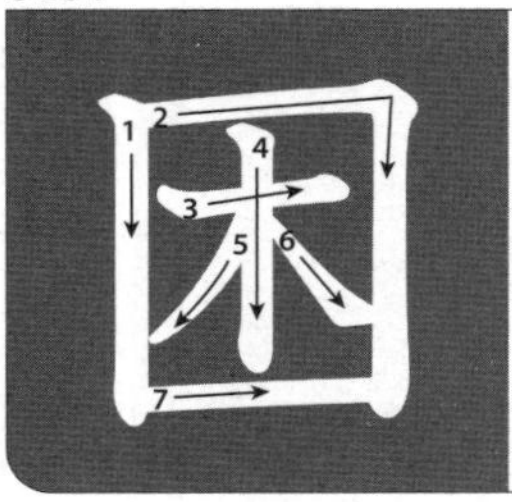

음독 こん　困難(こんなん) 곤란함　困惑(こんわく) 곤혹　困窮(こんきゅう) 곤궁　貧困(ひんこん) 빈곤

훈독 こまる　困(こま)る 곤란하다

난처할/가난할 **곤**

小6　N2

困難(こんなん)な問題(もんだい)が生(しょう)じました。곤란한 문제가 생겼습니다.

困(こま)ったことがあったら言(い)ってください。곤란한 일이 있으면 말하세요.

0165

음독 こん　昆虫(こんちゅう) 곤충　昆虫採集(こんちゅうさいしゅう) 곤충채집　昆布(こんぶ) 다시마(こぶ로도 읽음)

벌레 **곤**

中　N1

夏休(なつやす)みに昆虫採集(こんちゅうさいしゅう)をしました。여름방학 때 곤충채집을 했습니다.

鍋(なべ)に昆布(こんぶ)を入(い)れます。냄비에 다시마를 넣습니다.

0166

음독 こつ　骨折(こっせつ) 골절　骨格(こっかく) 골격　鉄骨(てっこつ) 철골　納骨(のうこつ) 납골

훈독 ほね　骨(ほね) 뼈

뼈 **골**

小6　N2

足(あし)を骨折(こっせつ)して病院(びょういん)に行(い)きました。다리가 골절되어 병원에 갔습니다.

カルシウムは骨(ほね)にいいです。칼슘은 뼈에 좋습니다.

0167

空

음독 くう　空気(くうき) 공기　空間(くうかん) 공간　空港(くうこう) 공항

훈독 そら/から　空(そら) 하늘　空(から)っぽ 텅 빔

あく　空(あ)く ①(시간이) 나다 ②(공간이) 비다　空(あ)き缶(かん) 빈 깡통

あける　空(あ)ける ①떼어 놓다 ②비우다

빌 **공**

小1　N5

雨(あめ)が降(ふ)って空気(くうき)がきれいです。 비가 내려서 공기가 깨끗합니다.

財布(さいふ)が空(から)っぽになりました。 지갑이 텅텅 비었습니다.

Tip 0056 あく 참조

0168

工

음독 こう　工場(こうじょう) 공장　工事(こうじ) 공사　人工(じんこう) 인공

く　工夫(くふう) 궁리, 고안　大工(だいく) 목수　細工(さいく) 세공

장인 **공**

小2　N3

工事(こうじ)をしているので、うるさいです。 공사를 하고 있어서 시끄럽습니다.

これは私(わたし)が工夫(くふう)したものです。 이것은 내가 고안한 것입니다.

0169

公

음독 こう　公園(こうえん) 공원　公演(こうえん) 공연　公立(こうりつ) 공립　主人公(しゅじんこう) 주인공　公開(こうかい) 공개

훈독 おおやけ　公(おおやけ) 정부, 공공, 공식적

공공 **공**

小2　N1

公園(こうえん)に散歩(さんぽ)に行(い)きます。 공원에 산책하러 갑니다.

政治家(せいじか)は公(おおやけ)の人(ひと)です。 정치가는 공인입니다.

0170

功

음독 こう　功労(こうろう) 공로　功績(こうせき) 공적　成功(せいこう) 성공

く　功徳(くどく) 공덕

공 **공**

小4　N1

父(ちち)はたくさんの功績(こうせき)を残(のこ)しました。 아버지는 많은 공적을 남겼습니다.

ダイエットに成功(せいこう)して、うれしいです。 다이어트에 성공해서 기쁩니다.

0171

음독 きょう　共同(きょうどう) 공동　共通(きょうつう) 공통　共存(きょうそん) 공존　公共(こうきょう) 공공

훈독 とも　共(とも)に 함께, 같이　共働(ともばたら)き 맞벌이

함께 할 **공**

小4　N2

最近(さいきん)は公共(こうきょう)の場所(ばしょ)でタバコが吸(す)えません。 요즘은 공공 장소에서 담배를 필 수 없습니다.

両親(りょうしん)は共働(ともばたら)きで、昼間(ひるま)は家(うち)にいません。 부모님은 맞벌이로, 낮에는 집에 없습니다.

0172

음독 きょう　供給(きょうきゅう) 공급　供述(きょうじゅつ) 공술, 진술　提供(ていきょう) 제공　自供(じきょう) 자백

く　供養(くよう) 공양　供物(くもつ) 공물

훈독 とも　お供(とも) 모시고 따라감

そなえる　供(そな)える 바치다, 올리다

이바지할 **공**

小6　N2

多(おお)くのスポンサーの提供(ていきょう)があります。 많은 스폰서의 제공이 있습니다.

お墓(はか)に花(はな)を供(そな)えました。 묘지에 꽃을 바쳤습니다.

Tip　そなえる

供(そな)える 신불에게 올리다

仏(ほとけ)に花(はな)を供(そな)える。 부처님께 꽃을 올리다.

備(そな)える 대비하다, 구비하다

地震(じしん)に備(そな)える。 지진에 대비하다.

0173

음독 こう　孔子(こうし) 공자　瞳孔(どうこう) 동공　気孔(きこう) 숨구멍　鼻孔(びこう) 콧구멍

구멍 **공**

中　N1

『論語(ろんご)』は孔子(こうし)が書(か)きました。『논어』는 공자가 썼습니다.

瞳孔(どうこう)の検査(けんさ)をしました。 동공 검사를 했습니다.

0174

음독 **こう**　攻撃(こうげき) 공격　攻略(こうりゃく) 공략　専攻(せんこう) 전공　先攻(せんこう) 선공

훈독 **せ**める　攻(せ)める 공격하다, 치다

칠 공

中　N1

専攻(せんこう)は日本文学(にほんぶんがく)です。 전공은 일본문학입니다.

ソ連軍(れんぐん)が攻(せ)めてきました。 소련군이 공격해 왔습니다.

Tip せめる

攻(せ)める 공격하다, 치다

敵(てき)を攻(せ)める。 적을 공격하다.

責(せ)める 꾸짖다, 나무라다, 비난하다

息子(むすこ)の過(あやま)ちを責(せ)める。 아들의 잘못을 꾸짖다.

0175

음독 **きょう**　恐怖(きょうふ) 공포　恐慌(きょうこう) 공황　恐竜(きょうりゅう) 공룡　恐縮(きょうしゅく) 죄송하게 여김

훈독 **おそ**れる　恐(おそ)れる 무서워하다, 두려워하다

おそろしい　恐(おそ)ろしい 무섭다, 두렵다

두려울 공

中　N2

恐竜(きょうりゅう)の化石(かせき)が発見(はっけん)されました。 공룡 화석이 발견되었습니다.

失敗(しっぱい)を恐(おそ)れてはいけません。 실패를 두려워해서는 안 됩니다.

0176

음독 **きょう**　恭賀(きょうが) 삼가 축하함　恭順(きょうじゅん) 순순히 복종함　恭敬(きょうけい) 공경

훈독 **うやうや**しい　恭(うやうや)しい 공손하다, 정중하다

공손할 공

中　N1

その人(ひと)は先生(せんせい)に恭敬(きょうけい)の念(ねん)を持(も)っていました。
그 사람은 선생님께 공경하는 마음을 가지고 있었습니다.

後輩(こうはい)が先輩(せんぱい)に恭(うやうや)しく挨拶(あいさつ)しています。 후배가 선배에게 공손하게 인사하고 있습니다.

0177

음독 こう 貢献(こうけん) 공헌 朝貢(ちょうこう) 조공
く 年貢(ねんぐ) 연공, 소작료

훈독 みつぐ 貢(みつ)ぐ (공물로) 바치다, 헌상하다 貢(みつ)ぎ物(もの) 공물

바칠 공
中 N1

山田(やまだ)さんは会社(かいしゃ)の発展(はってん)に貢献(こうけん)しました。 야마다 씨는 회사발전에 공헌했습니다.

彼(かれ)はいかがわしい宗教団体(しゅうきょうだんたい)に大金(たいきん)を貢(みつ)ぎました。
그는 의심스러운 종교단체에 거금을 냈습니다.

0178

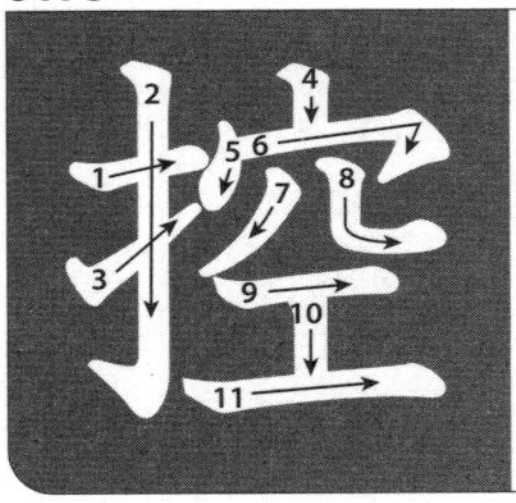

음독 こう 控除(こうじょ) 공제 控訴(こうそ) 공소

훈독 ひかえる 控(ひか)える ①대기하다 ②삼가다 ③앞두다
控(ひか)え室(しつ) 대기실

제할/고할 공
中 N1

所得(しょとく)から税金(ぜいきん)を控除(こうじょ)します。 소득에서 세금을 공제합니다.

体(からだ)に悪(わる)いので、お酒(さけ)を控(ひか)えてください。 몸에 안 좋으니 술을 삼가세요.

0179

음독 か 科学(かがく) 과학 科目(かもく) 과목 学科(がっか) 학과 教科書(きょうかしょ) 교과서

과목 과
小2 N2

好(す)きな科目(かもく)は何(なん)ですか。 좋아하는 과목은 무엇입니까?

妹(いもうと)は英文学科(えいぶんがっか)の学生(がくせい)です。 여동생은 영문학과 학생입니다.

0180

음독 か 果実(かじつ) 과실 果樹園(かじゅえん) 과수원 効果(こうか) 효과 成果(せいか) 성과

훈독 はたす 果(は)たす 다하다, 달성하다
はてる 果(は)てる 끝나다, 다하다 果(は)て 끝, 말로 특이 果物(くだもの) 과일

실과 과
小4 N2

この薬(くすり)はどんな効果(こうか)がありますか。 이 약은 어떤 효과가 있습니까?

友(とも)だちとの約束(やくそく)を果(は)たすことができませんでした。
친구와의 약속을 이룰 수 없었습니다.

0181

음독 **か** 　課長(かちょう) 과장　課題(かだい) 과제　日課(にっか) 일과　放課後(ほうかご) 방과 후

공부할 **과**

小4　N2

毎日(まいにち)、公園(こうえん)を散歩(さんぽ)するのが日課(にっか)です。 매일, 공원을 산책하는 것이 일과입니다.

放課後(ほうかご)、友(とも)だちと遊(あそ)びました。 방과 후, 친구와 놀았습니다.

0182

음독 **か** 　過去(かこ) 과거　過激(かげき) 과격함　通過(つうか) 통과　経過(けいか) 경과

훈독 **す**ぎる　過(す)ぎる 지나가다

すごす　過(す)ごす (시간을) 보내다, 지내다

あやまつ　過(あやま)つ 잘못하다, 실수하다　過(あやま)ち 실수, 잘못, 실패

지날/지나칠/잘못 **과**

小5　N2

次(つぎ)の電車(でんしゃ)はこの駅(えき)を通過(つうか)するので、乗(の)れません。
다음 전철은 이 역을 통과하기 때문에 탈 수 없습니다.

休日(きゅうじつ)は映画(えいが)を見(み)て過(す)ごします。 휴일은 영화를 보며 지냅니다.

0183

음독 **か** 　菓子(かし) 과자　製菓(せいか) 제과　茶菓子(ちゃがし) 차과자, 다과　氷菓(ひょうか) 빙과

菓

과자 **과**

中　N2

子(こ)どもにお菓子(かし)をあげました。 아이에게 과자를 주었습니다.

製菓会社(せいかがいしゃ)に就職(しゅうしょく)することができました。 제과회사에 취직할 수 있었습니다.

0184

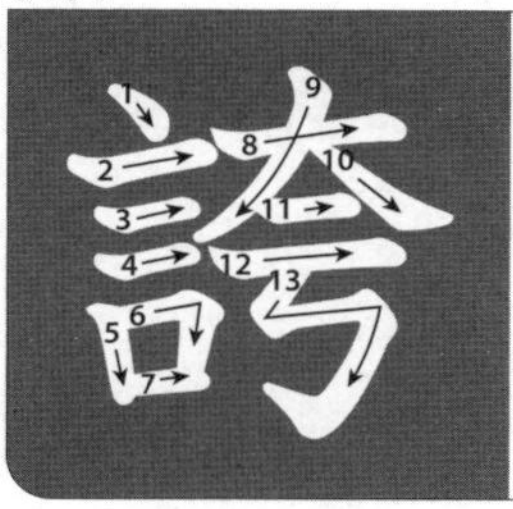

음독 **こ** 　誇大(こだい) 과대　誇張(こちょう) 과장　誇示(こじ) 과시

훈독 **ほこ**る　誇(ほこ)る 자랑하다, 뽐내다　誇(ほこ)り 자랑, 긍지

ほこらしい　誇(ほこ)らしい 자랑스럽다

자랑할 **과**

中　급수 외

河村(かわむら)さんはいつも話(はなし)を誇張(こちょう)します。 가와무라 씨는 언제나 이야기를 과장해서 합니다.

私(わたし)は母校(ぼこう)に誇(ほこ)りを持(も)っています。 나는 모교에 긍지를 갖고 있습니다.

0185

음독 か　寡黙(かもく) 과묵　寡占(かせん) 과점(소수의 대기업이 시장의 대부분을 지배함)　寡聞(かぶん) 과문(견문이 좁음)

적을 **과**

中　N1

彼(かれ)は寡黙(かもく)ですが、とてもやさしいです。그는 과묵하지만 매우 자상합니다.

0186

훈독 なべ　鍋(なべ) 냄비　鍋料理(なべりょうり) 냄비요리　鍋敷(なべし)き 냄비 받침

냄비 **과**

中　N1

材料(ざいりょう)を切(き)って、鍋(なべ)に入(い)れてください。재료를 썰어 냄비에 넣어 주세요.

今日(きょう)の晩(ばん)ご飯(はん)は鍋料理(なべりょうり)です。오늘 저녁은 냄비요리입니다.

0187

음독 かく　輪郭(りんかく) 윤곽　城郭(じょうかく) 성곽　遊郭(ゆうかく) 유곽　胸郭(きょうかく) 흉곽

둘레 **곽**

中　N1

話(はなし)の輪郭(りんかく)が見(み)えません。이야기의 윤곽이 보이지 않습니다.

いつか世界(せかい)の城郭(じょうかく)を見(み)て回(まわ)りたいです。언젠가 세계의 성곽을 보러다니고 싶습니다.

0188

음독 かん　館長(かんちょう) 관장　図書館(としょかん) 도서관　大使館(たいしかん) 대사관　本館(ほんかん) 본관

館

집 **관**

小3　N3

テストがあるので、図書館(としょかん)で勉強(べんきょう)します。시험이 있어서 도서관에서 공부합니다.

パスポートをなくしたので、大使館(たいしかん)に連絡(れんらく)しました。
여권을 잃어버렸기 때문에 대사관에 연락했습니다.

0189

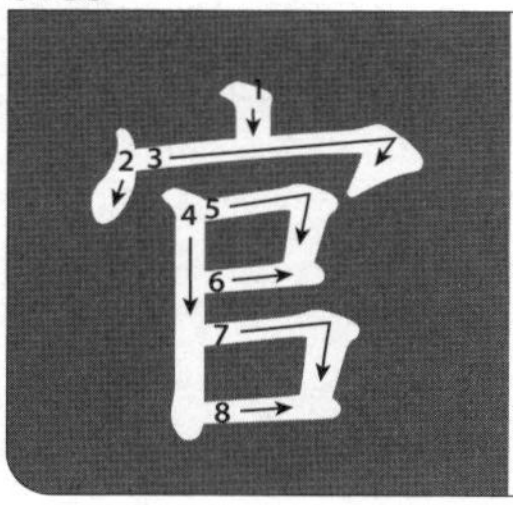

음독 **かん**　官僚(かんりょう) 관료　官庁(かんちょう) 관청　警察官(けいさつかん) 경찰관　外交官(がいこうかん) 외교관

벼슬 **관**

小4　N2

霞ヶ関(かすみがせき)は官庁街(かんちょうがい)です。 가스미가세키는 관청가입니다.

兄(あに)は警察官(けいさつかん)です。 형은 경찰관입니다.

0190

음독 **かん**　管理(かんり) 관리　管楽器(かんがっき) 관악기　血管(けっかん) 혈관　水道管(すいどうかん) 수도관

훈독 **くだ**　管(くだ) 관, 대롱

대롱 **관**

小4　N2

お金(かね)の管理(かんり)は大切(たいせつ)です。 돈 관리는 중요합니다.

雨水(あまみず)を流(なが)す管(くだ)がつまってしまいました。 빗물을 흘려보내는 관이 막혀 버렸습니다.

0191

음독 **かん**　関係(かんけい) 관계　関心(かんしん) 관심　税関(ぜいかん) 세관　機関(きかん) 기관

関(かん)する 관련되다, 관하다

훈독 **せき**　関所(せきしょ) 관문

かかわる　関(かか)わる 관계되다

關

관계할 **관**

小4　N2

私(わたし)は心理学(しんりがく)に関心(かんしん)があります。 나는 심리학에 관심이 있습니다.

福祉(ふくし)に関(かか)わる仕事(しごと)をしたいです。 복지에 관련된 일을 하고 싶습니다.

0192

음독 **かん**　観客(かんきゃく) 관객　観光(かんこう) 관광　楽観(らっかん) 낙관　悲観(ひかん) 비관

觀

볼 **관**

小4　N2

今日(きょう)はソウル市内(しない)を観光(かんこう)します。 오늘은 서울 시내를 관광합니다.

彼(かれ)はいつも悲観的(ひかんてき)に考(かんが)えます。 그는 항상 비관적으로 생각합니다.

0193

음독 かん　慣行(かんこう) 관행　慣例(かんれい) 관례　慣用句(かんようく) 관용구　習慣(しゅうかん) 습관

훈독 なれる　慣(な)れる 습관이 되다, 숙달되다

ならす　慣(な)らす 길들이다, 익숙하게 하다

익숙할 **관**

小5　N2

日本語(にほんご)の慣用句(かんようく)を覚(おぼ)えます。 일본어의 관용구를 외웁니다.

新(あたら)しい仕事(しごと)になかなか慣(な)れません。 새로운 일에 좀처럼 익숙해지지 않습니다.

0194

훈독 くし　串(くし) 꼬챙이, 꼬치　串焼(くしや)き 꼬치구이　串刺(くしざ)し 꼬치

꿸 **관**

中　급수 외

肉(にく)に串(くし)を刺(さ)します。 고기에 꼬챙이를 끼웁니다.

あそこの店(みせ)は串焼(くしや)き料理(りょうり)がおいしいです。 저 가게는 꼬치구이 요리가 맛있습니다.

0195

음독 かん　缶(かん) 깡통　空(あ)き缶(かん) 빈 깡통　缶(かん)ビール 캔맥주

缶詰(かんづめ) 통조림

두레박 **관**

中　N2

空(あ)き缶(かん)はリサイクルすることができます。 빈 깡통은 재활용할 수 있습니다.

お風呂(ふろ)の後(あと)で缶(かん)ビールを飲(の)みます。 목욕 후에 캔맥주를 마십니다.

0196

음독 かん　王冠(おうかん) 왕관　月桂冠(げっけいかん) 월계관　冠婚葬祭(かんこんそうさい) 관혼상제

훈독 かんむり　冠(かんむり) 관

갓 **관**

中　N1

金(きん)メダリストが月桂冠(げっけいかん)をかぶっています。 금메달리스트가 월계관을 쓰고 있습니다.

これは昔(むかし)、王様(おうさま)がかぶった冠(かんむり)です。 이것은 옛날 왕이 썼던 관입니다.

0197

음독 かん　貫通(かんつう) 관통　貫徹(かんてつ) 관철　一貫(いっかん) 일관

훈독 つらぬく　貫(つらぬ)く ①관통하다 ②관철하다

뚫을 관

中　N1

会議(かいぎ)で渡辺(わたなべ)さんは終始一貫(しゅうしいっかん)して反対(はんたい)しました。
회의에서 와타나베 씨는 시종일관 반대했습니다.

長(なが)いトンネルが山(やま)を貫(つらぬ)いています。 긴 터널이 산을 관통하고 있습니다.

0198

음독 かん　棺桶(かんおけ) 관　納棺(のうかん) 납관, 입관　出棺(しゅっかん) 출관　石棺(せっかん) 석관

훈독 ひつぎ　棺(ひつぎ) 관

널 관

中　N1

父(ちち)の遺体(いたい)を納棺(のうかん)しました。 아버지의 유해를 입관했습니다.

石棺(せっかん)には古代(こだい)の王(おう)が眠(ねむ)っています。 석관에는 고대왕이 잠들어 있습니다.

0199

음독 かん　約款(やっかん) 약관　借款(しゃっかん) 차관　定款(ていかん) 정관(회사의 규정)
落款(らっかん) 낙관(작가나 화가의 도장)

항목 관

中　N1

利用(りよう)する前(まえ)に約款(やっかん)をよく読(よ)んでください。 이용하기 전에 약관을 잘 읽어 주세요.

外国(がいこく)と借款(しゃっかん)の協定(きょうてい)を結(むす)びました。 외국과 차관협정을 맺었습니다.

0200

음독 かん　寛大(かんだい) 관대함　寛容(かんよう) 관용

훈독 くつろぐ　寛(くつろ)ぐ 편안히 지내다(쉬다)　寛(くつろ)ぎ 편히 쉼

寛

너그러울 관

中　N1

先生(せんせい)は寛大(かんだい)な心(こころ)で許(ゆる)してくれました。 선생님은 관대한 마음으로 용서해 주셨습니다.

自分(じぶん)の家(いえ)がいちばん寛(くつろ)ぐことができます。 자기 집이 제일 편합니다.

0201

음독 かつ　括弧(かっこ) 괄호　一括(いっかつ) 일괄　総括(そうかつ) 총괄　包括(ほうかつ) 포괄

훈독 くくる　括(くく)る 묶다, 잡아매다

묶을 **괄**

中　N1

括弧(かっこ)の中(なか)に答(こた)えを書(か)いてください。 괄호 안에 답을 써 주세요.

荷物(にもつ)をひもで括(くく)ります。 짐을 끈으로 묶습니다.

0202

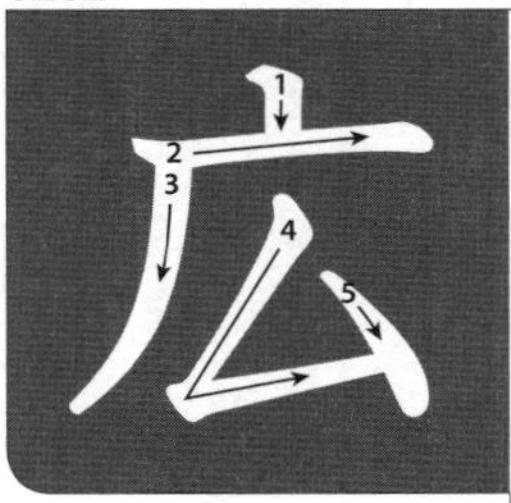

음독 こう　広告(こうこく) 광고　広野(こうや) 광야　広大(こうだい) 광대함　広報(こうほう) 홍보

훈독 ひろい　広(ひろ)い 넓다　広場(ひろば) 광장

ひろまる　広(ひろ)まる ①넓어지다 ②널리 알려지다(보급되다)

ひろめる　広(ひろ)める ①넓히다 ②널리 알리다

ひろがる　広(ひろ)がる ①넓어지다

ひろげる　広(ひろ)げる ①펴다, 펼치다 ②넓히다, 확장하다

廣

넓을 **광**

小2　N3

広告(こうこく)を見(み)た人(ひと)が、店(みせ)にたくさん来(き)ます。 광고를 본 사람들이 가게에 많이 옵니다.

広場(ひろば)に人(ひと)が集(あつ)まっています。 광장에 사람들이 모여 있습니다.

538年(ねん)、仏教(ぶっきょう)が百済(くだら)から伝(つた)わり、日本(にほん)に広(ひろ)まりました。
538년, 불교가 백제에서 전해져 일본에 보급되었습니다.

ござを広(ひろ)げてお弁当(べんとう)を食(た)べます。 돗자리를 펴고 도시락을 먹습니다.

Tip 속담

大風呂敷(おおぶろしき)を広(ひろ)げる 허풍 떨다

彼(かれ)はまた大風呂敷(おおぶろしき)を広(ひろ)げはじめた。 그는 또 허풍을 떨기 시작했다.

0203

음독 こう　光景(こうけい) 광경　光学(こうがく) 광학　観光(かんこう) 관광　日光(にっこう) 일광

훈독 ひかる　光(ひか)る 빛나다

ひかり　光(ひかり) 빛

빛 **광**

小2　N3

ソウルにはたくさんの観光客(かんこうきゃく)が来(き)ます。 서울에는 많은 관광객이 옵니다.

ほたるの光(ひかり)がきれいです。 반딧불이 예쁩니다.

0204

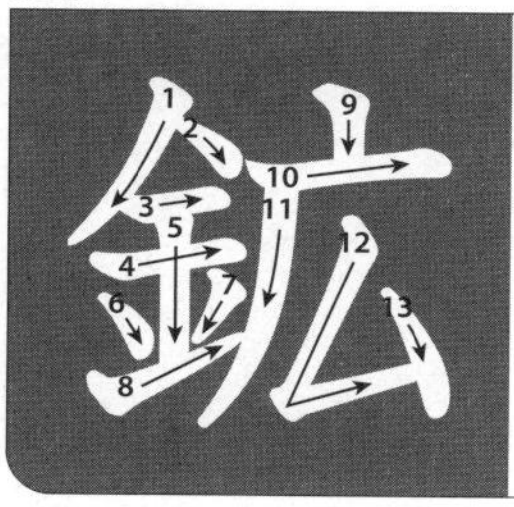

음독 こう　　鉱山(こうざん) 광산　鉱脈(こうみゃく) 광맥　炭鉱(たんこう) 탄광　鉄鉱(てっこう) 철광

鑛

쇳돌 **광**

小5　N2

この町(まち)は炭鉱(たんこう)があります。이 마을은 탄광이 있습니다.

ここでは鉄鉱石(てっこうせき)がとれます。여기에서는 철광석을 캘 수 있습니다.

0205

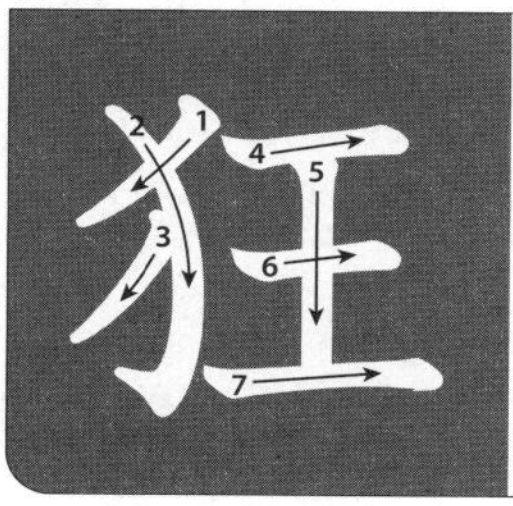

음독 きょう　　狂喜(きょうき) 광희　狂乱(きょうらん) 광란　熱狂(ねっきょう) 열광

酔狂(すいきょう) ①취광(술에 취해 상식을 벗어남) ②색다른 것을 좋아함

훈독 くるう　　狂(くる)う 미치다

くるおしい　　狂(くる)おしい 미칠 것 같다

미칠 **광**

中　N1

ブラジルチームの活躍(かつやく)に人々(ひとびと)は熱狂(ねっきょう)しました。
브라질팀의 활약에 사람들은 열광했습니다.

原田(はらだ)さんに会(あ)いたくて、狂(くる)おしいです。하라다 씨가 보고 싶어서 미쳐버릴 것 같아요.

0206

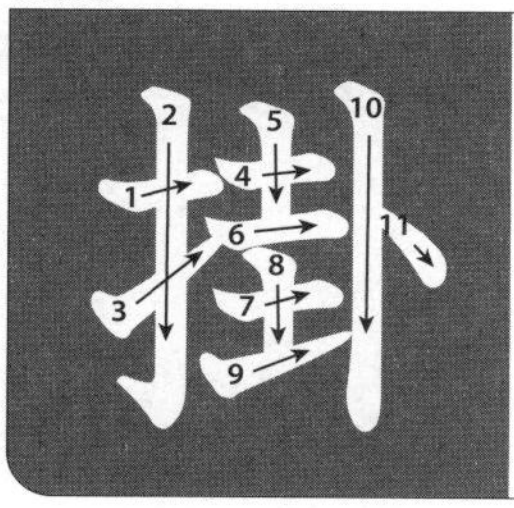

훈독 かける　　掛(か)ける ①걸다 ②걸터앉다 ③곱하다 ④에누리하다

掛(か)け算(ざん) 곱셈　掛(か)け値(ね) 에누리

かかる　　掛(か)かる ①걸리다, 매달리다 ②(날짜·시간·비용 등이) 걸리다, 들다

걸 **괘**

中　N2

絵(え)を壁(かべ)に掛(か)けました。그림을 벽에 걸었습니다.

小学生(しょうがくせい)が掛(か)け算(ざん)を勉強(べんきょう)しています。초등학생이 곱셈을 공부하고 있습니다.

Tip 0010 かける 참조

0207

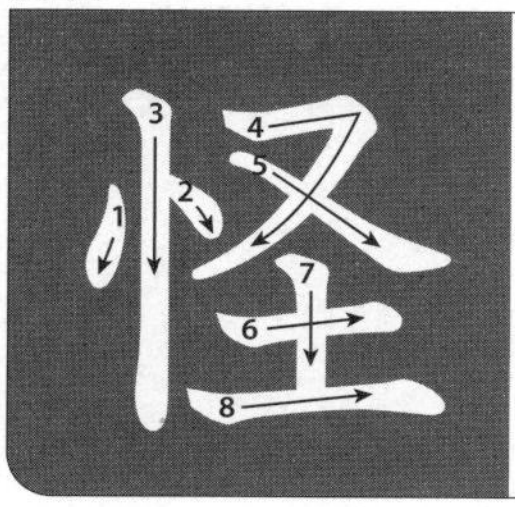

음독 かい　　怪奇(かいき) 괴기　怪談(かいだん) 괴담　怪文書(かいぶんしょ) 괴문서　怪物(かいぶつ) 괴물

예외 怪我(けが) 부상, 상처

훈독 あやしい　　怪(あや)しい ①괴상하다 ②의심스럽다, 수상하다

あやしむ　　怪(あや)しむ 의심하다, 이상히 여기다

괴이할 **괴**

中　N1

友(とも)だちが怖(こわ)い怪談(かいだん)を話(はな)しました。친구가 무서운 괴담을 이야기했습니다.

怪(あや)しい人(ひと)が家(いえ)のまわりをうろうろしています。
수상한 사람이 집 주변을 어슬렁대고 있습니다.

0208

음독 かい　誘拐(ゆうかい) 유괴

拐

후릴 **괴**

中　N1

誘拐事件(ゆうかいじけん)が発生(はっせい)しました。 유괴사건이 발생했습니다.

0209

음독 かい　塊茎(かいけい) 덩이줄기　団塊(だんかい) 덩어리　金塊(きんかい) 금괴
氷塊(ひょうかい) 빙괴(얼음 덩어리)

훈독 かたまり　塊(かたまり) ①덩어리 ②집단, 무리

덩어리 **괴**

中　N1

強盗(ごうとう)に金塊(きんかい)を盗(ぬす)まれました。 강도에게 금괴를 도난당했습니다.

お店(みせ)がセールをしているので、人(ひと)の塊(かたまり)ができています。
가게가 세일을 하고 있어서 사람들의 무리가 생겼습니다.

Tip かたまり

塊(かたまり) 성향이나 신앙 등이 극단인 것, 또는 그런 사람

彼(かれ)は欲(よく)の塊(かたまり)のような人物(じんぶつ)です。 그는 욕심덩어리 같은 인물입니다.

固(かた)まり 집단, 무리, 떼

一固(ひとかた)まりの学生(がくせい)たちが集(あつ)まっています。 한 무리의 학생들이 모여 있습니다.

0210

음독 かい　壊滅(かいめつ) 괴멸　破壊(はかい) 파괴　崩壊(ほうかい) 붕괴
倒壊(とうかい) 넘어지거나 무너짐

훈독 こわす　壊(こわ)す 부수다, 망가뜨리다
こわれる　壊(こわ)れる 부서지다, 망가지다

壞

무너질 **괴**

中　N1

台風(たいふう)で家(いえ)が崩壊(ほうかい)しました。 태풍으로 집이 붕괴되었습니다.

デジカメが壊(こわ)れてしまいました。 디지털 카메라가 망가져 버렸습니다.

0211

음독 **こう**　校門(こうもん) 교문　校長(こうちょう) 교장　学校(がっこう) 학교　高校生(こうこうせい) 고등학생
母校(ぼこう) 모교　校庭(こうてい) 교정

학교 **교**

小1　N5

学校(がっこう)の友(とも)だちに会(あ)いました。 학교 친구를 만났습니다.

彼(かれ)と私(わたし)は母校(ぼこう)が同(おな)じです。 그와 나는 모교가 같습니다.

Tip **교정**

校庭(こうてい) 학교의 운동장

子(こ)どもが校庭(こうてい)で遊(あそ)ぶ。
아이가 교정에서 놀다.

校訂(こうてい) 책의 잘못된 곳을 고치는 일

古書(こしょ)を校訂(こうてい)する。
고서를 교정하다.

校正(こうせい) 교정지와 원고를 대조하여 틀린 부분을 바로잡는 일

誤(あやま)りがないか本(ほん)の原稿(げんこう)の校正(こうせい)をする。 오류가 없는지 책의 원고 교정을 하다.

0212

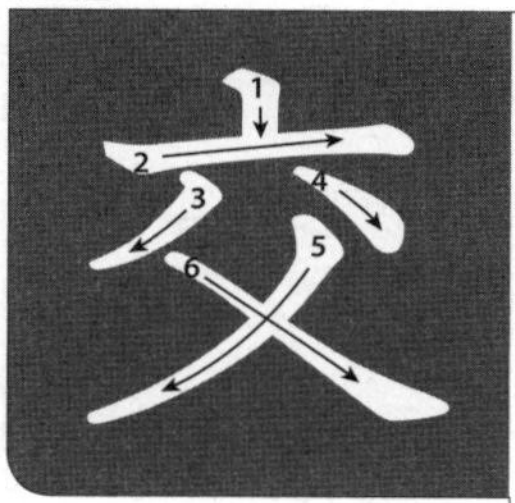

음독 **こう**　交通(こうつう) 교통　交代(こうたい) 교대　交番(こうばん) 파출소　外交(がいこう) 외교

훈독 **まじ**わる　**交(まじ)わる** ①사귀다 ②교차하다
まじえる　**交(まじ)える** ①섞다 ②교차시키다
まざる　**交(ま)ざる** 섞이다(=交(ま)じる)
かう　**交(か)う** 섞이다
かわす　**交(か)わす** 주고 받다, 통하다

사귈/섞일 **교**

小2　N2

ソウル駅(えき)は交通(こうつう)が便利(べんり)です。 서울역은 교통이 편리합니다.

韓国(かんこく)の男性(だんせい)はよく握手(あくしゅ)を交(か)わします。 한국의 남성은 자주 악수를 합니다.

Tip **まざる**

交(ま)ざる 섞이다(두 개 이상이 섞여도 그 자체 성질이 없어지지 않음)

大人(おとな)の中(なか)に子供(こども)が交(ま)ざる。 어른 속에 아이가 섞이다.

混(ま)ざる 섞이다(두 개 이상이 섞여 구별하기 어려운 상태)

水(みず)に絵(え)の具(ぐ)が混(ま)ざる。 물에 그림물감이 섞이다.

0213

음독 **きょう** 教室(きょうしつ) 교실　教育(きょういく) 교육　教師(きょうし) 교사　宗教(しゅうきょう) 종교

훈독 **おしえる** 教える(おし) 가르치다　教え子(おしご) 제자

おそわる 教わる(おそ) 배우다

教

가르칠 **교**

小2 N3

マイケルは英語(えいご)の教師(きょうし)です。 마이클은 영어 교사입니다.

馬場先生(ばばせんせい)に日本語(にほんご)を教(おそ)わりました。 바바선생님에게 일본어를 배웠습니다.

0214

음독 **きょう** 橋脚(きょうきゃく) 교각　鉄橋(てっきょう) 철교　歩道橋(ほどうきょう) 육교

架橋(かきょう) 가교, 다리를 놓음

훈독 **はし** 橋(はし) 다리　石橋(いしばし) 돌다리　吊り橋(つばし) 현수교

다리 **교**

小3 N2

歩道橋(ほどうきょう)を歩(ある)いて渡(わた)りましょう。 육교를 걸어서 건넙시다.

漢江(ハンガン)にはたくさんの橋(はし)があります。 한강에는 많은 다리가 있습니다.

0215

음독 **こう** 巧妙(こうみょう) 교묘함　技巧(ぎこう) 기교　精巧(せいこう) 정교함

巧言令色(こうげんれいしょく) 교언영색(환심을 사려고 아첨하는 교묘한 말과 얼굴 빛)

훈독 **たくみ** 巧み(たく) 교묘함, 능숙함

공교할 **교**

中 N1

この機械(きかい)は精巧(せいこう)にできています。 이 기계는 정교하게 만들어져 있습니다.

小田切(おだぎり)さんが巧(たく)みな演技(えんぎ)を見(み)せてくれました。

오다기리 씨가 능숙한 연기를 보여 주었습니다.

0216

음독 **こう** 郊外(こうがい) 교외　近郊(きんこう) 근교

들 **교**

中 N2

東京(とうきょう)の郊外(こうがい)に家(いえ)を建(た)てました。 도쿄 교외에 집을 지었습니다.

都市(とし)の近郊(きんこう)には畑(はたけ)があります。 도시 근교에는 밭이 있습니다.

0217

음독 こう　絞殺(こうさつ) 교살　絞首(こうしゅ) 교수　絞首刑(こうしゅけい) 교수형　絞首台(こうしゅだい) 교수대

훈독 しぼる　絞(しぼ)る (쥐어)짜다

しめる　絞(し)める 조르다

しまる　絞(し)まる 단단하게 죄이다

목맬 **교**

中　N1

死刑囚(しけいしゅう)に絞首刑(こうしゅけい)が執行(しっこう)されました。사형수에게 교수형이 집행되었습니다.

雑巾(ぞうきん)を絞(しぼ)って廊下(ろうか)をふきます。걸레를 짜서 복도를 닦습니다.

Tip しぼる

絞(しぼ)る 물기가 빠지게 짜다

タオルを絞(しぼ)る。수건을 짜다.

搾(しぼ)る 액즙을 짜다

牛(うし)の乳(ちち)を搾(しぼ)る。소젖을 짜다.

Tip しめる

絞(し)める 조르다, 목을 비틀다

首(くび)を絞(し)める。목을 조르다.

締(し)める 틀어서 죄다, 잠그다

ねじを締(し)める。나사를 죄다.

閉(し)める 문 등을 닫다

ドアを閉(し)める。문을 닫다.

0218

음독 かく　比較(ひかく) 비교

견줄 **교**

中　N2

去年(きょねん)のデータと比較(ひかく)します。작년 데이터와 비교합니다.

0219

음독 きょう　矯正(きょうせい) 교정(좋지 않은 버릇이나 결점 등을 바로잡아 고침)

奇矯(ききょう) 기교(언행이 몹시 별남)

훈독 ためる　矯(た)める 바로잡다, 교정하다

바로잡을 **교**

中　N1

歯(は)の矯正(きょうせい)にはお金(かね)がかかります。치아교정에는 돈이 듭니다.

松(まつ)の枝(えだ)を矯(た)めました。소나무 가지를 구부려서 모양을 다듬었습니다.

0220

음독 きゅう　九人(きゅうにん) 아홉 명　九階(きゅうかい) 9층　九歳(きゅうさい) 아홉 살

く　九時(くじ) 아홉 시　九月(くがつ) 9월

훈독 ここの　九日(ここのか) 9일

ここのつ　九つ(ここの) 아홉 개

아홉 구

小1　N5

銀行(ぎんこう)は九時(くじ)に始(はじ)まります。 은행은 9시에 시작합니다.

十月九日(じゅうがつここのか)はハングルの日(ひ)です。 10월 9일은 한글날입니다.

0221

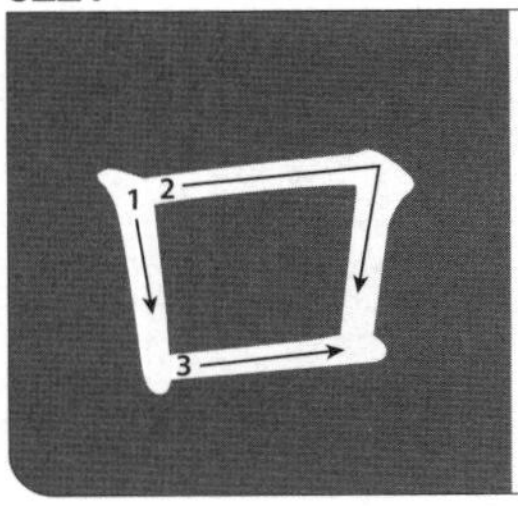

음독 こう　人口(じんこう) 인구　口座(こうざ) 구좌, 계좌　口実(こうじつ) 구실

く　口調(くちょう) 말투, 어조

훈독 くち　口(くち) 입　入り口(いりぐち) 입구　出口(でぐち) 출구　一口(ひとくち) 한마디, 한 입

입 구

小1　N4

中国(ちゅうごく)は人口(じんこう)が多(おお)いです。 중국은 인구가 많습니다.

出口(でぐち)はどこですか。 출구는 어디입니까?

0222

음독 く　区別(くべつ) 구별　区役所(くやくしょ) 구청　区間(くかん) 구간　区分(くぶん) 구분

區

구분할 구

小3　N3

双子(ふたご)の区別(くべつ)が難(むずか)しいです。 쌍둥이의 구별이 어렵습니다.

ここから工事区間(こうじくかん)です。 여기부터 공사구간입니다.

0223

음독 きゅう　究明(きゅうめい) 구명, 규명　究極(きゅうきょく) 결국, 필경　研究(けんきゅう) 연구

追究(ついきゅう) 추구, 구명　探究(たんきゅう) 탐구

훈독 きわめる　究める(きわ) 구명하다, 깊이 연구하다

연구할 구

小3　N3

警察(けいさつ)は事故(じこ)の原因(げんいん)を究明(きゅうめい)しています。 경찰은 사고의 원인을 규명하고 있습니다.

真相(しんそう)を究(きわ)めるのは難(むずか)しいです。 진상을 구명하는 것은 어렵습니다.

0224

음독 ぐ　具合(ぐあい) 상태, 형편　具体的(ぐたいてき) 구체적　家具(かぐ) 가구　道具(どうぐ) 도구

훈독 そなえる　具(そな)える (능력·재능을) 갖추다

そなわる　具(そな)わる (능력·재능이) 갖추어지다

具

갖출 구

小3　N2

もう少(すこ)し具体的(ぐたいてき)に説明(せつめい)してください。 조금 더 구체적으로 설명해 주세요.

6カ国語(こくご)を話(はな)せる彼(かれ)は語学(ごがく)の才能(さいのう)が具(そな)わっているようです。

6개국어를 말할 수 있는 그는 어학의 재능이 갖춰져 있는 것 같습니다.

0225

음독 きゅう　球技(きゅうぎ) 구기　球場(きゅうじょう) 구장　電球(でんきゅう) 전구　卓球(たっきゅう) 탁구

훈독 たま　球(たま) 공

공 구

小3　N2

昼休(ひるやす)みに卓球(たっきゅう)をして、遊(あそ)びました。 점심시간에 탁구를 치고 놀았습니다.

その選手(せんしゅ)は速(はや)い球(たま)を投(な)げます。 그 선수는 빠른 공을 던집니다.

Tip たま

球(たま) 야구·탁구·당구 등의 공, 전구

電気(でんき)の球(たま)を変(か)える。

전구를 갈아 끼우다.

玉(たま) 하나로 뭉친 것, 뭉치

毛糸(けいと)の玉(たま)を買(か)う。

털실 뭉치를 사다.

弾(たま) 탄환, 총알

ピストルに弾(たま)を込(こ)める。

권총에 총알을 재다.

霊(たま) 혼, 영혼

人(ひと)の霊(たま)。 사람의 영혼.

0226

음독 きゅう　求人(きゅうじん) 구인　求職(きゅうしょく) 구직　追求(ついきゅう) 추구　要求(ようきゅう) 요구

훈독 もとめる　求(もと)める 구하다, 요구하다

구할 구

小4　N2

アルバイトの求人広告(きゅうじんこうこく)を見(み)て、電話(でんわ)をしました。

아르바이트 구인광고를 보고 전화를 했습니다.

病院(びょういん)で面会(めんかい)を求(もと)めました。 병원에서 면회를 요청했습니다.

0227

음독 **きゅう** 永久(えいきゅう) 영구, 영원 耐久(たいきゅう) 내구, 오래 버팀 持久(じきゅう) 지구, 오래 견딤
恒久(こうきゅう) 항구, 영구

く 久遠(くおん) 구원, 영원

훈독 **ひさ**しい 久(ひさ)しい 오래되다 久(ひさ)しぶり 오래간만 久々(ひさびさ) 오래간만

오랠 **구**
小5 N2

マラソンは持久力(じきゅうりょく)が必要(ひつよう)です。마라톤은 지구력이 필요합니다.
久(ひさ)しぶりに友(とも)だちとお酒(さけ)を飲(の)みました。오랜만에 친구와 술을 마셨습니다.

0228

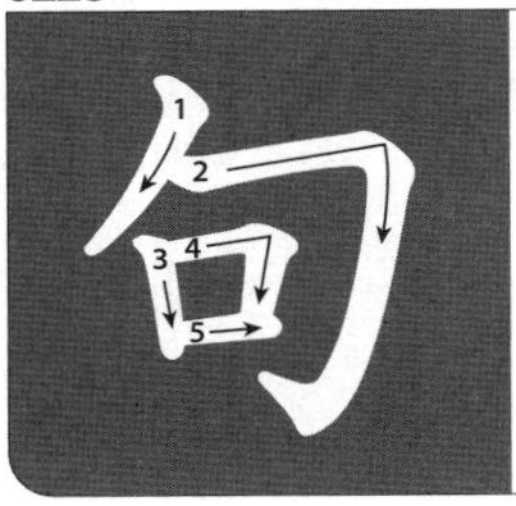

음독 **く** 句点(くてん) 마침표, 종지부 語句(ごく) 어구 文句(もんく) ①문구 ②불평, 트집
俳句(はいく) 하이쿠(5·7·5의 3구 17음절로 된 일본 고유의 단시)

글귀 **구**
小5 N1

文句(もんく)を言(い)わないでください。불평을 하지 마세요.
祖父(そふ)は俳句(はいく)が好(す)きです。할아버지는 하이쿠를 좋아합니다.

0229

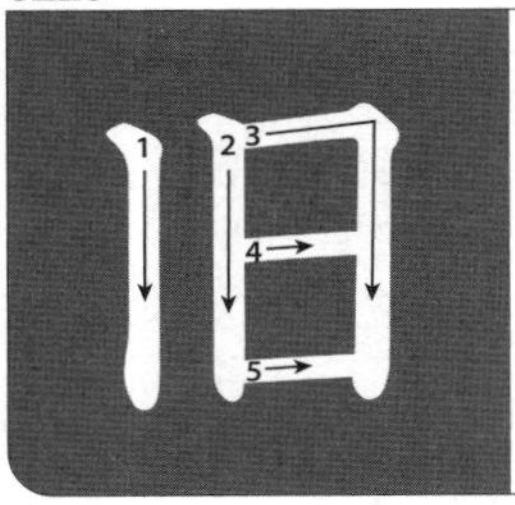

음독 **きゅう** 旧式(きゅうしき) 구식 旧暦(きゅうれき) 구력, 음력 新旧(しんきゅう) 신구, 새것과 낡은 것
復旧(ふっきゅう) 복구

舊

예 **구**
小5 N2

旧暦(きゅうれき)の８月(がつ)15日(にち)は秋夕(チュソク)です。음력 8월 15일은 추석입니다.
電車(でんしゃ)が復旧(ふっきゅう)するまで時間(じかん)がかかります。전철이 복구되기까지 시간이 걸립니다.

0230

음독 **きゅう** 救助(きゅうじょ) 구조 救出(きゅうしゅつ) 구출 救援(きゅうえん) 구원 救急車(きゅうきゅうしゃ) 구급차

훈독 **すく**う 救(すく)う 구하다

구원할 **구**
小5 N1

はやく救急車(きゅうきゅうしゃ)を呼(よ)んでください。빨리 구급차를 불러 주세요.
消防士(しょうぼうし)が子(こ)どもを救(すく)いました。소방관이 아이를 구했습니다.

0231

음독 こう　構内(こうない) 구내, 울타리 안　構成(こうせい) 구성　構造(こうぞう) 구조　機構(きこう) 기구

훈독 かまえる　構(かま)える 차리다, 꾸미다, 자세를 취하다
心構(こころがま)え 마음의 준비, 각오

かまう　構(かま)う 상관하다, 마음쓰다

얽을 구

小5　N2

論文(ろんぶん)の構成(こうせい)を考(かんが)えます。논문의 구성을 생각합니다.

面接(めんせつ)の心構(こころがま)えを習(なら)いました。면접에 대한 마음가짐을 익혔습니다.

0232

음독 こう　勾留(こうりゅう) 구류, 구금　勾配(こうばい) 기울기, 경사

굽을 구

中　급수 외

被告人(ひこくにん)を勾留(こうりゅう)しました。피고인을 구금했습니다.

この坂(さか)は勾配(こうばい)がきついです。이 고개는 경사가 심합니다.

0233

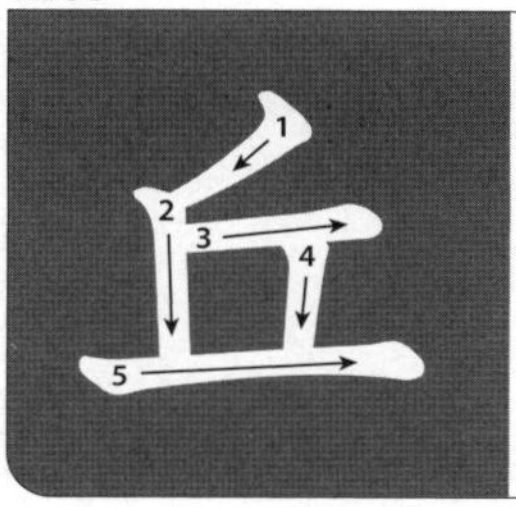

음독 きゅう　丘陵(きゅうりょう) 구릉, 언덕　砂丘(さきゅう) 사구, 모래 언덕

훈독 おか　丘(おか) 언덕

언덕 구

中　N1

丘陵(きゅうりょう)でみかんを栽培(さいばい)しています。언덕에서 귤을 재배하고 있습니다.

丘(おか)の上(うえ)まで散歩(さんぽ)しました。언덕 위까지 산책했습니다.

0234

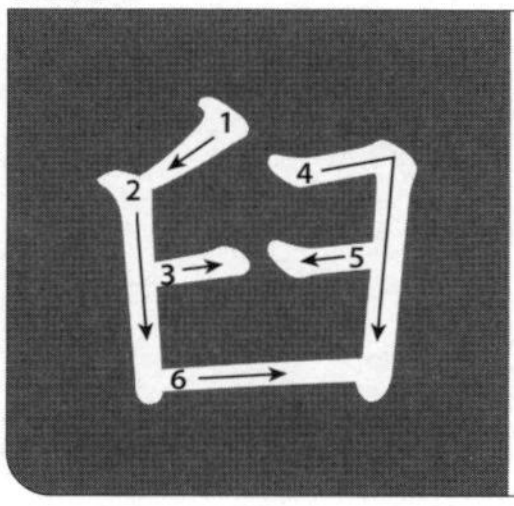

음독 きゅう　臼歯(きゅうし) 어금니　大臼歯(だいきゅうし) 큰어금니

훈독 うす　臼(うす) 절구, 맷돌　石臼(いしうす) 돌절구, 맷돌

절구 구

中　급수 외

臼歯(きゅうし)が虫歯(むしば)になりました。어금니에 충치가 생겼습니다.

最近(さいきん)は臼(うす)を使(つか)う機会(きかい)がありません。최근에는 맷돌을 사용할 기회가 없습니다.

0235

음독 おう　殴打(おうだ) 구타

훈독 なぐる　殴(なぐ)る 때리다, 치다

毆

때릴 구

中　N1

犯人(はんにん)は被害者(ひがいしゃ)を殴打(おうだ)して逃(に)げました。 범인은 피해자를 구타하고 도망쳤습니다.

人(ひと)を殴(なぐ)るのは許(ゆる)されない行動(こうどう)です。 사람을 때리는 것은 용서받지 못할 행동입니다.

0236

음독 おう　欧州(おうしゅう) 구주, 유럽주　欧米(おうべい) 구미, 유럽과 미국　西欧(せいおう) 서유럽　北欧(ほくおう) 북유럽

歐

구라파 구

中　N2

日本(にほん)と欧米(おうべい)が協力(きょうりょく)して研究(けんきゅう)します。 일본과 구미가 협력해서 연구합니다.

北欧(ほくおう)の国々(くにぐに)を旅行(りょこう)したいです。 북유럽 나라들을 여행하고 싶습니다.

0237

음독 こう　拘束(こうそく) 구속　拘留(こうりゅう) 구류　拘置(こうち) 구치　拘置所(こうちしょ) 구치소

잡을 구

中　N1

仕事(しごと)に拘束(こうそく)されて、やりたいことができません。
일에 구속당해, 하고 싶은 일을 할 수 없습니다.

被疑者(ひぎしゃ)を拘置所(こうちしょ)に送(おく)りました。 피의자를 구치소로 보냈습니다.

0238

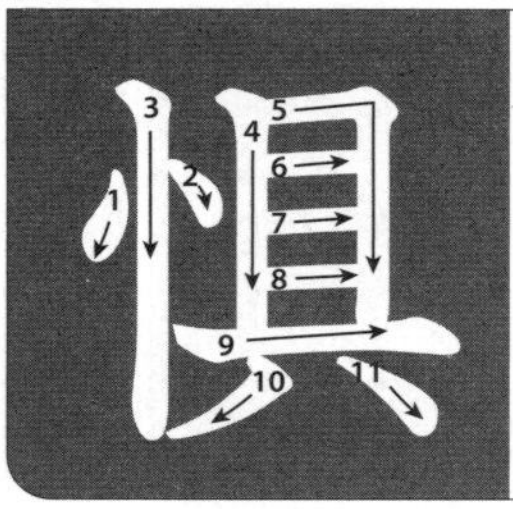

음독 ぐ　危惧(きぐ) 위구(걱정하고 두려워함)

懼

두려워할 구

中　급수 외

シロクマの絶滅(ぜつめつ)が危惧(きぐ)されます。 북극곰의 멸종이 걱정됩니다.

Tip 이 한자는 惧로도 쓰임

0239

駆

몰/몰아낼 구

中 N1

음독 く　駆使(くし) 구사　駆動(くどう) 구동　駆除(くじょ) 구제(몰아내어 없앰)　駆逐(くちく) 구축

훈독 かける　駆(か)ける 달리다　駆(か)け足(あし) 뛰어감, 달음박질

かる　駆(か)る 쫓다, 몰다

驅

四輪駆動(よんりんくどう)の車(くるま)を買(か)いました。 사륜구동의 차를 샀습니다.

雨(あめ)が降(ふ)ってきたので、駆(か)け足(あし)で帰(かえ)りました。 비가 와서 뛰어서 돌아갔습니다.

0240

溝

도랑 구

中 N1

음독 こう　排水溝(はいすいこう) 배수구　下水溝(げすいこう) 하수구　海溝(かいこう) 해구

훈독 みぞ　溝(みぞ) 도랑

排水溝(はいすいこう)を掃除(そうじ)します。 배수구를 청소합니다.

ボールが溝(みぞ)に落(お)ちてしまいました。 공이 도랑에 떨어져 버렸습니다.

0241

駒

망아지 구

中 N1

훈독 こま　駒(こま) ①망아지 ②장기의 말　持(も)ち駒(ごま) 예비로 둔 사람이나 물건

手駒(てごま) 부하, 수하

将棋(しょうぎ)の駒(こま)が一(ひと)つ足(た)りません。 장기의 말이 하나 모자랍니다.

持(も)ち駒(ごま)を全部(ぜんぶ)、使(つか)いました。 예비품을 전부 사용했습니다.

0242

購

살 구

中 N1

음독 こう　購買(こうばい) 구매　購買力(こうばいりょく) 구매력　購入(こうにゅう) 구입　購読(こうどく) 구독

最新(さいしん)のパソコンを購入(こうにゅう)しました。 최신 컴퓨터를 구입했습니다.

毎月(まいつき)、雑誌(ざっし)を購読(こうどく)しています。 매달, 잡지를 구독하고 있습니다.

0243

음독 **こく** 　**国内**(こくない) 국내　**国語**(こくご) 국어　**外国**(がいこく) 외국　**入国**(にゅうこく) 입국
諸国(しょこく) 여러 나라

훈독 **くに** 　**国**(くに) 나라, 지방　**島国**(しまぐに) 섬나라　**雪国**(ゆきぐに) 설국, 눈고장

國

나라 **국**
小2　N5

入国(にゅうこく)の手続(てつづ)きが簡単(かんたん)になりました。 입국 절차가 간단해졌습니다.

日本(にほん)では色々(いろいろ)な国(くに)から来(き)た人(ひと)たちが働(はたら)いています。
일본에서는 여러 나라에서 온 사람들이 일하고 있습니다.

Tip 제국

諸国(しょこく) 여러 나라
諸国(しょこく)を放浪(ほうろう)する。 여러 나라를 방랑하다.

帝国(ていこく) 황제가 다스리는 나라
帝国(ていこく)が崩壊(ほうかい)する。 제국이 붕괴되다.

0244

음독 **きょく** 　**薬局**(やっきょく) 약국　**郵便局**(ゆうびんきょく) 우체국　**事務局**(じむきょく) 사무국
放送局(ほうそうきょく) 방송국

관청 **국**
小3　N2

この近(ちか)くに郵便局(ゆうびんきょく)はありますか。 이 근처에 우체국은 있습니까?

父(ちち)は放送局(ほうそうきょく)につとめています。 아버지는 방송국에서 근무하고 있습니다.

0245

음독 **きく** 　**菊**(きく) 국화　**野菊**(のぎく) 들국화　**春菊**(しゅんぎく) 쑥갓

菊

국화 **국**
中　N1

菊(きく)の花(はな)が咲(さ)きました。 국화꽃이 피었습니다.

新鮮(しんせん)な春菊(しゅんぎく)はおいしいです。 신선한 쑥갓은 맛있습니다.

0246

음독 **くん** — **君主**(くんしゅ) 군주 **君子**(くんし) 군자 **諸君**(しょくん) 제군, 여러분 **主君**(しゅくん) 주군
～君(くん) 동료나 손아랫사람의 이름에 붙이는 가벼운 높임말. 군

훈독 **きみ** — **君**(きみ) 남자가 동년배 또는 손아래 상대를 친근하게 부르는 말. 자네, 군
君が代(きみがよ) 일본 국가의 제목

임금 **군**
小3 N2

山田君(やまだくん)、おはよう。 야마다 군, 안녕.
日本(にほん)の国歌(こっか)は「君(きみ)が代(よ)」と言(い)います。 일본의 국가는 '기미가요'라고 합니다.

0247

음독 **ぐん** — **軍隊**(ぐんたい) 군대 **軍人**(ぐんじん) 군인 **空軍**(くうぐん) 공군 **アメリカ軍**(ぐん) 미군

군사 **군**
小4 N2

兄(あに)は今年(ことし)、軍隊(ぐんたい)に入(はい)ります。 형은 올해, 군대에 들어갑니다.
空軍(くうぐん)に志願(しがん)しました。 공군에 지원했습니다.

0248

음독 **ぐん** — **郡**(ぐん) 군, 고을, 행정 구획의 하나 **郡部**(ぐんぶ) 군부, 군에 속하는 지역
郡内(ぐんない) 군내, 군의 구역 내

고을 **군**
小4 N1

日高郡(ひだかぐん)は北海道(ほっかいどう)にあります。 히다카군은 홋카이도에 있습니다.
郡内(ぐんない)に新(あたら)しい工場(こうじょう)ができました。 군내에 새로운 공장이 생겼습니다.

0249

음독 **ぐん** — **群衆**(ぐんしゅう) 군중 **群集**(ぐんしゅう) 군집 **抜群**(ばつぐん) 발군, 뛰어남, 출중함
大群(たいぐん) 대군, 큰 무리 **群馬県**(ぐんまけん) 군마현

훈독 **むれる** — **群れる**(むれる) 떼를 짓다, 군집하다 **群れ**(むれ) 떼, 무리, 동아리
むら — **群**(むら) 떼, 무리 **群がる**(むらがる) 떼 지어 모이다, 군집하다

무리 **군**
小4 N2

キムさんは運動神経(うんどうしんけい)が抜群(ばつぐん)です。 김 씨는 운동신경이 뛰어납니다.
かもの群(む)れが泳(およ)いでいます。 오리떼가 헤엄치고 있습니다.

0250

음독 **くつ**　**屈折**(くっせつ) 굴절　**屈辱**(くつじょく) 굴욕　**退屈**(たいくつ) 지루함
理屈(りくつ) ①이치, 도리 ②핑계

굽힐 **굴**
中　N1

レンズで光(ひかり)が屈折(くっせつ)します。 렌즈로 빛이 굴절됩니다.

退屈(たいくつ)なのでDVDを見(み)ました。 지루해서 DVD를 보았습니다.

0251

음독 **くつ**　**掘削**(くっさく) 굴착　**発掘**(はっくつ) 발굴　**採掘**(さいくつ) 채굴
試掘(しくつ) 시굴(채굴 가치를 보기 위해 시험적으로 파 보는 것)

훈독 **ほる**　**掘る**(ほる) 파다, 캐다

팔 **굴**
中　N2

ここでは金(きん)を採掘(さいくつ)しています。 여기에서는 금을 채굴하고 있습니다.

穴(あな)を掘(ほ)って、木(き)を植(う)えました。 구멍을 파서 나무를 심었습니다.

0252

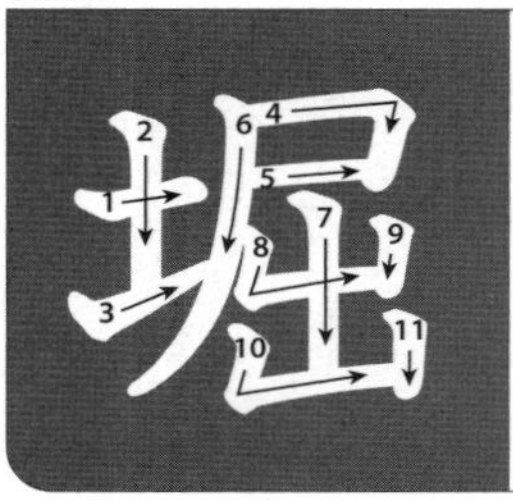

훈독 **ほり**　**堀**(ほり) 도랑, 수로　**堀江**(ほりえ) 인공 하천　**釣堀**(つりぼり) 낚시터
外堀(そとぼり) 외호(성의 바깥 둘레에 판 못)

굴 **굴**
中　N1

休日(きゅうじつ)は釣堀(つりぼり)で釣(つ)りをします。 휴일은 낚시터에서 낚시를 합니다.

0253

음독 **くつ**　**洞窟**(どうくつ) 동굴　**石窟**(せっくつ) 석굴　**巣窟**(そうくつ) 소굴

굴 **굴**
中　급수 외

洞窟(どうくつ)を探検(たんけん)しました。 동굴을 탐험했습니다.

インドの石窟寺院(せっくつじいん)を見学(けんがく)しました。 인도의 석굴사원을 견학했습니다.

0254

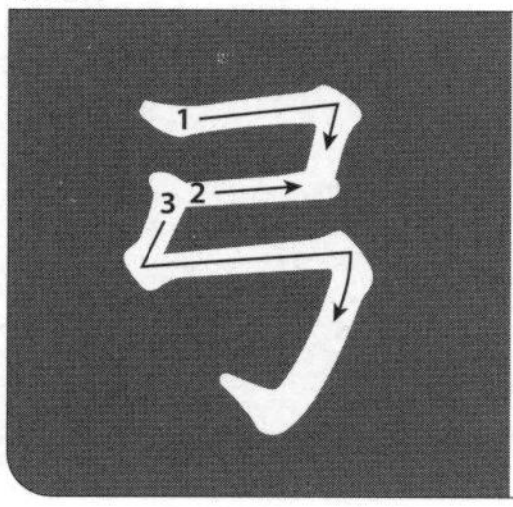

음독 **きゅう** 弓道(きゅうどう) 궁도 洋弓(ようきゅう) 양궁 弓形(きゅうけい) 궁형, 활 모양

훈독 **ゆみ** 弓(ゆみ) 활 弓矢(ゆみや) 궁시, 활과 화살

활 **궁**

小2 N1

弟(おとうと)は弓道部(きゅうどうぶ)に入(はい)りました。 남동생은 궁도부에 들어갔습니다.

弓(ゆみ)を射(い)ます。 활을 쏩니다.

0255

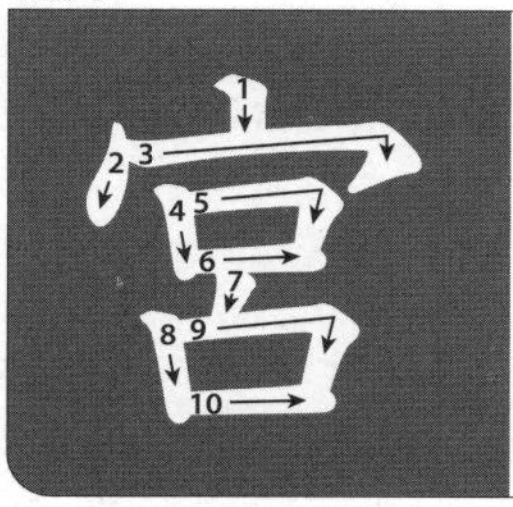

음독 **きゅう** 宮殿(きゅうでん) 궁전 宮中(きゅうちゅう) 궁중 王宮(おうきゅう) 왕궁

ぐう 神宮(じんぐう) 신궁 宮司(ぐうじ) 신사의 우두머리 신관

く 宮内庁(くないちょう) 궁내청(황실의 사무를 담당하는 관청)

훈독 **みや** 宮(みや) 신사, 궁 お宮参(みやまい)り 신사에 참배함

집 **궁**

小3 N1

明治神宮(めいじじんぐう)は有名(ゆうめい)です。 메이지신궁은 유명합니다.

日本(にほん)では赤(あか)ちゃんが生(う)まれると、お宮参(みやまい)りをします。
일본에서는 아기가 태어나면 신사참배를 합니다.

0256

음독 **きゅう** 窮屈(きゅうくつ) ①비좁아 갑갑함 ②거북함 窮地(きゅうち) 궁지
困窮(こんきゅう) 곤궁, 생활이 매우 곤란함 貧窮(ひんきゅう) 가난, 빈곤

훈독 **きわめる** 窮(きわ)める 끝까지 가다, 극한에 이르다

きわまる 窮(きわ)まる 극도에 이르다, 다하다

다할/궁할 **궁**

中 N1

私(わたし)の部屋(へや)はとても窮屈(きゅうくつ)です。 내 방은 매우 비좁아 답답합니다.

彼(かれ)の欲(よく)は窮(きわ)まるところをしりません。 그의 욕심은 끝을 모릅니다.

0257

음독 **けん** 定期券(ていきけん) 정기권 入場券(にゅうじょうけん) 입장권 整理券(せいりけん) 정리권(대기표)
乗車券(じょうしゃけん) 승차권

券

문서 **권**

小6 N2

定期券(ていきけん)を買(か)いました。 정기권을 샀습니다.

乗車券(じょうしゃけん)を見(み)せてください。 승차권을 보여 주세요.

0258

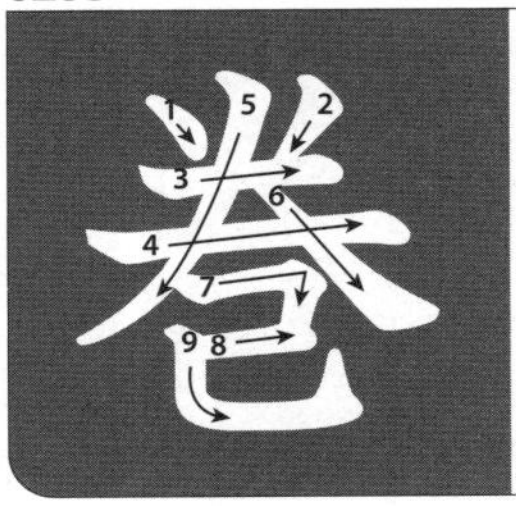

음독 かん　巻頭(かんとう) 권두, 책머리　巻末(かんまつ) 권말　上巻(じょうかん) 상권　圧巻(あっかん) 압권

훈독 まく　巻(ま)く 감다, 소용돌이치다　のり巻(ま)き 김밥, 김초밥

まき　巻紙(まきがみ) 두루마리

巻

책/말을 **권**

小6　N2

巻頭(かんとう)に目次(もくじ)があります。책머리에 목차가 있습니다.

のり巻(ま)きが好(す)きです。김초밥을 좋아합니다.

0259

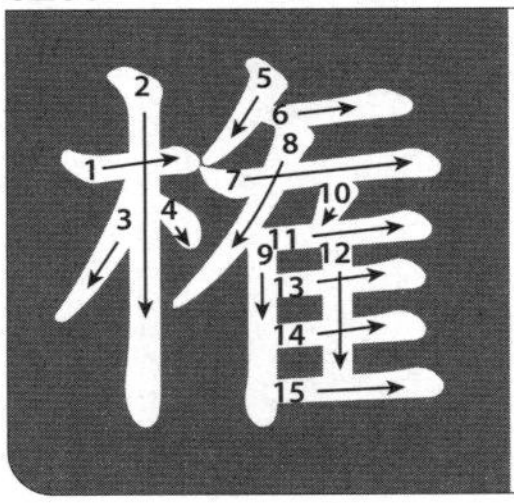

음독 けん　権力(けんりょく) 권력　権限(けんげん) 권한　人権(じんけん) 인권　選挙権(せんきょけん) 선거권

ごん　権化(ごんげ) 권화, 화신

權

권세 **권**

小6　N2

権力(けんりょく)をにぎっている人(ひと)は誰(だれ)ですか。권력을 쥐고 있는 사람은 누구입니까?

人権(じんけん)はもっとも大切(たいせつ)です。인권은 가장 소중합니다.

0260

음독 けん　拳法(けんぽう) 권법　拳銃(けんじゅう) 권총　拳闘(けんとう) 권투

훈독 こぶし　拳(こぶし) 주먹　握(にぎ)り拳(こぶし) 주먹(을 쥠), 빈주먹

拳

주먹 **권**

中　급수 외

警察官(けいさつかん)が拳銃(けんじゅう)を撃(う)ちました。경찰관이 권총을 쐈습니다.

喧嘩(けんか)になって、彼(かれ)は拳(こぶし)で相手(あいて)を殴(なぐ)りました。
싸움이 나서 그는 주먹으로 상대를 때렸습니다.

0261

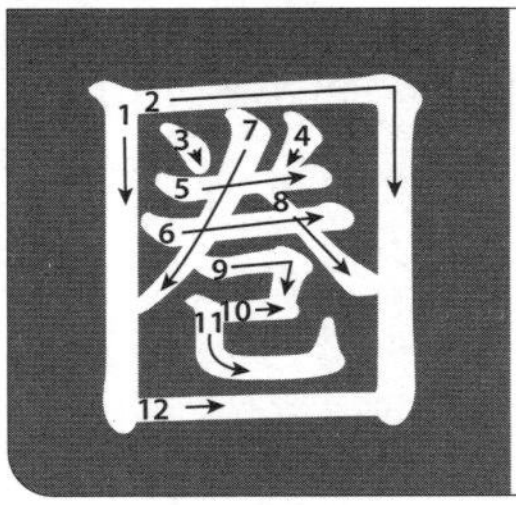

음독 けん　圏外(けんがい) 권외, 범위 밖　大気圏(たいきけん) 대기권　首都圏(しゅとけん) 수도권　北極圏(ほっきょくけん) 북극권

圈

우리 **권**

中　N1

圏外(けんがい)なので、携帯電話(けいたいでんわ)が使(つか)えません。권외이므로 휴대전화를 사용할 수 없습니다.

首都圏(しゅとけん)の大学(だいがく)に進学(しんがく)しました。수도권 대학에 진학했습니다.

0262

음독 **かん** 勧誘(かんゆう) 권유 勧告(かんこく) 권고 勧奨(かんしょう) 권장 勧善懲悪(かんぜんちょうあく) 권선징악

훈독 **すすめる** 勧める(すすめる) 권하다, 권유하다

勸

권할 **권**

中 N1

新入生(しんにゅうせい)をサークルに勧誘(かんゆう)します。 신입생을 동아리에 권유합니다.

友(とも)だちがヨガを勧(すす)めました。 친구가 요가를 권했습니다.

Tip すすめる

勧める(すすめる) 권하다

入会(にゅうかい)を勧(すす)める。 입회를 권하다.

進める(すすめる) 진행하다, 전진시키다

会議(かいぎ)を進(すす)める。 회의를 진행하다.

薦める(すすめる) 추천하다, 천거하다

委員長(いいんちょう)として薦(すす)める。 위원장으로 천거하다.

0263

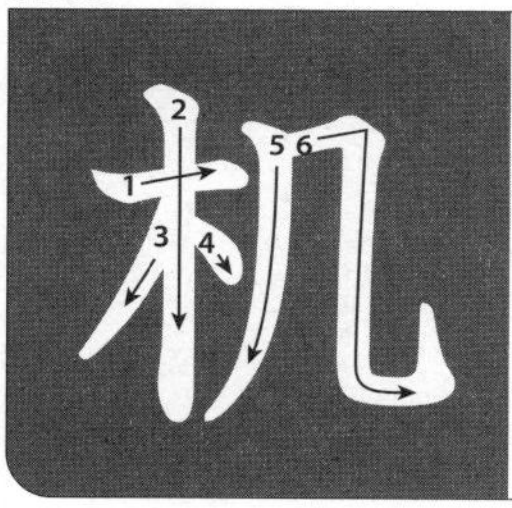

음독 **き** 机上(きじょう) 탁상

훈독 **つくえ** 机(つくえ) 책상 勉強机(べんきょうづくえ) 공부하는 책상

책상 **궤**

小6 N2

それは机上(きじょう)の空論(くうろん)です。 그것은 탁상공론입니다.

かばんは机(つくえ)の上(うえ)にあります。 가방은 책상 위에 있습니다.

0264

음독 **き** 軌道(きどう) 궤도 軌跡(きせき) 궤적 常軌(じょうき) 상궤(항상 따라야 할 바른 길)

바퀴자국 **궤**

中 N1

衛星(えいせい)が軌道(きどう)に乗(の)りました。 위성이 궤도에 올랐습니다.

0265

潰

음독 かい　潰瘍(かいよう) 궤양　胃潰瘍(いかいよう) 위궤양

훈독 つぶす　潰す(つぶ) 찌그러뜨리다, 부수다　暇潰し(ひまつぶ) 시간 때우기
虱潰し(しらみつぶ) 이 잡듯이 샅샅이 뒤짐

つぶれる　潰れる(つぶ) 부서지다, 깨지다

무너질 궤

中　급수 외

母(はは)が胃潰瘍(いかいよう)で入院(にゅういん)しました。 엄마가 위궤양으로 입원했습니다.

空(あ)き缶(かん)を潰(つぶ)して、ごみ袋(ぶくろ)に入(い)れます。 빈 깡통을 찌그러뜨려서 쓰레기통에 넣습니다.

0266

帰

음독 き　帰国(きこく) 귀국　帰宅(きたく) 귀가　帰化(きか) 귀화　復帰(ふっき) 복귀

훈독 かえる　帰る(かえ) 돌아가다　日帰り(ひがえ) 당일치기　里帰り(さとがえ) 친정 나들이

かえす　帰す(かえ) 돌려보내다

歸

돌아갈 귀

小2　N3

帰国(きこく)する日(ひ)は、いつですか。 귀국하는 날은 언제입니까?

忙(いそが)しくて、帰(かえ)る時間(じかん)が遅(おそ)くなりました。 바빠서 집에 가는 시간이 늦어졌습니다.

Tip かえす

帰す(かえ) 돌려보내다, 귀가시키다

子(こ)どもを家(いえ)に帰(かえ)す。 아이를 집에 돌려보내다.

返す(かえ) 물건을 반납하다

本(ほん)を図書館(としょかん)に返(かえ)す。 책을 도서관에 반납하다.

0267

貴

음독 き　貴重(きちょう) 귀중함　貴金属(ききんぞく) 귀금속　兄貴(あにき) 형님　高貴(こうき) 고귀함

훈독 たっとい/たっとぶ　貴い(たっと) 소중하다　貴ぶ(たっと) 공경하다

とうとい/とうとぶ　貴い(とうと) 존귀하다　貴ぶ(とうと) 존경하다, 존중하다

귀할 귀

小6　N1

貴重品(きちょうひん)を金庫(きんこ)に入(い)れます。 귀중품을 금고에 넣습니다.

生(い)き物(もの)の命(いのち)を貴(とうと)びます。 생물의 생명을 존중합니다.

0268

음독 き
鬼神(きしん) 귀신(きじん으로도 읽음)　鬼才(きさい) 귀재(세상에 드문 뛰어난 재능)
殺人鬼(さつじんき) 살인귀

훈독 おに
鬼(おに) 도깨비　鬼ごっこ(おにごっこ) 술래잡기
鬼瓦(おにがわら) 귀와(도깨비 무늬의 와당)

귀신 **귀**
中　N1

彼(かれ)は鬼才(きさい)ある芸術家(げいじゅつか)です。 그는 뛰어난 재능을 가진 예술가입니다.
鬼(おに)ごっこをして遊(あそ)びました。 술래잡기를 하면서 놀았습니다.

0269

음독 き
亀鑑(きかん) 귀감, 본보기　亀甲(きこう) 거북의 등딱지(きっこう로도 읽음)
亀裂(きれつ) 균열

훈독 かめ
亀(かめ) 거북이　海亀(うみがめ) 바다거북

龜

거북 **귀**/터질 **균**
中　N1

地震(じしん)で壁(かべ)に亀裂(きれつ)ができました。 지진으로 벽에 균열이 생겼습니다.
亀(かめ)は長生(ながい)きします。 거북이는 오래 삽니다.

0270

음독 き
規則(きそく) 규칙　規定(きてい) 규정　正規(せいき) 정규
예외 定規(じょうぎ) (문구의) 자, 본보기

법 **규**
小5　N2

規則(きそく)を守(まも)ってください。 규칙을 지켜 주세요.
定規(じょうぎ)で線(せん)を引(ひ)きます。 자로 선을 긋습니다.

0271

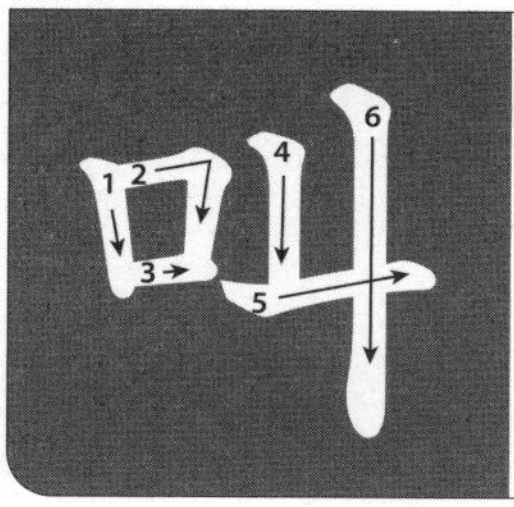

음독 きょう
叫喚(きょうかん) 규환(큰 소리로 부르짖음)　絶叫(ぜっきょう) 절규
阿鼻叫喚(あびきょうかん) 아비규환(여러 사람이 비참한 지경에 빠져 울부짖음)

훈독 さけぶ
叫(さけ)ぶ 외치다　叫(さけ)び声(ごえ) 비명 소리
예외 雄叫(おたけ)び 우렁찬 부르짖음

부르짖을 **규**
中　N2

ジェットコースターに乗(の)った人々(ひとびと)が絶叫(ぜっきょう)しています。
제트 코스트에 탄 사람들이 절규하고 있습니다.
女(おんな)の人(ひと)の叫(さけ)び声(ごえ)が聞(き)こえました。 여자의 비명 소리가 들렸습니다.

0272

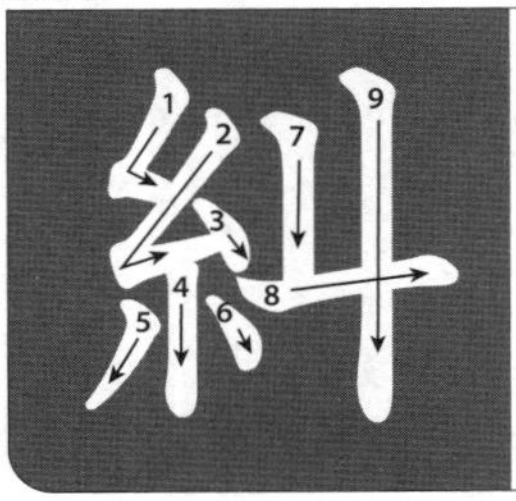

음독 **きゅう** 　**糾弾**(きゅうだん) 규탄　**糾明**(きゅうめい) 규명　**糾合**(きゅうごう) 규합
紛糾(ふんきゅう) 분규(사태·논의 등이 뒤얽힘)

얽힐 **규**

中　N1

政治家(せいじか)の不正(ふせい)を糾弾(きゅうだん)します。 정치가의 부정을 규탄합니다.

予算委員会(よさんいいんかい)は紛糾(ふんきゅう)しました。 예산위원회는 논의가 뒤얽혔습니다.

0273

음독 **きん** 　**均衡**(きんこう) 균형　**均一**(きんいつ) 균일　**均等**(きんとう) 균등　**平均**(へいきん) 평균

고를 **균**

小5　N2

ここは100円均一(えんきんいつ)のお店(みせ)です。 여기는 100엔 균일가격의 가게입니다.

テストの平均点(へいきんてん)は85点(てん)です。 시험의 평균점은 85점입니다.

0274

음독 **きん** 　**菌類**(きんるい) 균류　**細菌**(さいきん) 세균　**殺菌**(さっきん) 살균　**雑菌**(ざっきん) 잡균

菌

세균 **균**

中　N1

彼(かれ)は大学(だいがく)で細菌(さいきん)を研究(けんきゅう)しています。 그는 대학에서 세균을 연구하고 있습니다.

まな板(いた)を殺菌(さっきん)します。 도마를 살균합니다.

0275

음독 **きょく** 　**極限**(きょくげん) 극한, 한계점　**極東**(きょくとう) 극동　**北極**(ほっきょく) 북극
ごく 　**極秘**(ごくひ) 극비　**至極**(しごく) 지극히, 아주

훈독 **きわ**める 　**極**(きわ)**める** 극하다, 몹시 ~하다　**極**(きわ)**めて** 극히
きわまる 　**極**(きわ)**まる** 극히 ~하다, ~하기 짝이 없다
きわみ 　**極**(きわ)**み** 극한, 끝

다할 **극**

小4　N2

いつか北極(ほっきょく)に行(い)ってみたいです。 언젠가 북극에 가 보고 싶습니다.

手術(しゅじゅつ)の結果(けっか)は極(きわ)めて良好(りょうこう)です。 수술 결과는 극히 양호합니다.

0276

음독 げき　劇場(げきじょう) 극장　劇団(げきだん) 극단　演劇(えんげき) 연극　悲劇(ひげき) 비극

연극 **극**

小6　N2

劇場(げきじょう)は禁煙(きんえん)です。극장은 금연입니다.

大学(だいがく)で演劇(えんげき)サークルに入(はい)りました。대학에서 연극 동아리에 들어갔습니다.

0277

음독 こく　克服(こくふく) 극복　克明(こくめい) 극명　克己(こっき) 극기　超克(ちょうこく) 고난을 극복함

이길 **극**

中　N1

病気(びょうき)を克服(こくふく)して、また働(はたら)きはじめました。병을 극복하고 다시 일하기 시작했습니다.

これは戦争(せんそう)を克明(こくめい)に記録(きろく)した映画(えいが)です。이것은 전쟁을 극명하게 기록한 영화입니다.

0278

음독 げき　間隙(かんげき) 간극, 틈　空隙(くうげき) 공극, 빈틈

훈독 すき　隙(すき) 틈　隙間(すきま) 틈새, 짬　隙間風(すきまかぜ) 틈새 바람, 외풍

틈 **극**

中　급수 외

ディフェンスの間隙(かんげき)を突(つ)いて、ゴールを決(き)めました。
수비의 빈틈을 뚫고 골을 넣었습니다.

ドアの隙間(すきま)から猫(ねこ)が入(はい)ってきました。문틈으로 고양이가 들어왔습니다.

Tip 이 한자는 **隟**로도 쓰임

0279

음독 きん　近所(きんじょ) 근처　近代(きんだい) 근대　付近(ふきん) 부근　最近(さいきん) 최근

훈독 ちかい　近(ちか)い 가깝다　近(ちか)く 근처　近(ちか)ごろ 요즘, 최근
近(ちか)づく 가까이 가다　近道(ちかみち) 지름길

가까울 **근**

小2　N3

これは東京(とうきょう)付近(ふきん)の地図(ちず)です。이것은 도쿄 부근의 지도입니다.

この近(ちか)くには大(おお)きいデパートがありません。이 근처에는 큰 백화점이 없습니다.

0280

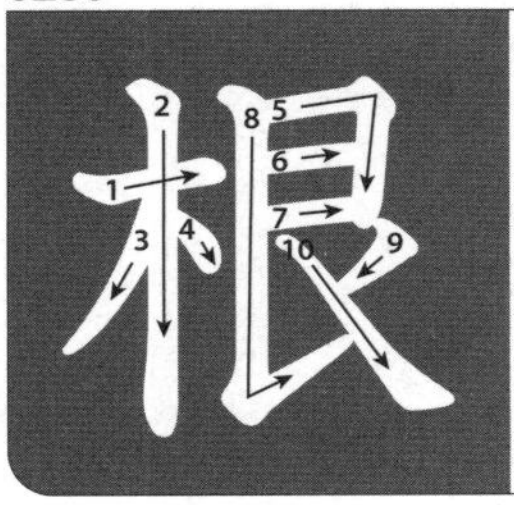

음독 **こん** 根本(こんぽん) 근본 根拠(こんきょ) 근거 大根(だいこん) 무 球根(きゅうこん) 구근, 알뿌리

훈독 **ね** 根(ね) 뿌리 根元(ねもと) 근원, 근본 屋根(やね) 지붕 尾根(おね) 산등성이, 능선

뿌리 **근**

小3 N2

大根(だいこん)でたくあんを作(つく)ります。 무로 단무지를 만듭니다.

最近(さいきん)、わらの屋根(やね)は見(み)かけません。 최근에 초가지붕은 볼 수 없습니다.

0281

음독 **きん** 勤務(きんむ) 근무 勤勉(きんべん) 근면함 夜勤(やきん) 야근 常勤(じょうきん) 상근

ごん 勤行(ごんぎょう) 근행(불전에서 독경이나 회향을 하는 일)

훈독 **つとめる** 勤(つと)める 근무하다 勤(つと)め先(さき) 근무처

つとまる 勤(つと)まる 감당해 내다, (임무를) 잘 수행할 수 있다

勤

부지런할/근무할 **근**

小6 N2

彼(かれ)は勤勉(きんべん)に働(はたら)きます。 그는 근면하게 일합니다.

勤(つと)め先(さき)はどこですか。 근무처는 어디입니까?

Tip **つとめる**

勤(つと)める 근무하다, 종사하다

会社(かいしゃ)に勤(つと)める。

회사에 근무하다.

努(つと)める 힘쓰다, 노력하다

節電(せつでん)に努(つと)める。

절전에 노력하다.

務(つと)める 소임을 맡다, 역할을 하다

議長(ぎちょう)を務(つと)める。 의장을 맡다.

0282

음독 **きん** 筋肉(きんにく) 근육 筋骨(きんこつ) ①근육과 골격 ②체격 鉄筋(てっきん) 철근

腹筋(ふっきん) 복근

훈독 **すじ** 筋(すじ) ①힘줄 ②줄거리 筋道(すじみち) ①도리 ②절차 ③순서

粗筋(あらすじ) 개요

힘줄 **근**

小6 N1

走(はし)りすぎて筋肉痛(きんにくつう)になりました。 너무 많이 달려서 근육통이 생겼습니다.

話(はなし)の筋道(すじみち)が見(み)えません。 이야기의 앞뒤를 모르겠습니다.

0283

음독 **きん** 一斤(いっきん) 한 근 二斤(にきん) 두 근 三斤(さんきん) 세 근 何斤(なんきん) 몇 근

근 **근**

中 N1

1200グラムは二斤(にきん)に相当(そうとう)します。 1200그램은 두 근에 상당합니다.

0284

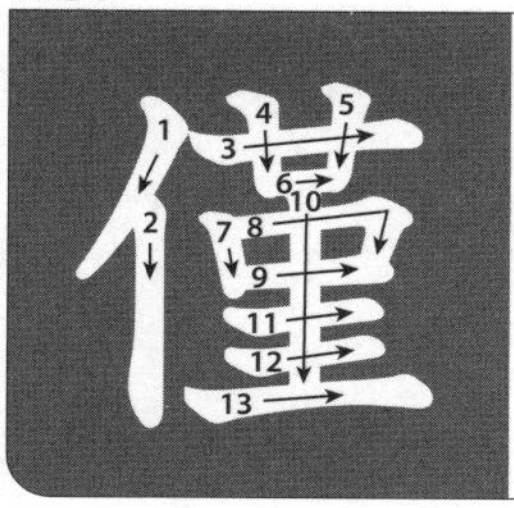

음독 **きん** 僅差(きんさ) 근소한 차이 僅少(きんしょう) 근소함

훈독 **わず**か 僅(わず)か ①근소함, 얼마 안 됨 ②사소함 ③불과

겨우 **근**

中 급수 외

僅差(きんさ)で相手(あいて)チームに負(ま)けてしまいました。 근소한 차이로 상대 팀에 지고 말았습니다.

今年(ことし)も残(のこ)り僅(わず)かです。 올해도 얼마 남지 않았습니다.

Tip 이 한자는 **僅**로도 쓰임

0285

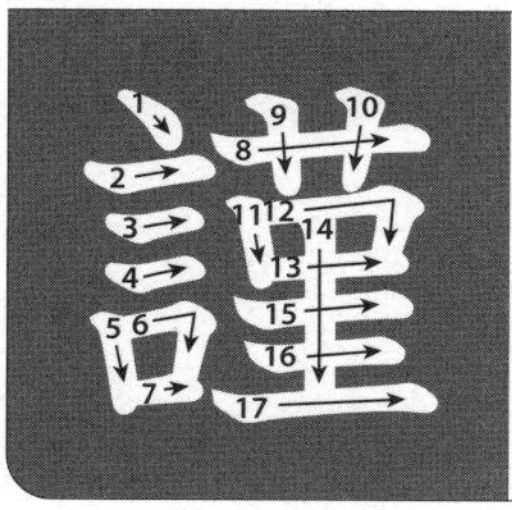

음독 **きん** 謹慎(きんしん) 근신 謹賀新年(きんがしんねん) 근하신년 謹厳(きんげん) 근엄함 謹製(きんせい) 삼가 만듦 謹啓(きんけい) 삼가 아룀

훈독 **つつし**む 謹(つつし)む 삼가다, 정중하게(삼가) ~하다

謹

삼갈 **근**

中 N1

浜田(はまだ)さんは1ヶ月(いっかげつ)の謹慎処分(きんしんしょぶん)を受(う)けました。
하마다 씨는 한 달의 근신처분을 받았습니다.

謹(つつし)んでお祝(いわ)い申(もう)し上(あ)げます。 삼가 축하 드립니다.

0286

음독 **きん/こん** 金曜日(きんようび) 금요일 金色(きんいろ) 금색(こんじき로도 읽음) 税金(ぜいきん) 세금 金庫(きんこ) 금고 金剛石(こんごうせき) 금강석

훈독 **かね** お金(かね) 돈 お金持(かねも)ち 부자

かな 金物(かなもの) 철물 金(かな)づち ①쇠망치 ②헤엄을 조금도 못 치는 사람

쇠 **금**

小1 N5

銀行(ぎんこう)に金庫(きんこ)があります。 은행에 금고가 있습니다.

お金(かね)をきれいに使(つか)ってください。 돈을 깨끗하게 사용해 주세요.

0287

음독 こん　今月(こんげつ) 이번달　今度(こんど) 이번　今晩(こんばん) 오늘 저녁(밤)　今夜(こんや) 오늘 밤

きん　古今(こきん) 고금(ここん으로도 읽음)　今上天皇(きんじょうてんのう) 현재의 천황

훈독 いま　今(いま) 지금　今さら(いまさら) 이제 와서, 새삼스럽게

예외 今日(きょう) 오늘(こんにち로도 읽음)　今年(ことし) 올해, 금년　今朝(けさ) 오늘 아침

이제 금

小2 N5

今夜(こんや)ははやく帰(かえ)るつもりです。 오늘 밤은 일찍 돌아갈 예정입니다.

今(いま)なら間(ま)に合(あ)いますよ。 지금이라면 제 시간에 갈 수 있어요.

0288

음독 きん　禁止(きんし) 금지　禁煙(きんえん) 금연　解禁(かいきん) 해금(금지령을 해제함)

厳禁(げんきん) 엄금　禁じる(きんじる) 금하다

금할 금

小5 N2

ここは駐車禁止(ちゅうしゃきんし)です。 여기는 주차금지입니다.

会議室(かいぎしつ)は禁煙(きんえん)です。 회의실은 금연입니다.

0289

음독 きん　琴線(きんせん) ①거문고 줄 ②심금　琴曲(きんきょく) 거문고 곡

훈독 こと　琴(こと) 거문고

거문고 금

中 급수 외

「風(かぜ)と共(とも)に去(さ)りぬ」は心(こころ)の琴線(きんせん)にふれる名作(めいさく)です。

「바람과 함께 사라지다」는 심금을 울리는 명작입니다.

祖母(そぼ)は琴(こと)を教(おし)えています。 할머니는 거문고를 가르치고 있습니다.

0290

음독 きん　錦繍(きんしゅう) 금수, 비단과 수(호화찬란한 의복이나 직물, 단풍으로 물듦의 비유)

錦秋(きんしゅう) 금추(단풍이 든 아름다운 가을)　錦鶏(きんけい) 금계

훈독 にしき　錦(にしき) 비단　錦鯉(にしきごい) 비단잉어

비단 금

中 N1

秋(あき)には錦繍(きんしゅう)の山々(やまやま)が見(み)られます。 가을에는 단풍으로 물든 산들을 볼 수 있습니다.

池(いけ)で錦鯉(にしきごい)が泳(およ)いでいます。 연못에서 비단잉어가 헤엄치고 있습니다.

0291

음독 **きん** 胸襟(きょうきん) 흉금(가슴속에 품은 생각)

훈독 **えり** 襟(えり) 옷깃, 목덜미 襟巻き(えりまき) 목도리 襟首(えりくび) 목덜미

옷깃 **금**

中 N1

与党(よとう)と野党(やとう)の党首(とうしゅ)が胸襟(きょうきん)を開(ひら)いて議論(ぎろん)しています。
여당과 야당의 당수가 흉금을 터놓고 의논하고 있습니다.

このシャツは襟(えり)のサイズが私(わたし)に合(あ)いません。
이 셔츠는 목 사이즈가 나에게 맞지 않습니다.

0292

음독 **きゅう** 急行(きゅうこう) 급행 急用(きゅうよう) 급한 용무 特急(とっきゅう) 특급
早急(さっきゅう) 조급함(そうきゅう로도 읽음)

훈독 **いそぐ** 急(いそ)ぐ 서두르다 大急(おおいそ)ぎ 몹시 서두름, 아주 급함

급할 **급**

小3 N4

急用(きゅうよう)ができたので、帰(かえ)らなければなりません。
급한 용무가 생겨서 돌아가야 합니다.

あまり時間(じかん)がないから急(いそ)ぎましょう。 그다지 시간이 없으니 서두릅시다.

0293

음독 **きゅう** 学級(がっきゅう) 학급 上級(じょうきゅう) 상급 等級(とうきゅう) 등급 同級生(どうきゅうせい) 동급생

등급 **급**

小3 N1

上級(じょうきゅう)のテストに合格(ごうかく)しました。 상급 시험에 합격했습니다.

彼(かれ)と私(わたし)は同級生(どうきゅうせい)です。 그와 나는 동급생입니다.

0294

음독 **きゅう** 給食(きゅうしょく) 급식 給料(きゅうりょう) 급료, 급여 支給(しきゅう) 지급 時給(じきゅう) 시급

줄 **급**

小4 N2

給食(きゅうしょく)の時間(じかん)は12時半(じはん)からです。 급식시간은 12시 반부터입니다.

このアルバイトの時給(じきゅう)は800円(えん)です。 이 아르바이트의 시급은 800엔입니다.

0295

음독 きゅう　及第(きゅうだい) 급제　追及(ついきゅう) 추적　普及(ふきゅう) 보급　言及(げんきゅう) 언급

훈독 およぶ　及(およ)ぶ 달하다, 이르다, 미치다

および　及(およ)び 및

およぼす　及(およ)ぼす 미치게 하다

미칠 **급**

中　N1

インターネットが普及(ふきゅう)していないところはありません。
인터넷이 보급되지 않은 곳은 없습니다.

不況(ふきょう)の影響(えいきょう)がいろいろな所(ところ)に及(およ)んでいます。 불황의 영향이 여러 곳에 미치고 있습니다.

0296

훈독 あつかう　扱(あつか)う 다루다, 취급하다　取(と)り扱(あつか)い 취급

다룰 **급**

中　N1

この会社(かいしゃ)では輸入家具(ゆにゅうかぐ)を扱(あつか)っています。 이 회사에서는 수입가구를 취급하고 있습니다.

カメラの取(と)り扱(あつか)い説明書(せつめいしょ)を読(よ)みます。 카메라의 취급설명서를 읽습니다.

0297

음독 こう　肯定(こうてい) 긍정　首肯(しゅこう) 수긍

수긍할 **긍**

中　N2

会議(かいぎ)で肯定的(こうていてき)な意見(いけん)が多(おお)く出(で)ました。 회의에서 긍정적인 의견이 많이 나왔습니다.

誰(だれ)もその案(あん)に首肯(しゅこう)しませんでした。 누구도 그 안에 수긍하지 않았습니다.

0298

음독 き　人気(にんき) 인기　電気(でんき) 전기　気持(きも)ち 기분　気温(きおん) 기온

け　気配(けはい) 기운, 기미, 낌새　寒気(さむけ) 한기, 오한

氣

기운 **기**

小1　N5

急(きゅう)に気温(きおん)が高(たか)くなりました。 갑자기 기온이 높아졌습니다.

秋(あき)の気配(けはい)が感(かん)じられます。 가을 기운이 느껴집니다.

0299

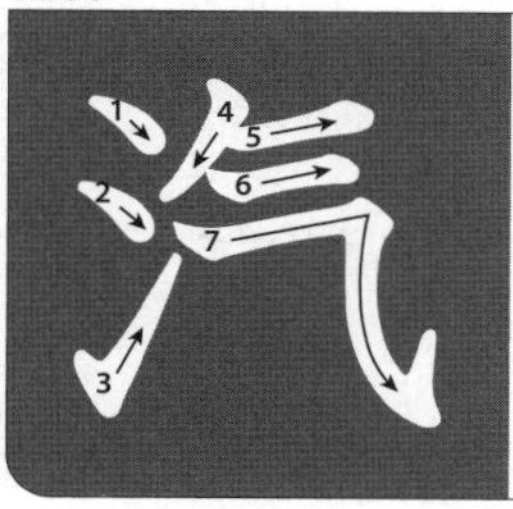

음독 き　汽車(きしゃ) 기차　汽船(きせん) 증기선　汽笛(きてき) 기적

물 끓는 김 **기**

小2　N1

汽車(きしゃ)で旅(たび)をするのが好(す)きです。 기차로 여행하는 것을 좋아합니다.

港(みなと)から汽笛(きてき)が聞(き)こえます。 항구에서 기적이 들립니다.

0300

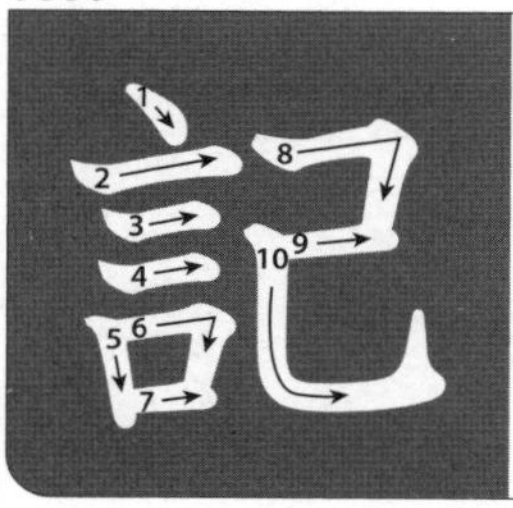

음독 き　記事(きじ) 기사　記録(きろく) 기록　記入(きにゅう) 기입　日記(にっき) 일기
記念日(きねんび) 기념일　伝記(でんき) 전기

훈독 しるす　記(しる)す 적다, (마음에) 새기다, 기억하다

기록할 **기**

小2　N2

毎日(まいにち)、日記(にっき)を書(か)いています。 매일 일기를 쓰고 있습니다.

背(せ)の高(たか)さを柱(はしら)に記(しる)しておきました。 키높이를 기둥에 적어 두었습니다.

Tip 전기

伝記(でんき) 한 개인의 일생을 적은 기록

偉人(いじん)の伝記(でんき)を読(よ)む。 위인의 전기를 읽다.

戦記(せんき) 전쟁의 기록

戦争時(せんそうじ)の戦記(せんき)が見(み)つかる。 전쟁 시의 전기가 발견되다.

0301

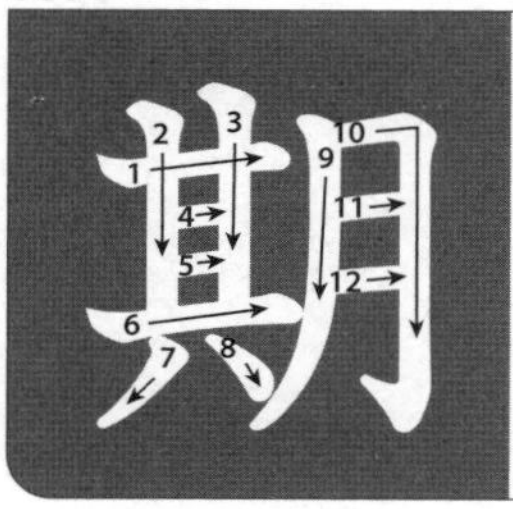

음독 き　期末(きまつ) 기말　期待(きたい) 기대　学期(がっき) 학기　時期(じき) 시기
ご　最期(さいご) 임종, 최후

기약할 **기**

小3　N4

期末試験(きまつしけん)はとても難(むずか)しかったです。 기말시험은 매우 어려웠습니다.

日本(にほん)の一学期(いちがっき)は4月(しがつ)に始(はじ)まります。 일본의 1학기는 4월에 시작됩니다.

0302

음독 き　　起床(きしょう) 기상　起因(きいん) 기인　起立(きりつ) 기립　決起(けっき) 궐기

훈독 おきる　　起(お)きる (자리에서) 일어나다　早起(はやお)き 조기, 일찍 일어남

おこる　　起(お)こる 일어나다, 발생하다, 기인하다

おこす　　起(お)こす 일으키다, 깨우다

일어날 기

小3　N3

起床時間(きしょうじかん)は朝(あさ)6時(じ)です。 기상시간은 아침 6시입니다.

毎朝(まいあさ)、母(はは)が私(わたし)を起(お)こしてくれます。 매일 아침, 엄마가 나를 깨워 줍니다.

Tip おこす

起(お)こす 몸을 일으키다

体(からだ)を起(お)こす。 몸을 일으키다.

興(おこ)す 쇠약해진 것을 흥하게 하다, 일으키다

会社(かいしゃ)を興(おこ)す。 회사를 일으키다.

0303

음독 き　　岐路(きろ) 기로, 갈림길　多岐(たき) 복잡 다단함　分岐(ぶんき) 분기, 갈림

分岐点(ぶんきてん) 분기점　**예외** 岐阜県(ぎふけん) 기후현

갈림길 기

小4　N1

この本(ほん)は私(わたし)が人生(じんせい)の岐路(きろ)に立(た)ったとき役(やく)に立(た)ちました。
이 책은 내가 인생의 기로에 섰을 때 도움이 되었습니다.

道(みち)が分岐(ぶんき)しています。 길이 갈라져 있습니다.

0304

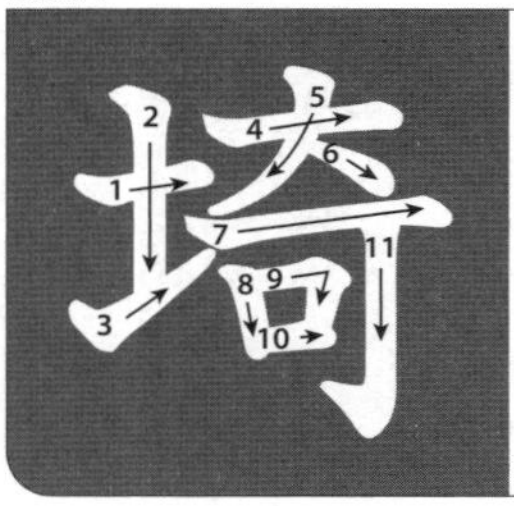

훈독 さい　　埼玉(さいたま) 사이타마　埼玉県(さいたまけん) 사이타마현

갑 기

小4　급수 외

埼玉県(さいたまけん)は東京(とうきょう)の北側(きたがわ)にあります。 사이타마현은 도쿄 북쪽에 있습니다.

0305

훈독 さき　　川崎市(かわさきし) 가와사키시　宮崎市(みやざきし) 미야자키시　宮崎県(みやざきけん) 미야자키현

험할 **기**

小4　N1

宮崎県(みやざきけん)は暖(あたた)かいところです。 미야자키현은 따뜻한 곳입니다.

神奈川県(かながわけん)の川崎市(かわさきし)に住(す)んでいます。 가나가와현의 가와사키시에 살고 있습니다.

0306

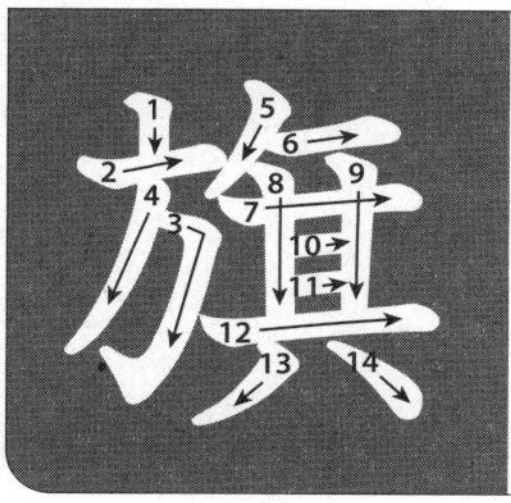

음독 き　　旗手(きしゅ) 기수　国旗(こっき) 국기　校旗(こうき) 교기
星条旗(せいじょうき) 성조기(미국 국기)

훈독 はた　　旗(はた) 기, 깃발　手旗信号(てばたしんごう) 수기 신호

기 **기**

小4　N1

韓国(かんこく)の国旗(こっき)は「太極旗(たいきょくき)」と言(い)います。 한국의 국기는 ‘태극기’라고 합니다.

旗(はた)を持(も)った人(ひと)が横断歩道(おうだんほどう)にいます。 깃발을 든 사람이 횡단보도에 있습니다.

0307

음독 き　　器用(きよう) 솜씨가 좋음, 손재주가 있음　器具(きぐ) 기구　食器(しょっき) 식기
楽器(がっき) 악기

훈독 うつわ　　器(うつわ) 그릇, 용기, 도구

噐

그릇 **기**

小4　N1

何(なに)か楽器(がっき)が弾(ひ)けますか。 뭔가 악기를 다룰 수 있습니까?

おかずを器(うつわ)に盛(も)ります。 반찬을 그릇에 담습니다.

0308

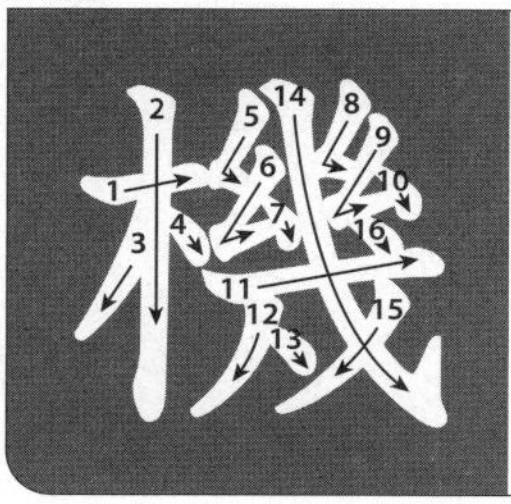

음독 き　　機会(きかい) 기회　機関(きかん) 기관　動機(どうき) 동기　飛行機(ひこうき) 비행기

훈독 はた　　機(はた) 베틀　機織(はたお)り 길쌈, 베짜기

베틀/기회/계기 **기**

小4　N2

機会(きかい)があったら、日本(にほん)に行(い)ってみたいです。 기회가 있다면 일본에 가 보고 싶습니다.

機織(はたお)り機(き)を使(つか)って、マフラーを編(あ)みました。 베 짜는 틀을 사용해서 목도리를 짰습니다.

0309

음독 **ぎ** 　技術(ぎじゅつ) 기술　技能(ぎのう) 기능　演技(えんぎ) 연기　競技(きょうぎ) 경기

훈독 **わざ** 　技(わざ) 기술

재주 **기**

小5　N2

木村(きむら)さんの演技(えんぎ)はすばらしいです。 기무라 씨의 연기는 훌륭합니다.

柔道(じゅうどう)にはたくさんの技(わざ)があります。 유도에는 많은 기술이 있습니다.

0310

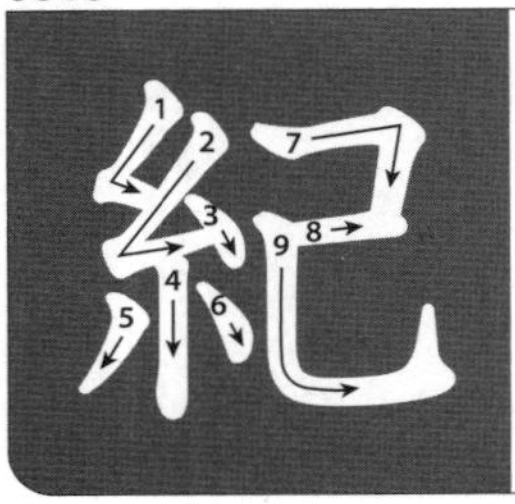

음독 **き** 　紀行(きこう) 기행　紀元(きげん) 기원　世紀(せいき) 세기　風紀(ふうき) 풍기

적을/해/규율 **기**

小5　N1

紀行文(きこうぶん)を読(よ)むのが好(す)きです。 기행문을 읽는 것을 좋아합니다.

今年(ことし)は紀元(きげん)2021年(ねん)です。 올해는 기원 2021년입니다.

0311

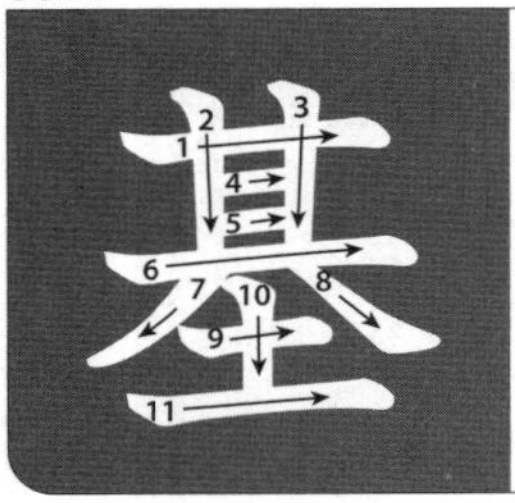

음독 **き** 　基地(きち) 기지　基礎(きそ) 기초　基本(きほん) 기본　基準(きじゅん) 기준

훈독 **もと** 　基(もと) 근본, 토대, 기초　基(もと)づく 의거하다, 바탕을 두다, 근거하다

もとい 　基(もとい) 건물의 토대, 기초, 사물의 근본

터 **기**

小5　N2

フランス語(ご)を基礎(きそ)から勉強(べんきょう)します。 프랑스어를 기초부터 공부합니다.

これは事実(じじつ)に基(もと)づいたドラマです。 이것은 사실에 근거한 드라마입니다.

Tip **もと**

基(もと) 토대, 기초

資料(しりょう)を基(もと)にする。

자료를 토대로 하다.

本(もと) 근본, 근원

ストレスは病気(びょうき)の本(もと)。

스트레스는 병의 근원.

元(もと) 원인

出火(しゅっか)の元(もと)を調(しら)べる。

불이 난 원인을 조사하다.

下(もと) ~하, ~아래

法(ほう)の下(もと)の平等(びょうどう)。

법 아래 평등.

0312

음독 き　寄付(きふ) 기부　寄贈(きぞう) 기증, 증정　寄生(きせい) 기생　寄与(きよ) 기여

훈독 よる　寄(よ)る ①다가서다, 접근하다 ②모이다 ③들르다
寄(よ)り道(みち) 가는 길에 들름　最寄(もよ)り 가장 가까움, 근처

よせる　寄(よ)せる ①밀려오다, 접근하다, 다가오다 ②가까이 대다

이를/의지할 기

小5　N2

図書館(としょかん)に本(ほん)を寄贈(きぞう)します。 도서관에 책을 기증합니다.

スーパーに寄(よ)って、買(か)い物(もの)して帰(かえ)ります。 슈퍼마켓에 들러서 쇼핑하고 집에 갑니다.

0313

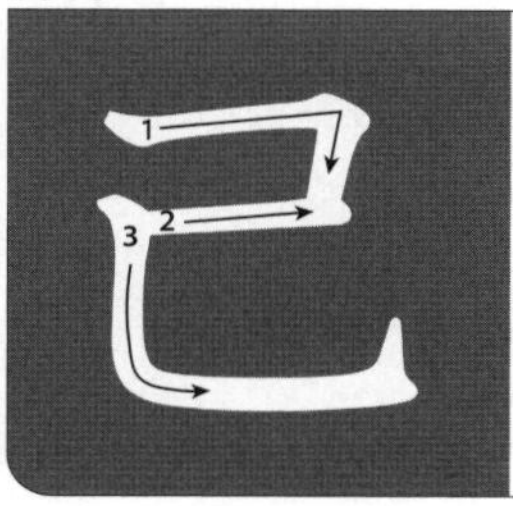

음독 こ　自己(じこ) 자기　利己(りこ) 이기
き　克己(こっき) 극기　知己(ちき) 지기, 지인

훈독 おのれ　己(おのれ) 자기 자신

몸 기

小6　N1

彼(かれ)は利己主義者(りこしゅぎしゃ)です。 그는 이기주의자입니다.

「自分(じぶん)」の古(ふる)い言葉(ことば)は「己(おのれ)」です。 「自分」의 옛말은 「おのれ」입니다.

0314

음독 き　企画(きかく) 기획　企業(きぎょう) 기업　企及(ききゅう) 어깨를 나란히 함, 필적
企図(きと) 기도(일을 꾸며내려고 꾀함)

훈독 くわだてる　企(くわだ)てる 꾀하다, 기도(계획)하다　企(くわだ)て 기도, 계획

たくらむ　企(たくら)む 꾸미다, 획책하다

꾀할 기

中　급수 외

企画書(きかくしょ)を部長(ぶちょう)に出(だ)しました。 기획서를 부장님에게 냈습니다.

軍(ぐん)がクーデターを企(くわだ)てました。 군이 쿠데타를 계획했습니다.

0315

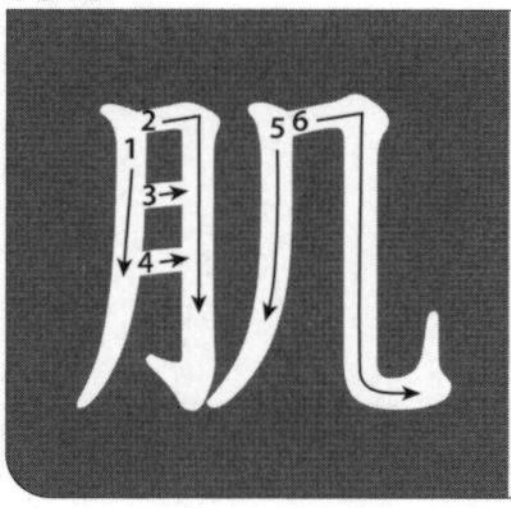

훈독 はだ　肌(はだ) 피부, 살갗　肌色(はだいろ) 피부색　鳥肌(とりはだ) 소름, 닭살

살 기

中　N2

寝不足(ねぶそく)で肌(はだ)が荒(あ)れました。 수면 부족으로 피부가 거칠어졌습니다.

寒(さむ)くて鳥肌(とりはだ)が立(た)ちました。 추워서 소름이 돋았습니다.

0316

음독 ぎ　伎楽(ぎがく) 기악(고대의 무언 가면극)　伎芸(ぎげい) 기예

き　歌舞伎(かぶき) 가부키(일본의 민중연극)

재간 기

中　급수 외

伎楽(ぎがく)は朝鮮半島(ちょうせんはんとう)から日本(にほん)に伝(つた)わりました。
기악은 조선반도에서 일본으로 전해졌습니다.

歌舞伎(かぶき)の公演(こうえん)を見(み)ました。 가부키 공연을 봤습니다.

0317

음독 き　忌日(きじつ) 기일, 제삿날　忌憚(きたん) 기탄　禁忌(きんき) 금기

忌引(きび)き 근친자의 사망에 따라 학교나 회사를 쉼

훈독 いむ　忌(い)む 기피하다, 꺼리다

いまわしい　忌(い)まわしい 꺼림칙하다, 불길하다

꺼릴/기일 기

中　N1

忌憚(きたん)のない意見(いけん)をお願(ねが)いします。 기탄없는 의견을 부탁드립니다.

その事件(じけん)は忌(い)まわしい記憶(きおく)として覚(おぼ)えています。
그 사건은 꺼림칙한 기억으로 기억하고 있습니다.

0318

음독 き　奇跡(きせき) 기적　奇抜(きばつ) 기발함　怪奇(かいき) 괴기　猟奇(りょうき) 엽기

기이할 기

中　N1

奇跡的(きせきてき)に命(いのち)が助(たす)かりました。 기적적으로 목숨을 건졌습니다.

小田(おだ)さんのアイディアはいつも奇抜(きばつ)です。 오다 씨의 아이디어는 언제나 기발합니다.

0319

음독 き　祈願(きがん) 기원　祈念(きねん) 기념, 기원

祈年祭(きねんさい) 국가의 안녕과 오곡의 풍작 등을 비는 제사

훈독 いのる　祈(いの)る 빌다, 기원하다　祈(いの)り 기원, 기도

祈

빌 기

中　N2

大学合格(だいがくごうかく)を祈願(きがん)しました。 대학 합격을 기원했습니다.

世界平和(せかいへいわ)を祈(いの)ります。 세계평화를 기원합니다.

0320

음독 き　既決(きけつ) 기결(이미 결정되어 있음)　既婚(きこん) 기혼　既存(きそん) 기존　既製品(きせいひん) 기성품

훈독 すでに　既(すで)に 이미, 벌써

既

이미 기

中　N1

宮田(みやた)さんは既婚者(きこんしゃ)です。 미야타 씨는 기혼자입니다.

コンサートは既(すで)に始(はじ)まっていました。 콘서트는 이미 시작되어 있었습니다.

0321

음독 き　飢餓(きが) 기아　飢饉(ききん) 기근

훈독 うえる　飢(う)える 굶주리다　飢(う)え 굶주림, 기아　飢(う)え死(じ)に 아사, 굶어 죽음

飢

주릴 기

中　N1

今(いま)も飢餓(きが)に苦(くる)しんでいる人々(ひとびと)がいます。 지금도 기아에 허덕이는 사람들이 있습니다.

その子(こ)どもは親(おや)の愛情(あいじょう)に飢(う)えていました。
그 아이는 부모의 애정에 굶주려 있었습니다.

0322

음독 き　幾何(きか) 기하　幾何学(きかがく) 기하학

훈독 いく　幾(いく)つ 몇 개　幾日(いくにち) 며칠　幾分(いくぶん) 일부분, 약간, 조금　幾多(いくた) 많음, 다수

몇 기

中　N2

専攻(せんこう)は幾何学(きかがく)です。 전공은 기하학입니다.

幾分(いくぶん)、寒(さむ)くなりました。 약간 추워졌습니다.

0323

음독 き　棋士(きし) 기사　棋聖(きせい) 기성(바둑·장기의 명인)　棋院(きいん) 기원　将棋(しょうぎ) 장기

바둑 기

中　N1

二十歳(はたち)でプロの棋士(きし)になりました。 스무살에 프로기사가 되었습니다.

祖父(そふ)が将棋(しょうぎ)を指(さ)しています。 할아버지가 장기를 두고 있습니다.

0324

음독 ぎ　　欺瞞(ぎまん) 기만　詐欺(さぎ) 사기

훈독 あざむく　欺く(あざむく) 속이다

속일 **기**

中　N1

悪質(あくしつ)な詐欺(さぎ)に注意(ちゅうい)してください。 악질적인 사기에 주의하세요.

政府(せいふ)は国民(こくみん)を欺(あざむ)いてはいけません。 정부는 국민을 속이면 안 됩니다.

0325

음독 ご　　碁(ご) 바둑　碁石(ごいし) 바둑돌　囲碁(いご) 바둑

바둑 **기**

中　N1

彼(かれ)は碁(ご)の名人(めいじん)です。 그는 바둑의 명인입니다.

相手(あいて)の碁石(ごいし)を取(と)りました。 상대의 바둑돌을 잡았습니다.

0326

음독 き　　棄却(ききゃく) 기각　棄権(きけん) 기권　廃棄(はいき) 폐기　放棄(ほうき) 방기, 포기

버릴 **기**

中　N1

相手(あいて)の選手(せんしゅ)が棄権(きけん)しました。 상대 선수가 기권했습니다.

壊(こわ)れたテレビを廃棄(はいき)しました。 고장난 TV를 폐기했습니다.

0327

음독 き　　畿内(きない) 왕성 부근의 지역(교토 근방 지방의 총칭)　近畿(きんき) 긴키
近畿地方(きんきちほう) 긴키지방(교토를 중심으로 한 지방)

경기 **기**

中　급수 외

近畿地方(きんきちほう)では雨(あめ)が降(ふ)っています。 긴키지방에서는 비가 내리고 있습니다.

0328

음독 き　騎馬(きば) 기마　騎士(きし) 기사　騎乗(きじょう) 말을 탐, 승마　騎手(きしゅ) 기수

말탈 기

中 N1

運動会(うんどうかい)で騎馬戦(きばせん)をします。 운동회에서 기마전을 합니다.

競馬(けいば)の騎手(きしゅ)になりたいです。 경마 기수가 되고 싶습니다.

0329

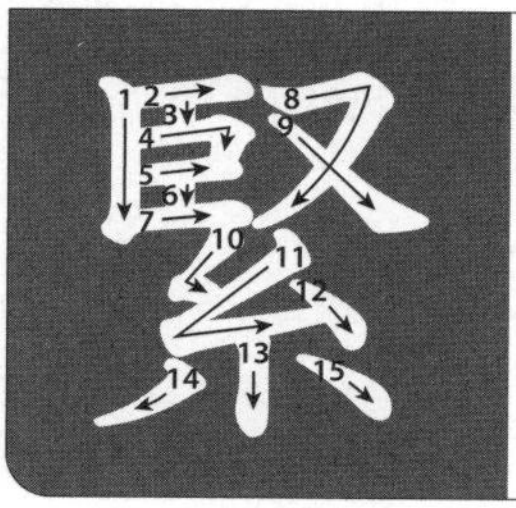

음독 きん　緊張(きんちょう) 긴장　緊急(きんきゅう) 긴급　緊密(きんみつ) 긴밀함　緊迫(きんぱく) 긴박함

팽팽할/급할 긴

中 N1

面接(めんせつ)の時(とき)、緊張(きんちょう)して答(こた)えられませんでした。 면접 때 긴장해서 대답하지 못했습니다.

これは緊急時(きんきゅうじ)の電話番号(でんわばんごう)です。 이것은 긴급시의 전화번호입니다.

0330

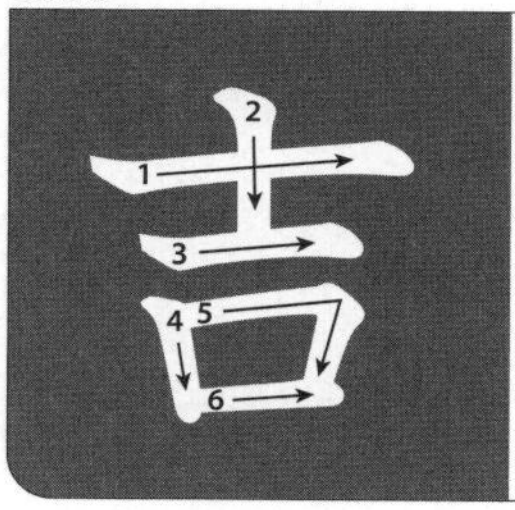

음독 きち　吉日(きちじつ) 길일　大吉(だいきち) 대길, 아주 좋음
きつ　吉兆(きっちょう) 길조　吉報(きっぽう) 희소식　不吉(ふきつ) 불길함

길할 길

中 N1

吉日(きちじつ)を選(えら)んで結婚式(けっこんしき)をあげます。 길일을 골라서 결혼식을 올립니다.

何(なん)だか不吉(ふきつ)な予感(よかん)がします。 왠지 불길한 예감이 듭니다.

0331

음독 きつ　喫煙(きつえん) 끽연, 흡연　喫茶(きっさ) 차를 마심　喫茶店(きっさてん) 찻집　満喫(まんきつ) 만끽

喫

먹을 끽

中 N2

喫茶店(きっさてん)でコーヒーを飲(の)みました。 찻집에서 커피를 마셨습니다.

フランス料理(りょうり)を満喫(まんきつ)しました。 프랑스 요리를 만끽했습니다.

0332

음독 な　奈良県(ならけん) 나라현　奈落(ならく) 나락, 밑바닥

나라 **나**

小4　N1

夏休(なつやす)みに奈良(なら)を旅行(りょこう)しました。 여름방학 때 나라를 여행했습니다.

俳優(はいゆう)が足(あし)を踏(ふ)み外(はず)して奈落(ならく)に落(お)ちました。
배우가 발을 헛디뎌 무대 밑으로 떨어졌습니다.

0333

음독 な　那覇市(なはし) 나하시(오키나와현의 시)　旦那(だんな) 남편, 바깥양반
刹那(せつな) 찰나, 순간

어찌 **나**

中　N1

那覇市(なはし)は沖縄県(おきなわけん)にあります。 나하시는 오키나와현에 있습니다.

旦那(だんな)さまのご職業(しょくぎょう)は何(なん)ですか。 남편분의 직업은 무엇입니까?

0334

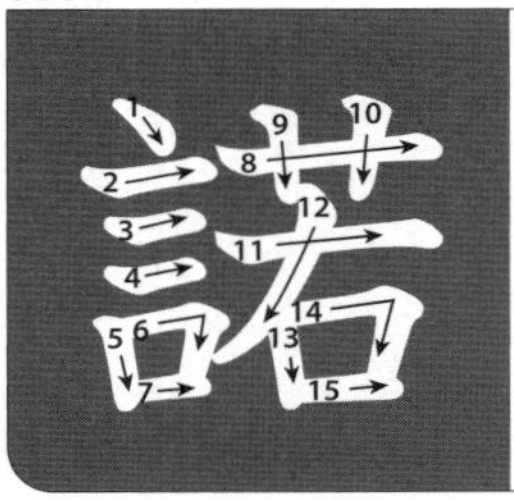

음독 だく　承諾(しょうだく) 승낙　受諾(じゅだく) 수락　許諾(きょだく) 허락　快諾(かいだく) 흔쾌히 승낙함
唯唯諾諾(いいだくだく) 유유낙낙(조금도 거스르지 않고 고분고분함)

허락할 **낙**

中　N1

先生(せんせい)の承諾(しょうだく)を得(え)て、早退(そうたい)しました。 선생님의 승낙을 얻어 조퇴했습니다.

橋本(はしもと)さんは私(わたし)の頼(たの)みを快諾(かいだく)してくれました。
하시모토 씨는 나의 부탁을 흔쾌히 들어 주었습니다.

0335

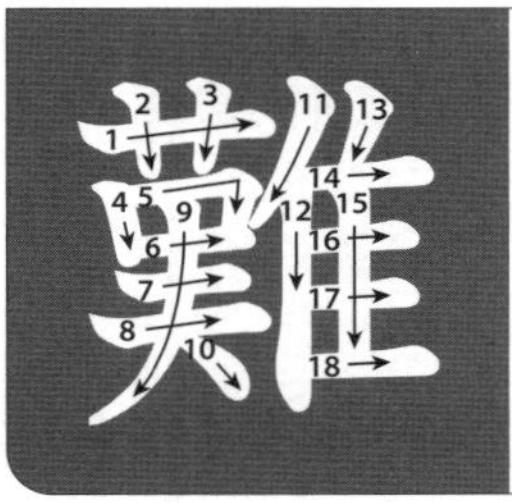

음독 なん　難題(なんだい) 난제　難関(なんかん) 난관　苦難(くなん) 고난　避難(ひなん) 피난

훈독 かたい　難(かた)い 어렵다, 힘들다
むずかしい　難(むずか)しい 어렵다

難

어려울 **난**

小6　N2

苦難(くなん)の人生(じんせい)を生(い)きてきました。 고난의 인생을 살아왔습니다.

レベルが上(あ)がって難(むずか)しくなりました。 레벨이 올라서 어려워졌습니다.

0336

따뜻할 **난**

小6 N1

음독 **だん** 暖房(だんぼう) 난방 暖炉(だんろ) 난로 温暖(おんだん) 온난 寒暖(かんだん) 한란(추위와 따뜻함)

훈독 **あたたか** 暖(あたた)か 따뜻함, 훈훈함

あたたかい 暖(あたた)かい 따뜻하다

あたたまる 暖(あたた)まる 따뜻해지다

あたためる 暖(あたた)める 따뜻하게 하다

暖房(だんぼう)のスイッチを入(い)れました。 난방 스위치를 켰습니다.

春(はる)になって暖(あたた)かくなりました。 봄이 되어 따뜻해졌습니다.

Tip あたたかい

暖(あたた)かい 날씨가 따뜻하다

暖(あたた)かい春(はる)。 따뜻한 봄.

温(あたた)かい 온도가 따뜻하다

温(あたた)かいスープ。 따뜻한 수프.

0337

사내 **남**

小1 N5

음독 **だん** 男性(だんせい) 남성 男女(だんじょ) 남녀(なんにょ로도 읽음) 男子(だんし) 남자

なん 長男(ちょうなん) 장남 次男(じなん) 차남

훈독 **おとこ** 男(おとこ) 남자 男(おとこ)の子(こ) 남자아이

長男(ちょうなん)は結婚(けっこん)しています。 장남은 결혼했습니다.

公園(こうえん)で男(おとこ)の子(こ)が遊(あそ)んでいます。 공원에서 남자아이가 놀고 있습니다.

0338

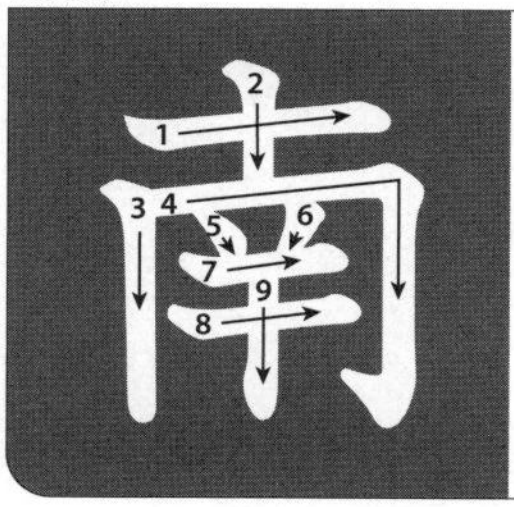

남녘 **남**

小2 N5

음독 **なん** 東南(とうなん) 동남 南極(なんきょく) 남극 南部(なんぶ) 남부 南国(なんごく) 남국, 남쪽 나라

훈독 **みなみ** 南(みなみ) 남쪽 南向(みなみむ)き 남향 南風(みなみかぜ) 남풍

インドネシアは東南(とうなん)アジアにあります。 인도네시아는 동남아시아에 있습니다.

南向(みなみむ)きの部屋(へや)がいいです。 남향의 방이 좋습니다.

ㄴ

0339

음독 **のう/なっ** 納税(のうぜい) 납세　収納(しゅうのう) 수납　納得(なっとく) 납득　納豆(なっとう) 낫토

예외 納屋(なや) 헛간　納戸(なんど) 헛방(의복 등을 간수해 두는 방)　出納(すいとう) 출납

훈독 **おさまる** 納(おさ)まる 들어가다, 정리되다, 납입되다

おさめる 納(おさ)める 넣어두다, 받아들이다, 납입하다

들일 **납**

小6　N1

彼(かれ)の説明(せつめい)に納得(なっとく)がいきません。그의 설명에 납득이 가지 않습니다.

月末(げつまつ)までに会費(かいひ)を納(おさ)めてください。월말까지 회비를 내 주세요.

Tip 1022 おさめる 참조

0340

훈독 **むすめ** 娘(むすめ) 딸　一人娘(ひとりむすめ) 외동딸　孫娘(まごむすめ) 손녀딸

여자 **낭**

中　N2

結婚(けっこん)して、翌年(よくねん)に娘(むすめ)が生(う)まれました。결혼하고 다음 해에 딸이 태어났습니다.

私(わたし)は一人娘(ひとりむすめ)です。나는 외동딸입니다.

0341

음독 **ない** 内科(ないか) 내과　案内(あんない) 안내　社内(しゃない) 사내　車内(しゃない) 차내

家内(かない) 아내　国内(こくない) 국내

だい 境内(けいだい) 경내, 신사의 구내

훈독 **うち** 内(うち) 안　身内(みうち) 온몸, 일가　内側(うちがわ) 안쪽

안 **내**

小2　N2

車内放送(しゃないほうそう)が始(はじ)まりました。차내 방송이 시작되었습니다.

白線(はくせん)の内側(うちがわ)にお下(さ)がりください。하얀 선 안쪽으로 물러서 주세요.

0342

훈독 **におう** 匂(にお)う 냄새나다　匂(にお)い 냄새

향내 **내**

中　급수 외

ジャスミンのいい匂(にお)いがします。재스민의 좋은 냄새가 납니다.

0343

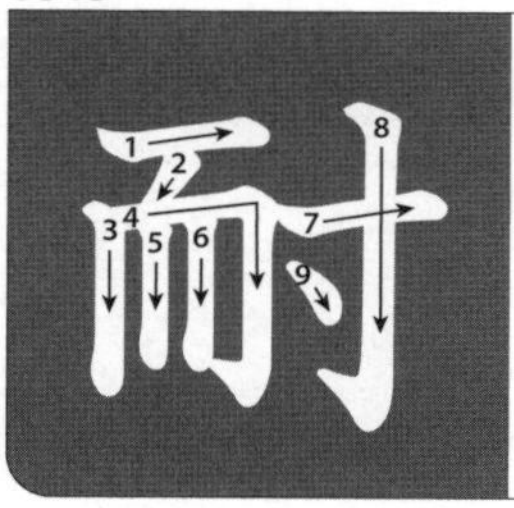

음독 **たい** 耐震(たいしん) 내진 耐久(たいきゅう) 내구 耐熱(たいねつ) 내열 忍耐(にんたい) 인내

훈독 **たえる** 耐える(たえる) 견디다, 참다

견딜 **내**

中 N1

耐熱(たいねつ)ガラスの鍋(なべ)で料理(りょうり)をします。 내열 유리냄비로 요리를 합니다.

涙(なみだ)が出(で)そうでしたが、耐(た)えました。 눈물이 날 것 같았지만 참았습니다.

Tip **たえる**

耐(た)える 견디다(참고 견디다)

暑(あつ)さに耐(た)える。 더위를 견디다.

堪(た)える ~할 만하다(~に堪(た)えない의 형태로 '차마 ~할 수 없다'라는 뜻으로 자주 쓰임), ~할 만할 가치가 있다, 견디다

鑑賞(かんしょう)に堪(た)える。 감상할 만하다.

見(み)るに堪(た)えない惨事(さんじ)だ。 차마 볼 수 없는 참사이다.

0344

음독 **じょ** 女性(じょせい) 여성 男女(だんじょ) 남녀(なんにょ로도 읽음) 女子(じょし) 여자

にょ 老若男女(ろうにゃくなんにょ) 남녀노소

にょう 女房(にょうぼう) 아내, 궁녀

훈독 **おんな** 女(おんな) 여자 女(おんな)の子(こ) 여자아이 **특이** 女神(めがみ) 여신 海女(あま) 해녀

여자 **녀**

小1 N5

男性(だんせい)より女性(じょせい)の方(ほう)が多(おお)いです。 남성보다 여성이 더 많습니다.

女(おんな)の子(こ)が生(う)まれました。 여자아이가 태어났습니다.

0345

음독 **ねん** 新年(しんねん) 새해 四年生(よねんせい) 4학년 来年(らいねん) 내년 学年(がくねん) 학년

훈독 **とし** 年(とし) 나이 毎年(まいとし) 매년 年上(としうえ) 연상 お年寄(としよ)り 노인 お年玉(としだま) 세뱃돈

해 **년**

小1 N5

新年(しんねん)、明(あ)けましておめでとうございます。 새해 복 많이 받으세요.

祖母(そぼ)からお年玉(としだま)をもらいました。 할머니께 세뱃돈을 받았습니다.

0346

음독 **ねん**　念頭(ねんとう) 염두　念願(ねんがん) 염원, 소원　記念(きねん) 기념　信念(しんねん) 신념

생각 **념**

小4　N2

念願(ねんがん)の夢(ゆめ)がかないました。 염원하던 꿈이 이루어졌습니다.

日本(にほん)で記念写真(きねんしゃしん)をたくさん撮(と)りました。 일본에서 기념사진을 많이 찍었습니다.

0347

음독 **ねい**　寧日(ねいじつ) 평온한 날　丁寧(ていねい) 정중함, 공손함　安寧(あんねい) 안녕

편안할 **녕**

中　N1

年末(ねんまつ)の寧日(ねいじつ)を家族(かぞく)と過(す)ごします。 연말의 평온한 날을 가족과 보냅니다.

高村(たかむら)さんが丁寧(ていねい)に教(おし)えてくれました。 다카무라 씨가 친절하게 가르쳐 주었습니다.

0348

음독 **ど**　努力(どりょく) 노력, 힘씀

훈독 **つとめる**　努(つと)める 노력하다, 힘쓰다

힘쓸 **노**

小4　N2

試験(しけん)のために、努力(どりょく)して勉強(べんきょう)します。 시험 때문에 힘내서 공부합니다.

目標達成(もくひょうたっせい)に努(つと)めてください。 목표달성에 힘써 주세요.

Tip 0281 つとめる 참조

0349

음독 **ど**　奴隷(どれい) 노예　農奴(のうど) 농노　売国奴(ばいこくど) 매국노

守銭奴(しゅせんど) 수전노, 구두쇠

훈독 **やつ**　奴(やつ) 녀석, 놈　奴(やつ)ら 녀석들

やっこ　冷(ひ)や奴(やっこ) 찬 두부를 양념간장에 찍어 먹는 음식

종 **노**

中　N1

その政治家(せいじか)は売国奴(ばいこくど)だと非難(ひなん)されました。 그 정치가는 매국노라고 비난받았습니다.

冷(ひ)や奴(やっこ)にしょうゆをかけて食(た)べます。 찬 두부에 간장을 뿌려서 먹습니다.

0350

음독 **ど**

怒声(どせい) 성난 목소리　**怒号**(どごう) 노호(성내어 소리 지름)

激怒(げきど) 격노　**怒鳴る**(どなる) 소리치다, 고함치다　**喜怒哀楽**(きどあいらく) 희로애락

훈독 **いかる**

怒る(いかる) 화내다, 성내다

おこる

怒る(おこる) 화내다, 노하다

성낼 **노**

中　N2

妻(つま)は夫(おっと)の嘘(うそ)に激怒(げきど)しました。 부인은 남편의 거짓말에 격노했습니다.

遅刻(ちこく)して上司(じょうし)に怒(おこ)られました。 지각해서 상사에게 혼났습니다.

0351

음독 **のう**

農業(のうぎょう) 농업　**農作物**(のうさくもつ) 농작물(のうさくぶつ로도 읽음)

農家(のうか) 농가　**農場**(のうじょう) 농장

농사 **농**

小3　N2

今年(ことし)もたくさんの農作物(のうさくもつ)がとれました。 올해도 많은 농작물을 수확했습니다.

おじいさんは広(ひろ)い農場(のうじょう)を持(も)っています。 할아버지는 넓은 농장을 갖고 있습니다.

0352

음독 **のう**

濃厚(のうこう) 농후함, 진함　**濃淡**(のうたん) 농담(짙음과 옅음)　**濃縮**(のうしゅく) 농축

濃霧(のうむ) 농무(짙은 안개)

훈독 **こい**

濃い(こい) 진하다

짙을 **농**

中　N2

濃霧(のうむ)で前(まえ)が見(み)えません。 짙은 안개로 앞이 보이지 않습니다.

濃(こ)いコーヒーが飲(の)みたいです。 진한 커피가 마시고 싶습니다.

0353

음독 **のう**

脳(のう) 뇌　**脳波**(のうは) 뇌파　**頭脳**(ずのう) 두뇌　**首脳**(しゅのう) 수뇌, 정상

腦

골 **뇌**

小6　N2

病院(びょういん)で脳波(のうは)を検査(けんさ)しました。 병원에서 뇌파를 검사했습니다.

ソウルで首脳会談(しゅのうかいだん)がありました。 서울에서 정상 회담이 있었습니다.

ㄴ

0354

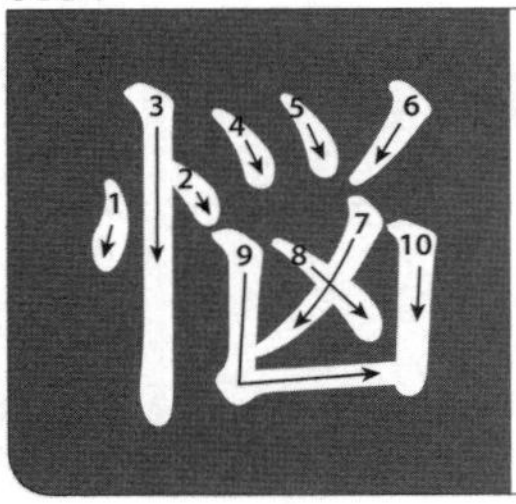

음독 **のう** 悩殺(のうさつ) 뇌쇄 苦悩(くのう) 고뇌 煩悩(ぼんのう) 번뇌
子煩悩(こぼんのう) 자식을 끔찍이 아끼고 사랑함, 또는 그런 사람

훈독 **なやむ/なやます** 悩む(なや) 괴로워하다 悩ます(なや) 괴롭히다
なやましい 悩ましい(なや) 괴롭다

悩

번뇌할 **뇌**
中 N2

人生(じんせい)は苦悩(くのう)の連続(れんぞく)です。 인생은 고뇌의 연속입니다.
売(う)り上(あ)げが伸(の)びないのが悩(なや)ましいです。 매상이 오르지 않는 것이 괴롭습니다.

0355

음독 **にょう** 尿(にょう) 오줌 尿検査(にょうけんさ) 소변검사 尿意(にょうい) 요이(오줌이 마려운 느낌)
利尿(りにょう) 이뇨(오줌을 잘 나오게 함) 排尿(はいにょう) 배뇨

오줌 **뇨**
中 N1

病院(びょういん)で尿検査(にょうけんさ)をしました。 병원에서 소변검사를 했습니다.
医者(いしゃ)が利尿剤(りにょうざい)を処方(しょほう)しました。 의사가 이뇨제를 처방했습니다.

0356

음독 **のう** 能力(のうりょく) 능력 能率(のうりつ) 능률 有能(ゆうのう) 유능함 才能(さいのう) 재능

능할 **능**
小5 N2

パクさんは有能(ゆうのう)な社員(しゃいん)です。 박 씨는 유능한 사원입니다.
吉田(よしだ)さんは語学(ごがく)の才能(さいのう)があります。 요시다 씨는 어학의 재능이 있습니다.

0357

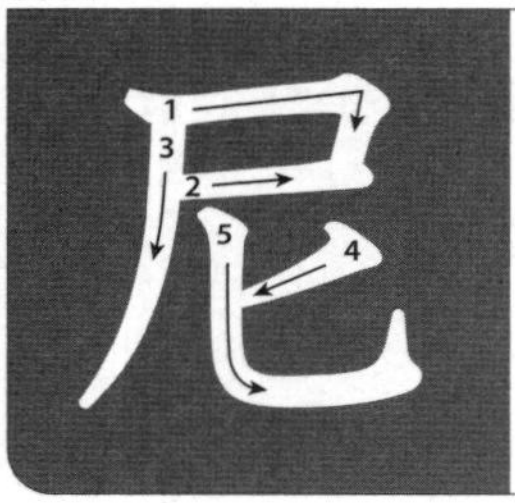

음독 **に** 尼僧(にそう) 비구니, 여승

훈독 **あま** 尼(あま) 여승 尼寺(あまでら) 여승방(여승만 사는 절)

여승 **니**
中 N1

尼僧(にそう)がお経(きょう)を読(よ)んでいます。 여승이 불경을 읽고 있습니다.
山(やま)の奥(おく)に尼寺(あまでら)があります。 산 속에 여승방이 있습니다.

0358

음독 でい　泥酔(でいすい) 만취　汚泥(おでい) 진흙(탕)

훈독 どろ　泥(どろ) 진흙　泥棒(どろぼう) 도둑　泥沼(どろぬま) 수렁, 진창

진흙 **니**

中 N2

兄(あに)が泥酔(でいすい)して帰(かえ)ってきました。형이 만취해서 돌아왔습니다.

となりの家(いえ)に泥棒(どろぼう)が入(はい)りました。옆집에 도둑이 들었습니다.

0359

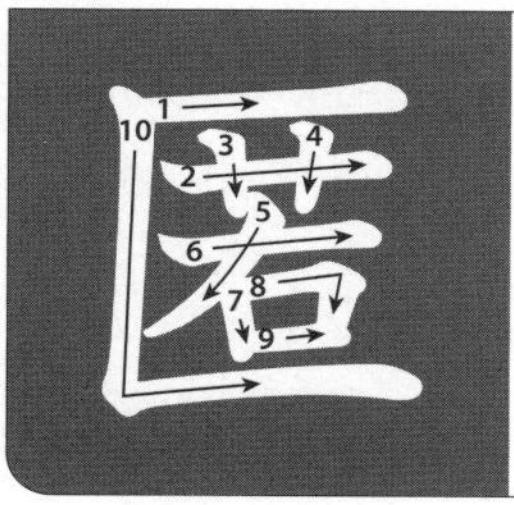

음독 とく　匿名(とくめい) 익명　隠匿(いんとく) 은닉　秘匿(ひとく) 몰래 감춤

숨길 **닉**

中 N1

匿名(とくめい)の葉書(はがき)が届(とど)きました。익명의 엽서가 왔습니다.

犯人(はんにん)を隠匿(いんとく)することは犯罪(はんざい)です。범인을 은닉하는 것은 범죄입니다.

0360

음독 た　多少(たしょう) 다소　多分(たぶん) ①많음 ②아마　多数(たすう) 다수　多様(たよう) 다양함

훈독 おおい　多(おお)い 많다　多(おお)くの 많은

많을 **다**

小2 N4

事故(じこ)で多数(たすう)の人(ひと)がけがをしました。사고로 다수의 사람이 부상을 입었습니다.

セールに多(おお)くの人(ひと)が来(き)ました。세일에 많은 사람들이 왔습니다.

0361

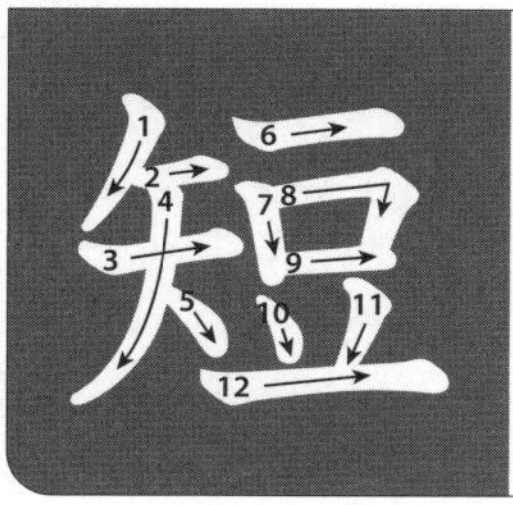

음독 たん　短所(たんしょ) 단점　短気(たんき) 성미가 급함　短期(たんき) 단기　短縮(たんしゅく) 단축

훈독 みじかい　短(みじか)い 짧다

짧을 **단**

小3 N3

短期研修(たんきけんしゅう)で日本(にほん)に行(い)ってきました。단기연수로 일본에 다녀 왔습니다.

この服(ふく)は袖(そで)がちょっと短(みじか)いです。이 옷은 소매가 조금 짧습니다.

ㄷ

0362

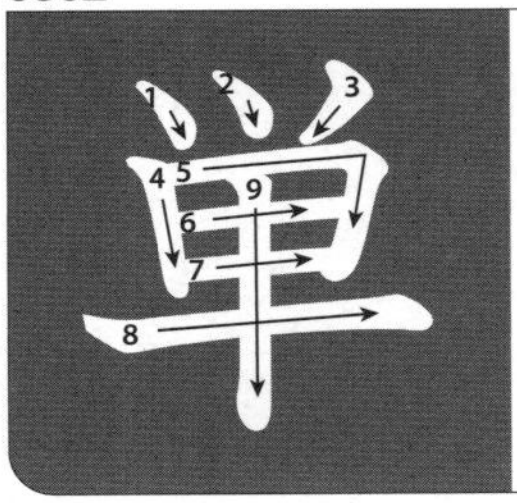

음독 **たん**　**単語**(たんご) 단어, 낱말　**単純**(たんじゅん) 단순함　**単独**(たんどく) 단독　**簡単**(かんたん) 간단함

單

홑 **단**

小4　N1

単語(たんご)の意味(いみ)を辞書(じしょ)で調(しら)べます。 단어의 의미를 사전으로 조사합니다.

インスタントラーメンは簡単(かんたん)に作(つく)ることができます。
인스턴트 라면은 간단히 만들 수 있습니다.

0363

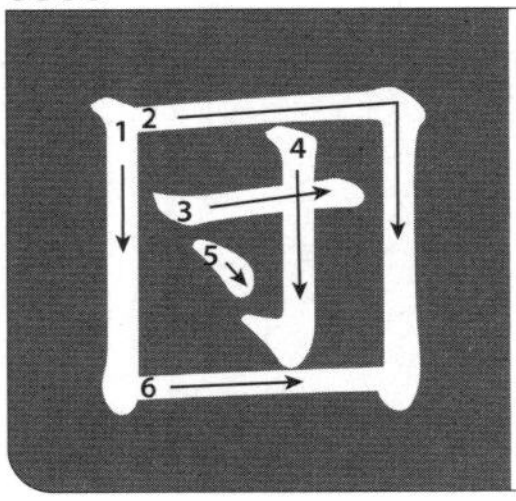

음독 **だん**　**団体**(だんたい) 단체　**団結**(だんけつ) 단결　**財団**(ざいだん) 재단　**劇団**(げきだん) 극단
団子(だんご) 경단

とん　**布団**(ふとん) 이불

團

둥글/모임 **단**

小5　N2

ここは団体席(だんたいせき)の部屋(へや)です。 여기는 단체석을 위한 방입니다.

妹(いもうと)は劇団(げきだん)に所属(しょぞく)しています。 여동생은 극단에 소속해 있습니다.

0364

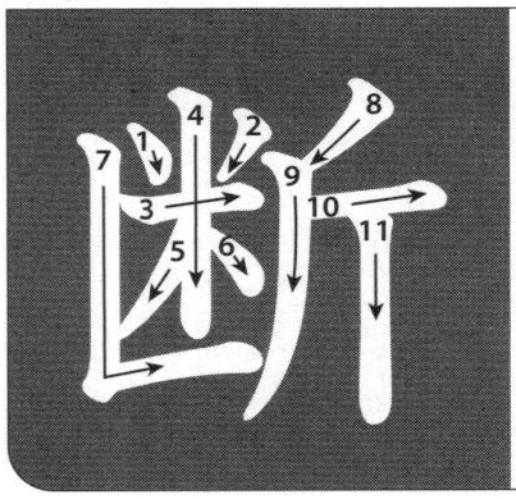

음독 **だん**　**断定**(だんてい) 단정　**断絶**(だんぜつ) 단절　**判断**(はんだん) 판단　**中断**(ちゅうだん) 중단

훈독 **たつ**　**断**(た)**つ** 끊다, 절단하다, 자르다

ことわる　**断**(ことわ)**る** 거절하다, 사절하다　**断**(ことわ)**り** 거절, 사절

斷

끊을 **단**

小5　N2

雨(あめ)で試合(しあい)が中断(ちゅうだん)しました。 비가 내려서 시합이 중단되었습니다.

私(わたし)は吉田(よしだ)さんのプロポーズを断(ことわ)りました。
나는 요시다 씨의 프로포즈를 거절했습니다.

Tip **たつ**

断(た)**つ** 술·담배를 끊다

お酒(さけ)を断(た)つ。 술을 끊다.

絶(た)**つ** 관계·인연을 끊다

消息(しょうそく)を絶(た)つ。 소식을 끊다.

裁(た)**つ** 옷감을 재단하다

布(ぬの)を裁(た)つ。 직물을 재단하다.

0365

음독 **だん** 　段階(だんかい) 단계　段差(だんさ) 단의 차이, 턱　階段(かいだん) 계단　手段(しゅだん) 수단

층계 **단**

小6　N2

トイレは階段(かいだん)を下(お)りて、右(みぎ)です。화장실은 계단을 내려가서 오른쪽입니다.

あらゆる手段(しゅだん)を使(つか)います。모든 수단을 사용합니다.

0366

음독 **たん** 　丹念(たんねん) 세심하게 공을 들임　丹誠(たんせい) 진심, 정성　牡丹(ぼたん) 모란

붉을 **단**/정성스러울 **란**

中　N1

分(わ)からない単語(たんご)を一(ひと)つ一(ひと)つ丹念(たんねん)に調(しら)べます。
모르는 단어를 하나하나 꼼꼼히 조사합니다.

牡丹(ぼたん)が咲(さ)きました。모란이 피었습니다.

0367

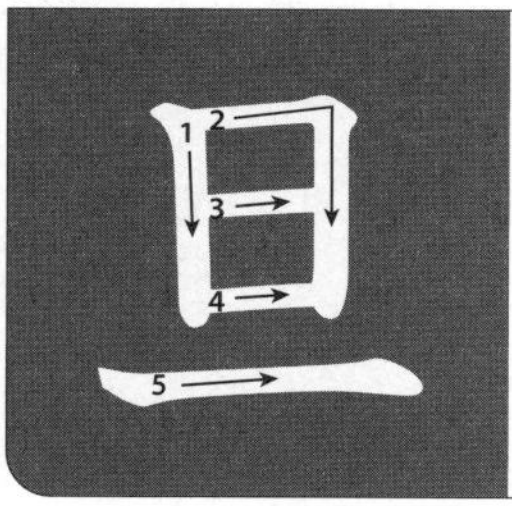

음독 **たん** 　元旦(がんたん) 설날　一旦(いったん) 일단, 우선, 잠시
だん 　旦那(だんな) 남편, 바깥양반

아침 **단**

中　N1

元旦(がんたん)に神社(じんじゃ)へ行(い)きました。설날에 신사에 갔습니다.

交差点(こうさてん)では一旦停止(いったんていし)してください。교차로에서는 일단 정지해 주세요.

0368

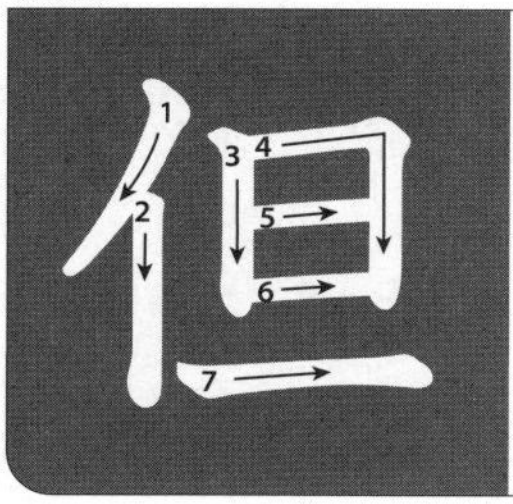

훈독 **ただ**し 　但(ただ)し 단, 단지

다만 **단**

中　N1

子(こ)どもの料金(りょうきん)は300円(えん)です。但(ただ)し、3歳未満(さいみまん)は無料(むりょう)です。
어린이 요금은 300엔입니다. 단, 3살 미만은 무료입니다.

0369

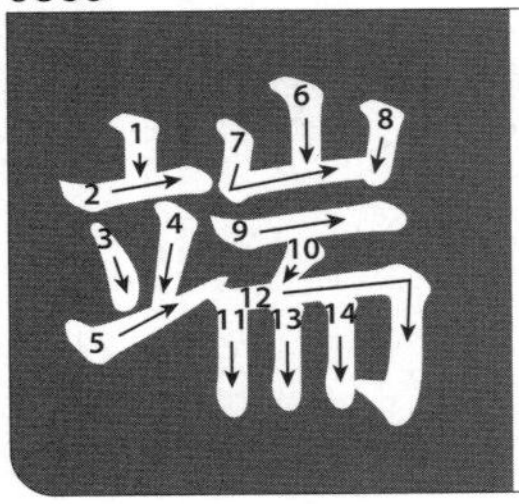

음독 たん　端的(たんてき) 단적　端正(たんせい) 단정　先端(せんたん) ①선단, 끝 ②첨단　尖端(せんたん) 첨단

훈독 はし　端(はし) 끝, 가장자리

は　中途半端(ちゅうとはんぱ) 어중간함

はた　道端(みちばた) 길가, 길　川端(かわばた) 강가

끝 **단**

中　N1

アメリカに行(い)って先端技術(せんたんぎじゅつ)を学(まな)びました。 미국에 가서 첨단기술을 배웠습니다.

道端(みちばた)で野村(のむら)さんに会(あ)いました。 길에서 노무라 씨를 만났습니다.

0370

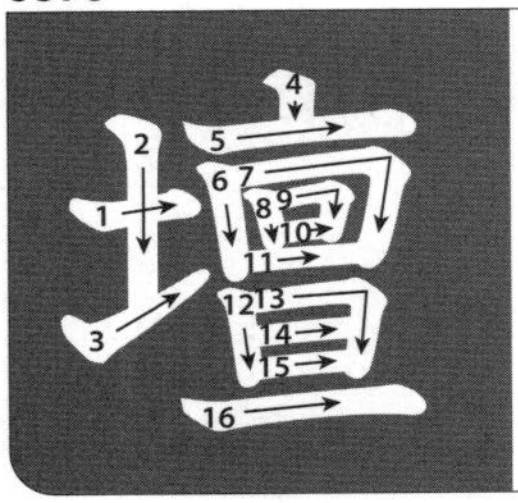

음독 だん　壇上(だんじょう) 단상　祭壇(さいだん) 제단　仏壇(ぶつだん) 불단　教壇(きょうだん) 교단

たん　土壇場(どたんば) 막판

단 **단**

中　N1

仏壇(ぶつだん)に花(はな)を供(そな)えます。 불단에 꽃을 바칩니다.

父(ちち)は30年(ねん)、大学(だいがく)の教壇(きょうだん)に立(た)ちました。 아버지는 30년, 대학 교단에 섰습니다.

0371

음독 たん　鍛錬(たんれん) 단련

鍛造(たんぞう) 단조(금속을 두들기거나 눌러서 필요한 형체로 만드는 일)

훈독 きたえる　鍛(きた)える 단련하다

쇠 불릴 **단**

中　N1

プロの歌手(かしゅ)になるために鍛錬(たんれん)を積(つ)みます。 프로 가수가 되기 위해서 단련을 쌓습니다.

鍛(きた)えて健康(けんこう)な体(からだ)を作(つく)ります。 단련해서 건강한 몸을 만듭니다.

0372

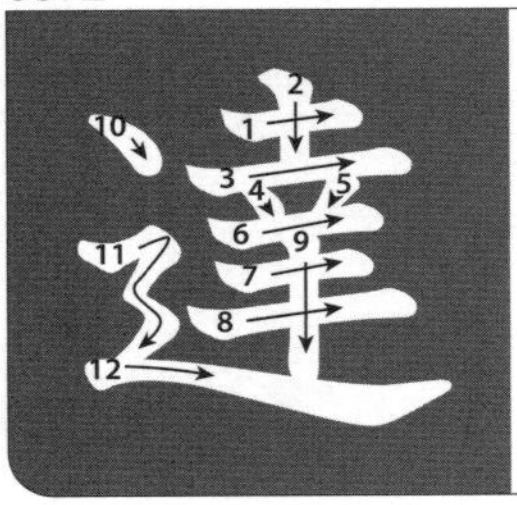

음독 たつ　達人(たつじん) 달인　達筆(たっぴつ) 달필, 능필　配達(はいたつ) 배달　速達(そくたつ) 속달

통달할/전달할 **달**

小4　N2

吉田(よしだ)さんは剣道(けんどう)の達人(たつじん)です。 요시다 씨는 검도의 달인입니다.

書類(しょるい)を速達(そくたつ)で送(おく)りました。 서류를 속달로 보냈습니다.

0373

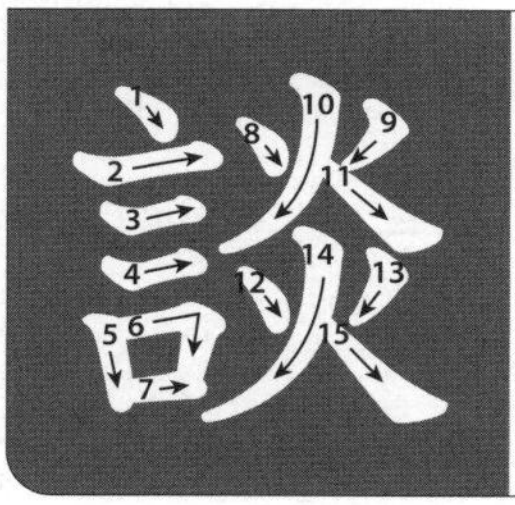

음독 だん　談話(だんわ) 담화　談判(だんぱん) 담판　相談(そうだん) 상담　面談(めんだん) 면담

말씀 **담**

小3　N2

大統領(だいとうりょう)が談話(だんわ)を発表(はっぴょう)しました。 대통령이 담화를 발표했습니다.

午後(ごご)から先生(せんせい)と面談(めんだん)があります。 오후부터 선생님과 면담이 있습니다.

0374

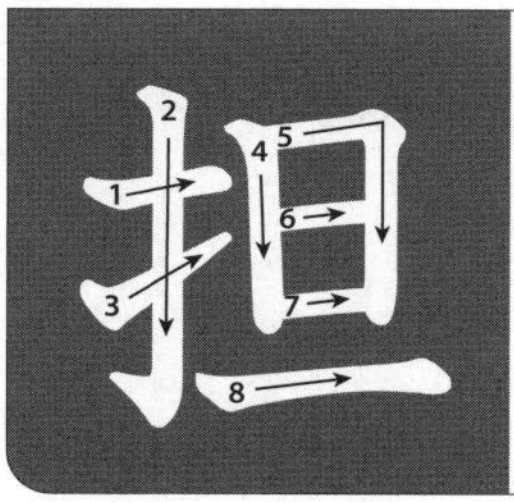

음독 たん　担当(たんとう) 담당　担任(たんにん) 담임　分担(ぶんたん) 분담　負担(ふたん) 부담

훈독 かつぐ　担(かつ)ぐ ①메다, 짊어지다 ②속이다

になう　担(にな)う 짊어지다, 떠맡다

擔

멜/맡을 **담**

小6　N2

分担(ぶんたん)して仕事(しごと)をしました。 분담해서 일을 했습니다.

荷物(にもつ)を担(かつ)いで山(やま)に登(のぼ)ります。 짐을 메고 산에 오릅니다.

0375

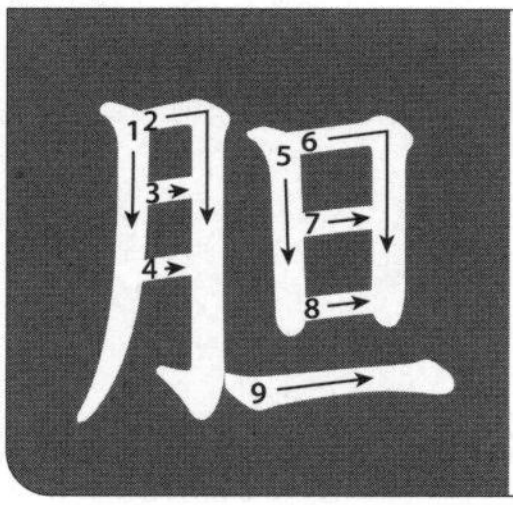

음독 たん　胆嚢(たんのう) 담낭　胆石(たんせき) 담석　落胆(らくたん) 낙담　大胆(だいたん) 대담함

膽

쓸개 **담**

中　N1

試験(しけん)に落(お)ちて落胆(らくたん)しました。 시험에 떨어져 낙담했습니다.

大胆(だいたん)なデザインの服(ふく)を買(か)いました。 대담한 디자인의 옷을 샀습니다.

0376

음독 たん　淡水(たんすい) 담수, 민물　淡白(たんぱく) 담백함　濃淡(のうたん) 농담(짙음과 옅음)

冷淡(れいたん) 냉담함

훈독 あわい　淡(あわ)い ①연하다, 담담하다 ②희미하다

맑을 **담**

中　N1

これは海水(かいすい)を淡水(たんすい)にする機械(きかい)です。 이것은 해수를 담수로 만드는 기계입니다.

淡(あわ)い青色(あおいろ)の服(ふく)を着(き)ているのが木田(きだ)さんです。
연한 청색옷을 입고 있는 사람이 기다 씨입니다.

0377

음독 どん　　曇天(どんてん) 흐린 하늘(날씨)

훈독 くもる　　曇(くも)る 날씨가 흐리다　曇(くも)り 흐림　曇(くも)りガラス 불투명 유리

흐릴 **담**

中　N2

曇天(どんてん)の日(ひ)は気分(きぶん)が重(おも)いです。 날씨가 흐린 날은 기분이 무겁습니다.

最近(さいきん)、曇(くも)りの日(ひ)が続(つづ)いています。 최근, 흐린 날이 계속되고 있습니다.

0378

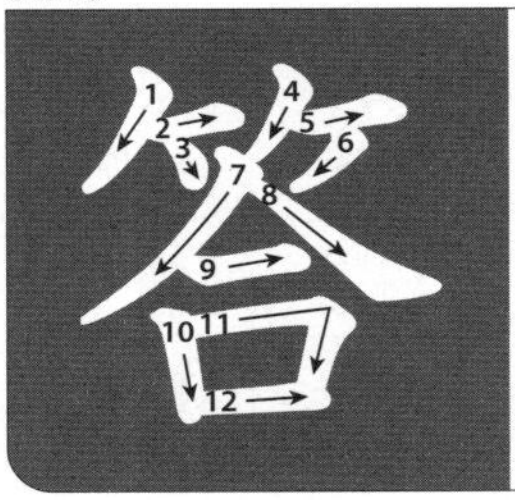

음독 とう　　答案(とうあん) 답안　答弁(とうべん) 답변　正答(せいとう) 정답　解答(かいとう) 해답

훈독 こたえる　　答(こた)える 대답하다　答(こた)え 대답

대답할 **답**

小2　N3

答案(とうあん)は、この紙(かみ)に書(か)いてください。 답안은, 이 종이에 써 주세요.

難(むずか)しくて答(こた)えることができませんでした。 어려워서 대답할 수 없었습니다.

0379

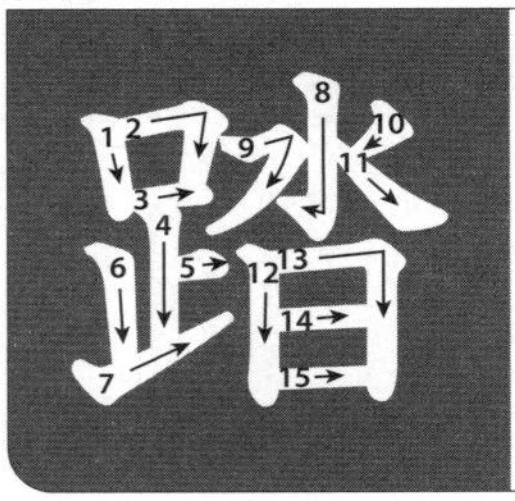

음독 とう　　踏襲(とうしゅう) 답습(예로부터 해오던 방식이나 수법을 좇아 그대로 행함)

踏査(とうさ) 답사　舞踏(ぶとう) 무도, 춤　雑踏(ざっとう) 붐빔, 혼잡

훈독 ふむ　　踏(ふ)む 밟다　踏(ふ)み切(き)り 건널목

ふまえる　　踏(ふ)まえる ①밟아 누르다 ②근거로 하다, 입각하다

밟을 **답**

中　N1

新(あたら)しい社長(しゃちょう)は前(まえ)の社長の方針(ほうしん)を踏襲(とうしゅう)しました。
새로운 사장은 전 사장의 방침을 답습했습니다.

踏(ふ)み切(き)りで事故(じこ)が起(お)きました。 건널목에서 사고가 일어났습니다.

0380

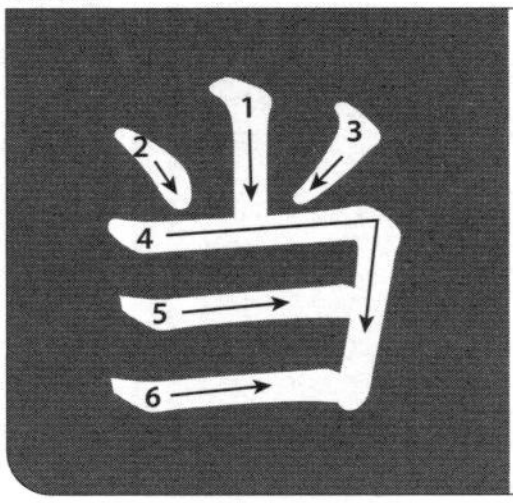

음독 とう　　当番(とうばん) 당번　当日(とうじつ) 당일　適当(てきとう) 적당함　担当(たんとう) 담당

훈독 あたる　　当(あ)たる 맞다, 당첨되다　当(あ)たり前(まえ) 당연함

あてる　　当(あ)てる 맞히다, 대다

當

마땅할/맡을/그 **당**

小2　N2

試験当日(しけんとうじつ)は朝(あさ)8時(じ)に集合(しゅうごう)してください。 시험 당일은 아침 8시에 집합해 주세요.

今(いま)まで宝(たから)くじに当(あ)たったことがありますか。 지금까지 복권에 당첨된 적이 있습니까?

0381

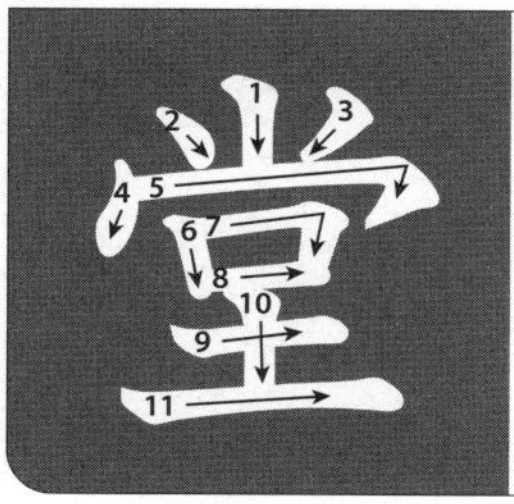

음독 どう　　堂々(どうどう) 당당　食堂(しょくどう) 식당　聖堂(せいどう) 성당　講堂(こうどう) 강당

집 **당**

小5　N3

彼(かれ)はいつも堂々(どうどう)としています。 그는 항상 당당합니다.

学生(がくせい)が講堂(こうどう)に集(あつ)まりました。 학생이 강당에 모였습니다.

0382

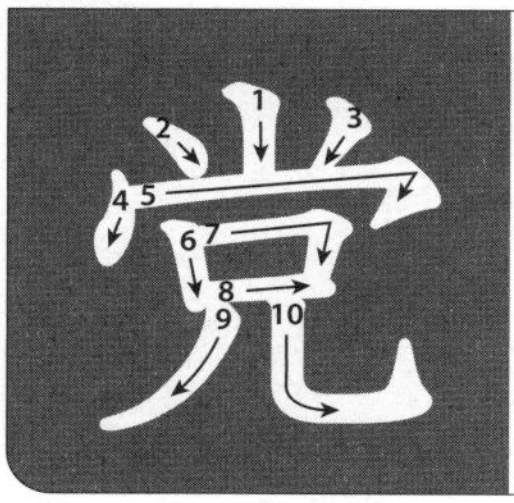

음독 とう　　党首(とうしゅ) 당수(당의 우두머리)　党派(とうは) 당파　野党(やとう) 야당　政党(せいとう) 정당

黨

무리 **당**

小6　N2

投票(とうひょう)で野党(やとう)が勝(か)ちました。 투표로 야당이 이겼습니다.

支持(しじ)する政党(せいとう)はありますか。 지지하는 정당은 있습니까?

0383

음독 とう　　糖分(とうぶん) 당분　糖尿病(とうにょうびょう) 당뇨병　砂糖(さとう) 설탕　製糖(せいとう) 제당

엿 **당**

小6　N1

糖分(とうぶん)の取(と)りすぎはよくありません。 당분의 과다섭취는 좋지 않습니다.

コーヒーに砂糖(さとう)を入(い)れます。 커피에 설탕을 넣습니다.

0384

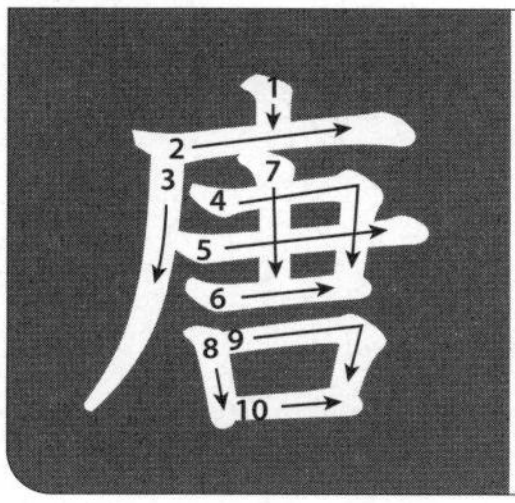

음독 とう　　唐(とう) 당나라　唐辛子(とうがらし) 고추　唐詩(とうし) 당나라 시　遣唐使(けんとうし) 견당사　唐突(とうとつ) 당돌함

훈독 から　　唐草模様(からくさもよう) 당초 무늬(여러 가지 덩굴이 꼬이며 뻗어나가는 무늬)

당나라/당황할 **당**

中　N1

韓国料理(かんこくりょうり)は唐辛子(とうがらし)をたくさん使(つか)います。 한국 요리는 고추를 많이 사용합니다.

この風呂敷(ふろしき)は唐草模様(からくさもよう)です。 이 보자기는 당초 무늬입니다.

0385

큰 **대**

小1 N5

음독 **だい/たい**　大学(だいがく) 대학　大丈夫(だいじょうぶ) 괜찮음　大会(たいかい) 대회　大陸(たいりく) 대륙

훈독 **おお/おお**いに　大雨(おおあめ) 큰비, 폭우　大通り(おおどおり) 큰길　大いに(おおいに) ①대단히 ②많이

おおきい　大きい(おおきい) 크다

특이 大人(おとな) 어른, 성인　大和(やまと) 일본의 다른 이름

大学一年生(だいがくいちねんせい)です。 대학교 1학년입니다.

大(おお)きい車(くるま)がほしいです。 큰 차를 갖고 싶습니다.

0386

대 **대**/태풍 **태**

小2 N3

음독 **だい**　台本(だいほん) 대본　台所(だいどころ) 부엌　台地(だいち) 대지　灯台(とうだい) 등대

たい　台風(たいふう) 태풍　舞台(ぶたい) 무대　屋台(やたい) 노점, 포장마차

臺

母(はは)は台所(だいどころ)で夕(ゆう)ごはんを作(つく)っています。 어머니는 부엌에서 저녁밥을 만들고 있습니다.

テレビで台風(たいふう)のニュースが流(なが)れています。 텔레비전에서 태풍 뉴스가 나오고 있습니다.

0387

대신할 **대**

小3 N3

음독 **だい**　代表(だいひょう) 대표　代理(だいり) 대리　時代(じだい) 시대　現代(げんだい) 현대

たい　交代(こうたい) 교대

훈독 **か**わる　代わる(かわる) 대신하다, 바뀌다

かえる　代える(かえる) 바꾸다, 대신하다

よ　君が代(きみがよ) 기미가요(일본 국가의 제목)

しろ　代物(しろもの) 물건, 상품

木村(きむら)さんが代表者(だいひょうしゃ)に決(き)まりました。 기무라 씨가 대표자로 결정되었습니다.

社長(しゃちょう)に代(か)わって、部長(ぶちょう)があいさつをしました。
사장님을 대신해서 부장님이 인사를 했습니다.

Tip かえる

代える(かえる) 대신하다(교대, 대리 등)
書面(しょめん)で挨拶(あいさつ)に代(か)える。
서면으로 인사를 대신하다.

変える(かえる) 바꾸다(변화, 변경 등)
携帯電話(けいたいでんわ)を変(か)える。
휴대전화를 바꾸다.

換える(かえる) 바꾸다, 교환하다(치환, 전환 등)
部屋(へや)の空気(くうき)を換(か)える。
방의 공기를 교환하다.

替える(かえる) 바꾸다, 교환하다(교체, 대체 등)
円(えん)をドルに替(か)える。
엔을 달러로 바꾸다.

0388

음독 たい　対応(たいおう) 대응　対立(たいりつ) 대립　絶対(ぜったい) 절대　相対(そうたい) 상대
対する(たい) 대하다
つい　一対(いっつい) 한 쌍

對

대할 **대**
小3　N2

意見(いけん)が対立(たいりつ)して、会議(かいぎ)が終(お)わりません。 의견이 대립해서, 회의가 끝나지 않습니다.
親(おや)に対(たい)する態度(たいど)が悪(わる)いです。 부모에 대한 태도가 나쁩니다.

0389

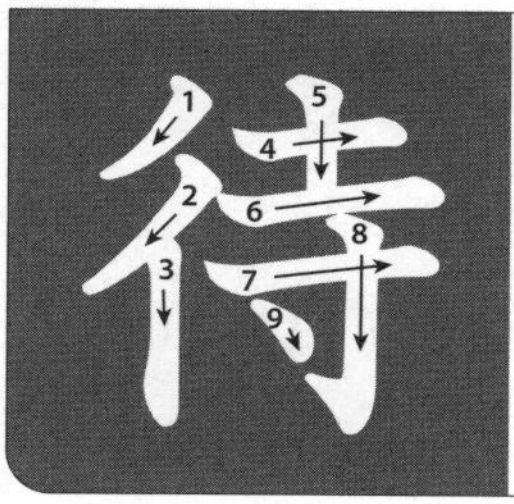

음독 たい　待機(たいき) 대기　待遇(たいぐう) 대우　招待(しょうたい) 초대　接待(せったい) 접대
훈독 まつ　待(ま)つ 기다리다　待合室(まちあいしつ) 대합실

기다릴 **대**
小3　N3

パーティーに友達(ともだち)を招待(しょうたい)しました。 파티에 친구를 초대했습니다.
待合室(まちあいしつ)にたくさんの人(ひと)がいます。 대합실에 많은 사람들이 있습니다.

0390

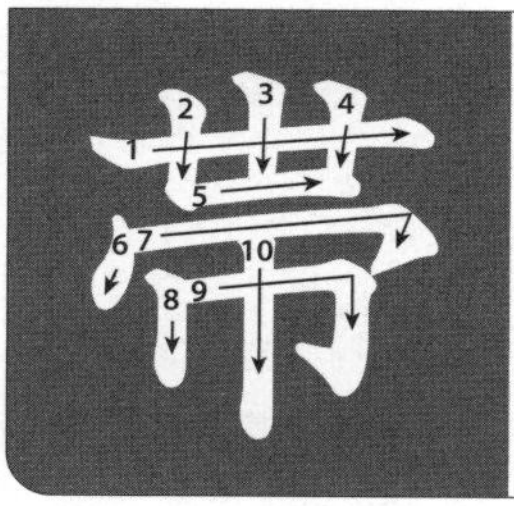

음독 たい　携帯(けいたい) 휴대　地帯(ちたい) 지대　一帯(いったい) 일대　帯電(たいでん) 전기를 띰
훈독 おびる　帯(お)びる 띠다, 지니다, 차다
おび　帯(おび) 띠, 허리띠

帶

띠 **대**
小4　N2

最近(さいきん)はいろいろな携帯電話(けいたいでんわ)があります。 최근에는 다양한 휴대전화가 있습니다.
帯(おび)の結(むす)び方(かた)を知(し)っていますか。 띠를 매는 방법을 알고 있습니까?

0391

음독 たい　隊員(たいいん) 대원　隊列(たいれつ) 대열　軍楽隊(ぐんがくたい) 군악대　除隊(じょたい) 제대

隊

무리/군대 **대**
小4　N1

韓国陸軍(かんこくりくぐん)の軍楽隊(ぐんがくたい)の演奏(えんそう)を聞(き)きました。 한국 육군의 군악대 연주를 들었습니다.
兄(あに)は去年(きょねん)、軍隊(ぐんたい)から除隊(じょたい)しました。 형은 작년에 군대에서 제대했습니다.

ㄷ

0392

음독 たい　貸与(たいよ) 대여　貸借(たいしゃく) 대차(꾸어줌과 꿈)　賃貸(ちんたい) 임대, 세줌

훈독 かす　貸(か)す 빌려주다　貸家(かしや) 셋집

빌릴 **대**

小5 N3

賃貸(ちんたい)マンションに住(す)んでいます。 임대 아파트에 살고 있습니다.

友(とも)だちにマンガを貸(か)しました。 친구에게 만화를 빌려주었습니다.

0393

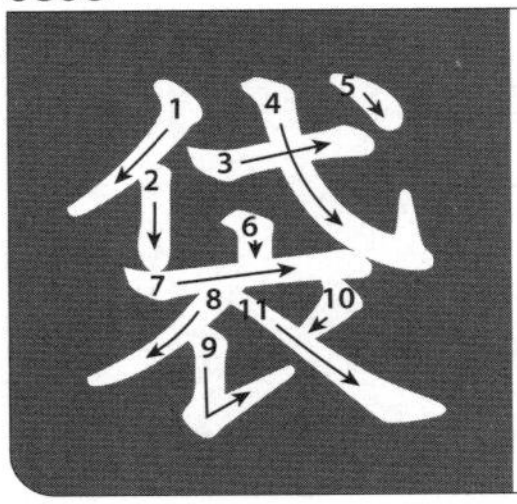

음독 たい　有袋類(ゆうたいるい) 유대류(코알라 등과 같은 동물)

특이 足袋(たび) 일본식 버선

훈독 ふくろ　袋(ふくろ) 주머니　手袋(てぶくろ) 장갑　ゴミ袋(ぶくろ) 쓰레기 봉지　紙袋(かみぶくろ) 종이 봉지

자루 **대**

中 N2

毛糸(けいと)で手袋(てぶくろ)を編(あ)みます。 털실로 장갑을 뜹니다.

0394

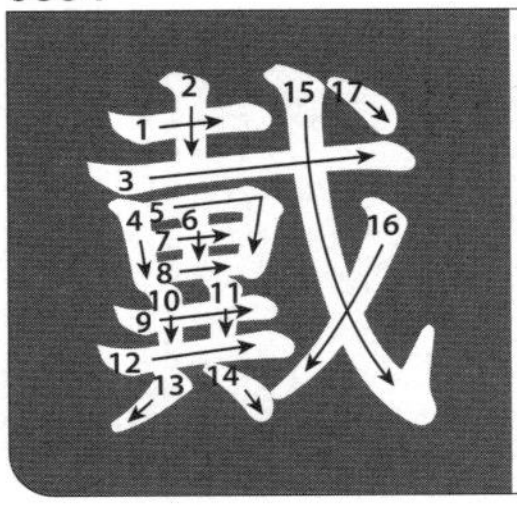

음독 たい　戴冠式(たいかんしき) 대관식　頂戴(ちょうだい) '받음'의 겸양어

훈독 いただく　戴(いただ)く 받다, 얻다

일 **대**

中 N1

イギリス国王(こくおう)の戴冠式(たいかんしき)が行(おこな)われました。 영국 국왕의 대관식이 거행되었습니다.

代金(だいきん)1万円(まんえん)、頂戴(ちょうだい)します。 대금 1만 엔 받겠습니다.

0395

음독 とく　道徳(どうとく) 도덕　悪徳(あくとく) 악덕　美徳(びとく) 미덕

徳用(とくよう) 덕용(쓰기 좋고 값이 쌈)　徳島県(とくしまけん) 도쿠시마현

예외 功徳(くどく) 공덕

徳

큰 **덕**

小4 N1

悪徳商法(あくとくしょうほう)に気(き)をつけてください。 악덕 상술에 주의하세요.

スーパーで徳用(とくよう)の洗剤(せんざい)を買(か)いました。 슈퍼마켓에서 싸고 좋은 세제를 샀습니다.

0396

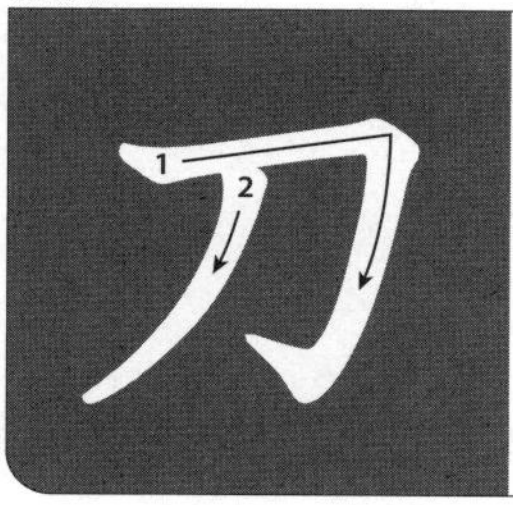

음독 とう　短刀(たんとう) 단도　日本刀(にほんとう) 일본도　名刀(めいとう) 명도　木刀(ぼくとう) 목도

훈독 かたな　刀(かたな) 칼　小刀(こがたな) ①창칼, 주머니칼 ②잔꾀

특이 竹刀(しない) 죽도

칼 **도**

小2　N1

今(いま)では日本刀(にほんとう)を作(つく)る人(ひと)が少(すく)なくなりました。
지금은 일본도를 만드는 사람이 적어졌습니다.

父(ちち)が子(こ)どもの頃(ころ)は、小刀(こがたな)でえんぴつを削(けず)っていました。
아버지가 어렸을 때는 주머니칼로 연필을 깎았습니다.

0397

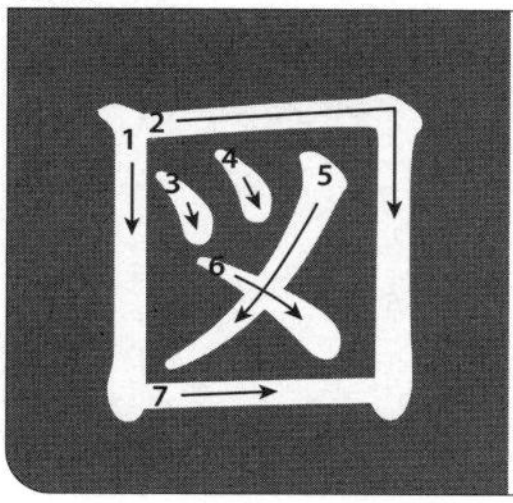

음독 ず　図表(ずひょう) 도표　合図(あいず) 신호
と　図書館(としょかん) 도서관　意図(いと) 의도

훈독 はかる　図(はか)る 도모하다

圖

그림 **도**

小2　N3

午後(ごご)は図書館(としょかん)で勉強(べんきょう)します。 오후는 도서관에서 공부합니다.

親睦(しんぼく)を図(はか)るために、飲(の)み会(かい)を開(ひら)きました。 친목을 도모하기 위해 술자리를 열었습니다.

Tip 0128 はかる 참조

0398

음독 どう　鉄道(てつどう) 철도　水道(すいどう) 수도　国道(こくどう) 국도　柔道(じゅうどう) 유도　報道(ほうどう) 보도
とう　神道(しんとう) 신도(일본 민족의 전통신앙)

훈독 みち　道(みち) 길　近道(ちかみち) 지름길　山道(やまみち) 산길

길 **도**

小2　N5

高速(こうそく)は混(こ)んでいるから、国道(こくどう)で行(い)きましょう。 고속도로는 막히니까 국도로 갑시다.

結婚式場(けっこんしきじょう)に行(い)く道(みち)を教(おし)えてください。 결혼식장에 가는 길을 가르쳐 주세요.

Tip 보도

報道(ほうどう) 새 소식을 알림

放送局(ほうそうきょく)が事故(じこ)を報道(ほうどう)する。 방송국이 사고를 보도하다.

歩道(ほどう) 사람이 다니는 길

歩道(ほどう)を歩(ある)く。 보도를 걷다.

ㄷ

0399

음독 **ど** 今度(こんど) 이번, 금번　温度(おんど) 온도　度胸(どきょう) 담력, 배짱
と 法度(はっと) 법도
たく 支度(したく) 채비, 준비

훈독 **たび** 度(たび) 때, 번, 적　度々(たびたび) 번번이, 여러 번, 자주　この度(たび) 이번, 금번

법도/정도/때 **도**
小3　N3

今度(こんど)の日曜日(にちようび)、海(うみ)に行(い)きませんか。 이번 일요일, 바다에 가지 않을래요?
この度(たび)は、たいへんお世話(せわ)になりました。 이번에는 신세를 많이 졌습니다.

0400

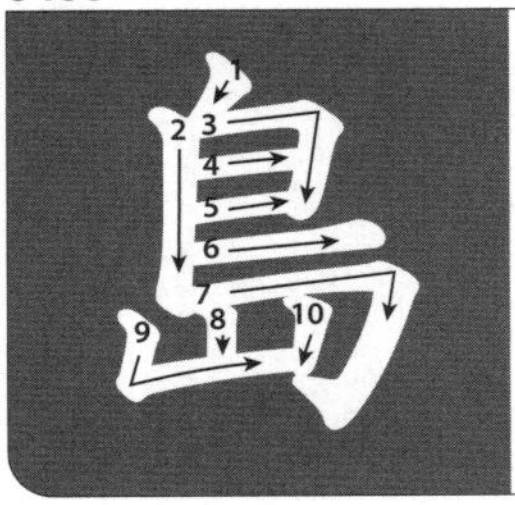

음독 **とう** 島民(とうみん) 도민　列島(れっとう) 열도　離島(りとう) 벽지, 외딴섬　無人島(むじんとう) 무인도

훈독 **しま** 島(しま) 섬　島国(しまぐに) 섬나라

섬 **도**
小3　N2

日本列島(にほんれっとう)は南北(なんぼく)に長(なが)いです。 일본열도는 남북으로 깁니다.
いつか南(みなみ)の島(しま)に行(い)ってみたいです。 언젠가 남쪽 섬에 가보고 싶습니다.

0401

음독 **と** 都市(とし) 도시　都民(とみん) 도민　東京都(とうきょうと) 도쿄도
つ 都合(つごう) 형편, 사정

훈독 **みやこ** 都(みやこ) 수도, 도시

都

도읍 **도**
小3　N3

今日(きょう)は都合(つごう)が悪(わる)いです。 오늘은 사정이 좋지 않습니다.
京都(きょうと)は昔(むかし)、日本(にほん)の都(みやこ)でした。 교토는 옛날, 일본의 수도였습니다.

0402

음독 **と** 徒歩(とほ) 도보　生徒(せいと) 학생(주로 초·중·고등학생)　信徒(しんと) 신도
徒労(とろう) 헛수고

무리 **도**
小4　N2

駅(えき)まで徒歩(とほ)5分(ふん)です。 역까지 도보 5분입니다.
吉田先生(よしだせんせい)は生徒(せいと)から人気(にんき)があります。 요시다 선생님은 학생에게 인기가 있습니다.

0403

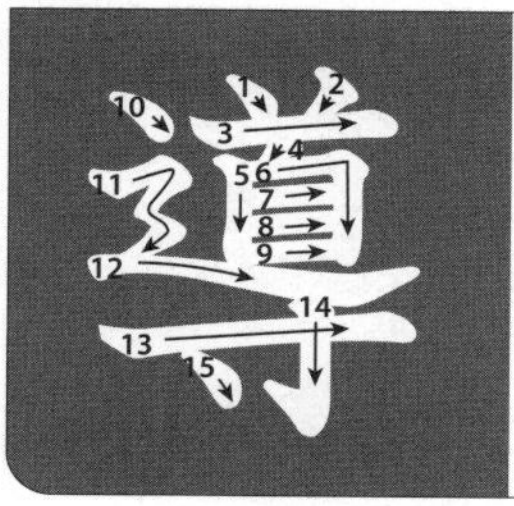

음독 どう　導入(どうにゅう) 도입　半導体(はんどうたい) 반도체　指導(しどう) 지도　誘導(ゆうどう) 유도

훈독 みちびく　導(みちび)く 안내하다, 인도하다

인도할 도

小5　N2

木村先生(きむらせんせい)の指導(しどう)を受(う)けました。 기무라 선생님의 지도를 받았습니다.

先生(せんせい)が私(わたし)を正(ただ)しい道(みち)に導(みちび)いてくれました。 선생님이 나를 바른 길로 인도해 주었습니다.

0404

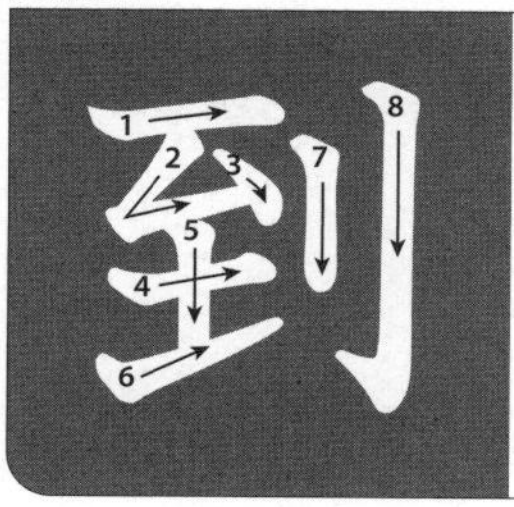

음독 とう　到着(とうちゃく) 도착　到達(とうたつ) 도달　到底(とうてい) 도저히　殺到(さっとう) 쇄도

훈독 いたる　到(いた)る 이르다, 도착하다

이를 도

中　N2

飛行機(ひこうき)は3時(じ)に到着(とうちゃく)します。 비행기는 3시에 도착합니다.

この道(みち)をまっすぐ行(い)くと市民公園(しみんこうえん)に到(いた)ります。
이 길을 곧장 가면 시민공원에 도착합니다.

0405

음독 ちょう　挑戦(ちょうせん) 도전　挑発(ちょうはつ) 도발

훈독 いどむ　挑(いど)む 도전하다

돋울 도

中　N1

今年(ことし)はスノーボードに挑戦(ちょうせん)したいです。 올해는 스노보드에 도전하고 싶습니다.

ピアノの実技試験(じつぎしけん)に挑(いど)みます。 피아노 실기시험에 도전합니다.

0406

음독 とう　逃亡(とうぼう) 도망　逃走(とうそう) 도주　逃避(とうひ) 도피

훈독 にげる/にがす　逃(に)げる 도망치다, 달아나다　逃(に)がす 놓아주다

のがす/のがれる　逃(のが)す 놓아주다, 놓치다　逃(のが)れる 달아나다

도망할 도

中　N2

犯人(はんにん)はお金(かね)を盗(ぬす)んで逃亡(とうぼう)しました。 범인은 돈을 훔쳐 도망갔습니다.

走(はし)ったのにバスを逃(のが)してしまいました。 달렸는데도 버스를 놓쳐 버렸습니다.

0407

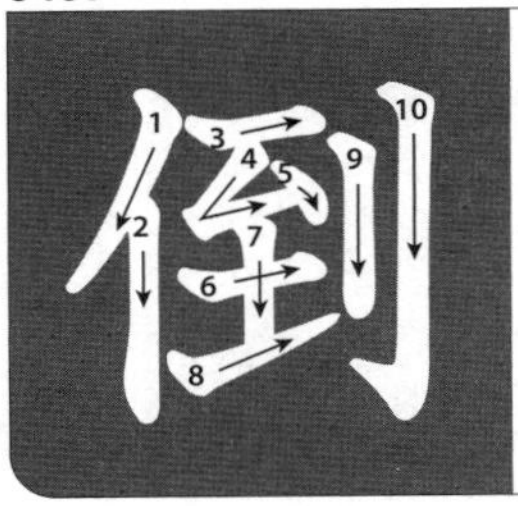

음독 とう　倒産(とうさん) 도산　打倒(だとう) 타도　圧倒(あっとう) 압도　卒倒(そっとう) 졸도
倒木(とうぼく) 쓰러진 나무

훈독 たおれる　倒(たお)れる 넘어지다, 쓰러지다
たおす　倒(たお)す 넘어뜨리다

넘어질 도
中 N2

その会社(かいしゃ)は去年(きょねん)、倒産(とうさん)しました。그 회사는 작년에 도산했습니다.
父(ちち)が過労(かろう)で倒(たお)れました。아버지가 과로로 쓰러졌습니다.

0408

음독 と　途中(とちゅう) 도중　途上国(とじょうこく) (개발)도상국　用途(ようと) 용도　別途(べっと) 별도
一途(いっと) 하나의 수단·방법
예외 一途(いちず) 순진하고 한결같은 모양

길 도
中 N2

会議(かいぎ)の途中(とちゅう)に電話(でんわ)がかかってきました。회의 도중에 전화가 걸려왔습니다.
お金(かね)の用途(ようと)を教(おし)えてください。돈의 용도를 가르쳐 주세요.

0409

음독 とう　桃源郷(とうげんきょう) 도원경, 무릉도원　桜桃(おうとう) 앵두　黄桃(おうとう) 황도
白桃(はくとう) 백도

훈독 もも　桃(もも) 복숭아　桃色(ももいろ) 분홍색

복숭아 도
中 N1

ここは白桃(はくとう)の産地(さんち)です。여기는 백도의 산지입니다.
桃(もも)の皮(かわ)をむきました。복숭아 껍질을 벗겼습니다.

0410

음독 とう　哀悼(あいとう) 애도　追悼(ついとう) 추도　悼辞(とうじ) 애도하는 글

훈독 いたむ　悼(いた)む 애도하다

슬퍼할 도
中 N1

戦死者(せんししゃ)を追悼(ついとう)します。전사자를 추도합니다.
災害(さいがい)で亡(な)くなった方(かた)を悼(いた)みます。재해로 돌아가신 분을 애도합니다.

Tip 0906 いたむ 참조

0411

盗

음독 **とう**　盗難(とうなん) 도난　盗用(とうよう) 도용　盗品(とうひん) 훔친 물건, 장물　強盗(ごうとう) 강도　窃盗(せっとう) 절도　盗作(とうさく) 표절

훈독 **ぬす**む　盗(ぬす)む 훔치다　盗人(ぬすっと) 도둑(ぬすびと로도 읽음)

盜

도둑 **도**

中　N2

銀行(ぎんこう)に強盗(ごうとう)が入(はい)りました。 은행에 강도가 들었습니다.

電車(でんしゃ)の中(なか)で財布(さいふ)を盗(ぬす)まれました。 전철 안에서 지갑을 도둑맞았습니다.

0412

陶

음독 **とう**　陶磁器(とうじき) 도자기　陶器(とうき) 도기, 도자기　陶芸(とうげい) 도예　陶酔(とうすい) 도취　製陶(せいとう) 도자기 제조

질그릇 **도**

中　N1

フリーマーケットで陶磁器(とうじき)を買(か)いました。 벼룩시장에서 도자기를 샀습니다.

父(ちち)は陶芸教室(とうげいきょうしつ)に通(かよ)っています。 아버지는 도예교실에 다니고 있습니다.

0413

渡

음독 **と**　渡航(とこう) 도항　渡米(とべい) 도미(미국으로 건너감)　渡来(とらい) 도래　譲渡(じょうと) 양도

훈독 **わた**る　渡(わた)る 건너다

わたす　渡(わた)す 건네다

건널 **도**

中　N2

留学(りゅうがく)のため渡米(とべい)しました。 유학을 위해 미국으로 건너갔습니다.

船(ふね)で川(かわ)を渡(わた)りました。 배로 강을 건넜습니다.

0414

跳

음독 **ちょう**　跳躍(ちょうやく) 도약　跳馬(ちょうば) 도마, 뜀틀넘기

훈독 **は**ねる　跳(は)ねる 뛰다, 뛰어오르다

とぶ　跳(と)ぶ 뛰다, 뛰어넘다　跳(と)び箱(ばこ) 뜀틀　縄跳(なわと)び 줄넘기　棒高跳(ぼうたかと)び 장대높이뛰기

뛸 **도**

中　N1

途上国(とじょうこく)から先進国(せんしんこく)に跳躍(ちょうやく)しました。 (개발)도상국에서 선진국으로 도약했습니다.

うさぎがぴょんぴょんと跳(と)んでいます。 토끼가 깡충깡충 뛰고 있습니다.

Tip 0828 とぶ 참조

ㄷ

0415

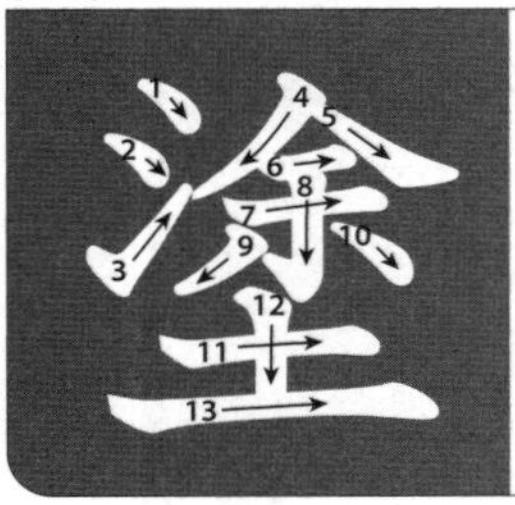

음독 と　塗料(とりょう) 도료, 칠감　塗装(とそう) 도장(칠을 함)　塗布(とふ) 도포

훈독 ぬる　塗(ぬ)る 바르다　塗(ぬ)り薬(くすり) 바르는 약

칠할 **도**

中 N2

屋根(やね)をペンキで塗装(とそう)します。 지붕을 페인트로 칠합니다.

病院(びょういん)で塗(ぬ)り薬(くすり)をもらいました。 병원에서 바르는 약을 받았습니다.

0416

음독 とう　水稲(すいとう) 수도(물이 있는 논에 심는 벼)
陸稲(りくとう) 육도, 밭벼(밭에 심어 기르는 벼)　晩稲(ばんとう) 만도, 늦벼

훈독 いね　稲(いね) 벼　稲刈(いねか)り 벼 베기

いな　稲作(いなさく) 벼농사　稲穂(いなほ) 벼 이삭　稲妻(いなずま) 번개

稻

벼 **도**

中 N2

最近(さいきん)、陸稲(りくとう)を見(み)ることは少(すく)なくなりました。 최근, 밭벼를 보는 일은 적어졌습니다.

東北地方(とうほくちほう)は稲作(いなさく)がさかんです。 동북지방은 벼농사가 한창입니다.

0417

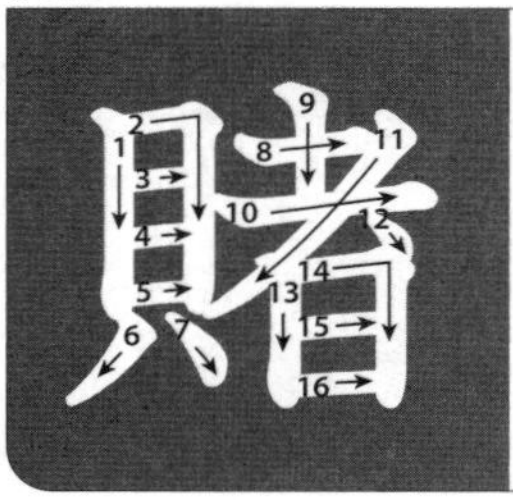

음독 と　賭博(とばく) 도박　賭場(とば) 노름판, 도박장　賭(と)する 걸다, 내기를 하다

훈독 かける　賭(か)ける 도박하다　賭(か)け事(ごと) 내기, 도박(=賭け)

내기 **도**

中 급수 외

賭博(とばく)をしたことがありますか。 도박을 한 적이 있습니까?

兄(あに)は賭(か)け事(ごと)が好(す)きです。 형은 내기를 좋아합니다.

Tip 이 한자는 賭로도 쓰임

0418

음독 どく　読書(どくしょ) 독서　読者(どくしゃ) 독자　朗読(ろうどく) 낭독

とく　読本(とくほん) 독본

とう　句読点(くとうてん) 구두점(쉼표와 마침표)

훈독 よむ　読(よ)む 읽다　読(よ)み物(もの) 읽을 거리　読(よ)み方(かた) 읽는 방법

讀

읽을 **독**

小2 N5

読者(どくしゃ)からメールが来(き)ました。 독자에게서 메일이 왔습니다.

名前(なまえ)の読(よ)み方(かた)を教(おし)えてください。 이름 읽는 법을 알려 주세요.

Tip 1228 よむ 参조

0419

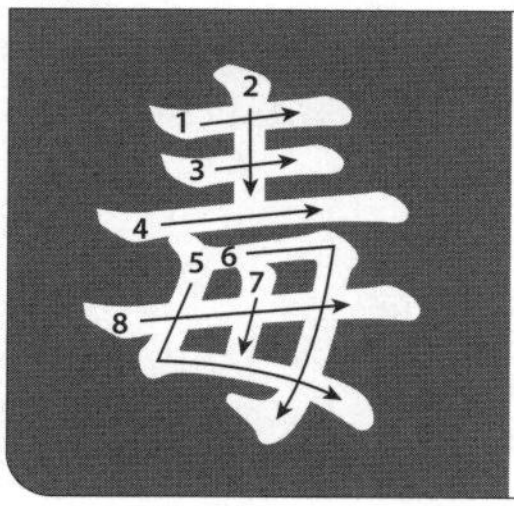

음독 どく　毒薬(どくやく) 독약　消毒(しょうどく) 소독　中毒(ちゅうどく) 중독　解毒(げどく) 해독

毒

독 **독**

小5　N2

けがをした部分(ぶぶん)を消毒(しょうどく)します。 상처 난 부분을 소독합니다.

夏(なつ)は食中毒(しょくちゅうどく)に気(き)をつけましょう。 여름은 식중독에 조심합시다.

0420

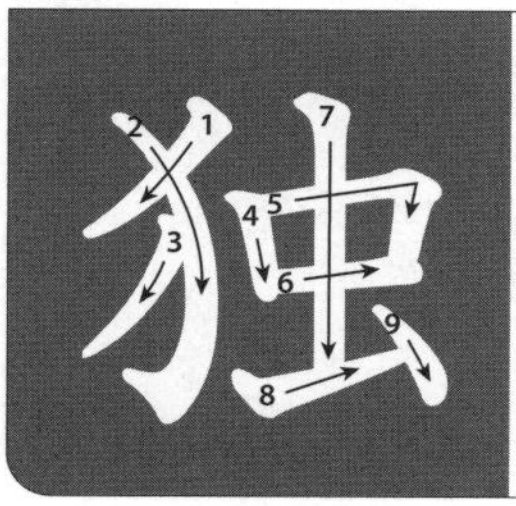

음독 どく　独特(どくとく) 독특함　独立(どくりつ) 독립　単独(たんどく) 단독　孤独(こどく) 고독

훈독 ひとり　独(ひと)り 1명, 혼자　独(ひと)り言(ごと) 혼잣말

특이 独楽(こま) 팽이

獨

홀로 **독**

小5　N1

8月(がつ)15日(にち)に国(くに)の独立(どくりつ)を祝(いわ)います。 8월 15일에 나라의 독립을 축하합니다.

独(ひと)りで旅行(りょこう)に行(い)きました。 혼자서 여행을 갔습니다.

0421

음독 とく　督促(とくそく) 독촉　督励(とくれい) 독려　監督(かんとく) 감독

家督(かとく) 대를 이을 사람, 장남

감독할/재촉할 **독**

中　N1

カード会社(がいしゃ)から督促状(とくそくじょう)が来(き)ました。 카드회사에서 독촉장이 왔습니다.

有名(ゆうめい)な映画(えいが)監督(かんとく)に会(あ)いました。 유명한 영화감독을 만났습니다.

0422

음독 とく　篤実(とくじつ) 독실함　温厚篤実(おんこうとくじつ) 성격이 온화하고 성실함

篤学(とくがく) 학문에 크게 힘씀　危篤(きとく) 위독

도타울/위독할 **독**

中　N1

信仰心(しんこうしん)が篤実(とくじつ)な人(ひと)です。 신앙심이 독실한 사람입니다.

祖父(そふ)が危篤(きとく)の状態(じょうたい)になりました。 할아버지가 위독한 상태가 되었습니다.

0423

음독 **とん** 豚舎(とんしゃ) 돼지우리 豚汁(とんじる) 잘게 썬 돼지고기와 채소를 넣은 된장국
養豚(ようとん) 양돈 豚(とん)カツ 돈가스

훈독 **ぶた** 豚(ぶた) 돼지 豚肉(ぶたにく) 돼지고기 子豚(こぶた) 새끼돼지 黒豚(くろぶた) 흑돼지

돼지 **돈**

中 N1

豚舎(とんしゃ)を清掃(せいそう)しました。돼지우리를 청소했습니다.

済州島(チェジュド)で黒豚(くろぶた)を食(た)べました。제주도에서 흑돼지를 먹었습니다.

0424

음독 **とん** 整頓(せいとん) 정돈 頓挫(とんざ) 좌절 頓死(とんし) 급사
無頓着(むとんちゃく) 무관심함, 개의치 않음(むとんじゃく로도 읽음)

가지런히 할/갑자기 **돈**

中 급수 외

机(つくえ)の上(うえ)を整頓(せいとん)しましょう。책상 위를 정돈합시다.

杉本(すぎもと)さんはファッションに無頓着(むとんちゃく)です。스기모토 씨는 패션에 무관심합니다.

0425

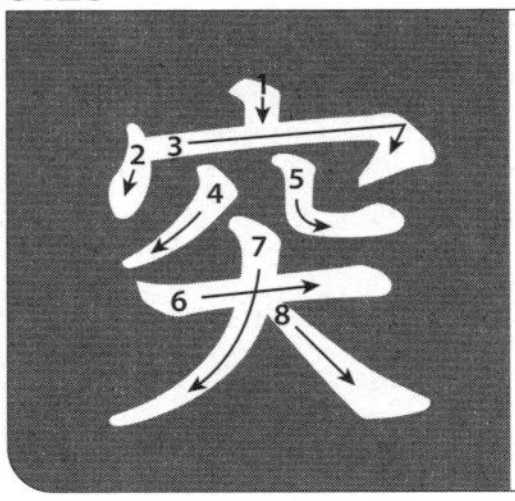

음독 **とつ** 突然(とつぜん) 돌연, 갑자기 突破(とっぱ) 돌파 衝突(しょうとつ) 충돌 激突(げきとつ) 격돌

훈독 **つく** 突(つ)く 찌르다, 꿰뚫다

突

갑자기/부딪칠 **돌**

中 N2

船(ふね)と船が衝突(しょうとつ)しました。배와 배가 충돌했습니다.

針(はり)で指(ゆび)を突(つ)きました。바늘로 손가락을 찔렀습니다.

0426

음독 **とう** 冬眠(とうみん) 동면 冬季(とうき) 동계 冬至(とうじ) 동지

훈독 **ふゆ** 冬(ふゆ) 겨울 冬休(ふゆやす)み 겨울방학 冬服(ふゆふく) 동복 真冬(まふゆ) 한겨울

겨울 **동**

小2 N3

日本(にほん)では冬至(とうじ)の日(ひ)にかぼちゃを食(た)べます。일본에서는 동짓날에 호박을 먹습니다.

冬(ふゆ)になると、よくスキー場(じょう)に行(い)きます。겨울이 되면 자주 스키장에 갑니다.

0427

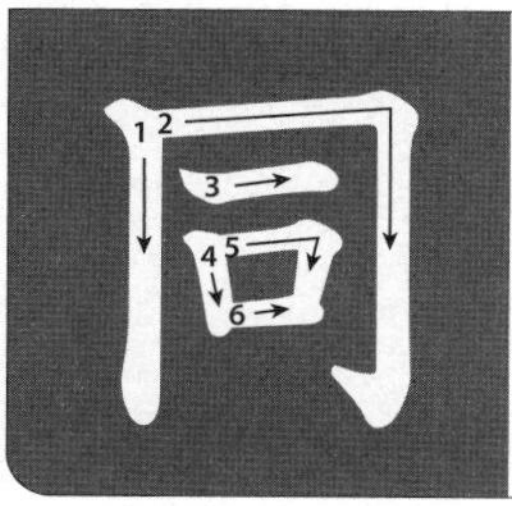

음독 どう　同時(どうじ) 동시　同一(どういつ) 동일함　合同(ごうどう) 합동　共同(きょうどう) 공동

훈독 おなじ　同(おな)じ 같음　同(おな)い年(どし) 동갑 (= 同(おな)じ年(とし))

한가지 **동**

小2　N3

二人(ふたり)の選手(せんしゅ)は同時(どうじ)にゴールインしました。 두 선수는 동시에 골인했습니다.

私(わたし)とパクさんは同(おな)い年(どし)です。 나와 박 씨는 동갑입니다.

0428

음독 とう　東京(とうきょう) 도쿄　関東(かんとう) 관동　東北(とうほく) 동북　東洋(とうよう) 동양　東海(とうかい) 동해

훈독 ひがし　東(ひがし) 동(쪽)　東側(ひがしがわ) 동쪽　東口(ひがしぐち) 동쪽 출입구

특이　東(あずま) 일본 동부 지방　東屋(あずまや) 정자

동녘 **동**

小2　N5

日本(にほん)の首都(しゅと)は東京(とうきょう)です。 일본의 수도는 도쿄입니다.

東口(ひがしぐち)にデパートがあります。 동쪽 출입구에 백화점이 있습니다.

0429

음독 どう　動物(どうぶつ) 동물　動作(どうさ) 동작　運動(うんどう) 운동　移動(いどう) 이동

훈독 うごく　動(うご)く ①움직이다 ②행동하다

うごかす　動(うご)かす ①(마음을) 움직이다 ②(위치를) 옮기다

움직일 **동**

小3　N3

子(こ)どもの頃(ころ)に、よく動物園(どうぶつえん)に行(い)きました。 어릴 적에 자주 동물원에 갔습니다.

先生(せんせい)の言葉(ことば)が学生(がくせい)の心(こころ)を動(うご)かしました。 선생님의 말이 학생의 마음을 움직였습니다.

0430

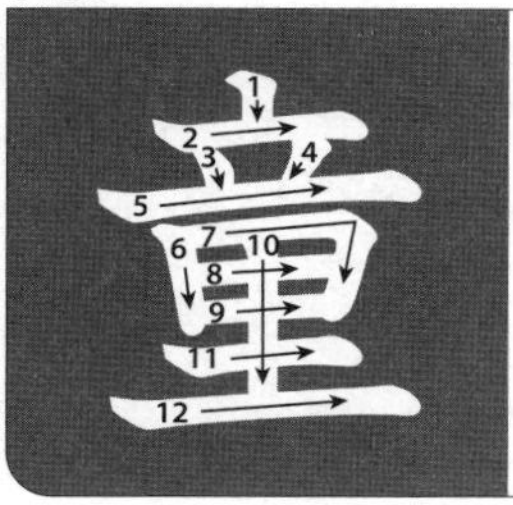

음독 どう　童話(どうわ) 동화　童顔(どうがん) 동안　児童(じどう) 아동　神童(しんどう) 신동

훈독 わらべ　童(わらべ) 아이, 아동　童歌(わらべうた) 구전되어 내려오는 아이들의 노래, 동요

아이 **동**

小3　N2

子(こ)どもの頃(ころ)に、『グリム童話(どうわ)』をよく読(よ)みました。
어릴 적에 『그림동화』를 자주 읽었습니다.

母(はは)が童歌(わらべうた)を教(おし)えてくれました。 엄마가 동요를 가르쳐 주었습니다.

ㄷ

0431

음독 どう　労働(ろうどう) 노동　稼働(かどう) 가동(稼動로도 씀)

훈독 はたらく　働く(はたらく) 일하다　共働き(ともばたらき) 맞벌이

일할 동

小4　N3

5月1日(がつついたち)は労働者(ろうどうしゃ)の日(ひ)です。5월 1일은 노동자의 날입니다.

姉(あね)はデパートで働(はたら)いています。언니는 백화점에서 일하고 있습니다.

0432

음독 どう　銅(どう)メダル 동메달　銅像(どうぞう) 동상　銅貨(どうか) 동전　青銅(せいどう) 청동

구리 동

小5　N2

日本(にほん)の選手(せんしゅ)が銅(どう)メダルをとりました。일본 선수가 동메달을 땄습니다.

設立者(せつりつしゃ)の銅像(どうぞう)ができました。설립자의 동상이 완성되었습니다.

0433

음독 どう　洞窟(どうくつ) 동굴　空洞(くうどう) 굴, 동굴　鍾乳洞(しょうにゅうどう) 종유동, 석회동굴　洞察(どうさつ) 통찰

훈독 ほら　洞(ほら) 동굴　洞穴(ほらあな) 동굴

굴 동/밝을 통

中　N1

ランプを持(も)って洞窟(どうくつ)に入(はい)りました。램프를 들고 동굴에 들어갔습니다.

洞穴(ほらあな)の中(なか)は暗(くら)くて何(なに)も見(み)えません。동굴 안은 어두워서 아무것도 보이지 않습니다.

0434

음독 とう　凍傷(とうしょう) 동상　凍死(とうし) 동사　冷凍(れいとう) 냉동　解凍(かいとう) 해동

훈독 こおる　凍る(こおる) 얼다

こごえる　凍える(こごえる) 추위로 몸에 감각이 없어지다

얼 동

中　N2

お肉(にく)を解凍(かいとう)します。고기를 해동합니다.

池(いけ)が凍(こお)っています。연못이 얼어 있습니다.

0435

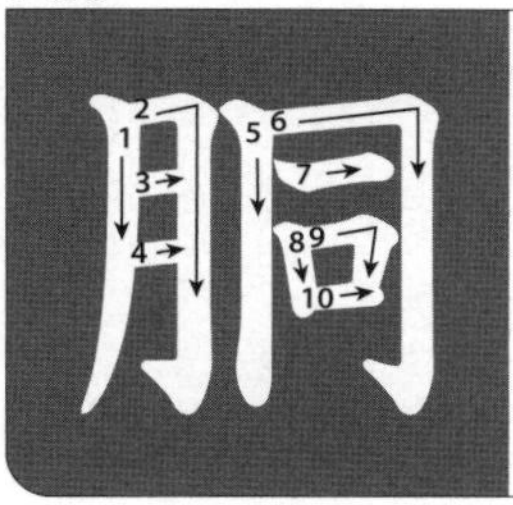

음독 どう　胴(どう) 동체, 몸통　胴体(どうたい) 동체, 몸통　胴衣(どうい) 조끼　胴上(どうあ)げ 헹가래

몸통 **동**

中　N1

飛行機(ひこうき)が胴体着陸(どうたいちゃくりく)をしました。비행기가 동체착륙을 했습니다.

安全(あんぜん)のため、防弾胴衣(ぼうだんどうい)を着(き)ました。안전을 위해 방탄조끼를 입었습니다.

0436

음독 とう　棟梁(とうりょう) 동량, 마룻대와 들보　病棟(びょうとう) 병동　別棟(べっとう) 별채

훈독 むね　棟(むね) ①용마루 ②건물을 세는 말, 동, 채　棟上(むねあ)げ 상량식

一棟(ひとむね) 한 동　二棟(ふたむね) 두 동

むな　棟木(むなぎ) 마룻대로 쓰는 목재

마룻대 **동**

中　N1

病棟(びょうとう)の入(い)り口(ぐち)に車(くるま)を止(と)めないでください。병동 입구에 차를 세우지 마세요.

アパートが二棟(ふたむね)、建(た)ちました。아파트가 두 동 세워졌습니다.

0437

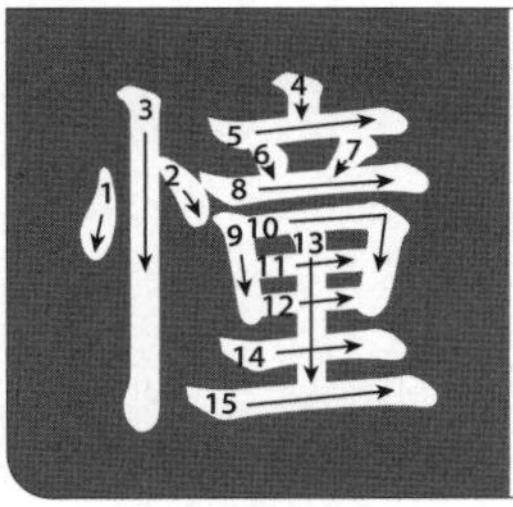

음독 どう/しょう　憧憬(どうけい) 동경(しょうけい로도 읽음)

훈독 あこがれる　憧(あこが)れる 동경하다

동경할 **동**

中　급수 외

外国(がいこく)の暮(く)らしに憧憬(どうけい)します。외국 생활을 동경합니다.

子(こ)どもの時(とき)はパイロットに憧(あこが)れました。어렸을 때는 파일럿을 동경했습니다.

0438

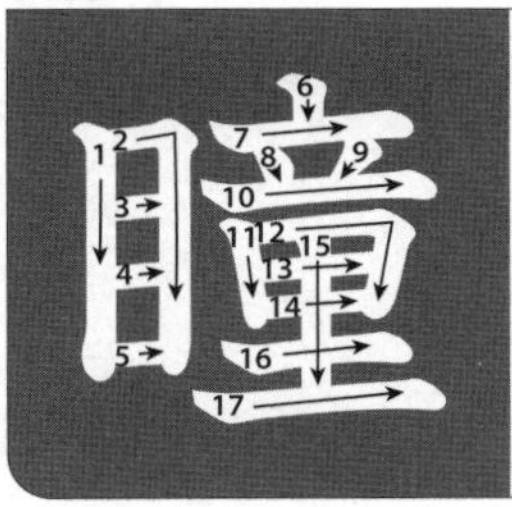

음독 どう　瞳孔(どうこう) 동공, 눈동자

훈독 ひとみ　瞳(ひとみ) 눈동자

눈동자 **동**

中　N1

暗(くら)い所(ところ)では瞳孔(どうこう)が開(ひら)きます。어두운 곳에서는 눈동자가 커집니다.

田中(たなか)さんは瞳(ひとみ)がきれいです。다나카 씨는 눈동자가 예쁩니다.

0439

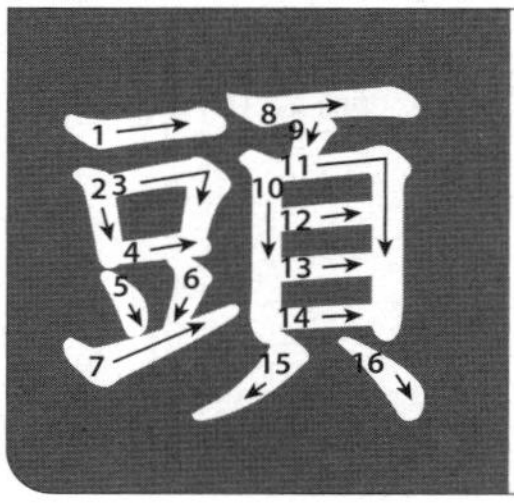

음독 **とう** 頭角(とうかく) 두각　先頭(せんとう) 선두

ず/と 頭脳(ずのう) 두뇌　頭痛(ずつう) 두통　音頭(おんど) 선봉, 선창자

훈독 **あたま** 頭(あたま) 머리

かしら 頭(かしら) 머리, 우두머리　頭文字(かしらもじ) 머리글자

머리 **두**

小2　N3

頭痛(ずつう)がひどいので、病院(びょういん)に行(い)きました。 두통이 심해서 병원에 갔습니다.

疲(つか)れて頭(あたま)が回(まわ)りません。 피곤해서 머리가 돌아가지 않습니다.

0440

음독 **とう** 豆腐(とうふ) 두부　豆乳(とうにゅう) 두유　納豆(なっとう) 낫토

ず 大豆(だいず) 대두, 콩

훈독 **まめ** 豆(まめ) 콩　枝豆(えだまめ) 가지째 꺾은 풋콩　豆電球(まめでんきゅう) 꼬마전구

특이 小豆(あずき) 팥

콩 **두**

小3　N1

健康(けんこう)のために毎日(まいにち)、豆乳(とうにゅう)を飲(の)んでいます。 건강을 위해 매일 두유를 마시고 있습니다.

ビールのおつまみに枝豆(えだまめ)を食(た)べました。 맥주 안주로 풋콩을 먹었습니다.

0441

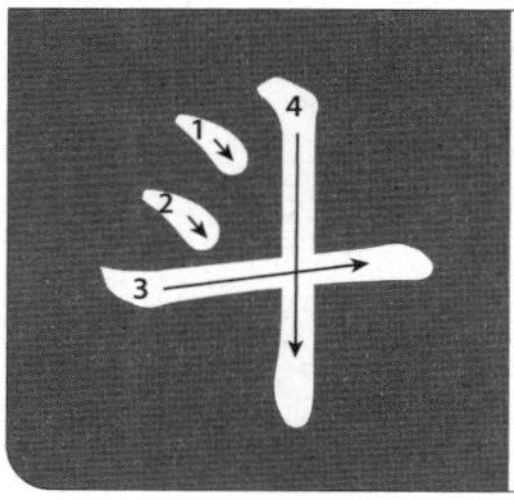

음독 **と** 斗酒(としゅ) 두주, 말술　北斗七星(ほくとしちせい) 북두칠성

漏斗(ろうと) 실험용 깔대기(じょうご라고 읽으면 일반 깔대기)

말 **두**

中　N1

今日(きょう)は北斗七星(ほくとしちせい)がきれいに見(み)えます。 오늘은 북두칠성이 깨끗하게 보입니다.

漏斗(じょうご)でしょうゆを入(い)れます。 깔때기로 간장을 넣습니다.

0442

음독 **とう** 痘瘡(とうそう) 천연두　天然痘(てんねんとう) 천연두

특이 痘痕(あばた) 곰보 자국

역질 **두**

中　N1

天然痘(てんねんとう)はおそろしい病気(びょうき)です。 천연두는 무서운 병입니다.

弟(おとうと)は顔(かお)に痘痕(あばた)が残(のこ)っています。 남동생은 얼굴에 곰보 자국이 남아 있습니다.

0443

음독 とん　屯所(とんしょ) 둔소(병사 등이 모여 있는 곳)　駐屯(ちゅうとん) 주둔

진칠 **둔**

中　N1

消防団(しょうぼうだん)が屯所(とんしょ)に集(あつ)まっています。소방단이 둔소에 모여 있습니다.

この町(まち)には米軍(べいぐん)の駐屯基地(ちゅうとんきち)があります。이 마을에는 미군의 주둔기지가 있습니다.

0444

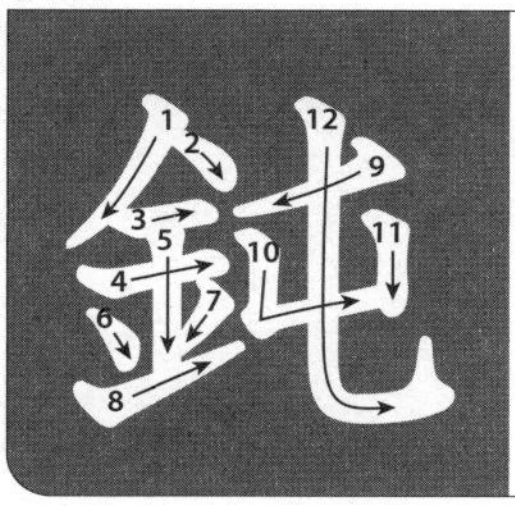

음독 どん　鈍感(どんかん) 둔감함　鈍角(どんかく) 둔각　鈍器(どんき) 둔기　愚鈍(ぐどん) 우둔함

훈독 にぶい　鈍(にぶ)い 둔하다

にぶる　鈍(にぶ)る 둔해지다

둔할 **둔**

中　N2

彼(かれ)は臭(にお)いに鈍感(どんかん)な人(ひと)です。그는 냄새에 둔감한 사람입니다.

私(わたし)は運動神経(うんどうしんけい)が鈍(にぶ)いです。나는 운동신경이 둔합니다.

0445

음독 とく　得意(とくい) ①득의, 득의양양 ②자신 있음　得点(とくてん) 득점

説得(せっとく) 설득　納得(なっとく) 납득

훈독 える　得(え)る 얻다, 획득하다

うる　得(う)る 얻다

얻을 **득**

小5　N2

田中(たなか)さんの説明(せつめい)に納得(なっとく)がいきません。다나카 씨의 설명에 납득이 가지 않습니다.

先生(せんせい)の許可(きょか)を得(え)て、実験室(じっけんしつ)を使(つか)います。선생님의 허가를 얻어서, 실험실을 사용합니다.

0446

음독 とう　登校(とうこう) 등교　登録(とうろく) 등록　登場(とうじょう) 등장

と　登山(とざん) 등산

훈독 のぼる　登(のぼ)る 오르다　山登(やまのぼ)り 등산　木登(きのぼ)り 나무 타기

오를 **등**

小3　N2

朝(あさ)8時半(じはん)までに登校(とうこう)しなければなりません。아침 8시 반까지 등교해야 합니다.

週末(しゅうまつ)はいつも山(やま)に登(のぼ)ります。주말에는 항상 산에 오릅니다.

Tip 0896 のぼる 참조

0447

음독 とう　等級(とうきゅう) 등급　特等席(とくとうせき) 특등석　一等(いっとう) 일등　同等(どうとう) 동등(함)

훈독 ひとしい　等(ひと)しい 같다, 마찬가지이다

등급/같을 **등**

小3　N2

運動会(うんどうかい)で一等(いっとう)になりました。 운동회에서 일등했습니다.

ケーキを等(ひと)しく四(よっ)つに切(き)りました。 케이크를 똑같이 4개로 잘랐습니다.

0448

음독 とう　灯台(とうだい) 등대　灯油(とうゆ) 등유　電灯(でんとう) 전등　街灯(がいとう) 가로등

훈독 ひ　灯(ひ) 불(빛), 등불

燈

등불 **등**

小4　N2

ストーブに灯油(とうゆ)を入(い)れます。 난로에 등유를 넣습니다.

夕方(ゆうがた)になって家々(いえいえ)に灯(ひ)がともりました。 저녁이 되어서 집집마다 등불이 켜졌습니다.

0449

음독 とう　謄本(とうほん) 등본　戸籍謄本(こせきとうほん) 호적등본　謄写(とうしゃ) 등사, 베낌

謄

베낄 **등**

中　N1

戸籍謄本(こせきとうほん)を取(と)りに行(い)きました。 호적등본을 떼러 갔습니다.

0450

음독 とう　葛藤(かっとう) 갈등

훈독 ふじ　藤(ふじ) 등나무　藤色(ふじいろ) 연보라　藤棚(ふじだな) 등나무 시렁

藤

등나무 **등**

中　N1

決断(けつだん)するまで、いろいろ葛藤(かっとう)しました。 결단하기까지 여러 가지로 갈등했습니다.

藤棚(ふじだな)の下(した)で弁当(べんとう)を食(た)べました。 등나무 시렁 밑에서 도시락을 먹었습니다.

0451

음독 **とう**

高騰(こうとう) 물건 값이 뛰어 오름　沸騰(ふっとう) 비등, 끓어오름
急騰(きゅうとう) 급등　暴騰(ぼうとう) 폭등

騰

오를 **등**

中　N1

果物(くだもの)の値段(ねだん)が高騰(こうとう)しています。 과일 값이 뛰어올랐습니다.

円(えん)が急騰(きゅうとう)しました。 엔이 급등했습니다.

0452

음독 **ら**

全裸(ぜんら) 전라　半裸(はんら) 반라　赤裸々(せきらら) 적나라　裸眼(らがん) 맨눈

훈독 **はだか**

裸(はだか) 알몸　丸裸(まるはだか) 맨몸, 알몸뚱이　素っ裸(すっぱだか) 알몸뚱이
예외 裸足(はだし) 맨발

벗을 **라**

中　N1

裸眼(らがん)で視力(しりょく)は1.5です。 맨눈으로 시력은 1.5입니다.

子(こ)どもが裸(はだか)で遊(あそ)んでいます。 아이가 알몸으로 놀고 있습니다.

0453

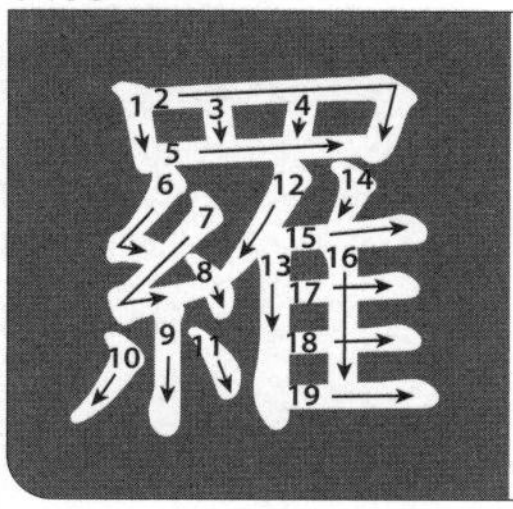

음독 **ら**

羅針盤(らしんばん) 나침반　羅列(られつ) 나열
網羅(もうら) 망라(널리 받아들여 모두 포함함)　一張羅(いっちょうら) 단벌옷

늘어설/포괄할 **라**

中　N1

このカーナビは日本(にほん)の道路(どうろ)を網羅(もうら)しています。
이 자동차 내비게이션은 일본 도로를 망라하고 있습니다.

このワンピースは私(わたし)の一張羅(いっちょうら)です。 이 원피스는 나의 단벌옷입니다.

0454

음독 **らく**

楽園(らくえん) 낙원　楽々(らくらく) 편안히, 넉넉히

がく

音楽(おんがく) 음악　声楽(せいがく) 성악

훈독 **たの**しい

楽しい(たのしい) 즐겁다

たのしむ

楽しむ(たのしむ) 즐기다　楽しみ(たのしみ) 즐거움, 기대

樂

즐길 **락**/노래 **악**

小2　N3

弟(おとうと)は声楽(せいがく)を専攻(せんこう)しています。 남동생은 성악을 전공하고 있습니다.

海外旅行(かいがいりょこう)は楽(たの)しかったです。 해외여행은 즐거웠습니다.

ㄹ

0455

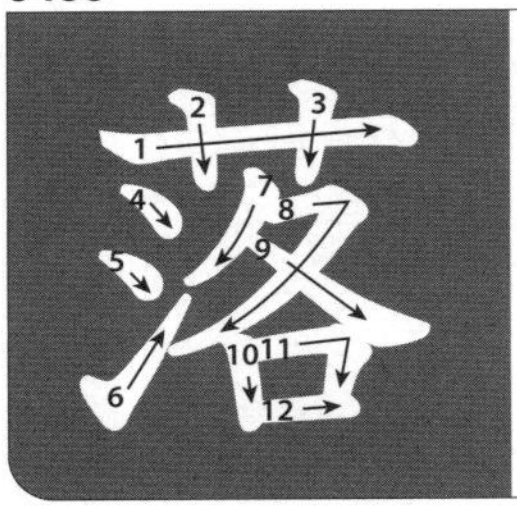

음독 らく　落下(らっか) 낙하　落第(らくだい) 낙제　落書き(らくがき) 낙서　転落(てんらく) 전락　下落(げらく) 하락

훈독 おちる　落ちる(おちる) 떨어지다　落ち葉(おちば) 낙엽

おとす　落とす(おとす) 떨어뜨리다　落とし物(おとしもの) 분실물, 빠뜨린 물건

특이 お洒落(おしゃれ) 멋짐, 세련됨

落

떨어질 **락**

小3 N2

机(つくえ)に落書き(らくがき)をしないでください。 책상에 낙서를 하지 마세요.

落(お)とし物(もの)を交番(こうばん)に届(とど)けました。 분실물을 파출소에 신고했습니다.

0456

음독 らく　連絡(れんらく) 연락　短絡(たんらく) 단락　脈絡(みゃくらく) 맥락　経絡(けいらく) 경락, 맥락

훈독 からむ　絡む(からむ) 얽히다, 휘감기다

からまる　絡まる(からまる) 얽히다

からめる　絡める(からめる) 얽다, 가루 같은 것을 고루 묻히다

이을/얽을 **락**

中 N2

会議(かいぎ)の結果(けっか)を電話(でんわ)で連絡(れんらく)します。 회의 결과를 전화로 연락합니다.

団子(だんご)にあんこを絡(から)めます。 경단에 팥소를 묻힙니다.

0457

음독 らく　酪農(らくのう) 낙농　酪農家(らくのうか) 낙농가　乳酪(にゅうらく) 버터·치즈 등의 낙농품

쇠젖 **락**

中 N1

酪農家(らくのうか)の仕事(しごと)は大変(たいへん)です。 낙농가 일은 힘듭니다.

0458

음독 らん　卵白(らんぱく) 흰자　卵黄(らんおう) 노른자　産卵(さんらん) 산란　鶏卵(けいらん) 계란, 달걀

훈독 たまご　卵(たまご) 알, 계란　生卵(なまたまご) 날계란　ゆで卵(たまご) 삶은 계란

卵焼き(たまごやき) 계란말이

알 **란**

小6 N2

卵白(らんぱく)をあわ立(だ)てます。 흰자를 거품냅니다.

小麦粉(こむぎこ)に卵(たまご)を入(い)れます。 밀가루에 계란을 넣습니다.

0459

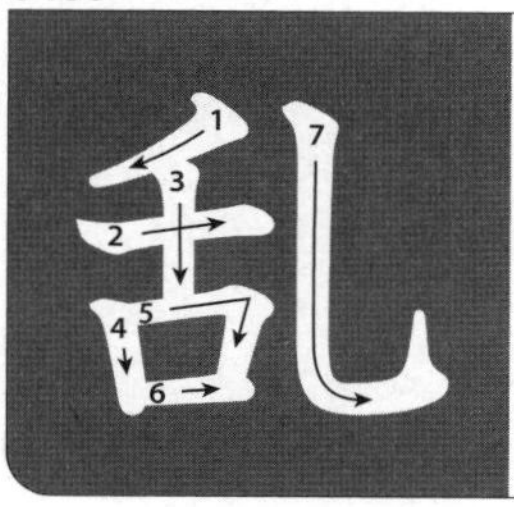

음독 らん　乱暴(らんぼう) 난폭함　乱入(らんにゅう) 난입　混乱(こんらん) 혼란　反乱(はんらん) 반란

훈독 みだれる　乱(みだ)れる 흐트러지다, 어지러워지다, 혼란해지다

みだす　乱(みだ)す 흩트리다, 어지르다, 혼란시키다

亂

어지러울 **란**

小6　N2

忙(いそが)しくて頭(あたま)が混乱(こんらん)しています。 바빠서 머리가 혼란스럽습니다.

風(かぜ)で髪(かみ)が乱(みだ)れました。 바람에 머리가 흐트러졌습니다.

0460

음독 らん　欄(らん) ①난간 ②난, 칸　欄干(らんかん) 난간　備考欄(びこうらん) 비고란　空欄(くうらん) 공란

欄

난간/난 **란**

中　N1

この欄(らん)に電話番号(でんわばんごう)を書(か)いてください。 이 칸에 전화번호를 써 주세요.

テストを空欄(くうらん)のまま提出(ていしゅつ)しました。 시험을 공란 그대로 제출했습니다.

0461

음독 らつ　辛辣(しんらつ) 신랄함　悪辣(あくらつ) 악랄함　辣腕(らつわん) 일을 처리하는 능력이 뛰어남　辣韮(らっきょう) 락교

매울 **랄**

中　급수 외

加藤(かとう)さんは辛辣(しんらつ)な言葉(ことば)で非難(ひなん)しました。 가토 씨는 신랄한 말로 비난했습니다.

お客(きゃく)さんが来(く)るので、辣腕(らつわん)を振(ふ)るって料理(りょうり)をしました。
손님이 오기 때문에 솜씨를 발휘해 요리를 했습니다.

0462

음독 らん　展覧会(てんらんかい) 전람회　観覧(かんらん) 관람　博覧会(はくらんかい) 박람회　閲覧(えつらん) 열람

覽

볼 **람**

小6　N1

週末(しゅうまつ)、展覧会(てんらんかい)に行(い)きました。 주말에 전람회에 갔습니다.

観覧車(かんらんしゃ)に乗(の)りましょう。 관람차를 탑시다.

ㄹ

0463

음독 **らん** 　晴嵐(せいらん) 상쾌한 바람

훈독 **あらし** 　嵐(あらし) 폭풍우　砂嵐(すなあらし) 모래폭풍　山嵐(やまあらし) 산에 부는 거센 바람

산바람 **람**

中 N1

嵐(あらし)で木(き)が倒(たお)れました。폭풍우로 나무가 쓰러졌습니다.

オーストラリアで大(おお)きな砂嵐(すなあらし)が起(お)こりました。호주에서 큰 모래폭풍이 일어났습니다.

0464

음독 **らん** 　濫用(らんよう) 남용　氾濫(はんらん) 범람　濫造(らんぞう) 남조(함부로 만듦)

넘칠/함부로 할 **람**

中 N1

これは権利濫用(けんりらんよう)の問題(もんだい)です。이것은 권리남용 문제입니다.

大雨(おおあめ)で川(かわ)が氾濫(はんらん)しました。큰 비로 강이 범람했습니다.

0465

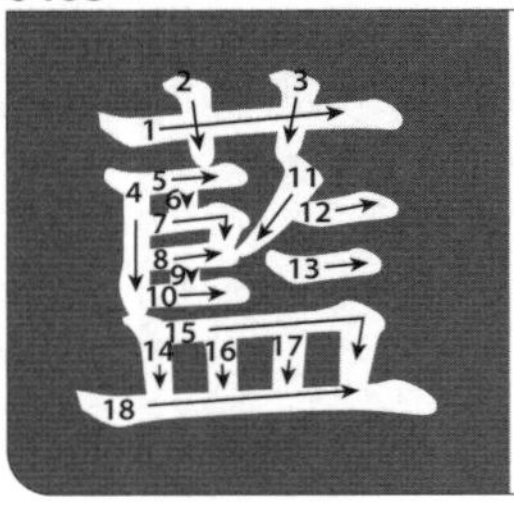

음독 **らん** 　伽藍(がらん) 가람(절의 큰 건물)

훈독 **あい** 　藍(あい) 쪽빛　藍色(あいいろ) 남색, 쪽빛　藍染め(あいぞめ) 남색으로 염색함

藍

쪽 **람**

中 N1

寺(てら)によって伽藍(がらん)の配置(はいち)が違(ちが)います。절에 따라 가람의 배치가 다릅니다.

藍染(あいぞ)めの浴衣(ゆかた)を着(き)ます。남색으로 염색된 유카타를 입습니다.

0466

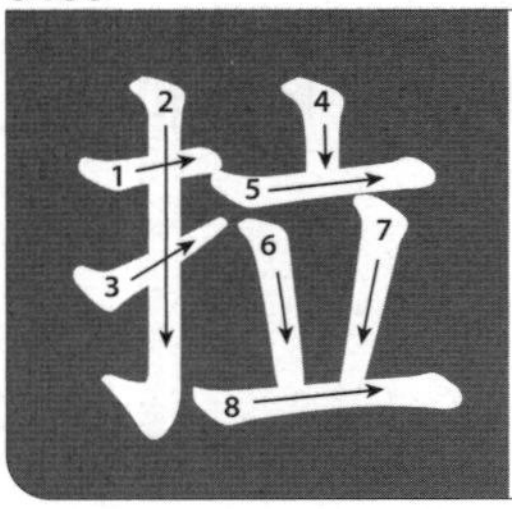

음독 **ら** 　拉致(らち) 납치(らっち로도 읽음)

끌고 갈 **랍**

中 급수 외

子(こ)どもを拉致(らち)した犯人(はんにん)がつかまりました。어린이를 납치한 범인이 잡혔습니다.

0467

음독 ろう　朗読(ろうどく) 낭독　朗報(ろうほう) 낭보, 좋은 소식　明朗(めいろう) 명랑함
朗朗(ろうろう) 낭랑함

훈독 ほがらか　朗(ほが)らか 명랑함

朗

밝을 **랑**

小6　N4

朗報(ろうほう)が届(とど)きました。좋은 소식이 도착했습니다.

朗(ほが)らかな性格(せいかく)の人(ひと)が好(す)きです。명랑한 성격의 사람을 좋아합니다.

0468

음독 ろう　新郎(しんろう) 신랑　野郎(やろう) 녀석　桃太郎(ももたろう) 모모타로

郎

사내 **랑**

中　급수 외

新郎新婦(しんろうしんぷ)が入場(にゅうじょう)します。신랑신부가 입장합니다.

子(こ)どもに『桃太郎(ももたろう)』の童話(どうわ)を聞(き)かせます。아이에게 『모모타로』 동화를 들려줍니다.

0469

음독 ろう　浪費(ろうひ) 낭비　浪人(ろうにん) ①부랑인 ②재수(생)　波浪(はろう) 물결, 파도
放浪(ほうろう) 방랑

물결/함부로/유랑할 **랑**

中　N1

電車(でんしゃ)に乗(の)り遅(おく)れて時間(じかん)を浪費(ろうひ)してしまいました。
전철을 놓쳐서 시간을 낭비해 버렸습니다.

大学(だいがく)に落(お)ちて浪人(ろうにん)しました。대학에 떨어져 재수했습니다.

0470

음독 ろう　廊下(ろうか) 복도　画廊(がろう) 화랑
回廊(かいろう) 회랑(건물이나 뜰을 빙둘러 낸 긴 복도)

廊

행랑/복도 **랑**

中　N1

廊下(ろうか)で先生(せんせい)にあいさつしました。복도에서 선생님께 인사했습니다.

仁寺洞(インサドン)の画廊(がろう)に行(い)きました。인사동의 화랑에 갔습니다.

ㄹ

0471

음독 **らい**　来月(らいげつ) 다음 달　来年(らいねん) 내년　未来(みらい) 미래　将来(しょうらい) 장래

훈독 **く**る　来(く)る 오다

きたる　来(きた)る 오다, 다가오다

きたす　来(きた)す 초래하다

來

올 **래**

小2　N5

キムさんは来月(らいげつ)、日本人(にほんじん)と結婚(けっこん)します。김 씨는 다음 달, 일본인과 결혼합니다.

ソウル行(ゆ)きの電車(でんしゃ)は何時(なんじ)に来(き)ますか。서울행 전철은 몇 시에 옵니까?

0472

음독 **れい**　冷蔵庫(れいぞうこ) 냉장고　冷凍(れいとう) 냉동　冷静(れいせい) 냉정함　寒冷(かんれい) 한랭

훈독 **つめ**たい　冷(つめ)たい 차갑다

ひえる　冷(ひ)える 식다, 차가워지다

ひや　お冷(ひ)や 찬물　冷(ひ)ややっこ 찬 두부요리

ひやす　冷(ひ)やす 식히다, 차게 하다

ひやかす　冷(ひ)やかす 놀리다, 희롱하다

さめる　冷(さ)める 식다

さます　冷(さ)ます 식히다

찰 **랭**

小4　N2

冷蔵庫(れいぞうこ)ですいかを冷(ひ)やします。냉장고에서 수박을 차게 합니다.

冷静(れいせい)に考(かんが)えてください。냉정하게 생각해 주세요.

冷(ひ)えたビールがとてもおいしいです。차가워진 맥주가 매우 맛있습니다.

熱(あつ)いので、よく冷(さ)まして食(た)べてください。뜨거우니 잘 식혀서 드세요.

0473

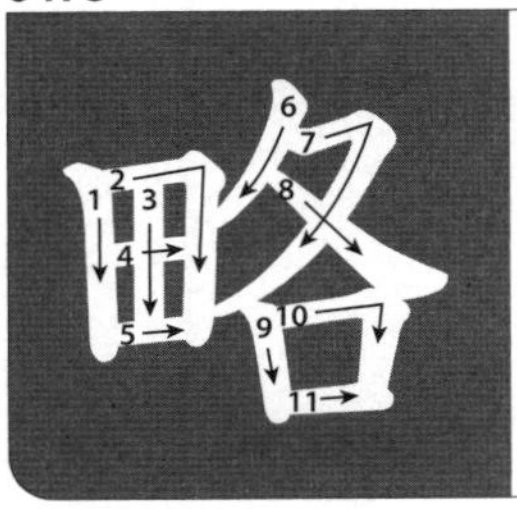

음독 **りゃく**　略図(りゃくず) 약도　略歴(りゃくれき) 약력　省略(しょうりゃく) 생략　侵略(しんりゃく) 침략

간략할/범할 **략**

小5　N2

お店(みせ)までの略図(りゃくず)を描(か)いてくれますか。가게까지의 약도를 그려 줄래요?

難(むずか)しい説明(せつめい)は省略(しょうりゃく)してください。어려운 설명은 생략해 주세요.

0474

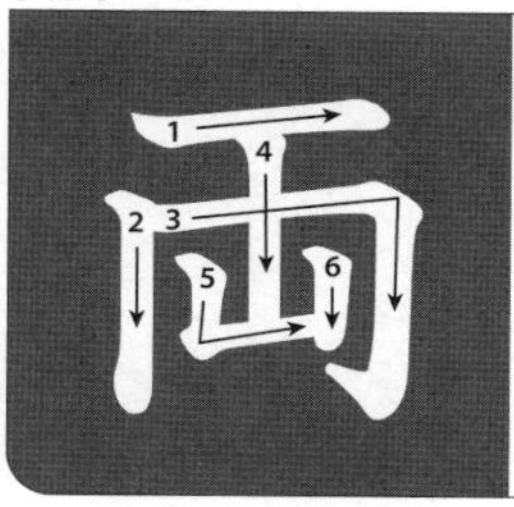

음독 **りょう**　両方(りょうほう) 양쪽, 쌍방　両手(りょうて) 양손　両親(りょうしん) 부모님　両替(りょうがえ) 환전

兩

두 **량**

小3　N2

両親(りょうしん)は田舎(いなか)で暮(く)らしています。 부모님은 시골에서 살고 있습니다.

ウォンを円(えん)に両替(りょうがえ)してください。 원을 엔으로 환전해 주세요.

0475

음독 **りょう**　良好(りょうこう) 양호함　良心(りょうしん) 양심　改良(かいりょう) 개량　不良(ふりょう) 불량

훈독 **よ**い　良(よ)い 좋다

어질/좋을 **량**

小4　N2

この製品(せいひん)は不良品(ふりょうひん)です。 이 제품은 불량품입니다.

今日(きょう)は天気(てんき)が良(よ)くて、暖(あたた)かいです。 오늘은 날씨가 좋고 따뜻합니다.

0476

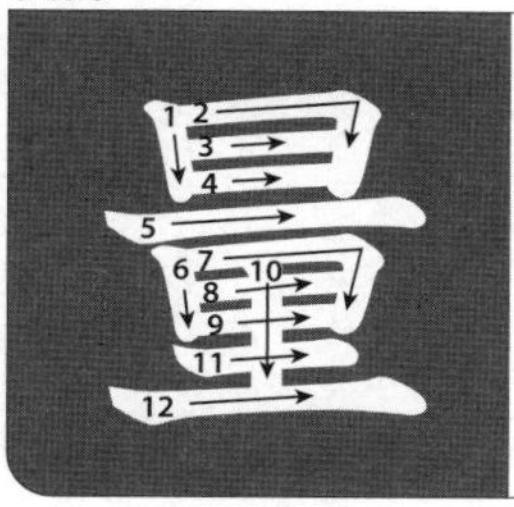

음독 **りょう**　量産(りょうさん) 대량생산　質量(しつりょう) 질량　測量(そくりょう) 측량　用量(ようりょう) 용량

훈독 **はか**る　量(はか)る (무게를) 재다, 달다

헤아릴 **량**

小4　N2

薬(くすり)を飲(の)むときは用量(ようりょう)を守(まも)ってください。 약을 먹을 때에는 용량을 지켜 주세요.

体重(たいじゅう)を量(はか)ってみました。 체중을 재 봤습니다.

Tip 0128 はかる 참조

0477

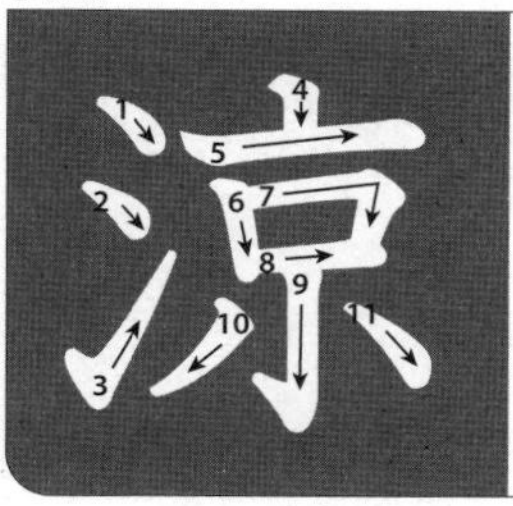

음독 **りょう**　涼風(りょうふう) 산들바람　納涼(のうりょう) 납량, 더위를 식힘　清涼(せいりょう) 청량함　荒涼(こうりょう) 황량함

훈독 **すず**しい　涼(すず)しい 선선하다, 시원하다

すずむ　涼(すず)む 시원한 바람을 쐬다

서늘할 **량**

中　N2

週末(しゅうまつ)に納涼花火祭(のうりょうはなびまつ)りが開(ひら)かれます。 주말에 납량불꽃축제가 열립니다.

木(き)の下(した)で涼(すず)みました。 나무 밑에서 시원한 바람을 쐬었습니다.

0478

음독 **りょう** 食糧(しょくりょう) 식량
ろう 兵糧(ひょうろう) 군량

훈독 **かて** 糧(かて) 양식, 식량

양식 **량**

中 N1

国際会議(こくさいかいぎ)で食糧問題(しょくりょうもんだい)を話(はな)し合(あ)いました。 국제회의에서 식량문제를 의논했습니다.

その日(ひ)働(はたら)いたお金(かね)で、その日の糧(かて)を得(え)ます。
그 날 일한 돈으로, 그 날의 식량을 얻습니다.

0479

음독 **りょ** 旅行(りょこう) 여행　旅館(りょかん) 여관　旅費(りょひ) 여비　旅客機(りょかくき) 여객기

훈독 **たび** 旅(たび) 여행　旅人(たびびと) 나그네, 여행자　一人旅(ひとりたび) 혼자 여행함
船旅(ふなたび) 배 여행

旅

나그네 **려**

小3 N3

夏休(なつやす)みにアメリカを旅行(りょこう)します。 여름 방학에 미국을 여행합니다.

学生(がくせい)の時(とき)に、ヨーロッパを一人旅(ひとりたび)しました。 학생 때 유럽을 혼자 여행했습니다.

0480

음독 **れい** 返戻(へんれい) 반환　返戻金(へんれいきん) 반환금

훈독 **もど**す 戻(もど)す 되돌리다, 돌려주다
もどる 戻(もど)る 되돌아가다, 되돌아오다

戻

돌려줄 **려**

中 N2

保険(ほけん)を解約(かいやく)して返戻金(へんれいきん)を受(う)け取(と)りました。 보험을 해약해서 반환금을 받았습니다.

留学(りゅうがく)した友(とも)だちが日本(にほん)に戻(もど)ってきました。 유학간 친구가 일본으로 되돌아왔습니다.

0481

음독 **ろ** 呂律(ろれつ) 말투, 말씨　風呂(ふろ) 목욕(탕), 욕조　風呂敷(ふろしき) 보자기
語呂(ごろ) 어조

음률 **려**

中 N1

お酒(さけ)を飲(の)みすぎて呂律(ろれつ)が回(まわ)りません。 술을 과음해서 혀가 꼬부라졌습니다.

ごはんを食(た)べてお風呂(ふろ)に入(はい)りました。 밥을 먹고 목욕을 했습니다.

0482

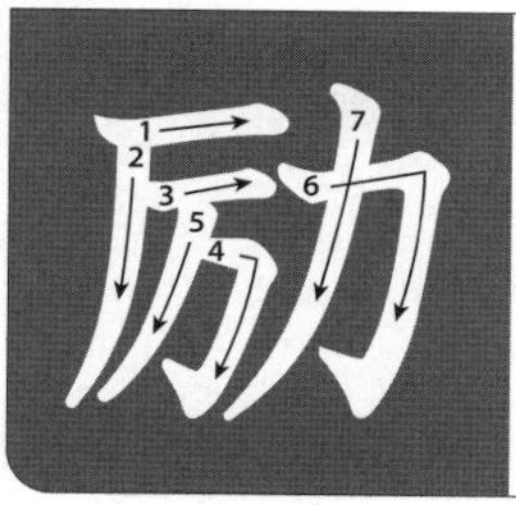

음독 **れい** 激励(げきれい) 격려 奨励(しょうれい) 장려 勉励(べんれい) 열심히 노력함 励行(れいこう) 힘써 행함

훈독 **はげ**む 励(はげ)む 힘쓰다, 노력하다

はげます 励(はげ)ます 격려하다

勵

힘쓸 **려**

中 N1

練習(れんしゅう)している選手(せんしゅ)たちを激励(げきれい)しました。 연습하고 있는 선수들을 격려했습니다.

テストがあるので勉強(べんきょう)に励(はげ)んでいます。 시험이 있기 때문에 공부에 힘쓰고 있습니다.

0483

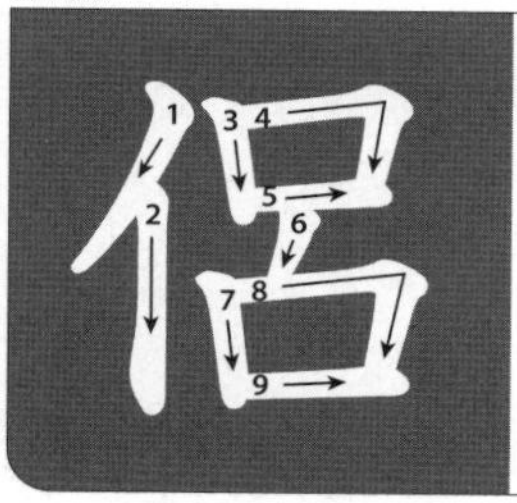

음독 **りょ** 伴侶(はんりょ) 반려, 동반자 僧侶(そうりょ) 승려, 중

짝 **려**

中 급수 외

生涯(しょうがい)の伴侶(はんりょ)に出会(であ)いました。 평생의 동반자를 만났습니다.

僧侶(そうりょ)が修行(しゅぎょう)をしています。 승려가 수행을 하고 있습니다.

0484

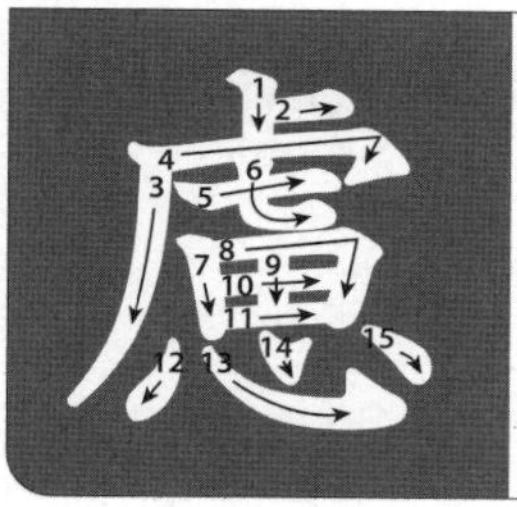

음독 **りょ** 考慮(こうりょ) 고려 遠慮(えんりょ) 사양, 삼감 配慮(はいりょ) 배려 熟慮(じゅくりょ) 숙려, 숙고

생각할 **려**

中 N1

遠慮(えんりょ)しないでもっと食(た)べてください。 사양 말고 더 드세요.

0485

음독 **れい** 綺麗(きれい) 예쁨 華麗(かれい) 화려함 秀麗(しゅうれい) 수려함

美辞麗句(びじれいく) 미사여구

훈독 **うるわ**しい 麗(うるわ)しい 아름답다, 곱다

고울 **려**

中 N1

華麗(かれい)な花(はな)が咲(さ)いています。 화려한 꽃이 피어 있습니다.

オペラ歌手(かしゅ)の麗(うるわ)しい歌声(うたごえ)を聴(き)きました。 오페라 가수의 아름다운 노랫소리를 들었습니다.

0486

음독 **りょく** 能力(のうりょく) 능력 努力(どりょく) 노력 学力(がくりょく) 학력 全力(ぜんりょく) 전력

りき 力説(りきせつ) 역설 力士(りきし) 씨름꾼, 장사

훈독 **ちから** 力(ちから) 힘 力持ち(ちからもち) 힘이 셈, 힘센 사람

힘 **력**

小1 N3

全力(ぜんりょく)を出(だ)して、がんばってください。 전력을 내서 힘내세요.

荷物(にもつ)を運(はこ)ぶ力(ちから)がありません。 짐을 옮길 힘이 없습니다.

0487

음독 **れき** 歴史(れきし) 역사 歴代(れきだい) 역대 学歴(がくれき) 학력 履歴(りれき) 이력

歷

지낼 **력**

小5 N2

この学校(がっこう)には深(ふか)い歴史(れきし)があります。 이 학교에는 깊은 역사가 있습니다.

履歴書(りれきしょ)を持(も)って、面接(めんせつ)に行(い)きます。 이력서를 들고 면접을 보러 갑니다.

0488

음독 **れき** 陰暦(いんれき) 음력 陽暦(ようれき) 양력 西暦(せいれき) 서력 旧暦(きゅうれき) 구력 還暦(かんれき) 환갑

훈독 **こよみ** 暦(こよみ) 달력

曆

책력 **력**

中 N1

今日(きょう)は陰暦(いんれき)の７月(がつ)７日(なのか)です。 오늘은 음력 7월 7일입니다.

暦(こよみ)の上(うえ)では、もう春(はる)です。 달력상으로는 벌써 봄입니다.

0489

음독 **れん** 練習(れんしゅう) 연습 訓練(くんれん) 훈련 試練(しれん) 시련 練炭(れんたん) 연탄

훈독 **ねる** 練(ね)る ①단련하다 ②반죽하다 ③짜다, 구상하다

練

익힐 **련**

小3 N2

午後(ごご)からピアノの練習(れんしゅう)があります。 오후부터 피아노 연습이 있습니다.

サッカー選手(せんしゅ)たちは作戦(さくせん)を練(ね)りました。 축구선수들은 작전을 짰습니다.

0490

음독 **れん** 連続(れんぞく) 연속　連休(れんきゅう) 연휴　関連(かんれん) 관련　国連(こくれん) 국제연합, UN

훈독 **つら**なる 連(つら)なる 나란히 늘어서 있다

つらねる 連(つら)ねる 줄지어 세우다, 늘어놓다

つれる 連(つ)れる 데리고 가다, 동반하다　子供連(こどもづ)れ 아이 동반

잇닿을 **련**

小4 N2

あしたから三連休(さんれんきゅう)です。내일부터 3일 연휴입니다.

犬(いぬ)を連(つ)れて買(か)い物(もの)に行(い)きました。개를 데리고 쇼핑하러 갔습니다.

0491

음독 **れん** 恋愛(れんあい) 연애　恋情(れんじょう) 연정　失恋(しつれん) 실연　悲恋(ひれん) 비련

훈독 **こ**う 恋(こ)う 그리워하다

こい 恋(こい) 사랑　恋人(こいびと) 연인, 애인　初恋(はつこい) 첫사랑

こいしい 恋(こい)しい 그립다

戀

그리워할 **련**

中 N2

失恋(しつれん)した友(とも)だちをなぐさめました。실연한 친구를 위로했습니다.

故郷(こきょう)が恋(こい)しいです。고향이 그립습니다.

0492

음독 **れん** 錬金術(れんきんじゅつ) 연금술　鍛錬(たんれん) 단련

精錬(せいれん) ①정련(불순물을 제거하여 순도를 높임) ②잘 훈련시킴

훈독 **ね**る 錬(ね)る ①쇠붙이를 달구다 ②단련하다

鍊

불릴/단련할 **련**

中 N1

トレーニングで心身(しんしん)を鍛錬(たんれん)します。트레이닝으로 심신을 단련합니다.

鉄(てつ)を錬(ね)って、車(くるま)の部品(ぶひん)を作(つく)ります。쇠를 달구어 차의 부품을 만듭니다.

0493

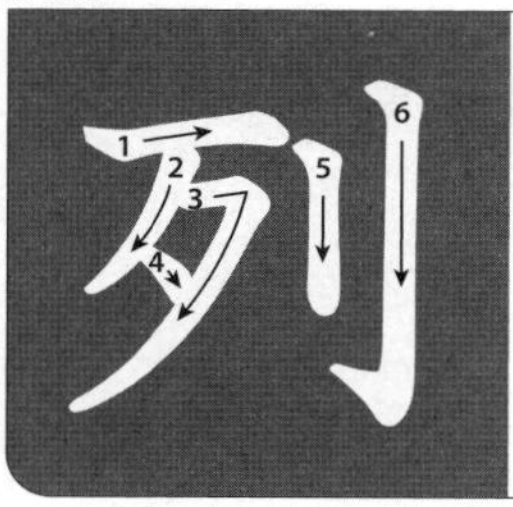

음독 **れつ** 列車(れっしゃ) 열차　列島(れっとう) 열도　行列(ぎょうれつ) 행렬　整列(せいれつ) 정렬

늘어설 **렬**

小3 N2

ラーメンのお店(みせ)に長(なが)い行列(ぎょうれつ)ができています。라면가게에 긴 행렬이 생겼습니다.

子(こ)どもたちが運動場(うんどうじょう)に整列(せいれつ)しています。아이들이 운동장에 정렬해 있습니다.

0494

음독 れつ　劣等(れっとう) 열등　劣勢(れっせい) 열세　優劣(ゆうれつ) 우열　卑劣(ひれつ) 비열함

훈독 おとる　劣(おと)る (가치·능력·수량 등이) 떨어지다, 뒤지다

못할 **렬**

中 N1

試合(しあい)はブラジルチームが劣勢(れっせい)でした。시합은 브라질팀이 열세였습니다.

このデジカメはあのデジカメより性能(せいのう)が劣(おと)ります。
이 디지털카메라는 저 디지털카메라보다 성능이 떨어집니다.

0495

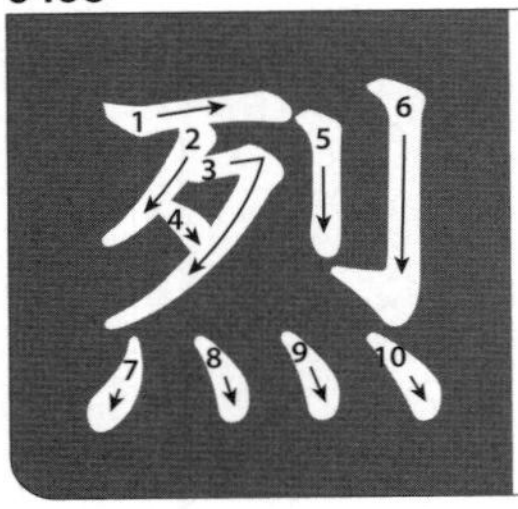

음독 れつ　烈火(れっか) 열화　強烈(きょうれつ) 강렬함　激烈(げきれつ) 격렬함　熾烈(しれつ) 치열함

매울/세찰 **렬**

中 N1

強烈(きょうれつ)な日差(ひざ)しがまぶしいです。강렬한 햇빛이 눈부십니다.

熾烈(しれつ)な競争(きょうそう)を経(へ)て、大学(だいがく)に入学(にゅうがく)しました。치열한 경쟁을 거쳐 대학에 입학했습니다.

0496

음독 れつ　破裂(はれつ) 파열　分裂(ぶんれつ) 분열　決裂(けつれつ) 결렬
支離滅裂(しりめつれつ) 지리멸렬(갈가리 찢기어 갈피를 잡을 수 없이 됨)

훈독 さく　裂(さ)く 찢다
さける　裂(さ)ける 찢어지다

찢을 **렬**

中 N1

交渉(こうしょう)は決裂(けつれつ)しました。교섭은 결렬되었습니다.

イカを裂(さ)いて食(た)べました。오징어를 찢어서 먹었습니다.

0497

음독 れん　廉価(れんか) 염가　廉価版(れんかばん) 염가판　廉売品(れんばいひん) 염가 판매품
破廉恥(はれんち) 파렴치함

廉

값쌀/염치 **렴**

中 N1

質(しつ)のよい廉価版(れんかばん)のパソコンを買(か)いました。질 좋은 염가판 컴퓨터를 샀습니다.

デパートで廉売品(れんばいひん)を売(う)っています。백화점에서 염가 판매품을 팔고 있습니다.

0498

음독 **りょう** 猟師(りょうし) 사냥꾼 猟犬(りょうけん) 사냥개 狩猟(しゅりょう) 수렵 密猟(みつりょう) 밀렵

獵

사냥 **렵**

中 N1

猟犬(りょうけん)がイノシシを追(お)いました。 사냥개가 멧돼지를 뒤쫓았습니다.

密猟(みつりょう)を取(と)り締(し)まります。 밀렵을 단속합니다.

0499

음독 **れい** 命令(めいれい) 명령 指令(しれい) 지령 号令(ごうれい) 구령 令嬢(れいじょう) 따님

명령할/아름다울 **령**

小4 N2

上司(じょうし)の命令(めいれい)に従(したが)わなければなりません。 상사의 명령에 따라야 합니다.

学生(がくせい)たちが号令(ごうれい)に合(あ)わせて体操(たいそう)をします。 학생들이 구령에 맞추어 체조를 합니다.

0500

음독 **りょう** 領土(りょうど) 영토 領収書(りょうしゅうしょ) 영수증 受領(じゅりょう) 수령 大統領(だいとうりょう) 대통령

다스릴/받을 **령**

小5 N2

領収書(りょうしゅうしょ)は必要(ひつよう)ですか。 영수증은 필요합니까?

来月(らいげつ)、大統領選挙(だいとうりょうせんきょ)があります。 다음 달에 대통령선거가 있습니다.

Tip 수령

受領(じゅりょう) 돈이나 물품 등을 받음

会費(かいひ)を受領(じゅりょう)する。 회비를 수령하다.

首領(しゅりょう) 한 당파나 무리의 우두머리

強盗団(ごうとうだん)の首領(しゅりょう)を逮捕(たいほ)する。 강도단의 우두머리를 체포하다.

0501

음독 れい　土鈴(どれい) 토령(흙으로 만든 방울)　銀鈴(ぎんれい) 은방울

りん　呼び鈴(よびりん) 초인종　風鈴(ふうりん) 풍령, 풍경

훈독 すず　鈴(すず) 방울　鈴虫(すずむし) 방울벌레

방울 **령**

中　N1

風鈴(ふうりん)の音(おと)が聞(き)こえます。풍경소리가 들립니다.

鈴虫(すずむし)が鳴(な)いています。방울벌레가 울고 있습니다.

0502

음독 れい　零細(れいさい) 영세함　零落(れいらく) 몰락　零時(れいじ) 0시　零度(れいど) 0도

떨어질/영 **령**

中　N2

父(ちち)の会社(かいしゃ)は零細企業(れいさいきぎょう)です。아버지 회사는 영세기업입니다.

午前零時(ごぜんれいじ)を過(す)ぎました。오전 0시가 지났습니다.

0503

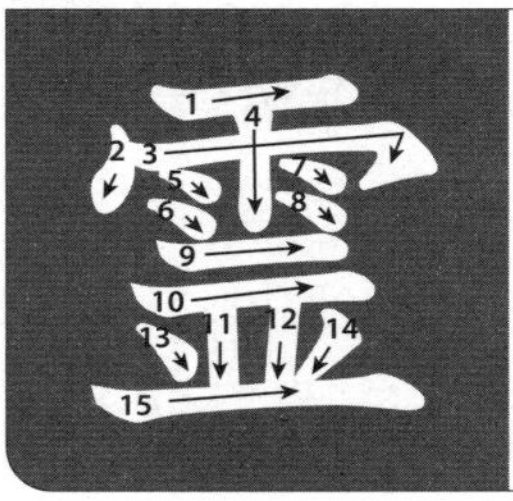

음독 れい　霊魂(れいこん) 영혼　霊安室(れいあんしつ) 영안실　幽霊(ゆうれい) 유령

りょう　悪霊(あくりょう) 악령, 귀신

훈독 たま　言霊(ことだま) 말이 지닌 영력　木霊(こだま) 나무의 정령

靈

신령 **령**

中　N1

ここは幽霊(ゆうれい)が出(で)るという噂(うわさ)があります。여기는 유령이 나온다는 소문이 있습니다.

昔(むかし)の人(ひと)は言霊(ことだま)の力(ちから)を信(しん)じました。옛날 사람은 말이 지닌 영력의 힘을 믿었습니다.

Tip 幽霊

幽霊(ゆうれい)◯◯ 유령○○(실제로는 없는 것을 마치 있는 것처럼 말할 때 쓰임)

幽霊会社(ゆうれいがいしゃ) 유령회사　幽霊部員(ゆうれいぶいん) 유령부원　幽霊人口(ゆうれいじんこう) 유령인구

0504

음독 れい　年齢(ねんれい) 연령　高齢(こうれい) 고령　樹齢(じゅれい) 수령(수목의 연령)　適齢(てきれい) 적령

齡

나이 **령**

中　N2

高齢(こうれい)の両親(りょうしん)の世話(せわ)をします。 고령의 부모님을 보살핍니다.

樹齢(じゅれい)300年(ねん)の木(き)が立(た)っています。 수령 300년인 나무가 서 있습니다.

0505

음독 れい　礼儀(れいぎ) 예의　礼服(れいふく) 예복　失礼(しつれい) 실례　敬礼(けいれい) 경례

らい　礼賛(らいさん) 예찬

禮

예도 **례**

小3　N2

キムさんはいつも礼儀正(れいぎただ)しいです。 김 씨는 항상 예의 바릅니다.

今日(きょう)は、これで失礼(しつれい)します。 오늘은 이만 실례하겠습니다.

0506

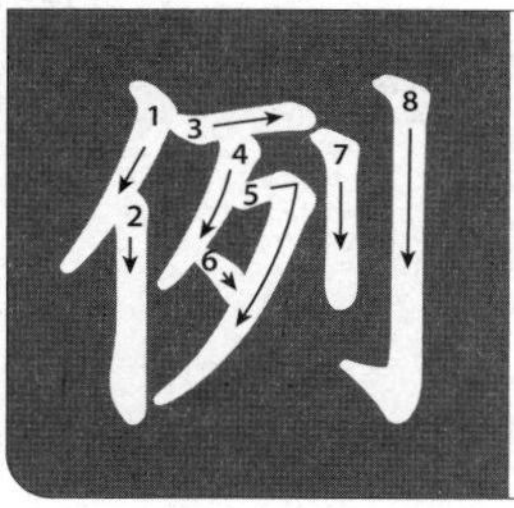

음독 れい　例示(れいじ) 예시　例年(れいねん) 예년　実例(じつれい) 실례　通例(つうれい) 통례, 관례

훈독 たとえる　例(たと)える 예를 들다, 비유하다　例(たと)えば 예를 들면

예/관례 **례**

小4　N2

今年(ことし)は例年(れいねん)より寒(さむ)いです。 올해는 예년보다 춥습니다.

面接(めんせつ)の準備(じゅんび)は、例(たと)えば、どんなことをしますか。
면접 준비는, 예를 들면 어떤 것을 합니까?

0507

음독 れい　隷属(れいぞく) 예속　隷書(れいしょ) 예서(한자 팔체서의 한 가지)　奴隷(どれい) 노예

종 **례**

中　N1

インドはイギリスに隷属(れいぞく)していました。 인도는 영국에 예속되어 있었습니다.

隷書(れいしょ)の練習(れんしゅう)をしました。 예서(체) 연습을 했습니다.

ㄹ

0508

음독 ろ　道路(どうろ) 도로　進路(しんろ) 진로　路上(ろじょう) ①노상, 길바닥 ②가는 도중　路面(ろめん) 노면

훈독 じ　家路(いえじ) 귀로, 귀갓길　旅路(たびじ) 여로, 여행길

길 **로**

小3 N2

卒業後(そつぎょうご)の進路(しんろ)はどうしますか。 졸업후의 진로는 어떻게 할 겁니까?

雨(あめ)が降(ふ)ってきたので家路(いえじ)を急(いそ)ぎました。 비가 내려서 귀갓길을 서둘렀습니다.

0509

음독 ろう　老人(ろうじん) 노인　老後(ろうご) 노후　長老(ちょうろう) 장로　敬老(けいろう) 경로

훈독 おいる　老(お)いる 늙다, 나이를 먹다

ふける　老(ふ)ける 늙다, 나이를 먹다

늙을 **로**

小4 N2

9月(がつ)の第(だい)3日曜日(にちようび)は「敬老(けいろう)の日(ひ)」です。 9월의 셋째 주 일요일은 '경로의 날'입니다.

池田(いけだ)さんは年(とし)より老(ふ)けて見(み)えます。 이케다 씨는 나이보다 늙어 보입니다.

Tip 0119 ふける 参조

0510

음독 ろう　労力(ろうりょく) ①노력, 수고 ②노동력　労働(ろうどう) 노동　過労(かろう) 과로　疲労(ひろう) 피로

勞

일할 **로**

小4 N2

過労(かろう)で倒(たお)れてしまいました。 과로로 쓰러지고 말았습니다.

疲労回復(ひろうかいふく)にはドリンクがいいです。 피로 회복에는 드링크가 좋습니다.

0511

음독 ろ　暖炉(だんろ) 난로　炉端(ろばた) 화롯가　高炉(こうろ) 고로, 용광로　原子炉(げんしろ) 원자로

爐

화로 **로**

中 N1

暖炉(だんろ)の前(まえ)で温(あたた)まりました。 난로 앞에서 몸을 녹였습니다.

原子炉(げんしろ)に核燃料(かくねんりょう)を入(い)れます。 원자로에 핵연료를 넣습니다.

0512

음독 りょ　捕虜(ほりょ) 포로　俘虜(ふりょ) 포로

훈독 とりこ　虜(とりこ) 포로

사로잡을 **로**

中　N1

捕虜(ほりょ)を人道的(じんどうてき)に扱(あつか)います。포로를 인도적으로 대합니다.

一目(ひとめ)で韓流(はんりゅう)スターの虜(とりこ)になりました。한눈에 한류스타의 팬이 되었습니다.

0513

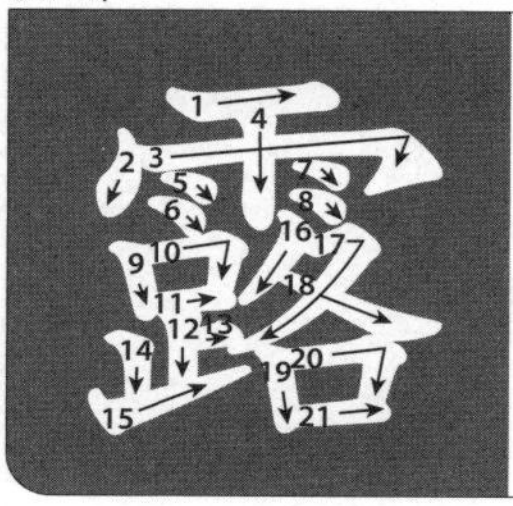

음독 ろ　露店(ろてん) 노점　露出(ろしゅつ) 노출　暴露(ばくろ) 폭로

ろう　披露(ひろう) 피로, 공개함　披露宴(ひろうえん) 피로연

훈독 つゆ　露(つゆ) 이슬

이슬/드러날 **로**

中　N1

露店(ろてん)でやきいもを買(か)いました。노점에서 군고구마를 샀습니다.

露(つゆ)で服(ふく)が濡(ぬ)れてしまいました。이슬로 옷이 젖어 버렸습니다.

0514

음독 りょく　緑茶(りょくちゃ) 녹차　緑地(りょくち) 녹지　緑化(りょっか) 녹화(산이나 들을 푸르게 함)

新緑(しんりょく) 신록

ろく　緑青(ろくしょう) 녹청(구리에 생기는 녹색의 녹)

훈독 みどり　緑(みどり) 녹색, 초록

綠

푸를 **록**

小3　N2

5月(がつ)を新緑(しんりょく)の季節(きせつ)といいます。5월을 신록의 계절이라고 말합니다.

緑(みどり)の野菜(やさい)を充分(じゅうぶん)とってください。녹색 채소를 충분히 섭취해 주세요.

0515

음독 ろく　馴鹿(じゅんろく) 순록

훈독 しか　鹿(しか) 사슴

か　馬鹿(ばか) 바보　鹿児島県(かごしまけん) 가고시마현

사슴 **록**

小4　N1

トナカイは漢語(かんご)で「馴鹿(じゅんろく)」といいます。순록은 한어로 「馴鹿」라고 합니다.

鹿(しか)が草(くさ)を食(た)べています。사슴이 풀을 먹고 있습니다.

0516

음독 ろく　録音(ろくおん) 녹음　録画(ろくが) 녹화　記録(きろく) 기록　目録(もくろく) 목록

錄

기록할 록

小4　N2

オリンピックの競技(きょうぎ)を録画(ろくが)します。 올림픽 경기를 녹화합니다.

会議(かいぎ)の内容(ないよう)を記録(きろく)します。 회의 내용을 기록합니다.

0517

음독 ろく　山麓(さんろく) 산록, 산기슭

훈독 ふもと　麓(ふもと) 산기슭

산기슭 록

中　급수 외

富士山(ふじさん)の山麓(さんろく)には湖(みずうみ)があります。 후지산의 산기슭에는 호수가 있습니다.

麓(ふもと)から頂上(ちょうじょう)まで３時間(じかん)かかります。 산기슭에서 정상까지 3시간 걸립니다.

0518

음독 ろん　論文(ろんぶん) 논문　論述(ろんじゅつ) 논술　反論(はんろん) 반론　結論(けつろん) 결론

논할 론

小6　N2

論文(ろんぶん)を書(か)かなければなりません。 논문을 쓰지 않으면 안 됩니다.

結論(けつろん)の部分(ぶぶん)があいまいです。 결론 부분이 애매합니다.

0519

음독 ろう　愚弄(ぐろう) 우롱　嘲弄(ちょうろう) 조롱　翻弄(ほんろう) 농락함

훈독 もてあそぶ　弄(もてあそ)ぶ ①가지고 놀다 ②심심풀이로 즐기다 ③농락하다

희롱할 롱

中　급수 외

船(ふね)が波(なみ)に翻弄(ほんろう)されています。 배가 파도에 휩쓸리고 있습니다.

政治(せいじ)を弄(もてあそ)んではいけません。 정치를 농락해서는 안 됩니다.

0520

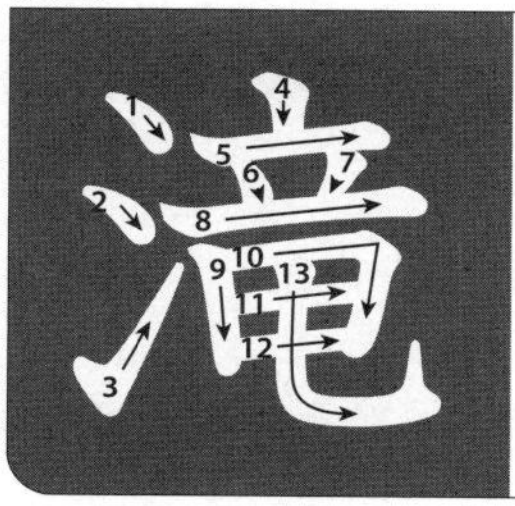

훈독 **たき**　滝(たき) 폭포　滝壺(たきつぼ) 용소(폭포 밑의 웅덩이)

瀧

비 올 **롱**

中　N1

ナイアガラの滝(たき)を観光(かんこう)しました。 나이아가라 폭포를 관광했습니다.

滝壺(たきつぼ)はとても深(ふか)いです。 폭포 밑 웅덩이는 굉장히 깊습니다.

0521

음독 **ろう**　籠城(ろうじょう) 농성　灯籠(とうろう) 등롱

훈독 **かご**　籠(かご) 바구니

こもる　籠(こ)もる 틀어박히다

대바구니/틀어박힐 **롱**

中　N1

労働組合(ろうどうくみあい)は籠城作戦(ろうじょうさくせん)に出(で)ました。 노동조합은 농성작전으로 나왔습니다.

籠(かご)には果物(くだもの)が入(はい)っています。 바구니에는 과일이 들어 있습니다.

Tip 이 한자는 篭로도 쓰임

0522

음독 **らい**　雷鳴(らいめい) 천둥소리　雷雨(らいう) 뇌우　地雷(じらい) 지뢰　落雷(らくらい) 낙뢰

훈독 **かみなり**　雷(かみなり) 천둥

우레 **뢰**

中　N1

遠(とお)くから雷鳴(らいめい)が聞(き)こえます。 멀리서 천둥소리가 들립니다.

うちの子(こ)どもは雷(かみなり)を怖(こわ)がります。 우리 아이는 천둥을 무서워합니다.

0523

음독 **ろ**　賄賂(わいろ) 뇌물

훈독 **まいない**　賂(まいない) 뇌물

뇌물 **뢰**

中　급수 외

市長(しちょう)が賄賂(わいろ)を受(う)け取(と)ったそうです。 시장이 뇌물을 받았다고 합니다.

賂(まいない)と賄賂(わいろ)は同(おな)じ意味(いみ)です。「賂」와「賄賂」는 같은 의미입니다.

ㄹ

0524

음독 **らい**　**依頼**(いらい) 의뢰　**信頼**(しんらい) 신뢰

훈독 **たのむ**　**頼む**(たのむ) 부탁하다

たのもしい　**頼もしい**(たのもしい) 믿음직하다

たよる　**頼る**(たよる) 의지하다

頼

의뢰할/의지할 **뢰**

中　N2

パソコンの修理(しゅうり)を依頼(いらい)しました。 컴퓨터 수리를 의뢰했습니다.

部下(ぶか)にコーヒーを頼(たの)みました。 부하에게 커피를 부탁했습니다.

0525

훈독 **せ**　**浅瀬**(あさせ) 여울, (강, 바다 등의) 얕은 곳　**瀬戸際**(せとぎわ) 운명의 갈림길　**瀬戸物**(せともの) 도자기　**年の瀬**(としのせ) 연말

瀬

여울 **뢰**

中　N1

川(かわ)の浅瀬(あさせ)で泳(およ)ぎました。 강여울에서 헤엄쳤습니다.

私(わたし)は今(いま)、運命(うんめい)の瀬戸際(せとぎわ)に立(た)っています。 나는 지금, 운명의 갈림길에 서 있습니다.

0526

음독 **りょう**　**料理**(りょうり) 요리　**料金**(りょうきん) 요금　**無料**(むりょう) 무료　**材料**(ざいりょう) 재료　**史料**(しりょう) 사료(역사 연구의 자료)

헤아릴/값 **료**

小4　N3

母(はは)は料理(りょうり)が上手(じょうず)です。 엄마는 요리를 잘합니다.

夕食(ゆうしょく)の材料(ざいりょう)を買(か)いに行(い)きます。 저녁 재료를 사러 갑니다.

Tip 사료

史料(しりょう) 역사 자료

史料(しりょう)で歴史(れきし)を研究(けんきゅう)する。

사료로 역사를 연구하다.

飼料(しりょう) 동물 먹이

牛(うし)に飼料(しりょう)を与(あた)える。

소에게 사료를 주다.

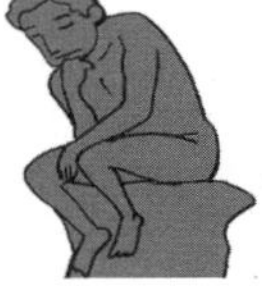

思料(しりょう) 생각

いろいろなことを思料(しりょう)する。

여러 가지 사항을 생각하다.

0527

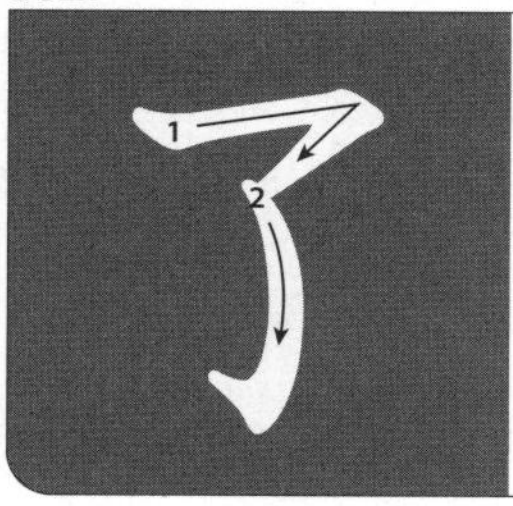

음독 **りょう**　**了解**(りょうかい) 양해, 잘 이해함　**了承**(りょうしょう) 승낙　**修了**(しゅうりょう) 수료　**完了**(かんりょう) 완료

마칠 **료**

中　N2

今年(ことし)、博士課程(はくしかてい)を修了(しゅうりょう)しました。 올해 박사과정을 수료했습니다.

挙式(きょしき)の準備(じゅんび)が完了(かんりょう)しました。 결혼식을 올릴 준비가 완료되었습니다.

0528

음독 **りょう**　**同僚**(どうりょう) 동료　**閣僚**(かくりょう) 각료　**官僚**(かんりょう) 관료　**幕僚**(ばくりょう) 막료, 참모 장교

동료/관리 **료**

中　N1

同僚(どうりょう)と居酒屋(いざかや)でやきとりを食(た)べました。 동료와 술집에서 닭꼬치를 먹었습니다.

閣僚(かくりょう)が集(あつ)まって会議(かいぎ)を開(ひら)きました。 각료가 모여서 회의를 열었습니다.

0529

음독 **りょう**　**寮**(りょう) 기숙사　**寮生**(りょうせい) 기숙생　**独身寮**(どくしんりょう) 독신 기숙사

작은 집 **료**

中　N1

寮(りょう)から学校(がっこう)に通(かよ)っています。 기숙사에서 학교를 다니고 있습니다.

会社(かいしゃ)の独身寮(どくしんりょう)に入(はい)りました。 회사의 독신 기숙사에 들어갔습니다.

0530

음독 **りょう**　**治療**(ちりょう) 치료　**診療**(しんりょう) 진료　**医療**(いりょう) 의료　**療養**(りょうよう) 요양

병 고칠 **료**

中　N2

午後(ごご)の診療(しんりょう)は2時(じ)からです。 오후 진료는 2시부터입니다.

医療(いりょう)がとても発達(はったつ)しました。 의료가 매우 발달했습니다.

0531

음독 りょう　明瞭(めいりょう) 명료함　不明瞭(ふめいりょう) 불명료함, 분명하지 않음

분명할 료

中　급수 외

ビクトリアさんの発音(はつおん)は明瞭(めいりょう)で分(わ)かりやすいです。
빅토리아 씨의 발음은 명료해서 이해하기 쉽습니다.

その事件(じけん)は不明瞭(ふめいりょう)な点(てん)が多(おお)いです。 그 사건은 불명료한 점이 많습니다.

0532

음독 りゅう　竜(りゅう) 용　竜頭蛇尾(りゅうとうだび) 용두사미　恐竜(きょうりゅう) 공룡

훈독 たつ　竜(たつ) 용　竜巻(たつまき) 회오리바람

龍

용 룡

中　N1

博物館(はくぶつかん)で恐竜(きょうりゅう)の骨(ほね)を見(み)ました。 박물관에서 공룡의 뼈를 봤습니다.

竜巻(たつまき)で大(おお)きな被害(ひがい)が出(で)ました。 회오리바람으로 큰 피해가 났습니다.

0533

음독 るい　涙腺(るいせん) 눈물샘　催涙(さいるい) 최루

훈독 なみだ　涙(なみだ) 눈물　涙声(なみだごえ) 울음 섞인 목소리　うれし涙(なみだ) 기쁨의 눈물
悔(くや)し涙(なみだ) 분해서 흘리는 눈물

淚

눈물 루

中　N2

夜(よる)の道(みち)が怖(こわ)いので催涙(さいるい)スプレーを持(も)っています。
밤길이 무서워서 최루스프레이를 가지고 있습니다.

悲(かな)しくて涙(なみだ)が止(と)まりません。 슬퍼서 눈물이 멈추지 않습니다.

0534

음독 るい　累積(るいせき) 누적　累乗(るいじょう) 거듭제곱　累計(るいけい) 누계
累増(るいぞう) 누증, 자꾸 늘어남

여러/자주 루

中　N1

累積赤字(るいせきあかじ)がさらに増(ふ)えました。 누적 적자가 더욱 늘었습니다.

今月(こんげつ)の支出(ししゅつ)の累計(るいけい)を出(だ)します。 이달의 지출 누계를 냅니다.

0535

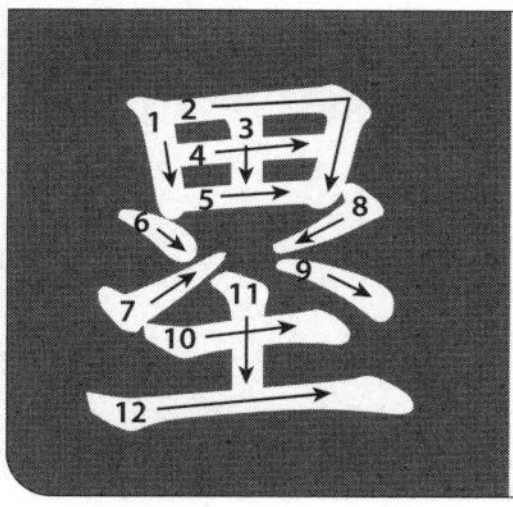

음독 るい

満塁(まんるい) 만루　盗塁(とうるい) 도루　一塁(いちるい) 1루
塁審(るいしん) 누심(야구의 각 루에서 판정을 담당하는 심판)

壘

보루 **루**

中　N1

四番打者(よばんだしゃ)が満塁(まんるい)ホームランを打(う)ちました。4번타자가 만루홈런을 쳤습니다.

一塁(いちるい)から二塁(にるい)に盗塁(とうるい)しました。1루에서 2루로 도루했습니다.

0536

음독 ろう

楼門(ろうもん) 2층으로 된 문　蜃気楼(しんきろう) 신기루
摩天楼(まてんろう) 마천루, 높은 건물

樓

다락 **루**

中　N1

海(うみ)で蜃気楼(しんきろう)が見(み)えました。바다에서 신기루가 보였습니다.

ニューヨークは摩天楼(まてんろう)の都市(とし)です。뉴욕은 마천루의 도시입니다.

0537

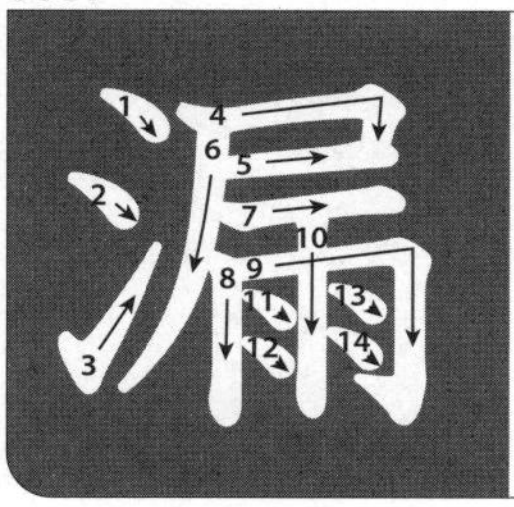

음독 ろう

漏水(ろうすい) 누수　漏電(ろうでん) 누전　漏斗(ろうと) 깔때기

훈독 もる

漏(も)る 새다　雨漏(あまも)り 빗물이 샘

もれる

漏(も)れる ①새다 ②누설되다

もらす

漏(も)らす ①새게 하다 ②누설하다

샐 **루**

中　급수 외

漏電(ろうでん)には充分注意(じゅうぶんちゅうい)してください。누전에는 충분히 주의해 주세요.

小林(こばやし)さんが私(わたし)の秘密(ひみつ)を漏(も)らしました。고바야시 씨가 나의 비밀을 누설했습니다.

0538

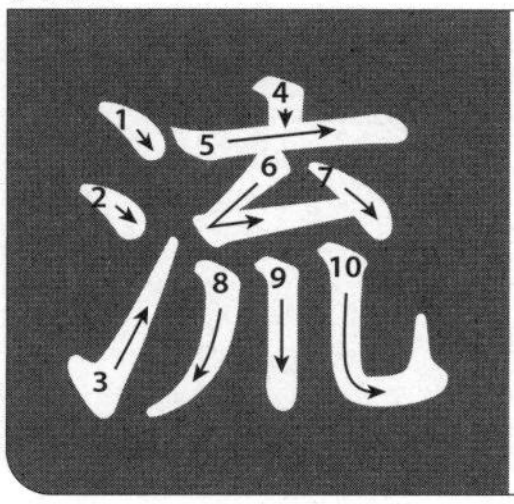

음독 りゅう

流行(りゅうこう) 유행　流通(りゅうつう) 유통　交流(こうりゅう) 교류　一流(いちりゅう) 일류

る

流布(るふ) 유포

훈독 ながれる

流(なが)れる 흐르다, 흘러가다

ながす

流(なが)す 흘리다, 흐르게 하다

흐를 **류**

小3　N2

日本(にほん)にある大学(だいがく)と交流(こうりゅう)しています。일본에 있는 대학교와 교류하고 있습니다.

運動(うんどう)をして汗(あせ)を流(なが)すと気持(きも)ちいいです。운동을 해서 땀을 흘리면 기분 좋습니다.

0539

음독	るい	書類(しょるい) 서류　種類(しゅるい) 종류　人類(じんるい) 인류　分類(ぶんるい) 분류
훈독	たぐい	類(たぐ)い 같은 부류

類

무리 **류**

小4　N2

大切(たいせつ)な書類(しょるい)ですから、なくさないでください。
중요한 서류니까 잃어버리지 마세요.

ゴミは分類(ぶんるい)して捨(す)てましょう。 쓰레기는 분류해서 버립시다.

0540

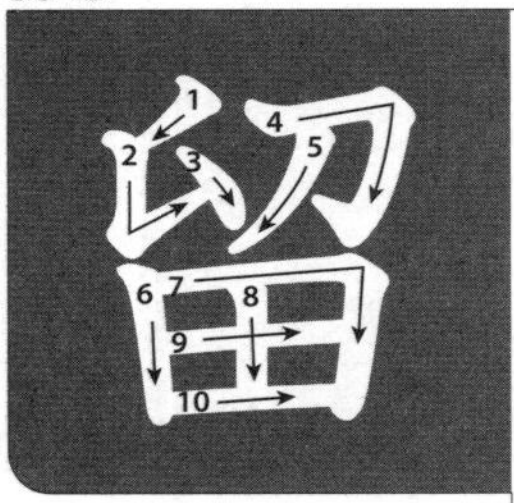

음독	りゅう	留学(りゅうがく) 유학　留意(りゅうい) 유의　保留(ほりゅう) 보류　残留(ざんりゅう) 잔류
	る	留守(るす) ①부재중 ②집보기　留守番電話(るすばんでんわ) 자동 응답 전화기
훈독	とめる	留(と)める 고정시키다, 끼우다　書留(かきとめ) 등기, 써서 남겨 둠
	とまる	留(と)まる 머물다, 고정되다
	とどまる	留(とど)まる 머무르다, 멈추다

머무를 **류**

小5　N2

留学(りゅうがく)を準備(じゅんび)しています。 유학을 준비하고 있습니다.

返事(へんじ)がないから留守(るす)のようです。 대답이 없으니 부재중인 것 같습니다.

Tip とめる

留(と)める 고정시키다, 끼우다

ボタンを留(と)める。
단추를 끼우다.

止(と)める 멈추다

車(くるま)を止(と)める。 차를 세우다.

泊(と)める 묵게 하다

友達(ともだち)を家(いえ)に泊(と)める。 친구를 집에 묵게 하다.

0541

음독	りゅう	花柳界(かりゅうかい) 화류계　川柳(せんりゅう) 센류(5·7·5의 3구 17음으로 된 단시)
훈독	やなぎ	柳(やなぎ) 버드나무

버들 **류**

中　N1

川柳(せんりゅう)は短歌(たんか)より難(むずか)しくないです。 센류는 단카보다 어렵지 않습니다.

川沿(かわぞ)いに柳(やなぎ)の木(き)が植(う)えられています。 강가에 버드나무가 심어져 있습니다.

0542

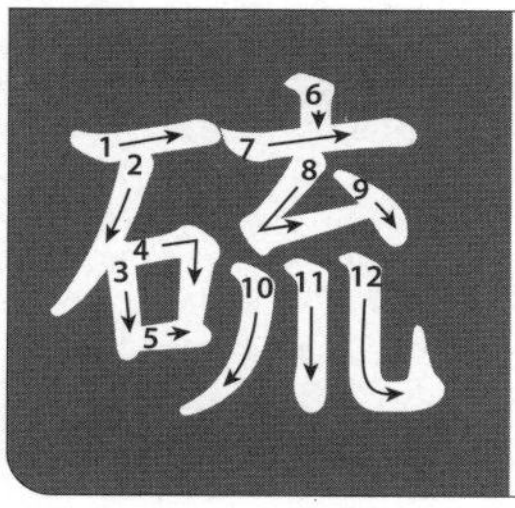

음독 りゅう　硫酸(りゅうさん) 황산　硫化水素(りゅうかすいそ) 황화수소
특이 硫黄(いおう) 유황

유황 류
中 N1

これは硫酸(りゅうさん)だから危険(きけん)です。이것은 황산이기 때문에 위험합니다.
温泉(おんせん)の近(ちか)くは硫黄(いおう)の臭(にお)いがします。온천 근처는 유황 냄새가 납니다.

0543

음독 る　瑠璃(るり) 칠보의 하나, 청금석　瑠璃色(るりいろ) 자색을 띤 짙은 청색

맑은 유리 류
中 N1

瑠璃色(るりいろ)の鳥(とり)が飛(と)んでいます。자색을 띤 짙은 청색의 새가 날고 있습니다.

0544

음독 りく　陸地(りくち) 육지　陸上(りくじょう) 육상　着陸(ちゃくりく) 착륙　大陸(たいりく) 대륙

뭍 륙
小4 N2

学生(がくせい)のとき、陸上選手(りくじょうせんしゅ)でした。학생 때, 육상선수였습니다.
鉄道(てつどう)に乗(の)って、大陸(たいりく)を横断(おうだん)してみたいです。철도를 타고 대륙을 횡단해 보고 싶습니다.

0545

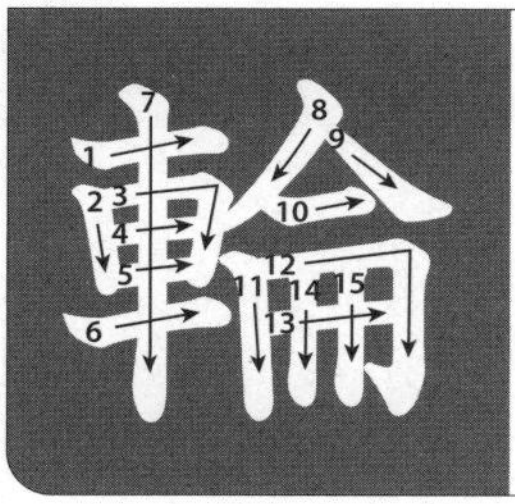

음독 りん　輪郭(りんかく) 윤곽　輪唱(りんしょう) 돌림노래　車輪(しゃりん) 차륜, 수레바퀴
競輪(けいりん) 경륜

훈독 わ　輪(わ) 원형, 고리, 차륜　指輪(ゆびわ) 반지　首輪(くびわ) 목걸이
輪切(わぎ)り 둥글게 자름

바퀴 륜
小4 N2

話(はなし)の輪郭(りんかく)が見(み)えてきました。이야기의 윤곽이 보이기 시작했습니다.
玉(たま)ねぎを輪切(わぎ)りにします。양파를 둥글게 썹니다.

0546

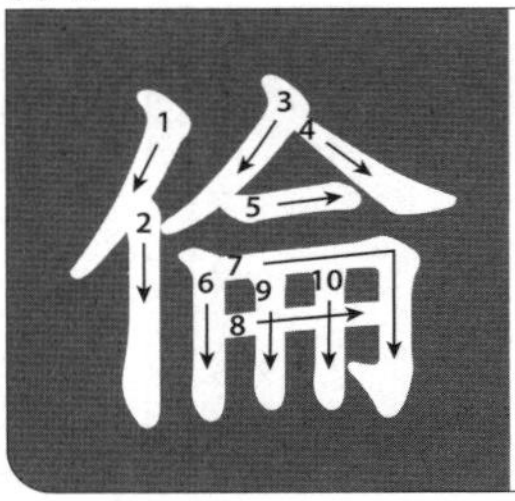

음독 りん　倫理(りんり) 윤리　倫理学(りんりがく) 윤리학　人倫(じんりん) 인륜　不倫(ふりん) 불륜

인륜 **륜**

中 N1

倫理学(りんりがく)の講義(こうぎ)を聞(き)きました。윤리학 강의를 들었습니다.

それは人倫(じんりん)に外(はず)れる行為(こうい)です。그것은 인륜에 벗어나는 행위입니다.

0547

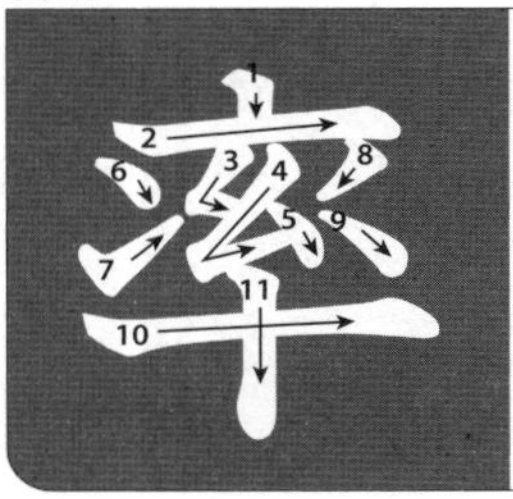

음독 りつ　確率(かくりつ) 확률　比率(ひりつ) 비율

そつ　率先(そっせん) 솔선　率直(そっちょく) 솔직함

훈독 ひきいる　率(ひき)いる 거느리다, 인솔하다, 통솔하다

비율 **률**/거느릴 **솔**

小5 N1

率直(そっちょく)に言(い)って、この料理(りょうり)はおいしくないです。솔직히 말해서 이 요리는 맛없습니다.

子(こ)どもたちを率(ひき)いて、遠足(えんそく)に行(い)きました。아이들을 인솔하여 소풍을 갔습니다.

0548

음독 りつ　律令(りつりょう) 율령　規律(きりつ) 규율　一律(いちりつ) 일률, 한결같음　調律(ちょうりつ) 조율

りち　律儀(りちぎ) 성실하고 의리가 두터움

법칙/음률 **률**

小6 N2

ここにある商品(しょうひん)は一律(いちりつ)1000円(えん)です。여기에 있는 상품은 전부 천 엔입니다.

兄(あに)はピアノの調律師(ちょうりつし)です。형은 피아노 조율사입니다.

0549

음독 りつ　戦慄(せんりつ) 전율(두려움이나 분노로 떪)

慄然(りつぜん) 두려워 오싹해지는 모양

떨릴 **률**

中 급수 외

人々(ひとびと)が戦慄(せんりつ)する殺人事件(さつじんじけん)が起(お)きました。사람들이 전율할 살인사건이 일어났습니다.

地震(じしん)のニュースを見(み)て慄然(りつぜん)としました。지진 뉴스를 보고 섬뜩하였습니다.

0550

음독 **りゅう**　**隆盛**(りゅうせい) 융성　**隆起**(りゅうき) 융기, 솟아오름　**隆々**(りゅうりゅう) 울퉁불퉁

隆

높을 **륭**

中　N1

地面(じめん)が隆起(りゅうき)しています。 지면이 불룩 솟아 있습니다.

彼(かれ)は筋肉(きんにく)が隆々(りゅうりゅう)としています。 그는 근육이 울퉁불퉁합니다.

0551

음독 **りょう**　**陵墓**(りょうぼ) 능묘　**丘陵**(きゅうりょう) 구릉, 언덕　**王陵**(おうりょう) 왕릉

훈독 **みささぎ**　**陵**(みささぎ) 왕의 능묘

언덕 **릉**

中　N1

古代(こだい)の王(おう)の陵墓(りょうぼ)を見学(けんがく)しました。 고대 왕의 능묘를 견학했습니다.

武蔵野(むさしの) 陵(のみささぎ)は昭和(しょうわ)天皇(てんのう)の墓(はか)です。 무사시노의 능은 쇼와천황의 묘입니다.

0552

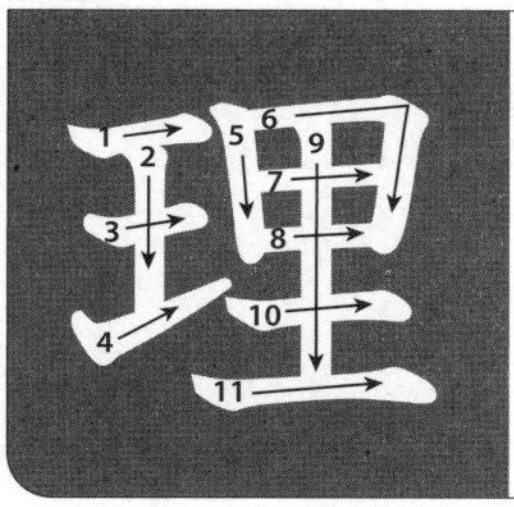

음독 **り**　**理由**(りゆう) 이유　**理科**(りか) 이과　**無理**(むり) 무리　**道理**(どうり) 도리　**修理**(しゅうり) 수리

사리/수선할 **리**

小2　N3

理由(りゆう)をきちんと話(はな)してください。 이유를 확실히 말해 주세요.

無理(むり)をしないで働(はたら)いてください。 무리하지 말고 일하세요.

Tip 수리

修理(しゅうり) 고침

カメラを修理(しゅうり)する。
카메라를 수리하다.

数理(すうり) 수학의 수리

大学(だいがく)で数理学(すうりがく)を研究(けんきゅう)する。
대학교에서 수리학을 연구하다.

受理(じゅり) 접수

申請書(しんせいしょ)を受理(じゅり)する。 신청서를 수리하다.

0553

음독 り　千里(せんり) 천리　十里(じゅうり) 십리

훈독 さと　里(さと) 마을, 시골　里帰り(さとがえり) 귀성, 친정 나들이

마을 **리**

小2　N1

韓国(かんこく)の十里(じゅうり)は約(やく)4kmです。 한국의 십리는 약 4km입니다.

お正月(しょうがつ)には家族(かぞく)みんなで里帰り(さとがえり)します。 설날에는 가족 모두 고향에 갑니다.

0554

음독 り　利用(りよう) 이용　利益(りえき) 이익　便利(べんり) 편리함　有利(ゆうり) 유리함

훈독 きく　利く(きく) ①효력이 있다 ②통하다 ③잘 움직이다
右利き(みぎきき) 오른손잡이　左利き(ひだりきき) 왼손잡이

이로울/통할 **리**

小4　N2

地下鉄(ちかてつ)ができて便利(べんり)になりました。 지하철이 생겨서 편리해졌습니다.

彼(かれ)は融通(ゆうづう)が利(き)きません。 그는 융통성이 없습니다.

Tip 0659 きく 참조

0555

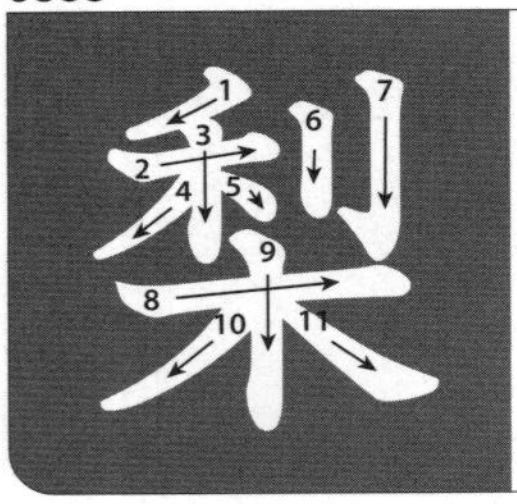

음독 り　梨園(りえん) 가부키(歌舞伎)의 세계

훈독 なし　梨(なし) 배　山梨県(やまなしけん) 야마나시현

배나무 **리**

小4　N1

歌舞伎(かぶき)の世界(せかい)を「梨園(りえん)」といいます。 가부키의 세계를 '이원'이라고 합니다.

山梨県(やまなしけん)はぶどうが有名(ゆうめい)です。 야마나시현은 포도가 유명합니다.

0556

음독 り　裏面(りめん) 이면　表裏(ひょうり) 표리, 겉과 속　脳裏(のうり) 뇌리

훈독 うら　裏(うら) 뒤　裏側(うらがわ) 이면　裏口(うらぐち) 뒷문　裏地(うらじ) 의류의 안감

속 **리**

小6　N2

アイディアが脳裏(のうり)にひらめきました。 아이디어가 뇌리에 번쩍 떠올랐습니다.

裏口(うらぐち)から入(はい)ってください。 뒷문으로 들어오세요.

0557

음독 り　官吏(かんり) 관리

관리 **리**

中　N1

有能(ゆうのう)な人(ひと)を官吏(かんり)に登用(とうよう)します。 유능한 사람을 관리로 등용합니다.

0558

음독 りん　一厘(いちりん) 1리　二厘(にりん) 2리　九分九厘(くぶくりん) 9분9리, 거의

이 **리**

中　N1

二割三分五厘(にわりさんぶごりん)は23.5%と同(おな)じです。 2할3푼5리는 23.5%와 같습니다.

その噂(うわさ)は九分九厘(くぶくりん)、間違(まちが)いないです。 그 소문은 거의 틀림없습니다.

0559

음독 り　下痢(げり) 설사　疫痢(えきり) 역리(소아 전염병의 한 가지)　赤痢(せきり) 적리(급성 전염병인 이질의 한 가지)　赤痢菌(せきりきん) 적리균

설사 **리**

中　N1

下痢(げり)がひどいので病院(びょういん)に行(い)きました。 설사가 심해서 병원에 갔습니다.

赤痢(せきり)は恐(おそ)ろしい病気(びょうき)です。 이질은 무서운 병입니다.

0560

음독 り　履歴(りれき) 이력　履修(りしゅう) 이수　履行(りこう) 이행　草履(ぞうり) 짚신, 샌들

훈독 はく　履(は)く 신다　上履(うわば)き 실내화

밟을 **리**

中　N1

履歴書(りれきしょ)を会社(かいしゃ)に出(だ)しました。 이력서를 회사에 제출했습니다.

スリッパを履(は)いてください。 슬리퍼를 신어 주세요.

0561

음독 り　瑠璃(るり) 칠보의 하나, 청금석　瑠璃色(るりいろ) 자색을 띤 짙은 청색

유리 **리**

中　N1

瑠璃色(るりいろ)はとても美(うつく)しい色(いろ)です。 자색을 띤 짙은 청색은 매우 아름다운 색입니다.

0562

음독 り　離陸(りりく) 이륙　距離(きょり) 거리　分離(ぶんり) 분리　離島(りとう) 외딴섬

훈독 はなれる　離(はな)れる 떨어지다, 멀어지다

はなす　離(はな)す ①떼다, 놓다 ②사이를 띄우다

떠날 **리**

中　N1

飛行機(ひこうき)が離陸(りりく)しています。 비행기가 이륙하고 있습니다.

親(おや)から離(はな)れて、一人(ひとり)で生活(せいかつ)します。 부모님과 떨어져 혼자서 생활합니다.

Tip **はなす**

離(はな)す 떼다, 떠나다

子(こ)どもから目(め)を離(はな)す。 아이에게서 눈을 떼다.

放(はな)す 풀어놓다, 놓아주다

鳥(とり)を放(はな)す。 새를 놓아주다.

0563

음독 りん　隣人(りんじん) 이웃 사람　隣家(りんか) 옆집　隣国(りんごく) 이웃 나라　近隣(きんりん) 근린

훈독 となり　隣(となり) 이웃

となる　隣(とな)る 인접하다

이웃 **린**

中　N1

引越(ひっこ)しをしたので、隣人(りんじん)に挨拶(あいさつ)しました。 이사를 해서 이웃에게 인사했습니다.

隣(となり)の部屋(へや)から音楽(おんがく)が聞(き)こえます。 옆방에서 음악이 들립니다.

0564

林

음독 りん　林野(りんや) 임야　林業(りんぎょう) 임업

훈독 はやし　林(はやし) 숲　松林(まつばやし) 송림, 솔숲

수풀 **림**

小1　N3

北海道(ほっかいどう)には広(ひろ)い林野(りんや)があります。 홋카이도에는 넓은 임야가 있습니다.

林(はやし)の中(なか)でキノコをとりました。 숲속에서 버섯을 땄습니다.

0565

臨

음독 りん　臨時(りんじ) 임시　臨床(りんしょう) 임상　臨席(りんせき) 참석　君臨(くんりん) 군림

훈독 のぞむ　臨(のぞ)む 면하다, 임하다

임할 **림**

小6　N1

コンサート会場(かいじょう)まで臨時(りんじ)バスが出(で)ています。 콘서트장까지 임시 버스가 다닙니다.

海(うみ)に臨(のぞ)む町(まち)で暮(く)らしています。 바다에 면한 마을에서 살고 있습니다.

0566

立

음독 りつ　立春(りっしゅん) 입춘　立冬(りっとう) 입동　立派(りっぱ) 훌륭함　国立(こくりつ) 국립　設立(せつりつ) 설립

りゅう　建立(こんりゅう) 건립

훈독 たつ　立(た)つ 서다　立場(たちば) 입장　立(た)ち入(い)り禁止(きんし) 출입금지

たてる　立(た)てる 세우다

설 **립**

小1　N5

大学(だいがく)の設立者(せつりつしゃ)はだれですか。 대학의 설립자는 누구입니까?

ここは工事(こうじ)のため立(た)ち入(い)り禁止(きんし)です。 이곳은 공사 때문에 출입금지입니다.

Tip たつ

立(た)つ 일어서다

赤(あか)ちゃんが立(た)つ。 아기가 일어서다.

建(た)つ 세워지다

ビルが建(た)つ。 빌딩이 세워지다.

0567

粒

음독 りゅう　粒子(りゅうし) 입자　素粒子(そりゅうし) 소립자　微粒子(びりゅうし) 미립자　顆粒(かりゅう) 과립

훈독 つぶ　粒(つぶ) 낟알　米粒(こめつぶ) 쌀 한 톨, 쌀알처럼 작은 것　雨粒(あまつぶ) 빗방울

낟알 **립**

中　N2

この大学(だいがく)は素粒子(そりゅうし)の研究(けんきゅう)で有名(ゆうめい)です。 이 대학은 소립자 연구로 유명합니다.

米粒(こめつぶ)も残(のこ)さないで、全部(ぜんぶ)食(た)べました。 쌀 한 톨도 남기지 않고 전부 먹었습니다.

0568

馬

음독 ば　馬車(ばしゃ) 마차　乗馬(じょうば) 승마　木馬(もくば) 목마　競馬(けいば) 경마

훈독 うま　馬(うま) 말　子馬(こうま) 망아지　馬小屋(うまごや) 마구간

ま　馬子(まご) 마부

말 **마**

小2　N2

「トロイの木馬(もくば)」を見(み)たことがありますか。「트로이의 목마」를 본 적이 있습니까?

モンゴルに行(い)って馬(うま)に乗(の)りました。 몽골에 가서 말을 탔습니다.

0569

麻

음독 ま　麻痺(まひ) 마비　麻薬(まやく) 마약　麻酔(ますい) 마취　大麻(たいま) 대마

훈독 あさ　麻(あさ) 삼　麻袋(あさぶくろ) 마대

麻

삼/마비될 **마**

中　N1

手術(しゅじゅつ)の前(まえ)に麻酔(ますい)をかけました。 수술 전에 마취를 했습니다.

コーヒー豆(まめ)が麻袋(あさぶくろ)に入(はい)っています。 커피 콩이 마대에 들어 있습니다.

0570

摩

음독 ま　摩擦(まさつ) 마찰　摩耗(まもう) 마모　研摩(けんま) 연마　按摩(あんま) 안마

摩

문지를 **마**

中　N1

アメリカとの貿易摩擦(ぼうえきまさつ)が問題(もんだい)です。 미국과의 무역마찰이 문제입니다.

ダイアの原石(げんせき)を研摩(けんま)します。 다이아몬드 원석을 연마합니다.

0571

음독 ま　磨滅(まめつ) 마멸(갈리어 닳아 없어짐)　錬磨(れんま) 연마　雪達磨(ゆきだるま) 눈사람
切磋琢磨(せっさたくま) 절차탁마(학문이나 덕행 등을 배우고 닦음)

훈독 みがく　磨(みが)く 닦다　歯磨(はみが)き 양치질

磨

갈 마
中 N2

子(こ)どもが雪達磨(ゆきだるま)を作(つく)ります。아이가 눈사람을 만듭니다.
娘(むすめ)が父親(ちちおや)の靴(くつ)を磨(みが)いています。딸이 아버지의 구두를 닦고 있습니다.

0572

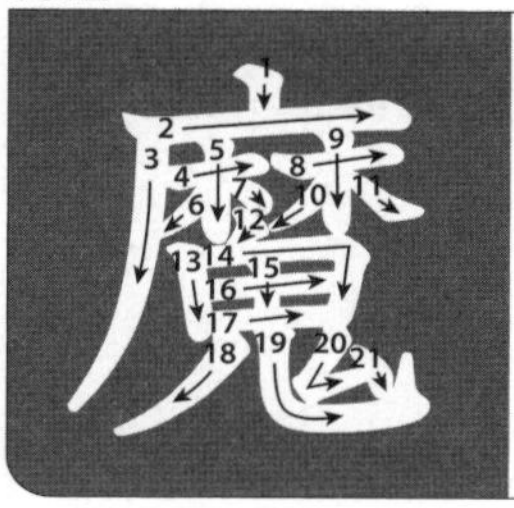

음독 ま　魔法(まほう) 마법　悪魔(あくま) 악마　邪魔(じゃま) 방해

魔

마귀 마
中 N1

魔法(まほう)が使(つか)えたらいいと思(おも)います。마법을 쓸 수 있으면 좋겠다고 생각합니다.
仕事(しごと)の邪魔(じゃま)をしないでください。일을 방해하지 마세요.

0573

음독 まく　開幕(かいまく) 개막　閉幕(へいまく) 폐막　序幕(じょまく) 서막
暗幕(あんまく) 암막(빛이 새어 나가지 않게 하는 검은 막)
ばく　幕府(ばくふ) 막부　幕僚(ばくりょう) 막료, 참모 장교

幕

장막 막
小6 N1

世界陸上大会(せかいりくじょうたいかい)が開幕(かいまく)しました。세계육상대회가 개막했습니다.
夏(なつ)のオリンピックが閉幕(へいまく)しました。하계올림픽이 폐막했습니다.

0574

음독 ばく　漠然(ばくぜん) 막연함　砂漠(さばく) 사막

漠

넓을/사막 막
中 N1

漠然(ばくぜん)としたアイディアが浮(う)かびました。막연한 아이디어가 떠올랐습니다.
サハラ砂漠(さばく)はとても広(ひろ)いです。사하라 사막은 매우 넓습니다.

ㅁ

0575

음독 まく　膜(まく) 막　粘膜(ねんまく) 점막　角膜(かくまく) 각막　鼓膜(こまく) 고막

膜

꺼풀/막 **막**

中 N1

この薬(くすり)は胃(い)の粘膜(ねんまく)を保護(ほご)します。이 약은 위 점막을 보호합니다.

ドナーの角膜(かくまく)を移植(いしょく)しました。기증자의 각막을 이식했습니다.

0576

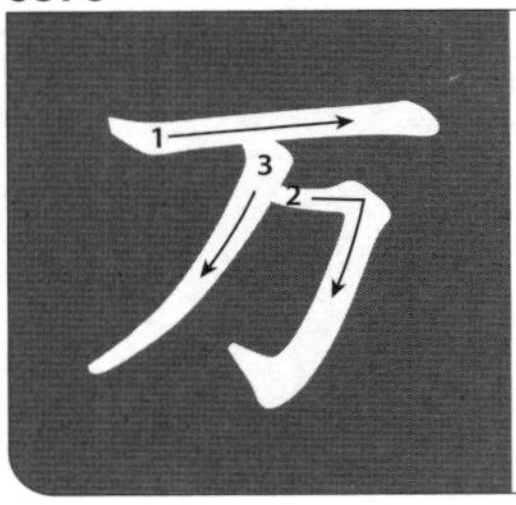

음독 まん　一万円(いちまんえん) 만 엔　万(まん)が一(いち) 만에 하나, 만약　万年筆(まんねんひつ) 만년필

ばん　万歳(ばんざい) 만세　万国(ばんこく) 만국　万能(ばんのう) 만능

萬

일만 **만**

小2 N5

最近(さいきん)、万年筆(まんねんひつ)はあまり使(つか)いません。최근, 만년필은 그다지 사용하지 않습니다.

英語(えいご)は万国共通語(ばんこくきょうつうご)です。영어는 만국공통어입니다.

0577

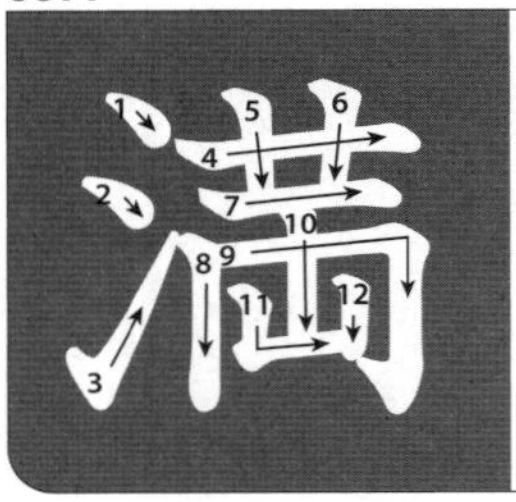

음독 まん　満足(まんぞく) 만족　満員(まんいん) 만원　不満(ふまん) 불만　未満(みまん) 미만

훈독 みちる　満(み)ちる 차다, 가득하다　満(み)ち潮(しお) 만조, 밀물

みたす　満(み)たす 채우다, 만족시키다

満

찰 **만**

小4 N2

不満(ふまん)があれば言(い)ってください。불만이 있으면 말해 주세요.

潮(しお)が満(み)ちてきました。바닷물이 차 올랐습니다.

0578

음독 ばん　晩年(ばんねん) 만년　晩秋(ばんしゅう) 만추　今晩(こんばん) 오늘밤　毎晩(まいばん) 매일 밤

늦을/깊은 밤 **만**

小6 N2

彼(かれ)は晩年(ばんねん)をここで過(す)ごしました。그는 만년을 이곳에서 보냈습니다.

毎晩(まいばん)、寝(ね)る前(まえ)に本(ほん)を読(よ)みます。매일 밤 자기 전에 책을 읽습니다.

0579

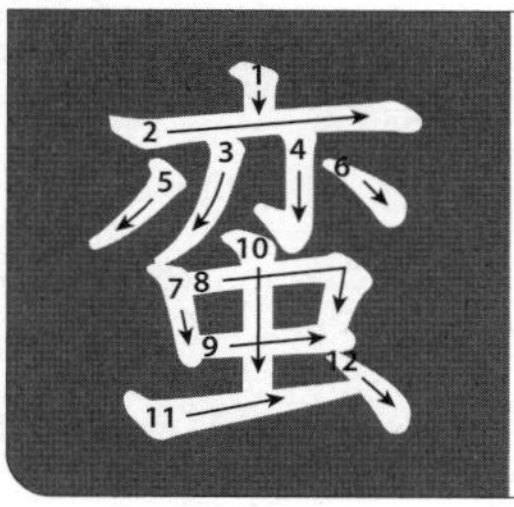

음독 ばん　蛮行(ばんこう) 만행　野蛮(やばん) 야만

蠻

오랑캐 만

中　N1

殺人犯(さつじんはん)の蛮行(ばんこう)が許(ゆる)せません。 살인범의 만행을 용서할 수 없습니다.

木村(きむら)さんは野蛮(やばん)な言葉(ことば)をよく使(つか)います。 기무라 씨는 야만적인 말을 자주 씁니다.

0580

음독 わん　湾岸(わんがん) 만안(만의 연안), 페르시아만의 연안　湾曲(わんきょく) 만곡(활처럼 굽음)　港湾(こうわん) 항만　台湾(たいわん) 대만

灣

물굽이 만

中　N2

1991年(ねん)に湾岸戦争(わんがんせんそう)が始(はじ)まりました。 1991년에 걸프전쟁이 시작되었습니다.

5月(がつ)に台湾(たいわん)を旅行(りょこう)しました。 5월에 대만을 여행했습니다.

0581

음독 まん　漫画(まんが) 만화　漫才(まんざい) 만담　浪漫(ろうまん) 낭만

흩어질 만

中　N1

漫画(まんが)だけでなく、他(ほか)の本(ほん)も読(よ)みましょう。 만화뿐만 아니라 다른 책도 읽읍시다.

とてもおもしろい漫才(まんざい)を見(み)ました。 매우 재미있는 만담을 봤습니다.

0582

음독 まん　慢性(まんせい) 만성　自慢(じまん) 자랑　我慢(がまん) 참음　高慢(こうまん) 거만함

거만할/느릴 만

中　N1

渡辺(わたなべ)さんは自分(じぶん)の車(くるま)を自慢(じまん)しました。 와타나베 씨는 자신의 자동차를 자랑했습니다.

トイレに行(い)きたいのを我慢(がまん)しました。 화장실에 가고 싶은 것을 참았습니다.

0583 末

음독 まつ　末日(まつじつ) 말일　週末(しゅうまつ) 주말　月末(げつまつ) 월말　結末(けつまつ) 결말

ばつ　末弟(ばってい) 막냇동생(まってい로도 읽음)

훈독 すえ　末(すえ) 끝, 아래　末(すえ)っ子(こ) 막내

끝 **말**

小4　N2

週末(しゅうまつ)は何(なに)をしますか。주말에는 무엇을 합니까?

私(わたし)は三人兄弟(さんにんきょうだい)の末(すえ)っ子(こ)です。나는 삼형제 중 막내입니다.

0584 抹

음독 まつ　抹茶(まっちゃ) 말차, 녹차　抹消(まっしょう) 말소　抹殺(まっさつ) 말살

一抹(いちまつ) 일말(약간, 아주 적음)

지울/가루/칠할 **말**

中　N1

抹茶味(まっちゃあじ)のアイスクリームを食(た)べました。녹차 맛 아이스크림을 먹었습니다.

プロ野球選手(やきゅうせんしゅ)の登録(とうろく)が抹消(まっしょう)されました。프로 야구 선수의 등록이 말소되었습니다.

0585 望

음독 ぼう　望遠鏡(ぼうえんきょう) 망원경　望郷(ぼうきょう) 망향　希望(きぼう) 희망　展望(てんぼう) 전망

もう　本望(ほんもう) 본래의 희망, 숙원

훈독 のぞむ　望(のぞ)む 바라다, 원하다, 바라보다　望(のぞ)み ①소망, 소원 ②전망, 가망

바랄 **망**

小4　N2

父(ちち)が望遠鏡(ぼうえんきょう)を買(か)ってくれました。아버지가 망원경을 사 주었습니다.

いつか望(のぞ)みが叶(かな)えばいいと思(おも)います。언젠가 소원이 이루어지면 좋겠다고 생각합니다.

0586 亡

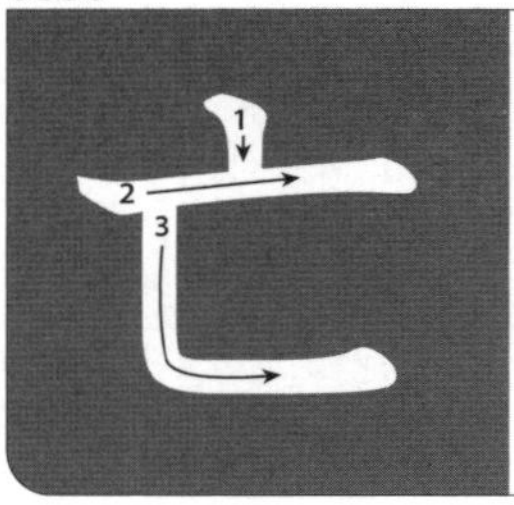

음독 ぼう　亡命(ぼうめい) 망명　亡霊(ぼうれい) 망령　死亡(しぼう) 사망　逃亡(とうぼう) 도망

もう　亡者(もうじゃ) 망자, 죽은 사람

훈독 ない　亡(な)い 죽었다, 죽고 없다

망할/죽을 **망**

小6　N2

犯人(はんにん)は逃亡(とうぼう)してしまいました。범인은 도망쳐 버렸습니다.

父(ちち)は事故(じこ)で亡(な)くなりました。아버지는 사고로 돌아가셨습니다.

0587

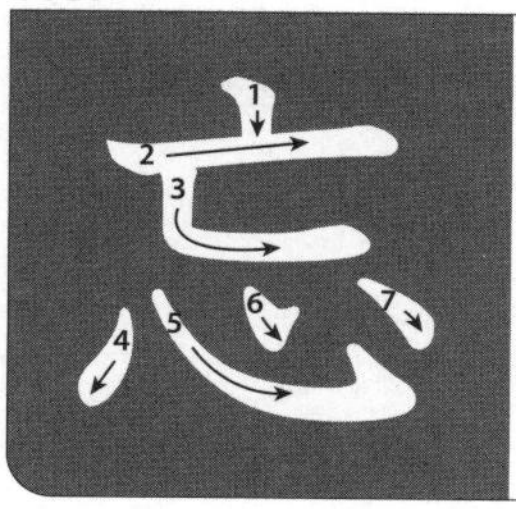

음독 ぼう　忘却(ぼうきゃく) 망각　忘年会(ぼうねんかい) 송년회　健忘症(けんぼうしょう) 건망증
備忘録(びぼうろく) 비망록

훈독 わすれる　忘(わす)れる 잊어버리다, 잊고 오다　忘(わす)れ物(もの) 유실물

잊을 **망**

小6　N2

忘年会(ぼうねんかい)に参加(さんか)しました。 송년회에 참가했습니다.

宿題(しゅくだい)を家(いえ)に忘(わす)れてしまいました。 숙제를 집에 두고 왔습니다.

0588

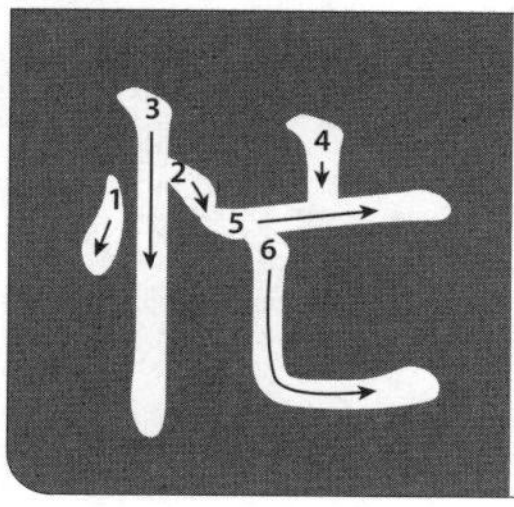

음독 ぼう　忙殺(ぼうさつ) 일에 쫓김　多忙(たぼう) 다망함, 매우 바쁨
繁忙(はんぼう) 번망함, 다망함

훈독 いそがしい　忙(いそが)しい 바쁘다

바쁠 **망**

中　N2

藤井(ふじい)さんは多忙(たぼう)な毎日(まいにち)を過(す)ごしています。
후지이 씨는 매우 바쁜 나날을 보내고 있습니다.

忙(いそが)しくて、寝(ね)る時間(じかん)もありません。 바빠서 잠잘 시간도 없습니다.

0589

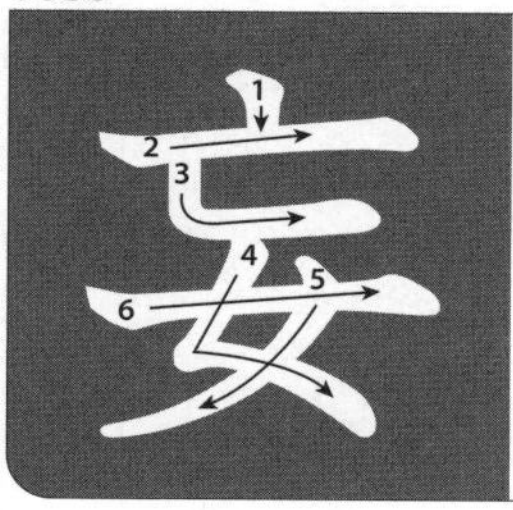

음독 もう/ぼう　妄想(もうそう) 망상　妄言(もうげん) 망언(ぼうげん으로도 읽음)
妄信(もうしん) 무턱대고 믿음

망령될 **망**

中　급수 외

噂(うわさ)を妄信(もうしん)するのは、よくありません。 소문을 무턱대고 믿는 것은 좋지 않습니다.

0590

음독 もう　網膜(もうまく) 망막　網羅(もうら) 망라　連絡網(れんらくもう) 연락망　鉄条網(てつじょうもう) 철조망

훈독 あみ　網(あみ) 그물　投網(とあみ) 투망　金網(かなあみ) 철망

그물/조직 **망**

中　N1

網膜(もうまく)の手術(しゅじゅつ)をしました。 망막 수술을 했습니다.

漁師(りょうし)が網(あみ)を直(なお)しています。 어부가 그물을 고치고 있습니다.

0591

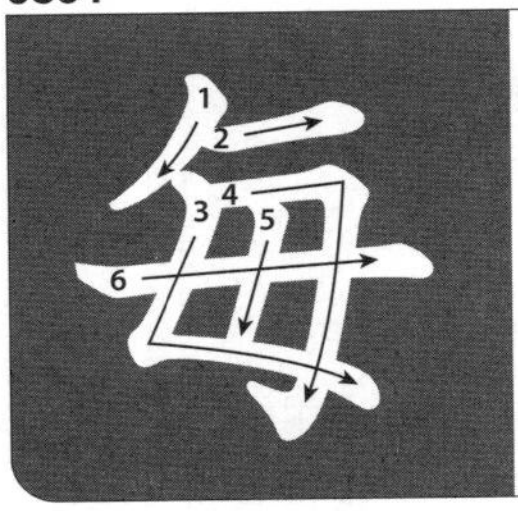

음독 まい　毎度(まいど) 매번　毎朝(まいあさ) 매일 아침　毎日(まいにち) 매일　毎週(まいしゅう) 매주
毎月(まいげつ) 매월(まいつき로도 읽음)

毎

매양 **매**

小2　N5

毎度(まいど)ありがとうございます。 매번 감사합니다.

毎朝(まいあさ)、牛乳(ぎゅうにゅう)を飲(の)んでいます。 매일 아침, 우유를 마시고 있습니다.

0592

음독 ばい　売店(ばいてん) 매점　発売(はつばい) 발매　商売(しょうばい) 장사　売却(ばいきゃく) 매각

훈독 うる　売(う)る 팔다　売(う)り場(ば) 매장　売(う)り上(あ)げ 매상　売(う)り切(き)れ 매진
うれる　売(う)れる 팔리다

賣

팔 **매**

小2　N3

これは新発売(しんはつばい)のパソコンです。 이것은 새로 발매된 컴퓨터입니다.

きっぷ売(う)り場(ば)はどこですか。 매표소는 어디입니까?

0593

음독 まい　姉妹(しまい) 자매

훈독 いもうと　妹(いもうと) 여동생

누이 **매**

小2　N3

私(わたし)は三人(さんにん)姉妹(しまい)の末(すえ)っ子(こ)です。 나는 세 자매의 막내입니다.

妹(いもうと)と仲(なか)がいいです。 여동생과 사이가 좋습니다.

0594

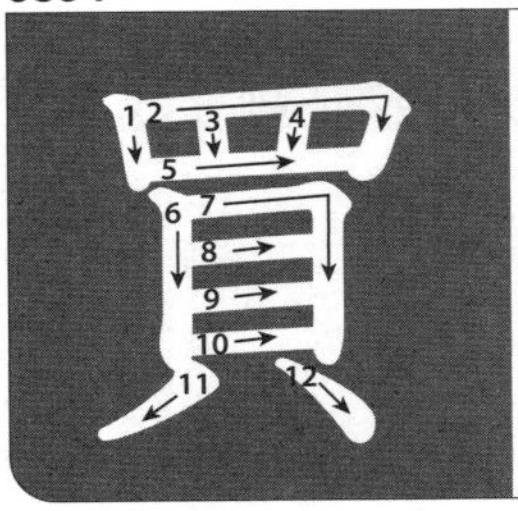

음독 ばい　購買(こうばい) 구매　買収(ばいしゅう) 매수　売買(ばいばい) 매매

훈독 かう　買(か)う 사다　買(か)い物(もの) 쇼핑　お買(か)い得(どく) 사면 득이 됨

살 **매**

小2　N5

テレビコマーシャルは購買力(こうばいりょく)をそそります。 텔레비전 광고는 구매력을 돋게 합니다.

このワインはお買(か)い得(どく)です。 이 와인은 사면 이득입니다.

0595

음독 ばい　梅雨(ばいう) 장마(つゆ로도 읽음)　梅林(ばいりん) 매화나무 숲
紅梅(こうばい) 홍매(붉은 빛깔의 매실), 자홍색
松竹梅(しょうちくばい) 송죽매(소나무, 대나무, 매화)

훈독 うめ　梅(うめ) 매실　梅酒(うめしゅ) 매실주　梅干(うめぼし) 매실장아찌

梅

매화 **매**

小4 N1

梅雨(ばいう)が長(なが)くて困(こま)ります。 장마가 길어서 곤란합니다.
梅酒(うめしゅ)を作(つく)りました。 매실주를 담갔습니다.

0596

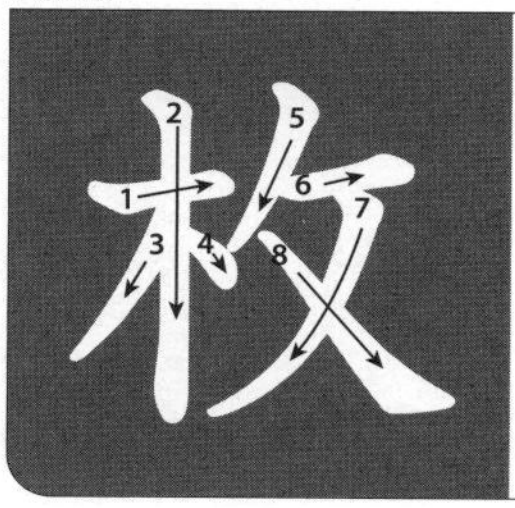

음독 まい　枚数(まいすう) 매수　枚挙(まいきょ) 하나하나 셈　一枚(いちまい) 한 장　何枚(なんまい) 몇 장

낱 **매**

小6 N2

写真(しゃしん)の枚数(まいすう)を数(かぞ)えてください。 사진의 매수를 세어 주세요.
切手(きって)を一枚(いちまい)ください。 우표를 한 장 주세요.

0597

음독 まい　曖昧(あいまい) 애매함　贅沢三昧(ぜいたくざんまい) 매우 호화로움

어두울 **매**

中 급수 외

話(はなし)が曖昧(あいまい)で、よく分(わ)かりません。 이야기가 애매해서 잘 모르겠습니다.
鈴木(すずき)さんは贅沢三昧(ぜいたくざんまい)な生活(せいかつ)を送(おく)っています。
스즈키 씨는 매우 호화로운 생활을 보내고 있습니다.

0598

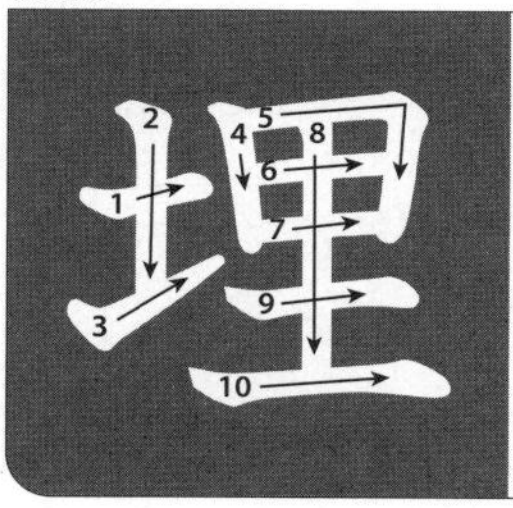

음독 まい　埋設(まいせつ) 매설　埋蔵(まいぞう) 매장　埋没(まいぼつ) 매몰

훈독 うめる　埋(う)める 묻다　埋(う)め立(た)て 매립
うまる　埋(う)まる 묻히다
うもれる　埋(う)もれる 묻히다

묻을 **매**

中 N2

水道管(すいどうかん)を埋設(まいせつ)します。 수도관을 매설합니다.
校庭(こうてい)にタイムカプセルを埋(う)めました。 교정에 타임캡슐을 묻었습니다.

ㅁ

0599

음독 ばい　媒介(ばいかい) 매개(둘의 관계를 맺어줌)　媒体(ばいたい) 매체　媒酌(ばいしゃく) 중매
触媒(しょくばい) 촉매

중매 **매**
中　N1

ネズミは伝染病(でんせんびょう)を媒介(ばいかい)します。쥐는 전염병을 매개합니다.

結婚式(けっこんしき)で媒酌人(ばいしゃくにん)が挨拶(あいさつ)をしています。결혼식에서 중매자가 인사를 하고 있습니다.

0600

음독 み　魅力(みりょく) 매력　魅了(みりょう) 매료　魅惑(みわく) 매혹

매혹할 **매**
中　N1

高村(たかむら)さんは魅力(みりょく)がある人(ひと)です。다카무라 씨는 매력 있는 사람입니다.

その女優(じょゆう)の演技(えんぎ)は人々(ひとびと)を魅了(みりょう)しました。그 여배우의 연기는 사람들을 매료시켰습니다.

0601

음독 ば　罵倒(ばとう) 매도, 몹시 욕함　罵声(ばせい) 욕하는 소리

훈독 ののしる　罵(ののし)る 매도하다, 욕설을 하다

꾸짖을 **매**
中　급수 외

ミスをした選手(せんしゅ)に観客(かんきゃく)が罵声(ばせい)を浴(あ)びせています。
실수를 한 선수에게 관객이 야유를 퍼붓고 있습니다.

私(わたし)は他人(たにん)を罵(ののし)る人(ひと)は好(す)きではありません。
나는 타인을 매도하는 사람은 좋아하지 않습니다.

0602

음독 ばく　麦芽(ばくが) 맥아　麦秋(ばくしゅう) 보릿가을

훈독 むぎ　麦(むぎ) 보리　小麦粉(こむぎこ) 밀가루　麦茶(むぎちゃ) 보리차　麦飯(むぎめし) 보리밥

麥

보리 **맥**
小2　N2

麦芽(ばくが)100%のビール。맥아 100%의 맥주.

麦飯(むぎめし)は体(からだ)にいいです。보리밥은 몸에 좋습니다.

0603

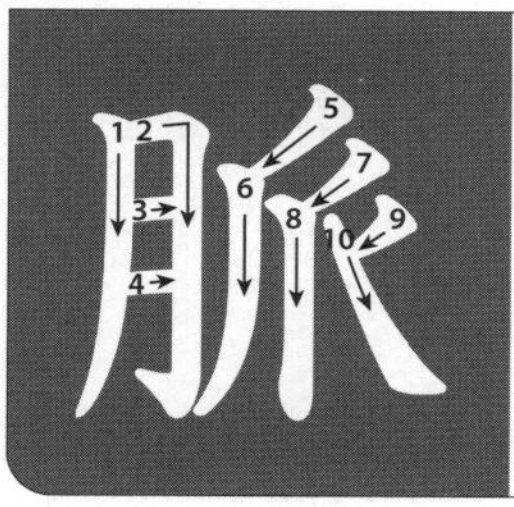

음독 **みゃく** 　**脈拍**(みゃくはく) 맥박　**脈絡**(みゃくらく) 맥락　**文脈**(ぶんみゃく) 문맥　**動脈**(どうみゃく) 동맥

脈

줄기 **맥**

小5　N1

運動(うんどう)すると脈拍(みゃくはく)が速(はや)くなります。 운동하면 맥박이 빨라집니다.

この部分(ぶぶん)の文脈(ぶんみゃく)が分(わ)かりません。 이 부분의 문맥을 모르겠습니다.

0604

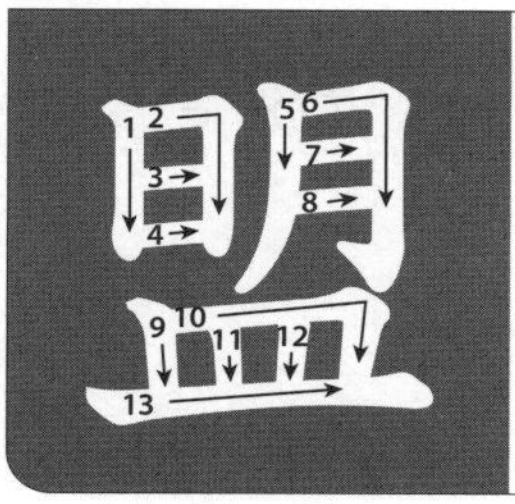

음독 **めい** 　**盟友**(めいゆう) 맹우, 동지　**盟主**(めいしゅ) 맹주　**同盟**(どうめい) 동맹　**加盟**(かめい) 가맹

맹세/모임 **맹**

小6　N1

日本(にほん)はアメリカと同盟(どうめい)を結(むす)びました。 일본은 미국과 동맹을 맺었습니다.

加盟店(かめいてん)で買(か)ったほうが安(やす)いです。 가맹점에서 사는 편이 쌉니다.

0605

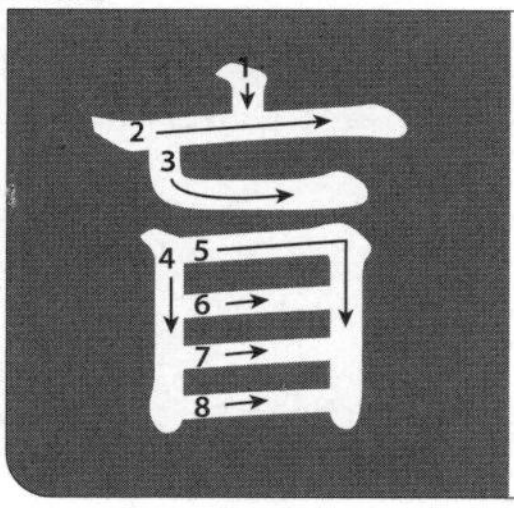

음독 **もう** 　**盲導犬**(もうどうけん) 맹도견, 안내견　**盲腸**(もうちょう) 맹장　**盲目**(もうもく) 맹목　**文盲**(もんもう) 문맹

소경/눈 멀 **맹**

中　N1

盲導犬(もうどうけん)が目(め)の不自由(ふじゆう)な人(ひと)を誘導(ゆうどう)しています。
안내견이 눈이 불편한 사람을 유도하고 있습니다.

盲腸炎(もうちょうえん)で入院(にゅういん)しました。 맹장염으로 입원했습니다.

0606

음독 **もう** 　**猛暑**(もうしょ) 혹서, 폭염　**猛獣**(もうじゅう) 맹수　**猛烈**(もうれつ) 맹렬함　**猛毒**(もうどく) 맹독

사나울 **맹**

中　N1

猛暑(もうしょ)の日(ひ)は水分(すいぶん)をたくさん取(と)ってください。 폭염인 날에는 수분을 많이 섭취해 주세요.

猛毒(もうどく)を持(も)つヘビにかまれました。 맹독을 갖고 있는 뱀에 물렸습니다.

ㅁ

0607

음독 **めん** 　面会(めんかい) 면회　面倒(めんどう) 귀찮음, 돌봄　正面(しょうめん) 정면　前面(ぜんめん) 전면

훈독 **おも** 　面影(おもかげ) 모습, 용모

おもて 　面(おもて) 얼굴, 표면

つら 　泣(な)き面(つら) 우는 얼굴, 울상　泣(な)き面(つら)に蜂(はち) 엎친데 덮치기

낯 **면**

小3 N2

弟(おとうと)の面倒(めんどう)をみます。 남동생을 돌봅니다.

佐藤(さとう)さんはお父(とう)さんの面影(おもかげ)が残(のこ)っています。 사토 씨는 아버지의 모습이 남아 있습니다.

0608

음독 **べん** 　勉強(べんきょう) 공부　勉学(べんがく) 면학　勉励(べんれい) 열심히 노력함　勤勉(きんべん) 근면함

힘쓸 **면**

小3 N3

テストがあるので、勉強(べんきょう)しました。 시험이 있어서 공부했습니다.

父(ちち)はとても勤勉(きんべん)に働(はたら)きます。 아버지는 매우 근면하게 일합니다.

0609

음독 **めん** 　綿花(めんか) 면화, 목화　木綿(もめん) 면직물, 솜　脱脂綿(だっしめん) 탈지면, 약솜　綿密(めんみつ) 면밀함

훈독 **わた** 　綿(わた) 목화, 솜　綿菓子(わたがし) 솜사탕

솜/이어질 **면**

小5 N2

綿密(めんみつ)に話(はな)し合(あ)って計画(けいかく)を立(た)てます。 면밀히 의논해서 계획을 세웁니다.

綿菓子(わたがし)を買(か)って食(た)べました。 솜사탕을 사서 먹었습니다.

0610

음독 **めん** 　免除(めんじょ) 면제　免許(めんきょ) 면허　免税(めんぜい) 면세　任免(にんめん) 임면(임명과 면직)

훈독 **まぬかれる** 　免(まぬか)れる 면하다, 모면하다, 피하다

면할 **면**

中 N1

免税店(めんぜいてん)で買(か)い物(もの)をしました。 면세점에서 쇼핑을 했습니다.

台風(たいふう)が来(き)ましたが、私(わたし)の家(いえ)は被害(ひがい)を免(まぬか)れました。
태풍이 왔습니다만, 우리 집은 피해를 면했습니다.

0611

음독 **みん** **睡眠**(すいみん) 수면 **仮眠**(かみん) 얕은 잠, 선잠 **休眠**(きゅうみん) 휴면 **冬眠**(とうみん) 동면

훈독 **ねむ**る **眠る**(ねむる) 자다 **居眠り**(いねむり) 앉아서 졺

ねむい **眠い**(ねむい) 졸리다 (=**眠たい**) **眠気**(ねむけ) 졸음

잘 **면**

中 N2

最近(さいきん)、仕事(しごと)が忙(いそが)しくて睡眠不足(すいみんぶそく)です。 최근 일이 바빠서 수면부족입니다.

ごはんを食(た)べたあとは眠(ねむ)くなります。 밥을 먹은 후에는 졸립니다.

0612

음독 **めん** **麺**(めん) 면 **麺棒**(めんぼう) 밀대 **乾麺**(かんめん) 건면

製麺所(せいめんじょ) 제면소(면을 만드는 곳)

麵

밀가루 **면**

中 급수 외

そば粉(こ)で麺(めん)を打(う)ちます。 메밀가루로 면을 만듭니다.

麺棒(めんぼう)で小麦粉(こむぎこ)の生地(きじ)を伸(の)ばしました。 밀대로 밀가루 반죽을 밀었습니다.

0613

음독 **めつ** **滅亡**(めつぼう) 멸망 **滅菌**(めっきん) 멸균 **撲滅**(ぼくめつ) 박멸 **壊滅**(かいめつ) 괴멸

훈독 **ほろ**びる **滅びる**(ほろびる) 멸망하다

ほろぼす **滅ぼす**(ほろぼす) 멸망하게 하다

꺼질/멸할 **멸**

中 N1

エイズを撲滅(ぼくめつ)する研究(けんきゅう)をしています。 에이즈를 박멸하는 연구를 하고 있습니다.

百済(くだら)は660年(ねん)に滅(ほろ)びました。 백제는 660년에 멸망하였습니다.

0614

음독 **べつ** **蔑視**(べっし) 멸시 **軽蔑**(けいべつ) 경멸 **侮蔑**(ぶべつ) 모멸

훈독 **さげす**む **蔑む**(さげすむ) 얕보다

蔑

업신여길 **멸**

中 급수 외

マナーを守(まも)れない人(ひと)を軽蔑(けいべつ)します。 매너를 지키지 않는 사람을 경멸합니다.

学歴(がくれき)や出身(しゅっしん)で人(ひと)を蔑(さげす)んではいけません。 학력이나 출신으로 사람을 얕봐서는 안 됩니다.

ㅁ

0615

음독 **めい** **人名**(じんめい) 인명 **有名**(ゆうめい) 유명함 **地名**(ちめい) 지명 **姓名**(せいめい) 성명

みょう **名字**(みょうじ) 성

훈독 **な** **名前**(なまえ) 이름 **名札**(なふだ) 명찰

이름 **명**

小1 N5

日本人(にほんじん)の人名(じんめい)は難(むずか)しいです。 일본인의 인명은 어렵습니다.

名前(なまえ)と住所(じゅうしょ)を書(か)いてください。 이름과 주소를 써 주세요.

0616

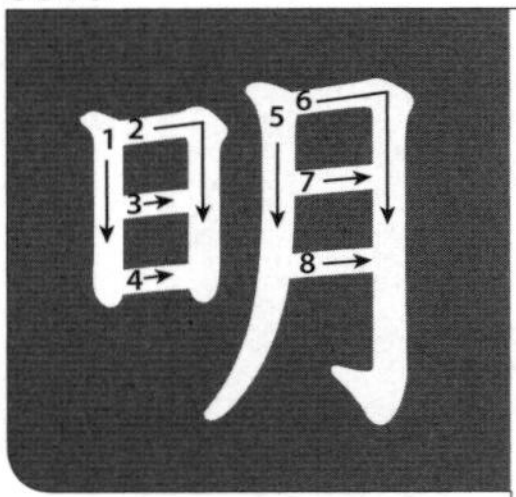

음독 **みょう** **明朝**(みょうちょう) 내일 아침 **明晩**(みょうばん) 내일 밤

めい **明暗**(めいあん) 명암 **明白**(めいはく) 명백함 **自明**(じめい) 자명, 명백함 **発明**(はつめい) 발명

훈독 **あ**かり **明**(あ)**かり** 빛

あかるい **明**(あか)**るい** ①(빛・색이) 환하다 ②(성격・기분이) 밝다

あかるむ **明**(あか)**るむ** 밝아지다, 밝아 오다

あからむ **明**(あか)**らむ** (동이 터서) 훤해지다

あきらか **明**(あき)**らか** 명백함, 밝음

あくる **明**(あ)**くる** 다음의(날, 달 등이 옴)

あける **明**(あ)**ける** ①(날이) 밝다 ②새해가 되다

あく **明**(あ)**く** 열리다, 면해 있다

あかす **明**(あ)**かす** 밝히다, 털어놓다

밝을 **명**

小2 N3

電球(でんきゅう)はエジソンが発明(はつめい)しました。 전구는 에디슨이 발명했습니다.

キムさんは性格(せいかく)がとても明(あか)るいです。 김 씨는 성격이 매우 밝습니다.

0617

음독 **めい** **共鳴**(きょうめい) 공명 **悲鳴**(ひめい) 비명

훈독 **な**る **鳴**(な)**る** 소리가 나다, 울리다

なく **鳴**(な)**く** (새, 벌레 등이) 울다 **鳴**(な)**き声**(ごえ) 울음소리

ならす **鳴**(な)**らす** ①소리를 내다 ②(명성 등을) 떨치다

울 **명**

小2 N2

女(おんな)の人(ひと)の悲鳴(ひめい)が聞(き)こえてきました。 여자의 비명이 들려 왔습니다.

上映中(じょうえいちゅう)はケータイを鳴(な)らしてはいけません。 상영중에는 휴대전화를 울려서는 안 됩니다.

Tip 1373 なく 참조

0618

훈독 **さら** 皿(さら) 접시 皿洗い(さらあらい) 설거지 小皿(こざら) 작은 접시 灰皿(はいざら) 재떨이

그릇 **명**

小3 N2

母(はは)の皿洗い(さらあらい)を手伝(てつだ)いました。 설거지하는 엄마를 도왔습니다.

料理(りょうり)を小皿(こざら)に分(わ)けます。 요리를 작은 접시에 나눕니다.

0619

음독 **めい** 命令(めいれい) 명령 生命(せいめい) 생명 運命(うんめい) 운명 命(めい)じる 명령하다

みょう 寿命(じゅみょう) 수명

훈독 **いのち** 命(いのち) 목숨, 생명 命(いのち)がけ 결사적임, 목숨을 걺 命綱(いのちづな) 위험한 곳에서 일할 때 몸에 매어 두는 밧줄 命拾い(いのちびろい) 구사일생으로 살아남

목숨 **명**

小3 N2

ベートーヴェンの「運命(うんめい)」はとても有名(ゆうめい)です。 베토벤의 「운명」은 아주 유명합니다.

何(なに)よりも命(いのち)が大事(だいじ)です。 무엇보다도 생명이 소중합니다.

0620

음독 **めい** 冥福(めいふく) 명복 冥王星(めいおうせい) 명왕성 冥土(めいど) 황천

みょう 冥利(みょうり) 명리(신불에 의해서 모르는 사이에 내려지는 혜택)

어두울/저승 **명**

中 급수 외

故人(こじん)の冥福(めいふく)を祈(いの)ります。 고인의 명복을 빕니다.

冥王星(めいおうせい)に探査機(たんさき)を飛(と)ばしました。 명왕성에 탐사기를 쏘아 올렸습니다.

0621

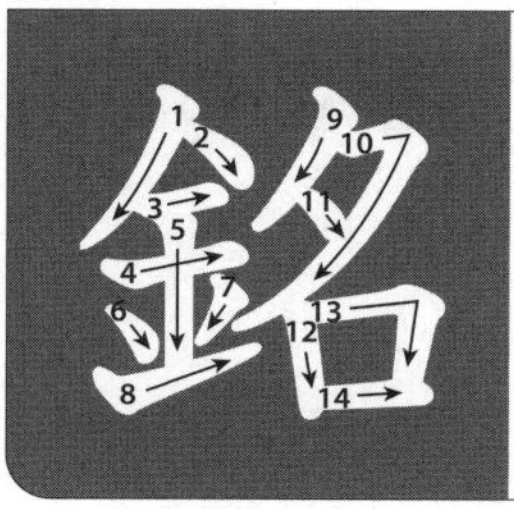

음독 **めい** 銘文(めいぶん) 명문(금석·기물 등에 새겨진 글) 銘柄(めいがら) 상품의 상표

感銘(かんめい) 감명 座右の銘(ざゆうのめい) 좌우명

銘(めい)ずる 마음속에 깊이 새기다, 명심하다

새길 **명**

中 N1

すばらしい演劇(えんげき)に感銘(かんめい)を覚(おぼ)えました。 훌륭한 연극에 감명을 받았습니다.

座右(ざゆう)の銘(めい)は何(なん)ですか。 좌우명은 뭐예요?

0622

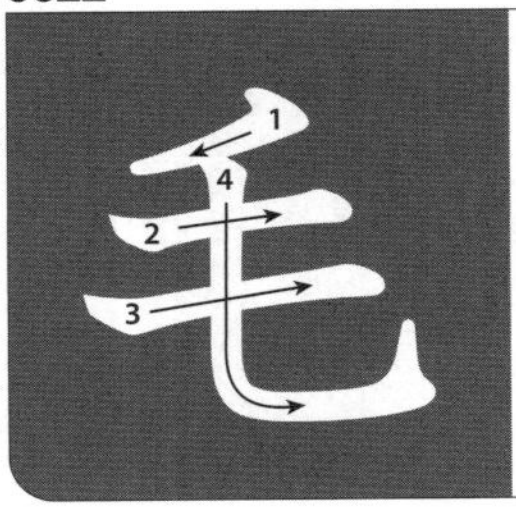

음독 **もう** 毛布(もうふ) 담요 毛筆(もうひつ) 모필, 털붓 羊毛(ようもう) 양모 不毛(ふもう) 불모

훈독 **け** 毛(け) 털 毛虫(けむし) 모충, 송충이 毛糸(けいと) 털실 眉毛(まゆげ) 눈썹

터럭 **모**

小2 N2

毛布(もうふ)をクリーニングに出(だ)しました。 담요를 세탁하러 보냈습니다.

毛糸(けいと)でマフラーを編(あ)んで、友(とも)だちにあげます。 털실로 목도리를 짜서, 친구에게 줍니다.

0623

음독 **ぼ** 母校(ぼこう) 모교 母国(ぼこく) 모국 母国語(ぼこくご) 모국어 母性(ぼせい) 모성 母音(ぼいん) 모음 母乳(ぼにゅう) 모유

훈독 **はは** 母(はは) 어머니 母親(ははおや) 모친, 어머니 母の日(ははのひ) 어머니의 날

예외 お母(かあ)さん 어머니 乳母(うば) 유모 母屋(おもや) (건물의) 안채

어머니 **모**

小2 N5

母国語(ぼこくご)は何(なん)ですか。 모국어는 무엇입니까?

母(はは)は会社員(かいしゃいん)です。 어머니는 회사원입니다.

0624

음독 **も** 模様(もよう) 무늬, 도안 模擬(もぎ) 모의 模範(もはん) 모범

ぼ 規模(きぼ) 규모

模

본뜰 **모**

小6 N1

かわいい模様(もよう)の服(ふく)を買(か)いました。 귀여운 무늬의 옷을 샀습니다.

後輩(こうはい)に模範(もはん)を示(しめ)しました。 후배에게 모범을 보였습니다.

0625

음독 **ぼ** 暮色(ぼしょく) 모색(날이 저물어 가는 어스레한 빛) 歳暮(せいぼ) 세모, 연말

훈독 **くれる** 暮(く)れる 해가 저물다 夕暮(ゆうぐ)れ 해질녘, 황혼

くらす 暮(く)らす 살다, 지내다

暮

저물 **모**

小6 N2

年末(ねんまつ)に贈(おく)る物(もの)を「お歳暮(せいぼ)」といいます。
연말에 보내는 물건을 '오세보(연말선물)'라고 합니다.

日(ひ)が暮(く)れる前(まえ)に帰(かえ)りましょう。 해가 지기 전에 돌아갑시다.

0626

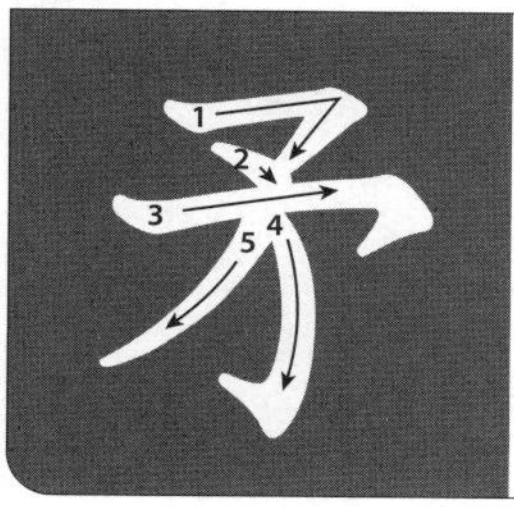

음독 **む** 　矛盾(むじゅん) 모순

훈독 **ほこ** 　矛(ほこ) 쌍날칼을 꽂은 창 비슷한 옛 무기

矛先(ほこさき) ①창끝 ②논쟁·비난 등의 공격의 화살

창 **모**

中 N1

西村(にしむら)さんの説明(せつめい)は矛盾(むじゅん)しています。 니시무라 씨의 설명은 모순되어 있습니다.

批判(ひはん)の矛先(ほこさき)は岸本(きしもと)さんに向(む)かいました。 비판의 화살은 기시모토 씨에게 향했습니다.

0627

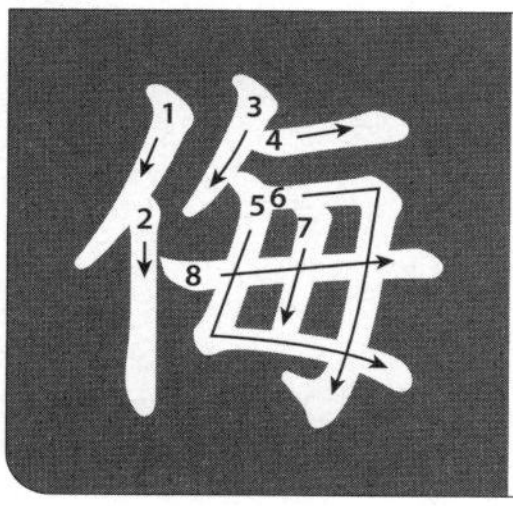

음독 **ぶ** 　侮蔑(ぶべつ) 모멸　侮辱(ぶじょく) 모욕　侮辱罪(ぶじょくざい) 모욕죄

훈독 **あなど**る 　侮(あなど)る 깔보다, 얕보다

侮

업신여길 **모**

中 N1

私(わたし)の家族(かぞく)を侮辱(ぶじょく)するのは許(ゆる)せません。 우리 가족을 모욕하는 것은 용서할 수 없습니다.

相手(あいて)チームの実力(じつりょく)を侮(あなど)って、負(ま)けてしまいました。
상대팀 실력을 얕봐서 지고 말았습니다.

0628

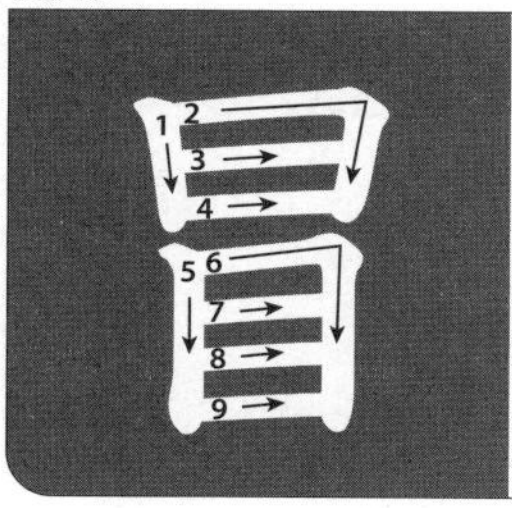

음독 **ぼう** 　冒険(ぼうけん) 모험　冒涜(ぼうとく) 모독　冒頭(ぼうとう) ①모두, 첫머리 ②서두, 전제

感冒(かんぼう) 감기

훈독 **おか**す 　冒(おか)す 무릅쓰다

冒

무릅쓸 **모**

中 N1

会議(かいぎ)の冒頭(ぼうとう)、社長(しゃちょう)が挨拶(あいさつ)をしました。 회의 서두에 사장님이 인사를 했습니다.

救助(きゅうじょ)のため、危険(きけん)を冒(おか)して川(かわ)に飛(と)び込(こ)みました。
구조를 위해, 위험을 무릅쓰고 강에 뛰어들었습니다.

Tip おかす

冒(おか)す 무릅쓰다

危険(きけん)を冒(おか)す。 위험을 무릅쓰다.

犯(おか)す 범하다

罪(つみ)を犯(おか)す。 죄를 저지르다.

侵(おか)す 침범하다

領土(りょうど)を侵(おか)す。 영토를 침범하다.

0629

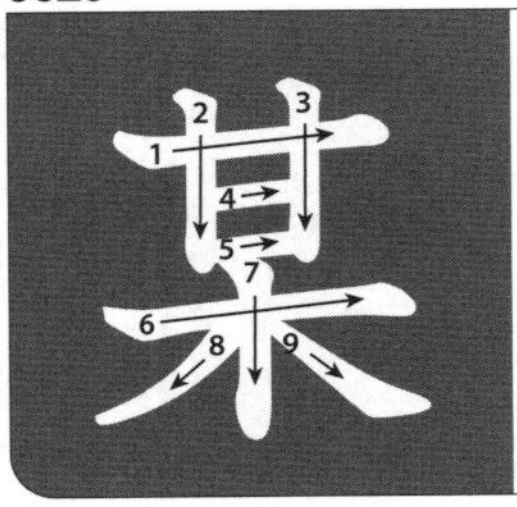

음독 **ぼう** 　**某所**(ぼうしょ) 모처　**某地**(ぼうち) 모지, 어느 곳　**某氏**(ぼうし) 모씨, 어떤 분
某国(ぼうこく) 모국, 어떤 나라

아무 **모**
中　N1

会議(かいぎ)は東京(とうきょう)の某所(ぼうしょ)で開(ひら)かれました。 회의는 도쿄의 모처에서 열렸습니다.
政治家(せいじか)の某氏(ぼうし)がインタビューに答(こた)えました。 정치가 어떤 분이 인터뷰에 답을 했습니다.

0630

음독 **もう** 　**摩耗**(まもう) 마모　**消耗**(しょうもう) 소모　**消耗品**(しょうもうひん) 소모품
こう 　**心神耗弱**(しんしんこうじゃく) 심신모약, 심신미약

耗

소모할 **모**
中　N2

靴(くつ)が古(ふる)くなって靴底(くつぞこ)が摩耗(まもう)しました。 구두가 오래되서 구두창이 마모되었습니다.
せっけんや洗剤(せんざい)は消耗品(しょうもうひん)です。 비누나 세제는 소모품입니다.

0631

음독 **ぼ** 　**募集**(ぼしゅう) 모집　**募金**(ぼきん) 모금　**公募**(こうぼ) 공모　**応募**(おうぼ) 응모
훈독 **つのる** 　**募る**(つの) 모으다, 모집하다

募

모을/뽑을 **모**
中　N2

アルバイトを募集(ぼしゅう)しています。 아르바이트를 모집하고 있습니다.
寄付金(きふきん)を募(つの)りました。 기부금을 모았습니다.

0632

음독 **ぼう** 　**帽子**(ぼうし) 모자　**帽章**(ぼうしょう) 모장, 모표(모자에 붙이는 일정한 표지)
脱帽(だつぼう) 모자를 벗음　**制帽**(せいぼう) 제모(규정에 따라 정한 모자)

모자 **모**
中　N2

帽子(ぼうし)をかぶって散歩(さんぽ)しました。 모자를 쓰고 산책했습니다.
式場(しきじょう)の中(なか)では脱帽(だつぼう)してください。 식장 안에서는 모자를 벗어 주세요.

0633

음독 ぼ　慕情(ぼじょう) 모정(사모하는 마음)　恋慕(れんぼ) 연모　思慕(しぼ) 사모

훈독 したう　慕(した)う 사모하다　恋慕(こいした)う 연모하다

慕

그릴 **모**

中　N1

恋人(こいびと)への慕情(ぼじょう)を詩(し)にしました。 연인을 향한 사모하는 마음을 시로 썼습니다.

恋人(こいびと)を慕(した)って、フランスまで行(い)きました。 연인을 사모하여 프랑스까지 갔습니다.

0634

음독 ぼう　美貌(びぼう) 미모　変貌(へんぼう) 변모　容貌(ようぼう) 용모　全貌(ぜんぼう) 전모

모양 **모**

中　급수 외

運動(うんどう)をして美貌(びぼう)を保(たも)ちます。 운동을 해서 미모를 유지합니다.

事件(じけん)の全貌(ぜんぼう)が明(あき)らかになりました。 사건의 전모가 밝혀졌습니다.

0635

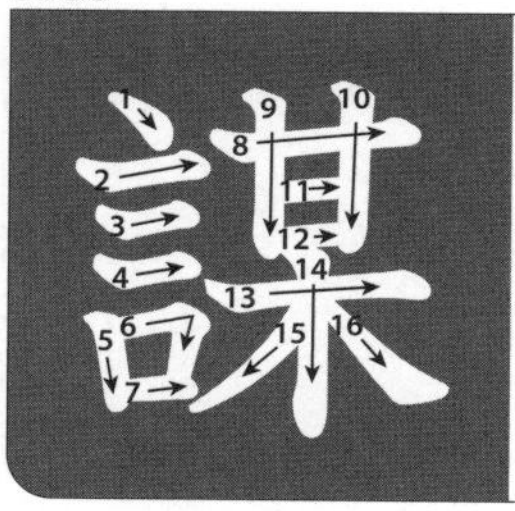

음독 ぼう　謀略(ぼうりゃく) 모략　陰謀(いんぼう) 음모　首謀(しゅぼう) 주모(자)

む　謀反(むほん) 모반, 반역

훈독 はかる　謀(はか)る 꾀하다

꾀 **모**

中　N1

政府(せいふ)は陰謀説(いんぼうせつ)を否定(ひてい)しました。 정부는 음모설을 부정했습니다.

暗殺(あんさつ)を謀(はか)った人物(じんぶつ)が逮捕(たいほ)されました。 암살을 꾀한 인물이 체포되었습니다.

Tip 0128 はかる 参照

0636

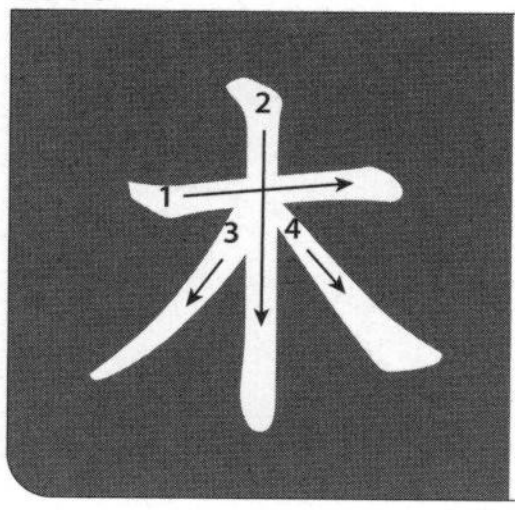

음독 もく　木曜日(もくようび) 목요일　木造(もくぞう) 목조　木材(もくざい) 목재　예외 木綿(もめん) 면직물

ぼく　土木(どぼく) 토목

훈독 き　木(き) 나무　並木(なみき) 가로수

こ　木(こ)の葉(は) 나뭇잎

나무 **목**

小1　N5

木曜日(もくようび)のメニューは何(なん)ですか。 목요일의 메뉴는 무엇입니까?

この公園(こうえん)は木(き)が多(おお)いです。 이 공원은 나무가 많습니다.

ㅁ

0637

음독 もく　目的(もくてき) 목적　注目(ちゅうもく) 주목

ぼく　面目(めんぼく) 면목(めんもく로도 읽음)

훈독 め　目(め) 눈　目上(めうえ) 윗사람　目(め)ざまし時計(どけい) 자명종

ま　目映(まばゆ)い 눈부시다

눈 **목**

小1　N5

日本(にほん)に行(い)く目的(もくてき)は何(なん)ですか。 일본에 가는 목적은 무엇입니까?

目上(めうえ)の人(ひと)を大事(だいじ)にしてください。 윗사람을 소중하게 대해 주세요.

0638

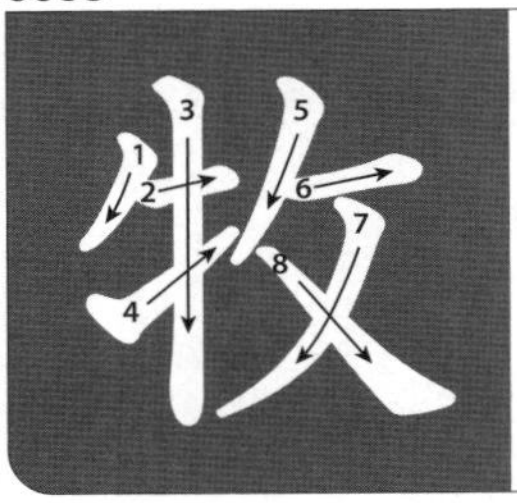

음독 ぼく　牧場(ぼくじょう) 목장　牧師(ぼくし) 목사　放牧(ほうぼく) 방목　遊牧(ゆうぼく) 유목

훈독 まき　牧場(まきば) 목장

칠 **목**

小4　N1

モンゴルには遊牧民(ゆうぼくみん)がいます。 몽골에는 유목민이 있습니다.

牧場(まきば)で馬(うま)に乗(の)りました。 목장에서 말을 탔습니다.

0639

음독 ぼく　親睦(しんぼく) 친목　和睦(わぼく) 화목, 화친

훈독 むつまじい　睦(むつ)まじい 사이가 좋다, 정답다, 화목하다

화목할 **목**

中　N1

新入社員(しんにゅうしゃいん)のための親睦会(しんぼくかい)を開(ひら)きました。 신입사원을 위한 친목회를 열었습니다.

両親(りょうしん)のように睦(むつ)まじい夫婦(ふうふ)になりたいです。
부모님처럼 사이가 좋은 부부가 되고 싶습니다.

0640

음독 ぼつ　没頭(ぼっとう) 몰두　没年(ぼつねん) 몰년(죽은 때의 나이)　沈没(ちんぼつ) 침몰

日没(にちぼつ) 일몰

沒

빠질 **몰**

中　N1

弟(おとうと)は趣味(しゅみ)に没頭(ぼっとう)しています。 남동생은 취미에 몰두하고 있습니다.

冬(ふゆ)は日没(にちぼつ)が早(はや)いです。 겨울은 일몰이 빠릅니다.

0641

음독 む　夢中(むちゅう) 열중함, 몰두함　夢想(むそう) 몽상, 공상　夢遊病(むゆうびょう) 몽유병
悪夢(あくむ) 악몽, 흉몽

훈독 ゆめ　夢(ゆめ) 꿈　初夢(はつゆめ) 새해 첫 꿈(정월 초하루나 초이틀에 꾸는 꿈)
正夢(まさゆめ) 사실과 부합되는 꿈, 맞는 꿈

夢

꿈 **몽**

小5 N2

テレビドラマに夢中(むちゅう)です。텔레비전 드라마에 빠졌습니다.
変(へん)な夢(ゆめ)を見(み)ました。이상한 꿈을 꿨습니다.

0642

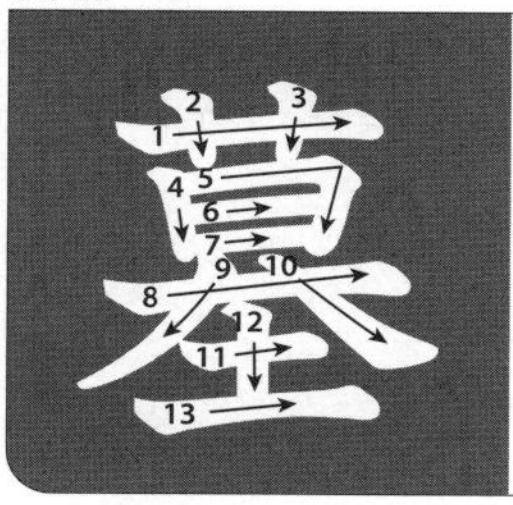

음독 ぼ　墓地(ぼち) 묘지　墓前(ぼぜん) 묘전(무덤 앞)　墓碑(ぼひ) 묘비　墳墓(ふんぼ) 분묘, 무덤

훈독 はか　墓(はか) 묘, 무덤, 묘비　墓参り(はかまいり) 성묘

墓

무덤 **묘**

小5 N1

父(ちち)の墓前(ぼぜん)に花(はな)を供(そな)えました。아버지의 무덤 앞에 꽃을 올렸습니다.
田舎(いなか)へ墓参り(はかまいり)に行(い)きます。시골에 성묘하러 갑니다.

0643

음독 みょう　妙案(みょうあん) 묘안　奇妙(きみょう) 기묘함　絶妙(ぜつみょう) 절묘함

묘할 **묘**

中 N1

妙案(みょうあん)を思(おも)いつきました。묘안을 생각해냈습니다.
岡本(おかもと)さんから奇妙(きみょう)な噂(うわさ)を聞(き)きました。오카모토 씨에게서 기묘한 소문을 들었습니다.

0644

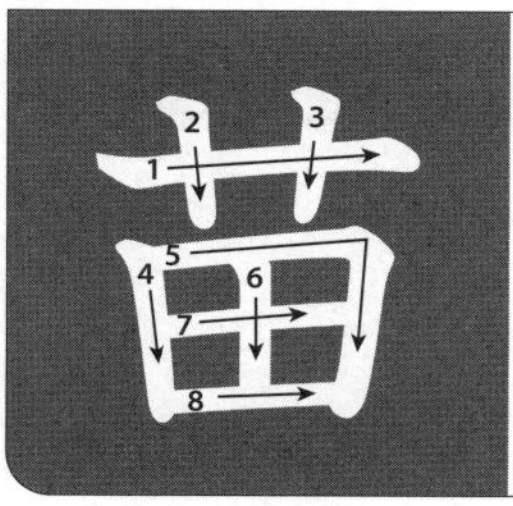

음독 びょう　育苗(いくびょう) 육묘(묘목이나 모를 기름, 또는 그 일)
みょう　苗字(みょうじ) 성씨

훈독 なえ　苗(なえ) 모종
なわ　苗代(なわしろ) 못자리

苗

모 **묘**

中 N1

苗字(みょうじ)をひらがなで書(か)いてください。성씨를 히라가나로 써 주세요.
花壇(かだん)にパンジーの苗(なえ)を植(う)えました。화단에 팬지 모종을 심었습니다.

ㅁ

0645

훈독 **うね** 畝(うね) 두렁(논이나 밭 사이의 작은 둑)

せ 一畝(いっせ) 1묘

이랑 **묘**

中 N1

鍬(くわ)で畝(うね)を作(つく)りました。 괭이로 두렁을 만들었습니다.

一畝(いっせ)は約(やく)30坪(つぼ)です。 1묘는 약 30평입니다.

0646

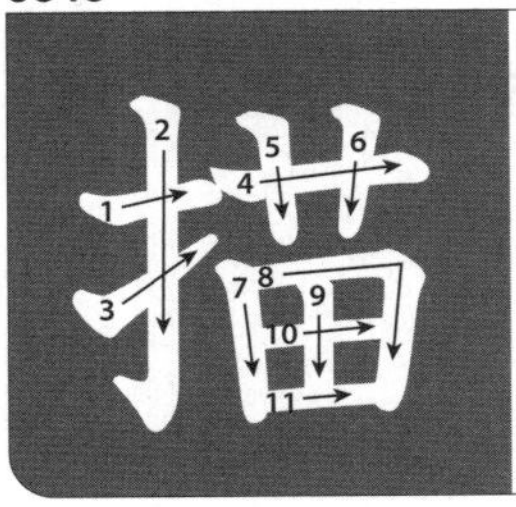

음독 **びょう** 描写(びょうしゃ) 묘사 素描(そびょう) 소묘 線描(せんびょう) 선묘(그림을 선으로만 그림)

훈독 **えがく** 描(えが)く 그리다

かく 描(か)く 그리다

描

그릴 **묘**

中 N1

スケッチブックに素描(そびょう)をしました。 스케치북에 소묘를 했습니다.

画家(がか)が山(やま)を描(えが)いています。 화가가 산을 그리고 있습니다.

0647

음독 **びょう** 猫額(びょうがく) ①고양이 이마 ②아주 좁음

猫額大(びょうがくだい) 고양이 이마만함, 아주 좁음

훈독 **ねこ** 猫(ねこ) 고양이 猫舌(ねこじた) 뜨거운 것을 못 먹는 사람

猫

고양이 **묘**

中 N2

私(わたし)の家(いえ)には猫額大(びょうがくだい)の庭(にわ)があります。 우리 집에는 아주 작은 정원이 있습니다.

うちでは猫(ねこ)を飼(か)っています。 우리집은 고양이를 기르고 있습니다.

0648

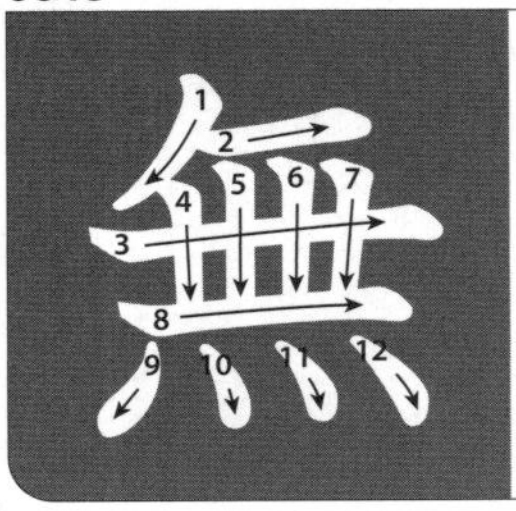

음독 **む** 無理(むり) 무리 無料(むりょう) 무료 有無(うむ) 유무 皆無(かいむ) 전무, 전혀 없음

ぶ 無事(ぶじ) 무사, 아무 일이 없음

훈독 **ない** 無(な)い 없다

없을 **무**

小4 N2

小学生(しょうがくせい)は無料(むりょう)です。 초등학생은 무료입니다.

免許(めんきょ)が無(な)いので、車(くるま)の運転(うんてん)ができません。 면허가 없어서 차를 운전할 수 없습니다.

0649

武

음독 **ぶ** 武器(ぶき) 무기 武装(ぶそう) 무장 武力(ぶりょく) 무력 文武(ぶんぶ) 문무, 학문과 무예

む 武者(むしゃ) 무사

무예/무사 **무**

小5 N2

兵士(へいし)たちが武装(ぶそう)しています。 병사들이 무장하고 있습니다.

武力(ぶりょく)では何(なに)も解決(かいけつ)しません。 무력으로는 아무것도 해결되지 않습니다.

0650

務

음독 **む** 業務(ぎょうむ) 업무 義務(ぎむ) 의무 事務(じむ) 사무 職務(しょくむ) 직무

훈독 **つとめる** 務(つと)める 소임을 맡다, 역할을 하다

つとまる 務(つと)まる 맡은 바 임무를 할 수 있다

힘쓸 **무**

小5 N2

会社(かいしゃ)の業務(ぎょうむ)は９時(じ)から５時(じ)までです。 회사 업무는 9시부터 5시까지입니다.

会議(かいぎ)の司会(しかい)をキムさんが務(つと)めます。 회의 사회를 김 씨가 맡습니다.

Tip 0281 つとめる 참조

0651

貿

음독 **ぼう** 貿易(ぼうえき) 무역 貿易会社(ぼうえきがいしゃ) 무역회사 貿易風(ぼうえきふう) 무역풍, 열대 동풍 貿易港(ぼうえきこう) 무역항

무역할 **무**

小5 N2

貿易会社(ぼうえきがいしゃ)に勤(つと)めたいです。 무역회사에 근무하고 싶습니다.

横浜(よこはま)には大(おお)きな貿易港(ぼうえきこう)があります。 요코하마에는 큰 무역항이 있습니다.

0652

茂

음독 **も** 繁茂(はんも) 초목이 우거짐, 무성함

훈독 **しげる** 茂(しげ)る 초목이 무성하다, 우거지다

茂

무성할 **무**

中 N1

湖(みずうみ)に水草(みずくさ)が繁茂(はんも)しています。 호수에 물풀이 무성합니다.

庭(にわ)に茂(しげ)った草(くさ)を取(と)ります。 정원에 무성한 풀을 뽑습니다.

ㅁ

0653

음독 ぶ　舞台(ぶたい) 무대　舞踊(ぶよう) 무용　舞踏(ぶとう) 무도, 춤
鼓舞(こぶ) 고무(격려하여 기세를 돋움)

훈독 まう　舞(ま)う 춤추다
まい　舞(まい) 춤

춤출 **무**
中 N2

舞台(ぶたい)で演劇(えんげき)の練習(れんしゅう)をします。무대에서 연극 연습을 합니다.
日本(にほん)の伝統的(でんとうてき)な舞(まい)を見(み)ました。일본의 전통적인 춤을 봤습니다.

0654

음독 む　霧笛(むてき) 무적(배나 등대에서 안개를 조심하라고 울리는 고동)
濃霧(のうむ) 농무(짙은 안개)
五里霧中(ごりむちゅう) 오리무중(찾을 길이 막연하거나 갈피를 잡을 수 없음)

훈독 きり　霧(きり) 안개

안개 **무**
中 N1

濃霧(のうむ)のときは運転(うんてん)に気(き)をつけてください。농무일 때는 운전을 조심하세요.
霧(きり)が谷(たに)を覆(おお)っています。안개가 골짜기를 덮고 있습니다.

0655

음독 ぼく　墨汁(ぼくじゅう) 먹물　水墨画(すいぼくが) 수묵화

훈독 すみ　墨(すみ) 먹물　靴墨(くつずみ) 구두약　入れ墨(いれずみ) 문신
朱墨(しゅずみ) 주묵, 붉은 빛깔의 먹(しゅぼく로도 읽음)

墨

먹 **묵**
中 N1

これは申師任堂(シンサイムダン)の水墨画(すいぼくが)です。이것은 신사임당의 수묵화입니다.
靴墨(くつずみ)を使(つか)って、革靴(かわぐつ)を磨(みが)きます。구두약을 써서 가죽구두를 닦습니다.

0656

음독 もく　黙祷(もくとう) 묵도　黙認(もくにん) 묵인　沈黙(ちんもく) 침묵　寡黙(かもく) 과묵

훈독 だまる　黙(だま)る 입을 다물다

默

잠잠할 **묵**
中 N1

私(わたし)は違反(いはん)を黙認(もくにん)できません。나는 위반을 묵인할 수 없습니다.
何(なに)を聞(き)いても加藤(かとう)さんは黙(だま)っていました。
어떤 것을 물어봐도 가토 씨는 입을 다물고 있었습니다.

0657

음독	ぶん	文化(ぶんか) 문화　文学(ぶんがく) 문학　作文(さくぶん) 작문
	もん	文句(もんく) ①문구 ②불평　예외 文字(もじ) 문자
훈독	ふみ	文(ふみ) 문서, 책　恋文(こいぶみ) 연애편지

글월 **문**

小1　N3

作文(さくぶん)がきらいです。 작문을 싫어합니다.

昔(むかし)の人(ひと)は恋文(こいぶみ)をよく書(か)きました。 옛날 사람은 연애편지를 자주 썼습니다.

0658

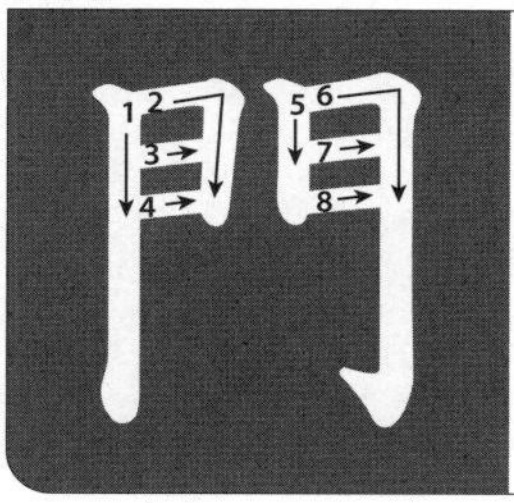

음독	もん	入門(にゅうもん) 입문　名門(めいもん) 명문　専門(せんもん) 전문　校門(こうもん) 교문
훈독	かど	門口(かどぐち) 문간　門松(かどまつ) 새해에 문 앞에 장식으로 세우는 소나무
		門出(かどで) 집을 나섬, 출발

문 **문**

小2　N3

校門(こうもん)の前(まえ)で待(ま)ってください。 교문 앞에서 기다려 주세요.

お正月(しょうがつ)には門松(かどまつ)を作(つく)ります。 설날에는 소나무 장식을 만듭니다.

0659

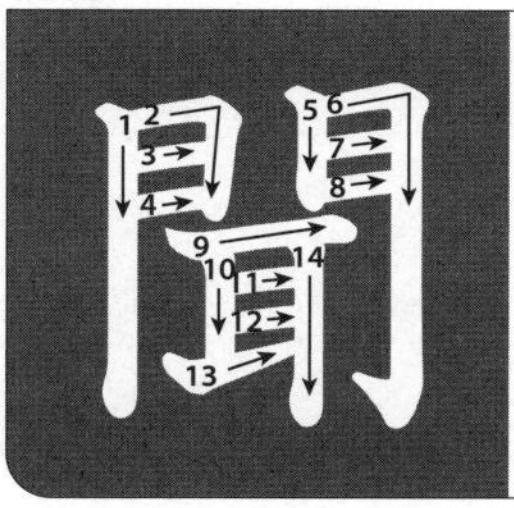

음독	ぶん	新聞(しんぶん) 신문　見聞(けんぶん) 견문　伝聞(でんぶん) 전문
	もん	前代未聞(ぜんだいみもん) 전대미문　聴聞会(ちょうもんかい) 청문회
훈독	きく	聞(き)く 듣다　聞(き)き取(と)り 듣기, 듣고 이해하기
	きこえる	聞(き)こえる 들리다

들을 **문**

小2　N5

彼(かれ)の夢(ゆめ)は新聞記者(しんぶんきしゃ)です。 그의 꿈은 신문기자입니다.

あした、聞(き)き取(と)りのテストがあります。 내일 듣기시험이 있습니다.

Tip　きく

聞(き)く 소리나 이야기를 듣다
噂(うわさ)を聞(き)く。 소문을 듣다.

聴(き)く 귀 기울여 듣다
音楽(おんがく)を聴(き)く。 음악을 듣다.

効(き)く 효과가 있다
薬(くすり)が効(き)く。 약이 잘 듣다.

利(き)く 잘 움직이다
左手(ひだりて)が利(き)く。 왼손을 잘 쓰다.

口

0660

問

음독 もん　問題(もんだい) 문제　問診(もんしん) 문진　疑問(ぎもん) 의문　設問(せつもん) 설문　顧問(こもん) 고문

훈독 とう　問(と)う 묻다　問(と)い 질문, 문제　問(と)い合(あ)わせ 문의

とん　問屋(とんや) 도매상

물을 **문**

小3　N3

この問題(もんだい)はとても難(むずか)しいです。이 문제는 매우 어렵습니다.

性別(せいべつ)・年齢(ねんれい)は問(と)いません。성별·연령은 묻지 않습니다.

Tip 고문

顧問(こもん) 전문적인 지식과 풍부한 경험을 가지고 자문에 응하는 전문인

顧問弁護士(こもんべんごし)に相談(そうだん)する。고문변호사에게 상담하다.

拷問(ごうもん) 육체적 고통을 줌

捕虜(ほりょ)を拷問(ごうもん)する。포로를 고문하다.

0661

蚊

훈독 か　蚊(か) 모기　蚊帳(かや) 모기장(かちょう로도 읽음)

蚊取(かと)り線香(せんこう) 모기향

모기 **문**

中　N1

蚊(か)に刺(さ)されて、かゆいです。모기에 물려서 가렵습니다.

蚊取(かと)り線香(せんこう)に火(ひ)を付(つ)けました。모기향에 불을 붙였습니다.

0662

紋

음독 もん　紋章(もんしょう) 문장(가문·국가·단체 등의 표시로 쓰는 무늬)　波紋(はもん) 파문

家紋(かもん) 가문　指紋(しもん) 지문

무늬 **문**

中　N1

湖面(こめん)に波紋(はもん)が広(ひろ)がりました。호수면에 파문이 번졌습니다.

犯人(はんにん)の指紋(しもん)が検出(けんしゅつ)されました。범인의 지문이 검출되었습니다.

0663

物

음독 **ぶつ** 物理(ぶつり) 물리 物価(ぶっか) 물가 植物(しょくぶつ) 식물 見物(けんぶつ) 구경

もつ 荷物(にもつ) 짐 食物(しょくもつ) 음식물(しょくぶつ로도 읽음)

훈독 **もの** 物(もの) 물건, 것 物語(ものがたり) 이야기 果物(くだもの) 과일 飲(の)み物(もの) 음료, 마실 것

물건 **물**

小3 N3

荷物(にもつ)はここに置(お)いてください。 짐은 여기에 놓아 주세요.

お飲(の)み物(もの)は何(なに)にしますか。 음료는 무엇으로 하겠습니까?

0664

米

음독 **べい** 米国(べいこく) 미국 欧米(おうべい) 구미 米寿(べいじゅ) 미수, 88세

まい 白米(はくまい) 백미 玄米(げんまい) 현미 新米(しんまい) 햅쌀

훈독 **こめ** 米(こめ) 쌀 米粒(こめつぶ) 쌀알

쌀 **미**

小2 N2

祖母(そぼ)の米寿(べいじゅ)のお祝(いわ)いをしました。 할머니의 미수(88세) 축하연을 했습니다.

韓国(かんこく)と日本(にほん)はお米(こめ)が主食(しゅしょく)です。 한국과 일본은 쌀이 주식입니다.

0665

美

음독 **び** 美術(びじゅつ) 미술 美容(びよう) 미용 美人(びじん) 미인 美女(びじょ) 미녀

훈독 **うつくしい** 美(うつく)しい 아름답다

아름다울 **미**

小3 N2

美容室(びようしつ)でパーマをかけました。 미용실에서 파마를 했습니다.

桜(さくら)はとても美(うつく)しいです。 벚꽃은 매우 아름답습니다.

0666

味

음독 **み** 味覚(みかく) 미각 趣味(しゅみ) 취미 興味(きょうみ) 흥미 意味(いみ) 의미

훈독 **あじ** 味(あじ) 맛 味見(あじみ) 맛을 봄 味付(あじつ)け 간맞추기

あじわう 味(あじ)わう 맛보다

맛 **미**

小3 N3

趣味(しゅみ)は何(なん)ですか。 취미는 무엇입니까?

ちょっと味見(あじみ)してください。 맛을 좀 봐 주세요.

0667

음독 み　未来(みらい) 미래　未満(みまん) 미만　未熟(みじゅく) 미숙　未定(みてい) 미정

아닐 미

小4　N2

19歳(さい)未満(みまん)はお酒(さけ)を飲(の)んではいけません。 19세 미만은 술을 마셔서는 안 됩니다.

休暇(きゅうか)の予定(よてい)は、まだ未定(みてい)です。 휴가 예정은 아직 미정입니다.

0668

음독 めい　迷路(めいろ) 미로　迷惑(めいわく) 폐, 귀찮음, 성가심　混迷(こんめい) 혼미

低迷(ていめい) 침체　예외 迷子(まいご) 미아

훈독 まよう　迷(まよ)う 길을 잃다, 헤매다

헤맬/혼미할 미

小5　N2

迷惑(めいわく)をかけて、すみません。 폐를 끼쳐서 죄송합니다.

道(みち)に迷(まよ)ってしまいました。 길을 잃고 말았습니다.

0669

음독 び　尾翼(びよく) 비행기의 꼬리날개　尾行(びこう) 미행

首尾(しゅび) 사물의 처음과 끝, 시종　語尾(ごび) 어미

훈독 お　尾(お) 꼬리　尾鰭(おひれ) ①꼬리와 지느러미 ②군더더기, 과장

꼬리 미

中　N1

警察(けいさつ)は犯人(はんにん)を尾行(びこう)しました。 경찰은 범인을 미행했습니다.

牛(うし)の尾(お)は長(なが)いです。 소의 꼬리는 깁니다.

0670

음독 み　弥勒(みろく) 미륵　弥勒菩薩(みろくぼさつ) 미륵보살

훈독 や　弥生(やよい) 음력 3월

彌

미륵 미

中　N1

この寺(てら)には弥勒菩薩像(みろくぼさつぞう)があります。 이 절에는 미륵보살상이 있습니다.

陰暦(いんれき)の３月(がつ)を弥生(やよい)といいます。 음력 3월을 '야요이'라고 합니다.

0671

眉

눈썹 **미**

中 | 급수 외

음독 **び** 柳眉(りゅうび) 가늘고 예쁜 눈썹　白眉(はくび) 백미, 가장 뛰어난 것

み 眉間(みけん) 미간

훈독 **まゆ** 眉(まゆ) 눈썹　眉毛(まゆげ) 눈썹

変(へん)な噂(うわさ)を聞(き)いて、眉間(みけん)にしわを寄(よ)せました。 이상한 소문을 듣고 미간을 찌푸렸습니다.

江藤(えとう)さんは眉毛(まゆげ)の形(かたち)がきれいです。 에토 씨는 눈썹 모양이 예쁩니다.

0672

微

작을 **미**

中 | N1

음독 **び** 微妙(びみょう) 미묘함　微生物(びせいぶつ) 미생물　微熱(びねつ) 미열　微細(びさい) 미세함

微

事実(じじつ)と話(はなし)が微妙(びみょう)に違(ちが)います。 사실과 말하는 것이 미묘하게 다릅니다.

咳(せき)が出(で)て微熱(びねつ)もあるので病院(びょういん)に行(い)きました。
기침이 나고 미열도 있어서 병원에 갔습니다.

0673

謎

수수께끼 **미**

中 | N1

훈독 **なぞ** 謎(なぞ) 수수께끼　謎々(なぞなぞ) 수수께끼　謎解(なぞと)き 수수께끼 풀기

事件(じけん)には多(おお)くの謎(なぞ)がありました。 사건에는 많은 수수께끼가 있었습니다.

子(こ)どもが互(たが)いに謎々(なぞなぞ)を出(だ)して、遊(あそ)んでいます。
어린이가 서로 수수께끼를 내며 놀고 있습니다.

Tip 이 한자는 **謎**로도 쓰임

0674

民

백성 **민**

小4 | N3

음독 **みん** 民族(みんぞく) 민족　民主主義(みんしゅしゅぎ) 민주주의　農民(のうみん) 농민　国民(こくみん) 국민

훈독 **たみ** 民(たみ) 국민, 백성

相撲(すもう)は日本国民(にほんこくみん)に人気(にんき)があります。 스모는 일본 국민에게 인기가 있습니다.

政治家(せいじか)は民(たみ)の声(こえ)を聞(き)かなければなりません。
정치가는 국민의 목소리를 들어야 합니다.

0675

음독 **びん**　敏感(びんかん) 민감함　敏捷(びんしょう) 민첩함　過敏(かびん) 과민함　鋭敏(えいびん) 예민함

민첩할 **민**

中　N1

犬(いぬ)は匂(にお)いに敏感(びんかん)です。 개는 냄새에 민감합니다.

過敏(かびん)に人(ひと)の目(め)を気(き)にするのは、よくありません。
과민하게 다른 사람의 눈을 신경쓰는 것은 좋지 않습니다.

0676

음독 **みつ**　密約(みつやく) 밀약　密猟(みつりょう) 밀렵　秘密(ひみつ) 비밀　過密(かみつ) 과밀

빽빽할/숨길 **밀**

小6　N1

密猟(みつりょう)は禁止(きんし)です。 밀렵은 금지입니다.

これは二人(ふたり)だけの秘密(ひみつ)です。 이것은 둘만의 비밀입니다.

0677

음독 **みつ**　蜜月(みつげつ) 밀월　蜂蜜(はちみつ) 벌꿀

예외 蜜柑(みかん) 귤

꿀 **밀**

中　급수 외

トーストに蜂蜜(はちみつ)をかけて食(た)べました。 토스트에 꿀을 발라서 먹었습니다.

おばさんから蜜柑(みかん)をもらいました。 아주머니께 귤을 받았습니다.

0678

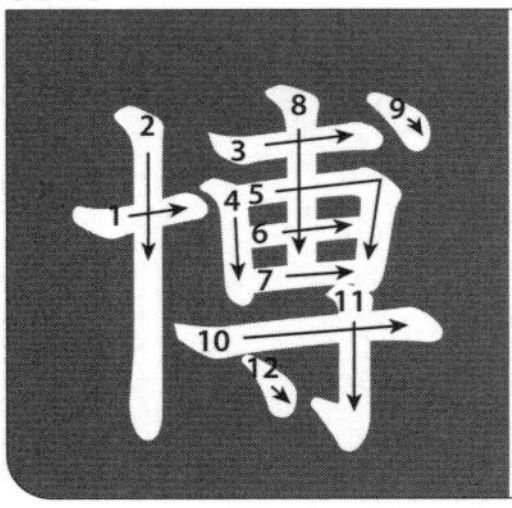

음독 **はく**　博士(はくし) 박사(はかせ로도 읽음)　博物館(はくぶつかん) 박물관　博識(はくしき) 박식함
博覧会(はくらんかい) 박람회

ばく　博労(ばくろう) 소·말을 감정하는 사람

넓을 **박**

小4　N1

博士課程(はくしかてい)に進学(しんがく)することに決(き)めました。 박사과정에 진학하기로 결정했습니다.

週末(しゅうまつ)、博物館(はくぶつかん)に行(い)きました。 주말에 박물관에 갔습니다.

0679

음독 ぼく　素朴(そぼく) 소박함　純朴(じゅんぼく) 순박함

소박할/순박할 **박**

中　N1

素朴(そぼく)な料理(りょうり)ですが、とてもおいしいです。소박한 요리입니다만 매우 맛있습니다.

彼(かれ)は純朴(じゅんぼく)で、やさしい青年(せいねん)です。그는 순박하고 착한 청년입니다.

0680

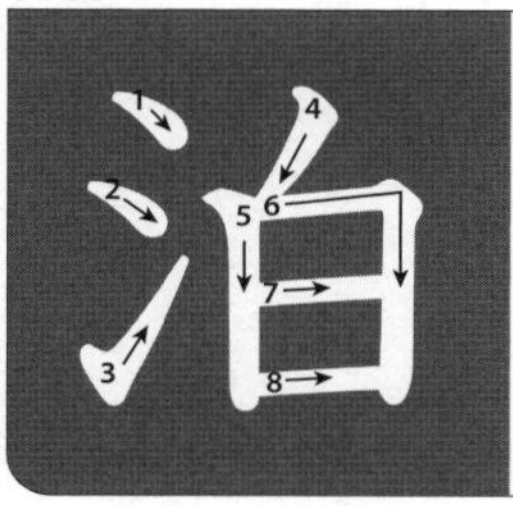

음독 はく　宿泊(しゅくはく) 숙박　外泊(がいはく) 외박　停泊(ていはく) 정박　一泊二日(いっぱくふつか) 1박2일

훈독 とまる　泊(と)まる 묵다

とめる　泊(と)める 묵게 하다

머무를/배 댈 **박**

中　N2

一泊二日(いっぱくふつか)で京都(きょうと)を旅行(りょこう)しました。1박2일로 교토를 여행했습니다.

今日(きょう)はホテルに泊(と)まります。오늘은 호텔에 묵습니다.

Tip 0540 とめる 참조

0681

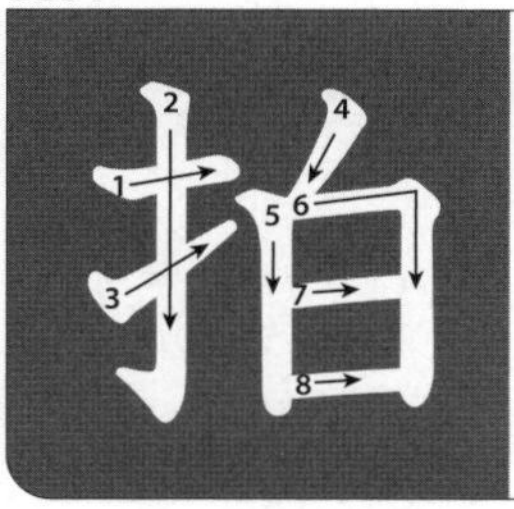

음독 はく　拍手(はくしゅ) 박수　脈拍(みゃくはく) 맥박　一拍(いっぱく) 한 박자

ひょう　拍子(ひょうし) 박자　四拍子(よんびょうし) 4박자

칠 **박**

中　N1

医者(いしゃ)が患者(かんじゃ)の脈拍(みゃくはく)を計(はか)っています。의사가 환자의 맥박을 재고 있습니다.

この曲(きょく)は四拍子(よんびょうし)です。이 곡은 4박자입니다.

0682

음독 はく　迫害(はくがい) 박해　迫力(はくりょく) 박력　脅迫(きょうはく) 협박　圧迫(あっぱく) 압박

훈독 せまる　迫(せま)る 다가오다

핍박할/다가올 **박**

中　N1

公開(こうかい)された映画(えいが)はとても迫力(はくりょく)がありました。개봉된 영화는 매우 박력이 있었습니다.

試験(しけん)の日(ひ)が迫(せま)って、緊張(きんちょう)します。시험일이 다가와서 긴장됩니다.

0683

음독 **はく** 　剥製(はくせい) 박제　剥離(はくり) 박리(벗겨져 떨어짐)　剥奪(はくだつ) 박탈

훈독 **は**がす 　剥(は)がす 벗기다, 떼다

はぐ/**は**がれる 　剥(は)ぐ 벗기다　剥(は)がれる 벗겨지다

むく 　剥(む)く (껍질 등을) 벗기다, 까다

벗길 **박**

中　N1

博物館(はくぶつかん)には熊(くま)の剥製(はくせい)があります。 박물관에는 곰의 박제가 있습니다.

ペンキが剥(は)がれたので、塗(ぬ)りなおします。 페인트가 벗겨져서 다시 칠합니다.

Tip 이 한자는 剝로도 쓰임

0684

음독 **はく** 　舶来(はくらい) 외래　舶来品(はくらいひん) 외래품　船舶(せんぱく) 선박

배 **박**

中　N1

これは西洋(せいよう)からの舶来品(はくらいひん)です。 이것은 서양에서 온 외래품입니다.

多(おお)くの船舶(せんぱく)が海(うみ)を航行(こうこう)しています。 많은 선박이 바다를 항해하고 있습니다.

0685

음독 **ぼく** 　撲滅(ぼくめつ) 박멸　撲殺(ぼくさつ) 박살

특이 相撲(すもう) 스모, 일본 씨름

칠 **박**

中　N1

戦争(せんそう)は撲滅(ぼくめつ)しなければなりません。 전쟁은 박멸하지 않으면 안 됩니다.

東京(とうきょう)に行(い)ったら、相撲(すもう)が見(み)たいです。 도쿄에 가면 스모를 보고 싶습니다.

0686

음독 **はく** 　薄情(はくじょう) 박정함, 야박함　薄命(はくめい) 박명　希薄(きはく) 희박함　軽薄(けいはく) 경박함

훈독 **うす**める/**うす**まる 　薄(うす)める 묽게 하다　薄(うす)まる 엷어지다, 싱거워지다

うすらぐ/**うす**れる 　薄(うす)らぐ 덜해지다, 희박해지다　薄(うす)れる 엷어지다

うすい 　薄(うす)い 얇다, 싱겁다

薄

엷을 **박**

中　N2

そんな薄情(はくじょう)なことを言(い)わないでください。 그런 박정한 말 하지 마세요.

妻(つま)の料理(りょうり)は少(すこ)し味(あじ)が薄(うす)いです。 아내의 요리는 간이 조금 싱겁습니다.

0687

음독 **ばく**　束縛(そくばく) 속박　呪縛(じゅばく) 주박(주술의 힘으로 움직이지 못하게 함)
自縄自縛(じじょうじばく) 자승자박

훈독 **しばる**　縛(しば)る 묶다

얽을 **박**
中　N1

親(おや)だからといって子(こ)どもを束縛(そくばく)する権利(けんり)はありません。
부모라고 해서 자식을 속박할 권리는 없습니다.

古新聞(ふるしんぶん)をひもで縛(しば)って、捨(す)てました。 옛날 신문을 끈으로 묶어서 버렸습니다.

0688

음독 **はん**　半分(はんぶん) 반, 절반　半額(はんがく) 반액　半日(はんにち) 반일, 한나절　前半(ぜんはん) 전반
後半(こうはん) 후반

훈독 **なかば**　半(なか)ば 절반, 도중

반 **반**
小2　N5

閉店前(へいてんまえ)は魚(さかな)が半額(はんがく)です。 폐점 전에는 생선이 반액입니다.

今年(ことし)も半(なか)ばを過(す)ぎました。 올해도 절반이 지나갔습니다.

0689

음독 **はん**　反対(はんたい) 반대　反省(はんせい) 반성　反転(はんてん) 반전　違反(いはん) 위반
ほん　謀反(むほん) 모반, 반역
たん　反物(たんもの) 옷감　反物屋(たんものや) 포목점

훈독 **そる**　反(そ)る 뒤로 젖혀지다, 휘다
そらす　反(そ)らす 뒤로 젖히다, 휘게 하다

돌이킬/배반할 **반**
小3　N2

私(わたし)は彼(かれ)の意見(いけん)に反対(はんたい)です。 나는 그의 의견에 반대입니다.

胸(むね)を反(そ)らして歩(ある)きました。 가슴을 뒤로 젖히고 걸었습니다.

Tip 반전

反転(はんてん) 뒤집힘
鏡(かがみ)の中(なか)で、左右(さゆう)が反転(はんてん)する。 거울 속에서 좌우가 반전되다.

反戦(はんせん) 전쟁에 반대함
反戦運動(はんせんうんどう)をする。 반전운동을 하다.

0690

음독 へん　返事(へんじ) 대답, 답장　返却(へんきゃく) 반환, 반납　返信(へんしん) 회신　返金(へんきん) 돈을 갚음

훈독 かえす　返す(かえす) 돌려주다, 반납하다

かえる　返る(かえる) (원상태로) 돌아가다

돌이킬 **반**

小3　N2

大(おお)きい声(こえ)で返事(へんじ)をしてください。 큰 소리로 대답을 해 주세요.

この本(ほん)は、あしたまでに返(かえ)さなければなりません。 이 책은 내일까지 반납해야 합니다.

Tip 0266 かえす 참조

0691

음독 はん　夕飯(ゆうはん) 저녁밥　赤飯(せきはん) 팥밥　残飯(ざんぱん) 잔반　飯盒(はんごう) 반합(휴대용 식기)

훈독 めし　飯(めし) 밥　麦飯(むぎめし) 보리밥　焼き飯(やきめし) 볶음밥

飯

밥 **반**

小4　N3

今日(きょう)の夕飯(ゆうはん)はカレーです。 오늘 저녁은 카레입니다.

食堂(しょくどう)で焼(や)き飯(めし)を食(た)べました。 식당에서 볶음밥을 먹었습니다.

0692

음독 はん　班長(はんちょう) 반장　班員(はんいん) 반의 일원　救護班(きゅうごはん) 구호반　取材班(しゅざいはん) 취재반

나눌 **반**

小6　N1

田中(たなか)くんが班長(はんちょう)になりました。 다나카 군이 반장이 되었습니다.

班員(はんいん)は10名(めい)います。 반의 일원은 10명 있습니다.

0693

음독 はん　伴侶(はんりょ) 반려　同伴(どうはん) 동반

ばん　伴奏(ばんそう) 반주　伴走(ばんそう) (곁에서) 같이 따라 달림

훈독 ともなう　伴う(ともなう) 따라가다, 동반하다

伴

짝 **반**

中　N1

パーティーには夫婦(ふうふ)同伴(どうはん)で来(き)てください。 파티에는 부부동반으로 오세요.

この作業(さぎょう)には危険(きけん)が伴(ともな)います。 이 작업에는 위험이 동반됩니다.

0694

음독 はん　湖畔(こはん) 호반, 호숫가　河畔(かはん) 강가

畔

물가 **반**

中　N1

湖畔(こはん)のキャンプ場(じょう)でキャンプをしました。 호숫가 캠프장에서 캠핑을 했습니다.

河畔(かはん)には木(き)が並(なら)んでいます。 강가에는 나무가 늘어서 있습니다.

0695

음독 はん　一般(いっぱん) 일반　全般的(ぜんぱんてき) 전반적

일반 **반**

中　N2

マラソン大会(たいかい)には一般(いっぱん)の人(ひと)も参加(さんか)できます。
마라톤대회에는 일반인도 참가할 수 있습니다.

日本人(にほんじん)は全般的(ぜんぱんてき)に個人主義(こじんしゅぎ)が強(つよ)いです。 일본인은 전반적으로 개인주의가 강합니다.

0696

음독 はん　斑点(はんてん) 반점　白斑(はくはん) 백반　蒙古斑(もうこはん) 몽고반점

훈독 まだら　斑(まだら) 반점　斑模様(まだらもよう) 얼룩무늬

ぶち　斑(ぶち) 얼룩(배기)

얼룩 **반**

中　급수 외

韓国人(かんこくじん)や日本人(にほんじん)の赤(あか)ちゃんには蒙古斑(もうこはん)があります。
한국인이나 일본인 아기에게는 몽고반점이 있습니다.

ダルメシアンは白(しろ)と黒(くろ)の斑模様(まだらもよう)が特徴的(とくちょうてき)です。
달마시안은 흰색과 검정색의 얼룩무늬가 특징적입니다.

0697

음독 はん　搬入(はんにゅう) 반입　搬出(はんしゅつ) 반출　搬送(はんそう) 반송, 운송　運搬(うんぱん) 운반

옮길 **반**

中　N1

展示会場(てんじかいじょう)に作品(さくひん)を搬入(はんにゅう)しました。 전시회장에 작품을 반입했습니다.

外国(がいこく)へ荷物(にもつ)を搬送(はんそう)しました。 외국으로 짐을 운송했습니다.

ㅂ

0698

음독 はん　頒布(はんぷ) 반포, 배포

반포할 **반**

中　N1

入場者(にゅうじょうしゃ)にパンフレットを頒布(はんぷ)しました。 입장객에게 팸플릿을 배포했습니다.

0699

음독 ばん　地盤(じばん) 지반　基盤(きばん) 기반　骨盤(こつばん) 골반

바탕/받침 **반**

中　N1

ビルの建設前(けんせつまえ)に地盤(じばん)を調査(ちょうさ)します。 빌딩 건설 전에 지반을 조사합니다.

転(ころ)んで骨盤(こつばん)にひびが入(はい)りました。 넘어져서 골반에 금이 갔습니다.

0700

음독 はつ　発明(はつめい) 발명　発車(はっしゃ) 발차　発展(はってん) 발전　開発(かいはつ) 개발　出発(しゅっぱつ) 출발

ほつ　発足(ほっそく) ①발족 ②출발　発作(ほっさ) 발작

發

필 **발**

小3　N3

次(つぎ)の電車(でんしゃ)は何時(なんじ)に出発(しゅっぱつ)しますか。 다음 전철은 몇 시에 출발합니까?

私(わたし)にはぜんそくの発作(ほっさ)があります。 나에게는 천식 발작이 있습니다.

Tip 발전

発展(はってん) 더 좋은 상태로 나아감

社会(しゃかい)が発展(はってん)する。 사회가 발전하다.

発電(はつでん) 전기를 일으킴

発電所(はつでんしょ)を建設(けんせつ)する。 발전소를 건설하다.

0701

음독 **ばつ** 　抜粋(ばっすい) 발췌　抜歯(ばっし) 발치　海抜(かいばつ) 해발　選抜(せんばつ) 선발

훈독 **ぬく/ぬ**ける　抜(ぬ)く 뽑다, 빼다, 따다　抜(ぬ)ける 빠지다
ぬかす　抜(ぬ)かす 빠뜨리다, 따돌리다
ぬかる　抜(ぬ)かる (부주의로) 실수하다

抜

뽑을 **발**
中　N2

新聞記事(しんぶんきじ)を抜粋(ばっすい)してレポートに利用(りよう)しました。
신문기사를 발췌해서 리포트에 이용했습니다.

栓(せん)を抜(ぬ)いて、グラスにワインを注(そそ)ぎました。 마개를 따서, 잔에 와인을 따랐습니다.

0702

음독 **ぼつ** 　勃発(ぼっぱつ) 발발(갑자기 일어남)　勃興(ぼっこう) 발흥(갑자기 세력이 강해짐)

우쩍 일어날 **발**
中　급수 외

アフリカで戦争(せんそう)が勃発(ぼっぱつ)しました。 아프리카에서 전쟁이 발발했습니다.

0703

음독 **はち** 　鉢(はち) 대접　鉢巻(はちまき) 머리띠　植木鉢(うえきばち) 화분　火鉢(ひばち) 화로

바리때 **발**
中　N1

白(しろ)の鉢巻(はちまき)をして、運動会(うんどうかい)に参加(さんか)します。 하얀 머리띠를 하고 운동회에 참가합니다.

花(はな)の苗(なえ)を植木鉢(うえきばち)に移(うつ)します。 꽃의 모종을 화분으로 옮깁니다.

0704

음독 **はつ** 　散髪(さんぱつ) ①이발(소) ②산발, 흐트러진 머리　頭髪(とうはつ) 두발
理髪(りはつ) 이발　長髪(ちょうはつ) 긴 머리

훈독 **かみ** 　髪(かみ) 머리카락　前髪(まえがみ) 앞머리　後ろ髪(うしろがみ) 뒷머리
예외 白髪(しらが) 흰머리(はくはつ로도 읽음)

髪

터럭 **발**
中　N2

父(ちち)は近所(きんじょ)の理容室(りようしつ)に散髪(さんぱつ)しに行(い)きました。 아버지는 근처 이발소에 이발하러 갔습니다.

前髪(まえがみ)を少(すこ)し切(き)ってください。 앞머리를 조금 잘라 주세요.

ㅂ

0705

方

음독 ほう　方法(ほうほう) 방법　方向(ほうこう) 방향　地方(ちほう) 지방　前方(ぜんぽう) 전방

훈독 かた　方(かた) 방법　作(つく)り方(かた) 만드는 방법　味方(みかた) 내편, 아군

특이 行方(ゆくえ) 행방

방법/방향 **방**

小2 N3

外国語(がいこくご)の勉強(べんきょう)には、どんな方法(ほうほう)がありますか。
외국어 공부에는 어떤 방법이 있습니까?

トッポッキの作(つく)り方(かた)を教(おし)えてください。 떡볶이 만드는 방법을 가르쳐 주세요.

0706

放

음독 ほう　放送(ほうそう) 방송　放棄(ほうき) 포기　解放(かいほう) 해방　追放(ついほう) 추방

훈독 はなす　放(はな)す 놓아주다　放(はな)し飼(が)い 방목

はなつ/はなれる　放(はな)つ 놓아주다　放(はな)れる 풀리다

ほうる　放(ほう)る 던지다, 방치하다

놓을 **방**

小3 N2

テレビがデジタル放送(ほうそう)に変(か)わりました。 텔레비전이 디지털 방송으로 바뀌었습니다.

魚(さかな)を川(かわ)に放(はな)しました。 물고기를 강에 놓아주었습니다.

Tip 0562 はなす 참조

0707

防

음독 ぼう　防止(ぼうし) 방지　防災(ぼうさい) 방재　予防(よぼう) 예방　国防(こくぼう) 국방

훈독 ふせぐ　防(ふせ)ぐ 막다, 방지하다

막을 **방**

小5 N2

歯(は)をみがいて虫歯(むしば)を予防(よぼう)しましょう。 이를 닦아서 충치를 예방합시다.

これは汗(あせ)の臭(にお)いを防(ふせ)ぐものです。 이것은 땀냄새를 방지하는 것입니다.

Tip 막다

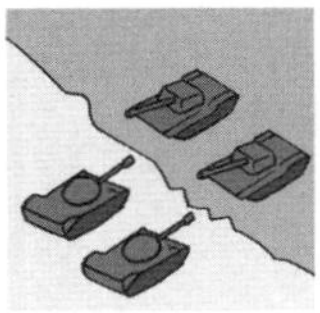

防(ふせ)ぐ 상대의 공격을 막다

外国(がいこく)の侵略(しんりゃく)を防(ふせ)ぐ。 외국의 침략을 막다.

塞(ふさ)ぐ 길이나 도로 등을 장애물이 막다

車(くるま)が道(みち)を塞(ふさ)いで通(とお)れない。 차가 길을 막아서 지나갈 수 없다.

0708

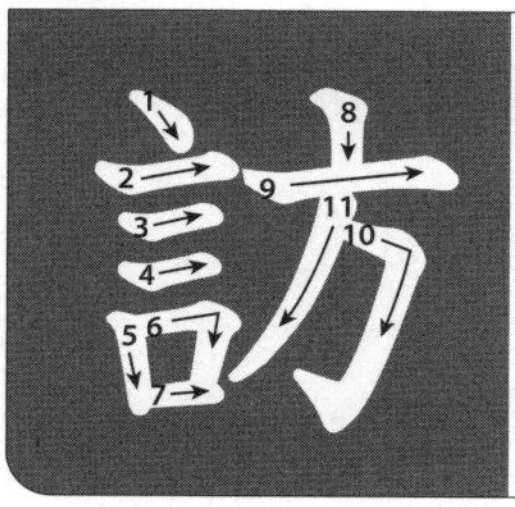

음독 ほう　訪問(ほうもん) 방문　訪日(ほうにち) 방일　来訪(らいほう) 내방　探訪(たんぼう) 탐방

훈독 おとずれる　訪(おとず)れる ①방문하다 ②(계절이) 찾아오다
たずねる　訪(たず)ねる 찾다, 방문하다

찾을 **방**
小6　N2

先生(せんせい)が私(わたし)の家(いえ)を訪問(ほうもん)しに来(き)ました。 선생님이 우리 집을 방문하러 왔습니다.
長(なが)い冬(ふゆ)が訪(おとず)れました。 긴 겨울이 찾아왔습니다.

Tip たずねる

訪(たず)ねる 찾다, 방문하다
友達(ともだち)を訪(たず)ねる。 친구를 방문하다.

尋(たず)ねる 묻다
道(みち)を尋(たず)ねる。 길을 묻다.

0709

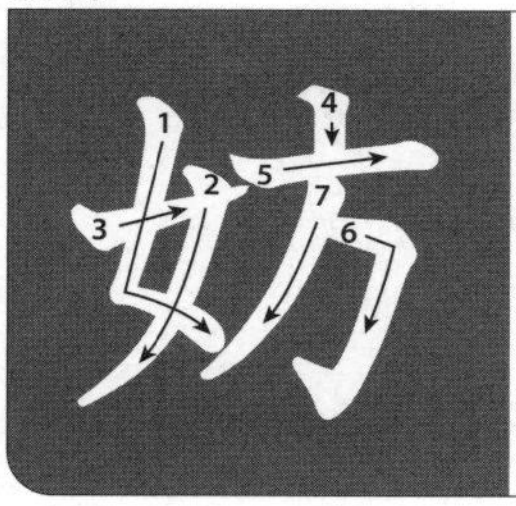

음독 ぼう　妨害(ぼうがい) 방해　妨害罪(ぼうがいざい) 방해죄

훈독 さまたげる　妨(さまた)げる 방해하다

방해할 **방**
中　N1

下田(しもだ)さんが会議(かいぎ)を妨害(ぼうがい)しました。 시모다 씨가 회의를 방해했습니다.
カルシウム不足(ぶそく)は子(こ)どもの成長(せいちょう)を妨(さまた)げます。 칼슘 부족은 어린이의 성장을 방해합니다.

0710

음독 ほう　邦訳(ほうやく) 일본어역　異邦(いほう) 이방, 타국　連邦(れんぽう) 연방

나라 **방**
中　N1

『星(ほし)の王子(おうじ)さま』の邦訳(ほうやく)を読(よ)みました。 『어린왕자』의 번역판을 읽었습니다.
ロシアは連邦制(れんぽうせい)の国(くに)です。 러시아는 연방제 국가입니다.

0711

음독 **ほう** 　**芳香**(ほうこう) 방향　**芳香剤**(ほうこうざい) 방향제　**芳名録**(ほうめいろく) 방명록

훈독 **かんば**しい　**芳**(かんば)**しい** 향기롭다, 좋다

芳

꽃다울/향기 날 **방**

中　N1

この芳香剤(ほうこうざい)はバラの香(かお)りがします。이 방향제는 장미향이 납니다.

取引先(とりひきさき)からは芳(かんば)しい返事(へんじ)がありません。거래처에서는 좋은 답변이 없습니다.

0712

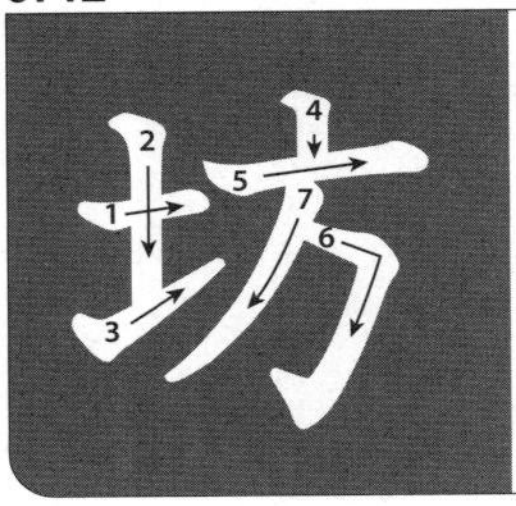

음독 **ぼう**　**お坊**(ぼう)**さん** 스님　**朝寝坊**(あさねぼう) 늦잠을 잠, 늦잠꾸러기

食(く)**いしん坊**(ぼう) 먹보, 식충이

ぼっ　**坊**(ぼっ)**ちゃん** 도련님

동네/절 **방**

中　N2

お坊(ぼう)さんの説法(せっぽう)を聞(き)きました。스님의 설법을 들었습니다.

朝寝坊(あさねぼう)して、授業(じゅぎょう)に遅刻(ちこく)しました。늦잠을 자서 수업에 지각했습니다.

0713

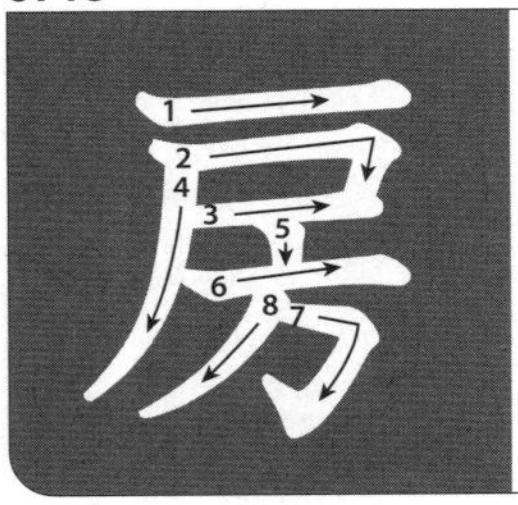

음독 **ぼう**　**厨房**(ちゅうぼう) 주방　**女房**(にょうぼう) 아내, 마누라　**暖房**(だんぼう) 난방　**冷房**(れいぼう) 냉방

훈독 **ふさ**　**房**(ふさ) 송이　**一房**(ひとふさ) 한 송이　**乳房**(ちぶさ) 유방(にゅうぼう로도 읽음)

房

방/꽃송이 **방**

中　N1

寒(さむ)いので暖房(だんぼう)を入(い)れました。추워서 난방을 켰습니다.

ぶどうを一房(ひとふさ)もらいました。포도를 한 송이 받았습니다.

0714

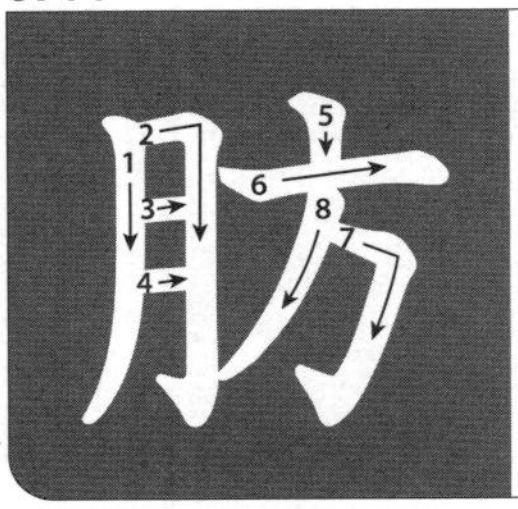

음독 **ぼう**　**脂肪**(しぼう) 지방　**体脂肪**(たいしぼう) 체지방　**皮下脂肪**(ひかしぼう) 피하지방

살찔 **방**

中　N1

山田(やまだ)さんは脂肪(しぼう)がほとんどありません。야마다 씨는 지방이 거의 없습니다.

ダイエットして体脂肪(たいしぼう)を落(お)とします。다이어트해서 체지방을 줄입니다.

0715

음독 ほう　模倣(もほう) 모방　模倣品(もほうひん) 모방품

훈독 ならう　倣(なら)う 따르다, 모방하다

본뜰 **방**

中 N1

ピカソの絵(え)を模倣(もほう)しました。 피카소 그림을 모방했습니다.

先生(せんせい)に倣(なら)って、英語(えいご)の発音(はつおん)を練習(れんしゅう)しました。 선생님을 따라서 영어 발음을 연습했습니다.

Tip ならう

倣(なら)う 따르다, 모방하다

手本(てほん)に倣(なら)う。 모범을 따르다.

習(なら)う 배우다, 익히다

ピアノを習(なら)う。 피아노를 배우다.

0716

음독 ぼう　紡績(ぼうせき) 방적　紡糸(ぼうし) 방사(섬유를 자아서 뽑은 실)　紡織(ぼうしょく) 방직

훈독 つむぐ　紡(つむ)ぐ 실을 뽑다

길쌈 **방**

中 N1

母(はは)は紡績工場(ぼうせきこうじょう)で働(はたら)いています。 어머니는 방적공장에서 일하고 있습니다.

綿花(めんか)で糸(いと)を紡(つむ)ぎます。 목화에서 실을 뽑습니다.

0717

음독 ぼう　傍聴(ぼうちょう) 방청　傍観(ぼうかん) 방관　路傍(ろぼう) 길가

훈독 かたわら　傍(かたわ)ら 곁, 옆, 가

곁 **방**

中 N1

裁判(さいばん)の傍聴(ぼうちょう)は誰(だれ)でもできます。 재판 방청은 누구든 가능합니다.

道(みち)の傍(かたわ)らに木(き)が立(た)っています。 길가에 나무가 서 있습니다.

0718

음독 **はい**　配達(はいたつ) 배달　配慮(はいりょ) 배려　宅配(たくはい) 택배　心配(しんぱい) 걱정

훈독 **くばる**　配る(くば) 나누어 주다　気配り(きくば) 배려

나눌 **배**

小3　N2

母(はは)が宅配(たくはい)でみかんを送(おく)ってくれました。 어머니가 택배로 귤을 보내 주었습니다.

新入生(しんにゅうせい)にオリエンテーションの案内(あんない)を配(くば)りました。
신입생에게 오리엔테이션 안내를 나누어 주었습니다.

0719

음독 **ばい**　倍率(ばいりつ) 배율　倍数(ばいすう) 배수　倍増(ばいぞう) 배증, 배가　二倍(にばい) 두 배

곱 **배**

小3　N2

売(う)り上(あ)げが倍増(ばいぞう)しました。 매출이 배로 늘었습니다.

価格(かかく)が二倍(にばい)になりました。 가격이 두 배가 되었습니다.

0720

음독 **はい**　拝見(はいけん) 삼가 봄　拝借(はいしゃく) 빌려 씀　礼拝(れいはい) 예배　崇拝(すうはい) 숭배

훈독 **おがむ**　拝む(おが) ①배례하다, 두손 모아 빌다 ②절하다

拜

절 **배**

小6　N2

アルバムを拝見(はいけん)してもいいですか。 앨범을 봐도 될까요?

手(て)を合(あ)わせて拝(おが)んでいます。 손을 모아 빌고 있습니다.

0721

음독 **はい**　背後(はいご) 배후　背景(はいけい) 배경　背信(はいしん) 배신　背任(はいにん) 배임(임무를 저버림)

훈독 **せ/せい**　背(せ) 키　背中(せなか) 등　背広(せびろ) 정장, 양복　背比べ(せいくら) 키재기

そむく　背く(そむ) 등지다, 위반하다

そむける　背ける(そむ) (얼굴이나 눈길을) 돌리다, 외면하다

등/배반할 **배**

小6　N2

湖(みずうみ)を背景(はいけい)にして写真(しゃしん)をとりました。 호수를 배경으로 해서 사진을 찍었습니다.

キムさんは背(せ)が高(たか)いです。 김 씨는 키가 큽니다.

0722

음독 **はい**　俳優(はいゆう) 배우　俳句(はいく) 하이쿠(5·7·5 형식의 일본 고유의 단시)
俳人(はいじん) 하이쿠를 짓는 사람

배우 **배**

小6　N1

俳優(はいゆう)を目指(めざ)しています。 배우를 목표로 하고 있습니다.

俳句教室(はいくきょうしつ)に通(かよ)っています。 하이쿠 교실에 다니고 있습니다.

0723

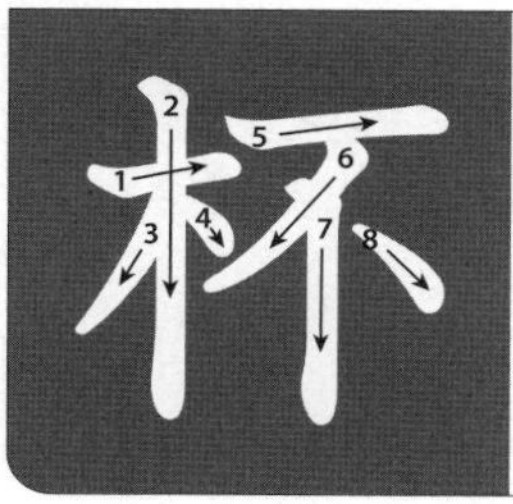

음독 **はい**　乾杯(かんぱい) 건배　賞杯(しょうはい) 우승컵　祝杯(しゅくはい) 축배

훈독 **さかずき**　杯(さかずき) 술잔

잔 **배**

中　N2

社長(しゃちょう)が乾杯(かんぱい)のあいさつをしました。 사장님이 건배 인사를 했습니다.

上司(じょうし)の杯(さかずき)に両手(りょうて)で酒(さけ)を注(そそ)ぎます。 상사의 술잔에 두 손으로 술을 따릅니다.

0724

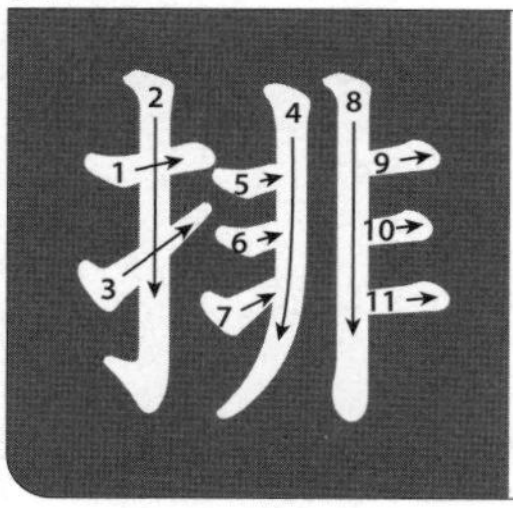

음독 **はい**　排水(はいすい) 배수　排出(はいしゅつ) 배출(불필요한 물질을 내보냄)　排気(はいき) 배기
排他的(はいたてき) 배타적

밀어낼 **배**

中　급수 외

ゴミは朝(あさ)7時(じ)までに排出(はいしゅつ)してください。 쓰레기는 아침 7시까지 배출해 주세요.

工場(こうじょう)からの排気(はいき)ガスが空気(くうき)を汚染(おせん)します。
공장에서 나온 배기가스가 공기를 오염시킵니다.

0725

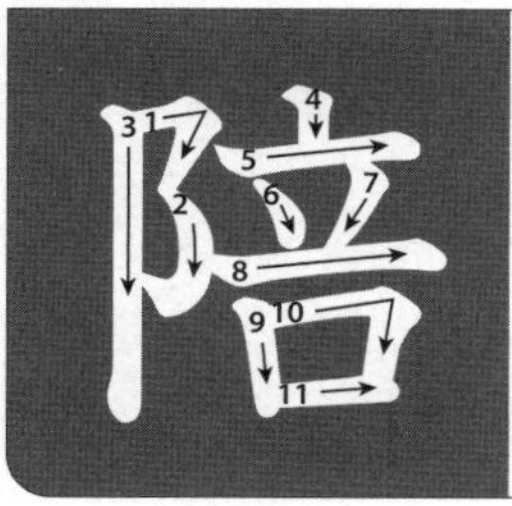

음독 **ばい**　陪審(ばいしん) 배심　陪審員(ばいしんいん) 배심원　陪席(ばいせき) 배석

모실 **배**

中　N1

アメリカには陪審員裁判(ばいしんいんさいばん)があります。 미국에는 배심원 재판이 있습니다.

会議(かいぎ)には部長(ぶちょう)が陪席(ばいせき)しました。 회의에는 부장이 배석했습니다.

0726

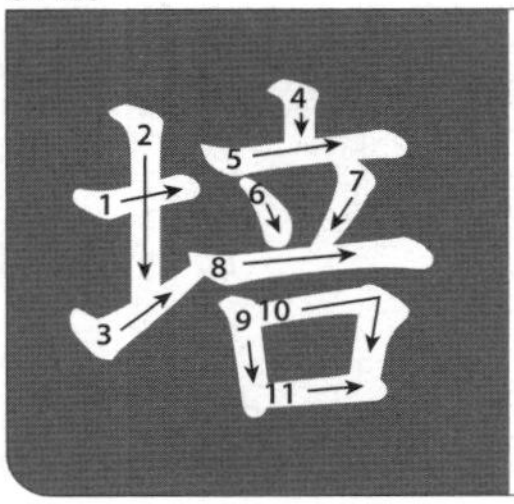

음독 **ばい** 培養(ばいよう) 배양 栽培(さいばい) 재배

훈독 **つちかう** 培う(つちかう) ①가꾸다, 배양하다 ②능력이나 심성을 기르다

배양할 **배**

中 N1

この畑(はたけ)ではキャベツを栽培(さいばい)しています。 이 밭에서는 양배추를 재배하고 있습니다.

会社(かいしゃ)で長(なが)く働(はたら)いて経験(けいけん)を培(つちか)います。 회사에서 오래 일해서 경험을 쌓습니다.

0727

음독 **はい** 輩出(はいしゅつ) 배출(인재가 잇달아 나옴) 先輩(せんぱい) 선배 後輩(こうはい) 후배 同輩(どうはい) 동년배

무리 **배**

中 N1

先輩(せんぱい)が大学(だいがく)を卒業(そつぎょう)しました。 선배가 대학을 졸업했습니다.

私(わたし)は後輩(こうはい)と仲(なか)がいいです。 나는 후배와 사이가 좋습니다.

0728

음독 **ばい** 賠償(ばいしょう) 배상 賠償金(ばいしょうきん) 배상금

물어줄 **배**

中 N1

事故(じこ)の損害(そんがい)を賠償(ばいしょう)しました。 사고의 손해를 배상했습니다.

賠償金(ばいしょうきん)は１億円(おくえん)でした。 배상금은 1억 엔이었습니다.

0729

음독 **はく** 白紙(はくし) 백지 紅白(こうはく) 홍백 告白(こくはく) 고백

びゃく 白夜(びゃくや) 백야(はくや로도 읽음)

훈독 **しろ/しら** 白(しろ) 흰색 白髪(しらが) 흰머리 白雪姫(しらゆきひめ) 백설공주

しろい 白い(しろい) 희다, 하얗다

흰 **백**

小1 N5

紅白(こうはく)にわかれて、運動会(うんどうかい)をしました。 홍백으로 나뉘어서 운동회를 했습니다.

ユリの花(はな)は白(しろ)くて、きれいです。 백합꽃은 하얗고 예쁩니다.

0730

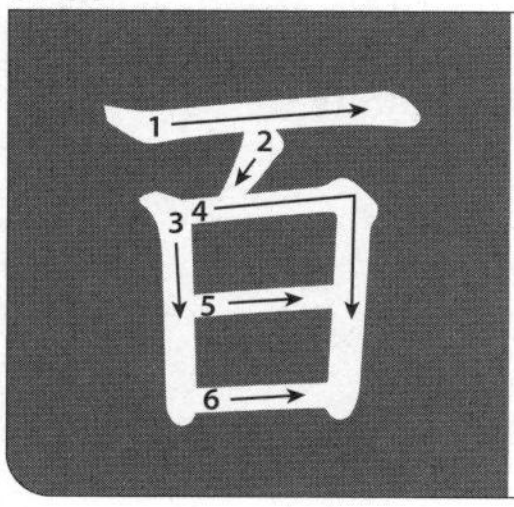

음독 ひゃく　百年(ひゃくねん) 백 년　百円玉(ひゃくえんだま) 100엔짜리 동전　百人(ひゃくにん) 백 명
百貨店(ひゃっかてん) 백화점
특이 百枝(ももえ) 수많은 나뭇가지

일 백 **백**
小1　N5

百円玉(ひゃくえんだま)がありません。100엔짜리 동전이 없습니다.
百貨店(ひゃっかてん)でバッグを買(か)いました。백화점에서 가방을 샀습니다.

0731

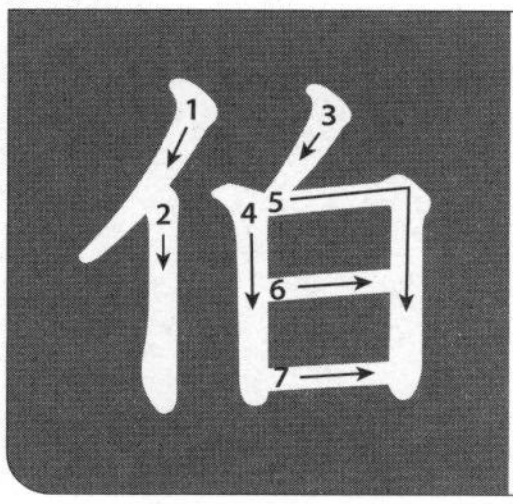

음독 はく　伯爵(はくしゃく) 백작　画伯(がはく) 화백
특이 伯父(おじ) 백부, 큰아버지(はくふ로도 읽음)
伯母(おば) 백모, 큰어머니(はくぼ로도 읽음)

백작/큰아버지 **백**
中　N1

有名(ゆうめい)な画伯(がはく)の絵(え)を見(み)ました。유명한 화백의 그림을 봤습니다.
伯母(おば)の家(いえ)に遊(あそ)びに行(い)きました。큰어머니 집에 놀러 갔습니다.

0732

음독 ばん　番号(ばんごう) 번호　番組(ばんぐみ) 프로그램　番地(ばんち) 번지　一番(いちばん) 제일, 맨 처음
順番(じゅんばん) 순번, 차례　当番(とうばん) 당번

차례 **번**
小2　N2

ホテルの部屋(へや)の番号(ばんごう)を教(おし)えてください。호텔의 방 번호를 가르쳐 주세요.
面接(めんせつ)の順番(じゅんばん)を待(ま)っています。면접 차례를 기다리고 있습니다.

0733

음독 はん　繁盛(はんじょう) 번성, 번창　繁栄(はんえい) 번영　繁華街(はんかがい) 번화가　頻繁(ひんぱん) 빈번함

繁

번성할 **번**
中　N1

あのお店(みせ)は繁盛(はんじょう)しています。저 가게는 번창하고 있습니다.
繁華街(はんかがい)に行(い)って、ショッピングをしました。번화가에 가서 쇼핑을 했습니다.

ㅂ

0734

번거로울/번민할 **번**

中 N1

음독 **はん** — 煩雑(はんざつ) 번잡함　煩多(はんた) 번다함(번거로운 일이 많음)

ぼん — 煩悩(ぼんのう) 번뇌

훈독 **わずら**う — 煩(わずら)う ①번민하다 ②고생하다

わずらわす — 煩(わずら)わす ①괴롭히다 ②수고를 끼치다

わずらわしい — 煩(わずら)わしい 번거롭다, 귀찮다

手続(てつづ)きが煩雑(はんざつ)なので、いやになりました。 절차가 번잡해서 싫어졌습니다.

煩(わずら)わしい仕事(しごと)はしたくありません。 번거로운 일은 하기 싫습니다.

Tip 관용구

お手(て)を煩(わずら)わせる 수고를 끼치다, 번거롭게 하다(윗사람에게 부탁할 때 등에 쓰임)

お手(て)を煩(わずら)わせて、申(もう)し訳(わけ)ありませんが、明日(あす)までにご返事(へんじ)をください。

수고를 끼쳐드려서 죄송합니다만, 내일까지 답변을 주세요.

0735

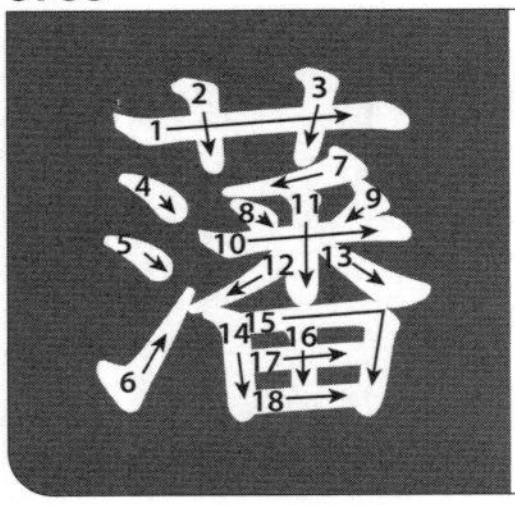

울타리 **번**

中 N1

음독 **はん** — 藩(はん) 에도(江戸)시대의 행정구분

藩

江戸時代(えどじだい)、日本(にほん)には「県(けん)」ではなく「藩(はん)」がありました。

에도시대, 일본에는 '현'이 아닌 '번'이 있었습니다.

0736

번역할/뒤집힐 **번**

中 N1

음독 **ほん** — 翻訳(ほんやく) 번역　翻訳家(ほんやくか) 번역가　翻弄(ほんろう) 농락함

훈독 **ひるがえ**る — 翻(ひるがえ)る ①뒤집히다 ②휘날리다

ひるがえす — 翻(ひるがえ)す 뒤집다, 번복하다

飜

翻訳家(ほんやくか)になるための勉強(べんきょう)をしています。 번역가가 되기 위한 공부를 하고 있습니다.

証人(しょうにん)は証言(しょうげん)を翻(ひるがえ)しました。 증인은 증언을 번복했습니다.

0737

음독 ばつ　伐採(ばっさい) 벌채　殺伐(さつばつ) 살벌함(거칠고 무시무시함)　征伐(せいばつ) 정벌　討伐(とうばつ) 토벌

칠 **벌**

中　N1

木(き)を伐採(ばっさい)して、木材(もくざい)にします。 나무를 벌채하여 목재로 만듭니다.

絵(え)を飾(かざ)ったら、殺伐(さつばつ)とした部屋(へや)がよくなりました。
그림을 장식했더니 살벌했던 방이 나아졌습니다.

0738

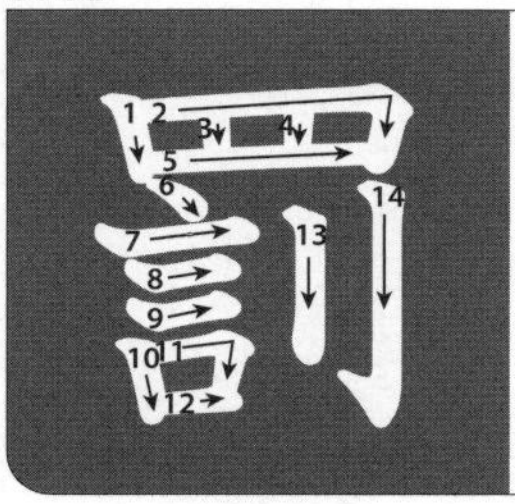

음독 ばつ　罰則(ばっそく) 벌칙　罰金(ばっきん) 벌금　天罰(てんばつ) 천벌　処罰(しょばつ) 처벌

ばち　罰(ばち) 벌(ばつ로도 읽음)　罰当(ばちあ)たり 천벌을 받음

벌할 **벌**

中　N1

駐車違反(ちゅうしゃいはん)の罰金(ばっきん)を払(はら)いました。 주차위반 벌금을 냈습니다.

そんな悪(わる)いことをしたら神様(かみさま)の罰(ばち)が当(あ)たりますよ。
그렇게 나쁜 일을 하면 신에게 벌을 받아요.

0739

음독 ばつ　財閥(ざいばつ) 재벌　派閥(はばつ) 파벌　学閥(がくばつ) 학벌

문벌 **벌**

中　N1

三菱(みつびし)はとても大(おお)きな財閥(ざいばつ)でした。 미쓰비시는 매우 큰 재벌이었습니다.

色々(いろいろ)な派閥(はばつ)の政治家(せいじか)が争(あらそ)っています。 여러 파벌의 정치가가 경쟁하고 있습니다.

0740

음독 はん　犯罪(はんざい) 범죄　犯人(はんにん) 범인　共犯(きょうはん) 공범　侵犯(しんぱん) 침범

훈독 おかす　犯(おか)す 어기다, 범하다

범할 **범**

小5　N2

外国人(がいこくじん)の犯罪(はんざい)が増(ふ)えています。 외국인의 범죄가 늘고 있습니다.

犯(おか)した罪(つみ)を反省(はんせい)します。 저지른 죄를 반성합니다.

Tip 0628 おかす 참조

0741

음독 **ぼん**　凡人(ぼんじん) 범인(보통 사람)　非凡(ひぼん) 비범함　平凡(へいぼん) 평범함

はん　凡例(はんれい) 범례

평범할 **범**

中　N1

彼(かれ)は非凡(ひぼん)な才能(さいのう)を持(も)っています。그는 비범한 재능을 갖고 있습니다.

平凡(へいぼん)な生活(せいかつ)ですが、幸(しあわ)せです。평범한 생활이지만 행복합니다.

0742

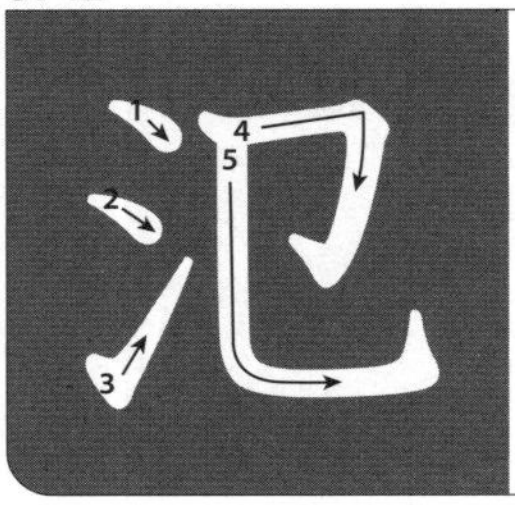

음독 **はん**　氾濫(はんらん) 범람

넘칠 **범**

中　급수 외

大雨(おおあめ)で川(かわ)が氾濫(はんらん)しました。큰 비로 강이 범람했습니다.

0743

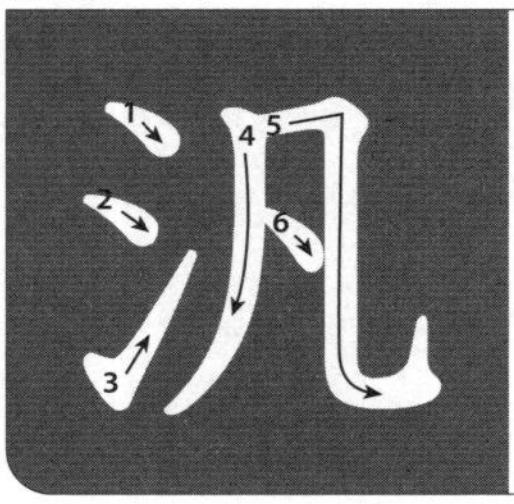

음독 **はん**　汎用(はんよう) 범용(널리 여러 방면에 씀)　汎用性(はんようせい) 범용성

汎論(はんろん) 범론, 통론

넓을 **범**

中　급수 외

しょうゆは汎用性(はんようせい)が高(たか)い調味料(ちょうみりょう)です。간장은 범용성이 높은 조미료입니다.

0744

음독 **はん**　帆船(はんせん) 범선　出帆(しゅっぱん) 출범

훈독 **ほ**　帆(ほ) 돛　帆柱(ほばしら) 돛대　帆立貝(ほたてがい) 가리비

돛 **범**

中　N1

帆船(はんせん)が航行(こうこう)しています。범선이 항해하고 있습니다.

帆(ほ)が風(かぜ)を受(う)けています。돛이 바람을 받고 있습니다.

0745

음독 はん　範囲(はんい) 범위　範疇(はんちゅう) 범주　規範(きはん) 규범　模範(もはん) 모범

한계/규범 **범**

中　N1

先生(せんせい)がテストの範囲(はんい)を説明(せつめい)しました。 선생님이 시험 범위를 설명했습니다.

加藤(かとう)さんは模範的(もはんてき)な学生(がくせい)です。 가토 씨는 모범적인 학생입니다.

0746

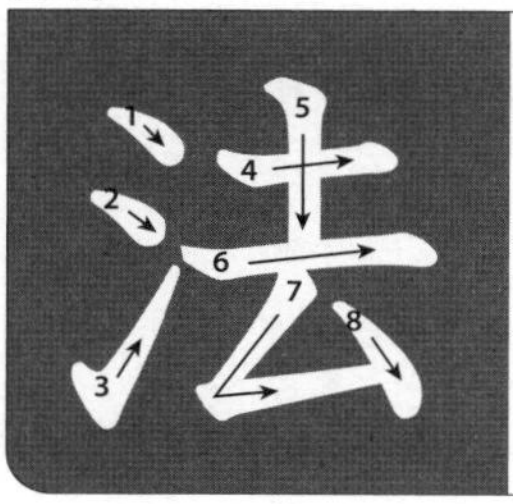

음독 ほう　法律(ほうりつ) 법률　法則(ほうそく) 법칙　方法(ほうほう) 방법　文法(ぶんぽう) 문법

ほっ　法相宗(ほっそうしゅう) 법상종(불교종파)

はっ　法度(はっと) 법도

법 **법**

小4　N2

大学(だいがく)で法律(ほうりつ)を勉強(べんきょう)しています。 대학에서 법률을 공부하고 있습니다.

日本語(にほんご)の文法(ぶんぽう)を教(おし)えてください。 일본어 문법을 가르쳐 주세요.

0747

음독 へき　壁画(へきが) 벽화　壁面(へきめん) 벽면　外壁(がいへき) 외벽　城壁(じょうへき) 성벽

훈독 かべ　壁(かべ) 벽

벽 **벽**

中　N2

古代(こだい)の壁画(へきが)が見(み)つかりました。 고대 벽화가 발견되었습니다.

壁(かべ)に時計(とけい)を掛(か)けました。 벽에 시계를 걸었습니다.

0748

음독 へき　潔癖(けっぺき) 결벽　潔癖症(けっぺきしょう) 결벽증　病癖(びょうへき) 병적인 버릇

훈독 くせ　癖(くせ) 버릇　口癖(くちぐせ) 입버릇　酒癖(さけぐせ) 술버릇

버릇 **벽**

中　N1

彼女(かのじょ)は潔癖症(けっぺきしょう)で手(て)をよく洗(あら)います。 그녀는 결벽증으로 손을 자주 씻습니다.

何(なに)か癖(くせ)がありますか。 무언가 버릇이 있습니까?

0749

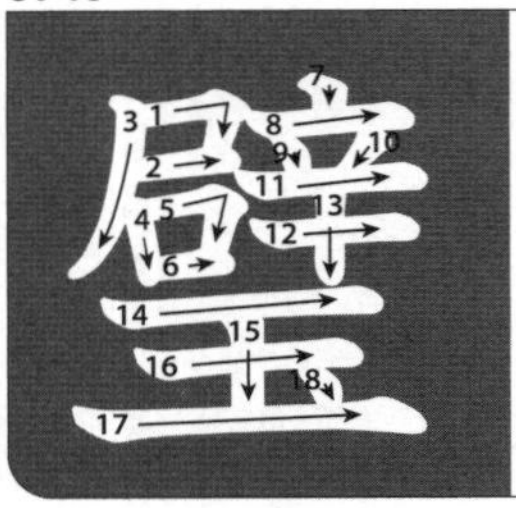

음독 へき　完璧(かんぺき) 완벽함　双璧(そうへき) 쌍벽

구슬 **벽**

中　급수 외

その フィギュアスケート選手(せんしゅ)は完璧(かんぺき)な演技(えんぎ)をしました。
그 피겨스케이트 선수는 완벽한 연기를 했습니다.

鈴木(すずき)選手(せんしゅ)と松井(まつい)選手(せんしゅ)は、野球(やきゅう)の世界(せかい)の双璧(そうへき)です。
스즈키 선수와 마츠이 선수는 야구세계에서 쌍벽입니다.

0750

음독 へん　辺境(へんきょう) 변경(나라와 나라의 경계가 되는 변두리 지역)　周辺(しゅうへん) 주변
底辺(ていへん) 저변, 밑변　身辺(しんぺん) 신변

훈독 あたり　辺(あた)り 근처, 주위
べ　海辺(うみべ) 해변, 바닷가　窓辺(まどべ) 창가

邊

가 **변**

小4　N2

家(いえ)の周辺(しゅうへん)には畑(はたけ)があります。 집 주변에는 밭이 있습니다.

窓辺(まどべ)に花(はな)をかざりましょう。 창가에 꽃을 장식합시다.

0751

음독 へん　変化(へんか) 변화　変更(へんこう) 변경　大変(たいへん) 큰일, 대단함, 중요함　異変(いへん) 이변

훈독 かわる　変(か)わる 변하다, 바뀌다
かえる　変(か)える 바꾸다, 변화시키다

變

변할 **변**

小4　N2

大変(たいへん)、お世話(せわ)になりました。 대단히 신세 많이 졌습니다.

あしたの予定(よてい)が変(か)わりました。 내일 예정이 바뀌었습니다.

Tip 0387 かえる 참조

0752

음독 べん　弁護(べんご) 변호　弁護士(べんごし) 변호사　弁論(べんろん) 변론　代弁(だいべん) 대변, 대리
関西弁(かんさいべん) 관서지방 사투리

말씀 **변**

小5　N1

その事件(じけん)を弁護士(べんごし)に頼(たの)みました。 그 사건을 변호사에게 의뢰했습니다.

友(とも)だちは関西弁(かんさいべん)を話(はな)します。 친구는 관서지방 사투리를 합니다.

0753

別

음독 **べつ** 別名(べつめい) 별명　別紙(べっし) 별지　特別(とくべつ) 특별함　区別(くべつ) 구별

훈독 **わかれる** 別(わか)れる 헤어지다, 이별하다

나눌/다를/헤어질 **별**

小4　N3

くわしい内容(ないよう)は別紙(べっし)を見(み)てください。 자세한 내용은 별지를 봐 주세요.

去年(きょねん)、彼氏(かれし)と別(わか)れました。 작년, 남자친구와 헤어졌습니다.

Tip **わかれる**

別(わか)れる 헤어지다

駅(えき)で友(とも)だちと別(わか)れる。 역에서 친구와 헤어지다.

分(わ)かれる 갈라지다, 나뉘다

意見(いけん)が分(わ)かれる。 의견이 갈리다.

0754

病

음독 **びょう** 病気(びょうき) 병　病院(びょういん) 병원　仮病(けびょう) 꾀병　持病(じびょう) 지병

へい 疾病(しっぺい) 질병

훈독 **やむ** 病(や)む 앓다, 병에 걸리다

やまい 病(やまい) 병, 나쁜 버릇

병 **병**

小3　N3

病院(びょういん)へお見舞(みま)いに行(い)きます。 병원에 문병하러 갑니다.

ストレスで心(こころ)を病(や)む人(ひと)が増(ふ)えています。
스트레스로 심적인 병을 앓는 사람이 늘고 있습니다.

0755

兵

음독 **へい** 兵役(へいえき) 병역　兵士(へいし) 병사　歩兵(ほへい) 보병, 졸병
核兵器(かくへいき) 핵병기, 핵무기

ひょう 兵糧(ひょうろう) 군량

병사 **병**

小4　N2

韓国(かんこく)には兵役(へいえき)の義務(ぎむ)があります。 한국에는 병역의 의무가 있습니다.

核兵器(かくへいき)がなくなればいいと思(おも)います。 핵무기가 없어지면 좋겠다고 생각합니다.

0756

음독 へい　並列(へいれつ) 병렬　並行(へいこう) 병행　並立(へいりつ) 병립

훈독 なみ　並(なみ) 보통, 같은 정도　並木道(なみきみち) 가로수길

ならべる　並(なら)べる 늘어놓다

ならぶ　並(なら)ぶ 늘어서다

竝

나란히 **병**

小6　N2

二(ふた)つの作業(さぎょう)を並行(へいこう)して進(すす)めます。 두 작업을 병행해서 진행합니다.

並木道(なみきみち)を歩(ある)きました。 가로수길을 걸었습니다.

0757

음독 へい　甲乙丙(こうおつへい) 갑을병

셋째 천간 **병**

中　N1

三(みっ)つの作品(さくひん)を甲乙丙(こうおつへい)で順位(じゅんい)を付(つ)けます。 세 개의 작품을 갑을병으로 순위를 매깁니다.

0758

음독 へい　併記(へいき) 병기　併設(へいせつ) 병설　合併(がっぺい) 합병

훈독 あわせる　併(あわ)せる 합치다, 모으다　併(あわ)せて 아울러, 겸해서

倂

아우를 **병**

中　N1

二(ふた)つの銀行(ぎんこう)が合併(がっぺい)しました。 두 은행이 합병했습니다.

注文書(ちゅうもんしょ)にサイズと併(あわ)せて、色(いろ)も書(か)いてください。
주문서에 사이즈와 아울러 색도 써 주세요.

0759

음독 へい　横柄(おうへい) 건방짐　예외 柄杓(ひしゃく) 국자

훈독 がら　柄(がら) 몸집·성질·상태를 나타내는 말　人柄(ひとがら) 인품, 사람됨　家柄(いえがら) 가문

え　柄(え) 손잡이

자루/근본 **병**

中　N1

その客(きゃく)は横柄(おうへい)な態度(たいど)でした。 그 손님은 건방진 태도였습니다.

彼(かれ)の人柄(ひとがら)が好(す)きになって、結婚(けっこん)しました。 그의 인품이 좋아져서 결혼했습니다.

0760

음독 **びん**　瓶(びん) 병　花瓶(かびん) 꽃병　ビール瓶(びん) 맥주병　空(あ)き瓶(びん) 공병

瓶

병 **병**

中 N2

花瓶(かびん)にユリを生(い)けました。꽃병에 백합을 꽂았습니다.

空(あ)き瓶(びん)はきちんとゴミ箱(ばこ)に捨(す)てましょう。공병은 깔끔하게 쓰레기통에 버립시다.

0761

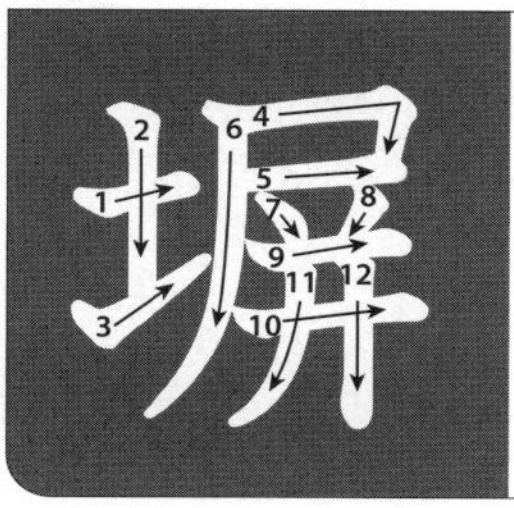

음독 **へい**　塀(へい) 담

담 **병**

中 N1

ねこが塀(へい)を乗(の)り越(こ)えて、逃(に)げました。고양이가 담을 타고 넘어서 도망갔습니다.

0762

음독 **へい**　煎餅(せんべい) 센베이(쌀가루를 반죽하여 얇게 구운 과자)

훈독 **もち**　餅(もち) 떡　鏡餅(かがみもち) 가가미모치(설 같은 때에 신불에게 올리는 떡)
尻餅(しりもち) 엉덩방아

餅

떡 **병**

中 급수 외

おやつに煎餅(せんべい)を食(た)べました。간식으로 센베이를 먹었습니다.

もうすぐお正月(しょうがつ)なので餅(もち)をつきました。이제 곧 정월이기 때문에 떡을 쳤습니다.

Tip 이 한자는 **餠**로도 쓰임

0763

음독 **ほ**　歩道(ほどう) 보도　歩道橋(ほどうきょう) 육교　徒歩(とほ) 도보　散歩(さんぽ) 산책

ぶ/ふ　歩合(ぶあい) ①비율 ②수수료　歩(ふ) (일본 장기의) 졸

훈독 **あるく**　歩(ある)く 걷다, 산책하다

あゆむ　歩(あゆ)む 걷다, 나아가다

歩

걸음 **보**

小2 N3

天気(てんき)がいいから散歩(さんぽ)でも行(い)きましょうか。날씨가 좋으니까 산책이라도 갈까요?

学校(がっこう)まで歩(ある)いて何分(なんぷん)ぐらいかかりますか。학교까지 걸어서 몇 분 정도 걸립니까?

0764

음독 **ほ** 保健(ほけん) 보건 保険(ほけん) 보험 保育(ほいく) 보육 確保(かくほ) 확보

훈독 **たもつ** 保つ(たも) ①유지되다, 견디다 ②유지하다

지킬 **보**

小5 N1

海外旅行保険(かいがいりょこうほけん)に入(はい)りました。해외여행보험에 들었습니다.

若(わか)さを保(たも)つ方法(ほうほう)は何(なん)ですか。젊음을 유지하는 방법은 무엇입니까?

0765

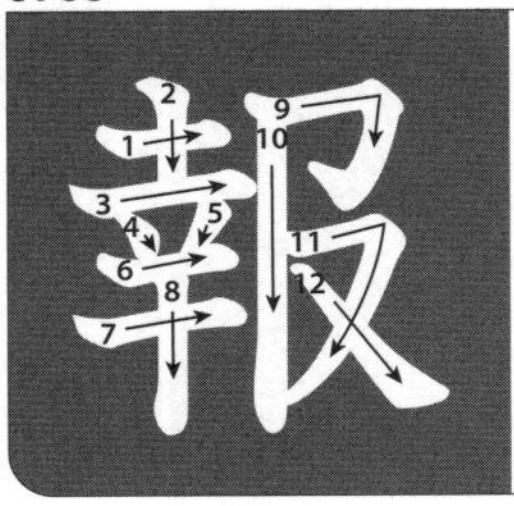

음독 **ほう** 報告(ほうこく) 보고 報道(ほうどう) 보도 情報(じょうほう) 정보 予報(よほう) 예보

훈독 **むくいる** 報いる(むく) 보답하다, 갚다, 보복하다

갚을/알릴 **보**

小5 N2

毎朝(まいあさ)、天気予報(てんきよほう)を見(み)ます。매일 아침, 일기예보를 봅니다.

先生(せんせい)の恩(おん)に報(むく)いることができました。선생님의 은혜에 보답할 수 있었습니다.

0766

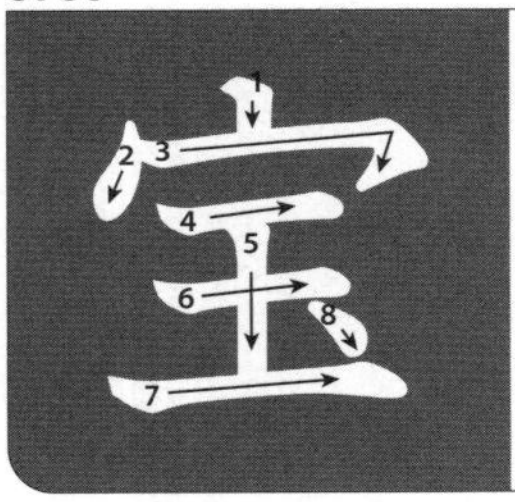

음독 **ほう** 宝物(ほうもつ) 보물 宝石(ほうせき) 보석 国宝(こくほう) 국보 家宝(かほう) 가보

훈독 **たから** 宝(たから) 보물 宝物(たからもの) 보물 宝(たから)くじ 복권

寶

보배 **보**

小6 N2

この城(しろ)は国宝(こくほう)です。이 성은 국보입니다.

宝(たから)くじが当(あ)たりました。복권이 당첨되었습니다.

0767

음독 **ほ** 補強(ほきょう) 보강 補助(ほじょ) 보조 補足(ほそく) 보충 候補(こうほ) 후보

훈독 **おぎなう** 補う(おぎな) ①보충하다 ②변상하다

보탤 **보**

小6 N2

説明(せつめい)の補足(ほそく)をしました。보충설명을 했습니다.

ビタミンCを補(おぎな)います。비타민C를 보충합니다.

0768

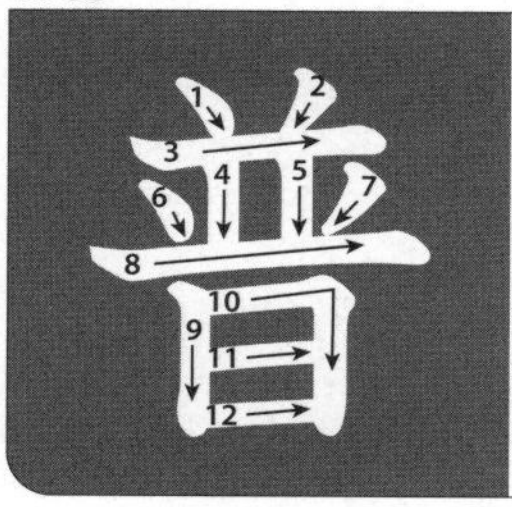

음독 ふ　　普通(ふつう) 보통　普遍(ふへん) 보편　普及(ふきゅう) 보급　普段(ふだん) 평소, 보통

넓을 **보**

中　N2

日本(にほん)では普通(ふつう)、朝食(ちょうしょく)にどんな物(もの)を食(た)べますか。
일본에서는 보통, 아침식사로 어떤 것을 먹습니까?

普段(ふだん)、何時(なんじ)に寝(ね)ますか。 보통 몇 시에 잡니까?

0769

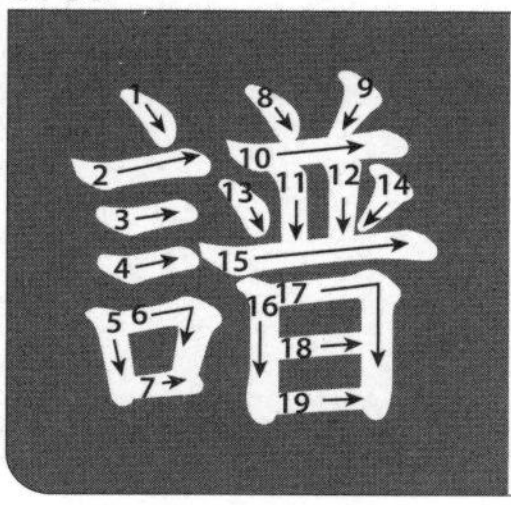

음독 ふ　　譜面(ふめん) 악보　楽譜(がくふ) 악보　年譜(ねんぷ) 연보

족보 **보**

中　급수 외

オーディションには楽譜(がくふ)を持(も)ってきてください。
오디션에는 악보를 가지고 오세요.

父(ちち)は我(わ)が家(や)の年譜(ねんぷ)を作(つく)りました。 아버지는 우리 집의 연보를 만들었습니다.

0770

음독 ふく　　服用(ふくよう) ①약의 복용 ②옷의 착용　服装(ふくそう) 복장　制服(せいふく) 제복, 교복
和服(わふく) 일본옷(=きもの)

옷/약 먹을 **복**

小3　N3

毎日(まいにち)、制服(せいふく)を着(き)て学校(がっこう)に行(い)きます。 매일 교복을 입고 학교에 갑니다.

おばあさんはいつも和服(わふく)を着(き)ています。 할머니는 항상 기모노를 입고 있습니다.

0771

음독 ふく　　福利(ふくり) 복리　福祉(ふくし) 복지　祝福(しゅくふく) 축복　裕福(ゆうふく) 유복함

福

복 **복**

小3　N2

スウェーデンは福祉(ふくし)の進(すす)んだ国(くに)です。 스웨덴은 복지가 발달된 나라입니다.

彼(かれ)は裕福(ゆうふく)な家庭(かてい)で育(そだ)ちました。 그는 유복한 가정에서 자랐습니다.

0772

음독 ふく　復習(ふくしゅう) 복습　復学(ふくがく) 복학　往復(おうふく) 왕복　快復(かいふく) 쾌차
復興(ふっこう) 부흥

회복할 복/다시 부
小5 N2

外国語(がいこくご)の勉強(べんきょう)は復習(ふくしゅう)がたいせつです。 외국어 공부는 복습이 중요합니다.
飛行機(ひこうき)の往復(おうふく)チケットを予約(よやく)しました。 비행기 왕복티켓을 예약했습니다.

0773

음독 ふく　複雑(ふくざつ) 복잡함　複製(ふくせい) 복제　複合(ふくごう) 복합
重複(じゅうふく) 중복(ちょうふく로도 읽음)

겹칠 복
小5 N2

説明書(せつめいしょ)が複雑(ふくざつ)で分(わ)かりません。 설명서가 복잡해서 모르겠습니다.
この絵(え)は複製品(ふくせいひん)です。 이 그림은 복제품입니다.

0774

음독 ふく　腹痛(ふくつう) 복통　腹部(ふくぶ) 복부　空腹(くうふく) 공복　満腹(まんぷく) 배부름
훈독 はら　腹(はら) 배, 복부　腹黒(はらぐろ)い 속이 검다, 엉큼하다

배 복
小6 N2

いろいろな料理(りょうり)を食(た)べて満腹(まんぷく)です。 여러 가지 요리를 먹어서 배가 부릅니다.
けんかして腹(はら)が立(た)ちました。 싸워서 화가 났습니다.

0775

음독 ふく　伏線(ふくせん) 복선　起伏(きふく) 기복　潜伏(せんぷく) 잠복　降伏(こうふく) 항복
훈독 ふせる　伏(ふ)せる 숙이다, 엎드리다
ふす　伏(ふ)す 엎드리다

엎드릴/굴복할 복
中 N1

起伏(きふく)がある所(ところ)で自転車(じてんしゃ)に乗(の)るのは難(むずか)しいです。
기복이 있는 곳에서 자전거를 타는 것은 어렵습니다.
火事(かじ)が起(お)きたら、頭(あたま)を伏(ふ)せて非常口(ひじょうぐち)に逃(に)げてください。
화재가 일어나면 머리를 숙이고 비상구로 빠져나가세요.

0776

음독 **ぼく**　僕(ぼく) 나　下僕(げぼく) 하인　公僕(こうぼく) 공무원
특이 僕(しもべ) 하인

종/저 **복**
中　N1

僕(ぼく)は小学(しょうがく)1年生(ねんせい)です。나는 초등학교 1학년입니다.
公僕(こうぼく)として国(くに)に仕(つか)える仕事(しごと)をしています。
공무원으로서 나라에 봉사하는 일을 하고 있습니다.

0777

음독 **ふく**　覆面(ふくめん) 복면　転覆(てんぷく) 전복
훈독 **おお**う　覆(おお)う 덮다
くつがえす　覆(くつがえ)す 뒤집(어 엎)다
くつがえる　覆(くつがえ)る 뒤집히다, 전복되다

뒤집힐 **복**/덮을 **부**
中　N1

船(ふね)が転覆(てんぷく)する事故(じこ)が起(お)こりました。배가 전복되는 사고가 일어났습니다.
雲(くも)が空(そら)を覆(おお)っています。구름이 하늘을 덮고 있습니다.

0778

음독 **ほん**　本(ほん) 책　本屋(ほんや) 서점　本気(ほんき) 진심　本物(ほんもの) 진짜　本当(ほんとう) 사실, 정말
日本(にほん) 일본(にっぽん으로도 읽음)　一本(いっぽん) 한 자루, 한 병
훈독 **もと**　本(もと) 처음, 기원　根本(ねもと) 뿌리, 근원

근본/책 **본**
小1　N5

本屋(ほんや)に行(い)って日本語(にほんご)の本(ほん)を買(か)いました。서점에 가서 일본어 책을 샀습니다.
草(くさ)の根本(ねもと)に虫(むし)がいます。풀의 뿌리에 벌레가 있습니다.

Tip 0311 もと 참조

0779

음독 **ぼう**　棒(ぼう) 막대기　棒(ぼう)グラフ 막대그래프　鉄棒(てつぼう) 철봉　警棒(けいぼう) 경찰봉
綿棒(めんぼう) 면봉　泥棒(どろぼう) 도둑

막대 **봉**
小6　N2

売上(うりあ)げを棒(ぼう)グラフで示(しめ)します。매출을 막대그래프로 나타냅니다.
薬局(やっきょく)で綿棒(めんぼう)を買(か)いました。약국에서 면봉을 샀습니다.

0780

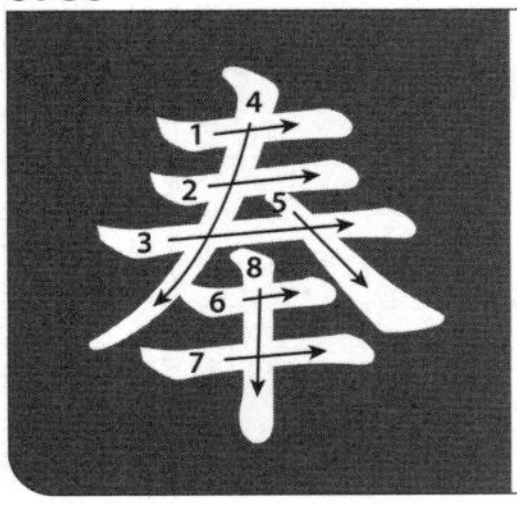

음독 ほう　奉仕(ほうし) 봉사　奉納(ほうのう) 봉납　奉(ほう)じる 바치다
　　ぶ　供奉(ぐぶ) 수행

훈독 たてまつる　奉(たてまつ)る 바치다

받들/바칠 **봉**
中　N1

週末(しゅうまつ)は奉仕(ほうし)活動(かつどう)に参加(さんか)します。 주말에는 봉사활동에 참가합니다.
神(かみ)に今年(ことし)の作物(さくもつ)を奉(たてまつ)ります。 신에게 올해 작물을 바칩니다.

0781

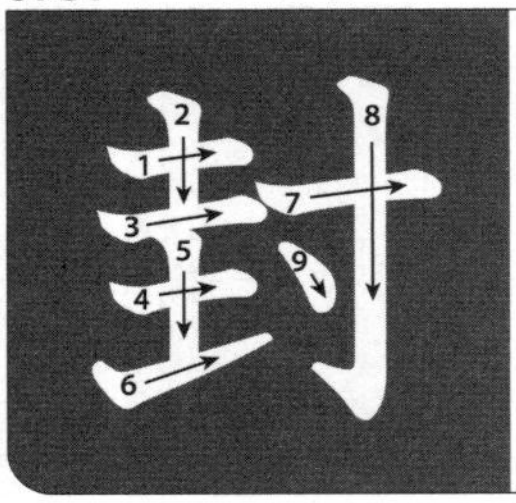

음독 ふう　封書(ふうしょ) 봉서　封印(ふういん) 봉인　開封(かいふう) 개봉　同封(どうふう) 동봉
　　ほう　封建制度(ほうけんせいど) 봉건제도

봉할 **봉**
中　N2

はさみを使(つか)って開封(かいふう)しました。 가위를 사용해서 개봉했습니다.
手紙(てがみ)には写真(しゃしん)が同封(どうふう)されていました。 편지에는 사진이 동봉되어 있었습니다.

0782

음독 ほう　年俸(ねんぽう) 연봉　減俸(げんぽう) 감봉

녹 **봉**
中　N1

あの野球選手(やきゅうせんしゅ)の年俸(ねんぽう)は１億円(おくえん)です。 저 야구선수의 연봉은 1억 엔입니다.
問題(もんだい)を起(お)こした社員(しゃいん)が減俸処分(げんぽうしょぶん)になりました。
문제를 일으킨 사원이 감봉처분을 받았습니다.

0783

음독 ほう　最高峰(さいこうほう) 최고봉　連峰(れんぽう) 여러 산봉우리

훈독 みね　峰(みね) 봉우리

봉우리 **봉**
中　N1

エベレストは世界(せかい)の最高峰(さいこうほう)です。 에베레스트는 세계 최고봉입니다.
北漢山(ブッカンサン)の峰(みね)を登(のぼ)ります。 북한산 봉우리를 오릅니다.

0784

음독 **ほう** 　蜂起(ほうき) 봉기　養蜂(ようほう) 양봉

훈독 **はち** 　蜂(はち) 벌　蜂蜜(はちみつ) 벌꿀　蜂(はち)の巣(す) 벌집

벌 **봉**

中　급수 외

改革(かいかく)のために群衆(ぐんしゅう)が蜂起(ほうき)しました。 개혁을 위해서 군중이 봉기했습니다.

ホットケーキに蜂蜜(はちみつ)を塗(ぬ)って食(た)べました。 핫케이크에 꿀을 발라 먹었습니다.

0785

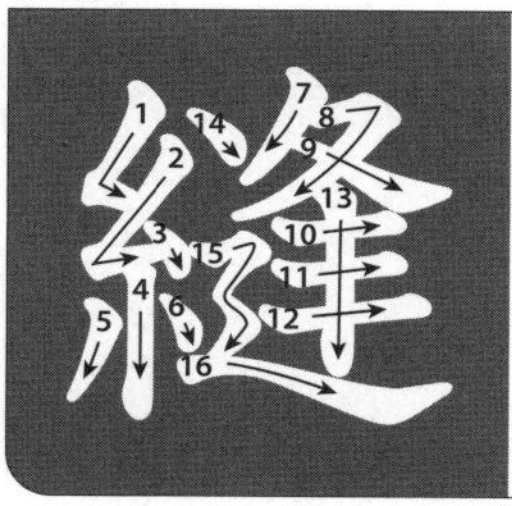

음독 **ほう** 　縫合(ほうごう) 봉합　縫製(ほうせい) 봉제　縫製業(ほうせいぎょう) 봉제업　裁縫(さいほう) 재봉, 바느질

훈독 **ぬう** 　縫(ぬ)う 꿰매다

꿰맬 **봉**

中　N1

母(はは)は縫製(ほうせい)が上手(じょうず)です。 엄마는 봉제가 뛰어납니다.

破(やぶ)れたシャツを縫(ぬ)いました。 찢어진 셔츠를 꿰맸습니다.

0786

음독 **ふ** 　父兄(ふけい) 보호자　父母(ふぼ) 부모　祖父(そふ) 할아버지　神父(しんぷ) 신부

훈독 **ちち** 　父(ちち) 아버지　父親(ちちおや) 부친, 아버지　父(ちち)の日(ひ) 아버지의 날

예외 お父(とう)さん 아버님

아비 **부**

小2　N4

あした、父母会(ふぼかい)があります。 내일, 부모회가 있습니다.

父(ちち)の日(ひ)は6月(がつ)の第(だい)3日曜日(にちようび)です。 아버지의 날은 6월 셋째 주 일요일입니다.

0787

음독 **ふ** 　負債(ふさい) 부채　負担(ふたん) 부담　自負(じふ) 자부　勝負(しょうぶ) 승부

훈독 **まける** 　負(ま)ける 지다

まかす 　負(ま)かす 지게 하다, 이기다

おう 　負(お)う ①(짐 등을) 지다 ②(비난·상처 등을) 입다

질 **부**

小3　N4

この仕事(しごと)は負担(ふたん)の大(おお)きい仕事です。 이 일은 부담이 큰 일입니다.

がんばったのに負(ま)けてしまいました。 열심히 했는데 지고 말았습니다.

ㅂ

0788

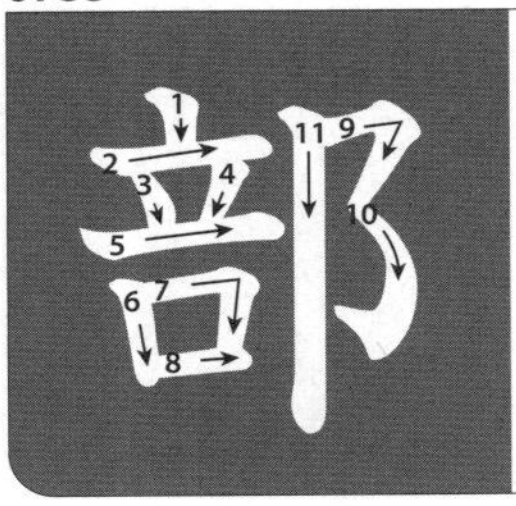

음독 ぶ　　部分(ぶぶん) 부분　部長(ぶちょう) 부장(님)　全部(ぜんぶ) 전부　本部(ほんぶ) 본부

특이 部屋(へや) 방

떼/부서 **부**

小3　N2

部長(ぶちょう)はとてもきびしいです。 부장님은 매우 엄격합니다.

週末(しゅうまつ)は部屋(へや)のそうじをしました。 주말에는 방청소를 했습니다.

0789

음독 ふ　　夫人(ふじん) 부인(남의 아내에 대한 높임말)　夫妻(ふさい) 부처, 부부

農夫(のうふ) 농부

ふう　　夫婦(ふうふ) 부부　工夫(くふう) 궁리함, 고안

훈독 おっと　　夫(おっと) 남편

지아비 **부**

小4　N2

夫婦(ふうふ)で旅行(りょこう)に行(い)きました。 부부가 같이 여행을 갔습니다.

夫(おっと)は銀行(ぎんこう)で働(はたら)いています。 남편은 은행에서 일하고 있습니다.

0790

음독 ふ　　付近(ふきん) 부근, 근처　付与(ふよ) 부여　寄付(きふ) 기부　添付(てんぷ) 첨부

훈독 つく　　付(つ)く 붙다, 묻다

つける　　付(つ)ける 붙이다, 대다　受付(うけつけ) 접수

줄/붙을 **부**

小4　N2

この付近(ふきん)に郵便局(ゆうびんきょく)はありませんか。 이 부근에 우체국은 없습니까?

店員(てんいん)が値札(ねふだ)を付(つ)けています。 점원이 가격표를 붙이고 있습니다.

Tip つく

付(つ)く 붙다

服(ふく)に泥(どろ)が付(つ)く。

옷에 진흙이 묻다.

着(つ)く 도착하다

飛行機(ひこうき)が空港(くうこう)に着(つ)く。

비행기가 공항에 도착하다.

就(つ)く 취업하다

会社(かいしゃ)の仕事(しごと)に就(つ)く。 회사에 취업하다.

0791

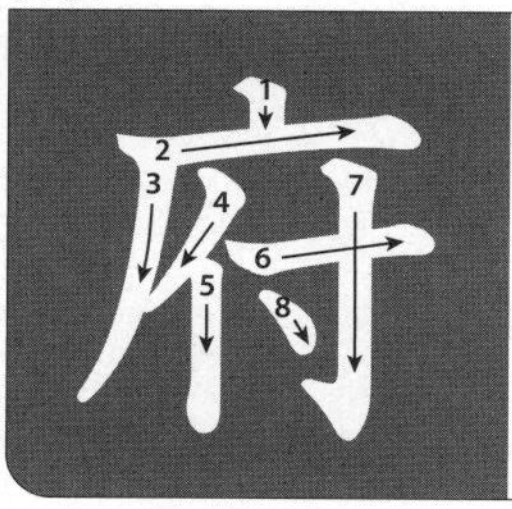

음독 ふ　府庁(ふちょう) 부청　政府(せいふ) 정부　総理府(そうりふ) 총리부　京都府(きょうとふ) 교토부

마을/관청 부

小4 N2

大阪(おおさか)と京都(きょうと)には府庁(ふちょう)があります。 오사카와 교토에는 부청이 있습니다.

政府(せいふ)が政策(せいさく)の方針(ほうしん)を発表(はっぴょう)しました。 정부가 정책방침을 발표했습니다.

0792

음독 ふ　岐阜県(ぎふけん) 기후현　岐阜市(ぎふし) 기후시

언덕 부

小4 급수 외

岐阜県(ぎふけん)は海(うみ)に面(めん)していません。 기후현은 바다에 면해 있지 않습니다.

0793

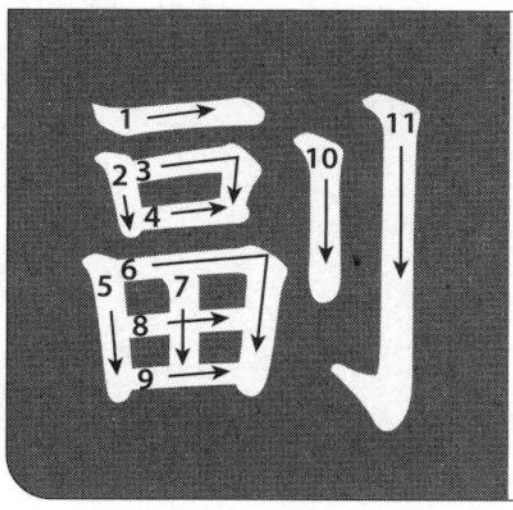

음독 ふく　副作用(ふくさよう) 부작용　副会長(ふくかいちょう) 부회장　副業(ふくぎょう) 부업　副詞(ふくし) 부사

버금 부

小4 N2

薬(くすり)の副作用(ふくさよう)に注意(ちゅうい)してください。 약의 부작용에 주의하세요.

新(あたら)しい学生会(がくせいかい)の副会長(ふくかいちょう)が決(き)まりました。 새로운 학생회의 부회장이 결정되었습니다.

0794

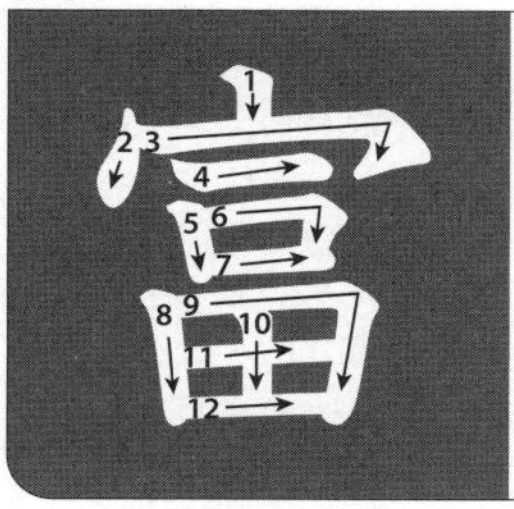

음독 ふ　富豪(ふごう) 부호　富裕(ふゆう) 부유함　貧富(ひんぷ) 빈부　豊富(ほうふ) 풍부함

ふう　富貴(ふうき) 부귀

훈독 とむ　富(と)む ①넉넉해지다, 부자가 되다 ②풍부하다

とみ　富(とみ) 부, 재산, 자원　예외 富山県(とやまけん) 도야마현

부유할 부

小4 N2

貧富(ひんぷ)の差(さ)がはげしいです。 빈부의 차가 심합니다.

イさんはいつもユーモアに富(と)んだ話(はなし)をします。
이 씨는 항상 유머가 풍부한 이야기를 합니다.

0795

음독 ふ　婦人(ふじん) 부인　主婦(しゅふ) 주부　夫婦(ふうふ) 부부　妊婦(にんぷ) 임부, 임산부

婦

아내/여자 **부**

小5　N2

婦人服売(ふじんふくう)り場(ば)で働(はたら)いています。 부인복 매장에서 일하고 있습니다.

妊婦(にんぷ)に席(せき)をゆずりました。 임산부에게 자리를 양보했습니다.

0796

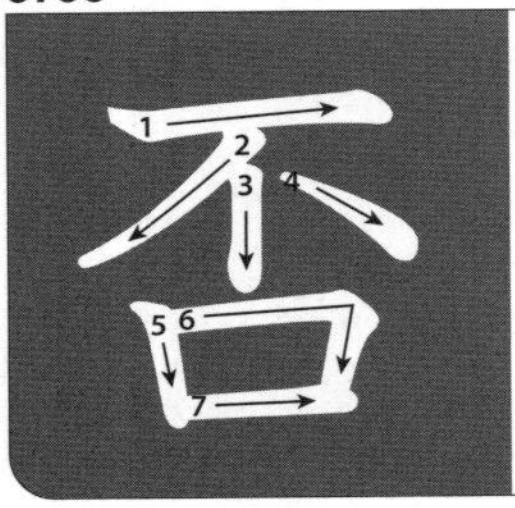

음독 ひ　否定(ひてい) 부정　否認(ひにん) 부인　拒否(きょひ) 거부　可否(かひ) 가부

훈독 いな　否(いな) 아니, 아니요　～や否(いな)や ~하자마자

아닐 **부**

小6　N2

会議(かいぎ)で否定的(ひていてき)な意見(いけん)が出(で)ました。 회의에서 부정적인 의견이 나왔습니다.

出(で)かけるや否(いな)や雨(あめ)が降(ふ)り出(だ)しました。 나가자마자 비가 내리기 시작했습니다.

0797

음독 ふ　扶養(ふよう) 부양　扶助(ふじょ) 보조　扶助金(ふじょきん) (생활) 보조금

도울 **부**

中　N1

扶養家族(ふようかぞく)がいる場合(ばあい)は、税金(ぜいきん)が免除(めんじょ)されます。
부양가족이 있는 경우에는 세금이 면제됩니다.

扶助金(ふじょきん)をもらうことができます。 생활 보조금을 받을 수 있습니다.

0798

음독 ふ　附属(ふぞく) 부속　附随(ふずい) 부수(주되는 것에 따라감)　寄附(きふ) 기부

붙을 **부**

中　N1

うちの子(こ)どもは大学(だいがく)の附属小学校(ふぞくしょうがっこう)に通(かよ)っています。
우리 아이는 대학 부속 초등학교에 다니고 있습니다.

卒業生(そつぎょうせい)から寄附金(きふきん)を集(あつ)めました。 졸업생으로부터 기부금을 모았습니다.

0799

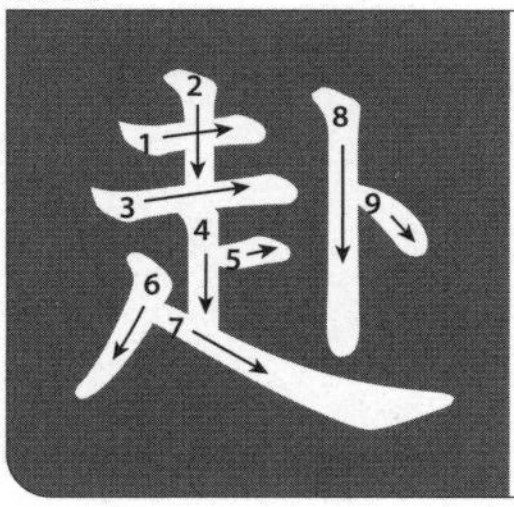

음독 ふ　赴任(ふにん) 부임

훈독 おもむく　赴(おもむ)く 향하여 가다, 부임하다

갈 부

中 N1

海外(かいがい)へ赴任(ふにん)することになりました。해외로 부임하게 되었습니다.

任地(にんち)に赴(おもむ)く前(まえ)に友(とも)だちに会(あ)いました。부임지로 가기 전에 친구를 만났습니다.

0800

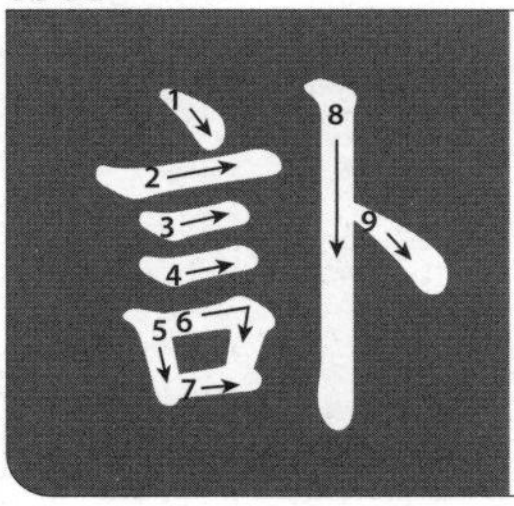

음독 ふ　訃報(ふほう) 부보, 부음, 부고　訃音(ふいん) 부음　訃告(ふこく) 부고

부고 부

中 급수 외

新聞(しんぶん)で恩師(おんし)の訃報(ふほう)を知(し)りました。신문에서 은사의 부고를 알았습니다.

メールで訃告(ふこく)が届(とど)きました。메일로 부고가 왔습니다.

0801

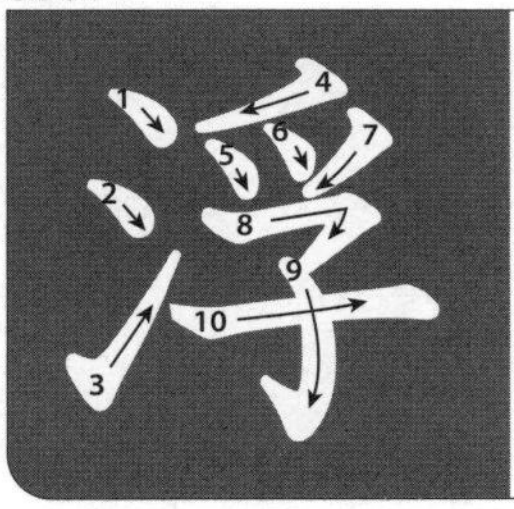

음독 ふ　浮上(ふじょう) 부상, 떠오름　浮遊(ふゆう) 부유, 떠돎　浮力(ふりょく) 부력　浮標(ふひょう) 부표　浮薄(ふはく) 천박하고 경솔함

훈독 うく/うかれる　浮(う)く 뜨다　浮(う)き輪(わ) 튜브　浮(う)かれる 들뜨다

うかぶ/うかべる　浮(う)かぶ 뜨다　浮(う)かべる 띄우다

뜰 부

中 N2

ダイバーが海底(かいてい)から浮上(ふじょう)してきました。다이버가 해저에서 떠올랐습니다.

浮(う)き輪(わ)がないと泳(およ)げません。튜브가 없으면 헤엄칠 수 없습니다.

0802

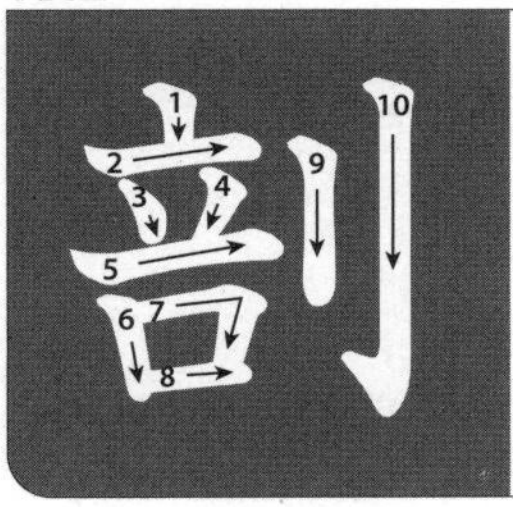

음독 ぼう　解剖(かいぼう) 해부

쪼갤 부

中 N1

実習(じっしゅう)でカエルを解剖(かいぼう)しました。실습에서 개구리를 해부했습니다.

ㅂ

0803

음독 ふ　関釜(かんぷ) 부산광역시와 일본 시모노세키시

훈독 かま　釜(かま) 솥　茶釜(ちゃがま) 차솥

가마솥 부

中　급수 외

関釜(かんぷ)フェリーに乗(の)って、下関市(しものせきし)に行(い)きました。
부관페리를 타고 시모노세키시에 갔습니다.

釜(かま)で炊(た)いたご飯(はん)はおいしいです。 솥으로 지은 밥은 맛있습니다.

0804

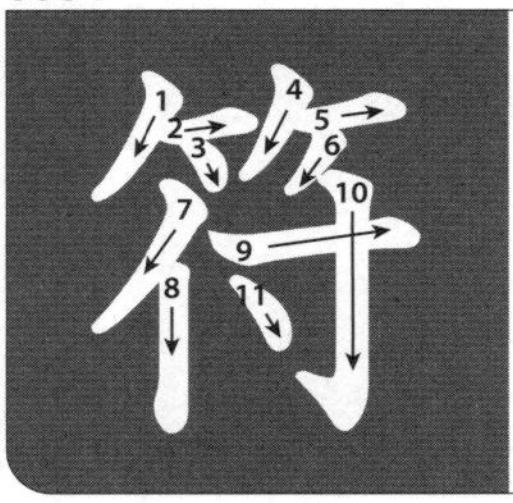

음독 ふ　符号(ふごう) 부호　符合(ふごう) 부합　終止符(しゅうしふ) 종지부　音符(おんぷ) 음악 부호

부호 부

中　N2

二人(ふたり)の証言(しょうげん)が符合(ふごう)しません。 두 사람의 증언이 부합하지 않습니다.

その事件(じけん)に終止符(しゅうしふ)を打(う)ちました。 그 사건에 종지부를 찍었습니다.

0805

음독 ふ　腐敗(ふはい) 부패　腐食(ふしょく) 부식　陳腐(ちんぷ) 진부함　豆腐(とうふ) 두부

훈독 くさる　腐(くさ)る 썩다, 상하다

くされる　腐(くさ)れる 썩다

くさらす　腐(くさ)らす 썩게 하다

썩을 부

中　N1

その映画(えいが)は陳腐(ちんぷ)な内容(ないよう)でおもしろくなかったです。
그 영화는 진부한 내용이라 재미없었습니다.

魚(さかな)が腐(くさ)ってしまいました。 생선이 상해버렸습니다.

0806

음독 ふ　敷設(ふせつ) 부설(철도·다리 등을 설치함)　敷衍(ふえん) 부연

훈독 しく　敷(し)く 깔다, 펴다　敷地(しきち) 부지　敷布団(しきぶとん) 요　座敷(ざしき) 다다미방, 객실　風呂敷(ふろしき) 보자기

펼 부

中　N1

レールを敷設(ふせつ)しました。 레일을 부설했습니다.

事前(じぜん)に敷布団(しきぶとん)を敷(し)いておいてください。 미리 요를 깔아 두세요.

0807

음독 ふ

賦役(ふえき) 부역　天賦(てんぷ) 천부, 선천적으로 타고남　割賦(かっぷ) 할부
月賦(げっぷ) 월부

부세/받을 **부**

中 N1

彼(かれ)には天賦(てんぷ)の才能(さいのう)があります。 그에게는 타고난 재능이 있습니다.

代金(だいきん)を割賦(かっぷ)で払(はら)います。 대금을 할부로 냅니다.

0808

음독 ふ

皮膚(ひふ) 피부　完膚(かんぷ) 흠이 없는 깨끗한 피부
完膚無(かんぷな)きまでに 철저하게, 지독하게
특이 膚(はだ) 피부, 살갗

살갗 **부**

中 N2

にきびがひどいので皮膚科(ひふか)に行(い)きました。 여드름이 심해서 피부과에 갔습니다.

中国(ちゅうごく)チームはアメリカチームによって完膚無(かんぷな)きまでに負(ま)けました。
중국팀은 미국팀에 의해 철저하게 패했습니다(완패했습니다).

0809

음독 ぼ

簿記(ぼき) 부기　名簿(めいぼ) 명부　出席簿(しゅっせきぼ) 출석부　家計簿(かけいぼ) 가계부

문서 **부**

中 N1

名簿(めいぼ)で卒業生(そつぎょうせい)の名前(なまえ)を調(しら)べました。 명부에서 졸업생 이름을 찾아봤습니다.

母(はは)は毎日(まいにち)、家計簿(かけいぼ)を付(つ)けています。 어머니는 매일 가계부를 적고 있습니다.

0810

음독 ほく

北東(ほくとう) 북동　北上(ほくじょう) 북상　北極(ほっきょく) 북극　北海道(ほっかいどう) 홋카이도
敗北(はいぼく) 패배

훈독 きた

北(きた) 북　北側(きたがわ) 북쪽　北半球(きたはんきゅう) 북반구　北国(きたぐに) 북쪽지방

북녘 **북**/패할 **배**

小2 N5

北海道(ほっかいどう)は魚(さかな)がおいしいです。 홋카이도는 생선이 맛있습니다.

北国(きたぐに)は春(はる)がおそいです。 북쪽지방은 봄이 늦습니다.

0811

나눌/신분 **분**

小2 N5

음독 **ぶん** 分担(ぶんたん) 분담 分類(ぶんるい) 분류 充分(じゅうぶん) 충분함 身分(みぶん) 신분
分別(ぶんべつ) 분별, 분류

ふん 分別(ふんべつ) 분별, 철, 지각

ぶ 五分(ごぶ) 5푼, 비슷함 七割五分(ななわりごぶ) 7할5푼

훈독 **わける** 分(わ)ける 나누다 引分(ひきわ)け 무승부

わかれる 分(わ)かれる 갈리다, 나뉘다 分(わ)かれ道(みち) 갈림길

わかる 分(わ)かる 알다, 이해하다

わかつ 分(わ)かつ 나누다, 구별하다

ごみを分別(ぶんべつ)してください。 쓰레기를 분류해 주세요.

三人分(さんにんぶん)に分(わ)けてください。 3인분으로 나누어 주세요.

Tip 0753 わかれる 참조

Tip 分別

ぶんべつ 분류

分別(ぶんべつ)して捨(す)てる。

분류해서 버리다.

ふんべつ 철, 지각

彼女(かのじょ)は分別(ふんべつ)がなさすぎる。

그녀는 너무 철이 없다.

0812

가루 **분**

小5 N2

음독 **ふん** 粉末(ふんまつ) 분말, 가루 粉砕(ふんさい) 분쇄 花粉(かふん) 꽃가루
花粉症(かふんしょう) 꽃가루 알레르기 澱粉(でんぷん) 전분, 녹말

훈독 **こ** 小麦粉(こむぎこ) 밀가루 そば粉(こ) 메밀가루

こな 粉(こな) 가루, 분말 粉雪(こなゆき) 가루눈

花粉症(かふんしょう)の人(ひと)が増(ふ)えています。 꽃가루 알레르기가 있는 사람이 늘고 있습니다.

小麦粉(こむぎこ)に卵(たまご)と牛乳(ぎゅうにゅう)を入(い)れてください。 밀가루에 달걀과 우유를 넣어 주세요.

0813

떨칠 **분**

小6 N1

음독 **ふん** 奮発(ふんぱつ) 분발 奮起(ふんき) 분기 奮闘(ふんとう) 분투 興奮(こうふん) 흥분

훈독 **ふるう** 奮(ふる)う 떨치다, 용기를 내다 奮(ふる)って 분발하여, 적극적으로

日本(にほん)チームは奮闘(ふんとう)しましたが、負(ま)けました。 일본 팀은 분투했지만 졌습니다.

勇気(ゆうき)を奮(ふる)ってプロポーズしました。 용기를 내어 프로포즈했습니다.

0814

음독 ほん　東奔西走(とうほんせいそう) 동분서주　奔放(ほんぽう) 분방함　奔流(ほんりゅう) 격류　狂奔(きょうほん) 광분

달릴/빠를 분
中 N1

資料(しりょう)を集(あつ)めるために東奔西走(とうほんせいそう)しました。 자료를 모으기 위해서 동분서주했습니다.

自由奔放(じゆうほんぽう)に生(い)きてみたいです。 자유분방하게 살아보고 싶습니다.

0815

음독 ぼん　お盆(ぼん) ①쟁반 ②백중맞이(음력 7월 보름)
盆踊(ぼんおど)り お盆(ぼん)(백중맞이)날 밤 모여서 추는 윤무
盆栽(ぼんさい) 분재　盆地(ぼんち) 분지

동이 분
中 급수 외

お茶(ちゃ)をお盆(ぼん)に乗(の)せて運(はこ)びました。 차를 쟁반에 받쳐서 날랐습니다.

今週(こんしゅう)の金曜日(きんようび)に盆踊(ぼんおど)りが開(ひら)かれます。 이번 주 금요일에 봉오도리 축제가 열립니다.

0816

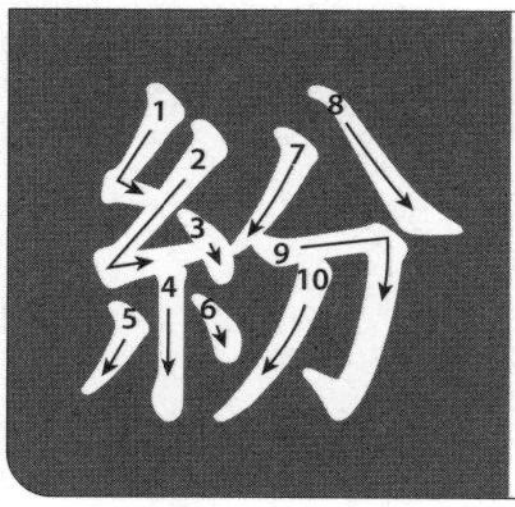

음독 ふん　紛糾(ふんきゅう) 분규　紛失(ふんしつ) 분실　紛争(ふんそう) 분쟁

훈독 まぎれる　紛(まぎ)れる 혼동되다
まぎらす/まぎらわす　紛(まぎ)らす・紛(まぎ)らわす ①얼버무리다 ②달래다
まぎらわしい　紛(まぎ)らわしい 혼동하기 쉽다, 헷갈리기 쉽다

어지러울 분
中 N1

交番(こうばん)に財布(さいふ)の紛失届(ふんしつとどけ)を出(だ)しました。 파출소에 지갑 분실신고를 했습니다.

漢字(かんじ)には紛(まぎ)らわしい字(じ)が多(おお)いです。 한자에는 헷갈리기 쉬운 글자가 많습니다.

0817

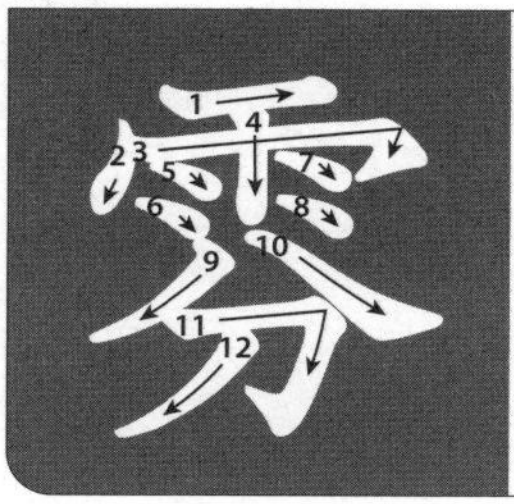

음독 ふん　雰囲気(ふんいき) 분위기

기운 분
中 N1

雰囲気(ふんいき)がいいお店(みせ)でカクテルを飲(の)みました。
분위기가 좋은 가게에서 칵테일을 마셨습니다.

0818

음독 ふん　噴水(ふんすい) 분수　噴射(ふんしゃ) 분사　噴火(ふんか) 분화　噴出(ふんしゅつ) 분출

훈독 ふく　噴(ふ)く 뿜다, 솟아나다　噴(ふ)き出(だ)す 내뿜다, 솟구쳐 나오다

뿜을 **분**

中　급수 외

火山(かざん)が噴火(ふんか)して、住民(じゅうみん)が避難(ひなん)しました。화산이 분화해서 주민이 피난했습니다.

からい料理(りょうり)を食(た)べて、額(ひたい)から汗(あせ)が噴(ふ)き出(だ)します。
매운 요리를 먹어서 이마에서 땀이 줄줄 나옵니다.

Tip ふく

噴(ふ)く 뿜어나오다

火山(かざん)が煙(けむり)を噴(ふ)く。화산이 연기를 내뿜다.

吹(ふ)く 바람이 불다

すずしい風(かぜ)が吹(ふ)く。시원한 바람이 불다.

0819

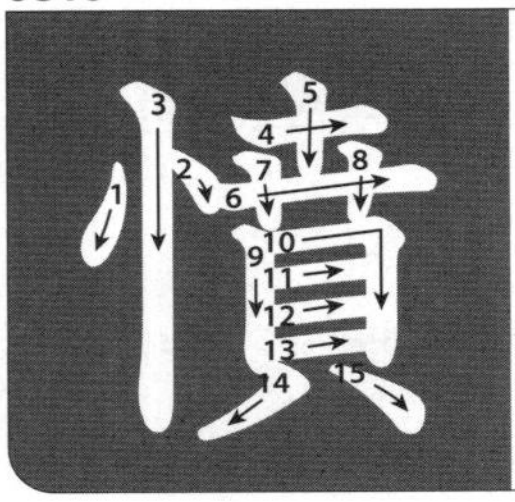

음독 ふん　憤慨(ふんがい) 분개　憤激(ふんげき) 격분함　憤怒(ふんど) 분노(ふんぬ로도 읽음)
義憤(ぎふん) 의분　鬱憤(うっぷん) 울분

훈독 いきどおる　憤(いきどお)る 분개하다

분할 **분**

中　N1

会社(かいしゃ)にはいやな上司(じょうし)がいて、鬱憤(うっぷん)が溜(た)まります。
회사에는 싫은 상사가 있어서 울분이 쌓입니다.

父(ちち)は政治家(せいじか)の汚職(おしょく)に憤(いきどお)りました。아버지는 정치가의 부정에 분개했습니다.

0820

음독 ふん　墳墓(ふんぼ) 분묘, 무덤　古墳(こふん) 고분　墳丘(ふんきゅう) 봉분

무덤 **분**

中　N1

研究者(けんきゅうしゃ)は古代(こだい)の墳墓(ふんぼ)を調査(ちょうさ)しました。연구자는 고대 분묘를 조사했습니다.

慶州(キョンジュ)には古墳(こふん)がたくさんあります。경주에는 고분이 많이 있습니다.

0821

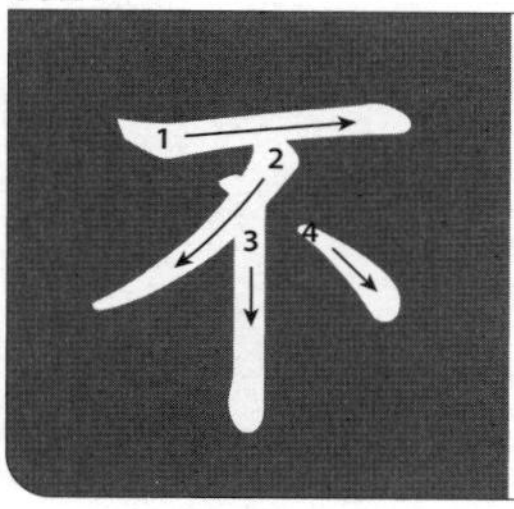

음독 **ふ** 不安(ふあん) 불안 不良(ふりょう) 불량 不足(ふそく) 부족 不正(ふせい) 부정

ぶ 不気味(ぶきみ) 불길함

아닐 **불**/아닐 **부**

小4 N3

将来(しょうらい)のことが不安(ふあん)です。 장래가 불안합니다.

お金(かね)が不足(ふそく)しています。 돈이 부족합니다.

Tip 부정

不正(ふせい) 바르지 않음

試験(しけん)で不正行為(ふせいこうい)をする。 시험에서 부정행위를 하다.

不定(ふてい) 일정하지 않음

住所不定(じゅうしょふてい)の犯人(はんにん)が捕(つか)まった。 일정한 주소가 없는 범인이 잡혔다.

0822

음독 **ぶつ** 仏像(ぶつぞう) 불상 仏教(ぶっきょう) 불교 石仏(せきぶつ) 석불, 돌부처

大仏(だいぶつ) 대불, 큰 부처

훈독 **ほとけ** 仏(ほとけ) 부처, 석가 仏様(ほとけさま) 부처님 仏心(ほとけごころ) 불심, 부처의 자비심

佛

부처 **불**

小5 N2

奈良(なら)には有名(ゆうめい)な大仏(だいぶつ)があります。 나라에는 유명한 대불이 있습니다.

仏様(ほとけさま)に祈(いの)ります。 부처님에게 빕니다.

0823

음독 **ふつ** 払拭(ふっしょく) 불식

훈독 **はら**う 払(はら)う 지불하다 支払(しはら)い 지불 酔(よ)っ払(ぱら)う 만취하다

拂

떨칠/지불할 **불**

中 N2

きちんと説明(せつめい)して、疑惑(ぎわく)を払拭(ふっしょく)します。 제대로 설명해서 의혹을 불식시키겠습니다.

支払(しはら)いはカードでしてください。 지불은 카드로 해 주세요.

ㅂ

0824

음독 ほう　崩壊(ほうかい) 붕괴　崩落(ほうらく) 폭락
崩御(ほうぎょ) 붕어, 승하(천황·황후·황태후가 세상을 떠남)

훈독 くずれる　崩(くず)れる 무너지다
くずす　崩(くず)す 무너뜨리다　특이 雪崩(なだれ) 눈사태

무너질 붕
中　N1

地震(じしん)でビルが崩壊(ほうかい)しました。 지진으로 빌딩이 붕괴되었습니다.
廃屋(はいおく)を崩(くず)します。 폐가를 무너뜨립니다.

0825

훈독 たな　棚(たな) 선반, 시렁　本棚(ほんだな) 책장　食器棚(しょっきだな) 식기 선반
大陸棚(たいりくだな) 대륙붕(완만한 경사의 해저)

선반 붕
中　N1

本(ほん)を本棚(ほんだな)にしまいました。 책을 책장에 넣었습니다.
お皿(さら)を食器棚(しょっきだな)から出(だ)します。 접시를 식기 선반에서 꺼냅니다.

0826

음독 ひ　悲鳴(ひめい) 비명　悲劇(ひげき) 비극　悲運(ひうん) 비운　慈悲(じひ) 자비

훈독 かなしい　悲(かな)しい 슬프다
かなしむ　悲(かな)しむ 슬퍼하다

슬플/동정할 비
小3　N2

女(おんな)の人(ひと)の悲鳴(ひめい)が聞(き)こえました。 여자의 비명 소리가 들렸습니다.
恋人(こいびと)にふられて、とても悲(かな)しいです。 애인에게 차여서 매우 슬픕니다.

0827

음독 び　鼻炎(びえん) 비염　鼻音(びおん) 비음　耳鼻科(じびか) 이비(인후)과　鼻孔(びこう) 콧구멍

훈독 はな　鼻(はな) 코　鼻水(はなみず) 콧물　鼻血(はなぢ) 코피　鼻歌(はなうた) 콧노래

코 비
小3　N2

鼻炎(びえん)の薬(くすり)をください。 비염약을 주세요.
風邪(かぜ)をひいて、鼻水(はなみず)が止(と)まりません。 감기에 걸려서, 콧물이 멈추지 않습니다.

0828

음독 ひ　飛行機(ひこうき) 비행기　飛躍(ひやく) 비약　突飛(とっぴ) 엉뚱함, 별남
飛車(ひしゃ) 일본 장기의 장기짝의 하나(한국 장기의 차에 해당)

훈독 とぶ　飛(と)ぶ 날다　飛(と)び魚(うお) 날치
とばす　飛(と)ばす 날리다

날 **비**
小4 N2

飛行機(ひこうき)は午後(ごご)1時(じ)に出発(しゅっぱつ)します。비행기는 오후 1시에 출발합니다.
はちが飛(と)んでいます。벌이 날고 있습니다.

Tip とぶ

飛(と)ぶ 날다
飛行機(ひこうき)が飛(と)ぶ。비행기가 날다.

跳(と)ぶ 뛰다, 뛰어넘다
ハードルを跳(と)ぶ。허들을 뛰어넘다.

0829

음독 ひ　比例(ひれい) 비례　比率(ひりつ) 비율　比重(ひじゅう) 비중　対比(たいひ) 대비, 대조

훈독 くらべる　比(くら)べる ①비교하다, 견주다 ②겨루다, 경쟁하다

견줄 **비**
小5 N2

日本語科(にほんごか)は男性(だんせい)より女性(じょせい)の比率(ひりつ)が高(たか)いです。
일본어과는 남성보다 여성의 비율이 높습니다.
兄(あに)と弟(おとうと)が背(せ)を比(くら)べています。형과 동생이 키를 비교하고 있습니다.

0830

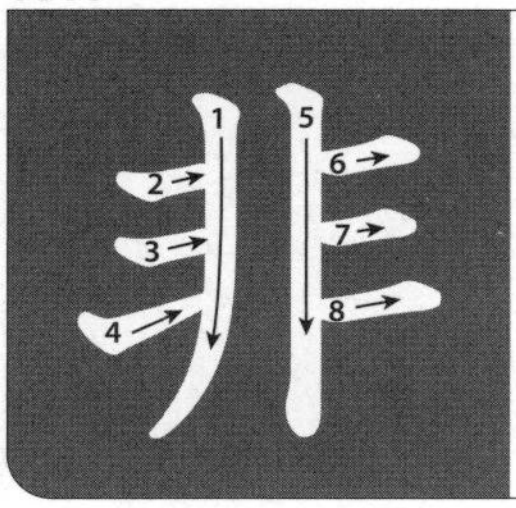

음독 ひ　非常(ひじょう) 비상, 대단함, 심함　非常識(ひじょうしき) 비상식　非常口(ひじょうぐち) 비상구
非難(ひなん) 비난　非売品(ひばいひん) 비매품

아닐 **비**
小5 N2

非常口(ひじょうぐち)はどこですか。비상구는 어디입니까?
非売品(ひばいひん)なので売(う)ることができません。비매품이기 때문에 판매할 수 없습니다.

ㅂ

0831

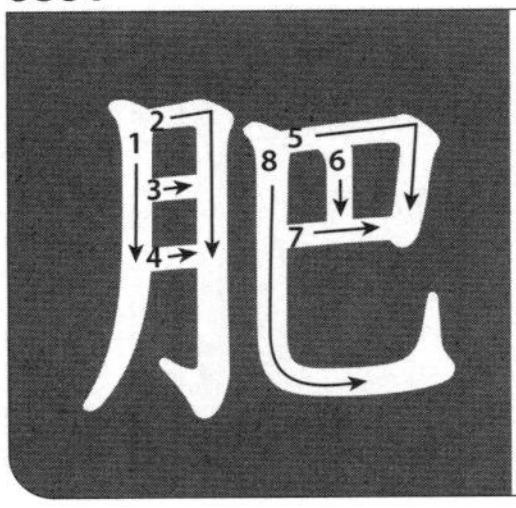

음독 **ひ**
肥満(ひまん) 비만 肥料(ひりょう) 비료 肥大(ひだい) 비대함 肥沃(ひよく) 비옥함

훈독 **こ**える
肥(こ)える 살찌다, 비옥해지다

こえ
肥(こえ) 거름, 비료

こやす
肥(こ)やす 살찌우다 肥(こ)やし 거름, 비료

살찔 **비**

小5 N1

運動(うんどう)して肥満(ひまん)を予防(よぼう)します。 운동해서 비만을 예방합니다.

土地(とち)が肥(こ)えているので、作物(さくもつ)がよく育(そだ)ちます。 토지가 비옥해서 작물이 잘 자랍니다.

0832

음독 **ひ**
費用(ひよう) 비용 経費(けいひ) 경비 食費(しょくひ) 식비 消費(しょうひ) 소비

훈독 **つい**やす
費(つい)やす ①쓰다, 소비하다 ②낭비하다

ついえる
費(つい)える 줄다, 적어지다

쓸 **비**

小5 N2

100万円(まんえん)の費用(ひよう)がかかります。 100만 엔의 비용이 듭니다.

つまらないことで時間(じかん)を費(つい)やしました。 별 것 아닌 일에 시간을 낭비했습니다.

0833

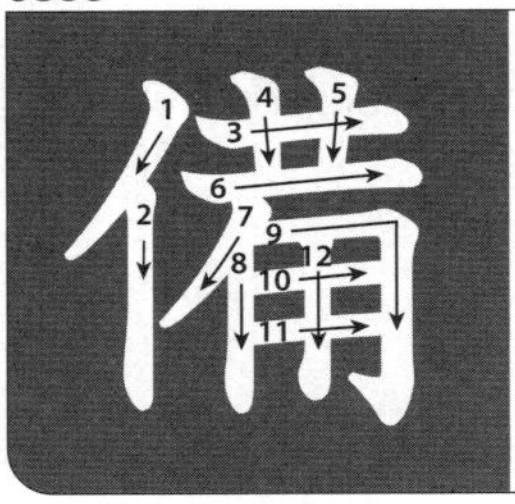

음독 **び**
備品(びひん) 비품 備考(びこう) 비고 準備(じゅんび) 준비 整備(せいび) 정비

훈독 **そな**える
備(そな)える 갖추다, 구비하다, 대비하다

そなわる
備(そな)わる 갖추어지다, 구비되다

갖출 **비**

小5 N2

プレゼンの準備(じゅんび)で忙(いそが)しいです。 프리젠테이션의 준비로 바쁩니다.

地震(じしん)に備(そな)えて、非常食(ひじょうしょく)を買(か)っておきます。 지진에 대비해서 비상식량을 사 둡니다.

Tip 0172 そなえる 참조

0834

음독 **ひ**
批評(ひひょう) 비평 批判(ひはん) 비판 批准(ひじゅん) 비준

비평할 **비**

小6 N1

批評家(ひひょうか)から好評(こうひょう)を得(え)ました。 비평가에게 호평을 받았습니다.

アメリカが条約(じょうやく)に批准(ひじゅん)しました。 미국이 조약에 비준했습니다.

0835

음독 ひ　秘密(ひみつ) 비밀　秘書(ひしょ) 비서　極秘(ごくひ) 극비　神秘(しんぴ) 신비

훈독 ひめる　秘(ひ)める 숨기다, 감추다, 속에 간직하다

숨길 **비**

小6　N1

秘書(ひしょ)に頼(たの)んでおきました。비서에게 부탁해 두었습니다.

子(こ)どもはいろいろな可能性(かのうせい)を秘(ひ)めています。
아이는 여러 가능성을 간직하고 있습니다.

0836

음독 ひ　王妃(おうひ) 왕비　皇太子妃(こうたいしひ) 황태자비

왕비 **비**

中　N1

スペイン王妃(おうひ)が来日(らいにち)しました。스페인 왕비가 일본에 왔습니다.

皇太子妃(こうたいしひ)が子(こ)どもを産(う)みました。황태자비가 아이를 낳았습니다.

0837

음독 ふつ　沸騰(ふっとう) 비등, 끓어오름　沸点(ふってん) 끓는점　煮沸(しゃふつ) 자비(펄펄 끓임)

훈독 わく　沸(わ)く 끓다

わかす　沸(わ)かす 끓이다

끓을 **비**

中　N2

水(みず)の沸点(ふってん)は100度(ど)です。물의 끓는점은 100도입니다.

お湯(ゆ)を沸(わ)かして、コーヒーを入(い)れました。물을 끓여서 커피를 탔습니다.

0838

음독 ひつ　分泌(ぶんぴつ) 분비(ぶんぴ로도 읽음)

ひ　泌尿器科(ひにょうきか) 비뇨기과

분비할 **비**

中　N1

成長期(せいちょうき)には成長ホルモンが分泌(ぶんぴつ)されます。성장기에는 성장호르몬이 분비됩니다.

この病院(びょういん)には泌尿器科(ひにょうきか)があります。이 병원에는 비뇨기과가 있습니다.

ㅂ

0839

음독 ひ　　卑怯(ひきょう) 비겁함　卑劣(ひれつ) 비열함

훈독 いやしい　卑(いや)しい ①상스럽다, 저속하다 ②(음식·금전 등에) 탐욕스럽다

いやしむ　卑(いや)しむ 경멸하다

いやしめる　卑(いや)しめる 깔보다

낮을/저속할 **비**

中　N1

相手(あいて)チームは卑怯(ひきょう)な作戦(さくせん)に出(で)ました。 상대팀은 비겁한 작전으로 나왔습니다.

お金(かね)に卑(いや)しいことは、よくありません。 돈에 탐욕스러운 것은 좋지 않습니다.

0840

음독 ひ　　門扉(もんぴ) 문짝, 대문

훈독 とびら　扉(とびら) 문　非常扉(ひじょうとびら) 비상문

扉

사립문 **비**

中　N1

その学校(がっこう)は留学生(りゅうがくせい)に対(たい)して門扉(もんぴ)を閉(と)ざしています。

그 학교는 유학생에게 문을 걸어 잠그고 있습니다.

非常扉(ひじょうとびら)の位置(いち)を確認(かくにん)します。 비상문 위치를 확인합니다.

0841

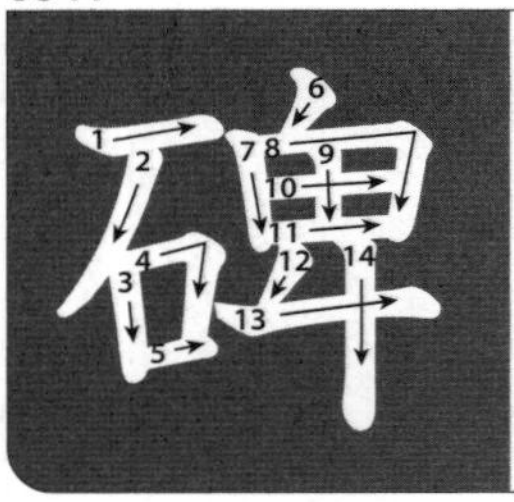

음독 ひ　　碑石(ひせき) 비석　碑文(ひぶん) 비문　墓碑(ぼひ) 묘비　記念碑(きねんひ) 기념비

비석 **비**

中　N1

有名(ゆうめい)な詩人(しじん)の詩(し)が碑文(ひぶん)になっています。 유명한 시인의 시가 비문으로 되어 있습니다.

学校(がっこう)は創立(そうりつ)100周年(しゅうねん)の記念碑(きねんひ)を建(た)てました。 학교는 창립 100주년 기념비를 세웠습니다.

0842

음독 ひん　　貧困(ひんこん) 빈곤　貧血(ひんけつ) 빈혈　清貧(せいひん) 청빈　極貧(ごくひん) 극빈, 더없이 가난함

びん　　貧乏(びんぼう) 가난함

훈독 まずしい　貧(まず)しい 가난하다, 빈약하다

가난할 **빈**

小5　N2

貧血(ひんけつ)で倒(たお)れました。 빈혈로 쓰러졌습니다.

私(わたし)は貧(まず)しい家庭(かてい)で育(そだ)ちました。 나는 가난한 가정에서 자랐습니다.

0843

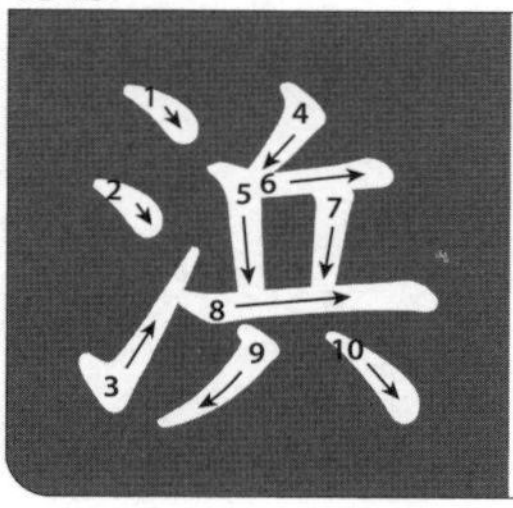

음독 ひん　海浜(かいひん) 해변　京浜(けいひん) 도쿄와 요코하마

훈독 はま　浜(はま) 바닷가　浜辺(はまべ) 해변　砂浜(すなはま) 모래사장

濱

물가 **빈**

中　N1

東京(とうきょう)の海浜公園(かいひんこうえん)に行(い)きました。 도쿄의 해변공원에 갔습니다.

浜(はま)で夕日(ゆうひ)を眺(なが)めました。 해변가에서 석양을 바라보았습니다.

0844

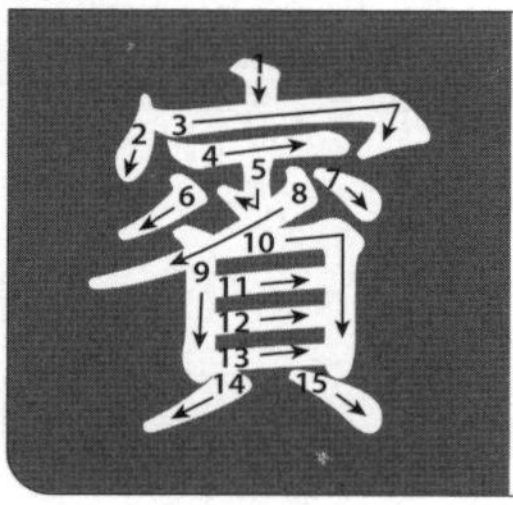

음독 ひん　賓客(ひんかく) 귀한 손님(ひんきゃく로도 읽음)　来賓(らいひん) 내빈

国賓(こくひん) 국빈　正賓(せいひん) 주빈

賓

손 **빈**

中　N1

今日(きょう)のパーティーには来賓(らいひん)が多(おお)いです。 오늘 파티에는 내빈이 많습니다.

外国(がいこく)の王(おう)が国賓(こくひん)として来日(らいにち)しました。 외국의 왕이 국빈으로서 일본에 왔습니다.

0845

음독 ひん　頻度(ひんど) 빈도　頻繁(ひんぱん) 빈번함　頻発(ひんぱつ) 빈발

頻出(ひんしゅつ) 빈출, 자주 나타남

頻

자주 **빈**

中　N1

ここは事故(じこ)が頻繁(ひんぱん)に起(お)こるので、気(き)をつけてください。
여기는 사고가 빈번하게 일어나기 때문에 조심해 주세요.

クマの頻出(ひんしゅつ)が話題(わだい)になっています。 곰의 빈번한 출몰이 화제가 되고 있습니다.

0846

음독 ひょう　氷河(ひょうが) 빙하　氷山(ひょうざん) 빙산　氷点(ひょうてん) 빙점　流氷(りゅうひょう) 유빙, 성엣장

훈독 こおり　氷(こおり) 얼음　かき氷(ごおり) 빙수

ひ　氷室(ひむろ) 빙실, 얼음 창고

얼음 **빙**

小3　N2

『氷点(ひょうてん)』という小説(しょうせつ)を読(よ)みましたか。 『빙점』이라는 소설을 읽었습니까?

夏(なつ)はかき氷(ごおり)がよく売(う)れます。 여름은 빙수가 잘 팔립니다.

0847

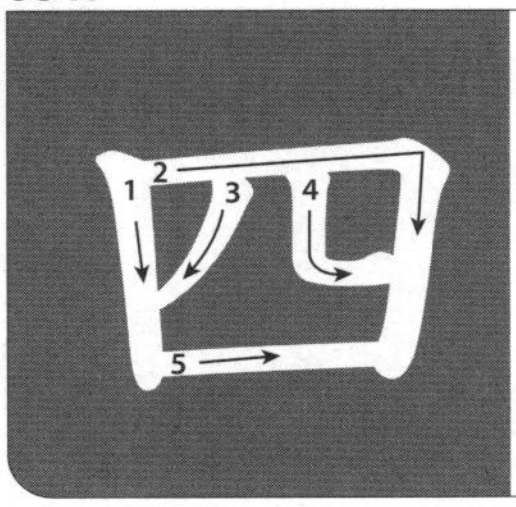

음독 し — 四月(しがつ) 4월　四季(しき) 사계, 사철

훈독 よ — 四年(よねん) 4학년　四時(よじ) 네 시

よつ/よっつ — 四日(よっか) 4일　四つ(よっ) 네 개

よん — 四歳(よんさい) 네 살　四枚(よんまい) 네 장

넉 **사**

小1　N5

今日(きょう)は四月四日(しがつよっか)です。 오늘은 4월 4일입니다.

切手(きって)を四枚(よんまい)ください。 우표를 네 장 주세요.

0848

음독 し — 絹糸(けんし) 견사, 명주실　綿糸(めんし) 면사, 무명실　抜糸(ばっし) 실을 뽑음

훈독 いと — 糸(いと) 실　糸口(いとぐち) ①실의 끝 ②실마리　毛糸(けいと) 털실

糸くず(いと) 실부스러기

絲

실 **사**

小1　N2

病院(びょういん)で抜糸(ばっし)をしました。 병원에서 실을 뽑았습니다.

毛糸(けいと)でマフラーを編(あ)みました。 털실로 목도리를 짰습니다.

0849

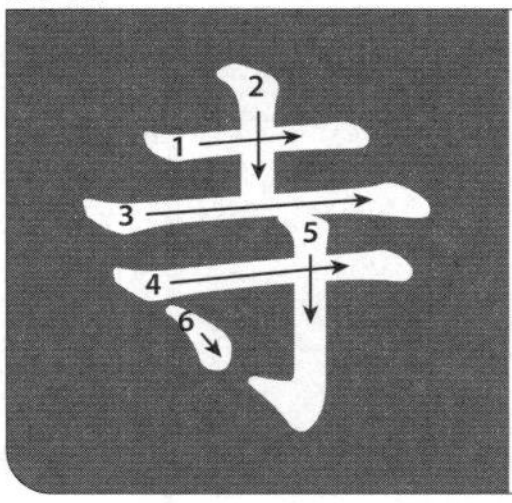

음독 じ — 寺院(じいん) 사원　東大寺(とうだいじ) 도다이사(나라에 있는 절)

浅草寺(せんそうじ) 센소사(도쿄 아사쿠사에 있는 절)

훈독 てら — 寺(てら) 절　山寺(やまでら) 산사

절 **사**

小2　N2

浅草(あさくさ)には浅草寺(せんそうじ)があります。 아사쿠사에는 센소사가 있습니다.

京都(きょうと)にはお寺(てら)が多(おお)いです。 교토에는 절이 많습니다.

0850

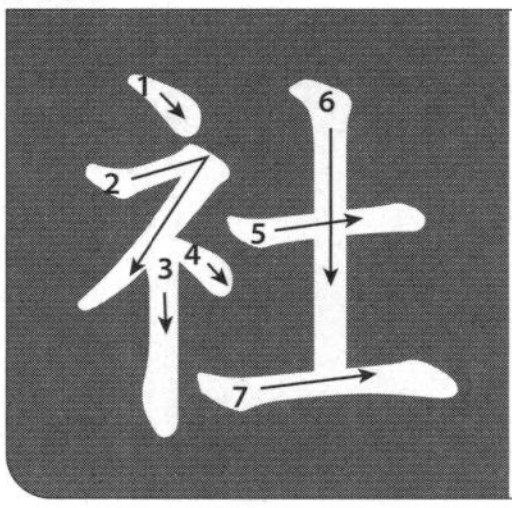

음독 しゃ — 社会(しゃかい) 사회　社長(しゃちょう) 사장(님)　社員(しゃいん) 사원　会社(かいしゃ) 회사

神社(じんじゃ) 신사

훈독 やしろ — 社(やしろ) 신사, 사당

社

모일/토지신 **사**

小2　N5

うちの社長(しゃちょう)はきびしいです。 우리 사장님은 엄격합니다.

社(やしろ)は小(ちい)さい神社(じんじゃ)のことです。 '야시로(사당)'는 작은 신사를 말합니다.

0851

음독 **し**　思考(しこう) 사고　思想(しそう) 사상　思春期(ししゅんき) 사춘기　意思(いし) 의사, 생각

훈독 **おも**う　思(おも)う 생각하다　思(おも)い出(で) 추억　思(おも)わず 엉겁결에　思(おも)いやり 배려

생각 **사**

小2 N3

うちには思春期(ししゅんき)の娘(むすめ)がいます。 우리 집에는 사춘기인 딸이 있습니다.

日本(にほん)でたくさんの思(おも)い出(で)を作(つく)りました。 일본에서 많은 추억을 만들었습니다.

0852

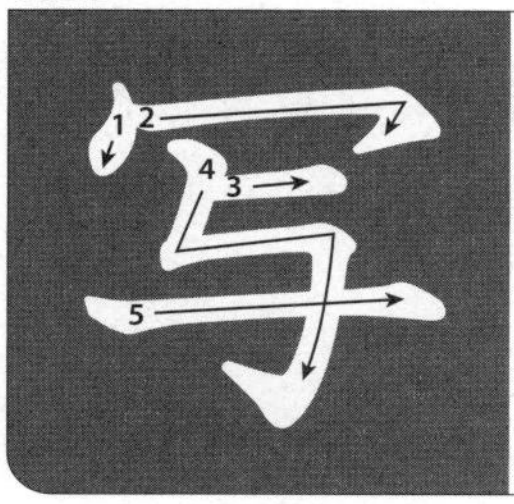

음독 **しゃ**　写真(しゃしん) 사진　写生(しゃせい) 사생, 스케치　複写(ふくしゃ) 복사　映写(えいしゃ) 영사

훈독 **うつ**す　写(うつ)す 베끼다, 그리다, 찍다　書(か)き写(うつ)す 베껴 쓰다, 옮겨 적다

うつる　写(うつ)る ①찍히다 ②(속이) 비쳐 보이다

寫

베낄 **사**

小3 N3

ここで写真(しゃしん)を撮(と)ってもいいですか。 여기에서 사진을 찍어도 됩니까?

電話番号(でんわばんごう)を手帳(てちょう)に書(か)き写(うつ)しました。 전화번호를 수첩에 옮겨 적었습니다.

Tip うつす

写(うつ)す 사진으로 찍다, 촬영하다

写真(しゃしん)を写(うつ)す。 사진을 찍다.

映(うつ)す 비추다, 상영하다

映画(えいが)をスクリーンに映(うつ)す。 영화를 스크린에 상영하다.

0853

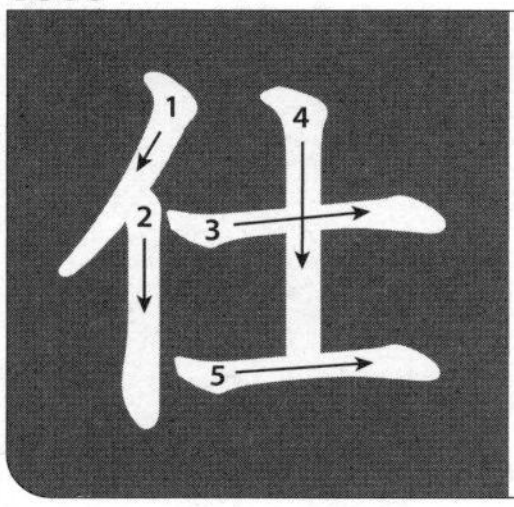

음독 **し**　仕事(しごと) 일, 업무　仕組(しく)み 방법, 계획, 장치　仕入(しい)れ 구입, 매입　奉仕(ほうし) 봉사

훈독 **つか**える　仕(つか)える 섬기다, 봉사하다

섬길/일할 **사**

小3 N3

仕事(しごと)がなかなか終(お)わりません。 일이 좀처럼 끝나지 않습니다.

私(わたし)は国(くに)に仕(つか)える仕事(しごと)がしたいです。 나는 나라에 봉사하는 일을 하고 싶습니다.

人

0854

음독 し　死亡(しぼう) 사망　死体(したい) 시체　病死(びょうし) 병사　安楽死(あんらくし) 안락사

훈독 しぬ　死(し)ぬ 죽다

죽을 **사**

小3 N3

安楽死(あんらくし)はよいと思(おも)いますか。 안락사는 올바르다고 생각합니까?

ペットの犬(いぬ)が死(し)んでしまいました。 애완견이 죽고 말았습니다.

0855

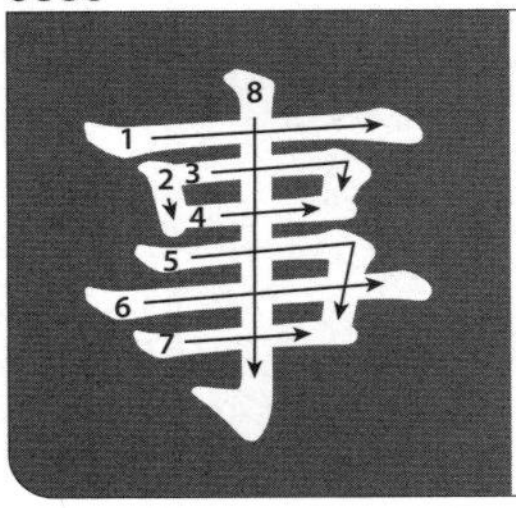

음독 じ　事件(じけん) 사건　事故(じこ) 사고　行事(ぎょうじ) 행사　無事(ぶじ) 무사함

ず　好事家(こうずか) 호사가(별난 것을 좋아하는 사람, 풍류를 즐기는 사람)

훈독 こと　事(こと) 사건, 일　出来事(できごと) 일어난 일, 사건　人事(ひとごと) 남의 일

일 **사**

小3 N3

無事(ぶじ)に帰国(きこく)することができました。 무사히 귀국할 수 있었습니다.

今日(きょう)は色々(いろいろ)な出来事(できごと)がありました。 오늘은 여러 가지 일이 있었습니다.

0856

음독 し　使用(しよう) 사용　使者(ししゃ) 사자, 심부름하는 사람　天使(てんし) 천사　大使(たいし) 대사

훈독 つかう　使(つか)う 사용하다　使(つか)い捨(す)て 한 번 쓰고 버림, 일회용

쓸/사신 **사**

小3 N3

使用上(しようじょう)の注意(ちゅうい)をよく読(よ)んでください。 사용상의 주의를 잘 읽어 주세요.

私(わたし)は使(つか)い捨(す)てのコンタクトレンズを使(つか)っています。
나는 일회용 콘택트렌즈를 사용하고 있습니다.

Tip つかう

使(つか)う/遣(つか)う 일반적으로는 「使(つか)う」를 사용하며, 「遣(つか)う」는 일부 명사에 붙어 한정적으로 사용된다.

使(つか)う

道具(どうぐ)を使(つか)う。 도구를 쓰다.

お金(かね)を使(つか)う。 돈을 쓰다.

気(き)を使(つか)う。 신경을 쓰다.

遣(つか)う

お小遣(こづか)い 용돈

言葉遣(ことばづか)い 말씨, 말투

気遣(きづか)い 배려, 염려

0857

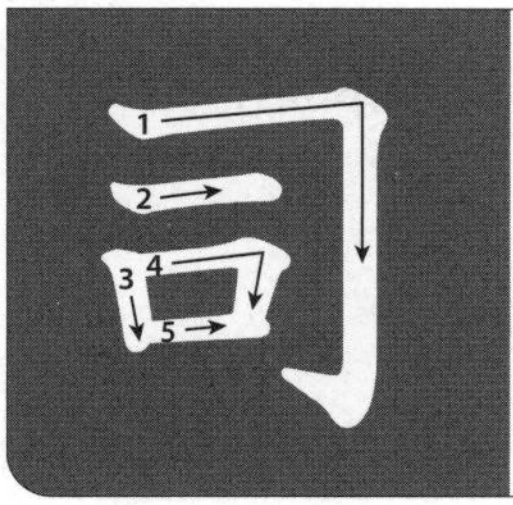

음독 し　司会(しかい) 사회　司法(しほう) 사법　上司(じょうし) 상사
宮司(ぐうじ) 신사의 우두머리 신관

훈독 つかさどる　司(つかさど)る 직무를 맡아 하다, 담당하다

맡을 **사**
小4　급수 외

今日(きょう)の司会(しかい)はパクさんです。 오늘의 사회는 박 씨입니다.
この部署(ぶしょ)は販売(はんばい)を司(つかさど)っています。 이 부서는 판매를 담당하고 있습니다.

0858

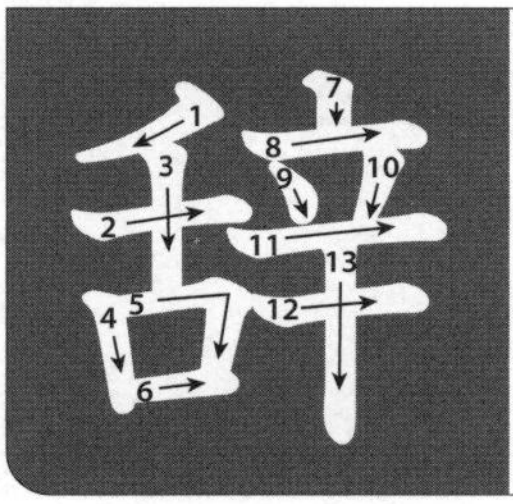

음독 じ　辞書(じしょ) 사전　辞令(じれい) 사령(응대의 말)　祝辞(しゅくじ) 축사　辞職(じしょく) 사직

훈독 やめる　辞(や)める 사직하다, 그만두다

辭

말씀/사퇴할 **사**
小4　N2

試験(しけん)で辞書(じしょ)を使(つか)ってもいいです。 시험에서 사전을 사용해도 됩니다.
兄(あに)が会社(かいしゃ)を辞(や)めてしまいました。 형이 회사를 그만둬 버렸습니다.

0859

음독 し　士官(しかん) 사관　消防士(しょうぼうし) 소방관　弁護士(べんごし) 변호사　紳士(しんし) 신사
騎士(きし) 기사

관리/직업 **사**
小5　N1

弟(おとうと)は消防士(しょうぼうし)をめざしています。 동생은 소방관을 목표로 하고 있습니다.
田中(たなか)さんの紳士的(しんしてき)な態度(たいど)が好(す)きです。 다나카 씨의 신사적인 태도를 좋아합니다.

Tip
기사

騎士(きし) 중세 유럽의 무인
中世(ちゅうせい)の騎士(きし)について勉強(べんきょう)する。 중세 기사에 대해 공부하다.

棋士(きし) 바둑·장기를 직업으로 둔 사람
若(わか)い棋士(きし)が活躍(かつやく)する。 젊은 기사가 활약하다.

0860

음독 し

史学(しがく) 사학, 역사학　史料(しりょう) 사료(역사 자료)　歴史(れきし) 역사
世界史(せかいし) 세계사

사기 **사**

小5　N2

私(わたし)は大学(だいがく)の史学科(しがくか)で勉強(べんきょう)しています。 저는 대학의 사학과에서 공부하고 있습니다.

世界史(せかいし)がいちばんおもしろいです。 세계사가 가장 재미있습니다.

0861

음독 じ

近似(きんじ) 근사, 유사　類似(るいじ) 유사, 닮음　酷似(こくじ) 많이 닮음
疑似(ぎじ) 유사

훈독 にる

似(に)る 닮다, 비슷하다　似合(にあ)う 어울리다, 잘 맞다
似顔絵(にがおえ) 초상화

닮을 **사**

小5　N2

韓国語(かんこくご)と日本語(にほんご)は類似点(るいじてん)がたくさんあります。
한국어와 일본어는 유사점이 많이 있습니다.

妹(いもうと)は父(ちち)に似(に)ています。 여동생은 아버지와 닮았습니다.

0862

음독 しゃ

校舎(こうしゃ) 교사, 학교 건물　寄宿舎(きしゅくしゃ) 기숙사　牛舎(ぎゅうしゃ) 외양간
駅舎(えきしゃ) 역사, 정거장 건물

舍

집 **사**

小5　N1

大学(だいがく)は新(あたら)しい校舎(こうしゃ)を建(た)てました。 대학은 새로운 학교 건물을 지었습니다.

牛(うし)が牛舎(ぎゅうしゃ)に戻(もど)っていきます。 소가 외양간으로 돌아갑니다.

0863

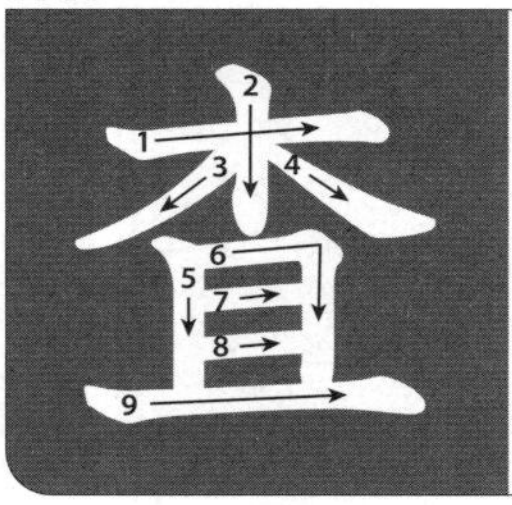

음독 さ

検査(けんさ) 검사　調査(ちょうさ) 조사　査証(さしょう) ①조사하여 증명함 ②사증, 비자
査察(ささつ) 사찰(조사하여 살핌)

조사할 **사**

小5　N2

空港(くうこう)で荷物(にもつ)の検査(けんさ)を受(う)けました。 공항에서 짐 검사를 받았습니다.

道路(どうろ)の交通量(こうつうりょう)を調査(ちょうさ)します。 도로의 교통량을 조사합니다.

0864

음독 **し**　　教師(きょうし) 교사　恩師(おんし) 은사, 스승　師匠(ししょう) 스승, 선생
師弟(してい) 사제, 스승과 제자

스승 **사**
小5　N2

教師(きょうし)になるための勉強(べんきょう)をしています。교사가 되기 위한 공부를 하고 있습니다.
中学生(ちゅうがくせい)の時(とき)の恩師(おんし)に花束(はなたば)を贈(おく)りました。중학생 때의 은사님께 꽃다발을 보냈습니다.

0865

음독 **し**　　飼育(しいく) 사육　飼料(しりょう) 사료

훈독 **かう**　　飼(か)う 기르다, 사육하다

飼

기를 **사**
小5　N1

兄(あに)は動物園(どうぶつえん)の飼育員(しいくいん)です。형은 동물원의 사육사입니다.
うちでは犬(いぬ)を飼(か)っています。우리 집에서는 개를 기르고 있습니다.

0866

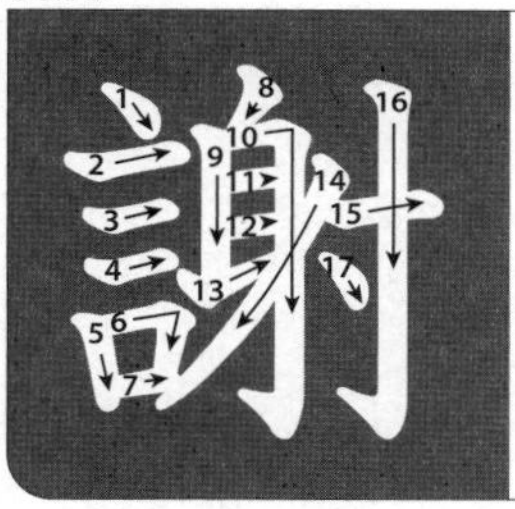

음독 **しゃ**　　謝罪(しゃざい) 사죄　謝礼(しゃれい) 사례　感謝(かんしゃ) 감사
陳謝(ちんしゃ) 까닭을 밝히며 사과함

훈독 **あやまる**　　謝(あやま)る 용서를 빌다, 사과하다

사례할/사죄할 **사**
小5　N1

これは、ほんの感謝(かんしゃ)の気持(きも)ちです。이것은, 보잘 것 없는 감사의 마음입니다.
子(こ)どもは母親(ははおや)に謝(あやま)りました。아이는 어머니께 용서를 빌었습니다.

Tip あやまる

謝(あやま)る 용서를 빌다, 사죄하다
先生(せんせい)に謝(あやま)る。선생님께 사죄하다.

誤(あやま)る 실수하다, 틀리다
機械(きかい)の操作(そうさ)を誤(あやま)る。기계 조작을 틀리다.

人

0867

음독 し　私立(しりつ) 사립　私費(しひ) 사비　私利(しり) 사리　公私(こうし) 공사

훈독 わたくし　私(わたくし) 나, 저, 사사로운 것

わたし　私(わたし) 나(わたくし의 평이한 말씨)

사사 사

小6 N3

私立大学(しりつだいがく)に通(かよ)っています。사립대학에 다니고 있습니다.

私(わたくし)の名前(なまえ)は山田太郎(やまだたろう)です。제 이름은 야마다 타로입니다.

0868

음독 さ　砂糖(さとう) 설탕　砂漠(さばく) 사막　黄砂(こうさ) 황사

しゃ　土砂(どしゃ) 토사, 흙과 모래　예외 砂利(じゃり) 자갈

훈독 すな　砂(すな) 모래　砂浜(すなはま) 모래로 된 해변, 모래사장　砂時計(すなどけい) 모래 시계

砂場(すなば) 모래밭

모래 사

小6 N2

今年(ことし)の春(はる)は黄砂(こうさ)がひどいです。올 봄은 황사가 심합니다.

砂浜(すなはま)で遊(あそ)びました。모래사장에서 놀았습니다.

0869

음독 しゃ　射撃(しゃげき) 사격　射程(しゃてい) 사정　発射(はっしゃ) 발사　注射(ちゅうしゃ) 주사

훈독 いる　射(い)る 쏘다, 맞히다

쏠 사

小6 N1

病院(びょういん)で注射(ちゅうしゃ)を打(う)ちました。병원에서 주사를 놨습니다.

矢(や)を射(い)るのは難(むずか)しいです。화살을 쏘는 것은 어렵습니다.

0870

음독 しゃ　取捨(しゅしゃ) 취사　四捨五入(ししゃごにゅう) 반올림

훈독 すてる　捨(す)てる 버리다

捨

버릴 사

小6 N2

四捨五入(ししゃごにゅう)して計算(けいさん)します。반올림해서 계산합니다.

タバコの吸(す)いがらを捨(す)てないでください。담배 꽁초를 버리지 마세요.

0871

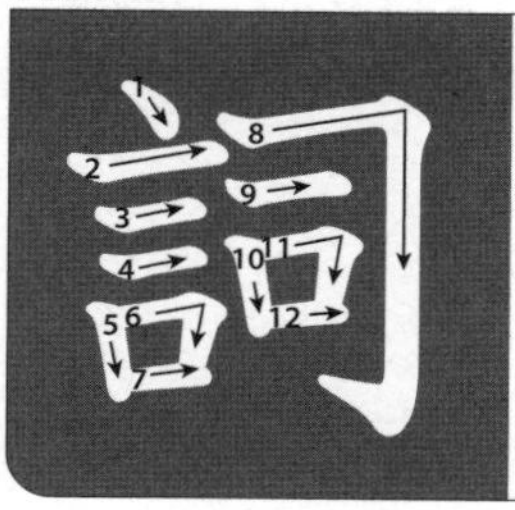

음독 し　歌詞(かし) 가사　作詞(さくし) 작사　名詞(めいし) 명사　動詞(どうし) 동사

말 **사**

小6　N2

とても歌詞(かし)がいい歌(うた)です。 아주 가사가 좋은 노래입니다.

動詞(どうし)の活用(かつよう)を覚(おぼ)えました。 동사의 활용을 익혔습니다.

0872

음독 さ　無沙汰(ぶさた) 격조, 소식을 전하지 않음

모래 **사**

中　N1

ご無沙汰(ぶさた)しております。お元気(げんき)でしたか。 격조했습니다. 잘 지내셨습니까?

0873

음독 し　伺候(しこう) 웃어른께 문안을 드림

훈독 うかがう　伺(うかが)う ①여쭤보다, 듣다 ②찾아뵙다, 방문하다

문안할 **사**

中　N2

大臣(だいじん)は王(おう)に伺候(しこう)しました。 대신은 왕에게 문안을 드렸습니다.

先生(せんせい)に都合(つごう)のいい時間(じかん)を伺(うかが)いました。 선생님께 편하신 시간을 여쭤보았습니다.

0874

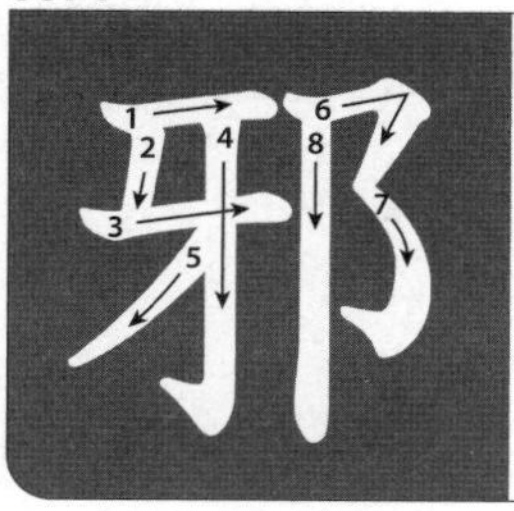

음독 じゃ　邪魔(じゃま) 방해　邪悪(じゃあく) 사악

특이 風邪(かぜ) 감기

간사할 **사**

中　N1

邪魔(じゃま)になりますから、ここに荷物(にもつ)を置(お)かないでください。
방해가 되니까 여기에 짐을 두지 마세요.

田村(たむら)さんは風邪(かぜ)で学校(がっこう)を休(やす)みました。 다무라 씨는 감기로 학교를 쉬었습니다.

人

0875

훈독 おろす　卸す(おろす) 도매하다　棚卸し(たなおろし) 재고 정리
おろし　卸(おろし) 도매

풀 사
中 N1

お店(みせ)に七掛(ななか)けで商品(しょうひん)を卸(おろ)します。 가게에 7할로 상품을 도매합니다.
月末(げつまつ)に棚卸(たなおろ)しをします。 월말에 재고 정리를 합니다.

0876

음독 さ　示唆(しさ) 시사　教唆(きょうさ) 교사(남을 부추겨 무슨 일을 하게 함)
훈독 そそのかす　唆す(そそのかす) 꼬드기다, 부추기다

부추길 사
中 N1

その論文(ろんぶん)は、とても示唆(しさ)に富(と)んでいます。 그 논문은 매우 시사하는 바가 많습니다.
セールスマンは客(きゃく)を唆(そそのか)して、商品(しょうひん)を買(か)わせました。
세일즈맨은 손님을 부추겨 상품을 사게 했습니다.

0877

음독 しゃ　斜面(しゃめん) 경사면　斜線(しゃせん) 사선　斜陽(しゃよう) 사양, 쇠퇴　傾斜(けいしゃ) 경사
훈독 ななめ　斜め(ななめ) 비스듬함

비스듬할 사
中 N1

傾斜(けいしゃ)のゆるい所(ところ)でスキーをしました。 경사가 완만한 곳에서 스키를 탔습니다.
絵(え)が斜(なな)めに傾(かたむ)いています。 그림이 비스듬히 기울어져 있습니다.

0878

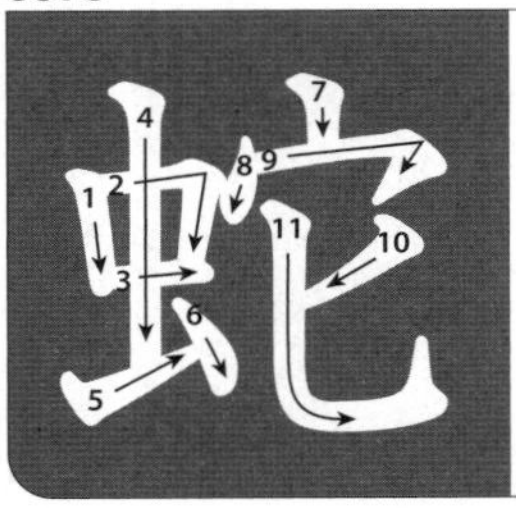

음독 じゃ　蛇口(じゃぐち) 수도꼭지　大蛇(だいじゃ) 대사, 큰 뱀
だ　蛇行(だこう) 사행, 꾸불꾸불 나아감, 갈짓자(じゃこう로도 읽음)
蛇足(だそく) 사족, 군더더기　長蛇(ちょうだ) 장사, 긴 줄
훈독 へび　蛇(へび) 뱀　毒蛇(どくへび) 독사

긴 뱀 사
中 N1

お店(みせ)の前(まえ)には長蛇(ちょうだ)の列(れつ)ができていました。 가게 앞에는 긴 줄이 생겼습니다.
最近(さいきん)はペットで蛇(へび)を飼(か)う人(ひと)もいます。 최근에는 애완동물로 뱀을 기르는 사람도 있습니다.

0879

음독 しゃ　赦免(しゃめん) 사면(죄를 용서함)　容赦(ようしゃ) 용서
大赦(たいしゃ) 일반 사면　特赦(とくしゃ) 특별 사면, 특사

용서할 **사**
中　N1

大統領(だいとうりょう)は特赦(とくしゃ)を発表(はっぴょう)しました。 대통령은 특사를 발표했습니다.

ドイツチームは容赦(ようしゃ)なく日本(にほん)チームを攻撃(こうげき)しました。
독일팀은 가차없이 일본팀을 공격했습니다.

0880

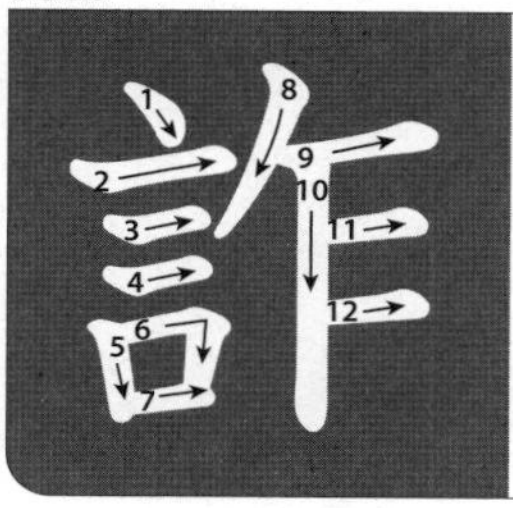

음독 さ　詐欺(さぎ) 사기　詐欺師(さぎし) 사기꾼　詐称(さしょう) 사칭
詐取(さしゅ) 사취(거짓으로 속여 남의 것을 빼앗음)

속일 **사**
中　N1

振(ふ)り込(こ)め詐欺(さぎ)があるので、注意(ちゅうい)してください。
보이스피싱 사기가 있으니 주의해 주세요.

犯人(はんにん)は現金(げんきん)を詐取(さしゅ)しました。 범인은 현금을 빼앗았습니다.

0881

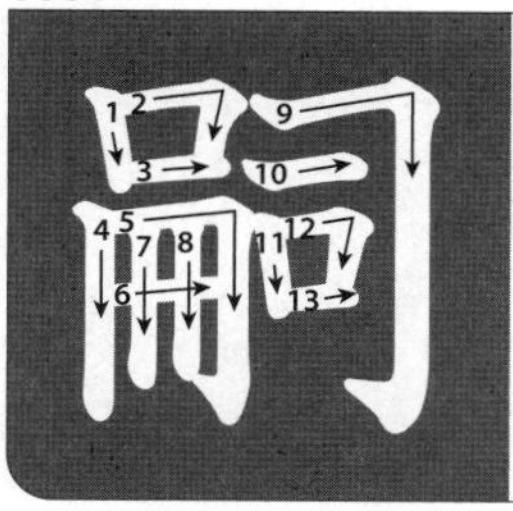

음독 し　継嗣(けいし) 후계자　後嗣(こうし) 후사(대를 잇는 자식)

이을 **사**
中　N1

日本(にほん)の皇室(こうしつ)には継嗣問題(けいしもんだい)があります。 일본 황실에는 후계자 문제가 있습니다.

社長(しゃちょう)には後嗣(こうし)がいません。 사장님에게는 후사가 없습니다.

0882

음독 し　賜杯(しはい) 사배(천황이나 황족이 경기·시합 등의 승자에게 주는 우승배)
下賜(かし) 하사　恩賜(おんし) 은사, 하사

훈독 たまわる　賜(たまわ)る '받다'의 겸사말

줄 **사**
中　N1

優勝(ゆうしょう)した選手(せんしゅ)に賜杯(しはい)が贈られます。 우승한 선수에게 사배가 주어집니다.

上司(じょうし)からお褒(ほ)めの言葉(ことば)を賜(たまわ)りました。 상사에게 칭찬의 말을 들었습니다.

0883

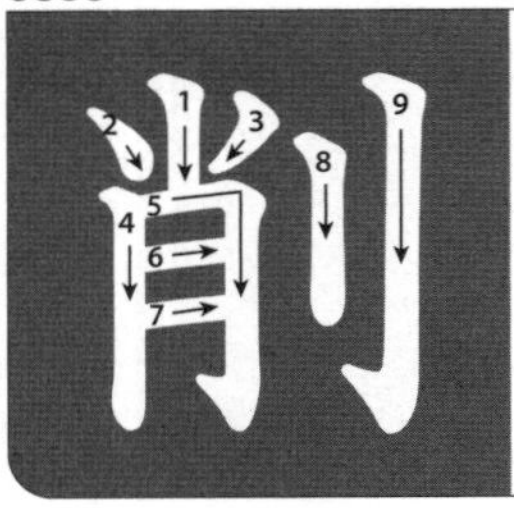

음독 さく　削除(さくじょ) 삭제　削減(さくげん) 삭감　掘削(くっさく) 굴삭, 굴착　添削(てんさく) 첨삭

훈독 けずる　削(けず)る ①깎다 ②삭제하다

削

깎을 **삭**

中　N1

先生(せんせい)が学生(がくせい)の作文(さくぶん)を添削(てんさく)しました。 선생님이 학생의 작문을 첨삭했습니다.

木(き)を削(けず)って、仏像(ぶつぞう)を作(つく)りました。 나무를 깎아서 불상을 만들었습니다.

0884

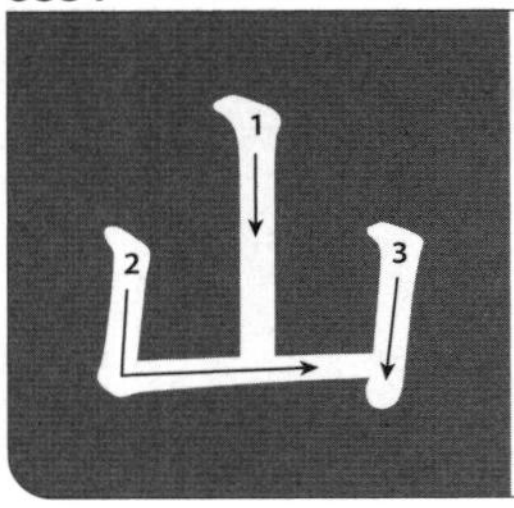

음독 さん　富士山(ふじさん) 후지산　山水(さんすい) 산수　火山(かざん) 화산

登山(とざん) 등산　山積(さんせき) 산적

훈독 やま　山(やま) 산　山火事(やまかじ) 산불

뫼 **산**

小1　N5

富士山(ふじさん)に登(のぼ)ったことがありません。 후지산에 오른 적이 없습니다.

韓国(かんこく)は山(やま)が多(おお)いです。 한국은 산이 많습니다.

Tip 산적

山積(さんせき) 산더미같이 쌓임

問題(もんだい)が山積(さんせき)している。 문제가 산적해 있다.

山賊(さんぞく) 산에 있는 도둑

昔(むかし)、この山(やま)には山賊(さんぞく)がいた。 옛날에 이 산에는 산적이 있었다.

0885

음독 さん　予算(よさん) 예산　算数(さんすう) 산수　精算(せいさん) 정산　算出(さんしゅつ) 산출

셈 **산**

小2　N2

算数(さんすう)は苦手(にがて)です。 산수는 잘 못합니다.

乗(の)りこし精算(せいさん)をしなければなりません。 초과금액을 정산해야 합니다.

0886

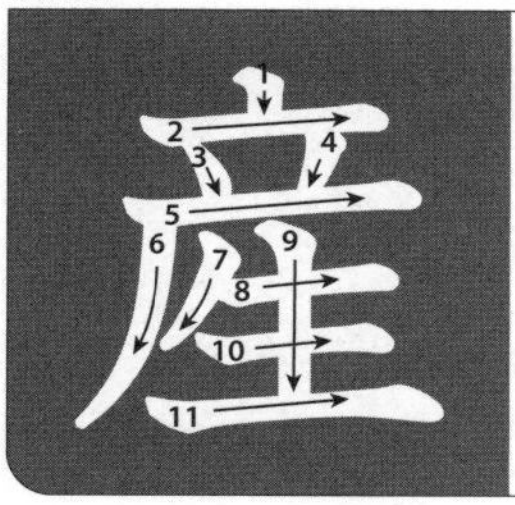

음독 さん　　産業(さんぎょう) 산업　産地(さんち) 산지, 생산지　生産(せいさん) 생산
不動産(ふどうさん) 부동산　遺産(いさん) 유산

훈독 うむ/うまれる　産(う)む 낳다　産(う)まれる 태어나다
うぶ　産声(うぶごえ) 갓난아기의 첫 울음소리　**특이** お土産(みやげ) 선물

낳을 **산**
小4　N3

この工場(こうじょう)は車(くるま)の部品(ぶひん)を生産(せいさん)しています。이 공장은 차의 부품을 생산하고 있습니다.
にわとりが卵(たまご)を産(う)みました。닭이 알을 낳았습니다.

Tip **うむ**

産(う)む 아이나 알을 낳다
卵(たまご)を産(う)む。알을 낳다.

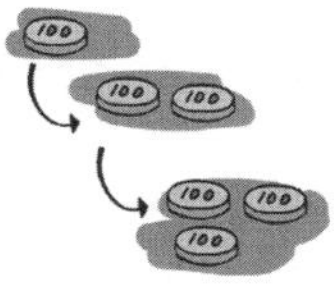

生(う)む 만들어 내다
利子(りし)が利子を生(う)む。이자가 이자를 낳다.

Tip **유산**

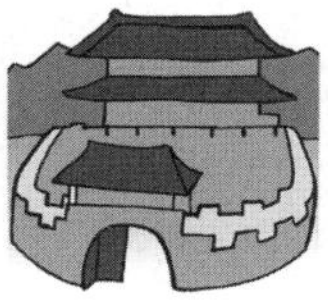

遺産(いさん) 남겨놓은 재산
遺跡(いせき)が世界遺産(せかいいさん)に指定(してい)される。유적이 세계 유산으로 지정되다.

流産(りゅうざん) 아이가 죽음
胎児(たいじ)を流産(りゅうざん)する。태아를 유산하다.

0887

음독 さん　　散歩(さんぽ) 산책　散文(さんぶん) 산문　解散(かいさん) 해산　発散(はっさん) 발산

훈독 ちる/ちらす　散(ち)る 흩어지다, 떨어지다　散(ち)らす 흩뜨리다, 분산시키다
ちらかす　散(ち)らかす 흩뜨리다, 어지르다
ちらかる　散(ち)らかる 흩어지다, 어지러지다

흩을 **산**
小4　N2

カラオケでストレスを発散(はっさん)しました。노래방에서 스트레스를 발산했습니다.
桜(さくら)が散(ち)ってしまいました。벚꽃이 떨어지고 말았습니다.

0888

음독 **さん** 酸素(さんそ) 산소 酸味(さんみ) 산미, 신맛(すみ로도 읽음)
炭酸(たんさん) 탄산 塩酸(えんさん) 염산

훈독 **すい** 酸(す)い 시다

실 **산**

小5 N1

この りんごは酸味(さんみ)が強(つよ)いです。이 사과는 신맛이 강합니다.

彼(かれ)は人生(じんせい)の酸(す)いも甘(あま)いも知(し)っています。그는 인생의 쓴맛도 단맛도 알고 있습니다.

0889

음독 **さん** 傘下(さんか) 산하(어떤 조직체나 세력의 관할 아래) 落下傘(らっかさん) 낙하산

훈독 **かさ** 傘(かさ) 우산 雨傘(あまがさ) 우산 日傘(ひがさ) 양산

우산 **산**

中 N1

私(わたし)は軍人(ぐんじん)のとき、落下傘部隊(らっかさんぶたい)にいました。
저는 군인이었을 때, 낙하산 부대에 있었습니다.

今日(きょう)は傘(かさ)を持(も)って出(で)たほうがいいです。오늘은 우산을 가지고 나가는 것이 좋습니다.

0890

음독 **さつ** 殺人(さつじん) 살인 殺害(さつがい) 살해 自殺(じさつ) 자살 暗殺(あんさつ) 암살
さい 相殺(そうさい) 상쇄
せつ 殺生(せっしょう) 살생

훈독 **ころす** 殺(ころ)す 죽이다

殺

죽일 **살**/덜 **쇄**

小4 N2

殺人犯(さつじんはん)が捕(つか)まりました。살인범이 체포되었습니다.

生(い)き物(もの)を殺(ころ)してはいけません。살아 있는 것을 죽여서는 안 됩니다.

0891

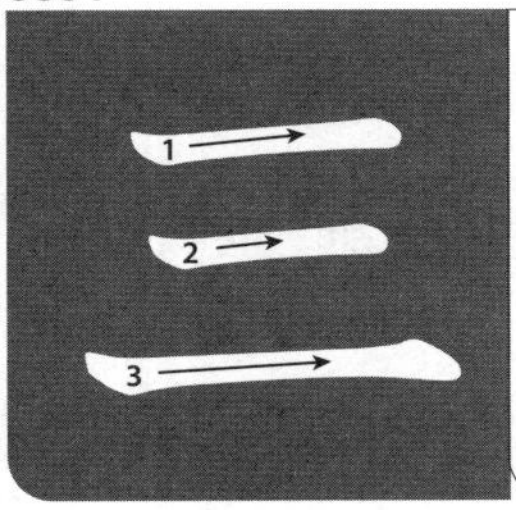

음독 **さん** 三年(さんねん) 3년 三人(さんにん) 세 명 三枚(さんまい) 세 장

훈독 **み** 三(み) 셋, 세
みつ/みっつ 三日(みっか) 3일 三(みっ)つ 세 개

특이 三味線(しゃみせん) 샤미센(일본 고유의 음악에 사용하는, 세 개의 줄이 있는 현악기)

석 **삼**

小1 N5

妹(いもうと)は大学三年生(だいがくさんねんせい)です。여동생은 대학교 3학년입니다.

三月三日(さんがつみっか)はひなまつりです。
3월 3일은 히나마츠리(여자 아이의 건강을 기원하는 행사)입니다.

0892

음독 しん　森林(しんりん) 삼림

훈독 もり　森(もり) 숲

수풀 **삼**

小1　N3

森林公園(しんりんこうえん)を歩(ある)きましょう。삼림공원을 걸읍시다.

森(もり)の中(なか)は昼間(ひるま)も暗(くら)いです。숲 속은 낮에도 어둡습니다.

0893

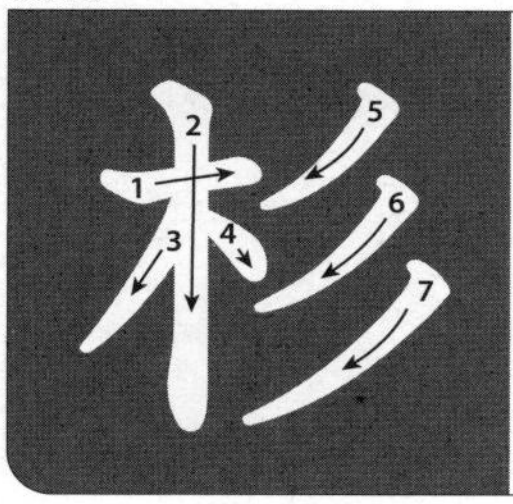

훈독 すぎ　杉(すぎ) 삼나무　杉並木(すぎなみき) 삼나무 가로수　杉花粉(すぎかふん) 삼나무 꽃가루

삼나무 **삼**

中　N1

杉(すぎ)の木材(もくざい)で家(いえ)を建(た)てます。삼나무 목재로 집을 짓습니다.

杉花粉(すぎかふん)は花粉症(かふんしょう)の原因(げんいん)になります。
삼나무의 꽃가루는 꽃가루 알레르기의 원인이 됩니다.

0894

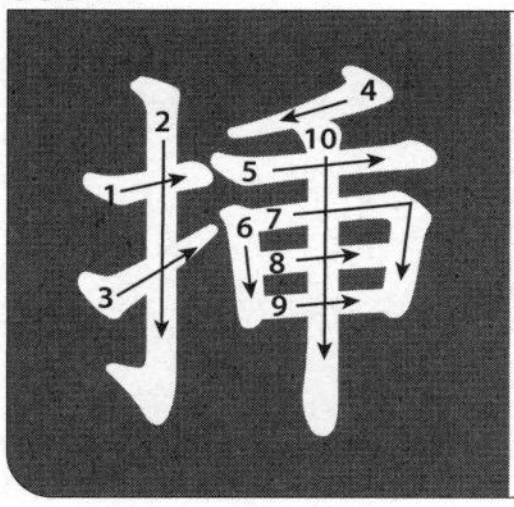

음독 そう　挿入(そうにゅう) 삽입　挿画(そうが) 삽화　挿話(そうわ) 에피소드

훈독 さす　挿(さ)す 꽂다　挿(さ)し絵(え) 삽화

插

꽂을 **삽**

中　N1

カードキーを挿入(そうにゅう)するとドアが開(あ)きます。카드키를 삽입하면 문이 열립니다.

髪(かみ)に花(はな)を挿(さ)した女(おんな)の子(こ)がいます。머리에 꽃을 꽂은 여자 아이가 있습니다.

Tip さす

挿(さ)す 꽂다
花(か)びんに花(はな)を挿(さ)す。
꽃병에 꽃을 꽂다.

刺(さ)す 찌르다, 꿰다
だんごをくしに刺(さ)す。
경단을 꼬챙이에 꿰다.

差(さ)す 가리다, (우산을) 쓰다
傘(かさ)を差(さ)す。우산을 쓰다.

指(さ)す 가리키다
北(きた)を指(さ)す。북쪽을 가리키다.

0895

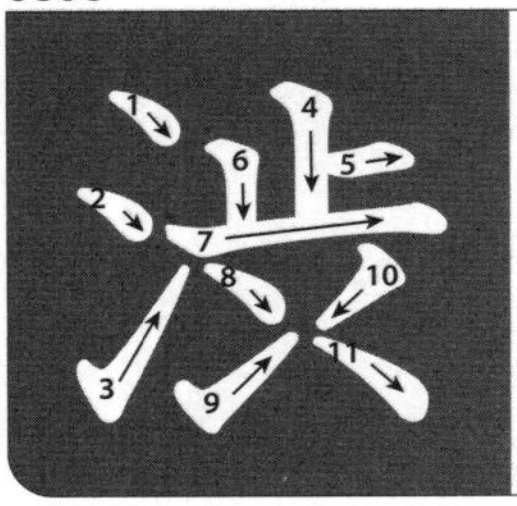

음독 **じゅう** 渋滞(じゅうたい) 정체 苦渋(くじゅう) 쓰고 떫음, 고뇌

훈독 **しぶ** 渋柿(しぶがき) 떫은 감

しぶい 渋(しぶ)い 떫다

しぶる 渋(しぶ)る 원활하게 진행되지 않다

澁

떫을/막힐 **삽**

中 N1

この道(みち)は夕方(ゆうがた)になると渋滞(じゅうたい)します。이 길은 저녁이 되면 정체됩니다.

お茶(ちゃ)がとても渋(しぶ)くて、飲(の)めません。차가 너무 떫어서 마실 수 없습니다.

0896

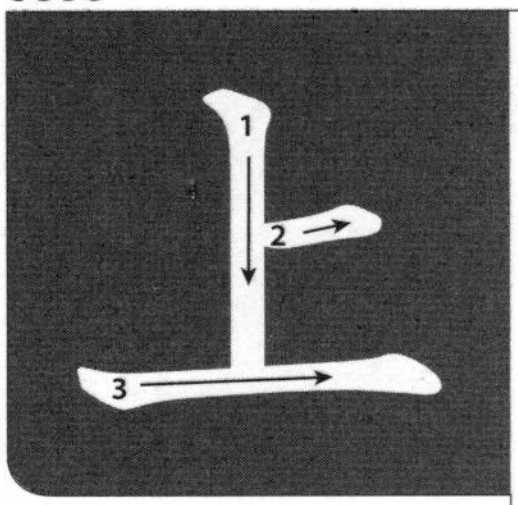

음독 **じょう** 上下(じょうげ) 상하 上手(じょうず) 잘함, 능함 上流(じょうりゅう) 상류 地上(ちじょう) 지상

훈독 **うえ/うわ** 上(うえ) 위 年上(としうえ) 연상 上着(うわぎ) 상의, 겉옷 上履(うわばき) 실내화

かみ 上半期(かみはんき) 상반기

あげる 上(あ)げる 올리다

あがる 上(あ)がる 오르다, 올라가다

のぼる 上(のぼ)る 오르다, 올라가다

윗 **상**

小1 N5

日本語(にほんご)が上手(じょうず)になりたいです。일본어를 잘하고 싶습니다.

暑(あつ)かったら上着(うわぎ)を脱(ぬ)いでください。더우면 겉옷을 벗어 주세요.

Tip 0068 あがる 참조

Tip **のぼる**

上(のぼ)る 올라가다

階段(かいだん)を上(のぼ)る。계단을 오르다.

登(のぼ)る 높은 곳으로 오르다

山(やま)に登(のぼ)る。산에 올라가다.

昇(のぼ)る 떠오르다

日(ひ)が昇(のぼ)る。해가 뜨다.

0897

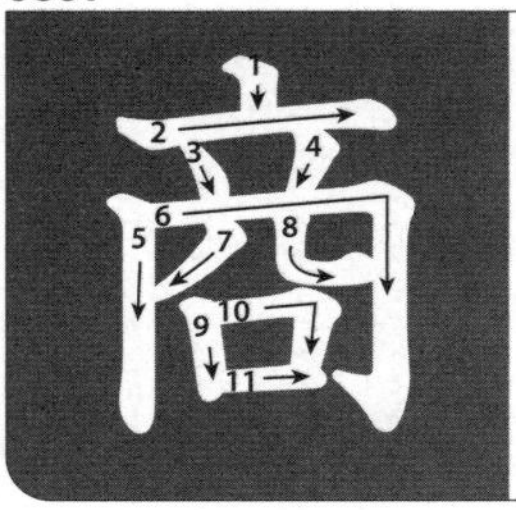

음독 **しょう** 商品(しょうひん) 상품 商売(しょうばい) 장사 商業(しょうぎょう) 상업 行商(ぎょうしょう) 행상

훈독 **あきなう** 商(あきな)う 장사하다

장사 **상**

小3 N2

商品券(しょうひんけん)で買(か)い物(もの)をしました。상품권으로 쇼핑을 했습니다.

私(わたし)の実家(じっか)は小(ちい)さな店(みせ)を商(あきな)っています。나의 친정은 작은 가게를 하고 있습니다.

0898

相

음독 **そう** 相対(そうたい) 상대　相場(そうば) 시세　真相(しんそう) 진상　手相(てそう) 손금

しょう 首相(しゅしょう) 수상

예외 相撲(すもう) 씨름

훈독 **あい** 相手(あいて) 상대　相席(あいせき) 합석　相変わらず(あいかわらず) 변함없이, 여전히

서로/모양/정승 **상**

小3　N2

株式相場(かぶしきそうば)のニュースを見(み)ます。 주식 시세의 뉴스를 봅니다.

私(わたし)は相変(あいか)わらず元気(げんき)です。 저는 여전히 잘 지냅니다.

Tip 수상

首相(しゅしょう) 내각의 우두머리

新(あたら)しい首相(しゅしょう)が決(き)まる。 새로운 수상이 결정되다.

手相(てそう) 손금

手相(てそう)を見(み)て占(うらな)う。 손금을 보고 점치다.

0899

想

음독 **そう** 想像(そうぞう) 상상　予想(よそう) 예상　空想(くうそう) 공상　思想(しそう) 사상

そ 愛想(あいそ) 붙임성, 정나미

훈독 **おもう** 想(おも)う 생각하다

생각 **상**

小3　N2

その事故(じこ)は誰(だれ)も予想(よそう)できませんでした。 그 사고는 누구도 예상하지 못했습니다.

いつも故郷(こきょう)のことを想(おも)っています。 항상 고향을 생각하고 있습니다.

0900

箱

훈독 **はこ** 箱(はこ) 상자　ごみ箱(ばこ) 쓰레기통　重箱(じゅうばこ) 찬합　筆箱(ふでばこ) 필통

상자 **상**

小3　N2

ごみは、きちんとごみ箱(ばこ)に捨(す)ててください。 쓰레기는 쓰레기통에 제대로 버려 주세요.

この消(け)しゴムは大(おお)きくて、筆箱(ふでばこ)に入(はい)りません。
이 지우개는 커서 필통에 들어가지 않습니다.

0901

음독 **じょう** 状態(じょうたい) 상태 状況(じょうきょう) 상황 症状(しょうじょう) 증상 現状(げんじょう) 현 상황

状

형상 **상**

小5 N2

風邪(かぜ)の症状(しょうじょう)が現(あらわ)れました。 감기 증상이 나타났습니다.

現状(げんじょう)を上司(じょうし)に報告(ほうこく)します。 현 상황을 상사에게 보고합니다.

0902

음독 **じょう** 常識(じょうしき) 상식 常温(じょうおん) 상온 日常(にちじょう) 일상, 평소 通常(つうじょう) 통상, 보통

훈독 **つね** 常(つね)に 늘, 항상, 평소에

とこ 常夏(とこなつ) 상하(늘 여름임)

항상 **상**

小5 N2

常温(じょうおん)で保管(ほかん)してください。 상온에서 보관해 주세요.

常(つね)に身分証(みぶんしょう)を持(も)っていてください。 항상 신분증을 가지고 있으세요.

0903

음독 **しょう** 象徴(しょうちょう) 상징 印象(いんしょう) 인상 対象(たいしょう) 대상 現象(げんしょう) 현상

ぞう 象(ぞう) 코끼리 象牙(ぞうげ) 상아

코끼리/모양 **상**

小5 N2

それはとても印象的(いんしょうてき)な絵(え)です。 그것은 매우 인상적인 그림입니다.

象(ぞう)は鼻(はな)の長(なが)い動物(どうぶつ)です。 코끼리는 코가 긴 동물입니다.

0904

음독 **ぞう** 映像(えいぞう) 영상 肖像(しょうぞう) 초상 画像(がぞう) 화상 想像(そうぞう) 상상

모양 **상**

小5 N2

これは父(ちち)の肖像画(しょうぞうが)です。 이것은 아버지의 초상화입니다.

未来(みらい)のことを想像(そうぞう)してみます。 미래의 일을 상상해 봅니다.

0905

賞

음독 **しょう**　賞品(しょうひん) 상품　賞状(しょうじょう) 상장　皆勤賞(かいきんしょう) 개근상
鑑賞(かんしょう) 감상

상줄/즐길 **상**
小5　N2

小学生(しょうがくせい)のとき皆勤賞(かいきんしょう)をもらいました。 초등학생 때 개근상을 받았습니다.
音楽鑑賞(おんがくかんしょう)が趣味(しゅみ)です。 음악감상이 취미입니다.

0906

傷

음독 **しょう**　傷害(しょうがい) 상해　傷心(しょうしん) 상심　重傷(じゅうしょう) 중상　負傷(ふしょう) 부상

훈독 **きず**　傷(きず) 상처, 흉터　傷口(きずぐち) 상처, 흠집
いたむ　傷(いた)む ①아프다, 고통스럽다 ②상하다
いためる　傷(いた)める ①아프게 하다, 다치다 ②고통을 주다

다칠 **상**
小6　N1

事故(じこ)で負傷(ふしょう)しました。 사고로 부상당했습니다.
傷口(きずぐち)に薬(くすり)を塗(ぬ)ってください。 상처에 약을 발라 주세요.

Tip いたむ

傷(いた)む 상하다
果物(くだもの)が傷(いた)む。 과일이 상하다.

痛(いた)む 아프다
足(あし)が痛(いた)む。 다리가 아프다.

悼(いた)む 애도하다, 슬퍼하다
故人(こじん)を悼(いた)む。 고인을 애도하다.

0907

床

음독 **しょう**　起床(きしょう) 기상　臨床(りんしょう) 임상　病床(びょうしょう) 병상　温床(おんしょう) 온상

훈독 **とこ**　床(とこ) 잠자리　床屋(とこや) 이발소
ゆか　床(ゆか) 마루　床下(ゆかした) 마루 밑

평상/마루 **상**
中　N2

薬(くすり)の臨床実験(りんしょうじっけん)をします。 약의 임상실험을 합니다.
床(ゆか)にカーペットを敷(し)きました。 마루에 카펫을 깔았습니다.

人

0908

음독 しょう　尚早(しょうそう) 상조(어떤 일을 하기에 아직 때가 이름)　和尚(おしょう) 스님
高尚(こうしょう) 고상함, 품격이 높음

훈독 なお　尚(なお) ①덧붙여 말하면, 또한 ②역시, 여전히 ③더구나, 오히려, 더욱

尚

오히려/아직/높을 **상**

中　N1

税率(ぜいりつ)を上(あ)げるのは時期尚早(じきしょうそう)だと思(おも)います。
세율을 높이는 것은 시기상조라고 생각합니다.

開会式(かいかいしき)は２時(じ)からです。尚(なお)、入場(にゅうじょう)は１時半(はん)から可能(かのう)です。
개회식은 2시부터입니다. 덧붙여 말하면, 입장은 1시 반부터 가능합니다.

0909

음독 しょう　発祥(はっしょう) 발상　発祥地(はっしょうち) 발상지　不祥事(ふしょうじ) 불상사, 비리, 스캔들
吉祥(きっしょう) 길상, 길조(きちじょう로도 읽음)

祥

상서로울 **상**

中　N1

チキン南蛮(なんばん)の発祥地(はっしょうち)は宮崎県(みやざきけん)です。 치킨 난반의 발상지는 미야자키현입니다.

警察(けいさつ)の不祥事(ふしょうじ)が発覚(はっかく)しました。 경찰의 비리가 발각되었습니다.

0910

음독 そう　桑園(そうえん) 뽕나무밭

훈독 くわ　桑(くわ) 뽕나무　桑畑(くわばたけ) 뽕나무밭　桑(くわ)の実(み) 오디

뽕나무 **상**

中　N1

祖父(そふ)は桑畑(くわばたけ)で働(はたら)いていました。 할아버지는 뽕나무밭에서 일했습니다.

桑(くわ)の実(み)を摘(つ)みました。 오디를 땄습니다.

0911

음독 そう　爽快(そうかい) 상쾌함　颯爽(さっそう) 모습·태도·행동이 시원스럽고 씩씩한 모양

훈독 さわやか　爽(さわ)やか 시원한 모양, 상쾌한 모양, 산뜻한 모양

시원할 **상**

中　급수 외

風(かぜ)に当(あ)たって爽快(そうかい)な気分(きぶん)になりました。 바람을 쐬니 기분이 상쾌해졌습니다.

高原(こうげん)では爽(さわ)やかな風(かぜ)が吹(ふ)いています。 고원에서는 산뜻한 바람이 불고 있습니다.

0912

음독 そう　喪失(そうしつ) 상실　心神喪失(しんしんそうしつ) 심신상실　喪心(そうしん) 상심

훈독 も　喪服(もふく) 상복　喪主(もしゅ) 상주　喪中(もちゅう) 상중

잃을/사망할 **상**

中 N1

心神喪失(しんしんそうしつ)で判断(はんだん)ができませんでした。 심신상실로 판단을 할 수 없었습니다.

知(し)り合(あ)いが亡(な)くなったので、喪服(もふく)を準備(じゅんび)します。

지인이 돌아가셨기 때문에 상복을 준비합니다.

0913

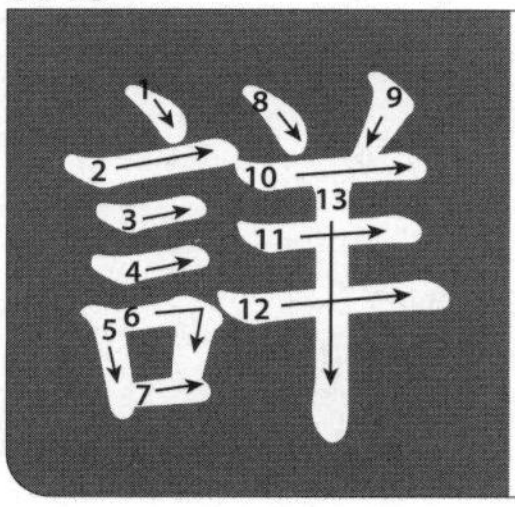

음독 しょう　詳細(しょうさい) 상세, 자세한 내용　詳述(しょうじゅつ) 상술(자세하게 진술함)

未詳(みしょう) 미상　不詳(ふしょう) 자세하게 알지 못함, 미상

훈독 くわしい　詳(くわ)しい 자세하다

자세할 **상**

中 N1

事件(じけん)の詳細(しょうさい)をニュースが伝(つた)えています。

사건의 자세한 내용을 뉴스가 전달하고 있습니다.

作(つく)り方(かた)を詳(くわ)しく教(おし)えてください。 만드는 법을 자세하게 가르쳐 주세요.

0914

음독 しょう　補償(ほしょう) 보상　代償(だいしょう) ①보상 ②대가　弁償(べんしょう) 변상　賠償(ばいしょう) 배상

훈독 つぐなう　償(つぐな)う ①갚다 ②보상하다 ③속죄하다

갚을 **상**

中 N1

窓(まど)を割(わ)ってしまったので、弁償(べんしょう)しました。 창문을 깨뜨려 버려서 변상했습니다.

犯人(はんにん)は罪(つみ)を償(つぐな)わなければなりません。 범인은 죄를 속죄하지 않으면 안 됩니다.

0915

음독 そう　霜害(そうがい) 서리 피해　幾星霜(いくせいそう) 너무 긴 시간, 오랜 세월

훈독 しも　霜(しも) 서리　霜焼(しもや)け 가벼운 동상　霜柱(しもばしら) 서릿발　初霜(はつしも) 첫 서리

서리 **상**

中 N1

霜害(そうがい)で農作物(のうさくもつ)に被害(ひがい)が出(で)ました。 서리 피해로 농작물에 피해가 났습니다.

夜(よる)の間(あいだ)に霜(しも)が降(お)りました。 밤 사이에 서리가 내렸습니다.

0916

음독 じ　御璽(ぎょじ) 옥새　国璽(こくじ) 국새　玉璽(ぎょくじ) 옥새

옥새 **새**

中 N1

天皇(てんのう)が詔書(しょうしょ)に御璽(ぎょじ)を押(お)します。 천황이 조서에 옥새를 찍습니다.

博物館(はくぶつかん)には古代(こだい)の国璽(こくじ)が展示(てんじ)されています。 박물관에는 고대의 국새가 전시되어 있습니다.

0917

음독 しょく　染色(せんしょく) 염색　特色(とくしょく) 특색

しき　色彩(しきさい) 색채　景色(けしき) 경치, 풍경

훈독 いろ　色(いろ) 색　色々(いろいろ) 여러 가지　色紙(いろがみ) 색종이　顔色(かおいろ) 안색

빛 **색**

小2 N3

「松島(まつしま)」という所(ところ)は景色(けしき)がすばらしくて有名(ゆうめい)です。 '마츠시마'라는 곳은 경치가 훌륭해서 유명합니다.

大丈夫(だいじょうぶ)ですか。顔色(かおいろ)が悪(わる)いですよ。 괜찮습니까? 안색이 안 좋아요.

0918

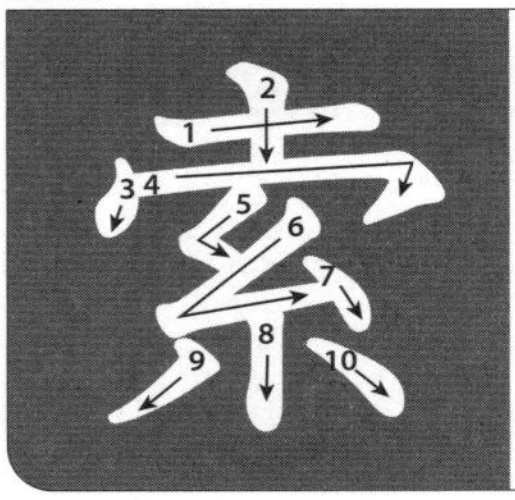

음독 さく　索引(さくいん) 색인　検索(けんさく) 검색　模索(もさく) 모색　探索(たんさく) 탐색

찾을 **색**

中 N1

索引(さくいん)を使(つか)って調(しら)べると便利(べんり)です。 색인을 사용해서 알아보면 편리합니다.

インターネットで旅行会社(りょこうがいしゃ)を検索(けんさく)しました。 인터넷으로 여행사를 검색했습니다.

0919

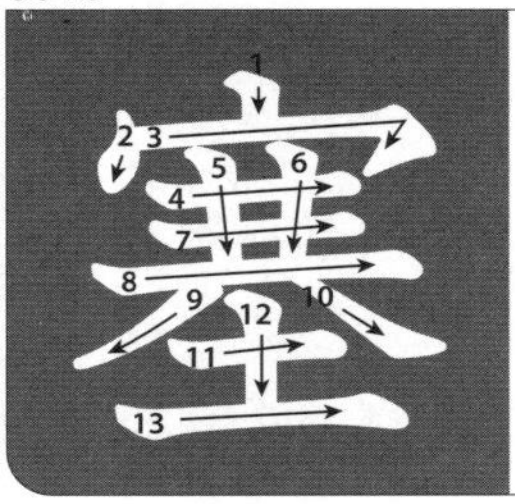

음독 そく　閉塞(へいそく) 폐색　脳梗塞(のうこうそく) 뇌경색

さい　要塞(ようさい) 요새　塞翁(さいおう)が馬(うま) 새옹지마

훈독 ふさぐ　塞(ふさ)ぐ 막다, 가리다

ふさがる　塞(ふさ)がる 막히다, 닫히다

막힐 **색** / 변방 **새**

中 급수 외

父(ちち)が脳梗塞(のうこうそく)で倒(たお)れました。 아버지가 뇌경색으로 쓰러졌습니다.

壁紙(かべがみ)を貼(は)って壁(かべ)の穴(あな)を塞(ふさ)ぎました。 벽지를 붙여 벽의 구멍을 막았습니다.

Tip 0708 ふせぐ 참조

0920

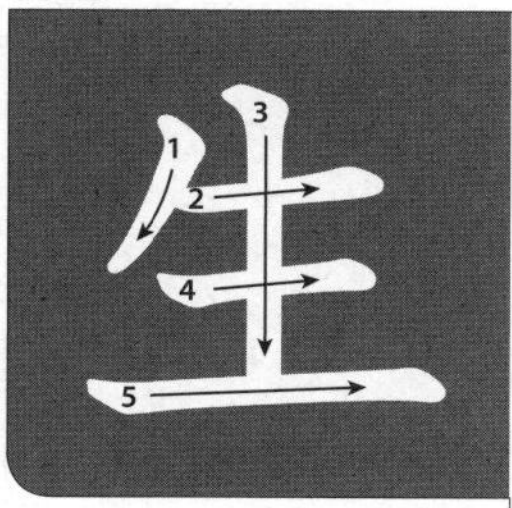

날 **생**

小1 N5

음독 せい 学生(がくせい) 학생 先生(せんせい) 선생님 人生(じんせい) 인생 生物(せいぶつ) 생물

しょう 一生(いっしょう) 일생, 평생 生涯(しょうがい) 생애, 일생, 평생

훈독 いきる 生(い)きる 살다

いかす 生(い)かす 살리다

いける 生(い)ける ①살리다 ②꽂다 生(い)け花(ばな) 꽃꽂이

うまれる 生(う)まれる ①태어나다 ②만들어지다, 새로 생기다

はえる 生(は)える 자라다, 나다

なま 生(なま) 날것, 생~ 生(なま)ビール 생맥주 生物(なまもの) 날것, 생것

특이 芝生(しばふ) 잔디

田中先生(たなかせんせい)はやさしいです。 다나카 선생님은 상냥합니다.

先月(せんげつ)、赤(あか)ちゃんが生(う)まれました。 지난달, 아기가 태어났습니다.

芝生(しばふ)に入(はい)らないでください。 잔디밭에 들어가지 마세요.

0921

희생 **생**

中 N1

음독 せい 犠牲(ぎせい) 희생

戦争(せんそう)で多(おお)くの命(いのち)が犠牲(ぎせい)になりました。 전쟁으로 많은 생명이 희생되었습니다.

0922

서녘 **서**

小2 N5

음독 せい 西洋(せいよう) 서양 西欧(せいおう) 서구 西部(せいぶ) 서부

さい 関西(かんさい) 관서 東西南北(とうざいなんぼく) 동서남북

훈독 にし 西(にし) 서 西側(にしがわ) 서쪽 西口(にしぐち) 서쪽 출입구

大阪(おおさか)は関西方言(かんさいほうげん)を使(つか)います。 오사카는 관서 사투리를 사용합니다.

駅(えき)の西口(にしぐち)で会(あ)いましょう。 역의 서쪽 출입구에서 만납시다.

0923

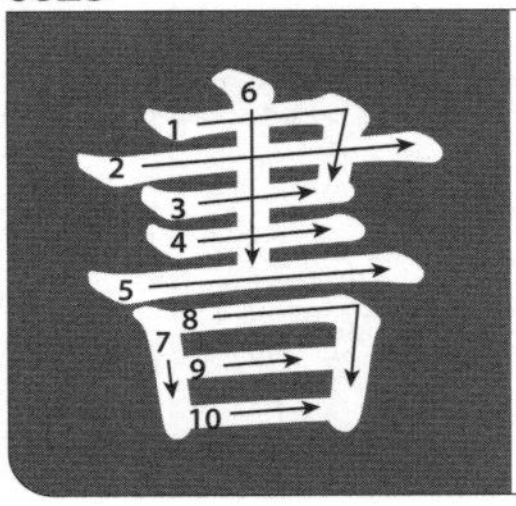

음독 **しょ**　**書店**(しょてん) 서점　**図書館**(としょかん) 도서관　**遺書**(いしょ) 유서
書道(しょどう) 서예　**書類**(しょるい) 서류

훈독 **かく**　**書く**(か) 쓰다　**手書き**(てが) 손으로 씀　**書留**(かきとめ) 등기 우편

글 **서**
小2 N5

ちかくに大(おお)きな書店(しょてん)がありますか。 근처에 큰 서점이 있습니까?
書留(かきとめ)なので、サインをお願(ねが)いします。 등기 우편이니 사인 부탁드립니다.

0924

음독 **しょ**　**暑中見舞い**(しょちゅうみま) 서중 문안(입추 전 18일간 지인·손윗분에게 보내는 인사장)
避暑(ひしょ) 피서　**残暑**(ざんしょ) 늦더위　**酷暑**(こくしょ) 혹서

훈독 **あつい**　**暑い**(あつ) 덥다　**蒸暑い**(むしあつ) 무덥다

暑

더울 **서**
小3 N3

残暑(ざんしょ)がきびしいです。 늦더위가 혹독합니다.
今年(ことし)の夏(なつ)はとても暑(あつ)いです。 올 여름은 매우 덥습니다.

Tip **あつい**

暑い(あつ) 날씨가 덥다
夏(なつ)は暑(あつ)い。 여름은 덥다.

熱い(あつ) 온도가 뜨겁다
コーヒーが熱(あつ)い。
커피가 뜨겁다.

厚い(あつ) 두께가 두껍다
本(ほん)が厚(あつ)い。 책이 두껍다.

0925

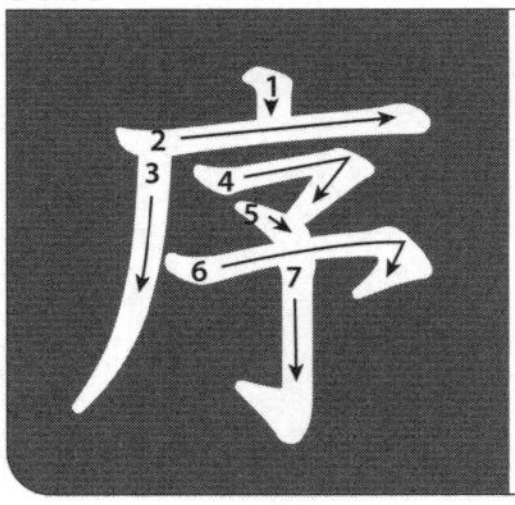

음독 **じょ**　**序文**(じょぶん) 서문　**序論**(じょろん) 서론　**順序**(じゅんじょ) 순서　**秩序**(ちつじょ) 질서

차례/머리말 **서**
小5 N1

序論(じょろん)から論文(ろんぶん)を書(か)き始(はじ)めます。 서론부터 논문을 쓰기 시작합니다.
秩序(ちつじょ)がある社会(しゃかい)を築(きず)きましょう。 질서가 있는 사회를 구축합시다.

0926

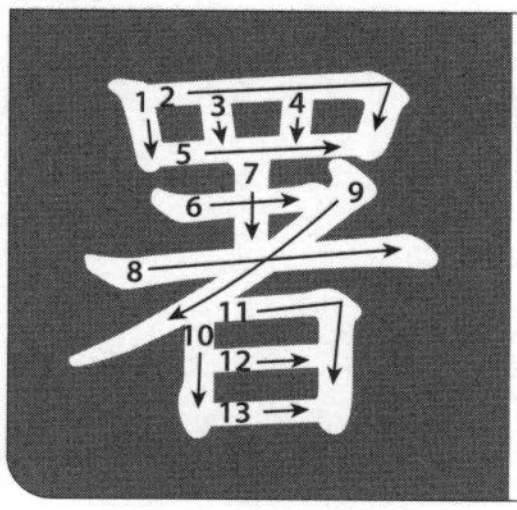

음독 **しょ**　署名(しょめい) 서명　署長(しょちょう) 서장　警察署(けいさつしょ) 경찰서　消防署(しょうぼうしょ) 소방서

署

마을/관청 **서**

小6　N2

市民(しみん)の署名(しょめい)を集(あつ)めています。 시민의 서명을 모으고 있습니다.

市役所(しやくしょ)の横(よこ)に消防署(しょうぼうしょ)があります。 시청 옆에 소방서가 있습니다.

0927

음독 **じょ**　叙事詩(じょじし) 서사시　叙述(じょじゅつ) 서술　叙勲(じょくん) 서훈(훈장을 수여함)

敍

펼/줄 **서**

中　N1

フランスの叙事詩(じょじし)を読(よ)みました。 프랑스 서사시를 읽었습니다.

王(おう)は叙勲(じょくん)を与(あた)えました。 왕은 훈장을 수여했습니다.

0928

음독 **じょ**　徐行(じょこう) 서행　徐々に(じょじょ) 서서히

천천히 할 **서**

中　N1

工事中(こうじちゅう)なので徐行(じょこう)してください。 공사중이므로 서행해 주세요.

新都市(しんとし)の人口(じんこう)が徐々(じょじょ)に増(ふ)えていきます。 신도시의 인구가 서서히 늘어갑니다.

0929

음독 **せい**　逝去(せいきょ) 서거　急逝(きゅうせい) 급서(갑자기 죽음)
夭逝(ようせい) 요절(젊은 나이에 죽음)

훈독 **ゆく**　逝(ゆ)く 가다, 죽다　逝(ゆ)く年(とし) 가는 해
いく　逝(い)く 죽다

갈/죽을 **서**

中　N1

父(ちち)が急逝(きゅうせい)しました。 아버지가 갑자기 돌아가셨습니다.

逝(ゆ)く年(とし)を振(ふ)り返(かえ)ります。 가는 해를 되돌아봅니다.

0930

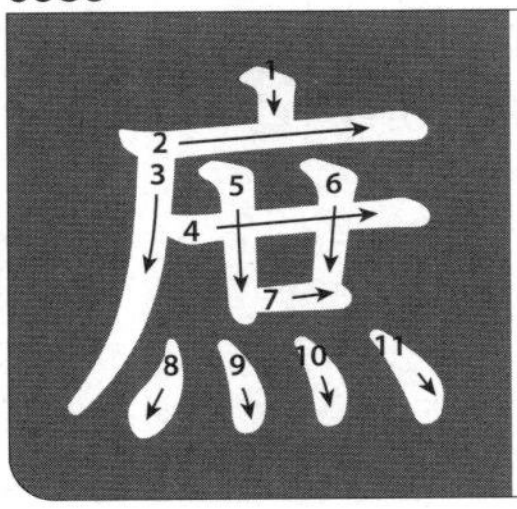

음독 しょ　庶民(しょみん) 서민　庶民的(しょみんてき) 서민적　庶務(しょむ) 서무

여러/벼슬 없을 **서**

中　N1

日本(にほん)ではカレーは庶民的(しょみんてき)な料理(りょうり)です。 일본에서는 카레는 서민적인 요리입니다.

今月(こんげつ)から学校(がっこう)の庶務課(しょむか)で働(はたら)いています。 이달부터 학교 서무과에서 일하고 있습니다.

0931

음독 せい　女婿(じょせい) 사위

훈독 むこ　婿(むこ) 사위　花婿(はなむこ) 신랑　婿養子(むこようし) 데릴사위

사위 **서**

中　N1

みんなが花嫁(はなよめ)と花婿(はなむこ)を祝福(しゅくふく)しています。 모두가 신부와 신랑을 축복하고 있습니다.

0932

음독 しょ　一緒(いっしょ) 같이　内緒(ないしょ) 비밀

ちょ　情緒(じょうちょ) 정서

훈독 お　緒(お) 줄, 끈　鼻緒(はなお) 조리나 게다의 끈　へその緒(お) 탯줄

緒

마음/줄 **서**

中　N2

友(とも)だちと一緒(いっしょ)に京都(きょうと)を旅行(りょこう)しました。 친구와 같이 교토를 여행했습니다.

ぞうりの鼻緒(はなお)が切(き)れました。 조리의 끈이 끊어졌습니다.

0933

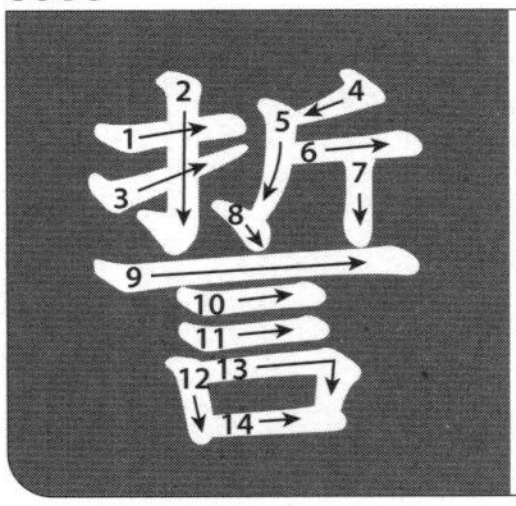

음독 せい　誓約(せいやく) 서약　誓約書(せいやくしょ) 서약서　宣誓(せんせい) 선서

훈독 ちかう　誓(ちか)う 맹세하다

맹세할 **서**

中　N1

開会式(かいかいしき)で選手宣誓(せんしゅせんせい)をしました。 개회식에서 선수 선서를 했습니다.

「君(きみ)を幸(しあわ)せにする」と彼女(かのじょ)に誓(ちか)いました。
'너를 행복하게 해줄게'라고 그녀에게 맹세했습니다.

0934

음독 せき
一朝一夕(いっちょういっせき) 일조일석, 하루아침

훈독 ゆう
夕方(ゆうがた) 저녁때　夕刊(ゆうかん) 석간　夕ご飯(ゆうごはん) 저녁밥　夕日(ゆうひ) 석양
夕立(ゆうだち) 소나기

특이 七夕(たなばた) 칠석

저녁 석
小1 N3

外国語(がいこくご)の勉強(べんきょう)は一朝一夕(いっちょういっせき)ではできません。외국어 공부는 하루아침에는 할 수 없습니다.

7時(じ)に夕(ゆう)ご飯(はん)を食(た)べました。7시에 저녁밥을 먹었습니다.

0935

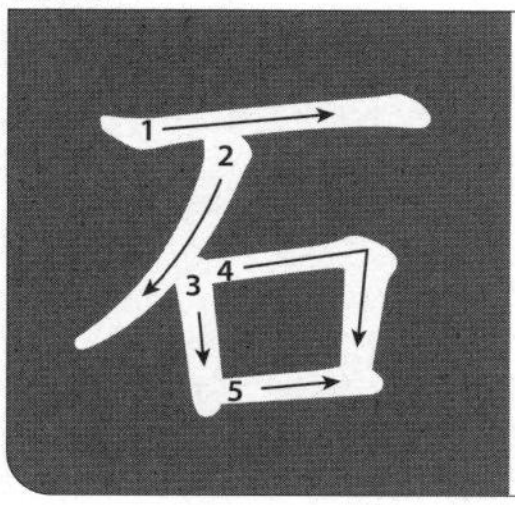

음독 せき
石油(せきゆ) 석유　宝石(ほうせき) 보석　化石(かせき) 화석

しゃく
磁石(じしゃく) 자석

こく
石高(こくだか) 쌀의 수확량

훈독 いし
石(いし) 돌　石段(いしだん) 돌계단　小石(こいし) 작은 돌

돌 석
小1 N2

最近(さいきん)、石油(せきゆ)の値段(ねだん)が高(たか)いです。최근, 석유 가격이 비쌉니다.

済州島(チェジュド)には石(いし)が多(おお)いです。제주도에는 돌이 많습니다.

0936

음독 せき
昔日(せきじつ) 옛날　往昔(おうせき) 옛날

しゃく
今昔(こんじゃく) 지금과 옛날

훈독 むかし
昔(むかし) 옛날　昔話(むかしばなし) 옛날 이야기

예 석
小3 N2

『今昔物語集(こんじゃくものがたりしゅう)』という日本(にほん)の古典(こてん)を読(よ)みました。
『곤자쿠모노가타리슈』라는 일본 고전을 읽었습니다.

この町(まち)は昔(むかし)から変(か)わりません。이 마을은 옛날부터 변하지 않습니다.

0937

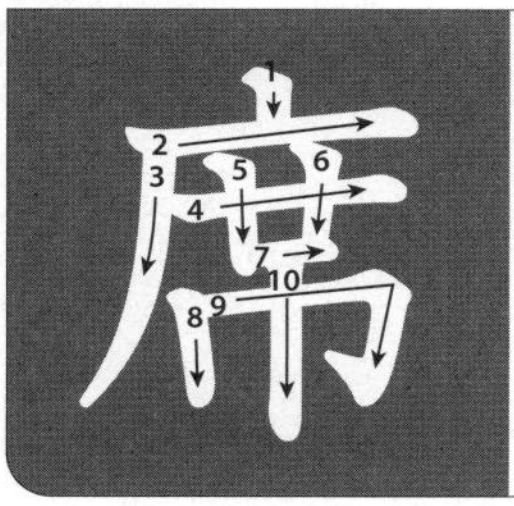

음독 せき
席次(せきじ) 석차　着席(ちゃくせき) 착석　出席(しゅっせき) 출석
主席(しゅせき) ①주인석 ②최고 책임자

자리 석
小4 N2

式(しき)が始(はじ)まりますので、着席(ちゃくせき)してください。식이 시작되오니 착석해 주세요.

講座(こうざ)に毎日(まいにち)、出席(しゅっせき)します。강좌에 매일 출석합니다.

0938

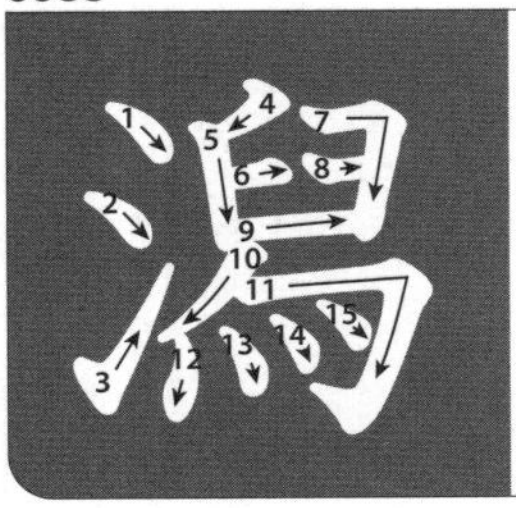

훈독 かた　干潟(ひがた) 갯벌　新潟県(にいがたけん) 니가타현　新潟市(にいがたし) 니가타시

개펄 **석**

小4　N1

干潟(ひがた)であさりをとりました。갯벌에서 바지락을 캤습니다.

新潟県(にいがたけん)は米(こめ)がおいしい所(ところ)です。니가타현은 쌀이 맛있는 곳입니다.

0939

음독 せき　分析(ぶんせき) 분석　解析(かいせき) 해석

쪼갤 **석**

中　N1

経済(けいざい)の動向(どうこう)を分析(ぶんせき)しました。경제 동향을 분석했습니다.

気温(きおん)のデータを解析(かいせき)します。기온 데이터를 해석합니다.

0940

음독 しゃく　釈明(しゃくめい) 해명　釈放(しゃくほう) 석방　注釈(ちゅうしゃく) 주석, 주해

예외 釈迦(しゃか) 석가

釋

설명할/놓아줄 **석**

中　N1

失言(しつげん)をした大臣(だいじん)が釈明(しゃくめい)をしています。실언을 한 장관이 해명을 하고 있습니다.

注釈(ちゅうしゃく)を見(み)ながら古典(こてん)を読(よ)みます。주석을 보면서 고전을 읽습니다.

0941

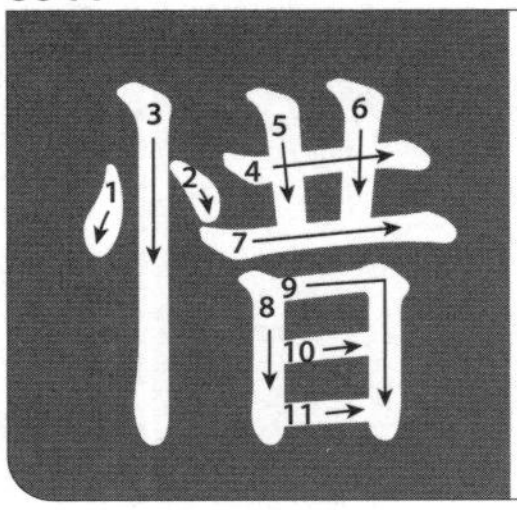

음독 せき　惜敗(せきはい) 석패(아깝게 짐)　惜別(せきべつ) 석별　哀惜(あいせき) 애석

훈독 おしい　惜(お)しい 아깝다　名残惜(なごりお)しい 헤어지기 섭섭하다, 아쉽다

おしむ　惜(お)しむ 아까워하다, 아끼다

아낄/애석할 **석**

中　N1

カナダチームは惜敗(せきはい)しました。캐나다팀은 아깝게 졌습니다.

名残惜(なごりお)しいですが、お別(わか)れの時(とき)です。아쉽지만 헤어질 시간입니다.

0942

先

음독 せん　先生(せんせい) 선생님　先週(せんしゅう) 지난주　先月(せんげつ) 지난달　先輩(せんぱい) 선배

훈독 さき　先(さき)に 먼저, 이전에　先(さき)ほど 아까, 조금 전

먼저 **선**

小1　N5

先輩(せんぱい)からテキストをもらいました。 선배에게서 교과서를 받았습니다.

お先(さき)に失礼(しつれい)します。 먼저 실례하겠습니다.

0943

船

음독 せん　船長(せんちょう) 선장　船員(せんいん) 선원　風船(ふうせん) 풍선　漁船(ぎょせん) 어선

훈독 ふね　船(ふね) 배

ふな　船便(ふなびん) 배편　船旅(ふなたび) 선박 여행　船酔(ふなよ)い 뱃멀미

船

배 **선**

小2　N2

風船(ふうせん)に空気(くうき)を入(い)れてください。 풍선에 공기를 넣어 주세요.

荷物(にもつ)を船便(ふなびん)で送(おく)ります。 짐을 배편으로 보냅니다.

Tip ふね

船(ふね) 큰 배

船(ふね)で帰国(きこく)する。 배로 귀국하다.

舟(ふね) 작은 배

舟(ふね)をこぐ。 배를 젓다.

0944

線

음독 せん　線路(せんろ) 선로　線画(せんが) 선화(선으로만 그린 그림)

電線(でんせん) 전선　直線(ちょくせん) 직선

줄 **선**

小2　N2

線路(せんろ)を渡(わた)るときは、気(き)をつけてください。 선로를 건널 때는 조심하세요.

台風(たいふう)で電線(でんせん)が切(き)れてしまいました。 태풍으로 전선이 끊어져 버렸습니다.

0945

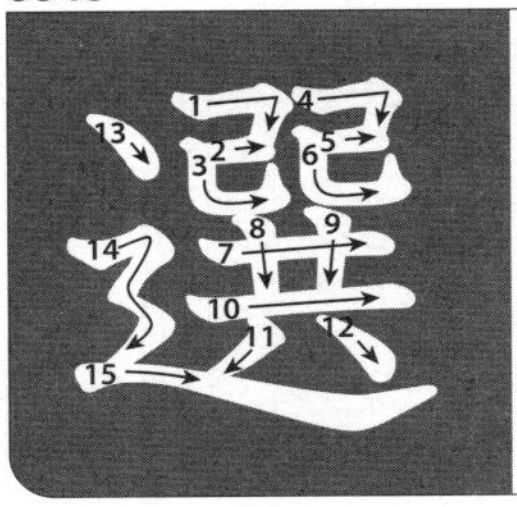

음독 **せん** 選挙(せんきょ) 선거 選手(せんしゅ) 선수 当選(とうせん) 당선 予選(よせん) 예선

훈독 **えらぶ** 選ぶ(えらぶ) 선택하다, 고르다

가릴 **선**

小4 N2

あしたは予選試合(よせんじあい)があります。 내일은 예선 시합이 있습니다.

スタイルを選(えら)んでください。 스타일을 골라 주세요.

0946

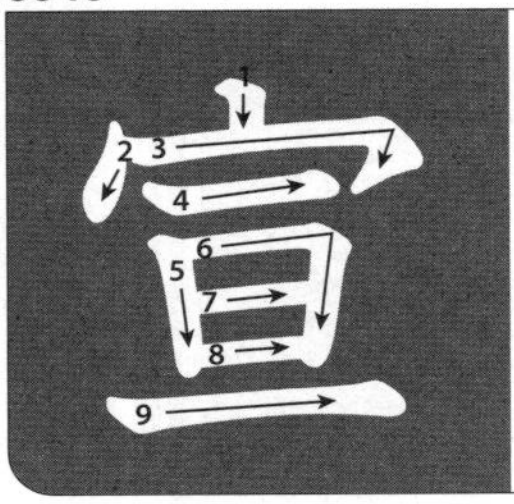

음독 **せん** 宣言(せんげん) 선언 宣伝(せんでん) 선전 宣誓(せんせい) 선서 宣告(せんこく) 선고

널리 펼 **선**

小6 N1

宣伝(せんでん)の効果(こうか)がいいです。 선전 효과가 좋습니다.

運動会(うんどうかい)で選手宣誓(せんしゅせんせい)をしました。 운동회에서 선수 선서를 했습니다.

0947

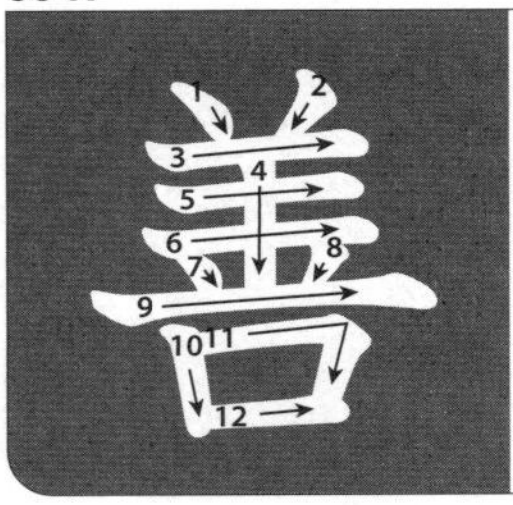

음독 **ぜん** 善処(ぜんしょ) 선처 善人(ぜんにん) 선인, 착한 사람 最善(さいぜん) 최선 改善(かいぜん) 개선

훈독 **よい** 善い(よい) 좋다 善し悪し(よしあし) 좋고 나쁨, 옳고 그름

착할/좋을 **선**

小6 N1

最善(さいぜん)を尽(つ)くして、がんばりました。 최선을 다해 노력했습니다.

子(こ)どもなので善(よ)し悪(あ)しが分(わ)かりません。 아이이기 때문에 옳고 그름을 모릅니다.

0948

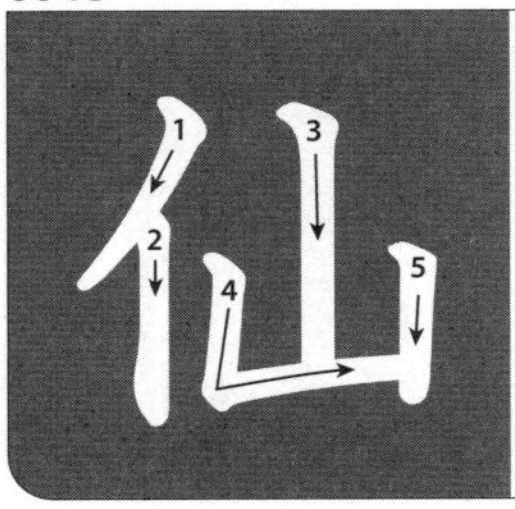

음독 **せん** 仙人(せんにん) 선인, 신선 仙女(せんにょ) 선녀 水仙(すいせん) 수선화

신선 **선**

中 N1

日本(にほん)には各地(かくち)に仙女伝説(せんにょでんせつ)があります。 일본에는 각지에 선녀 전설이 있습니다.

水仙(すいせん)の花(はな)を飾(かざ)りました。 수선화를 장식했습니다.

0949

음독 せん　扇子(せんす) 접는 부채　扇動(せんどう) 선동　扇風機(せんぷうき) 선풍기
換気扇(かんきせん) 환기 팬

훈독 おうぎ　扇(おうぎ) 접는 부채　**특이** 団扇(うちわ) 부채

扇

부채 **선**

中　N1

扇風機(せんぷうき)のスイッチを入(い)れてください。 선풍기 스위치를 켜 주세요.

夏(なつ)には、いつもかばんに扇(おうぎ)を入(い)れています。
여름에는 언제나 가방에 접는 부채를 넣고 다닙니다.

0950

음독 せん　旋回(せんかい) 선회　旋風(せんぷう) 회오리 바람
凱旋(がいせん) 개선(싸움에서 이기고 돌아옴)　螺旋(らせん) 나선

돌 **선**

中　N1

飛行機(ひこうき)は空港(くうこう)の近(ちか)くを旋回(せんかい)しました。 비행기는 공항 근처를 선회했습니다.

ホテルのロビーには螺旋階段(らせんかいだん)があります。 호텔 로비에는 나선계단이 있습니다.

0951

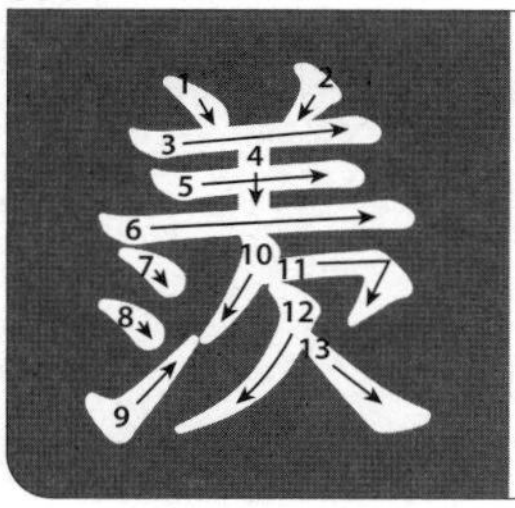

음독 せん　羨望(せんぼう) 선망

훈독 うらやむ　羨(うらや)む 부러워하다
うらやましい　羨(うらや)ましい 부럽다

부러워할 **선**

中　급수 외

多(おお)くの人(ひと)が雑誌(ざっし)のモデルを羨望(せんぼう)します。 많은 사람이 잡지 모델을 선망합니다.

背(せ)の高(たか)い人(ひと)が羨(うらや)ましいです。 키가 큰 사람이 부럽습니다.

0952

음독 せん　汗腺(かんせん) 땀샘　涙腺(るいせん) 눈물샘　扁桃腺(へんとうせん) 편도선
リンパ腺(せん) 림프선

샘 **선**

中　N1

汗(あせ)は汗腺(かんせん)から出(で)ます。 땀은 땀샘에서 나옵니다.

涙腺(るいせん)が弱(よわ)いので感動的(かんどうてき)な映画(えいが)を見(み)ると、すぐ涙(なみだ)が出(で)ます。
눈물샘이 약해서 감동적인 영화를 보면 금방 눈물이 납니다.

0953

음독 **ぜん** **禅宗**(ぜんしゅう) 선종 **禅僧**(ぜんそう) 선승(선종의 승려) **禅寺**(ぜんでら) 선종의 절 **座禅**(ざぜん) 좌선

禪

선 **선**

中 N1

禅僧(ぜんそう)が修行(しゅぎょう)をしています。 선승이 수행을 하고 있습니다.

お寺(てら)で座禅(ざぜん)を体験(たいけん)しました。 절에서 좌선을 체험했습니다.

0954

음독 **ぜん** **膳**(ぜん) 밥상 **配膳**(はいぜん) 배식 **食膳**(しょくぜん) 밥상 **客膳**(きゃくぜん) 손님 상

반찬 **선**

中 급수 외

姉(あね)は病院(びょういん)で配膳(はいぜん)の仕事(しごと)をしています。 언니는 병원에서 배식일을 하고 있습니다.

とれたての魚(さかな)を客膳(きゃくぜん)に出(だ)しました。 막 잡은 생선을 손님 상에 내놓았습니다.

0955

음독 **せん** **鮮明**(せんめい) 선명함 **鮮魚**(せんぎょ) 물이 좋은 생선 **新鮮**(しんせん) 신선함 **生鮮**(せいせん) 생선

훈독 **あざ**やか **鮮やか**(あざ) 산뜻함, 또렷함

선명할/싱싱할 **선**

中 N1

新鮮(しんせん)な野菜(やさい)はおいしいです。 신선한 채소는 맛있습니다.

鮮(あざ)やかな色(いろ)の和服(わふく)を着(き)ました。 산뜻한 색의 기모노를 입었습니다.

0956

음독 **ぜん** **修繕**(しゅうぜん) 수선, 수리

훈독 **つくろ**う **繕う**(つくろ) 수선하다, 고치다

수선할 **선**

中 급수 외

傷(いた)んだ仏像(ぶつぞう)を修繕(しゅうぜん)しました。 파손된 불상을 수리했습니다.

セーターのほころびを繕(つくろ)いました。 스웨터의 터진 곳을 수선했습니다.

0957

눈 설

小2 N2

음독 せつ　雪原(せつげん) 설원　雪像(せつぞう) 설상(눈으로 만든 조각)　積雪(せきせつ) 적설　除雪(じょせつ) 제설

훈독 ゆき　雪(ゆき) 눈　雪国(ゆきぐに) 설국, 눈고장　雪(ゆき)だるま 눈사람　初雪(はつゆき) 첫눈

특이 雪崩(なだれ) 눈사태　吹雪(ふぶき) 눈보라

北海道(ほっかいどう)は除雪機(じょせつき)が必要(ひつよう)です。 홋카이도는 제설기가 필요합니다.

雪(ゆき)だるまを作(つく)って遊(あそ)びました。 눈사람을 만들며 놀았습니다.

0958

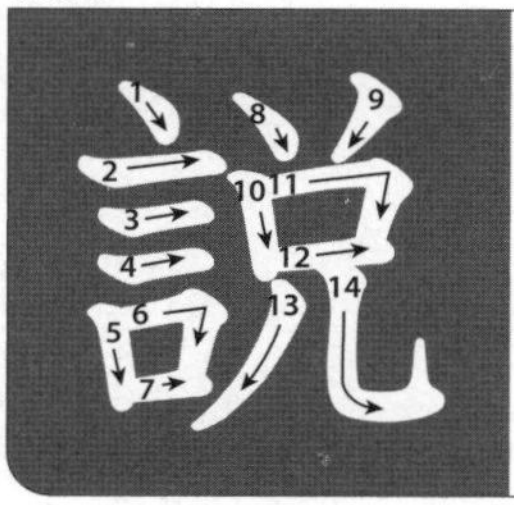

말씀 설/달랠 세

小4 N3

음독 せつ　説明(せつめい) 설명　説得(せっとく) 설득　解説(かいせつ) 해설　小説(しょうせつ) 소설

ぜい　遊説(ゆうぜい) 유세

훈독 とく　説(と)く 설명하다, 설득하다　口説(くど)く 설득하다, 호소하다, 부탁하다

說

木村先生(きむらせんせい)の説明(せつめい)はいつも分(わ)かりやすいです。
기무라 선생님의 설명은 언제나 이해하기 쉽습니다.

お坊(ぼう)さんが人(ひと)の道理(どうり)を説(と)きました。 스님이 사람의 도리를 설명했습니다.

0959

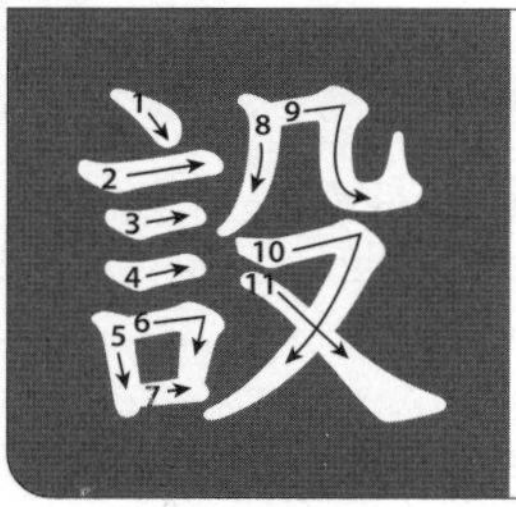

베풀/마련할 설

小5 N2

음독 せつ　設備(せつび) 설비　設計(せっけい) 설계　建設(けんせつ) 건설　開設(かいせつ) 개설

훈독 もうける　設(もう)ける 마련하다, 설치하다

来月(らいげつ)、事務所(じむしょ)を開設(かいせつ)します。 다음 달에 사무소를 개설합니다.

市役所(しやくしょ)は相談窓口(そうだんまどぐち)を設(もう)けました。 시청은 상담창구를 마련했습니다.

0960

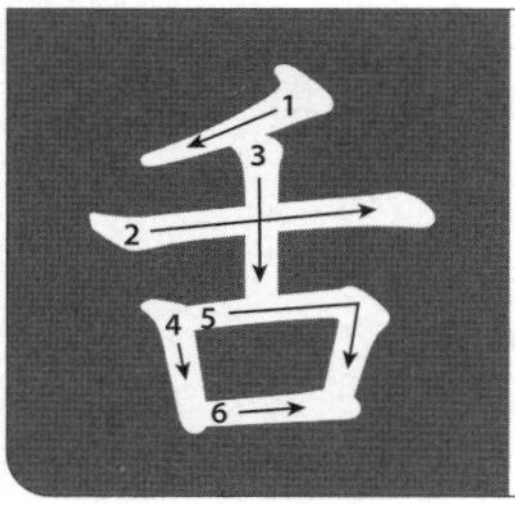

혀 설

小6 N1

음독 ぜつ　舌戦(ぜっせん) 설전, 말다툼, 언쟁　毒舌(どくぜつ) 독설　筆舌(ひつぜつ) 필설(글과 말)　弁舌(べんぜつ) 언변

훈독 した　舌(した) 혀　猫舌(ねこじた) 고양이 혀(뜨거운 것을 못 먹는 것, 또는 그런 사람)

きのうの国会(こっかい)でははげしい舌戦(ぜっせん)がありました。
어제 있었던 국회에서는 격한 언쟁이 있었습니다.

猫舌(ねこじた)なので熱(あつ)いものが食(た)べられません。 고양이 혀라서 뜨거운 것을 못 먹습니다.

0961

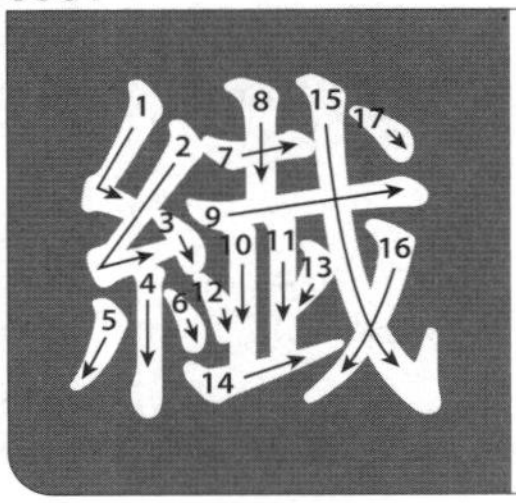

纖

가늘 섬

中 N1

음독 せん　繊維(せんい) 섬유　繊細(せんさい) 섬세함　繊毛(せんもう) 섬모(가는 털)

繊維(せんい)を輸出(ゆしゅつ)しています。섬유를 수출하고 있습니다.

彼(かれ)は繊細(せんさい)な感覚(かんかく)の持(も)ち主(ぬし)です。그는 섬세한 감각을 갖고 있습니다.

0962

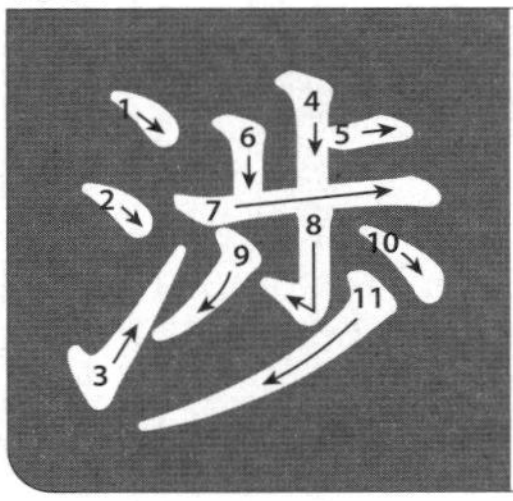

涉

건널/간섭할 섭

中 N1

음독 しょう　渉外(しょうがい) 섭외　交渉(こうしょう) 교섭　干渉(かんしょう) 간섭

相手国(あいてこく)との交渉(こうしょう)は決裂(けつれつ)しました。상대국가와의 교섭은 결렬되었습니다.

私(わたし)のことに干渉(かんしょう)しないでください。제 일에 간섭하지 말아 주세요.

0963

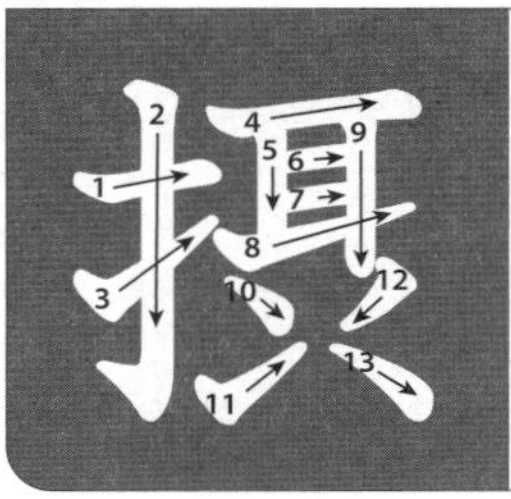

攝

다스릴/잡을 섭

中 N1

음독 せつ　摂取(せっしゅ) 섭취　摂政(せっしょう) 섭정　摂氏(せっし) 섭씨 온도

摂生(せっせい) 섭생(병에 걸리지 않도록 건강 관리를 잘하여 오래 살기를 꾀함)

まんべんなく栄養(えいよう)を摂取(せっしゅ)しましょう。골고루 영양을 섭취합시다.

医師(いし)の注意(ちゅうい)を守(まも)って摂生(せっせい)します。의사의 주의(사항)을 지켜서 섭생합니다.

0964

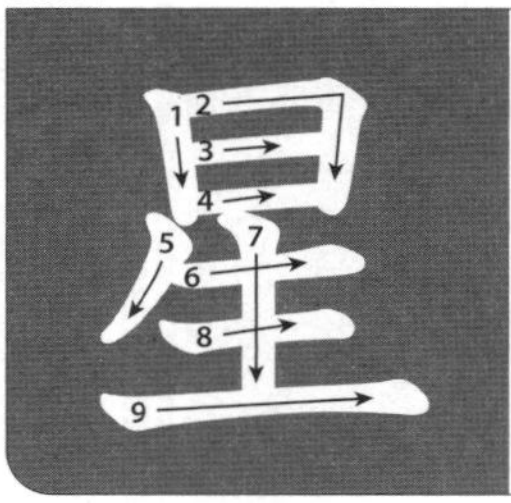

별 성

小2 N2

음독 せい　星座(せいざ) 별자리　北極星(ほっきょくせい) 북극성　金星(きんせい) 금성　火星(かせい) 화성

しょう　明星(みょうじょう) ①금성 ②두드러지게 인기가 있는 사람

훈독 ほし　星(ほし) 별　星空(ほしぞら) 별이 총총한 밤하늘　星明り(ほしあかり) 별빛

流れ星(ながれぼし) 유성

夏(なつ)の星座(せいざ)には何(なに)がありますか。여름 별자리에는 무엇이 있습니까?

今日(きょう)は星(ほし)がよく見(み)えます。오늘은 별이 잘 보입니다.

0965

声

음독 せい　声楽(せいがく) 성악　声明(せいめい) 성명　音声(おんせい) 음성　発声(はっせい) 발성

しょう　連声(れんじょう) 연성(두 말이 이어질 때 생기는 음운상의 변화)

훈독 こえ　声(こえ) 목소리　声変わり(こえがわり) 변성기　大声(おおごえ) 큰 소리　小声(こごえ) 작은 소리

歌声(うたごえ) 노랫소리　泣き声(なきごえ) 우는 소리

こわ　声高(こわだか) 목소리가 큼　声色(こわいろ) 목소리, 음색, 성대모사

聲

소리 **성**

小2　N3

カーナビが音声(おんせい)で道(みち)を説明(せつめい)します。자동차 내비게이션이 음성으로 길을 설명합니다.

木村(きむら)さんは声(こえ)が大(おお)きいです。기무라 씨는 목소리가 큽니다.

Tip 소리

声(こえ) 사람이나 동물·곤충의 소리

やさしい先生(せんせい)の声(こえ)。상냥한 선생님의 목소리.

音(おと) 사물의 소리

ピアノの音(おと)がきこえる。피아노 소리가 들리다.

0966

成

음독 せい　成績(せいせき) 성적　成功(せいこう) 성공　賛成(さんせい) 찬성　作成(さくせい) 작성

じょう　成就(じょうじゅ) 성취

훈독 なる　成る(なる) 이루어지다, ~로 되다　成り行き(なりゆき) 되어가는 과정, 경과

なす　成す(なす) 이루다, 달성하다

이룰 **성**

小4　N2

今学期(こんがっき)の成績(せいせき)はとてもよかったです。이번 학기의 성적은 매우 좋았습니다.

今後(こんご)の成り行き(なりゆき)を見守(みまも)ってください。앞으로의 경과를 지켜봐 주세요.

0967

省

음독 せい　反省(はんせい) 반성　帰省(きせい) 귀성, 귀향

しょう　省略(しょうりゃく) 생략　法務省(ほうむしょう) 법무성

훈독 かえりみる　省みる(かえりみる) 돌이켜보다, 반성하다

はぶく　省く(はぶく) 생략하다, 간단히 하다

살필/관청 **성** / 덜 **생**

小4　N4

こまかい説明(せつめい)は省略(しょうりゃく)します。자세한 설명은 생략하겠습니다.

自分(じぶん)のしたことを省(かえり)みてください。자신이 한 것을 돌이켜보세요.

Tip 0160 かえりみる 참조

0968

城

음독 じょう　城壁(じょうへき) 성벽　城門(じょうもん) 성문　宮城(きゅうじょう) 궁궐
王城(おうじょう) 왕성(왕이 거처하는 성)

훈독 しろ　城(しろ) 성　城跡(しろあと) 성지, 성터　**특이** 茨城県(いばらきけん) 이바라키현

성 **성**

小4 N2

大(おお)きい城門(じょうもん)があります。큰 성문이 있습니다.

城(しろ)を見物(けんぶつ)しました。성을 구경했습니다.

0969

性

음독 せい　性別(せいべつ) 성별　性格(せいかく) 성격　異性(いせい) 이성　野性(やせい) 야성
しょう　性分(しょうぶん) 천성, 성품　相性(あいしょう) 궁합이 맞음, 성격이 서로 맞음

성품 **성**

小5 N2

私(わたし)は短気(たんき)な性格(せいかく)です。나는 성미가 급한 성격입니다.

彼氏(かれし)と私(わたし)は相性(あいしょう)がいいです。남자 친구와 나는 성격이 잘 맞습니다.

Tip **이성**

異性(いせい) 성(性)이 다른 사람

異性(いせい)の人(ひと)と話(はなし)をする。이성과 이야기하다.

理性(りせい) 바르게 판단하는 능력

怒(いか)りで理性(りせい)を失(うしな)う。분노로 이성을 잃다.

0970

盛

음독 せい　盛大(せいだい) 성대함　盛況(せいきょう) 성황　全盛期(ぜんせいき) 전성기　隆盛(りゅうせい) 융성
じょう　繁盛(はんじょう) 번성, 번창

훈독 もる　盛(も)る 쌓아 올리다, 담아서 채우다
さかる/さかん　盛(さか)る 번창하다, 유행하다　盛(さか)ん 번성함, 번창함

성할/담을 **성**

小6 N1

チームの優勝(ゆうしょう)を盛大(せいだい)に祝(いわ)いました。팀의 우승을 성대하게 축하했습니다.

ヨーロッパはサッカーが盛(さか)んです。유럽은 축구의 인기가 높습니다.

0971

음독 せい　誠実(せいじつ) 성실함　誠意(せいい) 성의　誠心(せいしん) 성심　忠誠(ちゅうせい) 충성

훈독 まこと　誠(まこと) 진실, 진심　誠(まこと)に 참으로, 정말로

정성/진실 **성**

小6　N1

誠実(せいじつ)な人(ひと)が好(す)きです。성실한 사람을 좋아합니다.

本日(ほんじつ)は誠(まこと)にありがとうございます。오늘은 정말로 감사합니다.

0972

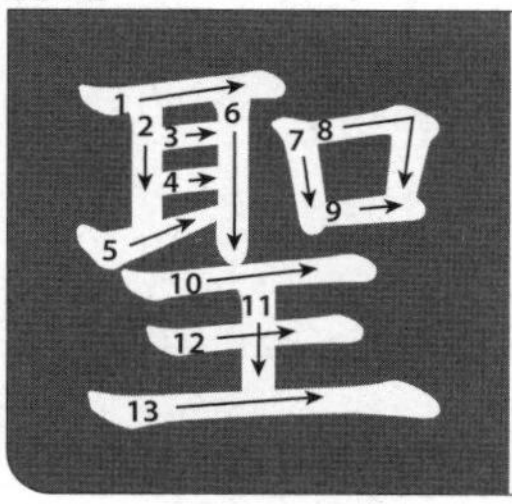

음독 せい　聖書(せいしょ) 성서, 성경　聖堂(せいどう) 성당　聖火(せいか) 성화　神聖(しんせい) 신성

聖

성스러울 **성**

小6　N1

毎晩(まいばん)、聖書(せいしょ)を読(よ)みます。매일 밤 성경을 읽습니다.

聖火(せいか)ランナーが走(はし)っています。성화 주자가 달리고 있습니다.

0973

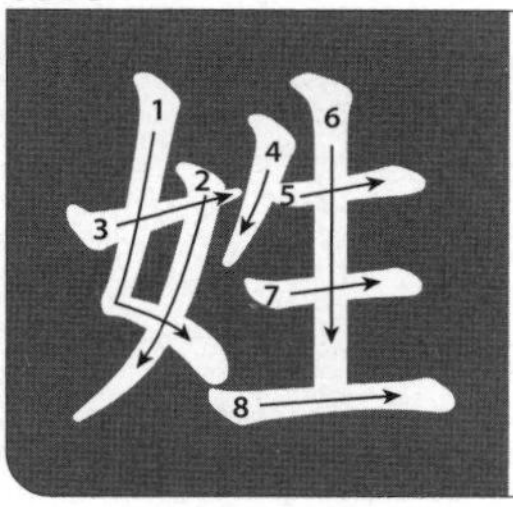

음독 せい　姓(せい) 성　姓名(せいめい) 성명　同姓(どうせい) 동성　旧姓(きゅうせい) 구성, 본디의 성

しょう　百姓(ひゃくしょう) 백성, 농민

성씨 **성**

中　N2

私(わたし)の姓(せい)は田中(たなか)です。제 성은 다나카입니다.

韓国(かんこく)には同姓同名(どうせいどうめい)の人(ひと)が多(おお)くいます。한국에는 동성동명인 사람이 많이 있습니다.

0974

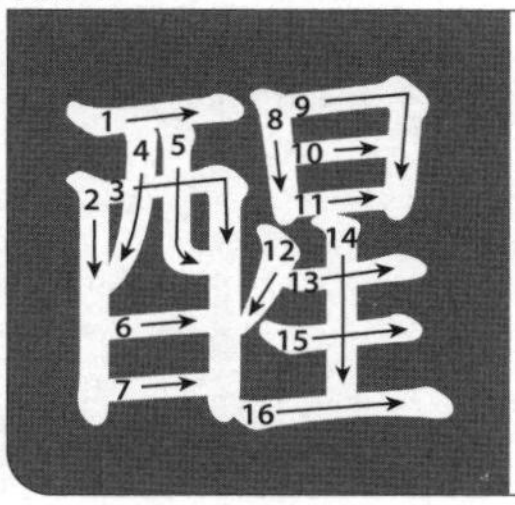

음독 せい　覚醒(かくせい) 각성　覚醒剤(かくせいざい) 각성제

훈독 さめる　醒(さ)める 깨다, 깨닫다

さます　醒(さ)ます 깨우다, (술기운을) 깨게 하다

깰 **성**

中　급수 외

絶対(ぜったい)に覚醒剤(かくせいざい)を使(つか)ってはいけません。절대로 각성제를 사용해서는 안 됩니다.

酔(よ)っ払(ぱら)ったので、酔(よ)いを醒(さ)ましました。술에 취했기 때문에 술을 깨게 했습니다.

人

0975

음독 さい　細心(さいしん) 세심함　細胞(さいぼう) 세포　詳細(しょうさい) 상세함　子細(しさい) 자초지종

훈독 ほそい/ほそる　細(ほそ)い 가늘다, 좁다　細(ほそ)る 가늘어지다

こまか　細(こま)か 아주 작음, 상세함

こまかい　細(こま)かい ①상세하다 ②작다, 잘다

가늘/자세할 **세**

小2 N2

事故(じこ)の詳細(しょうさい)をニュースで知(し)りました。사고의 상세한 내용을 뉴스로 알았습니다.

玉(たま)ねぎを細(こま)かく切(き)って入(い)れてください 。양파를 잘게 썰어 넣어 주세요.

0976

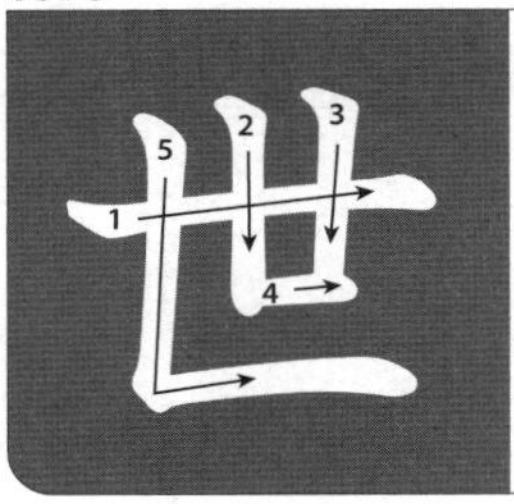

음독 せい　世紀(せいき) 세기　近世(きんせい) 근세

せ　世間(せけん) 세간, 세상　世代(せだい) 세대　出世(しゅっせ) 출세

훈독 よ　世(よ)の中(なか) 세상, 사회　世論(よろん) 여론(せろん・せいろん으로도 읽음)

세상/대 **세**

小3 N3

今(いま)は21世紀(せいき)です。지금은 21세기입니다.

新聞社(しんぶんしゃ)が世論(よろん)を調査(ちょうさ)しました。신문사가 여론을 조사했습니다.

0977

음독 ぜい　税金(ぜいきん) 세금　税関(ぜいかん) 세관　納税(のうぜい) 납세　消費税(しょうひぜい) 소비세

税

세금 **세**

小5 N2

カードで税金(ぜいきん)を納(おさ)めます。카드로 세금을 납부합니다.

日本(にほん)では消費税(しょうひぜい)を払(はら)います。일본에서는 소비세를 냅니다.

0978

음독 せい　勢力(せいりょく) 세력　運勢(うんせい) 운세　姿勢(しせい) 자세　情勢(じょうせい) 정세, 형세

훈독 いきおい　勢(いきお)い 기세, 기운

형세 **세**

小5 N2

運勢(うんせい)を占(うらな)います。운세를 점칩니다.

水(みず)が勢(いきお)いよく流(なが)れています。물이 기세 좋게 흐르고 있습니다.

0979

음독 **せん**　洗剤(せんざい) 세제　洗濯(せんたく) 세탁　洗浄(せんじょう) 세정　洗顔(せんがん) 세안

훈독 **あら**う　洗う(あら) 씻다, 닦다　お手洗い(てあら) 화장실
皿洗い(さらあら) 설거지

씻을 **세**
小6 N3

洗濯(せんたく)をすると、気持(きも)ちがいいです。 세탁을 하면 기분이 좋습니다.
ちょっと、お手洗(てあら)いに行(い)ってきます。 잠시 화장실에 다녀오겠습니다.

0980

음독 **さい**　歳末(さいまつ) 연말　歳入(さいにゅう) 세입(한 해의 총수입)　万歳(ばんざい) 만세
～歳(さい) ～세, ～살

せい　お歳暮(せいぼ) 신세진 사람에게 연말에 선물을 보냄, 또 그 선물
예외 千歳(ちとせ) 천세, 천년

해 **세**
中 N2

デパートでは歳末(さいまつ)セールが行(おこな)われています。 백화점에서는 연말 세일을 하고 있습니다.
うちの子供(こども)は今年(ことし)、九歳(きゅうさい)になります。 우리 아이는 올해 9살이 됩니다.

0981

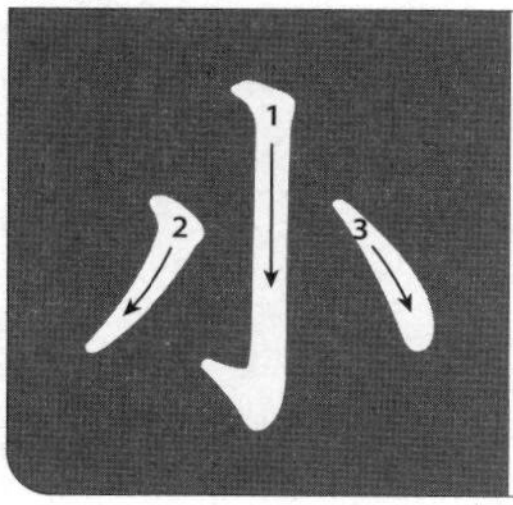

음독 **しょう**　小学生(しょうがくせい) 초등학생　小説(しょうせつ) 소설　中小(ちゅうしょう) 중소

훈독 **ちい**さい　小さい(ちい) 작다
こ　小包み(こづつ) 소포　小切手(こぎって) 수표
お　小川(おがわ) 작은 시내

작을 **소**
小1 N5

日本(にほん)の小説(しょうせつ)が好(す)きです。 일본 소설을 좋아합니다.
小包(こづつ)みを開(あ)けてみてください。 소포를 열어 보세요.

0982

음독 **しょう**　少年(しょうねん) 소년　少女(しょうじょ) 소녀　少々(しょうしょう) 조금, 잠깐　少量(しょうりょう) 소량

훈독 **すく**ない　少ない(すく) 적다
すこし　少し(すこ) 조금, 약간

적을 **소**
小2 N5

少々(しょうしょう)お待(ま)ちください。 잠깐 기다려 주세요.
塩(しお)を少(すこ)し入(い)れてください。 소금을 약간 넣어 주세요.

人

0983

음독 **しょ** 所属(しょぞく) 소속 所持(しょじ) 소지 市役所(しやくしょ) 시청 近所(きんじょ) 근처

훈독 **ところ** 所(ところ) 곳, 부분, 점

所

곳/관청 소

小3 N3

今日(きょう)は市役所(しやくしょ)に行(い)かなければなりません。 오늘은 시청에 가야 합니다.

景色(けしき)がきれいな所(ところ)でお弁当(べんとう)を食(た)べました。 경치가 좋은 곳에서 도시락을 먹었습니다.

0984

음독 **しょう** 昭和(しょうわ) 쇼와천황(1926~1989) 때의 연호

밝을 소

小3 급수 외

私(わたし)は昭和(しょうわ)56年生(ねんうま)れです。 저는 쇼와 56년생입니다.

昭和(しょうわ)は1926年(ねん)から1989年(ねん)までです。 쇼와는 1926년부터 1989년까지입니다.

0985

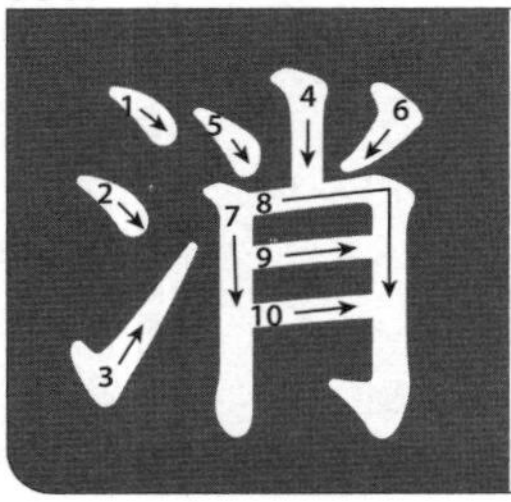

음독 **しょう** 消化(しょうか) 소화 消灯(しょうとう) 소등 消費(しょうひ) 소비 解消(かいしょう) 해소

훈독 **き**える 消(き)える 꺼지다, 사라지다

けす 消(け)す 끄다, 없애다

消

사라질 소

小3 N2

11時以降(じいこう)は消灯(しょうとう)します。 11시 이후엔 소등합니다.

電気(でんき)ストーブを消(け)すのを忘(わす)れないでください。 전기난로 끄는 것을 잊지 마세요.

0986

음독 **しょう** 微笑(びしょう) 미소 苦笑(くしょう) 쓴웃음 談笑(だんしょう) 담소 冷笑(れいしょう) 냉소

훈독 **わら**う 笑(わら)う 웃다

えむ 笑(え)む 미소짓다, 생긋 웃다 微笑(ほほえ)み 미소

예외 笑顔(えがお) 웃는 얼굴

웃음 소

小4 N2

会談(かいだん)は談笑(だんしょう)で始(はじ)まりました。 회담은 담소로 시작되었습니다.

赤(あか)ちゃんが笑(わら)っています。 아기가 웃고 있습니다.

0987

음독 そう　巣窟(そうくつ) 소굴　病巣(びょうそう) 병소, 병원균이 있는 곳　卵巣(らんそう) 난소

훈독 す　巣(す) 집, 둥지, 소굴　巣立(すだ)つ 보금자리를 떠나다, 자립하다
空(あ)き巣(す) 빈집, 빈집털이

巣

새집 소

小4　급수 외

卵巣(らんそう)がんの検診(けんしん)を受(う)けました。 난소암 검진을 받았습니다.

木(き)の上(うえ)に鳥(とり)の巣(す)があります。 나무 위에 새 둥지가 있습니다.

0988

음독 しょう　焼酎(しょうちゅう) 소주　焼却(しょうきゃく) 소각　燃焼(ねんしょう) 연소　全焼(ぜんしょう) 전소

훈독 やく　焼(や)く 태우다, 굽다　お好(この)み焼(や)き 오코노미야키
やける　焼(や)ける 타다, 구워지다　日焼(ひや)け 햇볕에 탐, 해에 그을림

焼

불사를 소

小4　N2

韓国人(かんこくじん)は焼酎(しょうちゅう)をよく飲(の)みます。 한국사람은 소주를 자주 마십니다.

夕食(ゆうしょく)は魚(さかな)を焼(や)いて食(た)べました。 저녁은 생선을 구워 먹었습니다.

0989

음독 す　素顔(すがお) 민낯　素肌(すはだ) 맨살
そ　素朴(そぼく) 소박함　元素(げんそ) 원소　酸素(さんそ) 산소
특이 素人(しろうと) 풋내기, 아마추어

본디/성질/처음 소

小5　N1

パクさんは化粧(けしょう)をしていない素顔(すがお)もきれいです。
박 씨는 화장을 안 한 민낯도 예쁩니다.

酸素(さんそ)はとても大切(たいせつ)です。 산소는 매우 소중합니다.

0990

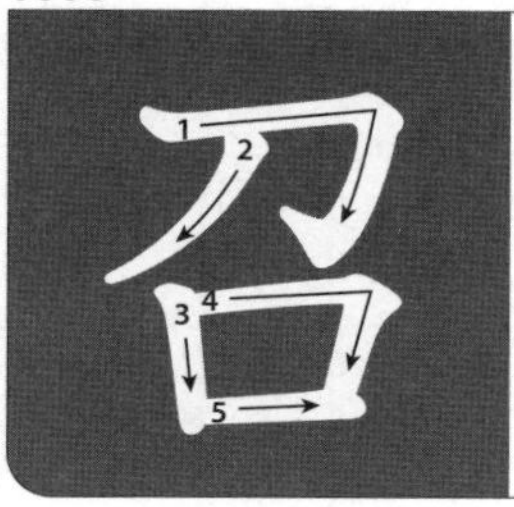

음독 しょう　召喚(しょうかん) 소환(법률)　召還(しょうかん) 소환(파견한 사람을 불러 돌아오게 함)
召集(しょうしゅう) 소집

훈독 めす　召(め)す ①부르시다 ②잡수시다 ③입으시다　召使(めしつか)い 머슴, 하인
お気(き)に召(め)す 마음에 드시다　お風邪(かぜ)を召(め)す 감기에 걸리시다

부를 소

中　N2

軍人(ぐんじん)たちに召集命令(しょうしゅうめいれい)が出(で)ました。 군인들에게 소집 명령이 나왔습니다.

料理(りょうり)はお気(き)に召(め)しましたか。 요리는 입에 맞으셨습니까?

人

0991

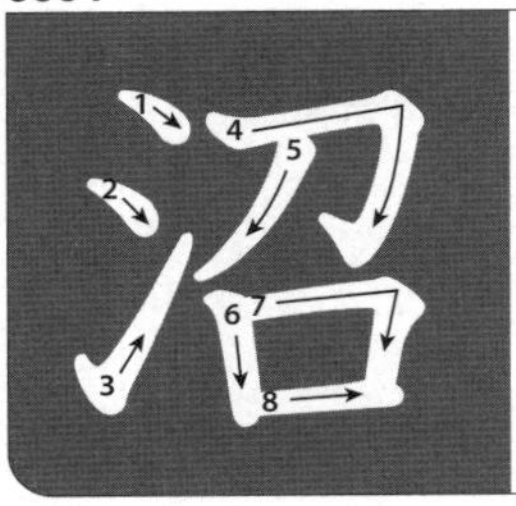

음독 しょう　湖沼(こしょう) 호수와 늪, 소호

훈독 ぬま　沼(ぬま) 늪　泥沼(どろぬま) 수렁　沼地(ぬまち) 늪지

못/늪 **소**

中　N1

湖沼地帯(こしょうちたい)には貴重(きちょう)な植物(しょくぶつ)があります。 소호지대에는 귀중한 식물이 있습니다.

この沼(ぬま)は深(ふか)いですから入(はい)らないでください。 이 늪은 깊으니 들어가지 마세요.

0992

훈독 さく　咲(さ)く 꽃이 피다

꽃필 **소**

中　N2

春(はる)になって、桜(さくら)が咲(さ)きました。 봄이 되어 벚꽃이 피었습니다.

0993

음독 しょう　春宵(しゅんしょう) 봄밤　徹宵(てっしょう) 밤을 샘

훈독 よい　宵(よい) 저녁　宵(よい)の口(くち) 초저녁　今宵(こよい) 오늘 밤

宵

밤 **소**

中　N1

「春宵一刻値千金(しゅんしょういっこくあたいせんきん)」は、春(はる)の夜(よる)はとても美(うつく)しいという意味(いみ)です。
'춘소일각치천금'은, 봄의 밤은 매우 아름답다는 뜻입니다.

宵(よい)の口(くち)から寒(さむ)くなりました。 초저녁부터 추워졌습니다.

0994

음독 しょう　紹介(しょうかい) 소개　自己紹介(じこしょうかい) 자기소개

소개할 **소**

中　N2

ソウルのおいしい店(みせ)を紹介(しょうかい)してください。 서울의 맛집을 소개해 주세요.

0995

음독 そう　掃除(そうじ) 청소　清掃(せいそう) 청소　一掃(いっそう) 일소(한꺼번에 싹 제거함)

훈독 はく　掃(は)く 쓸다

掃

쓸 **소**

中　N2

毎日(まいにち)、部屋(へや)を掃除(そうじ)します。 매일 방을 청소합니다.

庭(にわ)の落(お)ち葉(ば)を掃(は)きました。 정원에 있는 낙엽을 쓸었습니다.

0996

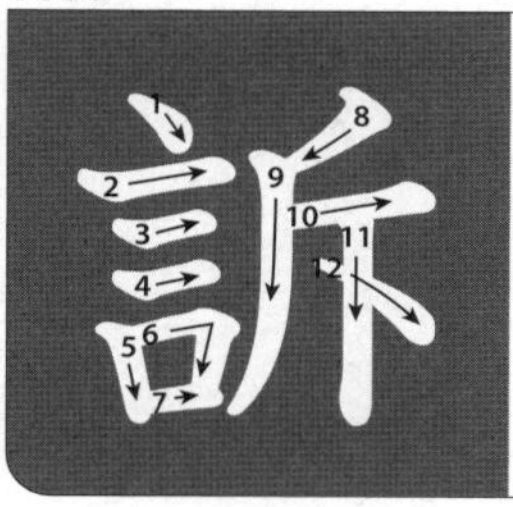

음독 そ　訴訟(そしょう) 소송　訴状(そじょう) 소송장　起訴(きそ) 기소　勝訴(しょうそ) 승소

훈독 うったえる　訴(うった)える 소송하다, 호소하다

호소할/고소할 **소**

中　N1

原告(げんこく)が勝訴(しょうそ)しました。 원고가 승소했습니다.

患者(かんじゃ)は医師(いし)に腹痛(ふくつう)を訴(うった)えました。 환자는 의사에게 복통을 호소했습니다.

0997

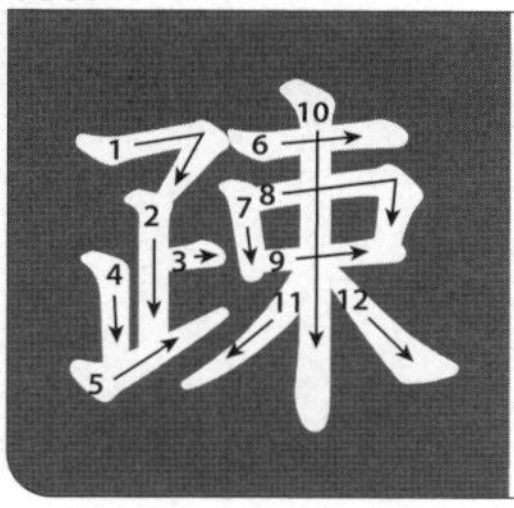

음독 そ　疎遠(そえん) 소원함, 서먹해짐　疎開(そかい) 소개, 산개(주민이나 시설물을 분산시킴)
疎通(そつう) 소통　疎外(そがい) 소외

훈독 うとい　疎(うと)い ①소원하다 ②잘 모르다
うとむ　疎(うと)む 멀리하다　특이 疎(おろそ)か 소홀함

성길 **소**

中　N1

ずっと連絡(れんらく)をしなかったら、友(とも)だちと疎遠(そえん)になりました。
계속 연락을 안했더니 친구와 서먹해졌습니다.

インターネットに疎(うと)いので、ダウンロードの方法(ほうほう)が分(わ)かりません。
인터넷을 잘 몰라서 다운로드 방법을 모릅니다.

0998

음독 そ　塑像(そぞう) 소상(찰흙으로 만든 사람의 형상)　彫塑(ちょうそ) 조소

흙 빚을 **소**

中　N1

美術(びじゅつ)の時間(じかん)に塑像(そぞう)を作(つく)りました。 미술시간에 소상을 만들었습니다.

人

0999

음독 **そ** — 遡上(そじょう) 소상, 상류로 거슬러 올라감 / 遡及(そきゅう) 소급

훈독 **さかのぼる** — 遡る(さかのぼる) ①거슬러 올라가다 ②되돌아가다

거스를 **소**

中 급수 외

サケが川(かわ)を遡上(そじょう)しています。 연어가 강을 거슬러 올라가고 있습니다.

現在(げんざい)に至(いた)るまでを、時代(じだい)を遡(さかのぼ)って考(かんが)えました。
현재에 이르기까지를 시대를 거슬러 올라가 생각했습니다.

Tip 이 한자는 遡로도 쓰임

1000

음독 **そう** — 騒音(そうおん) 소음 / 騒動(そうどう) 소동 / 騒乱(そうらん) 소란 / 物騒(ぶっそう) 뒤숭숭함

훈독 **さわぐ** — 騒ぐ(さわぐ) ①떠들다 ②허둥대다, 동요하다

さわがしい — 騒がしい(さわがしい) 소란스럽다

騷

떠들 **소**

中 N1

物騒(ぶっそう)な世(よ)の中(なか)になりました。 뒤숭숭한 세상이 되었습니다.

上(うえ)の階(かい)の人(ひと)が騒(さわ)いで、うるさいです。 윗층 사람이 떠들어서 시끄럽습니다.

1001

음독 **そく** — 速度(そくど) 속도 / 速達(そくたつ) 속달, 빠른 우편 / 高速(こうそく) 고속 / 急速(きゅうそく) 급속

훈독 **はやい** — 速い(はやい) 빠르다

はやめる — 速める(はやめる) 서두르다

はやまる — 速まる(はやまる) 빨라지다

すみやか — 速やか(すみやか) 빠름, 신속함

빠를 **속**

小3 N2

この手紙(てがみ)を速達(そくたつ)でお願(ねが)いします。 이 편지를 속달로 부탁합니다.

キムさんは足(あし)がとても速(はや)いです。 김 씨는 발이 매우 빠릅니다.

Tip **はやい**

速い(はやい) 속도가 빠르다

速度(そくど)が速(はや)い。 속도가 빠르다.

早い(はやい) 시간적으로 이르다, 빠르다

時期(じき)が早(はや)い。 시기가 이르다.

1002

束

음독 そく　束縛(そくばく) 속박　約束(やくそく) 약속　結束(けっそく) 결속　拘束(こうそく) 구속, 얽맴

훈독 たば　束(たば) 다발, 묶음　花束(はなたば) 꽃다발　札束(さつたば) 지폐 다발, 돈뭉치

たばねる　束(たば)ねる 묶다

묶을 속

小4　N2

3時(じ)に約束(やくそく)があります。3시에 약속이 있습니다.

卒業生(そつぎょうせい)に花束(はなたば)を贈(おく)りました。졸업생에게 꽃다발을 주었습니다.

1003

続

음독 ぞく　続出(ぞくしゅつ) 속출　続行(ぞっこう) 속행　連続(れんぞく) 연속　接続(せつぞく) 접속

훈독 つづく　続(つづ)く 계속되다, 잇따르다　手続(てつづ)き 절차, 수속

つづける　続(つづ)ける 계속하다, 잇다

續

이을 속

小4　N2

インターネットの接続(せつぞく)ができません。인터넷 접속이 되지 않습니다.

雨(あめ)が降(ふ)っても、マラソン大会(たいかい)は続(つづ)きました。비가 내려도 마라톤 대회는 계속됐습니다.

1004

属

음독 ぞく　属性(ぞくせい) 속성, 특성　附属(ふぞく) 부속　所属(しょぞく) 소속　金属(きんぞく) 금속

屬

무리 속

小5　N1

大学(だいがく)の附属学校(ふぞくがっこう)を卒業(そつぎょう)しました。대학의 부속학교를 졸업했습니다.

所属(しょぞく)と名前(なまえ)を言(い)ってください。소속과 이름을 말해 주세요.

1005

俗

음독 ぞく　俗世間(ぞくせけん) 속세　俗語(ぞくご) 속어　民俗(みんぞく) 민속　風俗(ふうぞく) 풍속

풍속 속

中　N1

日本(にほん)の友(とも)だちから俗語(ぞくご)を習(なら)いました。일본 친구로부터 속어를 배웠습니다.

江戸時代(えどじだい)の風俗(ふうぞく)を調(しら)べています。에도시대 풍습을 조사하고 있습니다.

1006

孫

음독 そん　子孫(しそん) 자손　曾孫(そうそん) 증손　外孫(がいそん) 외손　皇孫(こうそん) 황손(천황의 손자)

훈독 まご　孫(まご) 손자　孫(まご)の手(て) 등긁이, 효자손

손자 **손**

小4　N2

彼(かれ)は李朝(りちょう)の子孫(しそん)です。 그는 이씨 왕조의 자손입니다.

両親(りょうしん)に初(はじ)めての孫(まご)ができました。 부모님께 첫 손자가 생겼습니다.

1007

損

음독 そん　損害(そんがい) 손해　損失(そんしつ) 손실　欠損(けっそん) 결손　破損(はそん) 파손

훈독 そこなう　損(そこ)なう ①파손하다, 부수다 ②(건강, 기분 등) 상하게 하다

そこねる　損(そこ)ねる (건강을) 해치다, (기분을) 상하게 하다

줄을/해칠 **손**

小5　N2

台風(たいふう)で大(おお)きい損害(そんがい)が出(で)ました。 태풍으로 큰 손해가 났습니다.

私(わたし)は田中(たなか)さんの機嫌(きげん)を損(そこ)ねました。 나는 다나카 씨의 기분을 상하게 했습니다.

1008

遜

음독 そん　遜色(そんしょく) 손색　謙遜(けんそん) 겸손　不遜(ふそん) 불손

훈독 へりくだる　遜(へりくだ)る 겸양하다, 자기를 낮추다

겸손할 **손**

中　급수 외

他人(たにん)に対(たい)して謙遜(けんそん)な態度(たいど)を持(も)つことは大切(たいせつ)です。
다른 사람에게 겸손한 태도를 가지는 것은 중요합니다.

「いただく」は「もらう」の遜(へりくだ)った言(い)い方(かた)です。「いただく」는「もらう」의 겸양 표현입니다.

Tip 이 한자는 遜로도 쓰임

1009

送

음독 そう　送金(そうきん) 송금　送信(そうしん) 송신　郵送(ゆうそう) 우송　回送(かいそう) 회송

훈독 おくる　送(おく)る 보내다, 배웅하다　見送(みおく)り 배웅

送

보낼 **송**

小3　N3

書類(しょるい)は今週(こんしゅう)までに郵送(ゆうそう)してください。 서류는 이번 주까지 우송해 주세요.

友達(ともだち)を空港(くうこう)まで送(おく)りました。 친구를 공항까지 배웅했습니다.

1010

음독 しょう　松竹梅(しょうちくばい) 송죽매
(소나무·대나무·매화. 추위에 견디는 것으로 상서로운 것의 상징)

훈독 まつ　松(まつ) 소나무　松茸(まつたけ) 송이버섯　松葉杖(まつばづえ) 목발
門松(かどまつ) 새해에 문 앞에 장식으로 세우는 소나무

소나무 **송**
小4　N1

「松竹梅(しょうちくばい)」というのは松(まつ)、竹(たけ)、梅(うめ)のことです。
'송죽매'란 소나무, 대나무, 매화를 뜻합니다.

日本(にほん)では松茸(まつたけ)がとても人気(にんき)があります。 일본에서는 송이버섯이 매우 인기가 있습니다.

1011

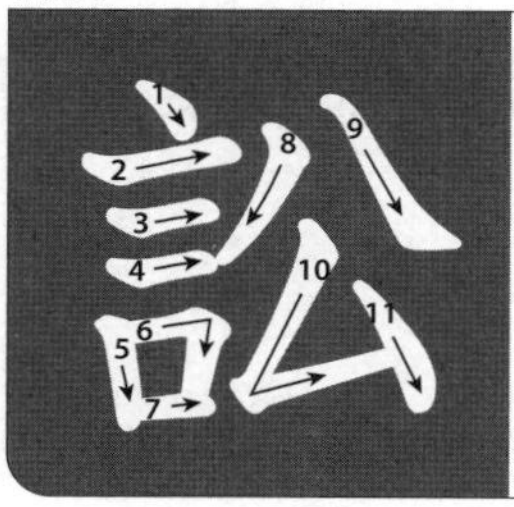

음독 しょう　訴訟(そしょう) 소송　民事訴訟(みんじそしょう) 민사소송　刑事訴訟(けいじそしょう) 형사소송
行政訴訟(ぎょうせいそしょう) 행정소송

송사할 **송**
中　N1

彼(かれ)は民事訴訟専門(みんじそしょうせんもん)の弁護士(べんごし)です。 그는 민사소송 전문 변호사입니다.

市民(しみん)は行政訴訟(ぎょうせいそしょう)を起(お)こしました。 시민은 행정소송을 제기했습니다.

1012

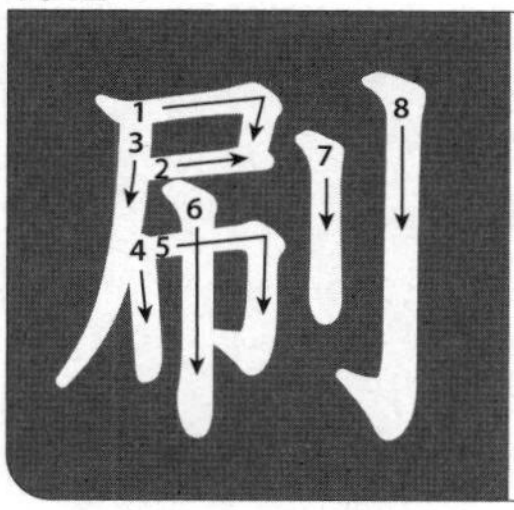

음독 さつ　刷新(さっしん) 쇄신　印刷(いんさつ) 인쇄　縮刷(しゅくさつ) 축쇄(축소판 인쇄)
増刷(ぞうさつ) 증쇄, 추가 인쇄

훈독 する　刷(す)る 인쇄하다, 박다

인쇄할 **쇄**
小4　N2

この紙(かみ)に印刷(いんさつ)してください。 이 종이에 인쇄해 주세요.

チラシを1000枚(まい)刷(す)りました。 광고지를 1000장 인쇄했습니다.

Tip **する**

刷(す)る 인쇄하다, 박다
本(ほん)を刷(す)る。 책을 인쇄하다.

擦(す)る 비비다, 문지르다
手(て)を擦(す)る。 손을 비비다.

1013

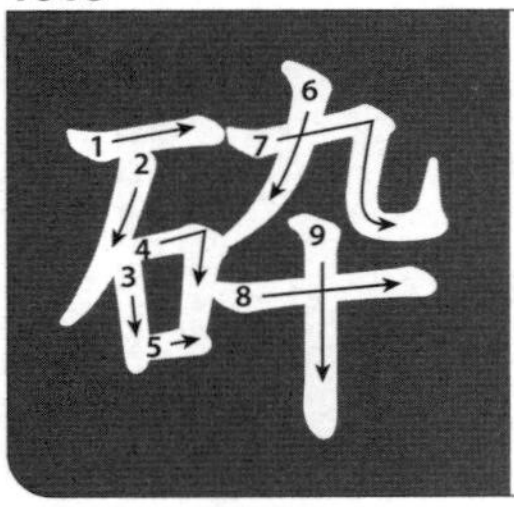

음독 さい　砕石(さいせき) 쇄석(돌을 잘게 깨뜨려 부숨)　破砕(はさい) 파쇄(깨뜨려 부숨)　粉砕(ふんさい) 분쇄(가루가 되도록 부스러뜨림)　粉骨砕身(ふんこつさいしん) 분골쇄신

훈독 くだく　砕く(くだく) 깨다, 부수다

くだける　砕ける(くだける) 깨지다, 부서지다

砕

부술 **쇄**

中 N1

ミキサーで食材(しょくざい)を粉砕(ふんさい)します。 믹서기로 식재료를 분쇄합니다.

アイスピック(ice pick)で氷(こおり)を砕(くだ)きます。 얼음송곳으로 얼음을 깹니다.

1014

음독 さ　鎖国(さこく) 쇄국　鎖骨(さこつ) 쇄골　連鎖(れんさ) 연쇄(사슬처럼 서로 이음)　閉鎖(へいさ) 폐쇄

훈독 くさり　鎖(くさり) 사슬

쇠사슬/잠글 **쇄**

中 N1

大雪(おおゆき)で空港(くうこう)が閉鎖(へいさ)されました。 대설로 공항이 폐쇄되었습니다.

犬(いぬ)を鎖(くさり)でつなぎます。 개를 사슬로 묶어 둡니다.

1015

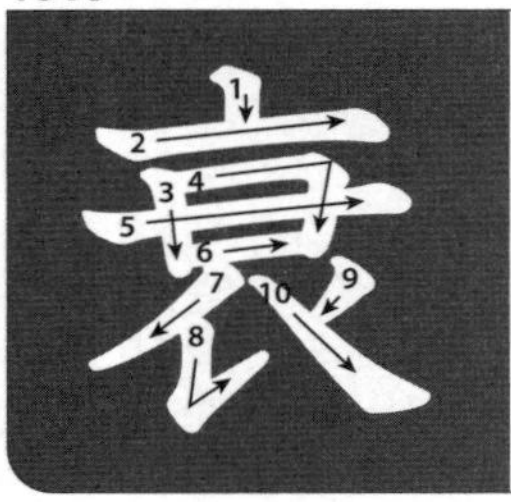

음독 すい　衰弱(すいじゃく) 쇠약　衰退(すいたい) 쇠퇴　老衰(ろうすい) 노쇠　栄枯盛衰(えいこせいすい) 영고성쇠(인생이나 사물의 성함과 쇠함이 서로 바뀜)

훈독 おとろえる　衰える(おとろえる) 쇠약해지다, 쇠퇴하다

쇠할 **쇠**

中 N1

遭難者(そうなんしゃ)はひどく衰弱(すいじゃく)していました。 조난자는 매우 쇠약해져 있었습니다.

年(とし)をとって、体力(たいりょく)が衰(おとろ)えました。 나이가 들어 체력이 약해졌습니다.

1016

음독 すい　水曜日(すいようび) 수요일　水泳(すいえい) 수영　香水(こうすい) 향수　水道(すいどう) 수도

훈독 みず　水(みず) 물　水着(みずぎ) 수영복　水時計(みずどけい) 물시계　鼻水(はなみず) 콧물

물 **수**

小1 N5

水泳(すいえい)が好(す)きです。 수영을 좋아합니다.

お水一杯(みずいっぱい)お願(ねが)いします。 물 한잔 부탁합니다.

1017

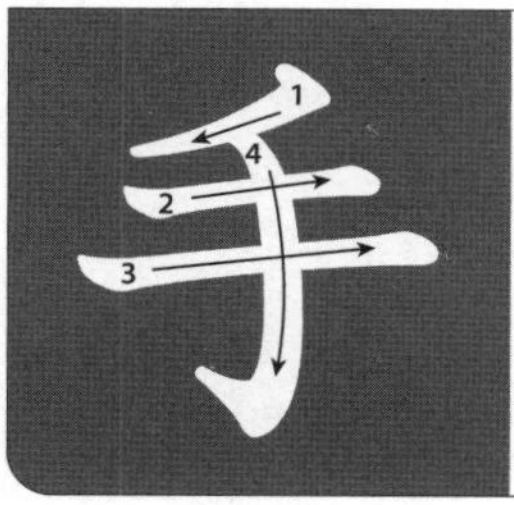

음독 しゅ　手話(しゅわ) 수화　歌手(かしゅ) 가수　投手(とうしゅ) 투수

훈독 て　手(て) 손　手紙(てがみ) 편지　手袋(てぶくろ) 장갑

た　手繰る(たぐる) 끌어당기다　下手(へた) 잘 못함

특이 上手(じょうず) 잘함, 능숙함

손 수

小1 N5

手話(しゅわ)が習(なら)いたいです。수화를 배우고 싶습니다.

あたたかい手袋(てぶくろ)がほしいです。따뜻한 장갑을 갖고 싶습니다.

1018

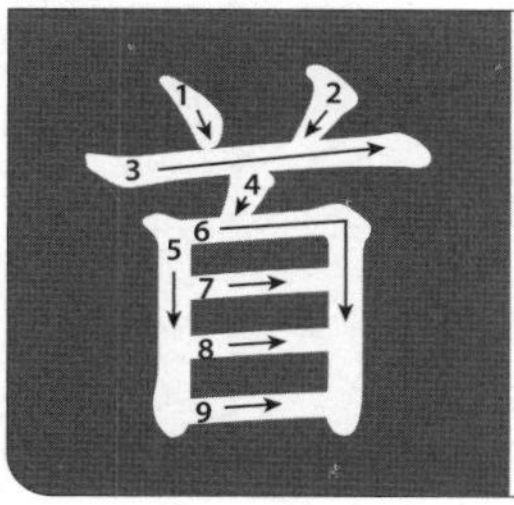

음독 しゅ　首相(しゅしょう) 수상　首都(しゅと) 수도　自首(じしゅ) 자수　部首(ぶしゅ) 부수

훈독 くび　首(くび) 목　手首(てくび) 손목　足首(あしくび) 발목　首かざり(くびかざり) 목걸이

머리 수

小2 N3

ニューヨークはアメリカの首都(しゅと)ではありません。뉴욕은 미국의 수도가 아닙니다.

ワイシャツの首(くび)のサイズはどうですか。와이셔츠의 목 사이즈는 어떻습니까?

1019

음독 すう　数学(すうがく) 수학　数字(すうじ) 숫자　点数(てんすう) 점수　**예외** 人数(にんずう) 인원수

す　数奇屋(すきや) 다실

훈독 かず　数(かず) 수

かぞえる　数える(かぞえる) 세다, 헤아리다　数え年(かぞえどし) (만이 아닌) 세는 나이

數

셈 수

小2 N2

会合(かいごう)に来(く)る人数(にんずう)を調(しら)べています。회합에 오는 인원수를 조사하고 있습니다.

数え年(かぞえどし)でいくつですか。세는 나이로 몇 살입니까?

1020

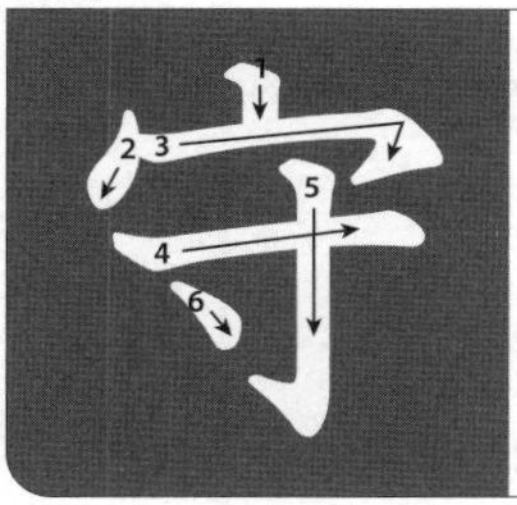

음독 しゅ　守備(しゅび) 수비　守衛(しゅえい) 수위　保守(ほしゅ) 보수　厳守(げんしゅ) 엄수

す　留守(るす) 부재중

훈독 まもる　守る(まもる) 지키다

もり　子守(こもり) 아이를 봄

지킬 수

小3 N2

集合時間(しゅうごうじかん)を厳守(げんしゅ)してください。집합 시간을 엄수해 주세요.

提出期限(ていしゅつきげん)をかならず守(まも)ってください。제출기한을 반드시 지켜 주세요.

1021

음독 **じゅ**　　受験(じゅけん) 수험　受信(じゅしん) 수신　受診(じゅしん) 진찰을 받음
授受(じゅじゅ) 수수, 주고받음

훈독 **う**ける　　受(う)ける 받다
うかる　　受(う)かる 합격하다

받을 수
小3　N2

今(いま)は受験(じゅけん)シーズンです。 지금은 수험 시즌입니다.
１年(ねん)ごとに健康診断(けんこうしんだん)を受(う)けてください。 1년마다 건강진단을 받으세요.

Tip うける

受(う)ける 받다, (시험을) 치르다
試験(しけん)を受(う)ける。 시험을 보다.

請(う)ける 맡다, 인수하다
お手洗(てあら)いの工事(こうじ)を請(う)ける。 화장실 공사를 맡다.

1022

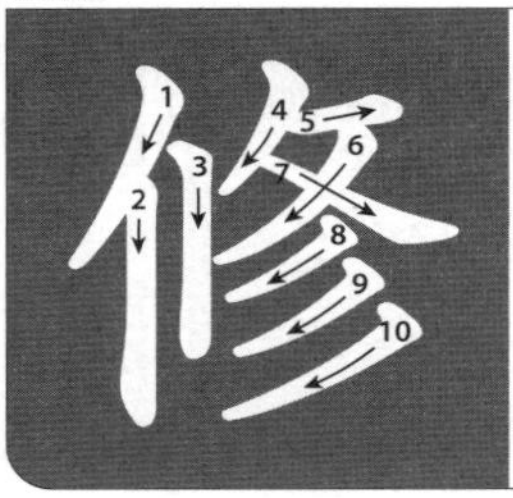

음독 **しゅう**　　修正(しゅうせい) 수정　修了(しゅうりょう) 수료　改修(かいしゅう) 개수, 수리　必修(ひっしゅう) 필수
しゅ　　修業(しゅぎょう) 학술·기예 등을 배우고 익힘(しゅうぎょう로도 읽음)

훈독 **おさ**める　　修(おさ)める 닦다, 수양하다, 익히다
おさまる　　修(おさ)まる 행실이 바로잡히다

닦을/고칠 수
小5　N1

今年(ことし)、博士課程(はくしかてい)を修了(しゅうりょう)しました。 올해, 박사과정을 수료했습니다.
大学(だいがく)で医学(いがく)を修(おさ)めました。 대학에서 의학을 익혔습니다.

Tip おさめる

修(おさ)める 수양하다, 익히다
学問(がくもん)を修(おさ)める。 학문을 익히다.

収(おさ)める 넣다, 간수하다
倉庫(そうこ)に収(おさ)める。 창고에 넣다.

納(おさ)める 바치다, 납품(납부)하다
税金(ぜいきん)を納(おさ)める。
세금을 납부하다.

治(おさ)める 진정시키다, 다스리다
国(くに)を治(おさ)める。 나라를 다스리다.

1023

음독 **じゅ**　授業(じゅぎょう) 수업　授乳(じゅにゅう) 수유　教授(きょうじゅ) 교수　伝授(でんじゅ) 전수

훈독 **さず**ける　**授**(さず)**ける** 내리다, 하사하다, 전수하다

さずかる　**授**(さず)**かる** 내려주시다, (아이를) 갖다

줄 수

小5　N1

授業(じゅぎょう)は3時(じ)からです。 수업은 3시부터입니다.

妹(いもうと)が赤(あか)ちゃんを授(さず)かりました。 여동생이 아기를 가졌습니다.

1024

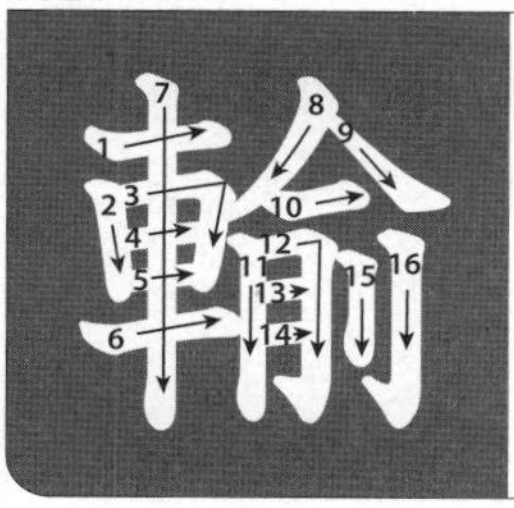

음독 **ゆ**　輸入(ゆにゅう) 수입　輸出(ゆしゅつ) 수출　運輸(うんゆ) 운수, 수송　空輸(くうゆ) 공수

輸

보낼 수

小5　N2

日本(にほん)はたくさんの石油(せきゆ)を輸入(ゆにゅう)しています。 일본은 많은 석유를 수입하고 있습니다.

物資(ぶっし)を空輸(くうゆ)しました。 물자를 공수했습니다.

1025

음독 **しゅう**　収納(しゅうのう) 수납　収拾(しゅうしゅう) 수습　回収(かいしゅう) 회수　領収証(りょうしゅうしょう) 영수증

훈독 **おさ**まる　**収**(おさ)**まる** ①알맞게 들어가다 ②받아들여지다

おさめる　**収**(おさ)**める** ①넣다, 간수하다 ②받아들이다, 받다

거둘 수

小6　N2

領収証(りょうしゅうしょう)が必要(ひつよう)ですか。 영수증이 필요합니까?

大切(たいせつ)な家族(かぞく)の写真(しゃしん)をアルバムに収(おさ)めます。 소중한 가족 사진을 앨범에 넣습니다.

Tip 1022 おさめる 참조

1026

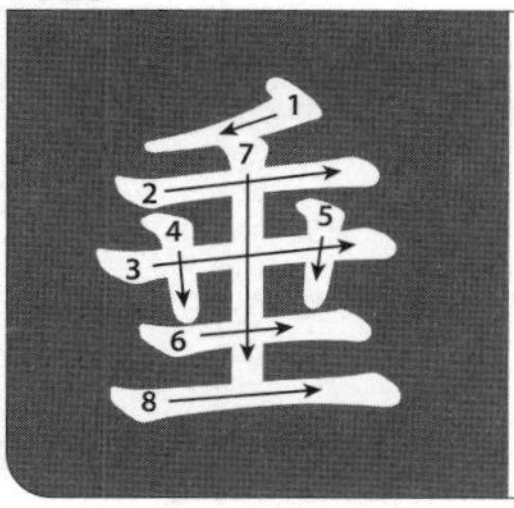

음독 **すい**　垂直(すいちょく) 수직　垂線(すいせん) 수직선　懸垂(けんすい) 턱걸이

훈독 **た**れる　**垂**(た)**れる** 늘어지다, 드리워지다, 떨어지다

たらす　**垂**(た)**らす** 늘어뜨리다, 드리우다, 떨어뜨리다

드리울 수

小6　N1

力(ちから)がないので懸垂(けんすい)ができません。 힘이 없어서 턱걸이를 할 수 없습니다.

しょうゆを少(すこ)し垂(た)らして食(た)べてください。 간장을 조금 떨어뜨려서 드세요.

人

1027

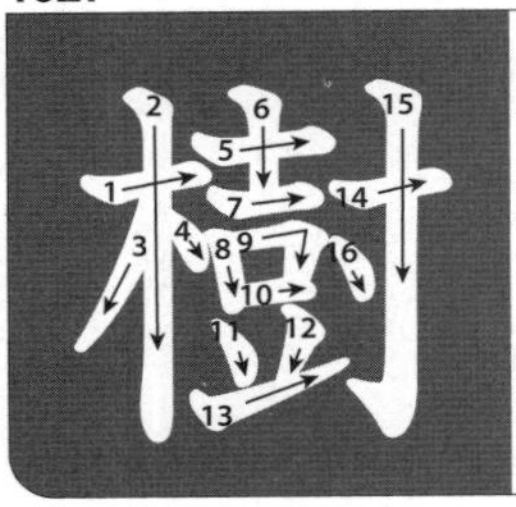

음독 じゅ　樹木(じゅもく) 수목, 나무　樹立(じゅりつ) 수립　果樹(かじゅ) 과수　街路樹(がいろじゅ) 가로수

나무 수

小6　N1

陸上選手(りくじょうせんしゅ)が新記録(しんきろく)を樹立(じゅりつ)しました。 육상 선수가 신기록을 수립했습니다.

ここはりんごの果樹園(かじゅえん)です。 여기는 사과 과수원입니다.

1028

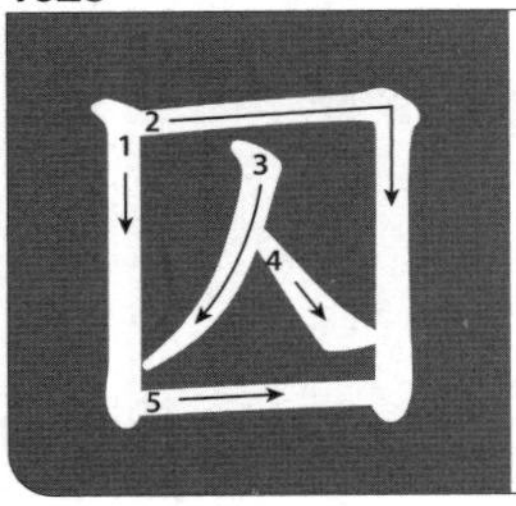

음독 しゅう　囚人(しゅうじん) 죄수　囚役(しゅうえき) 수역(죄수에게 일을 시킴)　死刑囚(しけいしゅう) 사형수

가둘 수

中　N1

看守(かんしゅ)が囚人(しゅうじん)を監視(かんし)しています。 간수가 죄수를 감시하고 있습니다.

死刑囚(しけいしゅう)の人権(じんけん)について考(かんが)えます。 사형수의 인권에 대해 생각합니다.

1029

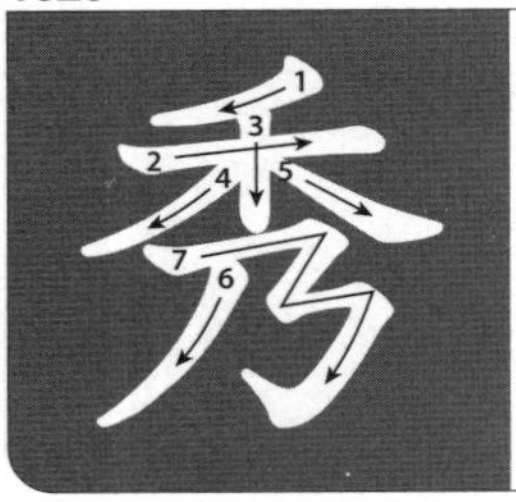

음독 しゅう　秀才(しゅうさい) 수재, 뛰어난 재능　秀逸(しゅういつ) 빼어나게 뛰어남
秀作(しゅうさく) 수작, 걸작　優秀(ゆうしゅう) 우수함

훈독 ひいでる　秀(ひい)でる 뛰어나다

빼어날 수

中　N1

この学校(がっこう)から優秀(ゆうしゅう)な人物(じんぶつ)が多(おお)く輩出(はいしゅつ)されました。
이 학교에서 우수한 인물이 많이 배출되었습니다.

野村(のむら)さんは絵(え)を描(か)くことに秀(ひい)でています。 노무라 씨는 그림을 그리는 것에 뛰어납니다.

1030

음독 じゅ　寿命(じゅみょう) 수명　長寿(ちょうじゅ) 장수　米寿(べいじゅ) 미수, 88세　白寿(はくじゅ) 백수, 99세

훈독 ことぶき　寿(ことぶき) 축복, 축하

壽

목숨 수

中　N1

日本人(にほんじん)の平均寿命(へいきんじゅみょう)が、また延(の)びました。 일본인의 평균 수명이 또 늘었습니다.

お祝(いわ)いの時(とき)に「寿(ことぶき)」の文字(もじ)をよく使(つか)います。
축하할 때에 「寿」 글자를 자주 씁니다.

1031

음독 しゅ　狩猟(しゅりょう) 수렵

훈독 かる　狩(か)る 사냥하다　狩(か)り 사냥　潮干狩(しおひが)り 조개잡이

예외 狩人(かりゅうど) 사냥꾼

사냥할 수

中 N1

11月(がつ)になってイノシシの狩猟(しゅりょう)が解禁(かいきん)されました。
11월이 되어 멧돼지 수렵이 가능해졌습니다.

夏休(なつやす)みに家族(かぞく)で潮干狩(しおひが)りに行(い)きました。 여름방학에 가족끼리 조개잡이를 하러 갔습니다.

1032

음독 すい　元帥(げんすい) 원수　総帥(そうすい) 총수　将帥(しょうすい) 장수
統帥(とうすい) 통수(부하를 통솔하는 장수)

장수 수

中 N1

元帥(げんすい)は軍人(ぐんじん)の最高(さいこう)の位(くらい)です。 원수는 군인의 최고 계급입니다.

1033

음독 そう　捜査(そうさ) 수사　捜索(そうさく) 수색　特捜(とくそう) 특별수사

훈독 さがす　捜(さが)す 찾다

搜

찾을 수

中 N2

行方不明(ゆくえふめい)の人(ひと)を捜索(そうさく)します。 행방불명된 사람을 수색합니다.

警察(けいさつ)は必死(ひっし)で犯人(はんにん)を捜(さが)しました。 경찰은 필사적으로 범인을 찾았습니다.

1034

음독 しゅ　殊勝(しゅしょう) 기특함　殊勲(しゅくん) 수훈　特殊(とくしゅ) 특수함

훈독 こと　殊(こと)に 특히　殊更(ことさら) ①일부러 ②특(별)히, 새삼스레

다를 수

中 N1

この病気(びょうき)は特殊(とくしゅ)な治療(ちりょう)が必要(ひつよう)です。 이 병은 특수한 치료가 필요합니다.

父(ちち)は嘘(うそ)をつくことを殊更(ことさら)、怒(おこ)ります。
아버지는 거짓말 하는 것에 특히 화를 냅니다.

人

1035

음독 **しゅう**　領袖(りょうしゅう) 우두머리, 대표

훈독 **そで**　袖(そで) 소매　袖(そで)なし 소매 없는 옷

소매 **수**

中 N1

政党(せいとう)の領袖(りょうしゅう)にマスコミが注目(ちゅうもく)しています。
정당의 대표에게 매스컴이 주목하고 있습니다.

この服(ふく)は袖(そで)が少(すこ)し長(なが)いです。 이 옷은 소매가 조금 깁니다.

1036

음독 **すい**　純粋(じゅんすい) 순수　抜粋(ばっすい) 발췌　生粋(きっすい) 순수
国粋(こくすい) 국수(한 나라가 지닌 고유한 정신적·물질적 장점)

훈독 **いき**　粋(いき) 멋, 세련됨

粹

순수할 **수**

中 N1

子(こ)どもは純粋(じゅんすい)です。 어린이는 순수합니다.

友(とも)だちが粋(いき)な計(はか)らいで誕生日(たんじょうび)を祝(いわ)ってくれました。
친구가 멋진 배려심을 발휘해 생일을 축하해 주었습니다.

1037

음독 **しゅう**　羞恥(しゅうち) 수치　羞恥心(しゅうちしん) 수치심

부끄러울 **수**

中 급수 외

犯人(はんにん)は犯罪(はんざい)に羞恥(しゅうち)を感(かん)じませんでした。 범인은 범죄에 수치를 느끼지 않았습니다.

1038

음독 **すい**　遂行(すいこう) 수행(계획한 대로 해냄)　未遂(みすい) 미수
既遂(きすい) 기수(일을 이미 끝냄)　完遂(かんすい) 완수

훈독 **とげる**　遂(と)げる 이루다, 달성하다　특이 遂(つい)に 드디어

遂

드디어/이룰 **수**

中 N1

計画(けいかく)どおり作業(さぎょう)を完遂(かんすい)することができました。
계획대로 작업을 완수할 수 있었습니다.

遂(つい)にオリンピックが始(はじ)まりました。 드디어 올림픽이 시작되었습니다.

1039

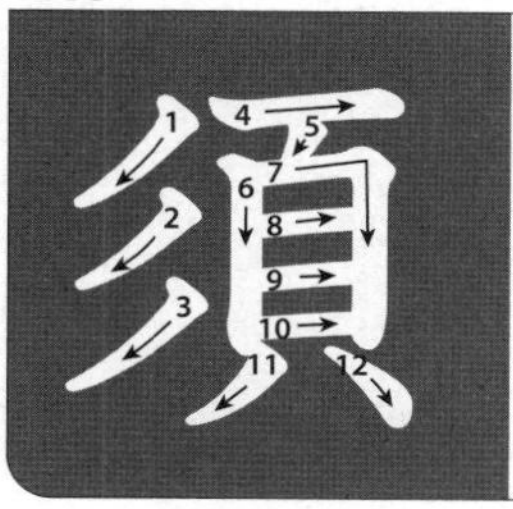

음독 す　必須(ひっす) 필수　急須(きゅうす) 조그만 주전자

훈독 すべからく　須く(すべからく) 모름지기, 마땅히

모름지기 수

中 N1

海外旅行(かいがいりょこう)のときはパスポートが必須(ひっす)です。해외여행을 할 때에는 여권이 필수입니다.

学生(がくせい)は須く(すべからく)熱心(ねっしん)に勉強(べんきょう)をすべきです。학생은 모름지기 열심히 공부를 해야 합니다.

1040

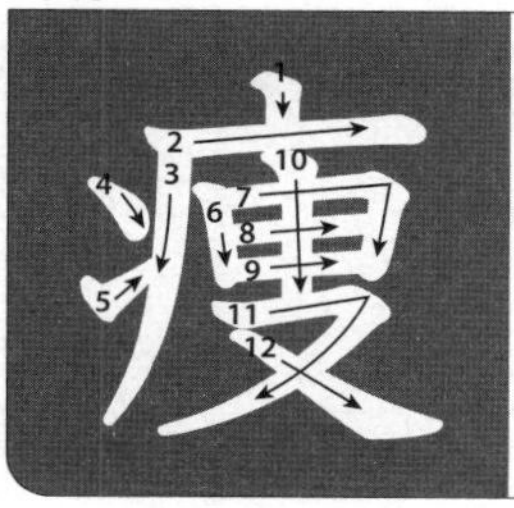

음독 そう　痩身(そうしん) 야윈 몸　長身痩躯(ちょうしんそうく) 키 크고 마른 몸

훈독 やせる　痩せる(やせる) 마르다, 살이 빠지다

여윌 수

中 급수 외

松本(まつもと)さんは長身痩躯(ちょうしんそうく)な体型(たいけい)をしています。마츠모토 씨는 키가 크고 마른 체형입니다.

ダイエットをして痩(や)せました。다이어트를 해서 살을 뺐습니다.

1041

음독 ずい　随行(ずいこう) 수행, 따라감　随分(ずいぶん) 몹시, 매우　随筆(ずいひつ) 수필　付随(ふずい) 부수, 관련됨

따를 수

中 N1

社長(しゃちょう)に随行(ずいこう)して、取引先(とりひきさき)に行(い)きます。사장님을 수행하여 거래처에 갑니다.

『枕草子(まくらのそうし)』は日本(にほん)の有名(ゆうめい)な古典(こてん)の随筆(ずいひつ)です。
『枕草子』는 일본의 유명한 고전수필입니다.

1042

음독 すい　睡眠(すいみん) 수면　熟睡(じゅくすい) 숙면　昏睡(こんすい) 혼수

졸음 수

中 N1

睡眠(すいみん)を充分(じゅうぶん)にとってください。수면을 충분히 취해 주세요.

赤(あか)ちゃんが熟睡(じゅくすい)しています。아기가 숙면하고 있습니다.

1043

음독 **しゅう**　報酬(ほうしゅう) 보수　応酬(おうしゅう) 응수(주고 받음)

갚을 **수**

中　급수 외

報酬(ほうしゅう)を現金(げんきん)でもらいました。 보수를 현금으로 받았습니다.

与党(よとう)と野党(やとう)が応酬(おうしゅう)をしています。 여당과 야당이 응수를 하고 있습니다.

1044

음독 **しゅう**　愁傷(しゅうしょう) 수상(몹시 근심하여 마음이 상함)　哀愁(あいしゅう) 애수　郷愁(きょうしゅう) 향수　旅愁(りょしゅう) 여수(객지에서 느끼는 쓸쓸함이나 시름)

훈독 **うれ**える　愁(うれ)える 비탄하다, 걱정하다

うれい　愁(うれ)い 불안, 걱정, 근심

근심 **수**

中　N1

なぜか秋(あき)の夕暮(ゆうぐ)れは哀愁(あいしゅう)を感(かん)じます。 왠지 가을의 해질녘엔 애수를 느낍니다.

彼(かれ)は自分(じぶん)の不幸(ふこう)を愁(うれ)えました。 그는 자신의 불행을 비탄했습니다.

1045

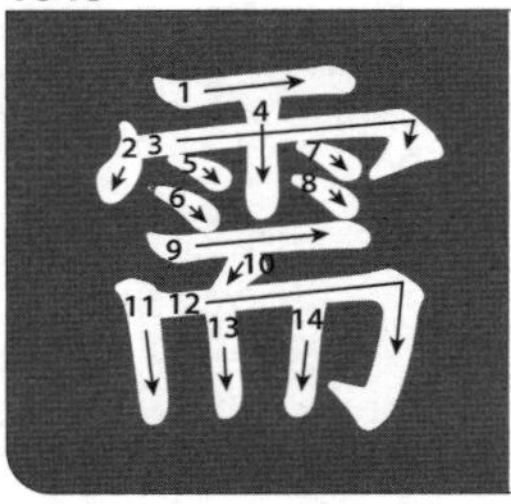

음독 **じゅ**　需要(じゅよう) 수요　需給(じゅきゅう) 수급　軍需(ぐんじゅ) 군수(군사상 필요한 물자)　必需品(ひつじゅひん) 필수품

쓰일/쓸 **수**

中　N1

アメリカは軍需産業(ぐんじゅさんぎょう)が盛(さか)んです。 미국은 군수산업이 활발합니다.

現代(げんだい)ではケータイは必需品(ひつじゅひん)です。 현대에서는 휴대폰은 필수품입니다.

1046

훈독 **だれ**　誰(だれ) 누구

누구 **수**

中　N1

今日(きょう)の担当(たんとう)は誰(だれ)ですか。 오늘 담당은 누구입니까?

1047

음독 すい　出穂(しゅっすい) 출수(이삭이 나옴)

훈독 ほ　穂(ほ) 이삭　稲穂(いなほ) 벼 이삭

穂

이삭 수

中　N1

稲(いね)が出穂(しゅっすい)の時期(じき)を迎(むか)えました。 벼가 출수의 시기를 맞았습니다.

稲穂(いなほ)がたわわに実(みの)っています。 벼 이삭이 휠 정도로 잔뜩 여물어 있습니다.

1048

음독 じゅう　獣医(じゅうい) 수의(사)　猛獣(もうじゅう) 맹수　野獣(やじゅう) 야수　怪獣(かいじゅう) 괴수(괴상하게 생긴 짐승)

훈독 けもの　獣(けもの) 짐승　獣道(けものみち) 짐승이 다니는 길

獣

짐승 수

中　N1

私(わたし)の夢(ゆめ)は獣医(じゅうい)になることです。 제 꿈은 수의사가 되는 것입니다.

森(もり)の中(なか)に獣道(けものみち)があります。 숲 속에 짐승이 다니는 길이 있습니다.

1049

음독 ずい　髄(ずい) 뼛속　骨髄(こつずい) 골수　真髄(しんずい) 진수(가장 중요하고 본질적인 부분)　脳髄(のうずい) 뇌수

髄

뼛골 수

中　N1

骨髄(こつずい)移植(いしょく)の手術(しゅじゅつ)を受(う)けました。 골수이식 수술을 받았습니다.

彼(かれ)は料理(りょうり)の真髄(しんずい)を知(し)るコックです。 그는 요리의 진수를 아는 요리사입니다.

1050

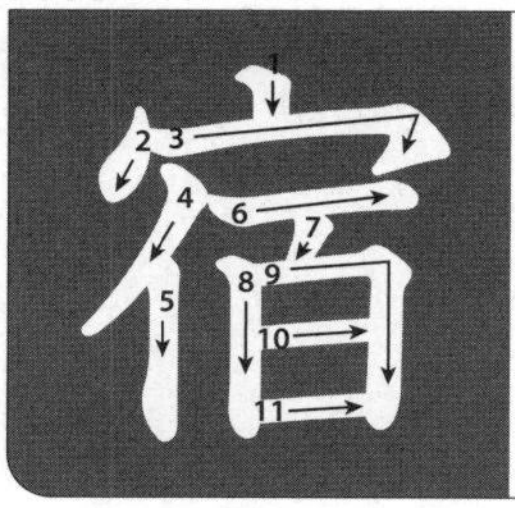

음독 しゅく　宿題(しゅくだい) 숙제　宿泊(しゅくはく) 숙박　下宿(げしゅく) 하숙　野宿(のじゅく) 노숙

훈독 やど　宿(やど) 집, 숙소

やどる　宿(やど)る ①거주하다, 숙박하다 ②잉태하다　雨宿(あまやど)り 비를 피함

やどす　宿(やど)す ①묵게 하다 ②품다

잘 숙

小3　N2

今日(きょう)は宿題(しゅくだい)がたくさんあります。 오늘은 숙제가 많이 있습니다.

新(あたら)しい命(いのち)が宿(やど)りました。 새로운 생명을 잉태하였습니다.

人

1051

음독 じゅく 熟語(じゅくご) 숙어 熟練(じゅくれん) 숙련 未熟(みじゅく) 미숙 成熟(せいじゅく) 성숙

훈독 うれる 熟(う)れる 익다, 여물다

익을 숙

小6 N4

英語(えいご)の熟語(じゅくご)を覚(おぼ)えてください。 영어 숙어를 외워 주세요.

柿(かき)がよく熟(う)れています。 감이 잘 익었습니다.

1052

음독 しゅく 叔母(しゅくぼ) 숙모(おば로도 읽음) 叔父(しゅくふ) 숙부(おじ로도 읽음)

아저씨 숙

中 N1

叔母(しゅくぼ)の家(いえ)に遊(あそ)びに行(い)きました。 숙모집에 놀러 갔습니다.

お金(かね)を叔父(しゅくふ)に借(か)りました。 돈을 숙부에게 빌렸습니다.

1053

음독 しゅく 淑女(しゅくじょ) 숙녀 貞淑(ていしゅく) 정숙함

맑을/얌전할 숙

中 N1

パーティーには紳士(しんし)、淑女(しゅくじょ)が集(あつ)まりました。 파티에는 신사 숙녀가 모였습니다.

川田(かわだ)さんは貞淑(ていしゅく)な女性(じょせい)です。 가와다 씨는 정숙한 여성입니다.

1054

음독 しゅく 粛清(しゅくせい) 숙청(어지러운 상태를 바로잡음, 반대파를 처단함)

厳粛(げんしゅく) 엄숙함 自粛(じしゅく) 자숙 静粛(せいしゅく) 정숙함

肅

엄숙할 숙

中 급수 외

儀式(ぎしき)は厳粛(げんしゅく)に行(おこな)われました。 의식은 엄숙하게 이루어졌습니다.

会議(かいぎ)が始(はじ)まりますので、静粛(せいしゅく)にしてください。 회의가 시작되므로 정숙해 주세요.

1055

음독 **じゅく**　塾(じゅく) 학원　学習塾(がくしゅうじゅく) 입시학원　塾長(じゅくちょう) 학원장

글방 **숙**

中　N1

毎日(まいにち)、塾(じゅく)に通(かよ)っています。매일 학원에 다니고 있습니다.

学習塾(がくしゅうじゅく)で数学(すうがく)と英語(えいご)を勉強(べんきょう)します。입시학원에서 수학과 영어를 공부합니다.

1056

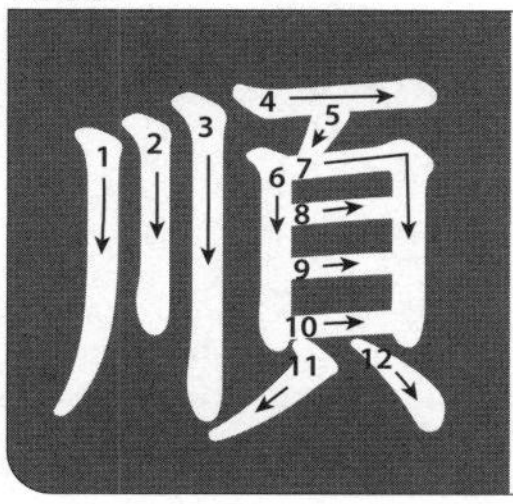

음독 **じゅん**　順番(じゅんばん) 순서　順調(じゅんちょう) 순조로움　順位(じゅんい) 순위　語順(ごじゅん) 어순

차례 **순**

小4　N2

順番(じゅんばん)を守(まも)ってください。순서를 지켜 주세요.

日本(にほん)チームの順位(じゅんい)は３位(い)でした。일본팀의 순위는 3위였습니다.

1057

음독 **じゅん**　純粋(じゅんすい) 순수　純白(じゅんぱく) 순백　単純(たんじゅん) 단순함　清純(せいじゅん) 청순함

순수할 **순**

小6　N2

とてもきれいな純白(じゅんぱく)のドレスです。매우 아름다운 순백의 드레스입니다.

この作業(さぎょう)はわりと単純(たんじゅん)です。이 작업은 비교적 단순합니다.

1058

음독 **じゅん**　上旬(じょうじゅん) 상순　中旬(ちゅうじゅん) 중순　下旬(げじゅん) 하순

しゅん　旬(しゅん) 제철, 적기

열흘 **순**

中　N1

来月(らいげつ)の上旬(じょうじゅん)に日本(にほん)に行(い)きます。다음 달 상순에 일본에 갑니다.

旬(しゅん)の野菜(やさい)を使(つか)ってサラダを作(つく)ります。제철 채소를 사용해서 샐러드를 만듭니다.

1059

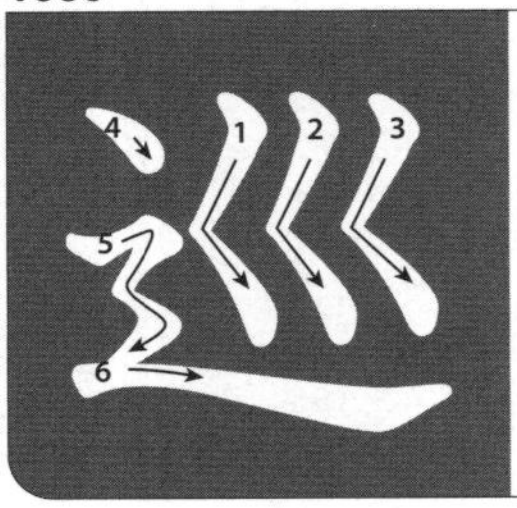

음독 じゅん　巡礼(じゅんれい) 순례(종교적인 의미가 있는 곳을 방문하며 참배함)
巡査(じゅんさ) 순사　巡回(じゅんかい) 순회　逡巡(しゅんじゅん) 망설임, 머뭇거림

훈독 めぐる　巡(めぐ)る 돌다, 돌아다니다, 회전하다
특이 お巡(まわ)りさん 순경 아저씨

돌/순행할 순
中 N1

イスラム教徒(きょうと)が巡礼(じゅんれい)をしています。 이슬람 교도가 순례를 하고 있습니다.

日本各地(にほんかくち)の温泉(おんせん)を巡(めぐ)りました。 일본 각지의 온천을 돌아다녔습니다.

1060

음독 じゅん　矛盾(むじゅん) 모순

훈독 たて　盾(たて) 방패　後(うし)ろ盾(だて) 후원자

방패 순
中 N1

彼(かれ)の話(はなし)は矛盾(むじゅん)しています。 그의 이야기는 모순되어 있습니다.

木村(きむら)さんが後(うし)ろ盾(だて)になって、私(わたし)を助(たす)けてくれました。
기무라 씨가 후원자가 되어 나를 도와주었습니다.

1061

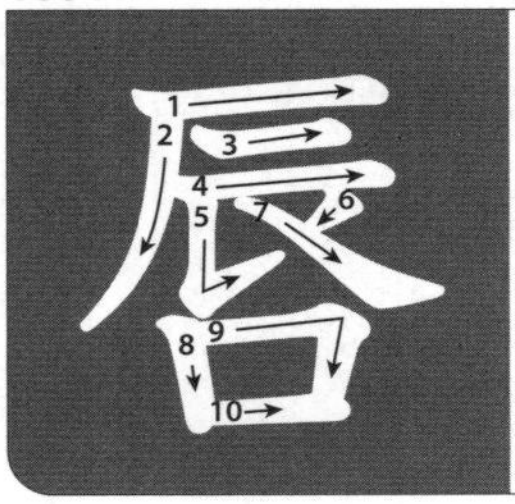

음독 しん　唇音(しんおん) 순음(입술 소리)　口唇(こうしん) 입술

훈독 くちびる　唇(くちびる) 입술

脣

입술 순
中 N1

[p]や[m]の発音(はつおん)を唇音(しんおん)といいます。 [p]나 [m]의 발음을 순음이라고 합니다.

熱(あつ)いお茶(ちゃ)を飲(の)んで唇(くちびる)をやけどしました。 뜨거운 차를 마셔서 입술을 데었습니다.

1062

음독 じゅん　殉職(じゅんしょく) 순직　殉死(じゅんし) 순사(죽은 주군의 뒤를 따라 자살하는 일)
殉教(じゅんきょう) 순교　殉教者(じゅんきょうしゃ) 순교자

따라죽을 순
中 N1

警察官(けいさつかん)だった父(ちち)は殉職(じゅんしょく)しました。 경찰관이었던 아버지는 순직했습니다.

殉教者(じゅんきょうしゃ)を弔(とむら)います。 순교자를 애도합니다.

1063

음독 **じゅん** 循環(じゅんかん) 순환 循環器(じゅんかんき) 순환기

돌 **순**

中 N1

山手線(やまのてせん)は東京都内(とうきょうとない)を循環(じゅんかん)しています。 야마노테선은 도쿄 도내를 순환하고 있습니다.

心臓(しんぞう)が悪(わる)くて循環器科(じゅんかんきか)の診療(しんりょう)を受(う)けました。

심장이 안 좋아서 순환기과 진료를 받았습니다.

1064

음독 **しゅん** 瞬間(しゅんかん) 순간 瞬時(しゅんじ) 짧은 순간 瞬発力(しゅんぱつりょく) 순발력

一瞬(いっしゅん) 일순간

훈독 **またたく** 瞬(またた)く ①눈을 깜짝이다 ②(별빛·등불 등이) 반짝이다

瞬(またた)く間(ま)に 눈 깜짝할 사이에

눈 깜짝일 **순**

中 N1

陸上選手(りくじょうせんしゅ)は瞬発力(しゅんぱつりょく)が必要(ひつよう)です。 육상선수는 순발력이 필요합니다.

一年(いちねん)は瞬(また)く間(ま)に過(す)ぎていきます。 일 년은 눈 깜짝할 사이에 지나갑니다.

1065

음독 **じゅつ** 述語(じゅつご) 술어 記述(きじゅつ) 기술 陳述(ちんじゅつ) 진술 詳述(しょうじゅつ) 자세한 진술

훈독 **のべる** 述(の)べる 말하다, 진술하다, 기술하다

서술할 **술**

小5 N2

この本(ほん)に「3.1独立運動(どくりつうんどう)」の詳述(しょうじゅつ)があります。

이 책에 '3.1독립운동'에 대한 자세한 진술이 있습니다.

意見(いけん)を自由(じゆう)に述(の)べてください。 의견을 자유롭게 말씀해 주세요.

1066

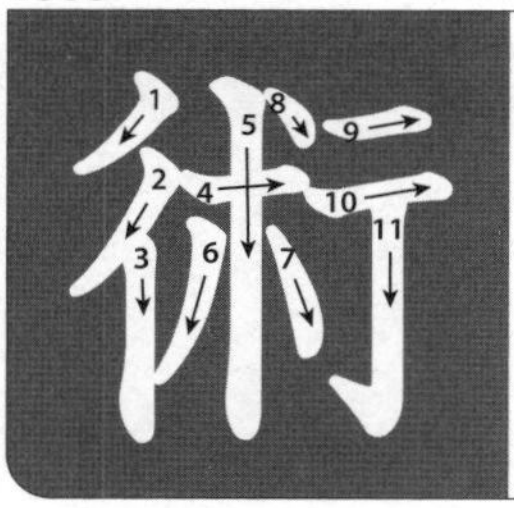

음독 **じゅつ** 術後(じゅつご) 수술 후 芸術(げいじゅつ) 예술 手術(しゅじゅつ) 수술 技術(ぎじゅつ) 기술

재주 **술**

小5 N2

秋(あき)は芸術(げいじゅつ)の季節(きせつ)です。 가을은 예술의 계절입니다.

手術(しゅじゅつ)は4時間(じかん)かかりました。 수술은 4시간 걸렸습니다.

1067

음독 すう　崇拝(すうはい) 숭배　崇高(すうこう) 숭고함　崇敬(すうけい) 숭경(존경하고 사모함)

높일 숭

中 N1

日本人(にほんじん)は昔(むかし)から自然(しぜん)を崇拝(すうはい)してきました。일본인은 옛날부터 자연을 숭배해 왔습니다.

聖堂(せいどう)の中(なか)は崇高(すうこう)な雰囲気(ふんいき)でした。성당 안은 숭고한 분위기였습니다.

1068

음독 しつ　膝蓋骨(しつがいこつ) 슬개골, 무릎뼈

훈독 ひざ　膝(ひざ) 무릎　膝頭(ひざがしら) 무릎

무릎 슬

中 급수 외

運動(うんどう)して膝蓋骨(しつがいこつ)を傷(いた)めました。운동해서 무릎뼈를 다쳤습니다.

水泳(すいえい)は膝(ひざ)に負担(ふたん)がありません。수영은 무릎에 부담이 없습니다.

1069

음독 しゅう　拾得(しゅうとく) 습득(주움)　収拾(しゅうしゅう) 수습

훈독 ひろう　拾(ひろ)う 줍다　拾(ひろ)い物(もの) 주운 물건, 습득물

주울 습

小3 N2

拾得物(しゅうとくぶつ)を警察(けいさつ)に届(とど)けました。습득물을 경찰에 신고했습니다.

森(もり)の中(なか)で栗(くり)を拾(ひろ)いました。숲 속에서 밤을 주웠습니다.

1070

음독 しゅう　習得(しゅうとく) 습득(배워 터득함)　習慣(しゅうかん) 습관　学習(がくしゅう) 학습　復習(ふくしゅう) 복습

훈독 ならう　習(なら)う 배우다, 익히다

習

익힐/습관 습

小3 N3

漢字(かんじ)の学習(がくしゅう)は難(むずか)しいです。한자 학습은 어렵습니다.

ハナちゃんはダンスを習(なら)っています。하나는 춤을 배우고 있습니다.

Tip 0715 ならう 참조

1071

湿

음독 しつ	湿原(しつげん) 습원, 다습한 초원　湿布(しっぷ) 습포, 파스　湿疹(しっしん) 습진　多湿(たしつ) 다습
훈독 しめる	湿(しめ)る 축축해지다, 습기차다
しめす	湿(しめ)す 적시다, 축이다
しめっぽい	湿(しめ)っぽい 축축하다, 눅눅하다

濕

젖을 **습**

中　N2

湿原(しつげん)には色々(いろいろ)な鳥(とり)がやってきます。 습원에는 여러 종류의 새가 찾아옵니다.

梅雨(つゆ)の時期(じき)は部屋(へや)が湿(しめ)っぽくなります。 장마철에는 방이 눅눅해집니다.

1072

襲

음독 しゅう	襲撃(しゅうげき) 습격　襲名(しゅうめい) 습명(선대의 이름을 계승함)
	踏襲(とうしゅう) 답습(예로부터 해오던 방식이나 수법을 그대로 행함)
	逆襲(ぎゃくしゅう) 역습
훈독 おそう	襲(おそ)う 덮치다, 습격하다

엄습할/이을 **습**

中　N1

後半(こうはん)、相手(あいて)チームが逆襲(ぎゃくしゅう)してきました。 후반에 상대팀이 역습해 왔습니다.

クマが人(ひと)を襲(おそ)う事件(じけん)が起(お)きました。 곰이 사람을 덮치는 사건이 일어났습니다.

1073

乗

음독 じょう	乗車(じょうしゃ) 승차　乗務員(じょうむいん) 승무원　乗馬(じょうば) 승마　搭乗(とうじょう) 탑승
훈독 のる	乗(の)る 타다　乗(の)り換(か)え 환승　乗(の)り場(ば) 승차장
のせる	乗(の)せる 태우다

乘

탈 **승**

小3　N3

飛行機(ひこうき)の搭乗(とうじょう)には時間(じかん)がかかります。 비행기 탑승에는 시간이 걸립니다.

高速(こうそく)バスに乗(の)ってプサンまで行(い)きました。 고속버스를 타고 부산까지 갔습니다.

Tip のる

乗(の)る 타다

バスに乗(の)る。 버스를 타다.

載(の)る 실리다, 위에 놓이다

新聞(しんぶん)に載(の)る。 신문에 실리다.

人

1074

음독 しょう　勝利(しょうり) 승리　勝敗(しょうはい) 승패　優勝(ゆうしょう) 우승　決勝(けっしょう) 결승

훈독 かつ　勝(か)つ 이기다　勝手(かって) 제멋대로 함

まさる　勝(まさ)る 낫다, 뛰어나다

勝

이길/뛰어날 승

小3 N2

韓国(かんこく)チームが決勝(けっしょう)に進出(しんしゅつ)しました。 한국팀이 결승에 진출했습니다.

妹(いもうと)が私(わたし)の服(ふく)を勝手(かって)に着(き)て出(で)かけました。 여동생이 내 옷을 멋대로 입고 외출했습니다.

1075

음독 じょう　縄文時代(じょうもんじだい) 조몬시대(일본의 신석기 시대)

自縄自縛(じじょうじばく) 자승자박(자기가 한 말과 행동에 자기자신이 곤란하게 되는 일)

훈독 なわ　縄(なわ) 새끼줄, 밧줄　縄跳(なわと)び 줄넘기

沖縄県(おきなわけん) 오키나와현

縄

노끈 승

小4 N1

縄文時代(じょうもんじだい)は約(やく)4000年続(ねんつづ)きました。 조몬시대는 약 4000년 계속되었습니다.

健康(けんこう)のために、毎朝縄跳(まいあさなわと)びをします。 건강을 위해서, 매일 아침 줄넘기를 합니다.

1076

음독 しょう　承認(しょうにん) 승인　承諾(しょうだく) 승낙　伝承(でんしょう) 전승　了承(りょうしょう) 승낙

훈독 うけたまわる　承(うけたまわ)る 삼가 받다, 삼가 듣다

받을 승

小6 N2

了承(りょうしょう)してください。 승낙해 주세요.

ご予約(よやく)、承(うけたまわ)りました。 예약, 받았습니다.

1077

음독 しょう　一升(いっしょう) 한 되　一升瓶(いっしょうびん) 한됫병

훈독 ます　升(ます) 되(한 말의 1/10, 약 1.8리터)　升酒(ますざけ) 되로 파는 술

되 승

中 N1

一升(いっしょう)は約(やく)1.8リットルです。 한 되는 약 1.8리터입니다.

お酒(さけ)を升(ます)に入(い)れて飲(の)みます。 술을 되에 넣어서 마십니다.

1078

음독 **しょう**　昇進(しょうしん) 승진　昇華(しょうか) 승화(더 높은 상태로 발전함)
昇級(しょうきゅう) 승급　上昇(じょうしょう) 상승

훈독 **のぼる**　昇(のぼ)る 떠오르다

오를 **승**
中　N2

昇進試験(しょうしんしけん)の準備(じゅんび)をしています。 승진시험 준비를 하고 있습니다.
水平線(すいへいせん)から朝日(あさひ)が昇(のぼ)っています。 수평선에서 아침해가 떠오르고 있습니다.

Tip 0896 のぼる 참조

1079

음독 **そう**　僧(そう) 중, 승려　僧侶(そうりょ) 승려　高僧(こうそう) 고승　禅僧(ぜんそう) 선승

僧

중 **승**
中　N1

高僧(こうそう)の説法(せっぽう)を聞(き)きました。 고승의 설법을 들었습니다.
僧侶(そうりょ)になるために修行(しゅぎょう)をします。 승려가 되기 위해 수행을 합니다.

1080

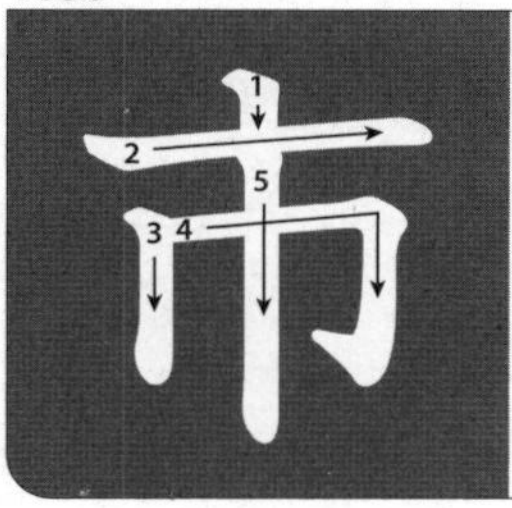

음독 **し**　市内(しない) 시내　市外(しがい) 시외　市民(しみん) 시민　都市(とし) 도시
プサン市(し) 부산시

훈독 **いち**　市場(いちば) 시장, 장　魚市場(うおいちば) 어시장
二十日市(はつかいち) 매월 20일에 열리는 시장

저자 **시**
小2　N3

市内(しない)に新(あたら)しいデパートができました。 시내에 새로운 백화점이 생겼습니다.
市場(いちば)に買(か)い物(もの)に行(い)きましょう。 시장에 장보러 갑시다.

Tip 시장

市場(いちば) 시장, 장. 작은 가게들이 모여 물건을 사고 파는 곳
市場(いちば)で野菜(やさい)を買(か)う。 시장에서 채소를 사다.

市場(しじょう) ①수요와 공급 사이의 교환 관계 ②매매되는 장에 대한 추상적인 개념, 국제 시장
株式市場(かぶしきしじょう)の株価(かぶか)を確認(かくにん)する。 주식시장의 주가를 확인하다.

1081

矢

음독 し　一矢(いっし) 한 개의 화살　一矢(いっし)を報(むく)いる 화살을 되쏘다, 반격하다

훈독 や　矢(や) 화살　矢印(やじるし) 화살표　毒矢(どくや) 독화살

矢面(やおもて) 화살이 날아오는 정면, 진두

화살 **시**

小2　N1

今日(きょう)の試合(しあい)で、一矢(いっし)を報(むく)いることができました。 오늘 시합에서 반격할 수 있었습니다.

矢印(やじるし)の方向(ほうこう)に進(すす)んでください。 화살표 방향으로 나아가세요.

1082

時

음독 じ　時間(じかん) 시간　時刻表(じこくひょう) 시각표　時代(じだい) 시대　当時(とうじ) 당시

예외 時雨(しぐれ) 늦가을부터 초겨울에 걸쳐 한 차례 지나가는 비

훈독 とき　時(とき) 때　時々(ときどき) 가끔, 그때그때

예외 時計(とけい) 시계

때 **시**

小2　N1

時刻表(じこくひょう)を見(み)せてください。 시각표를 보여 주세요.

晴(は)れ時々雨(ときどきあめ)。 맑고 때때로 비.

1083

始

음독 し　始発(しはつ) 시발　始動(しどう) 시동　開始(かいし) 개시　年末年始(ねんまつねんし) 연말연시

훈독 はじめる　始(はじ)める 시작하다　始(はじ)めて 시작해서

はじまる　始(はじ)まる 시작되다

시작할 **시**

小3　N3

毎日(まいにち)、始発(しはつ)の電車(でんしゃ)に乗(の)って、会社(かいしゃ)に行(い)きます。 매일, 첫 전철을 타고 회사에 갑니다.

夏休(なつやす)みが始(はじ)まりました。 여름방학이 시작되었습니다.

Tip はじめて

始(はじ)めて 시작해서

英会話(えいかいわ)を始(はじ)めて、一年(いちねん)になる。 영어 회화를 시작한지 1년이 되다.

初(はじ)めて (경험상) 처음으로, 비로소

初(はじ)めて、海外(かいがい)に行(い)く。 처음으로 해외에 가다.

1084

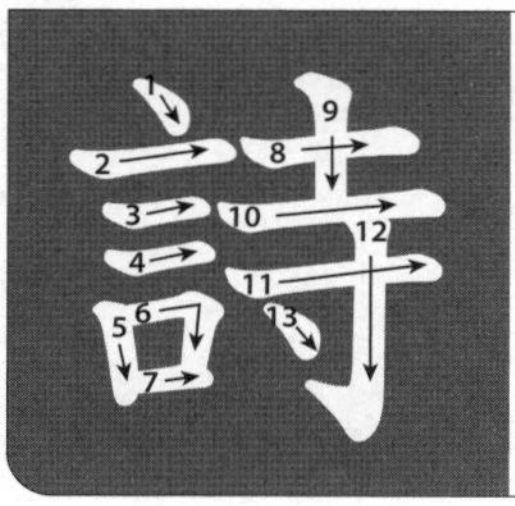

음독 し　詩集(ししゅう) 시집　詩人(しじん) 시인　漢詩(かんし) 한시　自由詩(じゆうし) 자유시

시 **시**

小3　N1

韓国(かんこく)の詩(し)を読(よ)むのが好(す)きです。한국 시를 읽는 것을 좋아합니다.

イさんは詩人(しじん)みたいな人(ひと)です。이 씨는 시인같은 사람입니다.

1085

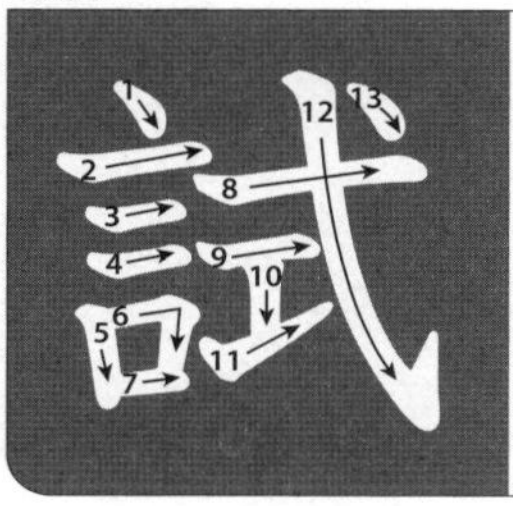

음독 し　試験(しけん) 시험　試合(しあい) 시합　試着(しちゃく) 옷이 몸에 맞는지 입어 봄
入試(にゅうし) 입시

훈독 ためす　試(ため)す 시험하다
こころみる　試(こころ)みる 시도하다, 시험하다

시험 **시**

小4　N1

あしたは英語(えいご)の試験(しけん)があります。내일은 영어시험이 있습니다.

この薬(くすり)を試(ため)してみてください。이 약을 시험해 보세요.

1086

음독 じ　示威(じい) 시위　示談(じだん) 시담(당사자끼리의 화해·협의)　指示(しじ) 지시
表示(ひょうじ) 표시

し　示唆(しさ) 시사, 암시

훈독 しめす　示(しめ)す 보이다, 가리키다

보일 **시**

小5　N2

上司(じょうし)の指示(しじ)にしたがって、働(はたら)きます。상사의 지시에 따라 일합니다.

反対(はんたい)の意思(いし)を示(しめ)しました。반대 의사를 보였습니다.

1087

음독 し　視力(しりょく) 시력　視野(しや) 시야　重視(じゅうし) 중시　近視(きんし) 근시

視

볼 **시**

小6　N1

視力(しりょく)を測(はか)ります。시력을 잽니다.

この会社(かいしゃ)は学歴(がくれき)を重視(じゅうし)しません。이 회사는 학력을 중시하지 않습니다.

1088

음독 じ　侍従(じじゅう) 시종　侍医(じい) 어의

훈독 さむらい　侍(さむらい) 사무라이

모실 **시**

中　N1

天皇(てんのう)に侍従(じじゅう)が同行(どうこう)しました。 천황에게 시종이 동행했습니다.

今(いま)の日本(にほん)に侍(さむらい)はいません。 오늘날 일본에 사무라이는 없습니다.

1089

음독 し　熟柿(じゅくし) 홍시

훈독 かき　柿(かき) 감　干(ほ)し柿(がき) 곶감　渋柿(しぶがき) 떫은 감

감나무 **시**

中　급수 외

秋(あき)の終(お)わりは熟柿(じゅくし)がおいしいです。 가을 끝 무렵엔 홍시가 맛있습니다.

柿(かき)を吊(つ)るして、干(ほ)し柿(がき)を作(つく)りました。 감을 매달아서 곶감을 만들었습니다.

1090

음독 し　施設(しせつ) 시설　施行(しこう) 시행　実施(じっし) 실시

せ　布施(ふせ) 시주, 보시(절이나 승려에게 물건을 베풂)

훈독 ほどこす　施(ほどこ)す 세우다, 베풀다

베풀/실시할 **시**

中　N1

新(あたら)しい法律(ほうりつ)が施行(しこう)されました。 새로운 법률이 시행되었습니다.

会社(かいしゃ)は円高(えんだか)の対策(たいさく)を施(ほどこ)しました。 회사는 엔고대책을 세웠습니다.

1091

음독 ぜ　是非(ぜひ) 시비, 옳고 그름　是認(ぜにん) 시인, 납득　是正(ぜせい) 시정

国是(こくぜ) 국시(국가 이념, 국가 정책의 기본방침)

옳을 **시**

中　N1

住民(じゅうみん)にダム建設(けんせつ)の是非(ぜひ)を問(と)います。 주민에게 댐 건설의 옳고 그름을 묻습니다.

格差社会(かくさしゃかい)は是認(ぜにん)できません。 격차사회는 납득할 수 없습니다.

1092

음독 しょく/じき 食堂(しょくどう) 식당 食事(しょくじ) 식사 朝食(ちょうしょく) 조식 昼食(ちゅうしょく) 점심 断食(だんじき) 단식

훈독 たべる 食(た)べる 먹다 食(た)べ物(もの) 음식

くう 食(く)う 먹다 食(く)いしん坊(ぼう) 먹보

くらう 食(く)らう ①먹다 ②당하다

밥/먹을 **식**

小2 N4

朝食付(ちょうしょくつ)きのホテルです。 아침식사가 딸려 있는 호텔입니다.

お昼(ひる)を食(た)べに行(い)きましょう。 점심을 먹으러 갑시다.

1093

음독 しき 結婚式(けっこんしき) 결혼식 公式(こうしき) 공식 正式(せいしき) 정식

洋式(ようしき) 서양식 和式(わしき) 일본식

의식/방식 **식**

小3 N2

日本(にほん)の結婚式(けっこんしき)に行(い)ったことがありますか。 일본의 결혼식에 간 적이 있습니까?

洋式(ようしき)と和式(わしき)のトイレがあります。 서양식과 일본식 화장실이 있습니다.

1094

음독 そく 休息(きゅうそく) 휴식 消息(しょうそく) 소식 利息(りそく) 이자

終息(しゅうそく) 종식(한때 성하던 일이 끝남)

훈독 いき 息(いき) 숨, 호흡 ため息(いき) 한숨 息抜(いきぬ)き ①한숨 돌림 ②환기창

특이 息子(むすこ) 아들

쉴/숨/이자 **식**

小3 N2

日本(にほん)はあまり利息(りそく)が変(か)わりません。 일본은 그다지 이자가 변하지 않습니다.

息抜(いきぬ)きにコーヒーでも飲(の)みましょう。 한숨 돌릴 겸 커피라도 마십시다.

1095

음독 しょく 植物(しょくぶつ) 식물 植樹(しょくじゅ) 식수 植民地(しょくみんち) 식민지 移植(いしょく) 이식

훈독 うえる 植(う)える 심다 植木(うえき) 정원수 田植(たう)え 모내기

うわる 植(う)わる 심어지다

심을 **식**

小3 N2

野原(のはら)にはたくさんの植物(しょくぶつ)が生(は)えています。 들판에는 많은 식물이 자라나 있습니다.

記念(きねん)に松(まつ)の木(き)を植(う)えました。 기념으로 소나무를 심었습니다.

1096

음독 しき　識別(しきべつ) 식별　知識(ちしき) 지식　意識(いしき) 의식
識者(しきしゃ) 식자(지식이 깊고 사물을 올바르게 판단하는 능력이 있는 사람)

알 **식**
小5　N2

法律(ほうりつ)については知識(ちしき)がありません。 법률에 대해서는 지식이 없습니다.
意識(いしき)を失(うしな)って、倒(たお)れました。 의식을 잃고 쓰러졌습니다.

1097

음독 しょく　払拭(ふっしょく) 불식(말끔하게 씻어 없앰), 일소
훈독 ふく　拭(ふ)く 닦다
ぬぐう　拭(ぬぐ)う 닦다　手拭(てぬぐ)い 수건

씻을/닦을 **식**
中　급수 외

その選手(せんしゅ)は不調(ふちょう)を払拭(ふっしょく)しました。 그 선수는 컨디션 난조를 말끔하게 없앴습니다.
食事(しょくじ)の後(あと)にテーブルを拭(ふ)きます。 식사 후에 테이블을 닦습니다.

1098

음독 しょく　繁殖(はんしょく) 번식　養殖(ようしょく) 양식　生殖(せいしょく) 생식
훈독 ふえる　殖(ふ)える 늘다, 늘어나다
ふやす　殖(ふ)やす 늘리다

불릴 **식**
中　급수 외

ここではフグの養殖(ようしょく)をしています。 여기서는 복어 양식을 하고 있습니다.
投資(とうし)をして利益(りえき)を殖(ふ)やします。 투자를 해서 이익을 늘립니다.

Tip ふやす

殖(ふ)やす 수입을 늘리다
財産(ざいさん)を殖(ふ)やす。 재산을 늘리다.

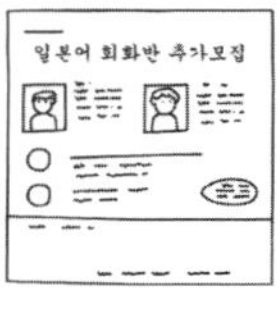

増(ふ)やす 수를 늘리다
募集人数(ぼしゅうにんずう)を増(ふ)やす。 모집 인원을 늘리다.

1099

음독 しょく 装飾(そうしょく) 장식 修飾(しゅうしょく) 수식 服飾(ふくしょく) 복식 粉飾(ふんしょく) 겉치레

훈독 かざる 飾(かざ)る 장식하다 首飾(くびかざ)り 목걸이 耳飾(みみかざ)り 귀걸이

飾

꾸밀 식

中 N1

専門学校(せんもんがっこう)で服飾(ふくしょく)の勉強(べんきょう)をしています。 전문학교에서 복식공부를 하고 있습니다.

教室(きょうしつ)に花(はな)を飾(かざ)ります。 교실에 꽃을 장식합니다.

1100

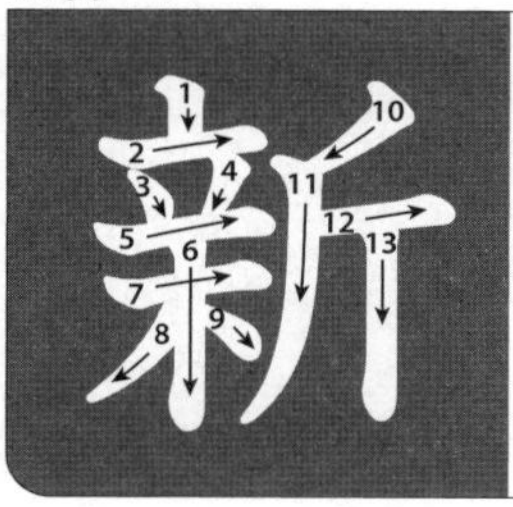

음독 しん 新聞(しんぶん) 신문 新鮮(しんせん) 신선함 新年(しんねん) 신년 最新(さいしん) 최신

훈독 あたらしい 新(あたら)しい 새롭다

あらた 新(あら)た 새로움, 생생함

にい 新妻(にいづま) 새댁

새 신

小2 N4

これは最新(さいしん)モデルのケータイです。 이것은 최신 모델의 휴대전화입니다.

このビルは新(あたら)しいです。 이 빌딩은 새 건물입니다.

1101

음독 しん 申告(しんこく) 신고 申請(しんせい) 신청 内申(ないしん) 내신(남모르게 보고함) 答申(とうしん) 답신

훈독 もうす 申(もう)す 말씀드리다(言(い)う의 공손한 말씨) 申(もう)し込(こ)む 신청하다

申(もう)し上(あ)げる 말씀드리다, 여쭙다

알릴/말할 신

小3 N2

これは税関(ぜいかん)で申告(しんこく)しなければならない物(もの)です。
이것은 세관에서 신고해야 하는 물건입니다.

海外短期研修(かいがいたんきけんしゅう)に申(もう)し込(こ)みました。 해외 단기연수에 신청했습니다.

1102

음독 しん 身体(しんたい) 신체, 몸 身長(しんちょう) 신장, 키 出身(しゅっしん) 출신 全身(ぜんしん) 전신

훈독 み 身(み) 몸, 신체, 자신 身内(みうち) ①온몸 ②일가

身近(みぢか) 신변, 자기와 관계가 깊음 中身(なかみ) 내용물

몸 신

小3 N2

私(わたし)は東京出身(とうきょうしゅっしん)です。 나는 도쿄 출신입니다.

お弁当(べんとう)の中身(なかみ)は何(なん)ですか。 도시락 내용물은 무엇입니까?

人

1103

신령/정신 **신**

小3 N4

음독 **しん** **神話**(しんわ) 신화 **神父**(しんぷ) 신부 **精神**(せいしん) 정신

じん **天神**(てんじん) 천신, 하늘을 다스리는 신(てんしん으로도 읽음)

훈독 **かみ** **神**(かみ) 신 **神様**(かみさま) 신령님

かん **神主**(かんぬし) 신사의 신관 **神無月**(かんなづき) 음력 10월의 다른 이름

こう **神々しい**(こうごうしい) 숭고하다, 성스럽다

神

韓国(かんこく)には檀君神話(タングンしんわ)があります。 한국에는 단군신화가 있습니다.

病気(びょうき)が治(なお)ることを神様(かみさま)に祈(いの)りました。 병이 낫는 것을 신령님께 빌었습니다.

Tip 속담

触(さわ)らぬ神(かみ)に祟(たた)りなし

건드리지 않는 신에게는 탈이 없다(건드리지 않으면 화를 입지 않는다, 긁어 부스럼)

触(さわ)らぬ神(かみ)に祟(たた)りなしと言(い)って、気難(きむずか)しい人(ひと)には話(はな)しかけない方(ほう)がいい。

긁어 부스럼이니까, 까다로운 사람에게는 말을 걸지 않는 것이 좋다.

1104

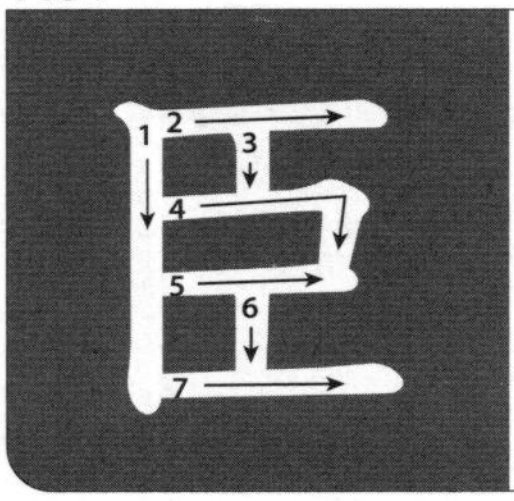

신하 **신**

小4 N2

음독 **しん** **臣下**(しんか) 신하 **君臣**(くんしん) 군신 **忠臣**(ちゅうしん) 충신

じん **大臣**(だいじん) 대신, 장관

王様(おうさま)のそばに臣下(しんか)がいます。 임금님 곁에 신하가 있습니다.

日本(にほん)の外務大臣(がいむだいじん)が韓国(かんこく)へ来(き)ました。 일본의 외무장관이 한국에 왔습니다.

1105

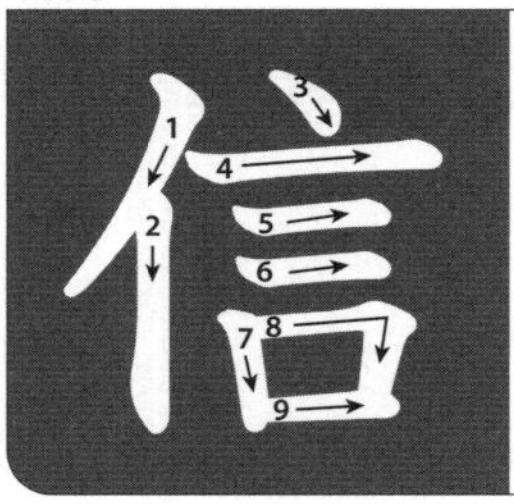

믿을/소식 **신**

小4 N2

음독 **しん** **信号**(しんごう) 신호 **信仰**(しんこう) 신앙 **自信**(じしん) 자신 **通信**(つうしん) 통신

信じる(しんじる) 믿다

信号(しんごう)をよく見(み)て、運転(うんてん)してください。 신호를 잘 보고 운전해 주세요.

そのニュースは信(しん)じられません。 그 뉴스는 믿을 수 없습니다.

1106

빠를 신

中 N1

음독 じん　迅速(じんそく) 신속함　奮迅(ふんじん) 분기, 분발

田中(たなか)さんは仕事(しごと)を迅速(じんそく)に進(すす)めます。 다나카 씨는 일을 신속하게 진행합니다.

チーム全員(ぜんいん)が奮迅(ふんじん)して、優勝(ゆうしょう)しました。 팀 전원이 분발해서 우승했습니다.

1107

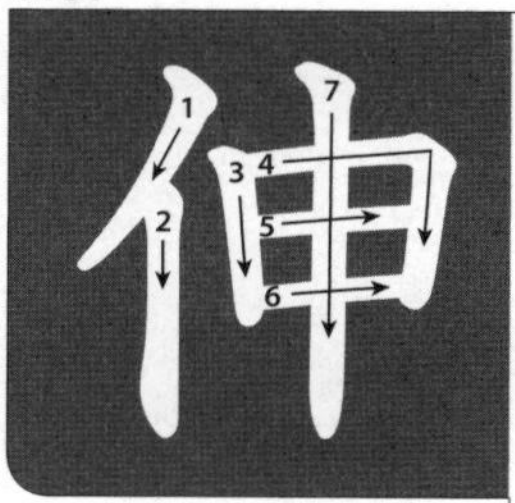

펼/늘일 신

中 N2

음독 しん　伸縮(しんしゅく) 신축　屈伸(くっしん) 굴신(굽힘과 폄)　追伸(ついしん) 추신

특이 欠伸(あくび) 하품

훈독 のびる　伸(の)びる 늘다, 자라다　背伸(せの)び 발돋움함

のばす　伸(の)ばす 늘이다, 길게 기르다

のべる　伸(の)べる 펴다, 뻗치다

この服(ふく)は伸縮性(しんしゅくせい)があります。 이 옷은 신축성이 있습니다.

努力(どりょく)して勉強(べんきょう)したので成績(せいせき)が伸(の)びました。
노력해서 공부했기 때문에 성적이 올랐습니다.

Tip のばす

伸(の)ばす 늘이다, 길게 기르다

髪(かみ)を伸(の)ばす。 머리를 기르다.

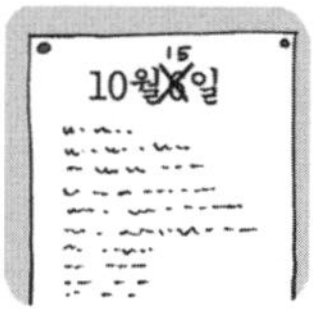

延(の)ばす 날짜를 연장하다

しめきりを延(の)ばす。 마감을 연장하다.

1108

매울/괴로울 신

中 N2

음독 しん　辛抱(しんぼう) 참음, 인내　辛酸(しんさん) 괴롭고 쓰라림　辛勝(しんしょう) 간신히 이김

辛辣(しんらつ) 신랄함

훈독 からい　辛(から)い 맵다　塩辛(しおから)い 짜다　甘辛(あまから)い 달고 짜다

注射(ちゅうしゃ)は痛(いた)いですが、少(すこ)し辛抱(しんぼう)してください。 주사는 아프지만 조금만 참아 주세요.

韓国(かんこく)には辛(から)い料理(りょうり)が多(おお)いです。 한국에는 매운 요리가 많습니다.

1109

음독 しん　妊娠(にんしん) 임신

아이 밸 **신**

中　N1

妹(いもうと)が妊娠(にんしん)しました。여동생이 임신했습니다.

1110

음독 しん　紳士(しんし) 신사　紳士服(しんしふく) 신사복

큰 띠 **신**

中　N1

渡辺(わたなべ)さんはとても紳士的(しんしてき)です。와타나베 씨는 매우 신사적입니다.

紳士服(しんしふく)のセールが行(おこな)われています。신사복 세일을 하고 있습니다.

1111

음독 しん　慎重(しんちょう) 신중함　謹慎(きんしん) 근신　不謹慎(ふきんしん) 조심스럽지 않고 삼가지 않음

훈독 つつしむ　慎(つつし)む 삼가다

愼

삼갈 **신**

中　N1

有名(ゆうめい)な画家(がか)の作品(さくひん)を慎重(しんちょう)に扱(あつか)いました。유명한 화가의 작품을 신중하게 다루었습니다.

会議中(かいぎちゅう)の入室(にゅうしつ)は慎(つつし)んでください。회의 중의 입실은 삼가 주세요.

1112

음독 じん　腎臓(じんぞう) 신장　腎盂炎(じんうえん) 신우염

콩팥 **신**

中　급수 외

腎臓(じんぞう)は大切(たいせつ)な臓器(ぞうき)です。신장은 중요한 장기입니다.

病院(びょういん)で腎盂炎(じんうえん)と診断(しんだん)されました。병원에서 신우염이라고 진단받았습니다.

1113

음독 しん　　薪炭(しんたん) 장작과 숯, 땔감

훈독 たきぎ　　薪(たきぎ) 장작(まき로도 읽음)

薪

섶 **신**

中 N1

薪炭(しんたん)を使(つか)って、料理(りょうり)をします。장작과 숯을 사용해서 요리를 합니다.

暖炉(だんろ)に薪(たきぎ)をくべました。난로에 장작을 지폈습니다.

1114

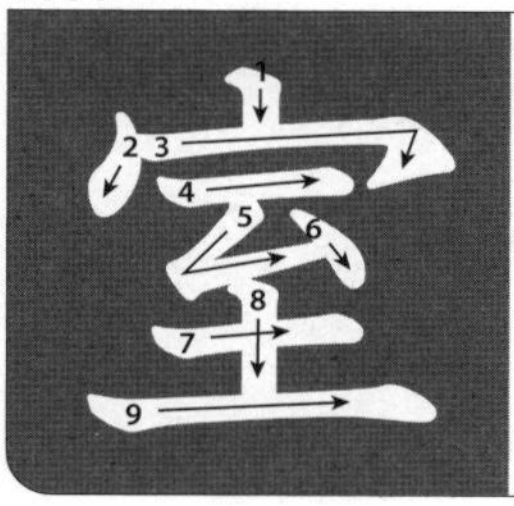

음독 しつ　　室内(しつない) 실내　教室(きょうしつ) 교실　浴室(よくしつ) 욕실　図書室(としょしつ) 도서실

훈독 むろ　　室町時代(むろまちじだい) 무로마치 시대(1338~1573)

집 **실**

小2 N3

図書室(としょしつ)で勉強(べんきょう)しています。도서실에서 공부하고 있습니다.

鎌倉時代(かまくらじだい)の次(つぎ)は室町時代(むろまちじだい)です。가마쿠라 시대의 다음은 무로마치 시대입니다.

1115

음독 じつ　　実現(じつげん) 실현　実験(じっけん) 실험　現実(げんじつ) 현실　真実(しんじつ) 진실

훈독 み　　実(み) 열매, 씨앗

みのる　　実(みの)る 열매를 맺다, 결실하다

實

열매/실제로 행할 **실**

小3 N2

夢(ゆめ)が実現(じつげん)しました。꿈이 실현되었습니다.

梅(うめ)の実(み)がたくさん実(みの)りました。매실 열매가 많이 열렸습니다.

1116

음독 しつ　　失恋(しつれん) 실연　失敗(しっぱい) 실패　消失(しょうしつ) 소실　過失(かしつ) 과실

훈독 うしなう　　失(うしな)う 잃다, 상실하다　見失(みうしな)う 보고 있던 것을 놓치다, 잃다

잃을 **실**

小4 N2

友(とも)だちが失恋(しつれん)しました。친구가 실연했습니다.

父(ちち)が気(き)を失(うしな)って、倒(たお)れました。아버지가 정신을 잃고 쓰러졌습니다.

1117

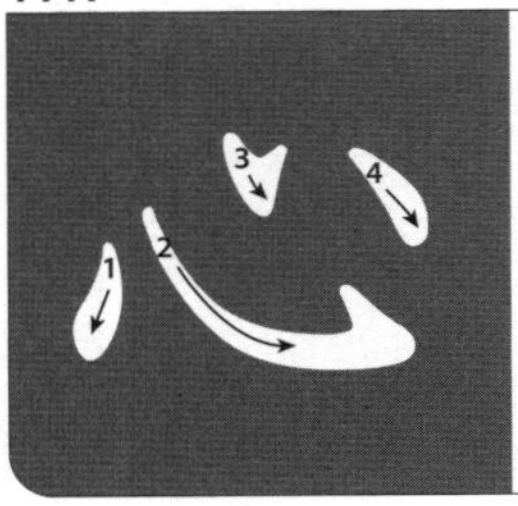

음독 **しん** 　心配(しんぱい) 걱정　心身(しんしん) 심신　中心(ちゅうしん) 중심　安心(あんしん) 안심　本心(ほんしん) 본심, 진심

훈독 **こころ** 　心(こころ) 마음　心(こころ)づかい 배려　心細(こころぼそ)い 불안하다, 허전하다　親心(おやごころ) 부모 마음　예외 心地(ここち) 기분, 느낌

마음 **심**

小2 N3

卒業(そつぎょう)の後(あと)が心配(しんぱい)です。졸업 후가 걱정입니다.

一人(ひとり)で歩(ある)く夜(よる)の道(みち)は心細(こころぼそ)いです。혼자서 걷는 밤길은 불안합니다.

1118

음독 **しん** 　深海(しんかい) 심해　深夜(しんや) 심야　深刻(しんこく) 심각함　水深(すいしん) 수심

훈독 **ふか**い 　深(ふか)い 깊다

ふかまる 　深(ふか)まる 깊어지다

ふかめる 　深(ふか)める 깊게 하다

깊을 **심**

小3 N2

深夜(しんや)までお酒(さけ)を飲(の)んでしまいました。심야까지 술을 마시고 말았습니다.

深(ふか)いところに行(い)かないでください。깊은 곳에 가지 마세요.

1119

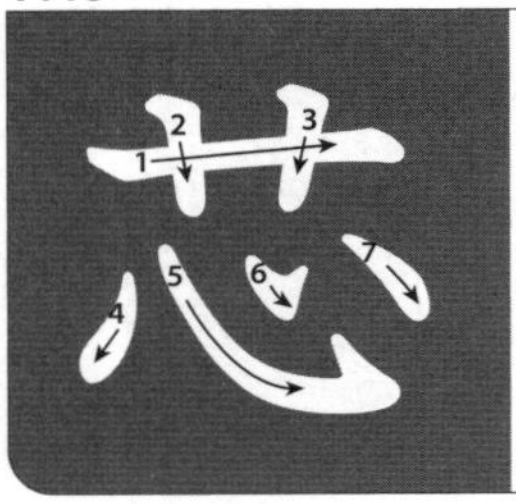

음독 **しん** 　芯(しん) 심, 심지

芯

등심초 **심**

中 급수 외

ろうそくの芯(しん)が濡(ぬ)れて、火(ひ)がつきません。양초의 심지가 젖어서 불이 붙지 않습니다.

1120

음독 **じん** 　甚大(じんだい) 막대함, 지대함　激甚(げきじん) 극심함

훈독 **はなはだ** 　甚(はなは)だ 매우, 너무

はなはだしい 　甚(はなは)だしい 매우 심하다

심할 **심**

中 N1

台風(たいふう)で甚大(じんだい)な災害(さいがい)が起(お)きました。태풍으로 막대한 재해가 발생했습니다.

彼(かれ)の言動(げんどう)は非常識(ひじょうしき)も甚(はなは)だしいです。그의 언동은 매우 몰상식합니다.

1121

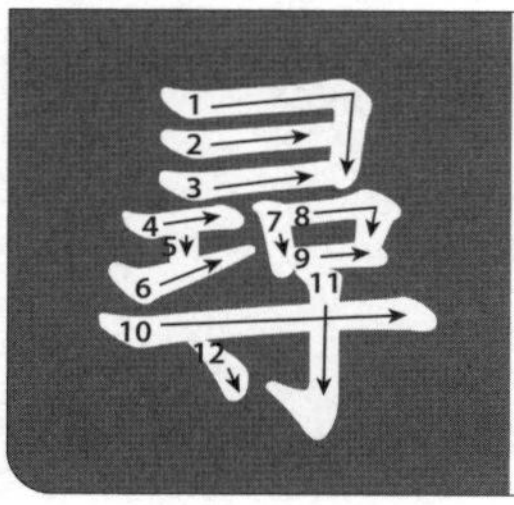

음독 じん　尋問(じんもん) 심문　尋常(じんじょう) 심상함, 평범함

훈독 たずねる　尋(たず)ねる 물어보다

尋

캐물을/보통 **심**

中　N1

警察官(けいさつかん)が尋問(じんもん)をしています。 경찰관이 심문을 하고 있습니다.

駅(えき)までの道(みち)を尋(たず)ねました。 역까지 가는 길을 물어보았습니다.

Tip 0707 たずねる 참조

1122

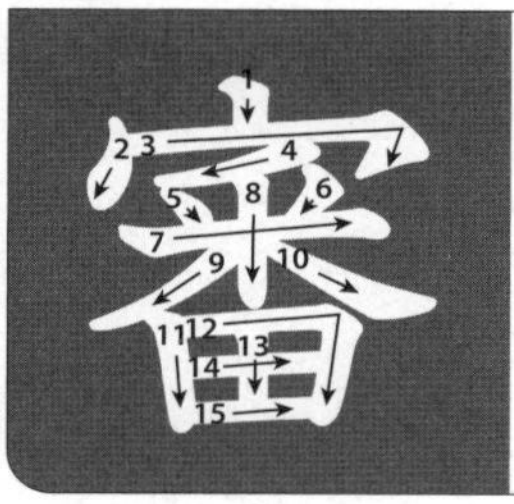

음독 しん　審判(しんぱん) 심판　審査(しんさ) 심사　主審(しゅしん) 주심　副審(ふくしん) 부심

塁審(るいしん) 누심(야구에서 1·2·3루의 심판)

살필 **심**

中　N1

絵画(かいが)コンテストの審査(しんさ)の結果(けっか)が出(で)ました。 그림 그리기 대회 심사 결과가 나왔습니다.

主審(しゅしん)がプレイボールを告(つ)げました。 주심이 플레이볼을 선언했습니다.

1123

음독 じゅう/じっ　十月(じゅうがつ) 10월　十分(じゅっぷん) 10분(じっぷん으로도 읽음)

十回(じゅっかい) 10회(じっかい로도 읽음)　十人(じゅうにん) 열 명

훈독 と　十(と) 십, 열

とお　十日(とおか) 10일, 열흘

열 **십**

小1　N5

教室(きょうしつ)の中(なか)に学生(がくせい)が十人(じゅうにん)います。 교실 안에 학생이 10명 있습니다.

十日間(とおかかん)、旅行(りょこう)に行(い)きます。 열흘간 여행을 갑니다.

1124

음독 そう　双生児(そうせいじ) 쌍생아, 쌍둥이　双眼鏡(そうがんきょう) 쌍안경　双璧(そうへき) 쌍벽　双方(そうほう) 쌍방

훈독 ふた　双子(ふたご) 쌍둥이　双葉(ふたば) 떡잎

雙

두/쌍 **쌍**

中　N2

父(ちち)が双眼鏡(そうがんきょう)を買(か)ってくれました。 아버지가 쌍안경을 사 주었습니다.

私(わたし)には双子(ふたご)の弟(おとうと)がいます。 나에게는 쌍둥이 남동생이 있습니다.

人

1125

음독 し　氏名(しめい) 씨명, 성명　彼氏(かれし) 그이, 남자친구　氏族(しぞく) 씨족

훈독 うじ　氏(うじ) 씨, 성, 씨족　氏神(うじがみ) 씨족 신, 그 고장의 수호신

氏子(うじこ) 같은 수호신을 받드는 사람들

성씨 **씨**

小4　N1

私(わたし)の彼氏(かれし)はアメリカ人(じん)です。 내 남자친구는 미국인입니다.

田舎(いなか)の町(まち)では氏神(うじがみ)を祭(まつ)っています。

시골 마을에서는 그 고장의 수호신을 제사지내고 있습니다.

1126

음독 じ　児童(じどう) 아동　育児(いくじ) 육아　幼児(ようじ) 유아, 어린이

に　小児科(しょうにか) 소아과

兒

아이 **아**

小4　N2

育児(いくじ)に積極的(せっきょくてき)な男性(だんせい)が増(ふ)えました。 육아에 적극적인 남성이 늘었습니다.

子(こ)どもを小児科(しょうにか)につれて行(い)きました。 아이를 소아과에 데리고 갔습니다.

1127

음독 が　麦芽(ばくが) 맥아, 엿기름　発芽(はつが) 발아　萌芽(ほうが) 맹아, 싹틈

훈독 め　芽(め) 싹　芽生(めば)える 싹트다, 움트다　新芽(しんめ) 새싹, 새순

芽

싹 **아**

小4　N1

発芽(はつが)の様子(ようす)を観察(かんさつ)します。 발아되는 모습을 관찰합니다.

ひまわりが芽(め)を出(だ)しました。 해바라기가 싹이 났습니다.

1128

음독 が　我慢(がまん) ①참음, 인내 ②용서함　自我(じが) 자아　無我(むが) 무아

훈독 われ　我(われ) 자기　我々(われわれ) 우리들

わ　我(わ)が家(や) 내 집, 우리 집　我(わ)が国(くに) 우리나라

나 **아**

小6　N1

歯(は)が痛(いた)くて我慢(がまん)できません。 이가 아파서 참을 수 없습니다.

我(わ)が家(や)はあたたかな家庭(かてい)です。 우리 집은 따뜻한 가정입니다.

1129

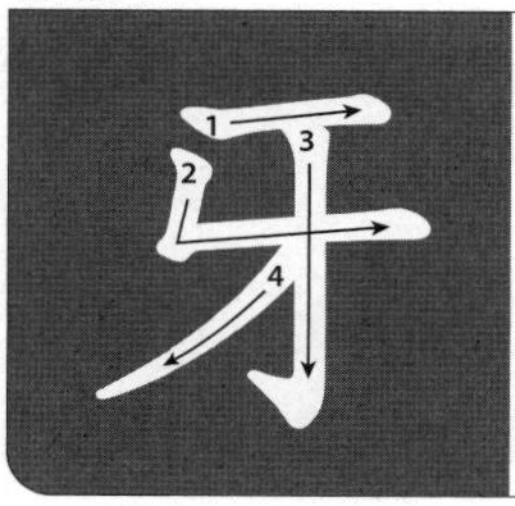

음독 が

牙城(がじょう) 아성(아주 중요한 근거지를 비유적으로 이르는 말)

毒牙(どくが) 독아, 독수(악독한 수단)

음독 げ

象牙(ぞうげ) 상아

훈독 きば

牙(きば) 어금니

어금니 **아**

中 급수 외

象牙(ぞうげ)の密輸(みつゆ)は違法(いほう)です。 상아의 밀수는 위법입니다.

犬(いぬ)が牙(きば)をむいています。 개가 어금니를 드러내고 있습니다.

Tip 이 한자는 **牙**로도 쓰임

1130

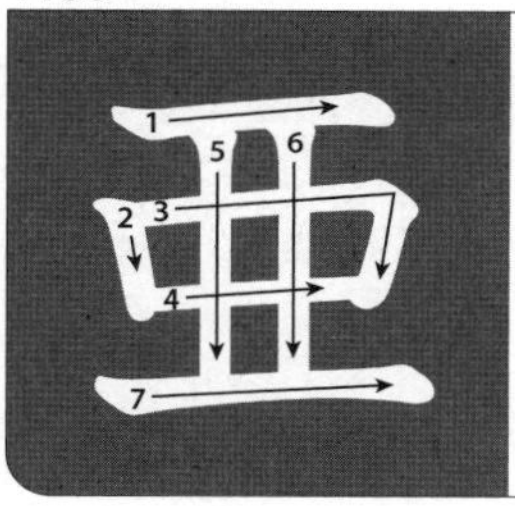

음독 あ

亜鉛(あえん) 아연　亜熱帯(あねったい) 아열대　亜寒帯(あかんたい) 아한대

亜細亜(あじあ) 아시아

亞

버금 **아**

中 N1

カキには亜鉛(あえん)が多(おお)く含(ふく)まれています。 굴에는 아연이 많이 함유되어 있습니다.

沖縄(おきなわ)は亜熱帯(あねったい)の地域(ちいき)です。 오키나와는 아열대 지역입니다.

1131

음독 が

雅楽(ががく) 아악　優雅(ゆうが) 우아함

風雅(ふうが) 풍아(시가·문장·서화 등에 취미나 소양이 있는 일)

맑을 **아**

中 N1

雅楽(ががく)は日本(にほん)の伝統芸能(でんとうげいのう)の一(ひと)つです。 아악은 일본 전통예능 중 하나입니다.

高級(こうきゅう)ホテルで優雅(ゆうが)な時間(じかん)を過(す)ごしました。 고급호텔에서 우아한 시간을 보냈습니다.

1132

음독 が

餓死(がし) 아사(굶어 죽음)　餓鬼(がき) 아귀　飢餓(きが) 기아

餓

주릴 **아**

中 N1

子(こ)どもの餓死(がし)を防(ふせ)がなければなりません。 어린아이의 아사를 막아야 합니다.

世界(せかい)には飢餓(きが)に苦(くる)しんでいる人々(ひとびと)がいます。
세계에는 기아에 허덕이는 사람들이 있습니다.

1133

음독 あく　悪意(あくい) 악의　悪化(あっか) 악화　極悪(ごくあく) 극악
　　お　悪寒(おかん) 오한　嫌悪(けんお) 혐오

훈독 わるい　悪(わる)い 나쁘다　悪口(わるくち) 욕, 험담　悪者(わるもの) 나쁜 놈, 악인
특이 悪阻(つわり) 입덧(おそ로도 읽음)

惡

악할 **악** / 미워할 **오**
小3 N3

病気(びょうき)が悪化(あっか)してしまいました。 병이 악화되고 말았습니다.
具合(ぐあい)が悪(わる)いので、帰(かえ)ってもいいですか。 몸이 좋지 않아서 돌아가도 될까요?

1134

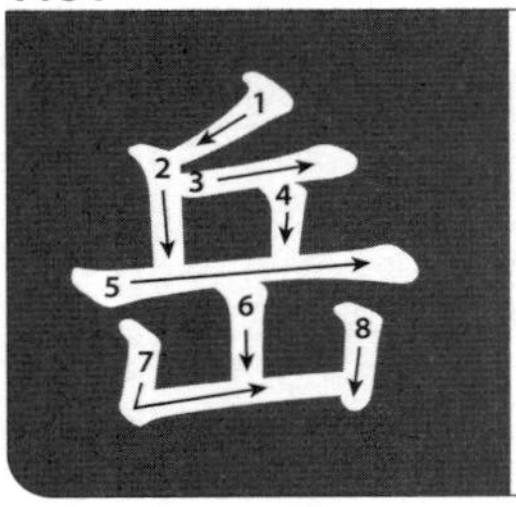

음독 がく　岳父(がくふ) 장인　山岳(さんがく) 산악　山岳隊(さんがくたい) 산악대

훈독 たけ　岳(たけ) 높은 산　剣岳(つるぎたけ) 츠루기타케(일본 도야마현(富山県)에 있는 산)

큰 산 **악**
中 N1

山岳隊(さんがくたい)を結成(けっせい)して、アルプスに登(のぼ)ります。 산악대를 결성해서 알프스에 오릅니다.
剣岳(つるぎたけ)は登(のぼ)るのが難(むずか)しい山(やま)です。 쓰루기타케는 오르기 힘든 산입니다.

1135

음독 あく　握手(あくしゅ) 악수　握力(あくりょく) 악력　把握(はあく) 파악　掌握(しょうあく) 장악

훈독 にぎる　握(にぎ)る 잡다, 쥐다　一握(ひとにぎ)り 한 줌, 극히 적음

쥘 **악**
中 N1

挨拶(あいさつ)をして握手(あくしゅ)をしました。 인사를 하고 악수를 했습니다.
危(あぶ)ないから私(わたし)の手(て)を握(にぎ)ってください。 위험하니까 제 손을 잡으세요.

1136

음독 がく　顎関節(がくかんせつ) 턱관절　顎関節症(がくかんせつしょう) 턱관절 장애　上顎(じょうがく) 상악, 위턱
下顎(かがく) 하악, 아래턱

훈독 あご　顎(あご) 턱　顎(あご)ひげ 턱수염　上顎(うわあご) 위턱　下顎(したあご) 아래턱

턱 **악**
中 급수 외

顎関節症(がくかんせつしょう)で歯科(しか)に行(い)きました。 턱관절 장애로 치과에 갔습니다.
転(ころ)んで顎(あご)をけがしました。 넘어져서 턱을 다쳤습니다.

1137

음독 **がん**　顔料(がんりょう) 안료, 그림물감　顔面(がんめん) 안면　童顔(どうがん) 동안　洗顔(せんがん) 세안

훈독 **かお**　顔(かお) 얼굴　顔見知り(かおみし) 안면이 있음　顔立ち(かおだ) 얼굴 생김새, 용모　笑顔(えがお) 웃는 얼굴

낯 **안**

小2　N3

吉田(よしだ)さんは童顔(どうがん)なので若(わか)く見(み)えます。요시다 씨는 동안이라서 젊어 보입니다.

パクさんは笑顔(えがお)がすてきです。박 씨는 웃는 얼굴이 멋집니다.

1138

음독 **あん**　安心(あんしん) 안심　安全(あんぜん) 안전　安定(あんてい) 안정　不安(ふあん) 불안　治安(ちあん) 치안

훈독 **やすい**　安(やす)い ①싸다 ②평온하다　安売(やすう)り 싸게 팖, 염가 판매　目安(めやす) 표준, 기준

편안 **안**

小3　N4

最近(さいきん)、この町(まち)は治安(ちあん)がよくなりました。최근 이 마을은 치안이 좋아졌습니다.

あの店(みせ)より、この店がもっと安(やす)いです。저 가게보다 이 가게가 더 쌉니다.

Tip 안정

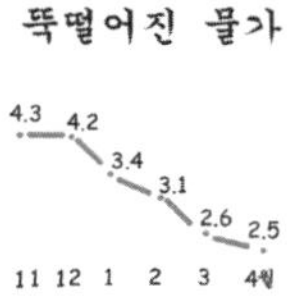

安定(あんてい) 일정한 상태를 유지함

物価(ぶっか)が安定(あんてい)する。물가가 안정되다.

安静(あんせい) 편안하고 고요함

病気療養中(びょうきりょうようちゅう)なので安静(あんせい)にする。병 요양 중이므로 안정을 취하다.

1139

음독 **がん**　岸壁(がんぺき) 안벽, 벼랑　海岸(かいがん) 해안, 바닷가　沿岸(えんがん) 연안　対岸(たいがん) 건너편 기슭

훈독 **きし**　岸(きし) 물가　岸辺(きしべ) 강변, 물가　川岸(かわぎし) 강기슭

낭떠러지 **안**

小3　N2

毎朝(まいあさ)、海岸(かいがん)を散歩(さんぽ)します。매일 아침, 바닷가를 산책합니다.

川岸(かわぎし)にきれいな花(はな)が咲(さ)いています。강기슭에 예쁜 꽃이 피어 있습니다.

1140

음독 **あん**　案内(あんない) 안내　案外(あんがい) 예상외, 의외　答案(とうあん) 답안　提案(ていあん) 제안
案(あん)じる 염려하다, 걱정하다

생각 **안**
小4　N1

案内所(あんないじょ)で道(みち)を聞(き)きました。 안내소에서 길을 물었습니다.
答案用紙(とうあんようし)はここに出(だ)してください。 답안용지는 여기에 제출해 주세요.

1141

음독 **がん**　眼科(がんか) 안과　眼球(がんきゅう) 안구　近眼(きんがん) 근시　老眼(ろうがん) 노안
げん　開眼(かいげん) 불도의 진리를 깨달음
훈독 **まなこ**　眼(まなこ) 눈, 눈동자　血眼(ちまなこ) 혈안, 핏발 선 눈
특이 眼鏡(めがね) 안경

눈 **안**
小5　N1

目(め)がとてもかゆいので眼科(がんか)に行(い)きました。 눈이 너무 가려워서 안과에 갔습니다.
警察(けいさつ)は血眼(ちまなこ)になって犯人(はんにん)をさがしています。 경찰은 혈안이 되어 범인을 찾고 있습니다.

1142

음독 **えつ**　謁見(えっけん) 알현(높은 사람을 찾아가 뵘)　謁(えっ)する 뵈다
拝謁(はいえつ) 배알(높은 사람을 찾아가 뵘)

謁

뵐 **알**
中　N1

大統領(だいとうりょう)はローマ教皇(きょうこう)に謁見(えっけん)しました。 대통령은 로마 교황을 알현했습니다.

1143

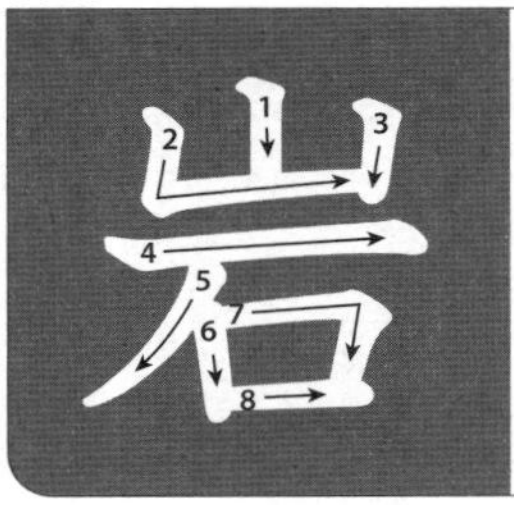

음독 **がん**　岩石(がんせき) 암석　岩塩(がんえん) 암염(돌소금)　溶岩(ようがん) 용암　砂岩(さがん) 사암
훈독 **いわ**　岩(いわ) 바위　岩山(いわやま) 바위산　岩場(いわば) 바위가 많은 곳, 암벽

巖

바위 **암**
小2　N2

研究者(けんきゅうしゃ)は月(つき)の岩石(がんせき)を調(しら)べました。 연구자는 달의 암석을 조사했습니다.
岩山(いわやま)を登(のぼ)るのは大変(たいへん)です。 바위산을 오르는 것은 힘듭니다.

1144

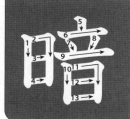

暗

음독 あん　暗記(あんき) 암기　暗号(あんごう) 암호　暗室(あんしつ) 암실　明暗(めいあん) 명암

훈독 くらい　暗(くら)い 어둡다　真(ま)っ暗(くら) 아주 캄캄함　暗闇(くらやみ) 어둠

어두울/외울 **암**

小3　N3

セリフを暗記(あんき)しなければなりません。 대사를 암기하지 않으면 안 됩니다.

冬(ふゆ)は外(そと)が早(はや)く暗(くら)くなります。 겨울은 밖이 빨리 어두워집니다.

1145

俺

훈독 おれ　俺(おれ) 나(주로 남자가 씀)

나 **암**

中　N1

女性(じょせい)は「俺(おれ)」という言葉(ことば)を使(つか)わないでください。
여성은「俺(오레)」라는 말을 쓰지 마세요.

1146

闇

훈독 やみ　闇(やみ) 암흑　闇夜(やみよ) 캄캄한 밤　闇市(やみいち) 암시장　暗闇(くらやみ) 어둠

숨을/어두울 **암**

中　급수 외

闇夜(やみよ)に一人(ひとり)で歩(ある)くのは怖(こわ)いです。 캄캄한 밤에 혼자 걷는 것은 무섭습니다.

戦後(せんご)の頃(ころ)、ここには闇市(やみいち)がありました。 전후 무렵, 이곳에는 암시장이 있었습니다.

1147

圧

음독 あつ　圧力(あつりょく) 압력　圧縮(あっしゅく) 압축　血圧(けつあつ) 혈압　高気圧(こうきあつ) 고기압

壓

누를 **압**

小5　N2

圧力鍋(あつりょくなべ)でじゃがいもをむしました。 압력솥으로 감자를 삶았습니다.

血圧(けつあつ)を測(はか)りました。 혈압을 쟀습니다.

1148

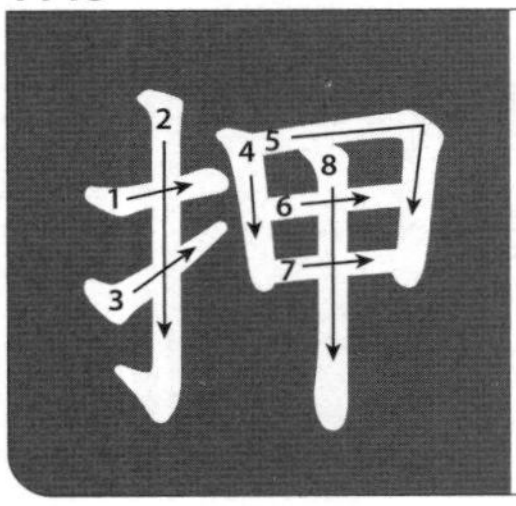

음독 おう　押収(おうしゅう) 압수　押印(おういん) 날인

훈독 おす　押(お)す 누르다

おさえる　押(お)さえる 누르다, 억누르다

누를 **압**

中 N2

空港(くうこう)でバッグを押収(おうしゅう)されました。 공항에서 가방을 압수당했습니다.

このボタンを押(お)すと、切符(きっぷ)が出(で)ます。 이 버튼을 누르면 표가 나옵니다.

1149

음독 おう　中央(ちゅうおう) 중앙　中央区(ちゅうおうく) 추오구(도쿄의 한 구)

가운데 **앙**

小3 N2

広場(ひろば)の中央(ちゅうおう)に集(あつ)まってください。 광장의 중앙에 모여 주세요.

中央区(ちゅうおうく)にある会社(かいしゃ)で働(はたら)いています。 추오구에 있는 회사에서 일하고 있습니다.

1150

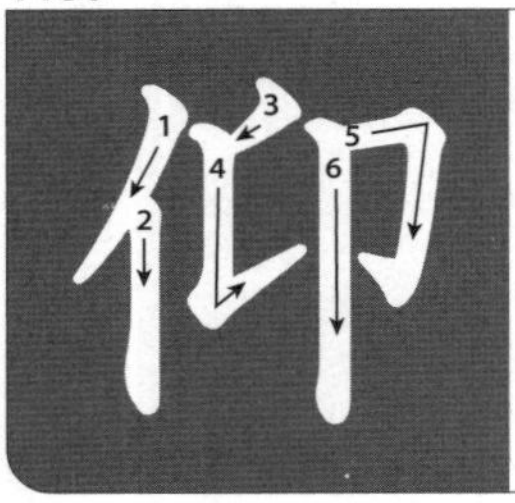

음독 ぎょう　仰天(ぎょうてん) 매우 놀람　仰々(ぎょうぎょう)しい 야단스럽다　仰視(ぎょうし) 우러러봄

こう　信仰(しんこう) 신앙

훈독 あおぐ　仰(あお)ぐ 우러러보다　예외 仰向(あおむ)け 위를 향한 상태로 누움

おおせ　仰(おお)せ 분부, 높은 분의 명령

우러를 **앙**

中 N1

信仰(しんこう)を持(も)つことは必要(ひつよう)だと思(おも)います。 신앙을 갖는 것은 필요하다고 생각합니다.

野原(のはら)で仰向(あおむ)けになって寝(ね)ました。 들판에 누워서 잤습니다.

1151

음독 あい　愛情(あいじょう) 애정, 사랑　愛着(あいちゃく) 애착　親愛(しんあい) 친애　恋愛(れんあい) 연애

愛(あい)する 사랑하다

사랑 **애**

小4 N1

キム先生(せんせい)は愛情(あいじょう)あふれる先生です。 김선생님은 애정이 넘치는 선생님입니다.

私(わたし)は山田(やまだ)さんを愛(あい)しています。 저는 야마다 씨를 사랑합니다.

1152

음독 **あい** 哀悼(あいとう) 애도 哀願(あいがん) 애원 哀愁(あいしゅう) 애수 悲哀(ひあい) 비애

훈독 **あわれ** 哀れ(あわれ) 불쌍함

あわれむ 哀れむ(あわれむ) ①불쌍히 여기다 ②사랑하다

슬플/가엾을 **애**

中 N1

事故(じこ)で亡(な)くなった人(ひと)を哀悼(あいとう)します。 사고로 돌아가신 분을 애도합니다.

失恋(しつれん)した友(とも)だちを哀(あわ)れんで、慰(なぐさ)めました。 실연한 친구를 불쌍히 여겨 위로했습니다.

1153

음독 **あい** 挨拶(あいさつ) 인사

밀칠 **애**

中 급수 외

校長先生(こうちょうせんせい)にきちんと挨拶(あいさつ)しましょう。 교장선생님에게 바르게 인사합시다.

1154

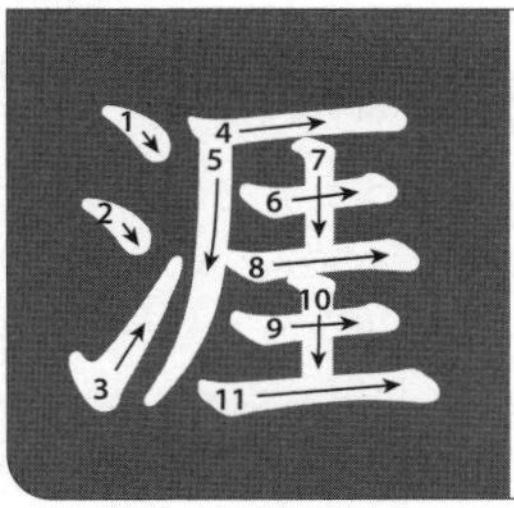

음독 **がい** 生涯(しょうがい) 생애, 평생 天涯(てんがい) 천애(하늘 끝, 머나먼 타향)

境涯(きょうがい) 사람의 처지나 환경, 신세

끝 **애**

中 N1

先生(せんせい)は生涯(しょうがい)を教育(きょういく)にささげました。 선생님은 평생을 교육에 바쳤습니다.

生(う)まれてすぐに両親(りょうしん)が死(し)んで、天涯(てんがい)の孤児(こじ)になりました。
태어나자마자 부모님이 죽어 천애고아가 되었습니다.

1155

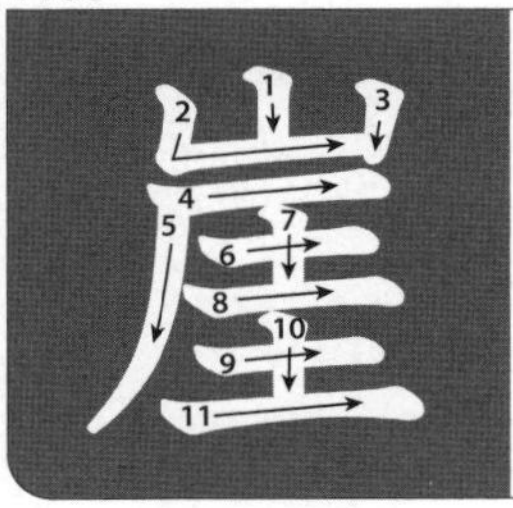

음독 **がい** 断崖(だんがい) 절벽 断崖絶壁(だんがいぜっぺき) 층암절벽

훈독 **がけ** 崖(がけ) 벼랑, 절벽

벼랑 **애**

中 급수 외

断崖絶壁(だんがいぜっぺき)の岩山(いわやま)を登(のぼ)ります。 층암절벽의 바위산을 오릅니다.

柵(さく)の向(む)こうは崖(がけ)ですから、危(あぶ)ないです。 울타리 너머는 절벽이므로 위험합니다.

1156

음독 あい　曖昧(あいまい) 애매함

희미할 애

中　급수 외

本田(ほんだ)さんの返事(へんじ)は曖昧(あいまい)で、よく分(わ)かりません。
혼다 씨의 대답은 애매해서 잘 모르겠습니다.

1157

음독 えき　液体(えきたい) 액체　液状(えきじょう) 액상, 액체 상태　血液(けつえき) 혈액　粘液(ねんえき) 점액

진 액

小5　N2

液体(えきたい)は飛行機(ひこうき)に持(も)ち込(こ)めません。액체는 비행기에 반입할 수 없습니다.

血液型(けつえきがた)は何型(なにがた)ですか。혈액형은 무슨 형입니까?

1158

음독 がく　額縁(がくぶち) 액자　金額(きんがく) 금액　残額(ざんがく) 잔액　差額(さがく) 차액

훈독 ひたい　額(ひたい) 이마

이마/현판/액수 액

小5　N2

賞状(しょうじょう)を額縁(がくぶち)に入(い)れて、飾(かざ)りました。상장을 액자에 넣어 장식했습니다.

運動(うんどう)をして額(ひたい)から汗(あせ)が流(なが)れてきました。운동을 해서 이마에서 땀이 흘러내렸습니다.

1159

음독 やく　厄年(やくどし) 액년(운수 사나운 나이)　厄除(やくよ)け 액막이　厄介(やっかい) 귀찮음, 번거로움　災厄(さいやく) 재난

액 액

中　N1

日本人(にほんじん)は厄除(やくよ)けのために、お守(まも)りを持(も)っている人(ひと)が多(おお)いです。
일본인은 액막이를 위해 부적을 갖고 있는 사람이 많습니다.

会社(かいしゃ)で厄介(やっかい)な問題(もんだい)が起(お)こりました。회사에서 성가신 문제가 생겼습니다.

1160

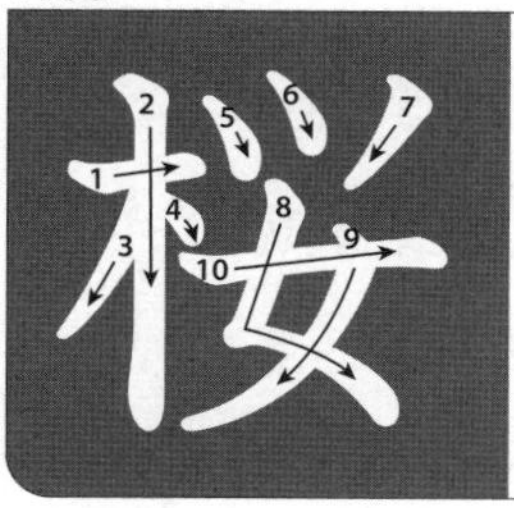

음독 おう　桜桃(おうとう) 버찌　桜花(おうか) 벚꽃

훈독 さくら　桜(さくら) 벚나무, 벚꽃　桜色(さくらいろ) 연분홍색

벚나무 **앵**

小5　N1

「さくらんぼ」を漢語(かんご)で「桜桃(おうとう)」と言(い)います。
'さくらんぼ(버찌)'를 한자어로 「**桜桃**」라고 합니다.

桜(さくら)が満開(まんかい)になりました。 벚꽃이 만개했습니다.

1161

음독 や　夜食(やしょく) 야식　夜景(やけい) 야경　今夜(こんや) 오늘 밤　深夜(しんや) 심야

훈독 よ　夜中(よなか) 한밤중　夜明け(よあけ) 새벽　月夜(つきよ) 달밤

よる　夜(よる) 밤

밤 **야**

小2　N3

南山(ナムサン)から見(み)るソウルの夜景(やけい)はきれいです。 남산에서 보는 서울의 야경은 아름답습니다.

夜中(よなか)に電話(でんわ)が鳴(な)りました。 한밤중에 전화가 울렸습니다.

1162

음독 や　野菜(やさい) 채소　野球(やきゅう) 야구　平野(へいや) 평야　分野(ぶんや) 분야

훈독 の　野(の) 들　野宿(のじゅく) 노숙　野良猫(のらねこ) 길고양이　野花(のばな) 들꽃

들/범위 **야**

小2　N3

テレビで野球(やきゅう)を見(み)るのが好(す)きです。 텔레비전으로 야구를 보는 것을 좋아합니다.

色々(いろいろ)な野花(のばな)が咲(さ)いています。 다양한 들꽃이 피어 있습니다.

1163

음독 や　冶金(やきん) 야금(광석에서 금속을 골라내는 일)　冶金学(やきんがく) 야금학

예외 鍛冶(かじ) 대장일　鍛冶師(かじし) 대장장이

불릴 **야**

中　급수 외

兄(あに)は大学院(だいがくいん)で冶金(やきん)の研究(けんきゅう)をしています。 형은 대학원에서 야금 연구를 하고 있습니다.

祖父(そふ)は若(わか)い頃(ころ)、鍛冶師(かじし)でした。 할아버지는 젊었을 적 대장장이였습니다.

1164

음독 じゃく　強弱(きょうじゃく) 강약　弱点(じゃくてん) 약점　弱者(じゃくしゃ) 약자　貧弱(ひんじゃく) 빈약함

훈독 よわい　弱い(よわい) 약하다　弱気(よわき) 마음이 약함, 약세　弱虫(よわむし) 겁쟁이

よわまる/よわめる　弱まる(よわまる) 약해지다　弱める(よわめる) 약하게 하다

よわる　弱る(よわる) ①약해지다 ②난처해지다

弱

약할 약

小2 N3

彼(かれ)は小(ち)さい時(とき)から体(からだ)が貧弱(ひんじゃく)です。그는 어렸을 때부터 몸이 빈약합니다.

運動不足(うんどうぶそく)で体(からだ)が弱(よわ)くなりました。운동부족으로 몸이 약해졌습니다.

1165

음독 やく　薬品(やくひん) 약품　薬物(やくぶつ) 약물　試薬(しやく) 시약　火薬(かやく) 화약

훈독 くすり　薬(くすり) 약　薬指(くすりゆび) 약지　胃薬(いぐすり) 위장약　塗薬(ぬりぐすり) 바르는 약

藥

약 약

小3 N3

この薬品(やくひん)は危(あぶ)ないですから、さわらないでください。
이 약품은 위험하니까 만지지 마세요.

薬(くすり)は食前(しょくぜん)に飲(の)んでください。약은 식전에 드세요.

1166

음독 やく　約束(やくそく) 약속　予約(よやく) 예약　契約(けいやく) 계약　要約(ようやく) 요약

맺을/줄일 약

小4 N2

レストランを予約(よやく)しておきましょう。레스토랑을 예약해 둡시다.

会社(かいしゃ)と契約書(けいやくしょ)を交(か)わしました。회사와 계약서를 교환했습니다.

1167

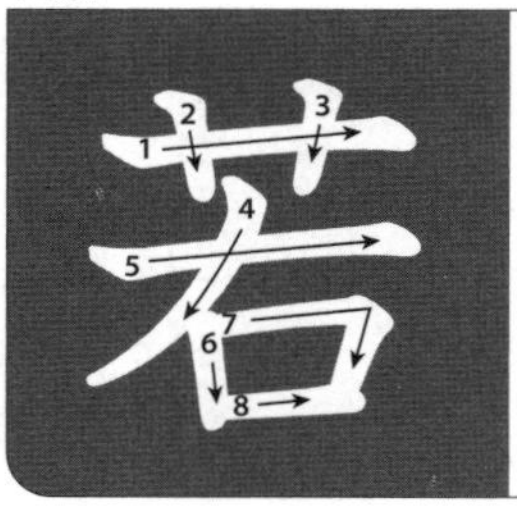

음독 じゃく　若輩(じゃくはい) 젊은이　若干(じゃっかん) 약간　若年(じゃくねん) 나이가 젊음, 약년

にゃく　老若男女(ろうにゃくなんにょ) 남녀노소

훈독 わかい　若い(わかい) 젊다　若々しい(わかわかしい) 아주 젊어 보이다　若者(わかもの) 젊은이

もしくは　若しくは(もしくは) 혹은, 또는, 그렇지 않으면

若

어릴 약

小6 N2

老若男女(ろうにゃくなんにょ)の意見(いけん)を聞(き)きます。남녀노소의 의견을 듣습니다.

弘大(ホンデ)は若者(わかもの)の町(まち)です。홍대는 젊은이의 거리입니다.

1168

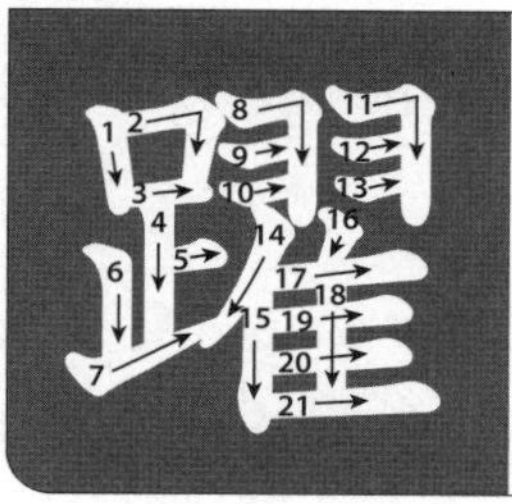

음독 やく　躍動(やくどう) 약동　躍起(やっき) 애가 타서 안달함, 기를 씀　飛躍(ひやく) 비약　一躍(いちやく) 일약

훈독 おどる　躍(おど)る ①뛰어오르다 ②설레다

躍

뛸 **약**

中 N2

その映画(えいが)で彼(かれ)は一躍(いちやく)、有名(ゆうめい)になりました。 그 영화로 그는 일약 유명해졌습니다.

初(はじ)めての海外旅行(かいがいりょこう)で胸(むね)が躍(おど)ります。 첫 해외여행에 가슴이 설렙니다.

1169

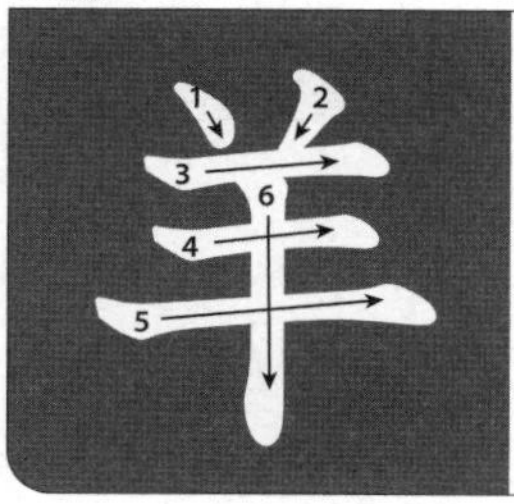

음독 よう　羊毛(ようもう) 양모, 양털　羊羹(ようかん) 양갱　牧羊(ぼくよう) 목양, 양을 침　綿羊(めんよう) 면양(양의 종류)

훈독 ひつじ　羊(ひつじ) 양　子羊(こひつじ) 어린 양　羊飼(ひつじか)い 양치기, 목동

양 **양**

小3 N1

羊毛(ようもう)でジャケットを作(つく)ります。 양털로 재킷을 만듭니다.

牧場(ぼくじょう)にはたくさんの羊(ひつじ)がいます。 목장에는 많은 양이 있습니다.

1170

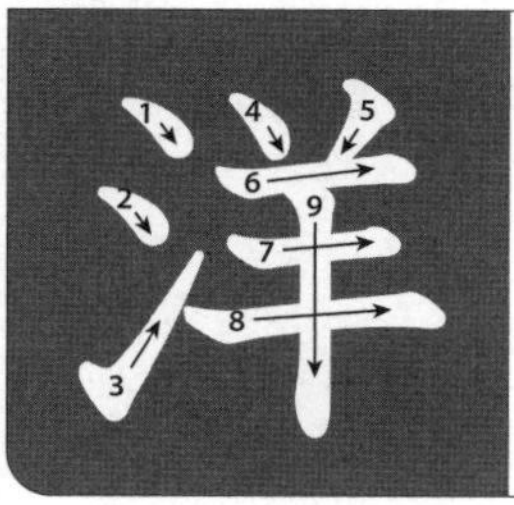

음독 よう　洋食(ようしょく) 양식　洋風(ようふう) 서양식　洋式(ようしき) 서양식　太平洋(たいへいよう) 태평양

큰 바다/서양 **양**

小3 N3

近所(きんじょ)に洋食(ようしょく)のお店(みせ)があります。 근처에 양식 가게가 있습니다.

台風(たいふう)が太平洋(たいへいよう)を北上(ほくじょう)しています。 태풍이 태평양을 북상하고 있습니다.

1171

음독 よう　陽性(ようせい) 양성　陽気(ようき) 명랑함　太陽(たいよう) 태양　陰陽(いんよう) 음양

볕 **양**

小3 N2

田中(たなか)さんは陽気(ようき)な性格(せいかく)です。 다나카 씨는 명랑한 성격입니다.

太陽(たいよう)の光(ひかり)がまぶしいです。 태양 빛이 눈부십니다.

1172

음독 **よう** 様子(ようす) 모습, 상황　様式(ようしき) 양식　模様(もよう) 무늬, 상황, 형편
同様(どうよう) 같음, 마찬가지임

훈독 **さま** 様(さま) ①상태, 모습 ②방법 ③(2인칭)당신, 님　様々(さまざま) 여러 가지
奥様(おくさま) 남의 아내의 높임말, 부인　皆様(みなさま) 여러분

様

모양 **양**
小3 N2

水玉模様(みずたまもよう)のワンピースを着(き)ています。 물방울 무늬의 원피스를 입고 있습니다.
皆様(みなさま)、こんにちは。 여러분, 안녕하세요.

1173

음독 **よう** 養殖(ようしょく) 양식(기르고 번식시키는 일)　養育(よういく) 양육　栄養(えいよう) 영양
教養(きょうよう) 교양

훈독 **やしなう** 養(やしな)う 양육하다, 기르다

기를 **양**
小4 N1

成長期(せいちょうき)は栄養(えいよう)バランスの良(よ)い食事(しょくじ)が必要(ひつよう)です。
성장기는 균형 잡힌 영양의 식사가 필요합니다.
牧場(ぼくじょう)で豚(ぶた)を養(やしな)っています。 목장에서 돼지를 기르고 있습니다.

1174

음독 **よう** 揚水(ようすい) 양수(물을 퍼 올림)　揚力(ようりょく) 양력, 부양력　高揚(こうよう) 고양, 드높임

훈독 **あげる** 揚(あ)げる ①올리다 ②튀기다
あがる 揚(あ)がる 튀겨지다

날릴/올릴 **양**
中 N1

ワインを飲(の)んだら、気分(きぶん)が高揚(こうよう)してきました。 와인을 마셨더니 기분이 고양되었습니다.
天(てん)ぷらを揚(あ)げて食(た)べました。 튀김을 튀겨서 먹었습니다.

Tip 0068 あがる 참조

1175

음독 **よう** 腫瘍(しゅよう) 종양　潰瘍(かいよう) 궤양　胃潰瘍(いかいよう) 위궤양
膿瘍(のうよう) 농양(신체의 조직 속에 고름이 괴는 증세)

헐 **양**
中 급수 외

肺(はい)に腫瘍(しゅよう)が見(み)つかりました。 폐에 종양이 발견되었습니다.
検査(けんさ)の結果(けっか)は胃潰瘍(いかいよう)でした。 검사 결과는 위궤양이었습니다.

1176

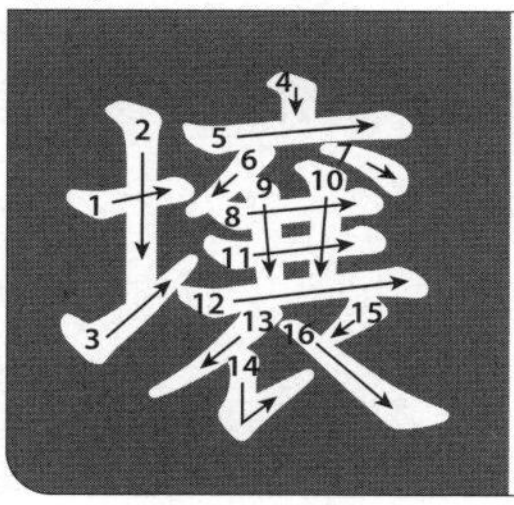

음독 じょう　土壌(どじょう) 토양

壌

흙덩이 **양**

中 N1

じゃがいもの栽培(さいばい)に適(てき)した土壌(どじょう)を作(つく)ります。 감자 재배에 적합한 토양을 만듭니다.

1177

음독 じょう　お嬢(じょう)さん 아가씨　令嬢(れいじょう) 영애, 따님　案内嬢(あんないじょう) 안내양

嬢

아가씨 **양**

中 N1

あの、お嬢(じょう)さん。ハンカチを落(お)としましたよ。 저기, 아가씨. 손수건을 떨어뜨렸어요.

あの女性(じょせい)は社長(しゃちょう)の令嬢(れいじょう)です。 저 여성은 사장님의 따님입니다.

1178

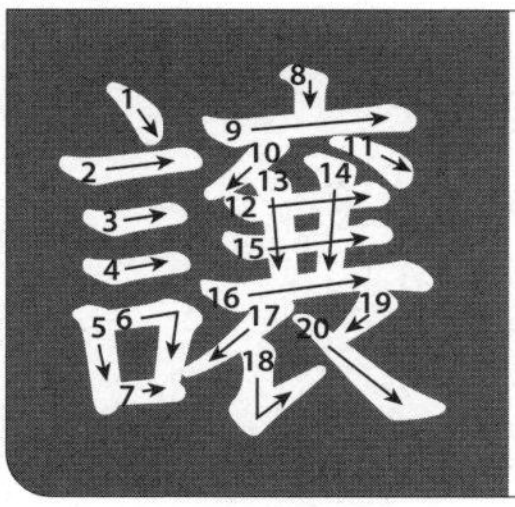

음독 じょう　譲歩(じょうほ) 양보　譲渡(じょうと) 양도　分譲(ぶんじょう) 분양

割譲(かつじょう) 할양(토지 또는 물건을 쪼개서 양도함)

훈독 ゆずる　譲(ゆず)る 주다, 양도하다　親譲(おやゆず)り 부모에게서 물려받음

譲

양보할/넘겨줄 **양**

中 N1

会議(かいぎ)で両国(りょうこく)はどちらも譲歩(じょうほ)しませんでした。
회의에서 양국은 어느 쪽도 양보하지 않았습니다.

着(き)られなくなった服(ふく)を近所(きんじょ)の子(こ)どもに譲(ゆず)りました。
못 입게 된 옷을 이웃 아이에게 주었습니다.

1179

음독 じょう　醸造(じょうぞう) 양조　醸造酒(じょうぞうしゅ) 양조주(곡류나 과실 따위를 발효시켜 만든 술)

醸成(じょうせい) 양성, (술 등) 빚음, (어떤 상황을) 조성함

훈독 かもす　醸(かも)す 빚다, 양조하다　醸(かも)し出(だ)す 자아내다, 빚어내다

醸

술빚을/조성할 **양**

中 N1

日本酒(にほんしゅ)やビール、ワインは醸造酒(じょうぞうしゅ)です。 일본주나 맥주, 와인은 양조주입니다.

ピアノの演奏(えんそう)が楽(たの)しい雰囲気(ふんいき)を醸(かも)し出(だ)しています。
피아노 연주가 즐거운 분위기를 자아내고 있습니다.

1180

음독 **ぎょ** 金魚(きんぎょ) 금붕어 人魚(にんぎょ) 인어 熱帯魚(ねったいぎょ) 열대어 魚介類(ぎょかいるい) 어패류

훈독 **さかな** 魚(さかな) 물고기, 생선 魚屋(さかなや) 생선가게

うお 魚市場(うおいちば) 어시장 魚の目(うおのめ) 티눈

물고기 **어**

小2 N4

『人魚姫(にんぎょひめ)』の話(はなし)は悲(かな)しいです。『인어공주』 이야기는 슬픕니다.

築地(つきじ)には大(おお)きな魚市場(うおいちば)があります。 쓰키지에는 큰 어시장이 있습니다.

1181

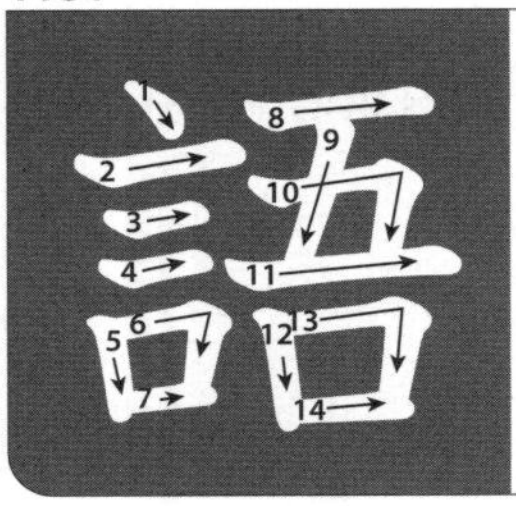

음독 **ご** 言語(げんご) 언어 語学(ごがく) 어학 語彙(ごい) 어휘 日本語(にほんご) 일본어

훈독 **かたる** 語る(かたる) 말하다, 이야기하다 物語(ものがたり) 이야기, 소설

かたらう 語らう(かたらう) 이야기하다

말씀 **어**

小2 N4

難(むずか)しい語彙(ごい)は覚(おぼ)えなくてもいいです。 어려운 어휘는 외우지 않아도 됩니다.

『源氏物語(げんじものがたり)』は有名(ゆうめい)な古典(こてん)です。『겐지이야기』는 유명한 고전입니다.

1182

음독 **ぎょ** 漁業(ぎょぎょう) 어업 漁場(ぎょじょう) 어장 漁船(ぎょせん) 어선

りょう 漁師(りょうし) 어부

고기 잡을 **어**

小4 N2

港(みなと)に漁船(ぎょせん)がとまっています。 항구에 어선이 정박해 있습니다.

父(ちち)は漁師(りょうし)です。 아버지는 어부입니다.

1183

음독 **ぎょ** 御璽(ぎょじ) 옥새 崩御(ほうぎょ) 붕어, 승하

制御(せいぎょ) 제어(상대편을 억눌러서 다룸, 기계 따위를 조절함)

ご 御用(ごよう) 볼일, 용건

훈독 **おん** 御社(おんしゃ) 귀사 御中(おんちゅう) 귀중 御曹司(おんぞうし) (명문·자산가의) 자제, 상속자

거느릴 **어**

中 N2

車(くるま)の速度(そくど)をコンピューターで制御(せいぎょ)します。 차 속도를 컴퓨터로 제어합니다.

渡辺(わたなべ)さんは御曹司(おんぞうし)のお嫁(よめ)さんになりました。
와타나베 씨는 명문가 자제의 신부가 되었습니다.

1184

음독 おく　一億(いちおく) 일억　数億(すうおく) 수억　億万長者(おくまんちょうじゃ) 억만장자

억 **억**

小4　N2

日本(にほん)には約(やく)1億(おく)3000万人(まんにん)の人(ひと)が住(す)んでいます。
일본에는 약 1억 3천만 명의 사람이 살고 있습니다.

都心(としん)で家(いえ)を建(た)てるには数億円(すうおくえん)かかります。 도심에서 집을 지으려면 수억 엔 듭니다.

1185

음독 よく　抑制(よくせい) 억제　抑圧(よくあつ) 억압　抑揚(よくよう) 억양
抑止(よくし) 억지, 억제

훈독 おさえる　抑(おさ)える 억누르다, 참다

누를 **억**

中　N1

独裁者(どくさいしゃ)が市民(しみん)を抑圧(よくあつ)しています。 독재자가 시민을 억압하고 있습니다.

怒(いか)りを必死(ひっし)に抑(おさ)えました。 분노를 필사적으로 참았습니다.

1186

음독 おく　憶測(おくそく) 억측　憶説(おくせつ) 억설　記憶(きおく) 기억　追憶(ついおく) 추억

생각할 **억**

中　N1

憶測(おくそく)で発言(はつげん)しないでください。 억측으로 발언하지 마세요.

酒(さけ)を飲(の)みすぎて、昨夜(さくや)の記憶(きおく)がありません。
과음해서 어젯밤 기억이 없습니다.

1187

음독 おく　臆(おく)する 겁내다　臆病(おくびょう) 겁이 많음　臆病者(おくびょうもの) 겁쟁이
臆面(おくめん) 기가 죽은 모양, 주눅든 얼굴

겁낼 **억**

中　급수 외

子(こ)どもが臆(おく)することなく犬(いぬ)をなでています。
어린아이가 겁내지 않고 개를 쓰다듬고 있습니다.

田中(たなか)さんは臆病者(おくびょうもの)です。 다나카 씨는 겁쟁이입니다.

1188

음독 **げん** 言語(げんご) 언어　発言(はつげん) 발언　方言(ほうげん) 방언, 사투리

ごん 伝言(でんごん) 전언　遺言(ゆいごん) 유언

훈독 **いう** 言(い)う 말하다　言(い)い訳(わけ) 변명

こと 言葉(ことば) 말, 언어　寝言(ねごと) 잠꼬대　一言(ひとこと) 한마디

말씀 **언**

小2　N4

日本(にほん)には方言(ほうげん)がたくさんあります。 일본에는 방언이 많이 있습니다.

言(い)い訳(わけ)を言(い)わないでください。 변명을 하지 마세요.

1189

음독 **げん** 厳禁(げんきん) 엄금　厳重(げんじゅう) 엄중　戒厳(かいげん) 계엄　威厳(いげん) 위엄

ごん 荘厳(そうごん) 장엄함

훈독 **おごそか** 厳(おごそ)か 엄숙함

きびしい 厳(きび)しい ①엄하다, 엄격하다 ②심하다

嚴

엄할 **엄**

小6　급수 외

病気(びょうき)のときのお酒(さけ)は厳禁(げんきん)です。 병에 걸렸을 때 술은 엄금입니다.

ことしの冬(ふゆ)は寒(さむ)さが厳(きび)しいです。 올 겨울은 추위가 심합니다.

1190

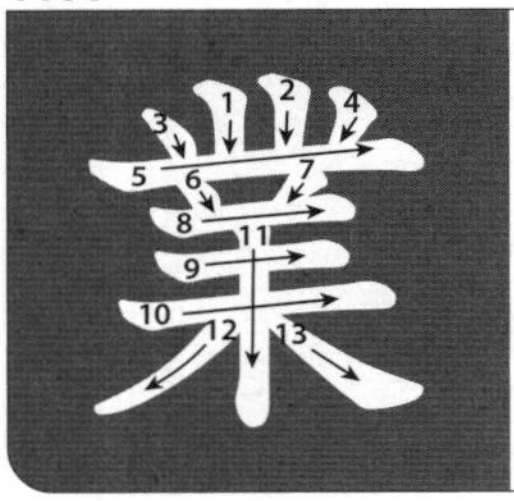

음독 **ぎょう** 業務(ぎょうむ) 업무　業種(ぎょうしゅ) 업종　授業(じゅぎょう) 수업　卒業(そつぎょう) 졸업　実業(じつぎょう) 실업

ごう 業苦(ごうく) 업고(전세의 악업 때문에 현세에서 받는 고통)

훈독 **わざ** 業(わざ) ①짓, 소행 ②일, 직업　仕業(しわざ) 짓, 소행

일/학업 **업**

小3　N3

毎日(まいにち)、5時(じ)まで授業(じゅぎょう)があります。 매일 5시까지 수업이 있습니다.

窓(まど)を割(わ)ったのは誰(だれ)の仕業(しわざ)でしょうか。 창문을 깬 것은 누구의 소행일까요?

Tip 실업

実業(じつぎょう) 공업·상업 등 경제에 관한 사업

実業家(じつぎょうか)を目指(めざ)す。 실업가를 목표로 하다.

失業(しつぎょう) 일자리를 잃거나 일할 기회를 얻지 못하는 상태

リストラで失業(しつぎょう)する。 고용정리로 일자리를 잃다.

1191

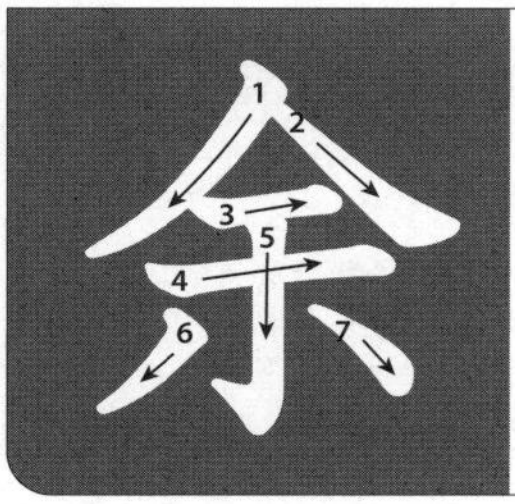

음독 よ　余命(よめい) 여명, 여생　余裕(よゆう) 여유　余白(よはく) 여백　残余(ざんよ) 잔여, 나머지

훈독 あまる　余る(あま) 남다, 넘다, 이상이다

あます　余す(あま) 남기다, 남겨 두다

남을 **여**

小5　N2

時間(じかん)の余裕(よゆう)がありません。 시간의 여유가 없습니다.

余(あま)ったお金(かね)は貯金(ちょきん)しました。 남은 돈은 저금했습니다.

1192

음독 よ　与党(よとう) 여당　給与(きゅうよ) 급여　関与(かんよ) 관여　付与(ふよ) 부여

훈독 あたえる　与える(あた) 주다

與

참여할/줄 **여**

中　N2

私(わたし)は、その事件(じけん)に関与(かんよ)していません。 저는 그 사건에 관여하지 않았습니다.

母親(ははおや)が子(こ)どもにお小遣(こづか)いを与(あた)えました。 어머니가 아이에게 용돈을 주었습니다.

1193

음독 じょ　如才(じょさい) ①빈틈, 실수 ②소홀함　突如(とつじょ) 돌연, 갑자기

にょ　如実(にょじつ) 여실(있는 그대로임)　如来(にょらい) 여래(부처의 존칭)

같을 **여**

中　N1

彼(かれ)は如才(じょさい)無(な)く、プレゼンをしました。 그는 빈틈없이 프리젠테이션을 했습니다.

不景気(ふけいき)の影響(えいきょう)が如実(にょじつ)に現(あらわ)れています。 불경기의 영향이 여실히 나타나고 있습니다.

1194

음독 やく　役者(やくしゃ) 배우　役割(やくわり) 역할　市役所(しやくしょ) 시청　主役(しゅやく) 주역, 주연

役に立つ(やく)(た) 도움이 되다

えき　兵役(へいえき) 병역

직무 **역**

小3　N2

今度(こんど)、劇(げき)で主役(しゅやく)をすることになりました。 이번 연극에서 주연을 하게 되었습니다.

この本(ほん)はダイエットの役(やく)に立(た)ちます。 이 책은 다이어트에 도움이 됩니다.

1195

음독 **えき** 駅(えき) 역　駅員(えきいん) 역무원　駅舎(えきしゃ) 역사, 정거장 건물　駅長(えきちょう) 역장

驛

역 **역**

小3 N4

私(わたし)の家(いえ)は駅(えき)から遠(とお)いです。저의 집은 역에서 멉니다.

田舎(いなか)に古(ふる)い駅舎(えきしゃ)があります。시골에 낡은 역사가 있습니다.

1196

음독 **えき** 易者(えきしゃ) 점쟁이　交易(こうえき) 교역, 무역　貿易(ぼうえき) 무역

い 容易(ようい) 용이, 손쉬움　難易(なんい) 난이(어려움과 쉬움)

훈독 **やさ**しい 易(やさ)しい 쉽다, 용이하다

바꿀 **역** / 쉬울 **이**

小5 N2

教師(きょうし)になるのは容易(ようい)ではありません。교사가 되는 것은 쉽지 않습니다.

試験問題(しけんもんだい)はとても易(やさ)しかったです。시험문제는 매우 쉬웠습니다.

1197

음독 **ぎゃく** 逆転(ぎゃくてん) ①역전 ②공중제비　逆転勝(ぎゃくてんが)ち 역전승　逆流(ぎゃくりゅう) 역류　逆効果(ぎゃくこうか) 역효과　反逆(はんぎゃく) 반역

훈독 **さか** 逆立(さかだ)ち 물구나무서기

さからう 逆(さか)らう 거역하다, 거스르다, 반항하다

거스릴/거꾸로 **역**

小6 N2

試合(しあい)で逆転勝(ぎゃくてんが)ちしました。시합에서 역전승했습니다.

上司(じょうし)に逆(さか)らうことができません。상사를 거역할 수가 없습니다.

1198

음독 **いき** 地域(ちいき) 지역　区域(くいき) 구역　領域(りょういき) 영역　全域(ぜんいき) 전역

지경 **역**

小6 N2

「アリラン」は地域(ちいき)によって違(ちが)います。'아리랑'은 지역에 따라 다릅니다.

韓国全域(かんこくぜんいき)で雪(ゆき)が降(ふ)っています。한국 전역에서 눈이 내리고 있습니다.

1199

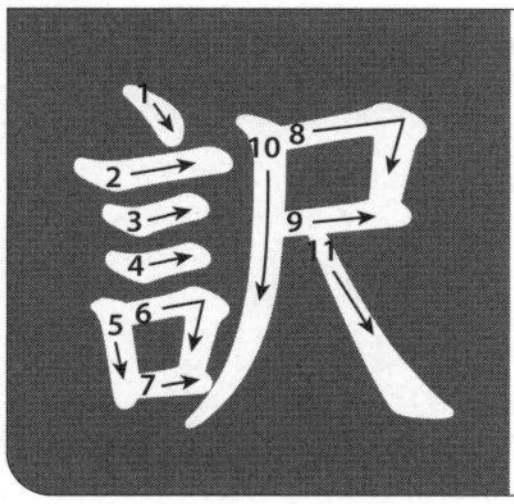

음독 やく　訳本(やくほん) 역본, 번역한 책　翻訳(ほんやく) 번역　通訳(つうやく) 통역　直訳(ちょくやく) 직역

훈독 わけ　訳(わけ) 까닭, 이유, 도리, 이치　言(い)い訳(わけ) 변명, 해명

譯

번역할 **역**

小6　N1

今(いま)、通訳(つうやく)の仕事(しごと)をしています。 지금, 통역일을 하고 있습니다.

遅(おく)れた訳(わけ)を話(はな)してください。 늦은 이유를 말해 주세요.

1200

음독 えき　疫病(えきびょう) 역병　疫学(えきがく) 역학　検疫(けんえき) 검역　免疫(めんえき) 면역

やく　疫病神(やくびょうがみ) 역귀(전염병을 퍼뜨리는 귀신)

전염병 **역**

中　N1

空港(くうこう)で検疫(けんえき)を受(う)けました。 공항에서 검역을 받았습니다.

エイズは免疫(めんえき)が働(はたら)かなくなる病気(びょうき)です。 에이즈는 면역력이 저하되는 병입니다.

1201

음독 けん　研究(けんきゅう) 연구　研修(けんしゅう) 연수　研磨(けんま) 연마　研鑽(けんさん) 연찬(깊이 연구함)

훈독 とぐ　研(と)ぐ ①갈다, 윤을 내다 ②(곡식을) 씻다

硏

갈 **연**

小3　N3

兄(あに)は新薬(しんやく)の研究(けんきゅう)をしています。 형은 신약 연구를 하고 있습니다.

米(こめ)を研(と)いで、ご飯(はん)を炊(た)きました。 쌀을 씻어서 밥을 지었습니다.

1202

음독 ぜん　自然(しぜん) 자연　当然(とうぜん) 당연함　全然(ぜんぜん) 전혀, 조금도

ねん　天然(てんねん) 천연

그럴 **연**

小4　N2

たいせつな自然(しぜん)を守(まも)りましょう。 소중한 자연을 지킵시다.

ツルは天然記念物(てんねんきねんぶつ)です。 학은 천연기념물입니다.

1203

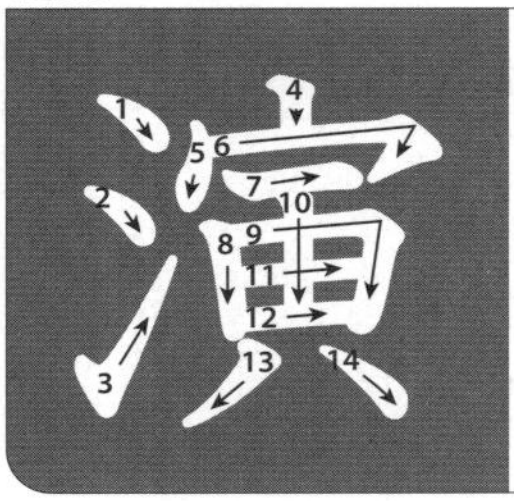

음독 **えん** 演説(えんぜつ) 연설 演技(えんぎ) 연기 開演(かいえん) 개연(그 날의 프로그램을 개시함)
公演(こうえん) 공연 演(えん)じる 연기하다

설명할/연기할 **연**

小5 N2

公演(こうえん)は午後(ごご)7時(じ)からです。 공연은 오후 7시부터입니다.

悪役(あくやく)を演(えん)じるのは難(むずか)しいです。 악역을 연기하는 것은 어렵습니다.

1204

음독 **ねん** 燃料(ねんりょう) 연료 燃焼(ねんしょう) 연소, 탐 可燃(かねん) 가연 不燃(ふねん) 불연, 타지 않음

훈독 **もえる** 燃(も)える 타다, 피어오르다
もやす 燃(も)やす 태우다, 어떤 의욕·감정을 고조시키다
もす 燃(も)す 태우다, 타게 하다

탈 **연**

小5 N2

残(のこ)りの燃料(ねんりょう)があまりありません。 남은 연료가 별로 없습니다.

燃(も)えないゴミはここに捨(す)ててください。 타지 않는 쓰레기는 여기에 버려 주세요.

1205

음독 **えん** 延長(えんちょう) 연장 延期(えんき) 연기 延滞(えんたい) 연체 遅延(ちえん) 지연

훈독 **のびる** 延(の)びる 연장되다, 연기되다, 늘어나다
のべる 延(の)べる 펴다, 뻗치다
のばす 延(の)ばす 연장하다, 연기하다

늘일 **연**

小6 N2

運動会(うんどうかい)は延期(えんき)になりました。 운동회는 연기되었습니다.

出発(しゅっぱつ)の日(ひ)が延(の)びました。 출발일이 연기되었습니다.

Tip 1107 のばす 参조

1206

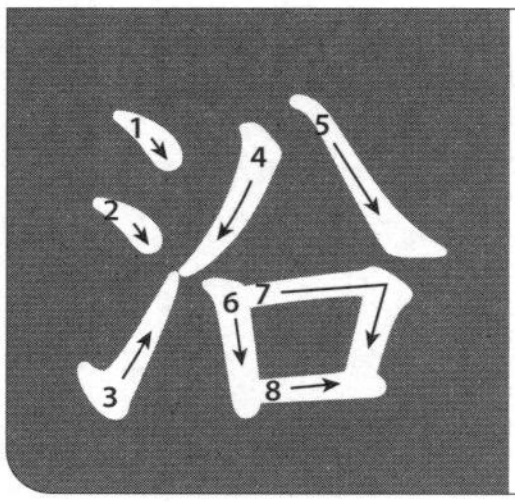

음독 **えん** 沿岸(えんがん) 연안 沿革(えんかく) 연혁, 변천 沿線(えんせん) 연선(선로를 따라서 있는 땅)
沿道(えんどう) 연도(큰 도로 좌우에 연하여 있는 곳), 길가

훈독 **そう** 沿(そ)う 따르다, 좇다 川沿(かわぞ)い 강을 낌, 강가
山沿(やまぞ)い 산기슭, 산간지역

沿

물 따라갈 **연**

小6 N1

沿道(えんどう)でマラソンの応援(おうえん)をしました。 길가에서 마라톤 응원을 했습니다.

川(かわ)に沿(そ)って散歩道(さんぽみち)があります。 강을 따라 산책로가 있습니다.

1207

음독 えん　宴会(えんかい) 연회　宴席(えんせき) 연회석　披露宴(ひろうえん) 피로연　酒宴(しゅえん) 술자리

잔치 **연**

中　N1

宴席(えんせき)でスピーチをすることになりました。연회석에서 연설을 하게 되었습니다.

新婦(しんぷ)は披露宴(ひろうえん)で赤(あか)いドレスを着(き)ました。신부는 피로연에서 빨간 드레스를 입었습니다.

1208

음독 なん　軟骨(なんこつ) 연골　軟膏(なんこう) 연고　軟禁(なんきん) 연금　柔軟(じゅうなん) 유연함

훈독 やわらか　軟(やわ)らか 유연함, 폭신함

やわらかい　軟(やわ)らかい ①부드럽다 ②온화하다

연할 **연**

中　N2

もっと柔軟(じゅうなん)に考(かんが)えてみましょう。좀 더 유연하게 생각해 봅시다.

この仏像(ぶつぞう)は軟(やわ)らかい表情(ひょうじょう)をしています。이 불상은 온화한 표정을 짓고 있습니다.

Tip やわらかい

軟(やわ)らかい 온화하다

軟(やわ)らかい人(ひと)。온화한 사람.

柔(やわ)らかい 부드럽다

柔(やわ)らかいパン。부드러운 빵.

1209

음독 えん　煙突(えんとつ) 굴뚝　煙幕(えんまく) 연막　禁煙(きんえん) 금연　喫煙(きつえん) 흡연

훈독 けむり/けむる　煙(けむり) 연기　煙(けむ)る 연기가 나다

けむい/けむたい　煙(けむ)い・煙(けむ)たい (연기가) 맵다, 매캐하다

煙

연기 **연**

中　N2

この道路(どうろ)は禁煙区域(きんえんくいき)です。이 도로는 금연구역입니다.

タバコの煙(けむり)が煙(けむ)たいです。담배 연기가 매캐합니다.

1210

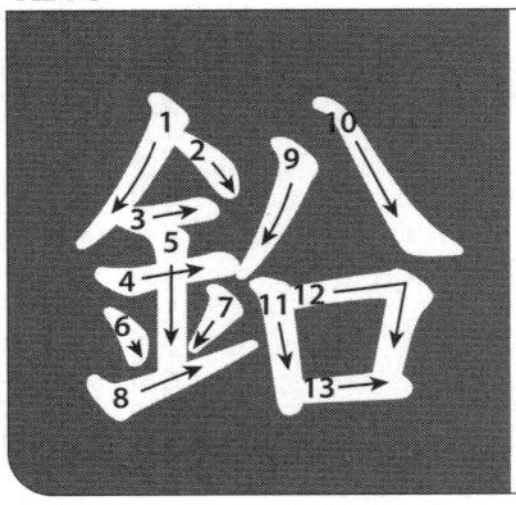

음독 **えん**　鉛筆(えんぴつ) 연필　亜鉛(あえん) 아연　黒鉛(こくえん) 흑연

훈독 **なまり**　鉛(なまり) 납　鉛中毒(なまりちゅうどく) 납중독

鉛

납 **연**

中　N1

鉛筆(えんぴつ)を使(つか)う機会(きかい)が減(へ)りました。 연필을 사용하는 기회가 줄었습니다.

鉛(なまり)は中毒(ちゅうどく)を引(ひ)き起(お)こすことがあります。 납은 중독을 야기하는 경우가 있습니다.

1211

음독 **えん**　縁側(えんがわ) 마루, 툇마루　縁談(えんだん) 혼담　絶縁(ぜつえん) 절연

예외 因縁(いんねん) 인연

훈독 **ふち**　縁(ふち) 테두리, 둘레　額縁(がくぶち) 액자

緣

인연/가장자리 **연**

中　급수 외

縁側(えんがわ)に座(すわ)って、お茶(ちゃ)を飲(の)みました。 툇마루에 앉아 차를 마셨습니다.

賞状(しょうじょう)を額縁(がくぶち)に入(い)れて、飾(かざ)りました。 상장을 액자에 넣어서 장식했습니다.

1212

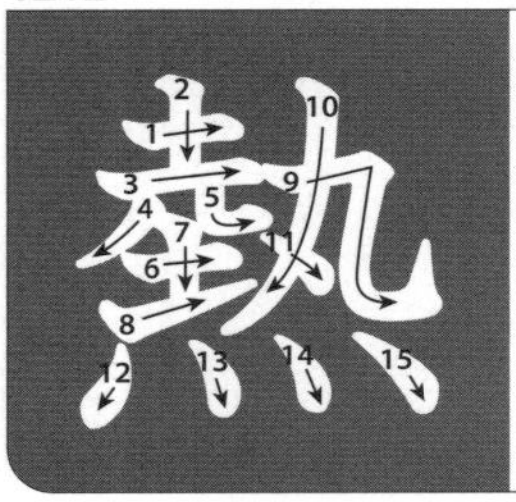

음독 **ねつ**　熱心(ねっしん) 열심　熱湯(ねっとう) 열탕　解熱(げねつ) 해열　加熱(かねつ) 가열

훈독 **あつい**　熱(あつ)い 뜨겁다

더울 **열**

小4　N2

解熱剤(げねつざい)をください。 해열제를 주세요.

熱(あつ)いので、気(き)をつけてください。 뜨거우니까 조심하세요.

Tip 0924 あつい 참조

1213

음독 **えつ**　満悦(まんえつ) 만족하여 기뻐함　法悦(ほうえつ) 황홀한 상태·기분

悅

기쁠 **열**

中　N1

おいしい物(もの)をたくさん食(た)べて満悦(まんえつ)しました。 맛있는 것을 많이 먹고 만족했습니다.

彼女(かのじょ)は美(うつく)しい音楽(おんがく)を聞(き)きながら法悦(ほうえつ)にひたりました。
그녀는 아름다운 음악을 들으면서 황홀한 기분에 잠겼습니다.

1214

음독 **えつ** 閲覧(えつらん) 열람 閲覧室(えつらんしつ) 열람실 検閲(けんえつ) 검열 校閲(こうえつ) 교열

閱

볼 **열**

中 N1

閲覧室(えつらんしつ)は午前(ごぜん)9時(じ)から午後(ごご)7時(じ)まで開(あ)いています。
열람실은 오전 9시부터 오후 7시까지 열려 있습니다.

刑務官(けいむかん)が郵便物(ゆうびんぶつ)を検閲(けんえつ)します。 교도관이 우편물을 검열합니다.

1215

음독 **えん** 塩分(えんぶん) 염분 塩田(えんでん) 염전 食塩(しょくえん) 식염 岩塩(がんえん) 암염(돌소금)

훈독 **しお** 塩(しお) 소금 塩辛(しおから)い 짜다

鹽

소금 **염**

小4 N2

塩分(えんぶん)の取(と)りすぎはよくありません。 지나친 염분 섭취는 좋지 않습니다.

塩(しお)を少(すこ)し入(い)れると、おいしいです。 소금을 조금 넣으면 맛있습니다.

1216

음독 **せん** 染色(せんしょく) 염색 染料(せんりょう) 염료, 물감 感染(かんせん) 감염 汚染(おせん) 오염

훈독 **そめる** 染(そ)める ①물들이다, 염색하다 ②마음에 깊이 느끼다

そまる 染(そ)まる ①물들다, 염색되다 ②감화되다

しみる 染(し)みる 배다, 번지다, 물들다

しみ 染(し)み 얼룩, 검버섯

물들 **염**

小6 N1

パソコンがウィルスに感染(かんせん)しました。 컴퓨터가 바이러스에 감염되었습니다.

髪(かみ)を黄色(きいろ)に染(そ)めました。 머리를 노란색으로 염색했습니다.

Tip 염색하다

・회화에서는 다음과 같은 경향이 있음

	布(ぬの)	髪(かみ)
染色(せんしょく)する	布(ぬの)を染色(せんしょく)する (○)	髪(かみ)を染色(せんしょく)する (×)
染(そ)める	布(ぬの)を染(そ)める (○)	髪(かみ)を染(そ)める (○)

*주의: '머리를 염색하다'는 「髪(かみ)を染(そ)める」이다.

1217

음독 **えん** 炎症(えんしょう) 염증 炎上(えんじょう) 타오름 火炎(かえん) 화염, 불길 肺炎(はいえん) 폐렴

훈독 **ほのお** 炎(ほのお) 불꽃, 불길

불꽃 **염**

中 N1

事故(じこ)を起(お)こした車(くるま)が炎上(えんじょう)しています。 사고를 일으킨 차가 타오르고 있습니다.

暖炉(だんろ)の炎(ほのお)が燃(も)えています。 난로 불이 타고 있습니다.

1218

음독 **ねん** 捻挫(ねんざ) 염좌, 삠 捻出(ねんしゅつ) ①염출, 변통함 ②생각해 냄, 짜냄

훈독 **ひねる** 捻(ひね)る 삐다

비틀 **염**

中 급수 외

アルバイトをして学費(がくひ)を捻出(ねんしゅつ)しました。 아르바이트를 해서 학비를 변통했습니다.

足首(あしくび)を捻(ひね)って、病院(びょういん)に行(い)きました。 발목을 삐어 병원에 갔습니다.

1219

음독 **えん** 妖艶(ようえん) 요염 豊艶(ほうえん) 풍염(풍만하고 아름다움)

훈독 **つや** 艶(つや) 윤, 광택

つややか 艶(つや)やか 윤기가 돎, 반들반들함

あでやか 艶(あで)やか 품위 있게 고운 모양

なまめかしい 艶(なまめ)かしい 요염하다

고울 **염**

中 N1

その女優(じょゆう)は妖艶(ようえん)にほほえんでいました。 그 여배우는 요염하게 미소짓고 있었습니다.

靴(くつ)を磨(みが)いて、艶(つや)を出(だ)します。 구두를 닦아 광택을 냅니다.

Tip 윤기가 돌다

・회화에서는 다음과 같은 경향이 있음

	髪(かみ)	ドレス
艶(つや)やか	艶(つや)やかな髪(かみ) (○)	艶(つや)やかなドレス (×)
艶(あで)やか	艶(あで)やかな髪(かみ) (×)	艶(あで)やかなドレス (○)

*「つややか」… 윤, 광택이 있음

*「あでやか」… 색채가 풍부함, 화려함

ㅇ

1220

음독 よう　紅葉(こうよう) 홍엽, 단풍(もみじ로도 읽음)　落葉(らくよう) 낙엽　針葉樹(しんようじゅ) 침엽수　広葉樹(こうようじゅ) 활엽수

훈독 は　葉(は) 잎, 잎사귀　葉書(はがき) 엽서　落ち葉(おちば) 낙엽　言葉(ことば) 말, 언어, 단어

葉

잎 **엽**

小3 N2

秋(あき)は紅葉(こうよう)が美(うつく)しいです。 가을은 단풍이 아름답습니다.

落(お)ち葉(ば)を拾(ひろ)って、しおりにします。 낙엽을 주워서 책갈피로 합니다.

1221

음독 えい　泳法(えいほう) 수영법　水泳(すいえい) 수영　競泳(きょうえい) 경영(수영을 겨룸)　遠泳(えんえい) 원영(장거리 수영)

훈독 およぐ　泳(およ)ぐ 헤엄치다　平泳(ひらおよ)ぎ 평영　背泳(せおよ)ぎ 배영

헤엄칠 **영**

小3 N2

韓国(かんこく)の水泳選手(すいえいせんしゅ)が金(きん)メダルをとりました。 한국의 수영선수가 금메달을 땄습니다.

私(わたし)の得意(とくい)な泳(およ)ぎは平泳(ひらおよ)ぎです。 내가 잘하는 수영은 평영입니다.

1222

음독 えい　英語(えいご) 영어　英国(えいこく) 영국　英雄(えいゆう) 영웅　英才(えいさい) 영재

英

영국/뛰어날 **영**

小4 N3

英語(えいご)の勉強(べんきょう)はたいせつです。 영어 공부는 중요합니다.

ナポレオンはフランスの英雄(えいゆう)です。 나폴레옹은 프랑스의 영웅입니다.

1223

음독 えい　栄光(えいこう) 영광　栄養(えいよう) 영양　光栄(こうえい) 영광　繁栄(はんえい) 번영

훈독 さかえる　栄(さか)える 번영하다, 번창하다

はえ　栄(は)え 영광, 영예　見栄(みば)え 볼품이 좋음, 좋게 보임

榮

영광/번성할 **영**

小4 N2

お会(あ)いできて、とても光栄(こうえい)です。 만나 뵙게 되어 매우 영광입니다.

ローマ文化(ぶんか)が栄(さか)えた時代(じだい)はいつですか。 로마문화가 번영한 시대는 언제입니까?

1224

음독 えい　永久(えいきゅう) 영구, 영원　永遠(えいえん) 영원　永住(えいじゅう) 영주　永眠(えいみん) 영면, 죽음

훈독 ながい　永い(ながい) 영원하다, 오래다

길 **영**

小5　N2

日本(にほん)での思(おも)い出(で)は永遠(えいえん)に忘(わす)れることができません。
일본에서의 추억은 영원히 잊을 수 없습니다.

この学校(がっこう)は永い(ながい)歴史(れきし)があります。 이 학교는 오랜 역사가 있습니다.

Tip ながい

永い(ながい) 시간적으로 길다, 오래다

それが永い(ながい)別(わか)れとなった。 그것이 오랜 이별이 되었다.

長い(ながい) 공간적으로 길다

スカートを少(すこ)し長(なが)くする。 치마를 조금 길게 하다.

1225

음독 えい　営業(えいぎょう) 영업　営利(えいり) 영리　経営(けいえい) 경영　運営(うんえい) 운영

훈독 いとなむ　営む(いとなむ) 일하다, 경영하다

營

경영할 **영**

小5　N2

学生会(がくせいかい)の運営(うんえい)は大変(たいへん)です。 학생회 운영은 힘듭니다.

父(ちち)はパン屋(や)を営(いとな)んでいます。 아버지는 빵집을 운영하고 있습니다.

1226

음독 えい　映画(えいが) 영화　映像(えいぞう) 영상　上映(じょうえい) 상영　反映(はんえい) 반영

훈독 うつる　映る(うつる) ①비치다 ②조화되다

うつす　映す(うつす) ①비추다, 투영하다 ②상영하다

はえる　映える(はえる) ①빛나다, 비치다 ②잘 어울리다

비칠 **영**

小6　N3

週末(しゅうまつ)、映画(えいが)を見(み)に行(い)きました。 주말에 영화를 보러 갔습니다.

湖(みずうみ)に山(やま)が映(うつ)っています。 호수에 산이 비치고 있습니다.

Tip 0852 うつす 참조

1227

음독 **げい** 迎賓(げいひん) 영빈　迎春(げいしゅん) 영춘, 새해 맞이　歓迎(かんげい) 환영
送迎(そうげい) 송영(보내고 맞이함)

훈독 **むかえる** 迎(むか)える 맞이하다

맞을 **영**
中 N2

空港(くうこう)から送迎(そうげい)バスが運行(うんこう)しています。 공항에서 송영버스가 운행되고 있습니다.
母(はは)が還暦(かんれき)を迎(むか)えて、プレゼントをしました。 어머니가 환갑을 맞이해 선물을 했습니다.

1228

음독 **えい** 詠嘆(えいたん) 영탄　詠唱(えいしょう) 영창, 아리아　朗詠(ろうえい) 낭영, 낭송
詠(えい)ずる 읊다

훈독 **よむ** 詠(よ)む 시가를 짓다(읊다)

읊을 **영**
中 N1

文学史(ぶんがくし)の授業(じゅぎょう)で詩(し)を朗詠(ろうえい)しました。 문학사 수업에서 시를 낭송했습니다.
春(はる)になった喜(よろこ)びを俳句(はいく)に詠(よ)みました。 봄이 온 기쁨을 하이쿠로 읊었습니다.

Tip よむ

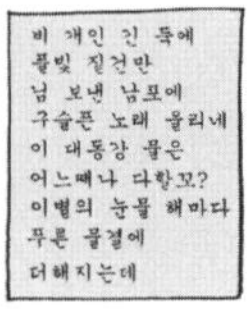

詠(よ)む 시를 짓다, 읊다
漢詩(かんし)を詠(よ)む。 한시를 읊다.

読(よ)む 읽다
新聞(しんぶん)を読(よ)む。 신문을 읽다.

1229

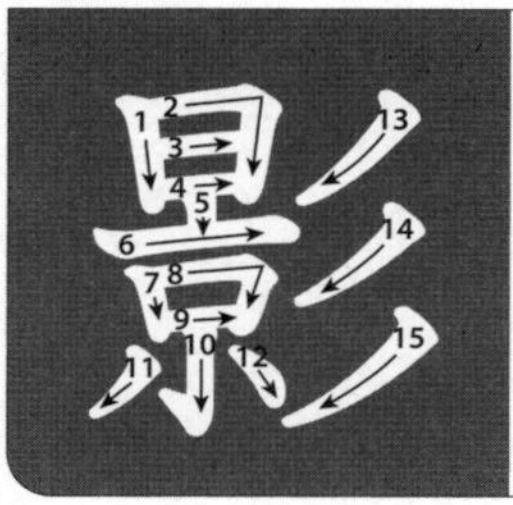

음독 **えい** 影響(えいきょう) 영향　幻影(げんえい) 환영　撮影(さつえい) 촬영
投影(とうえい) 투영(물체의 그림자를 어떤 물체 위에 비춤)

훈독 **かげ** 影(かげ) 그림자　影絵(かげえ) 그림자놀이, 실루엣
面影(おもかげ) 옛날의 흔적, 모습

그림자/모습 **영**
中 N1

俳優(はいゆう)たちがドラマの撮影(さつえい)をしています。 배우들이 드라마 촬영을 하고 있습니다.
吉田(よしだ)さんには子(こ)どもの頃(ころ)の面影(おもかげ)が残(のこ)っています。
요시다 씨에게는 어릴 적 모습이 남아 있습니다.

1230

음독 よ　予想(よそう) 예상　予約(よやく) 예약　予定(よてい) 예정　予習(よしゅう) 예습

훈독 あらかじめ　予め(あらかじめ) 미리, 사전에

豫

미리 **예**

小3　N2

ホテルの予約(よやく)をしました。 호텔 예약을 했습니다.

バスの時間(じかん)を予め(あらかじ)調(しら)べておきましょう。 버스 시간을 미리 조사해 둡시다.

1231

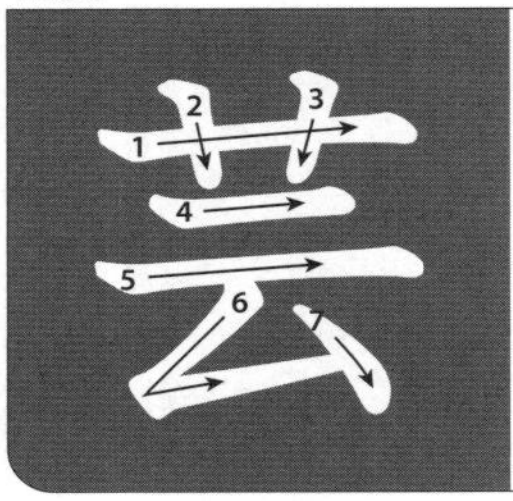

음독 げい　芸術(げいじゅつ) 예술　芸能(げいのう) 예능　工芸(こうげい) 공예

演芸(えんげい) 연예(대중 앞에서 음악·무용·마술·쇼 등을 공연함, 또는 그런 재주)

藝

재주 **예**

小4　N2

秋(あき)は芸術(げいじゅつ)の季節(きせつ)です。 가을은 예술의 계절입니다.

工芸品(こうげいひん)の展示会(てんじかい)を見(み)に行(い)きました。 공예품 전시회를 보러 갔습니다.

1232

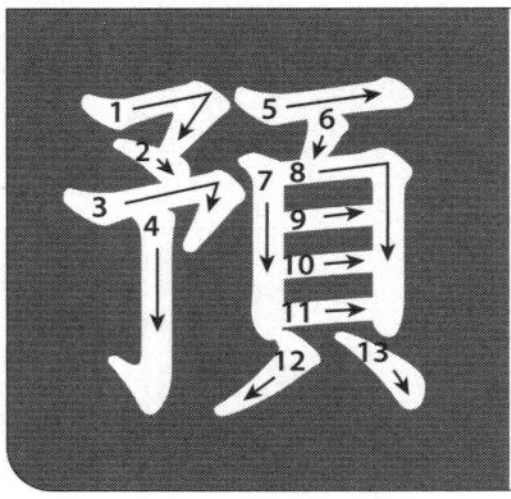

음독 よ　預金(よきん) 예금　預託(よたく) 예탁

훈독 あずける　預ける(あずける) 맡기다, 위임하다

あずかる　預かる(あずかる) 맡다, 보관하다

맡길 **예**

小6　N2

預金通帳(よきんつうちょう)を失(な)くしました。 예금통장을 잃어버렸습니다.

貴重品(きちょうひん)をフロントに預(あず)けました。 귀중품을 프런트에 맡겼습니다.

1233

음독 えい　鋭角(えいかく) 예각　鋭利(えいり) 예리함　新鋭(しんえい) 신예

精鋭(せいえい) 정예(날래고 용맹스러움, 능력이 우수하고 힘이 있음, 또는 그런 인재)

훈독 するどい　鋭い(するどい) 날카롭다, 예리하다

銳

날카로울 **예**

中　N2

暴動(ぼうどう)を精鋭部隊(せいえいぶたい)が鎮圧(ちんあつ)しました。 폭동을 정예부대가 진압했습니다.

鋭(するど)いナイフで指(ゆび)をけがしました。 날카로운 칼에 손가락을 다쳤습니다.

1234

刈

훈독 かる　刈(か)る 베다, 깎다　稲刈(いねか)り 벼 베기
丸刈(まるが)り 머리를 짧게 바싹 깎음

벨 **예**

中　N1

庭(にわ)の草(くさ)を刈(か)りました。정원의 풀을 베었습니다.
秋(あき)は稲刈(いねか)りの季節(きせつ)です。가을은 벼 베기 계절입니다.

1235

詣

음독 けい　参詣(さんけい) 참예, 참배
造詣(ぞうけい) 조예(학문·예술 등의 분야에 지식과 경험이 깊은 경지에 이름)

훈독 もうでる　詣(もう)でる 참배하다　初詣(はつもうで) 새해 첫 참배

이를/참배할 **예**

中　급수 외

彼(かれ)は西洋美術(せいようびじゅつ)についての造詣(ぞうけい)が深(ふか)いです。그는 서양미술에 대한 조예가 깊습니다.
お正月(しょうがつ)は家族(かぞく)で初詣(はつもうで)に行(い)きます。정월은 가족끼리 첫 참배를 하러 갑니다.

1236

誉

음독 よ　名誉(めいよ) 명예　不名誉(ふめいよ) 불명예　栄誉(えいよ) 영예

훈독 ほまれ　誉(ほま)れ 명예, 자랑

譽

명예 **예**

中　N1

ノーベル賞(しょう)はとても名誉(めいよ)がある賞(しょう)です。노벨상은 매우 명예가 있는 상입니다.
金(きん)メダルを取(と)った息子(むすこ)は家族(かぞく)の誉(ほま)れです。금메달을 딴 아들은 가족의 자랑입니다.

1237

五

음독 ご　五年(ごねん) 5년　五人(ごにん) 다섯 명　五時(ごじ) 다섯 시

훈독 いつ　五日(いつか) 5일
いつつ　五(いつ)つ 다섯 개

다섯 **오**

小1　N5

五月五日(ごがついつか)は子供(こども)の日(ひ)です。5월 5일은 어린이날입니다.
りんごが五(いつ)つあります。사과가 다섯 개 있습니다.

1238

음독 ご　午前(ごぜん) 오전　午後(ごご) 오후　正午(しょうご) 정오

낮 오

小2　N4

テストが午前(ごぜん)10時(じ)から始(はじ)まります。 시험이 오전 10시부터 시작됩니다.

午後(ごご)から雨(あめ)が降(ふ)るそうです。 오후부터 비가 내린다고 합니다.

1239

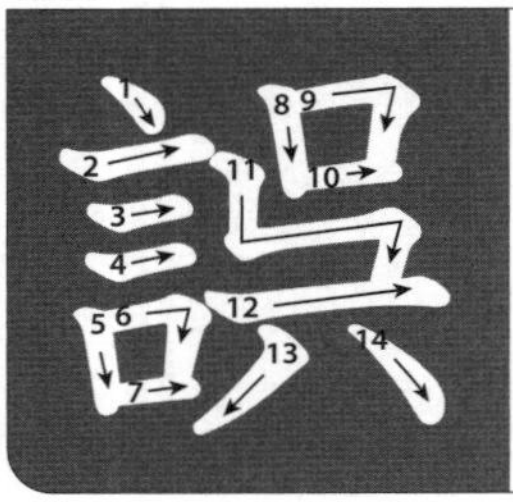

음독 ご　誤解(ごかい) 오해　誤算(ごさん) 오산, 착오　誤字(ごじ) 오자

誤読(ごどく) 오독, 잘못 읽음

훈독 あやまる　誤(あやま)る 실패하다, 실수하다, 잘못하다

誤

그르칠 오

小6　N2

キムさんは私(わたし)の話(はなし)を誤解(ごかい)しました。 김 씨는 내 말을 오해했습니다.

運転(うんてん)を誤(あやま)って、事故(じこ)を起(お)こしました。 운전을 잘못해서 사고를 일으켰습니다.

Tip 0866 あやまる 参조

1240

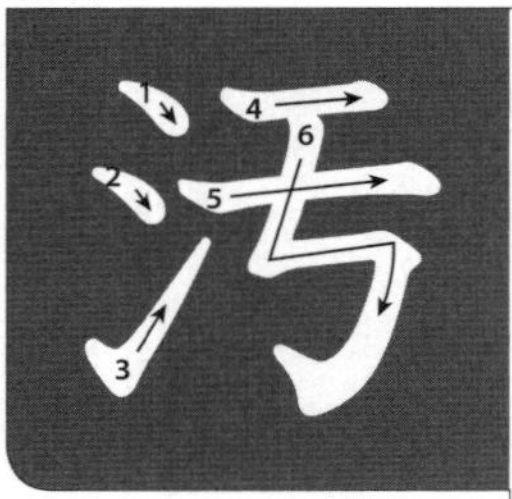

음독 お　汚染(おせん) 오염　汚水(おすい) 오수　汚点(おてん) 오점　汚名(おめい) 오명

훈독 けがす　汚(けが)す 더럽히다, 모독하다

けがれる　汚(けが)れる 더러워지다, 몸이 부정해지다

けがらわしい　汚(けが)らわしい 더럽다, 추잡스럽다

よごす　汚(よご)す 더럽히다

よごれる　汚(よご)れる 더러워지다

きたない　汚(きたな)い 더럽다, 불결하다

더러울 오

中　N2

車(くるま)の排気(はいき)ガスは大気汚染(たいきおせん)の原因(げんいん)です。 차의 배기가스는 대기오염의 원인입니다.

ソースをこぼして服(ふく)が汚(よご)れました。 소스를 쏟아서 옷이 더러워졌습니다.

古(ふる)くて汚(きたな)い靴(くつ)を捨(す)てます。 낡고 더러운 신발을 버립니다.

1241

음독 ご — 呉服(ごふく) 옷감, 포목　呉服屋(ごふくや) 포목점
呉越同舟(ごえつどうしゅう) 오월동주(서로 적의를 품은 사람들이 서로 협력하는 상황)
특이 呉市(くれし) 쿠레시　呉(く)れる 주다

呉

성씨 **오**
中 N1

呉服屋(ごふくや)は反物(たんもの)を売(う)ります。 포목점은 옷감을 팝니다.
呉市(くれし)は広島県(ひろしまけん)にあります。 쿠레시는 히로시마현에 있습니다.

1242

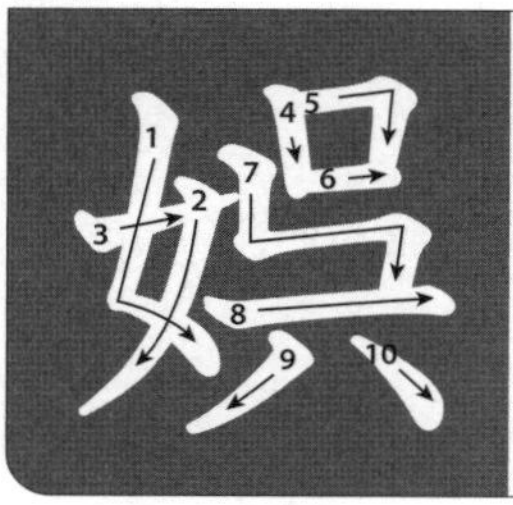

음독 ご — 娯楽(ごらく) 오락

娯

즐길 **오**
中 N1

この町(まち)には娯楽施設(ごらくしせつ)がありません。 이 마을에는 오락시설이 없습니다.

1243

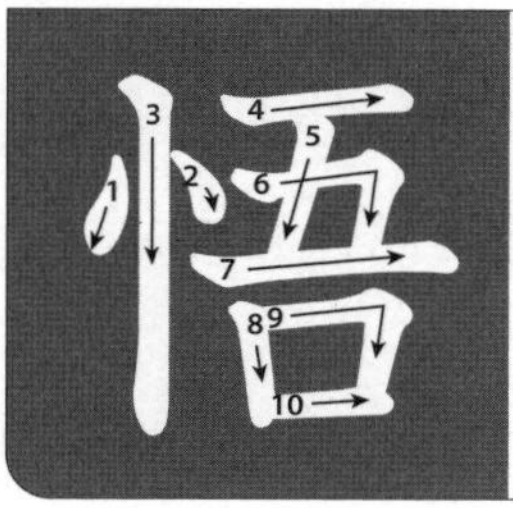

음독 ご — 覚悟(かくご) 각오　悔悟(かいご) 회오, 회개, 뉘우침
훈독 さとる — 悟(さと)る 깨닫다, 알아채다, 눈치채다

깨달을 **오**
中 N1

ふられるのを覚悟(かくご)して、プロポーズしました。 차일 것을 각오하고 프러포즈했습니다.
留守(るす)を悟(さと)られないように電気(でんき)を付(つ)けておきました。
부재중임을 눈치채지 못하도록 불을 켜 두었습니다.

1244

음독 おう — 奥義(おうぎ) 비결　秘奥(ひおう) 비오(심오한 경지)
훈독 おく — 奥(おく) 속, 깊숙한 안쪽　奥地(おくち) 오지　奥歯(おくば) 어금니　山奥(やまおく) 깊은 산속

奥

깊을 **오**
中 N2

彼(かれ)は柔道(じゅうどう)の奥義(おうぎ)を極(きわ)めています。 그는 유도의 비결을 터득했습니다.
歯医者(はいしゃ)で奥歯(おくば)を治療(ちりょう)しました。 치과에서 어금니를 치료했습니다.

1245

음독 ごう　　傲慢(ごうまん) 오만, 거만

거만할 오

中　급수 외

山崎(やまざき)さんは、いつも傲慢(ごうまん)な態度(たいど)をとります。
야마자키 씨는 언제나 거만한 태도를 취합니다.

1246

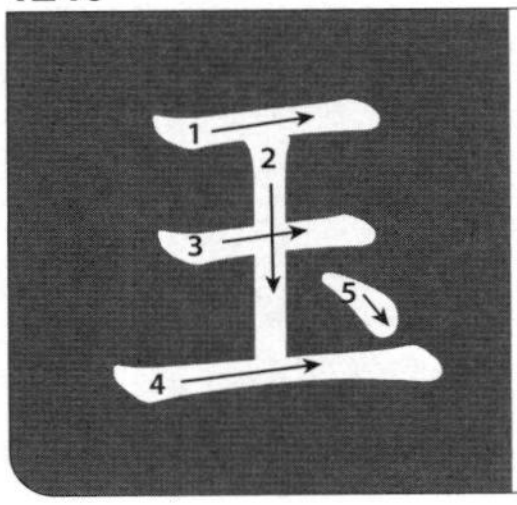

음독 ぎょく　　玉石(ぎょくせき) 옥석　玉体(ぎょくたい) 옥체

훈독 たま　　玉(たま) 옥, 보석　玉(たま)ねぎ 양파　目玉焼(めだまや)き 계란 프라이　お年玉(としだま) 세뱃돈

구슬 옥

小1　N2

王様(おうさま)の体(からだ)を玉体(ぎょくたい)といいます。 임금님의 몸을 옥체라고 합니다.

お正月(しょうがつ)にお年玉(としだま)をもらいました。 설날에 세뱃돈을 받았습니다.

1247

음독 おく　　屋上(おくじょう) 옥상　屋外(おくがい) 옥외　家屋(かおく) 가옥　社屋(しゃおく) 사옥

훈독 や　　屋根(やね) 지붕　屋台(やたい) 가판점, 포장마차　本屋(ほんや) 서점　花屋(はなや) 꽃집

집 옥

小3　N3

屋上(おくじょう)のビアガーデンがオープンしました。 옥상의 비어 가든이 오픈했습니다.

屋台(やたい)でラーメンを食(た)べました。 포장마차에서 라면을 먹었습니다.

1248

음독 よく　　沃地(よくち) 기름진 땅, 옥토　肥沃(ひよく) 비옥함　豊沃(ほうよく) 비옥함, 땅이 기름짐

기름질 옥

中　급수 외

ここは沃地(よくち)なので農作物(のうさくぶつ)がよく育(そだ)ちます。
여기는 기름진 땅이어서 농작물이 잘 자랍니다.

肥沃(ひよく)な大地(だいち)が広(ひろ)がっています。 비옥한 대지가 펼쳐져 있습니다.

1249

음독 ごく　　獄中(ごくちゅう) 옥중　獄死(ごくし) 옥사　地獄(じごく) 지옥　牢獄(ろうごく) 감옥

옥 **옥**

中　N1

その囚人(しゅうじん)は獄中(ごくちゅう)で手記(しゅき)を書(か)きました。그 죄수는 옥중에서 수기를 썼습니다.

列車事故(れっしゃじこ)の様子(ようす)は地獄(じごく)のようでした。열차사고의 모습은 지옥과 같았습니다.

1250

음독 おん　　温泉(おんせん) 온천　温水(おんすい) 온수　温度(おんど) 온도　気温(きおん) 기온

훈독 あたたかい　温(あたた)かい 따뜻하다

あたたまる　温(あたた)まる 따뜻해지다

あたためる　温(あたた)める 따뜻하게 하다, 데우다

溫

따뜻할 **온**

小3　N2

箱根(はこね)は有名(ゆうめい)な温泉地(おんせんち)です。하코네는 유명한 온천지입니다.

お風呂(ふろ)に入(はい)って体(からだ)を温(あたた)めます。목욕탕에 들어가서 몸을 따뜻하게 합니다.

Tip 0336 あたたかい 참조

1251

음독 おん　　穏当(おんとう) 온당함　穏便(おんびん) 온당하고 원만함, 모나지 않음　平穏(へいおん) 평온함

安穏(あんおん) 안온함, 조용하고 편안함(あんのん으로도 읽음)

훈독 おだやか　穏(おだ)やか 평온함, 잔잔함

穩

평온할 **온**

中　N1

田舎(いなか)で平穏(へいおん)に暮(く)らします。시골에서 평온하게 삽니다.

今日(きょう)は海(うみ)が穏(おだ)やかです。오늘은 바다가 잔잔합니다.

1252

음독 おう　　老翁(ろうおう) 늙은 남자　塞翁(さいおう)が馬(うま) 새옹지마

훈독 おきな　翁(おきな) 옹, 늙은 남자　翁舞(おきなまい) 오키나마이(노인 탈을 쓰고 하는 무용극)

翁草(おきなぐさ) 할미꽃

翁

늙은이 **옹**

中　N1

「塞翁(さいおう)が馬(うま)」は何(なに)が起(お)こるか分(わ)からないという意味(いみ)です。
'새옹지마'는 무엇이 일어날지 모른다는 뜻입니다.

翁舞(おきなまい)という舞(まい)を見(み)ました。'오키나마이'라는 춤을 봤습니다.

1253

음독 **よう**

擁護(ようご) 옹호　擁立(ようりつ) 옹립　抱擁(ほうよう) 포옹

擁(よう)する ①안다 ②소유하다

안을 **옹**

中 N1

人権擁護(じんけんようご)のための運動(うんどう)をしています。 인권옹호를 위한 운동을 하고 있습니다.

野党(やとう)は若(わか)い候補(こうほ)を擁立(ようりつ)しました。 야당은 젊은 후보를 옹립했습니다.

1254

음독 **が**

瓦礫(がれき) ①와륵(기와와 자갈) ②쓰레기　瓦解(がかい) 와해　煉瓦(れんが) 벽돌

훈독 **かわら**

瓦(かわら) 기와　瓦屋根(かわらやね) 기와 지붕

기와 **와**

中 급수 외

煉瓦(れんが)を積(つ)んで、壁(かべ)を作(つく)ります。 벽돌을 쌓아 벽을 만듭니다.

慶州(キョンジュ)には瓦屋根(かわらやね)の家(いえ)が多(おお)いです。 경주에는 기와 지붕인 집이 많습니다.

1255

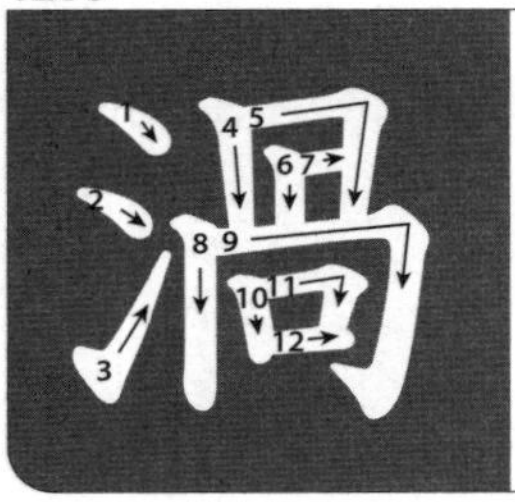

음독 **か**

渦中(かちゅう) 와중, 사건 속　戦渦(せんか) 전와(전쟁의 소용돌이)

훈독 **うず**

渦(うず) 소용돌이　渦巻(うずま)き 소용돌이

渦潮(うずしお) 소용돌이쳐 흐르는 바닷물

소용돌이 **와**

中 N1

リポーターは渦中(かちゅう)の人物(じんぶつ)にインタビューしました。
리포터는 사건 속 인물을 인터뷰 했습니다.

池(いけ)の水(みず)が渦(うず)を巻(ま)いています。 연못의 물이 소용돌이치고 있습니다.

1256

음독 **かん**

完璧(かんぺき) 완벽함　完成(かんせい) 완성　完全(かんぜん) 완전함　補完(ほかん) 보완

완전할 **완**

小4 N2

作品(さくひん)が完成(かんせい)しました。 작품이 완성되었습니다.

完璧(かんぺき)な人間(にんげん)はいません。 완벽한 인간은 없습니다.

1257

훈독 あてる　宛てる(あ) (편지를) 보내다　宛書(あてがき) 수신인 이름　宛名(あてな) 수신인 이름　宛先(あてさき) 수신인, 수신인의 주소

완연할 **완**

中 N1

山本(やまもと)さんに宛てる(あ)手紙(てがみ)を書(か)きました。야마모토 씨에게 보낼 편지를 썼습니다.

宛先(あてさき)が不明(ふめい)で手紙(てがみ)が戻(もど)りました。수신인이 불명이라 편지가 되돌아왔습니다.

1258

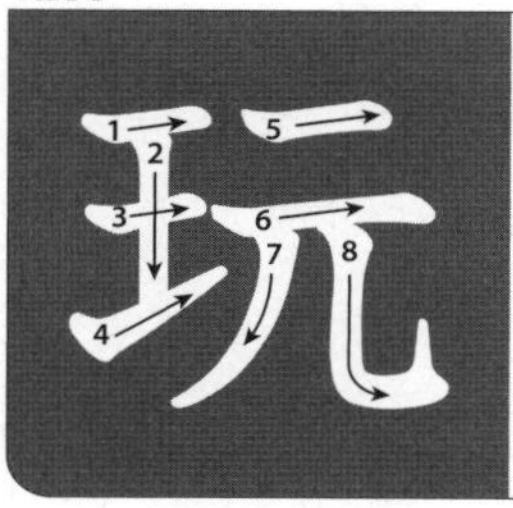

음독 がん　玩具(がんぐ) 완구, 장난감(おもちゃ로도 읽음)　愛玩(あいがん) 애완(작은 동물이나 공예품을 가까이 두고 보거나 만지며 즐김)

놀이할 **완**

中 급수 외

子(こ)どもが玩具(がんぐ)で遊(あそ)んでいます。아이가 장난감으로 놀고 있습니다.

1999年(ねん)に初(はじ)めて愛玩用(あいがんよう)ロボットが発売(はつばい)されました。
1999년에 처음으로 애완용 로봇이 발매되었습니다.

1259

음독 わん　腕力(わんりょく) 완력　腕白(わんぱく) 어린아이가 장난이 심한 모양, 장난꾸러기　手腕(しゅわん) 수완　敏腕(びんわん) 민완(일을 척척 처리하는 수완)

훈독 うで　腕(うで) 팔　腕相撲(うでずもう) 팔씨름　腕時計(うでどけい) 손목시계　両腕(りょううで) 양팔　利き腕(きうで) 잘 쓰는 쪽의 팔

팔뚝/솜씨 **완**

中 N2

山田(やまだ)さんは腕力(わんりょく)が強(つよ)いです。야마다 씨는 완력이 셉니다.

腕(うで)に注射(ちゅうしゃ)を打(う)ちました。팔에 주사를 놓았습니다.

1260

음독 がん　頑固(がんこ) 완고함　頑丈(がんじょう) 튼튼함　頑強(がんきょう) ①완강함 ②튼튼함　頑張る(がんば) 노력하다, 힘내다

완고할 **완**

中 N1

この金庫(きんこ)はとても頑丈(がんじょう)です。이 금고는 매우 튼튼합니다.

頑張(がんば)ってダンスの練習(れんしゅう)をしました。열심히 춤 연습을 했습니다.

1261

느릴 **완**

中 N1

음독 **かん** **緩和**(かんわ) 완화 **緩慢**(かんまん) 완만함 **緩急**(かんきゅう) 완급 **弛緩**(しかん) 이완

훈독 **ゆるい** **緩い**(ゆる) 느슨하다

ゆるやか **緩やか**(ゆる) 완만함

ゆるむ **緩む**(ゆる) 느슨해지다, 풀리다

ゆるめる **緩める**(ゆる) 느슨하게 하다, 늦추다

規制(きせい)が緩和(かんわ)されました。 규제가 완화되었습니다.

緩(ゆる)んだ靴(くつ)ひもを結(むす)びます。 풀린 신발끈을 묶습니다.

Tip 관용구

手(て)を緩(ゆる)める 엄한 태도를 늦추다, 완화하다

警察(けいさつ)は取(と)り締(し)まりの手(て)を緩(ゆる)めた。 경찰은 단속을 완화했다.

緩急自在(かんきゅうじざい) 완급자재, 느리고 빠름을 조절함

その投手(とうしゅ)は緩急自在(かんきゅうじざい)なボールを投(な)げる。 그 투수는 느리고 빠른 공을 조절하며 던진다.

1262

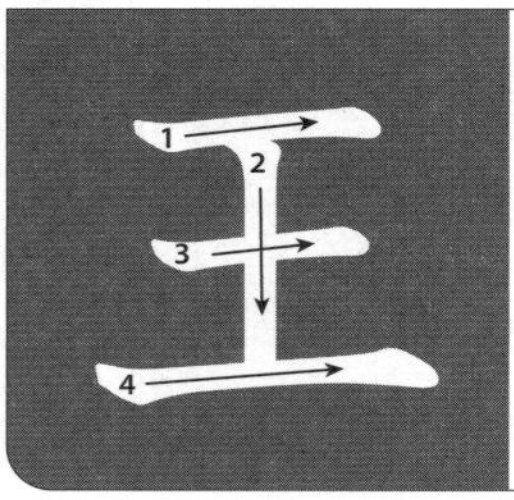

임금 **왕**

小1 N2

음독 **おう** **王様**(おうさま) 임금님, 왕 **大王**(だいおう) 대왕 **国王**(こくおう) 국왕 **王子**(おうじ) 왕자

『はだかの王様(おうさま)』という本(ほん)を読(よ)んだことがありますか。
『벌거벗은 임금님』이라는 책을 읽은 적이 있습니까?

タイには国王(こくおう)がいます。 태국에는 국왕이 있습니다.

1263

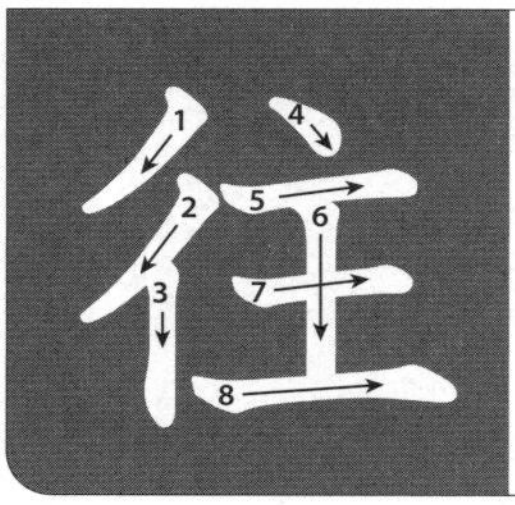

갈 **왕**

小5 N1

음독 **おう** **往復**(おうふく) 왕복 **往生**(おうじょう) 왕생, 극락에 태어남
既往(きおう) 기왕, 과거, 지나간 일 **右往左往**(うおうさおう) 우왕좌왕

往復(おうふく)で何時間(なんじかん)かかりますか。 왕복으로 몇 시간 걸립니까?

どうすれば良(よ)いか分(わ)からなくて、右往左往(うおうさおう)しました。
어떻게 하면 좋을지 몰라서 우왕좌왕했습니다.

1264

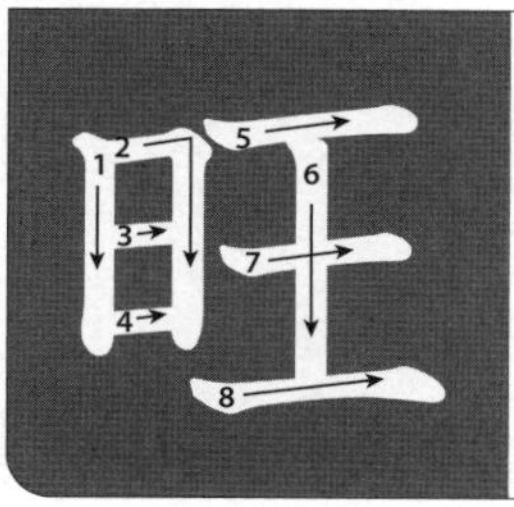

음독 **おう** 　 **旺盛**(おうせい) 왕성함

왕성할 **왕**

中 　 급수 외

うちの子(こ)どもは食欲旺盛(しょくよくおうせい)です。 우리 아이는 식욕이 왕성합니다.

1265

음독 **がい** 　 **外国**(がいこく) 외국 　 **海外**(かいがい) 해외 　 **外食**(がいしょく) 외식 　 **外部**(がいぶ) 외부 　 **以外**(いがい) 이외

げ 　 **外科**(げか) 외과

훈독 **そと** 　 **外**(そと) 밖 　 **外側**(そとがわ) 바깥쪽

ほか 　 **外**(ほか) 그 밖, 외부 　 **この外**(ほか) 이 밖에 　 **その外**(ほか) 그 밖에

はずす 　 **外す**(はず) ①제외하다 ②떼다 ③벗다

はずれる 　 **外れる**(はず) ①벗어나다 ②빠지다

바깥 **외**

小2 　 N4

最近(さいきん)は外国旅行(がいこくりょこう)が自由(じゆう)になりました。 최근에는 외국여행이 자유로워졌습니다.

外(そと)はもう暗(くら)いです。 밖은 벌써 어둡습니다.

Tip 관용구

蚊帳の外(かやのそと) 모기장 밖, 어떤 일에 관여할 수 없는 입장

その国際会議(こくさいかいぎ)はロシアを蚊帳の外(かやのそと)にした。 그 국제회의는 러시아를 배제했다.

1266

음독 **い** 　 **畏怖**(いふ) 두려워함 　 **畏敬**(いけい) 경외

훈독 **おそ**れる 　 **畏れる**(おそ) 두려워하다

두려워할 **외**

中 　 급수 외

日本人(にほんじん)は自然(しぜん)を畏怖(いふ)してきました。 일본인은 자연을 두려워해 왔습니다.

彼(かれ)は畏(おそ)れるものがありません。 그는 두려워하는 것이 없습니다.

1267

음독 よう　曜日(ようび) 요일　何曜日(なんようび) 무슨 요일

曜

요일 **요**

小2　N3

土曜日(どようび)は休(やす)みですか。 토요일은 휴일입니까?

今日(きょう)は何曜日(なんようび)ですか。 오늘은 무슨 요일입니까?

1268

음독 よう　要点(ようてん) 요점　要求(ようきゅう) 요구　必要(ひつよう) 필요함　概要(がいよう) 개요

훈독 いる　要(い)る 필요하다

요긴할 **요**

小4　N2

今(いま)から概要(がいよう)を説明(せつめい)します。 지금부터 개요를 설명하겠습니다.

要(い)らないものは捨(す)ててください。 필요 없는 것은 버려 주세요.

Tip いる

要(い)る 필요하다, 소용되다

お金(かね)が要(い)る。 돈이 필요하다.

入(い)る 들어가다, 들다

気(き)に入(い)る。 마음에 들다.

1269

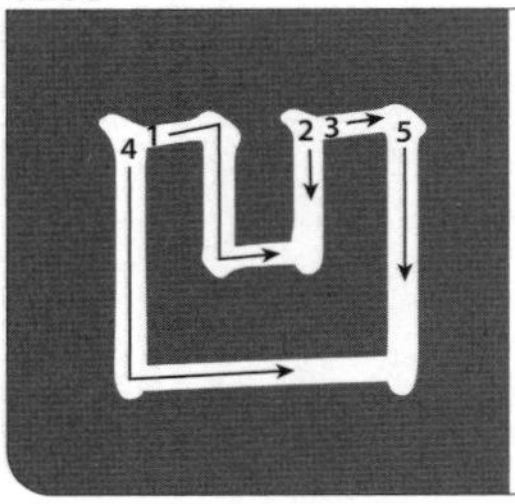

음독 おう　凹凸(おうとつ) 요철　凹面鏡(おうめんきょう) 오목거울　凹(おう)レンズ 오목렌즈

훈독 ぼこ　凸凹(でこぼこ) 요철, 울퉁불퉁

へこむ　凹(へこ)む 움푹 들어가다

へこます　凹(へこ)ます 움푹 들어가게 하다

오목할 **요**

中　N1

凹凸(おうとつ)がある地面(じめん)を平(たい)らにします。 요철이 있는 지면을 평평하게 합니다.

壁(かべ)にぶつけて車(くるま)が凹(へこ)みました。 벽에 부딪혀 차가 움푹 들어갔습니다.

1270

음독 **よう** 妖精(ようせい) 요정 妖術(ようじゅつ) 요술 妖怪(ようかい) 요괴, 도깨비 妖艶(ようえん) 요염

훈독 **あやしい** 妖(あや)しい ①신비스럽다 ②이상하다 ③의심스럽다

요염할/괴이할 **요**

中 급수 외

この絵本(えほん)には妖精(ようせい)が出(で)てきます。이 그림책에는 요정이 나옵니다.

彼女(かのじょ)は妖(あや)しいほどに美(うつく)しいです。그녀는 신비스러울 정도로 아름답습니다.

1271

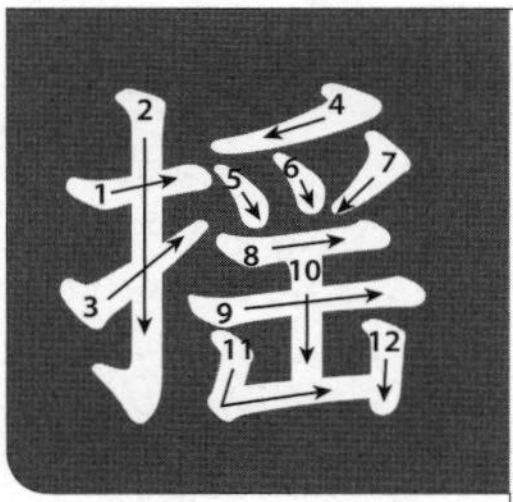

음독 **よう** 動揺(どうよう) 동요

훈독 **ゆれる** 揺(ゆ)れる 흔들리다

ゆる 揺(ゆ)る 흔들다

ゆらぐ 揺(ゆ)らぐ 흔들리다

ゆるぐ 揺(ゆ)るぐ 흔들리다

ゆする 揺(ゆ)する 흔들다

ゆさぶる 揺(ゆ)さぶる 흔들다, 동요시키다

ゆすぶる 揺(ゆ)すぶる 흔들다

흔들 **요**

中 N1

いきなり警察(けいさつ)が質問(しつもん)をしてきて、動揺(どうよう)しました。
갑자기 경찰이 질문을 해 와서 동요했습니다.

強風(きょうふう)で木(き)が揺(ゆ)れています。강풍으로 나무가 흔들리고 있습니다.

酔(よ)って寝(ね)た友人(ゆうじん)を揺(ゆ)さぶって起(お)こしました。
술에 취해서 잠든 친구를 흔들어서 깨웠습니다.

1272

음독 **よう** 腰痛(ようつう) 요통 腰椎(ようつい) 요추

훈독 **こし** 腰(こし) 허리 腰掛(こしか)ける 걸터앉다 弱腰(よわごし) 약한 태도, 소극적

허리 **요**

中 N2

運動(うんどう)をしたら腰痛(ようつう)が治(なお)りました。운동을 했더니 요통이 나았습니다.

国民(こくみん)は弱腰(よわごし)な外交(がいこう)に怒(おこ)りました。국민은 소극적인 외교에 분노했습니다.

1273

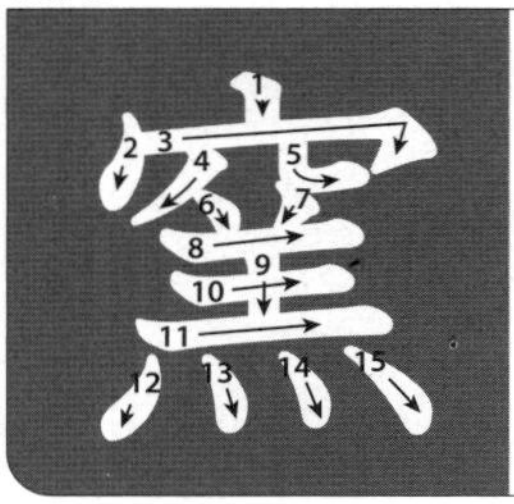

음독 よう　窯業(ようぎょう) 요업(도자기·유리·벽돌 등의 제조업)

훈독 かま　窯(かま) 가마　炭窯(すみがま) 숯가마

기와 가마 **요**

中　N1

この町(まち)は窯業(ようぎょう)が盛(さか)んです。이 마을은 요업이 활발합니다.

窯(かま)から完成(かんせい)した器(うつわ)を取(と)り出(だ)します。가마에서 완성된 그릇을 꺼냅니다.

1274

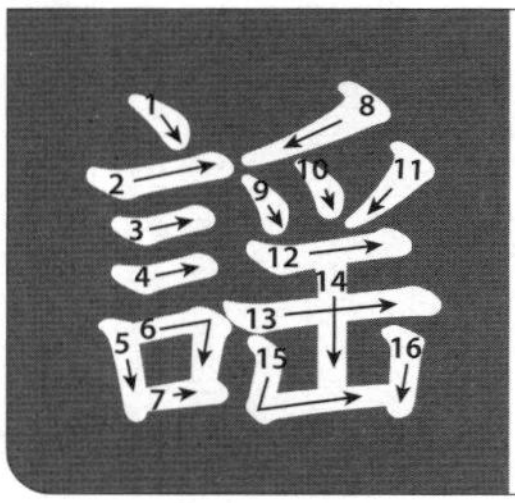

음독 よう　童謡(どうよう) 동요　歌謡(かよう) 가요　民謡(みんよう) 민요

훈독 うたい　謡(うたい) 고전 예능인 노(能(のう))의 가사

うたう　謡(うた)う (能(のう)의 가사를) 부르다

謡

노래 **요**

中　N1

子(こ)どもたちが童謡(どうよう)を歌(うた)っています。아이들이 동요를 부르고 있습니다.

能(のう)の音楽(おんがく)は謡(うたい)と囃子(はやし)で成(な)り立(た)っています。能의 음악은 가사와 반주로 구성되어 있습니다.

1275

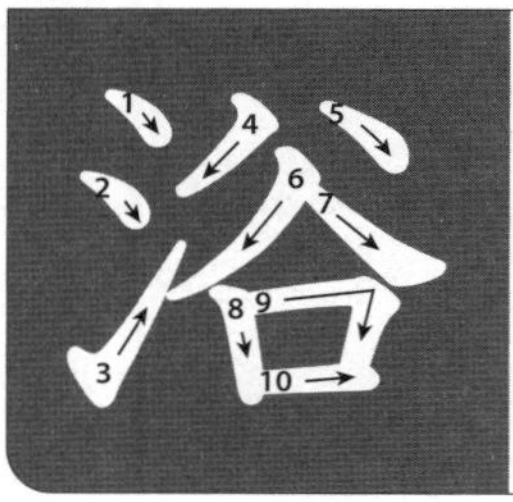

음독 よく　浴槽(よくそう) 욕조　浴室(よくしつ) 욕실　入浴(にゅうよく) 입욕　海水浴(かいすいよく) 해수욕

훈독 あびる　浴(あ)びる 끼얹다, 뒤집어 쓰다　水浴(みずあ)び 물을 끼얹음, 수영

あびせる　浴(あ)びせる 끼얹다, 퍼붓다

특이 浴衣(ゆかた) 유카타(목욕을 한 뒤 또는 여름철에 입는 무명 홑옷)

목욕할 **욕**

小4　N2

夏休(なつやす)みに海水浴(かいすいよく)に行(い)きます。여름방학에 해수욕하러 갑니다.

汗(あせ)をかいたので、シャワーを浴(あ)びます。땀을 흘렸기 때문에 샤워를 합니다.

1276

음독 よく　欲望(よくぼう) 욕망　欲求(よっきゅう) 욕구　食欲(しょくよく) 식욕　欲張(よくば)り 욕심꾸러기

훈독 ほっする　欲(ほっ)する 바라다, 원하다

ほしい　欲(ほ)しい 갖고 싶다

하고자 할 **욕**

小6　N2

暑(あつ)くて食欲(しょくよく)がありません。더워서 식욕이 없습니다.

新(あたら)しい車(くるま)が欲(ほ)しいです。새 차를 갖고 싶습니다.

1277

辱

음독 **じょく**　屈辱(くつじょく) 굴욕　雪辱(せつじょく) 설욕　侮辱(ぶじょく) 모욕

훈독 **はずかし**める　辱(はずかし)める 창피를 주다, 모욕하다　辱(はずかし)め 창피, 모욕

욕될 **욕**

中　N1

彼(かれ)の屈辱的(くつじょくてき)な行動(こうどう)に耐(た)えられません。그의 굴욕적인 행동을 참을 수가 없습니다.

こんな辱(はずかし)めを受(う)けたことはありません。이런 모욕을 받은 적은 없습니다.

1278

用

음독 **よう**　用事(ようじ) 용무　用意(ようい) 준비　利用(りよう) 이용　実用(じつよう) 실용　日用品(にちようひん) 일용품

훈독 **もち**いる　用(もち)いる 사용하다

쓸 **용**

小2　N3

渡辺(わたなべ)さんは用事(ようじ)があって、早(はや)く帰(かえ)りました。
와타나베 씨는 용무가 있어서, 빨리 돌아갔습니다.

テストの時(とき)、辞書(じしょ)は用(もち)いないでください。시험볼 때 사전은 사용하지 마세요.

Tip 사용하다

用(もち)いる(구체적) / **使(つか)う**(구체적·추상적)

コンピューターを用(もち)いて(=使(つか)って)計算(けいさん)する。컴퓨터를 사용해서 계산하다.

部下(ぶか)の提案(ていあん)を用(もち)いる(≒使(つか)う)。부하의 제안을 채택하다.

この仕事(しごと)は神経(しんけい)を使(つか)う(≒用(もち)いる)。이 일은 신경을 쓴다.

1279

勇

음독 **ゆう**　勇気(ゆうき) 용기　勇敢(ゆうかん) 용감　勇者(ゆうしゃ) 용사　勇姿(ゆうし) 씩씩한 모습

훈독 **いさ**む　勇(いさ)む 용기가 솟아나다
いさましい　勇(いさ)ましい 용감하다, 씩씩하다

용감할 **용**

小4　N4

プロポーズする勇気(ゆうき)がありません。프러포즈할 용기가 없습니다.

軍隊(ぐんたい)に行(い)って勇(いさ)ましくなりました。군대에 가서 씩씩해졌습니다.

1280

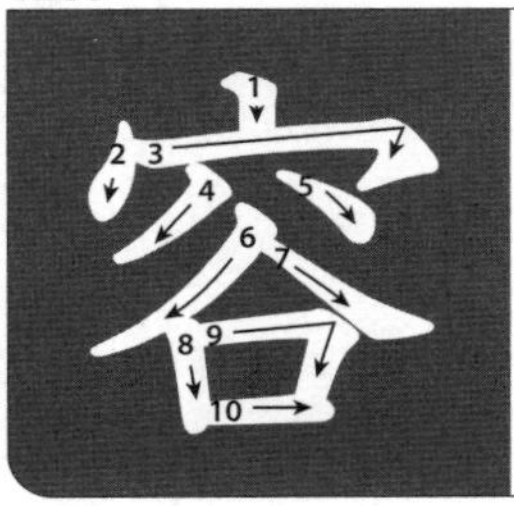

음독 よう　容器(ようき) 용기, 그릇　容積(ようせき) 용적, 용량　美容(びよう) 미용　形容(けいよう) 형용

모양 **용**

小5　N2

卵(たまご)を容器(ようき)に割(わ)っておきます。 달걀을 그릇에 깨 놓습니다.

野菜(やさい)は美容(びよう)にいいです。 채소는 미용에 좋습니다.

Tip 수용

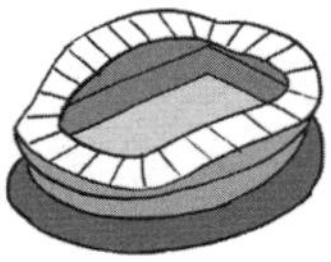

収容(しゅうよう) 일정한 장소나 시설에 모아 넣음

この競技場(きょうぎじょう)は５万人(まんにん)を収容(しゅうよう)できる。 이 경기장은 5만 명을 수용할 수 있다.

受容(じゅよう) 어떠한 것을 받아들임

ヨーロッパ文明(ぶんめい)を受容(じゅよう)する。 유럽 문명을 수용하다.

1281

음독 じょう　冗談(じょうだん) 농담　冗長(じょうちょう) 장황함　冗漫(じょうまん) 장황함

쓸데없을 **용**

中　N1

川村(かわむら)さんは冗談(じょうだん)を言(い)うのが好(す)きです。 가와무라 씨는 농담을 하는 것을 좋아합니다.

文章(ぶんしょう)が冗長的(じょうちょうてき)で分(わ)かりにくいです。 문장이 장황해서 이해하기 어렵습니다.

1282

음독 よう　凡庸(ぼんよう) 평범함

보통 **용**

中　N1

私(わたし)は凡庸(ぼんよう)な人間(にんげん)です。 나는 평범한 사람입니다.

1283

음독 ゆう　湧出(ゆうしゅつ) 용출(솟아나옴)　湧水(ゆうすい) 용수　湧泉(ゆうせん) 용천

훈독 わく　湧(わ)く 솟다, 솟아나다　湧(わ)き水(みず) 솟아나는 물, 용수

물 솟을 **용**

中　급수 외

ここでは温泉(おんせん)が湧出(ゆうしゅつ)しています。 여기서는 온천이 솟아나오고 있습니다.

地下(ちか)から水(みず)が湧(わ)いています。 지하에서 물이 샘솟고 있습니다.

1284

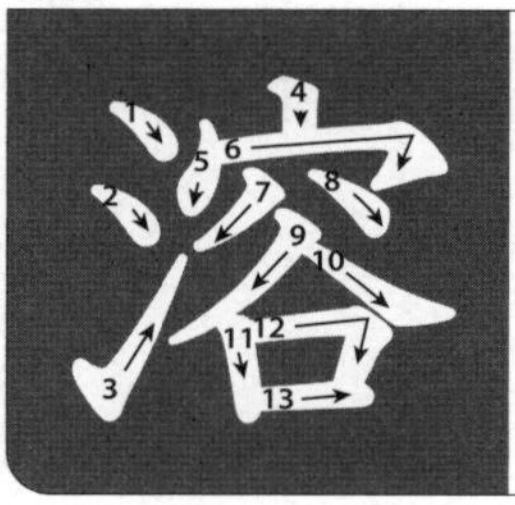

음독 よう　溶岩(ようがん) 용암　溶液(ようえき) 용액　溶接(ようせつ) 용접　溶融(ようゆう) 용해, 융해

훈독 とける　溶(と)ける 녹다

とかす　溶(と)かす 녹이다

とく　溶(と)く 용해시키다, 풀다

녹을 **용**

中　N2

火口(かこう)から溶岩(ようがん)が流(なが)れています。 화구에서 용암이 흐르고 있습니다.

暑(あつ)くてアイスクリームが溶(と)けてしまいました。 더워서 아이스크림이 녹아 버렸습니다.

Tip　とく

溶(と)く 액체 따위에 섞어서 풀다, 개다

卵(たまご)を溶(と)く。 달걀을 풀다.

解(と)く 문제, 엉크러짐을 풀다

問題(もんだい)を解(と)く。 문제를 풀다.

1285

음독 よう　舞踊(ぶよう) 무용

훈독 おどる　踊(おど)る 춤추다

おどり　踊(おど)り 춤

盆踊(ぼんおど)り 봉오도리(8월15일경 일본 전국에서 열리는 둥그렇게 서서 추는 춤)

춤출 **용**

中　N2

日本舞踊(にほんぶよう)を習(なら)っています。 일본 무용을 배우고 있습니다.

夏(なつ)は日本各地(にほんかくち)で盆踊(ぼんおど)りが行(おこな)われます。 여름은 일본 각지에서 봉오도리가 열립니다.

1286

음독 う　右折(うせつ) 우회전
ゆう　左右(さゆう) 좌우

훈독 みぎ　右(みぎ) 오른쪽　右手(みぎて) 오른손

오른쪽 우
小1 N5

左右(さゆう)をよく見(み)てください。 좌우를 잘 보세요.
右(みぎ)に曲(ま)がってください。 오른쪽으로 돌아 주세요.

1287

음독 う　雨季(うき) 우계, 우기　雨期(うき) 우기　雨量(うりょう) 강수량　雨天(うてん) 우천

훈독 あめ　雨(あめ) 비　大雨(おおあめ) 폭우, 큰 비
あま　雨水(あまみず) 빗물　雨具(あまぐ) 우비　雨雲(あまぐも) 비구름

특이 梅雨(つゆ) 장마(ばいう로도 읽음)

비 우
小1 N5

7月(がつ)と8月は雨量(うりょう)が多(おお)いです。 7월과 8월은 강수량이 많습니다.
梅雨(つゆ)の時(とき)は雨具(あまぐ)が必要(ひつよう)です。 장마 때는 우비가 필요합니다.

1288

음독 ぎゅう　牛肉(ぎゅうにく) 쇠고기　牛乳(ぎゅうにゅう) 우유　牛丼(ぎゅうどん) 소고기덮밥

훈독 うし　牛(うし) 소　子牛(こうし) 송아지　牛小屋(うしごや) 외양간

소 우
小2 N3

日本(にほん)の牛丼(ぎゅうどん)が食(た)べたいです。 일본의 소고기덮밥이 먹고 싶습니다.
牛(うし)が畑(はたけ)で働(はたら)いています。 소가 밭에서 일하고 있습니다.

1289

음독 ゆう　親友(しんゆう) 친구, 벗　友人(ゆうじん) 친구, 벗　友情(ゆうじょう) 우정　友好(ゆうこう) 우호

훈독 とも　友(とも) 친구, 벗　友達(ともだち) 친구

벗 우
小2 N5

『友情(ゆうじょう)』という小説(しょうせつ)を読(よ)みましたか。『우정』이라는 소설을 읽었습니까?
日本(にほん)の友達(ともだち)から手紙(てがみ)が来(き)ました。 일본의 친구에게서 편지가 왔습니다.

1290

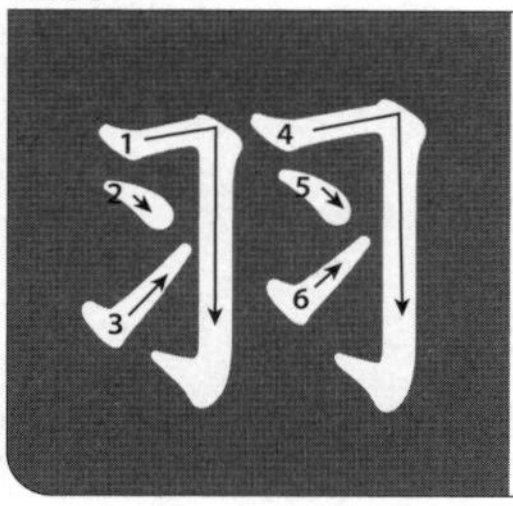

음독 **う** 羽毛(うもう) 깃털 羽化(うか) 우화(성충이 되어 날개가 돋음)

훈독 **は** 羽織(はおり) 일본 옷 위에 입는 짧은 겉옷

はね 羽(はね) 날개 羽布団(はねぶとん) 새털이불

わ 羽(わ) ~마리 一羽(いちわ) 한 마리

羽

깃/날개 **우**

小2 N2

冬(ふゆ)は羽毛(うもう)のふとんを使(つか)うといいです。 겨울은 깃털 이불을 사용하면 좋습니다.

電線(でんせん)の上(うえ)にすずめが３羽(わ)とまっています。 전선 위에 참새가 세 마리 앉아 있습니다.

1291

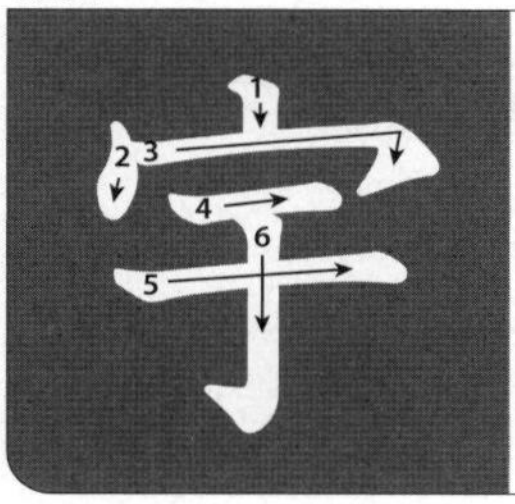

음독 **う** 宇宙(うちゅう) 우주 宇宙人(うちゅうじん) 우주인 宇宙船(うちゅうせん) 우주선

하늘 **우**

小6 N2

宇宙(うちゅう)に行(い)ってみたいです。 우주에 가 보고 싶습니다.

宇宙船(うちゅうせん)が月(つき)に着(つ)きました。 우주선이 달에 도착했습니다.

1292

음독 **ゆう** 郵便(ゆうびん) 우편 郵送(ゆうそう) 우송, 발송 郵政(ゆうせい) 우정(우편에 관한 행정)

우편 **우**

小6 N2

郵便局(ゆうびんきょく)で荷物(にもつ)を送(おく)りました。 우체국에서 짐을 보냈습니다.

書類(しょるい)は郵送(ゆうそう)してください。 서류는 우송해 주세요.

1293

음독 **ゆう** 優勝(ゆうしょう) 우승 優秀(ゆうしゅう) 우수함 優先(ゆうせん) 우선 優先席(ゆうせんせき) 노약자석

俳優(はいゆう) 배우

훈독 **やさしい** 優(やさ)しい 상냥하다, 우아하다

すぐれる 優(すぐ)れる 우수하다, 훌륭하다

뛰어날/배우 **우**

小6 N2

お年寄(としよ)りは優先席(ゆうせんせき)に座(すわ)ってください。 노인은 노약자석에 앉아 주세요.

パクさんは優(やさ)しくて親切(しんせつ)です。 박 씨는 상냥하고 친절합니다.

1294

훈독 **また**　又(また) 또, 또한, 거듭
又貸(またが)し 전대(남에게 빌린 것을 다른 사람에게 빌려줌)

또 **우**
中 N1

あしたは曇(くも)り又(また)は雨(あめ)でしょう。 내일은 흐리거나 비가 내리겠습니다.
友(とも)だちが私(わたし)のマンガを他(ほか)の人(ひと)に又貸(またが)ししました。
친구가 내 만화를 다른 사람에게 또 빌려줬습니다.

1295

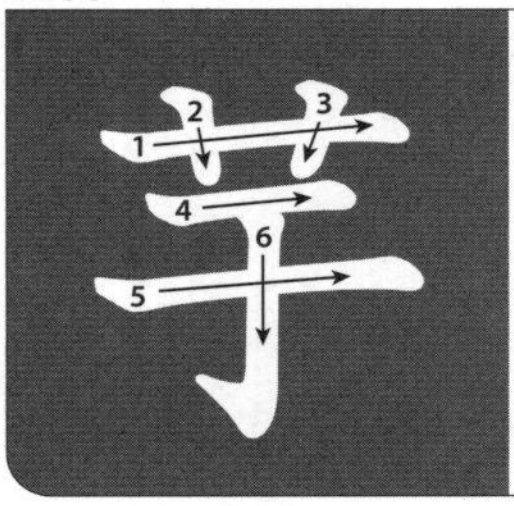

훈독 **いも**　芋(いも) 감자·고구마·토란 등의 총칭　里芋(さといも) 토란　薩摩芋(さつまいも) 고구마
じゃが芋(いも) 감자

芋

토란 **우**
中 N1

里芋(さといも)がたくさんとれました。 토란을 많이 땄습니다.
薩摩芋(さつまいも)を焼(や)いて食(た)べました。 고구마를 구워서 먹었습니다.

1296

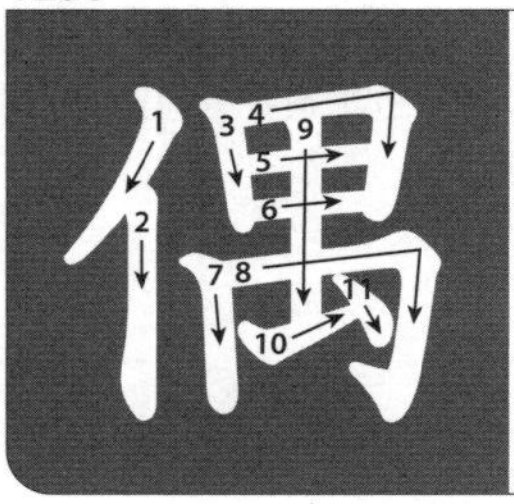

음독 **ぐう**　偶像(ぐうぞう) 우상　偶数(ぐうすう) 짝수　偶然(ぐうぜん) 우연　配偶(はいぐう) 배우자
配偶者(はいぐうしゃ) 배우자

짝/짝수/우연 **우**
中 N2

偶数(ぐうすう)はすべて2で割(わ)ることができます。 짝수는 모두 2로 나눌 수 있습니다.
配偶者(はいぐうしゃ)がいる場合(ばあい)は減税(げんぜい)されます。 배우자가 있는 경우는 세금이 감면됩니다.

1297

음독 **ぐう**　境遇(きょうぐう) 경우, 처지, 환경　優遇(ゆうぐう) 우대　不遇(ふぐう) 불우
処遇(しょぐう) 처우, 대우

만날/대우할 **우**
中 N1

彼女(かのじょ)は幸(しあわ)せな境遇(きょうぐう)の家庭(かてい)で育(そだ)ちました。 그녀는 행복한 환경의 가정에서 자랐습니다.
私(わたし)の会社(かいしゃ)では外国語(がいこくご)ができる人(ひと)が優遇(ゆうぐう)されます。
우리 회사에서는 외국어가 가능한 사람이 우대받습니다.

1298

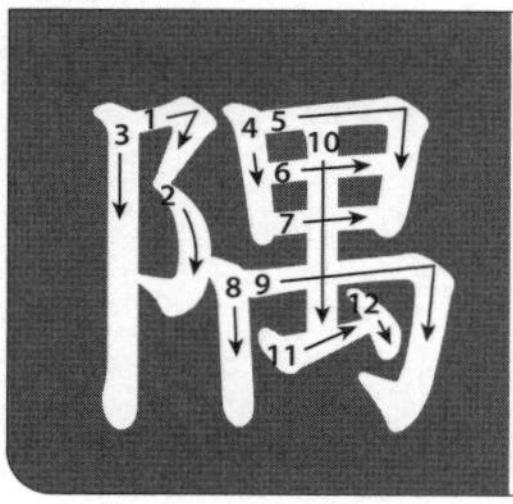

음독 ぐう　一隅(いちぐう) 한구석

훈독 すみ　隅(すみ) 구석　片隅(かたすみ) 한구석　隅々(すみずみ) 구석구석

구석 우

中 N2

庭(にわ)の一隅(いちぐう)に木(き)が立(た)っています。 정원 한구석에 나무가 서 있습니다.

部屋(へや)の隅(すみ)にほこりが溜(た)まっています。 방 구석에 먼지가 쌓여 있습니다.

1299

음독 ぐ　愚問(ぐもん) 우문(어리석은 질문)　愚鈍(ぐどん) 우둔함

愚直(ぐちょく) 우직함　愚痴(ぐち) 푸념

훈독 おろか　愚(おろ)か 어리석음

어리석을 우

中 N1

田中(たなか)さんは愚直(ぐちょく)な性格(せいかく)の人(ひと)です。 다나카 씨는 우직한 성격을 가진 사람입니다.

戦争(せんそう)は愚(おろ)かなことです。 전쟁은 어리석은 것입니다.

1300

음독 ぐ　虞美人草(ぐびじんそう) 양귀비꽃

훈독 おそれ　虞(おそれ) 염려, 우려

虞

염려할 우

中 N1

虞美人草(ぐびじんそう)の花(はな)が咲(さ)いています。 양귀비꽃이 피어 있습니다.

あした台風(たいふう)が上陸(じょうりく)する虞(おそれ)があります。 내일 태풍이 상륙할 우려가 있습니다.

1301

음독 ゆう　憂鬱(ゆううつ) 우울함　憂慮(ゆうりょ) 우려　杞憂(きゆう) 기우(쓸데없는 걱정)

一喜一憂(いっきいちゆう) 일희일비

훈독 うれえる　憂(うれ)える 우려하다, 걱정하다

うれい/うい　憂(うれ)い 근심, 걱정　憂(う)い 괴롭다, 안타깝다

근심 우

中 N1

雪(ゆき)の日(ひ)は事故(じこ)が憂慮(ゆうりょ)されます。 눈 오는 날은 사고가 우려됩니다.

私(わたし)は息子(むすこ)の将来(しょうらい)を憂(うれ)えています。 나는 아들의 장래를 걱정하고 있습니다.

1302

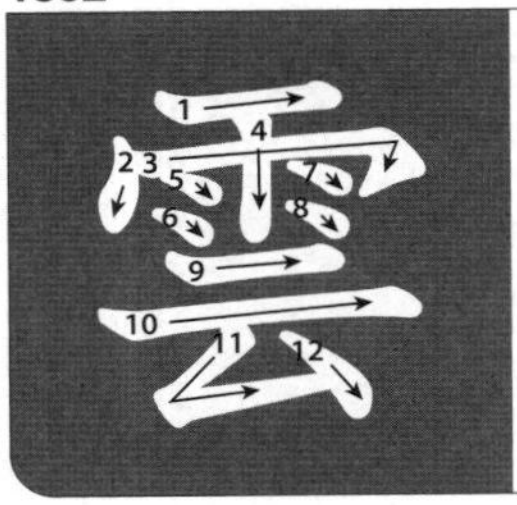

음독 うん　雲海(うんかい) 구름바다　雲上(うんじょう) 구름 위　雷雲(らいうん) 소나기 구름　星雲(せいうん) 성운

훈독 くも　雲(くも) 구름　雲間(くもま) 구름 사이　雲脚(くもあし) 구름의 움직임　雨雲(あまぐも) 비구름

구름 운

小2 N2

東(ひがし)の空(そら)から雷雲(らいうん)が近(ちか)づいてきました。 동쪽 하늘에서 소나기 구름이 다가왔습니다.

今日(きょう)は雲(くも)で月(つき)が見(み)えません。 오늘은 구름으로 달이 보이지 않습니다.

1303

음독 うん　運動(うんどう) 운동　運転(うんてん) 운전　運送(うんそう) 운송　幸運(こううん) 행운

훈독 はこぶ　運(はこ)ぶ 나르다, 옮기다

옮길/운수 운

小3 N3

兄(あに)は運送会社(うんそうがいしゃ)で働(はたら)いています。 형은 운송회사에서 일하고 있습니다.

荷物(にもつ)を運(はこ)ぶのを手伝(てつだ)ってください。 짐을 나르는 것을 도와주세요.

1304

음독 いん　韻律(いんりつ) 운율　韻文(いんぶん) 운문　音韻(おんいん) 음운　余韻(よいん) 여운

운/운치 운

中 N1

韻律(いんりつ)を考(かんが)えて詩(し)を作(つく)ります。 운율을 생각해서 시를 짓습니다.

この鐘(かね)は余韻(よいん)が美(うつく)しいです。 이 종은 여운이 아름답습니다.

1305

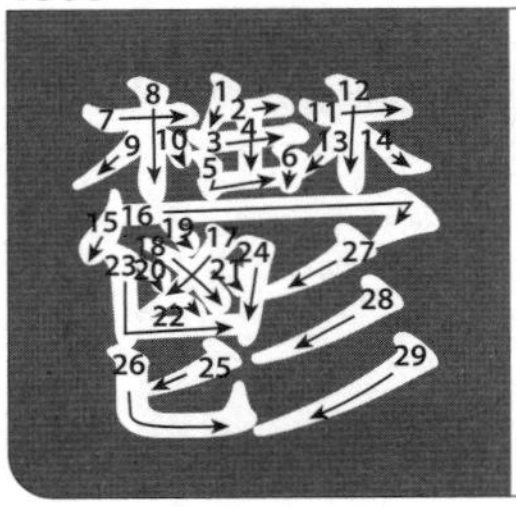

음독 うつ　鬱々(うつうつ) 우울함　鬱病(うつびょう) 우울증　憂鬱(ゆううつ) 우울함　沈鬱(ちんうつ) 침울함

우울할 울

中 급수 외

友(とも)だちが鬱病(うつびょう)にかかってしまいました。 친구가 우울증에 걸려 버렸습니다.

彼(かれ)は沈鬱(ちんうつ)な表情(ひょうじょう)を浮(う)かべていました。 그는 침울한 표정을 짓고 있었습니다.

1306

훈독 **くま** 熊(くま) 곰 熊本県(くまもとけん) 구마모토현 熊手(くまで) 갈퀴

곰 **웅**
小4 N1

この山(やま)には熊(くま)が出(で)ます。 이 산에는 곰이 나옵니다.
熊本県(くまもとけん)は忠清南道(チュンチョンナムド)と交流(こうりゅう)があります。 구마모토현은 충청남도와 교류가 있습니다.

1307

음독 **ゆう** 雄弁(ゆうべん) 웅변 雄大(ゆうだい) 웅대함 雄姿(ゆうし) 웅자(씩씩한 모습)
英雄(えいゆう) 영웅

훈독 **おす** 雄(おす) 수컷 雄犬(おすいぬ) 수캐(おいぬ로도 읽음)
お 雄花(おばな) 수꽃

수컷/씩씩할 **웅**
中 N1

頂上(ちょうじょう)から見(み)る景色(けしき)は雄大(ゆうだい)でした。 정상에서 보는 경치는 웅대했습니다.
うちの犬(いぬ)は雄(おす)です。 우리 집 개는 수컷입니다.

1308

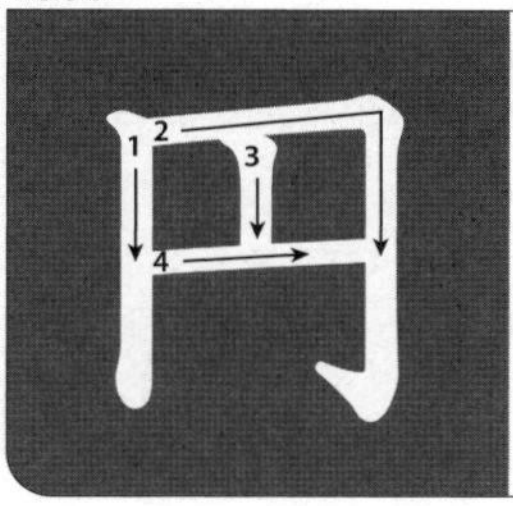

음독 **えん** 円満(えんまん) 원만함 円高(えんだか) 엔고(엔화 강세) 円安(えんやす) 엔저(엔화 약세)
円相場(えんそうば) 엔 시세 千円(せんえん) 천 엔

훈독 **まるい** 円(まる)い 둥글다

圓

둥글 **원**/화폐 단위 **엔**
小1 N5

最近(さいきん)、円高(えんだか)で日本(にほん)に行(い)けません。 최근, 엔고로 일본에 갈 수 없습니다.
月(つき)が円(まる)くなりました。 달이 동그랗게 되었습니다.

1309

음독 **げん** 元気(げんき) 기운, 건강함 紀元(きげん) 기원 根元(こんげん) 근원
がん 元日(がんじつ) 설날 元来(がんらい) 원래, 애당초

훈독 **もと** 元(もと) ①이전, 원래 ②원인 身元(みもと) 신원 元々(もともと) 원래

처음/근원 **원**
小2 N3

おばあさんはまだ元気(げんき)です。 할머니는 아직 건강합니다.
身元(みもと)を確認(かくにん)するために、パスポートを見(み)せてください。
신원을 확인하기 위해 여권을 보여 주세요.

Tip 0311 もと 참조

1310

음독 げん　原因(げんいん) 원인　原油(げんゆ) 원유　原子力(げんしりょく) 원자력　高原(こうげん) 고원

훈독 はら　原(はら) 들, 벌판　野原(のはら) 들판　原(はら)っぱ 빈터, 들판

근원/들 **원**

小2　N2

けんかの原因(げんいん)は何(なん)ですか。 싸움의 원인은 무엇입니까?

野原(のはら)にはコスモスが咲(さ)いています。 들판에는 코스모스가 피어 있습니다.

1311

음독 えん　永遠(えいえん) 영원　遠足(えんそく) 소풍　遠慮(えんりょ) 사양함, 삼감

おん　久遠(くおん) 구원, 영원

훈독 とおい　遠(とお)い 멀다　遠回(とおまわ)り 멀리 돌아 감　遠出(とおで) 멀리 나감

멀 **원**

小2　N3

遠慮(えんりょ)しないでください。 사양하지 마세요.

道(みち)に迷(まよ)って遠回(とおまわ)りをしてしまいました。 길을 헤매서 멀리 돌아와 버렸습니다.

1312

음독 えん　公園(こうえん) 공원　幼稚園(ようちえん) 유치원　動物園(どうぶつえん) 동물원　田園(でんえん) 전원

훈독 その　エデンの園(その) 에덴동산　花園(はなぞの) 화원

동산 **원**

小2　N2

動物園(どうぶつえん)に象(ぞう)がいます。 동물원에 코끼리가 있습니다.

巨済島(コジェド)の外島(ウェド)は花園(はなぞの)として有名(ゆうめい)です。 거제도의 외도는 화원으로서 유명합니다.

1313

음독 いん　院長(いんちょう) 원장　入院(にゅういん) 입원　医院(いいん) 의원　大学院(だいがくいん) 대학원

집 **원**

小3　N3

1ヶ月(げつ)、入院(にゅういん)することになりました。 한 달 입원하게 되었습니다.

兄(あに)は大学院(だいがくいん)で勉強(べんきょう)しています。 형은 대학원에서 공부하고 있습니다.

1314

음독 **いん** 店員(てんいん) 점원 会社員(かいしゃいん) 회사원 会員(かいいん) 회원 公務員(こうむいん) 공무원

인원 **원**

小3 N3

店員(てんいん)が席(せき)を案内(あんない)してくれました。 점원이 자리를 안내해 주었습니다.

会員(かいいん)カードを作(つく)りました。 회원카드를 만들었습니다.

1315

음독 **えん** 才媛(さいえん) 재원

훈독 **ひめ** 愛媛県(えひめけん) 에히메현

여자 **원**

小4 급수 외

彼女(かのじょ)は５ヶ国語(こくご)が話(はな)せる才媛(さいえん)です。 그녀는 5개 국어를 말할 수 있는 재원입니다.

愛媛県(えひめけん)はみかんの産地(さんち)です。 에히메현은 귤의 산지입니다.

1316

음독 **がん** 願望(がんぼう) 바람, 소원 願書(がんしょ) 원서 祈願(きがん) 기원 出願(しゅつがん) 출원, 원서를 냄

훈독 **ねがう** 願(ねが)う ①바라다 ②기원하다 お願(ねが)い 바람, 부탁

원할 **원**

小4 N2

願書(がんしょ)を提出(ていしゅつ)しました。 원서를 제출했습니다.

実(じつ)はお願(ねが)いがあります。 실은 부탁이 있습니다.

1317

음독 **げん** 源流(げんりゅう) 원류 電源(でんげん) 전원 資源(しげん) 자원 起源(きげん) 기원

훈독 **みなもと** 源(みなもと) 수원, 근원

근원 **원**

小6 N1

日本(にほん)は資源(しげん)が少(すく)ない国(くに)です。 일본은 자원이 적은 나라입니다.

「食(しょく)」は健康(けんこう)の源(みなもと)です。 '식사'는 건강의 근원입니다.

1318

음독 えん　怨恨(えんこん) 원한

おん　怨念(おんねん) 원념, 원한　怨霊(おんりょう) 원령

훈독 うらむ　怨む(うらむ) 원망하다

원망할 **원**

中　급수 외

その殺人(さつじん)事件(じけん)は怨恨(えんこん)が原因(げんいん)でした。그 살인사건은 원한이 원인이었습니다.

自分(じぶん)の不運(ふうん)を怨(うら)みました。자신의 불운을 원망했습니다.

1319

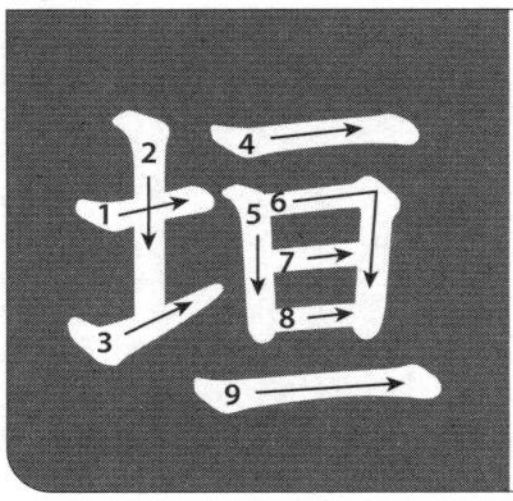

훈독 かき　垣(かき) 담, 울타리　垣根(かきね) 울타리　竹垣(たけがき) 대나무 울타리　石垣(いしがき) 돌담

담 **원**

中　N1

庭(にわ)に垣(かき)を作(つく)りました。정원에 울타리를 만들었습니다.

家(いえ)の周(まわ)りを石垣(いしがき)で囲(かこ)います。집 주변을 돌담으로 둘러쌉니다.

1320

음독 えん　援助(えんじょ) 원조　応援(おうえん) 응원　救援(きゅうえん) 구원　支援(しえん) 지원

도울 **원**

中　N1

韓国(かんこく)チームを応援(おうえん)します。한국팀을 응원합니다.

先生(せんせい)の支援(しえん)で留学(りゅうがく)することができました。선생님의 지원으로 유학할 수 있었습니다.

1321

음독 えん　猿人(えんじん) 원인(가장 오래되고 원시적인 화석 인류)　類人猿(るいじんえん) 유인원

犬猿(けんえん) 견원(개와 원숭이), 견원지간(서로 사이가 나쁜 사람을 비유적으로 이르는 말)

훈독 さる　猿(さる) 원숭이　猿知恵(さるぢえ) 잔꾀

猿真似(さるまね) 원숭이 흉내, 무턱대고 흉내냄

원숭이 **원**

中　N1

原田(はらだ)さんと山村(やまむら)さんは犬猿(けんえん)の仲(なか)です。하라다 씨와 야마무라 씨는 견원지간입니다.

ニホンザルは日本(にほん)固有(こゆう)の猿(さる)です。일본원숭이는 일본 고유의 원숭이입니다.

1322

月

음독 げつ　月末(げつまつ) 월말　月曜日(げつようび) 월요일

がつ　一月(いちがつ) 1월　生年月日(せいねんがっぴ) 생년월일

훈독 つき　月(つき) 달, 월　月日(つきひ) 세월, 시일

달 **월**

小1 N5

生年月日(せいねんがっぴ)を書(か)いてください。 생년월일을 써 주세요.

月(つき)がきれいです。 달이 예쁩니다.

1323

越

음독 えつ　越冬(えっとう) 월동　越境(えっきょう) 월경(국경이나 경계선을 넘음)　優越(ゆうえつ) 우월　超越(ちょうえつ) 초월

훈독 こす　越(こ)す 넘다, 넘기다

こえる　越(こ)える 넘(어가)다, 건너다

넘을 **월**

中 N2

リスが越冬(えっとう)の準備(じゅんび)をしています。 다람쥐가 월동준비를 하고 있습니다.

隣(となり)の町(まち)に行(い)くには、山(やま)を越(こ)えなければなりません。
옆 마을에 가려면 산을 넘어야 합니다.

Tip こえる

越(こ)える 넘(어가)다, 건너다

山(やま)を越(こ)える。 산을 넘어가다.

超(こ)える 기준을 넘다

定員(ていいん)を超(こ)える。 정원을 넘다.

1324

委

음독 い　委員(いいん) 위원　委任(いにん) 위임　委託(いたく) 위탁　委嘱(いしょく) 위촉

훈독 ゆだねる　委(ゆだ)ねる 남에게 맡기다, 위임하다

맡길 **위**

小3 N2

彼(かれ)は学生会(がくせいかい)の委員(いいん)です。 그는 학생회의 위원입니다.

私(わたし)は彼女(かのじょ)に判断(はんだん)を委(ゆだ)ねました。 나는 그녀에게 판단을 맡겼습니다.

1325

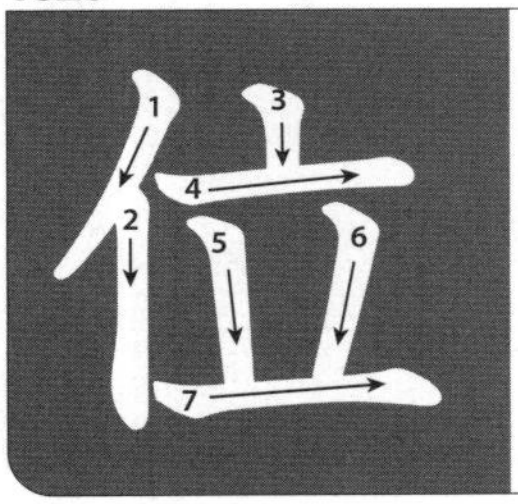

음독 い　位置(いち) 위치　順位(じゅんい) 순위　単位(たんい) 단위　学位(がくい) 학위

훈독 くらい　位(くらい) ①지위, 계급 ②자릿수

자리 위

小4 N2

行(ゆ)き先(さき)の位置(いち)をカーナビで確(たし)かめました。
행선지의 위치를 자동차 내비게이션으로 확인했습니다.

位(くらい)を間違(まちが)えて計算(けいさん)しました。 자릿수를 잘못 계산했습니다.

1326

음독 い　囲碁(いご) 바둑　周囲(しゅうい) 주위　範囲(はんい) 범위　包囲(ほうい) 포위

훈독 かこむ　囲(かこ)む 둘러싸다, 에워싸다

かこう　囲(かこ)う ①둘러싸다, 에워싸다 ②감춰두다

圍

에워쌀 위

小5 N2

囲碁大会(いごたいかい)が開(ひら)かれました。 바둑대회가 열렸습니다.

その公園(こうえん)はビルに囲(かこ)まれています。 그 공원은 빌딩으로 둘러싸여 있습니다.

1327

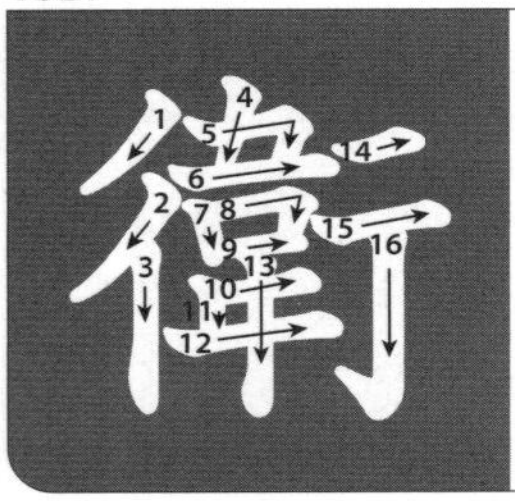

음독 えい　衛生(えいせい) 위생　衛星(えいせい) 위성　防衛(ぼうえい) 방위, 방어　護衛(ごえい) 호위

지킬 위

小5 N1

衛星放送(えいせいほうそう)で海外(かいがい)のドラマを見(み)ます。 위성방송으로 해외 드라마를 봅니다.

タイトルを防衛(ぼうえい)しました。 타이틀을 방어했습니다.

1328

음독 き　危険(きけん) 위험　危機(きき) 위기　危害(きがい) 위해　危篤(きとく) 위독, 중태

훈독 あぶない　危(あぶ)ない 위험하다, 불안하다

あやうい　危(あや)うい 위태롭다, 위험하다

あやぶむ　危(あや)ぶむ 걱정하다, 의심하다

위태할 위

小6 N2

経済危機(けいざいきき)を乗(の)り越(こ)えました。 경제위기를 극복했습니다.

この道路(どうろ)は車(くるま)が多(おお)くて危(あぶ)ないです。 이 도로는 차가 많아서 위험합니다.

1329

음독 い　胃(い) 위　胃腸(いちょう) 위장　胃癌(いがん) 위암　胃薬(いぐすり) 위장약

밥통 **위**

小6　N2

山田(やまだ)さんは胃腸(いちょう)が弱(よわ)いです。 야마다 씨는 위장이 약합니다.

旅行(りょこう)の時(とき)に胃薬(いぐすり)を持(も)って行(い)きます。 여행갈 때 위장약을 가지고 갑니다.

1330

음독 い　威厳(いげん) 위엄　威嚇(いかく) 위협　脅威(きょうい) 협위, 위협　権威(けんい) 권위

위엄 **위**

中　N1

猫(ねこ)が犬(いぬ)を威嚇(いかく)しています。 고양이가 개를 위협하고 있습니다.

地震(じしん)の脅威(きょうい)から身(み)を守(まも)ります。 지진의 위협에서 몸을 지킵니다.

1331

음독 い　為政者(いせいしゃ) 위정자(정치를 하는 사람)　行為(こうい) 행위　人為(じんい) 인위
無作為(むさくい) 무작위　특이 為替(かわせ) 환율

훈독 ため　為(ため) ~을 위해서, ~때문에

なす/なる　為(な)す 하다, 행하다　為(な)る 이루어지다, 되다

爲

할 **위**

中　N1

くじで無作為(むさくい)に人(ひと)を選(えら)びます。 추첨으로 무작위로 사람을 고릅니다.

工事(こうじ)の為(ため)、この道(みち)は通(とお)れません。 공사 때문에 이 길은 지나갈 수 없습니다.

1332

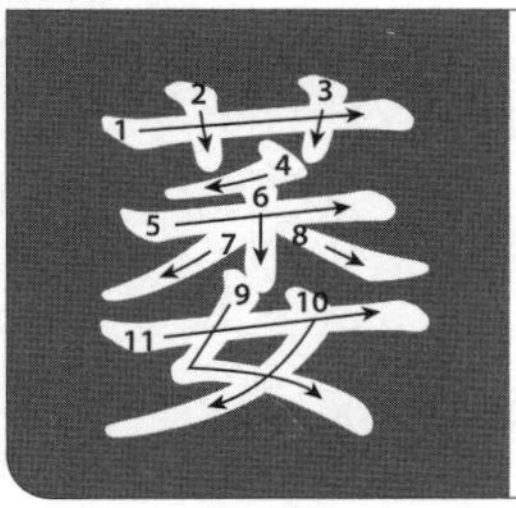

음독 い　萎縮(いしゅく) 위축

훈독 なえる　萎(な)える 쇠잔해지다

しおれる　萎(しお)れる 시들다

しぼむ　萎(しぼ)む 위축되다, 시들다

萎

시들 **위**

中　급수 외

私(わたし)は聴衆(ちょうしゅう)の前(まえ)に立(た)つと萎縮(いしゅく)してしまいます。 나는 청중 앞에 서면 위축되어 버립니다.

花(はな)が萎(しお)れてしまいました。 꽃이 시들어 버렸습니다.

1333

음독 **ぎ** 偽造(ぎぞう) 위조　偽名(ぎめい) 위명(가짜 이름)　真偽(しんぎ) 진위　虚偽(きょぎ) 허위, 거짓

훈독 **にせ** 偽(にせ) 위조, 가짜　偽物(にせもの) 가짜　偽札(にせさつ) 위조 지폐

いつわる 偽る(いつわる) 거짓말하다, 속이다

僞

거짓 **위**

中　N1

通貨(つうか)を偽造(ぎぞう)することは犯罪(はんざい)です。 통화를 위조하는 것은 범죄입니다.

海外(かいがい)から偽物(にせもの)のバッグを持(も)ち込(こ)んではいけません。
해외에서 짝퉁가방을 가지고 들어와서는 안 됩니다.

1334

음독 **い** 尉官(いかん) 위관(대위·중위·소위의 총칭)　大尉(たいい) 대위　少尉(しょうい) 소위

벼슬 **위**

中　N1

兄(あに)は尉官将校(いかんしょうこう)です。 형은 위관장교입니다.

祖父(そふ)は戦前(せんぜん)、少尉(しょうい)の階級(かいきゅう)にいました。 할아버지는 전쟁 전 소위 계급에 있었습니다.

1335

음독 **い** 偉人(いじん) 위인　偉人伝(いじんでん) 위인전　偉大(いだい) 위대함　偉業(いぎょう) 위업

훈독 **えらい** 偉い(えらい) 훌륭하다

위대할/훌륭할 **위**

中　N2

エジソンの偉人伝(いじんでん)を読(よ)みました。 에디슨 위인전을 읽었습니다.

世宗大王(セジョンだいおう)はとても偉(えら)い王様(おうさま)です。 세종대왕은 매우 훌륭한 왕입니다.

1336

음독 **い** 違反(いはん) 위반　違法(いほう) 위법　違約(いやく) 위약　相違(そうい) 서로 다름

훈독 **ちがう** 違う(ちがう) 다르다

ちがえる 違える(ちがえる) ①달리하다 ②잘못 ~하다

어긋날 **위**

中　N2

違反駐車(いはんちゅうしゃ)の車(くるま)を取(と)り締(し)まります。 주차위반인 차를 단속합니다.

前回(ぜんかい)と違(ちが)うコースで登山(とざん)をしました。 지난번과 다른 코스로 등산을 했습니다.

ㅇ

1337

음독 い　慰労(いろう) 위로　慰安(いあん) 위안　慰問(いもん) 위문　慰謝料(いしゃりょう) 위자료

훈독 なぐさめる　慰(なぐさ)める 위로하다

なぐさむ　慰(なぐさ)む 위안이 되다, 마음이 가벼워지다

위로할 **위**

中 N1

がんばった社員(しゃいん)たちを慰労(いろう)します。 노력한 사원들을 위로합니다.

試験(しけん)に落(お)ちた友(とも)だちを慰(なぐさ)めました。 시험에 떨어진 친구를 위로했습니다.

1338

음독 い　緯度(いど) 위도　北緯(ほくい) 북위　経緯(けいい) 경위

씨 **위**

中 N1

東京(とうきょう)は北緯(ほくい)35度(ど)の位置(いち)にあります。 도쿄는 북위 35도 위치에 있습니다.

社長(しゃちょう)が会社設立(かいしゃせつりつ)の経緯(けいい)を話(はな)しました。 사장님이 회사설립의 경위를 말했습니다.

1339

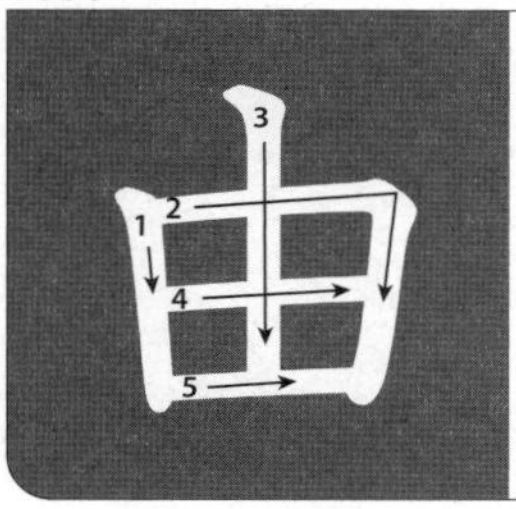

음독 ゆ　由来(ゆらい) 유래　経由(けいゆ) 경유

ゆう　自由(じゆう) 자유　理由(りゆう) 이유

ゆい　由緒(ゆいしょ) 유서, 유래

훈독 よし　由(よし) 까닭, 원인

말미암을 **유**

小3 N2

日本経由(にほんけいゆ)でアメリカに行(い)きました。 일본 경유로 미국에 갔습니다.

父(ちち)は由(よし)もなく結婚(けっこん)に反対(はんたい)しました。 아버지는 까닭도 없이 결혼에 반대했습니다.

1340

음독 ゆう　有名(ゆうめい) 유명함　有料(ゆうりょう) 유료　所有(しょゆう) 소유

う　有無(うむ) 유무　稀有(けう) 희유, 희한, 아주 드묾

훈독 ある　有(あ)る 있다

있을 **유**

小3 N3

あの方(かた)は有名(ゆうめい)な作家(さっか)です。 저 분은 유명한 작가입니다.

部屋(へや)にはたくさんの本(ほん)が有(あ)ります。 방에는 많은 책이 있습니다.

1341

음독 **ゆ** 油田(ゆでん) 유전 油断(ゆだん) 방심, 부주의 石油(せきゆ) 석유 醤油(しょうゆ) 간장

훈독 **あぶら** 油(あぶら) 기름 ごま油(あぶら) 참기름 油絵(あぶらえ) 유화, 서양화 油(あぶら)あげ 유부

기름 **유**

小3 N2

油断(ゆだん)してはいけません。방심해서는 안 됩니다.

ごま油(あぶら)を入(い)れると、おいしくなります。참기름을 넣으면 맛있어집니다.

Tip **あぶら**

油(あぶら) (식물성) 기름

魚(さかな)を油(あぶら)で揚(あ)げる。생선을 기름에 튀기다.

脂(あぶら) (동물성) 기름

豚(ぶた)の脂(あぶら)を取(と)り除(のぞ)く。돼지 비계를 떼어내다.

1342

음독 **ゆう** 遊泳(ゆうえい) ①헤엄 ②처세 遊園地(ゆうえんち) 유원지 遊覧船(ゆうらんせん) 유람선 遊牧(ゆうぼく) 유목

ゆ 遊山(ゆさん) 유람, 관광

훈독 **あそぶ** 遊(あそ)ぶ 놀다

놀 **유**

小3 N2

友達(ともだち)と漢江(ハンガン)の遊覧船(ゆうらんせん)に乗(の)りました。친구와 한강 유람선을 탔습니다.

公園(こうえん)で弟(おとうと)と遊(あそ)びました。공원에서 남동생과 놀았습니다.

1343

음독 **よう** 幼児(ようじ) 유아, 어린아이 幼稚園(ようちえん) 유치원 幼虫(ようちゅう) 유충 幼年(ようねん) 유년

훈독 **おさない** 幼(おさな)い 어리다, 유치하다 幼(おさな)なじみ 소꿉친구, 죽마고우

어릴 **유**

小6 N2

幼稚園(ようちえん)に子(こ)どもを迎(むか)えに行(い)きます。유치원으로 아이를 데리러 갑니다.

幼(おさな)いとき、よく人形(にんぎょう)で遊(あそ)びました。어릴 때 자주 인형을 가지고 놀았습니다.

1344

음독 **にゅう** 乳児(にゅうじ) 유아, 젖먹이　乳製品(にゅうせいひん) 유제품　牛乳(ぎゅうにゅう) 우유　母乳(ぼにゅう) 모유

특이 乳母(うば) 유모

훈독 **ちち** 乳(ちち) 젖　乳搾り(ちちしぼり) 젖짜기

ち 乳飲み子(ちのみご) 젖먹이, 유아

젖 **유**

小6　N2

毎日(まいにち)、牛乳(ぎゅうにゅう)を飲(の)みましょう。 매일 우유를 마십시다.

牧場(ぼくじょう)で乳搾り(ちちしぼり)を体験(たいけん)しました。 목장에서 소젖짜기를 체험했습니다.

1345

음독 **い** 遺品(いひん) 유품　遺跡(いせき) 유적　遺伝(いでん) 유전　遺族(いぞく) 유족

ゆい 遺言(ゆいごん) 유언

남길 **유**

小6　N1

ギリシアで遺跡(いせき)をめぐりました。 그리스에서 유적을 돌아보았습니다.

父(ちち)の遺言(ゆいごん)を守(まも)りながら会社(かいしゃ)を経営(けいえい)します。
아버지의 유언을 지키며 회사를 경영합니다.

1346

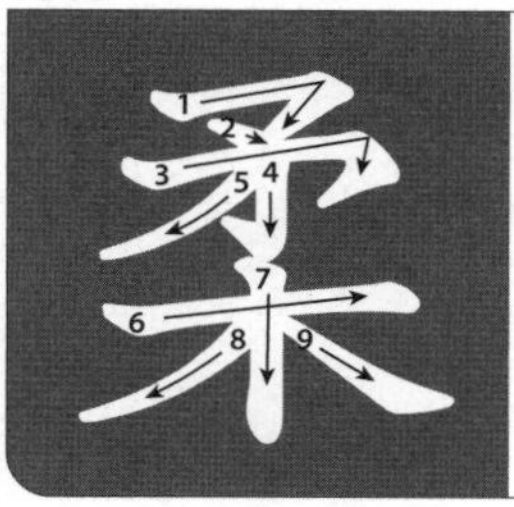

음독 **じゅう** 柔道(じゅうどう) 유도　柔軟(じゅうなん) 유연함　懐柔(かいじゅう) 회유

にゅう 柔和(にゅうわ) 온유함

훈독 **やわらか** 柔(やわ)らか 유연함, 폭신함

やわらかい 柔(やわ)らかい 부드럽다

부드러울 **유**

中　N2

小学生(しょうがくせい)のころから柔道(じゅうどう)を習(なら)っています。 초등학생 때부터 유도를 배우고 있습니다.

あの店(みせ)のパンは柔(やわ)らかくて、おいしいです。 저 가게의 빵은 부드럽고 맛있습니다.

Tip 1208 やわらかい 참조

1347

음독 **ゆう** 幽霊(ゆうれい) 유령　幽閉(ゆうへい) 유폐(어떤 곳에 가둠)

幽玄(ゆうげん) 유현(정취가 깊고 그윽함)

그윽할/귀신/가둘 **유**

中　N1

山奥(やまおく)の家(いえ)には幽霊(ゆうれい)が出(で)るそうです。 산 속 집에는 유령이 나온다고 합니다.

ナポレオンはセイントヘレナ島(とう)に幽閉(ゆうへい)されました。
나폴레옹은 세인트 헬레나 섬에 유폐되었습니다.

1348

음독 **ゆい** 唯物論(ゆいぶつろん) 유물론　唯心論(ゆいしんろん) 유심론　唯一(ゆいいつ) 유일

い 唯唯諾諾(いいだくだく) 유유낙낙(명령하는 대로 순종함)

훈독 **ただ** 唯(ただ) 오직　唯(ただ)でさえ 그렇지 않아도

오직 **유**

中 N1

写真(しゃしん)を撮(と)ることが唯一(ゆいいつ)の趣味(しゅみ)です。 사진을 찍는 것이 유일한 취미입니다.

唯(ただ)でさえ仕事(しごと)が忙(いそが)しいのに、家事(かじ)もしなければなりません。
그렇지 않아도 일이 바쁜데 집안일도 하지 않으면 안 됩니다.

1349

음독 **ゆう** 悠然(ゆうぜん) 유연함, 여유가 있음　悠長(ゆうちょう) 유장함, 성미가 느긋함
悠々(ゆうゆう) 유유함, 느긋함

한가로울 **유**

中 N1

クジラが悠然(ゆうぜん)と泳(およ)いでいます。 고래가 여유롭게 헤엄치고 있습니다.

老後(ろうご)は田舎(いなか)で悠々(ゆうゆう)と暮(く)らしたいです。 노후는 시골에서 느긋하게 살고 싶습니다.

1350

음독 **ゆ** 愉快(ゆかい) 유쾌함　愉悦(ゆえつ) 유열(즐거워하고 기뻐함)
愉快犯(ゆかいはん) 유쾌범(세상을 놀라게 하고 그 반응을 즐길 목적으로 저지르는 범죄)

愉

즐거울 **유**

中 N1

谷口(たにぐち)さんはいつも愉快(ゆかい)な話(はなし)をします。 다니구치 씨는 언제나 유쾌한 이야기를 합니다.

その選手(せんしゅ)は勝利(しょうり)の愉悦(ゆえつ)に浸(ひた)りました。 그 선수는 승리의 기쁨에 잠겼습니다.

1351

음독 **ゆ** 比喩(ひゆ) 비유　直喩(ちょくゆ) 직유　隠喩(いんゆ) 은유
暗喩(あんゆ) 암유, 은유(간접적인 표현을 써서 특징을 설명함)

비유할 **유**

中 급수 외

比喩(ひゆ)を使(つか)って説明(せつめい)しました。 비유를 사용해서 설명했습니다.

この文学作品(ぶんがくさくひん)は色々(いろいろ)な所(ところ)に暗喩(あんゆ)があります。 이 문학작품은 여러 곳에 은유가 있습니다.

Tip 이 한자는 **喻**로도 쓰임

1352

음독 ゆう　猶予(ゆうよ) 유예(망설여 일을 결행하지 아니함, 일을 결행하는데 날짜나 시간을 미룸)

猶

망설일 유

中　N1

執行猶予(しっこうゆうよ)が付(つ)いた判決(はんけつ)が出(で)ました。 집행유예가 붙은 판결이 나왔습니다.

1353

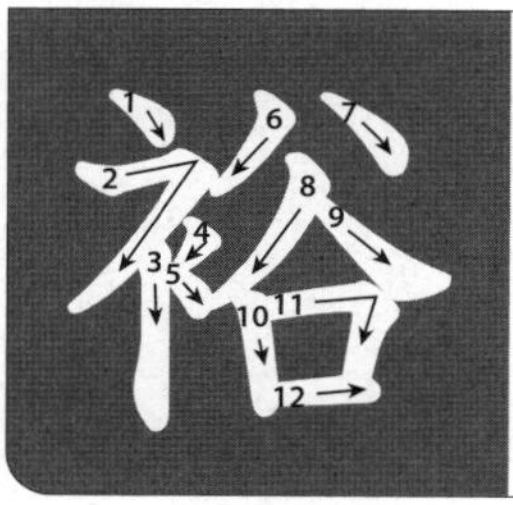

음독 ゆう　裕福(ゆうふく) 유복함　富裕(ふゆう) 부유　富裕層(ふゆうそう) 부유층　余裕(よゆう) 여유

넉넉할 유

中　N1

この町(まち)には富裕層(ふゆうそう)の人々(ひとびと)が住(す)んでいます。
이 마을에는 부유층 사람들이 살고 있습니다.

もう少(すこ)し肩幅(かたはば)に余裕(よゆう)がある服(ふく)をください。 좀 더 품에 여유가 있는 옷을 주세요.

1354

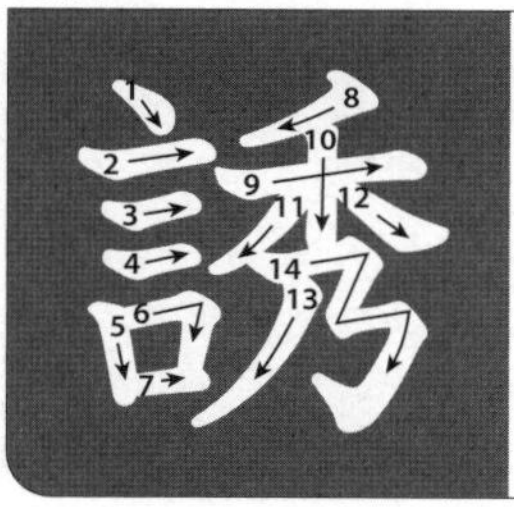

음독 ゆう　誘導(ゆうどう) 유도　誘惑(ゆうわく) 유혹　誘拐(ゆうかい) 유괴　勧誘(かんゆう) 권유

훈독 さそう　誘(さそ)う 권유하다, 꾀다

꾈 유

中　N1

麻薬(まやく)の誘惑(ゆうわく)に負(ま)けてはいけません。 마약의 유혹에 지면 안 됩니다.

パーティーに松本(まつもと)さんを誘(さそ)いました。 파티에 마츠모토 씨를 초대했습니다.

1355

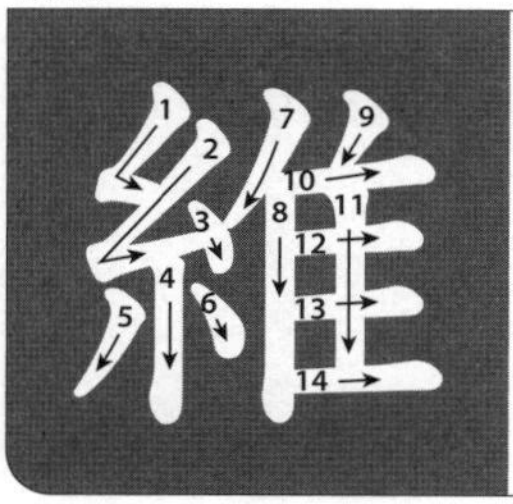

음독 い　維持(いじ) 유지　繊維(せんい) 섬유

벼리/유지할 유

中　N1

毎日運動(まいにちうんどう)して、健康(けんこう)を維持(いじ)します。 매일 운동해서 건강을 유지합니다.

綿花(めんか)から繊維製品(せんいせいひん)を作(つく)ります。 목화에서 섬유제품을 만듭니다.

1356

음독 **ゆ** 　諭旨(ゆし) 유지(취지나 이유를 깨우쳐 알림) 　教諭(きょうゆ) 교사

훈독 **さとす** 　諭す(さとす) 타이르다

諭

타이를 **유**

中 N1

本田(ほんだ)さんは諭旨(ゆし)免職(めんしょく)の処分(しょぶん)を受(う)けました。 혼다 씨는 권고사직 처분을 받았습니다.

警察(けいさつ)が立(た)てこもった犯人(はんにん)を諭(さと)しています。
경찰이 굳게 버티고 있던 범인을 타이르고 있습니다.

1357

음독 **じゅ** 　儒教(じゅきょう) 유교 　儒学(じゅがく) 유학 　儒学者(じゅがくしゃ) 유학자

선비 **유**

中 N1

韓国(かんこく)には儒教(じゅきょう)の伝統(でんとう)があります。 한국에는 유교의 전통이 있습니다.

『史記(しき)』は儒学者(じゅがくしゃ)の伝記(でんき)を書(か)いた本(ほん)です。 『사기』는 유학자의 전기를 쓴 책입니다.

1358

음독 **ゆ** 　癒着(ゆちゃく) 유착 　治癒(ちゆ) 치유 　快癒(かいゆ) 쾌유, 쾌차

훈독 **いえる** 　癒える(いえる) 낫다, 치유되다

いやす 　癒す(いやす) 낫게 하다, 치료하다

癒

병나을 **유**

中 N1

この病気(びょうき)は治癒(ちゆ)するのが難(むずか)しいです。 이 병은 치유하기가 어렵습니다.

時間(じかん)が経(た)って失恋(しつれん)の傷(きず)が癒(い)えました。 시간이 흘러 실연의 상처가 아물었습니다.

1359

음독 **ろく** 　六月(ろくがつ) 6월 　六本(ろっぽん) 여섯 병 　六人(ろくにん) 여섯 명 　六時(ろくじ) 6시

훈독 **む/むつ** 　六(む) 육, 여섯 　六つ(むつ) 여섯, 여섯 살

むい 　六日(むいか) 6일

むっつ 　六つ(むっつ) 여섯 개

여섯 **육**

小1 N5

会社(かいしゃ)は六時(ろくじ)に終(お)わります。 회사는 6시에 끝납니다.

ドーナツを六(むっ)つ買(か)いました。 도넛을 여섯 개 샀습니다.

1360

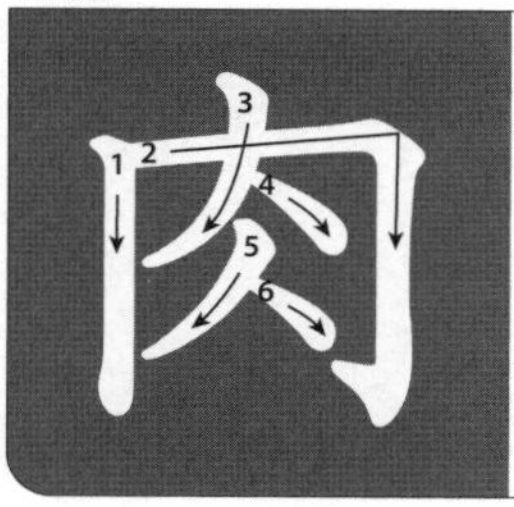

음독 にく　肉(にく) 고기　牛肉(ぎゅうにく) 쇠고기　豚肉(ぶたにく) 돼지고기　肉食(にくしょく) 육식
肉体(にくたい) 육체

고기 **육**
小2　N3

韓国人(かんこくじん)は豚肉(ぶたにく)をよく食(た)べます。 한국인은 돼지고기를 자주 먹습니다.
トラは肉食動物(にくしょくどうぶつ)です。 호랑이는 육식동물입니다.

1361

음독 いく　育児(いくじ) 육아　育成(いくせい) 육성　教育(きょういく) 교육　体育(たいいく) 체육

훈독 そだつ　育(そだ)つ 자라다, 성장하다
そだてる　育(そだ)てる 기르다, 키우다
はぐくむ　育(はぐく)む 품어 기르다, 소중히 기르다

기를 **육**
小3　N2

来月(らいげつ)から教育実習(きょういくじっしゅう)が始(はじ)まります。 다음 달부터 교육실습이 시작됩니다.
母(はは)は花(はな)を育(そだ)てるのが好(す)きです。 어머니는 꽃을 기르는 것을 좋아합니다.

1362

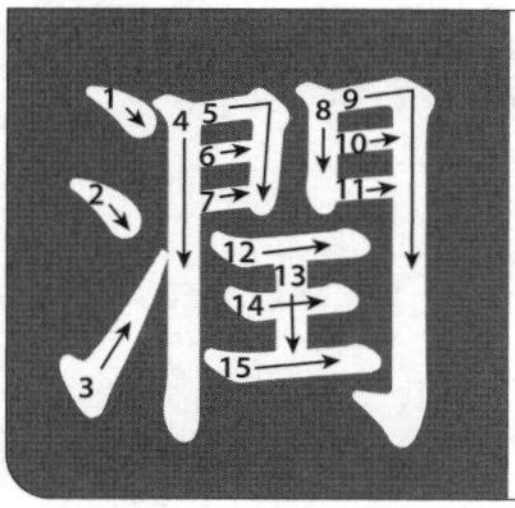

음독 じゅん　潤滑(じゅんかつ) 윤활　潤沢(じゅんたく) 윤택함　利潤(りじゅん) 이윤　湿潤(しつじゅん) 습윤(습기가 많음)

훈독 うるおう　潤(うるお)う ①촉촉해지다 ②넉넉해지다
うるおす　潤(うるお)す ①촉촉하게 하다, 축이다 ②윤택하게 하다
うるむ　潤(うる)む 축축해지다, 물기를 띠다

윤택할/젖을 **윤**
中　N1

わが社(しゃ)には潤沢(じゅんたく)な資金(しきん)があります。 우리 회사에는 윤택한 자금이 있습니다.
化粧水(けしょうすい)を塗(ぬ)ると、肌(はだ)が潤(うるお)います。 스킨을 바르면 피부가 촉촉해집니다.

1363

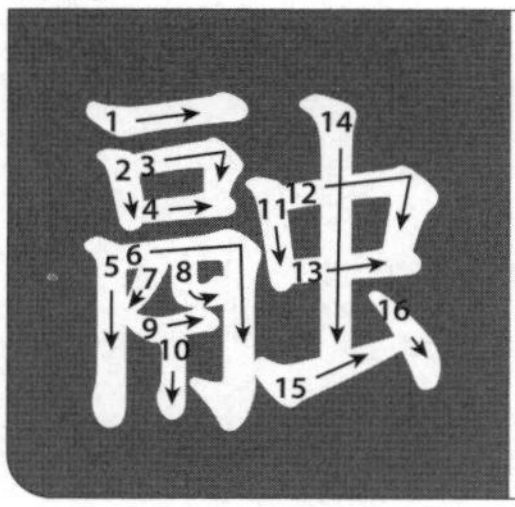

음독 ゆう　融合(ゆうごう) 융합　融資(ゆうし) 융자, 대출　金融(きんゆう) 금융　溶融(ようゆう) 융해, 녹임

녹을/융통할 **융**
中　N1

住宅融資(じゅうたくゆうし)で家(いえ)を買(か)いました。 주택융자로 집을 샀습니다.
来月(らいげつ)から金融会社(きんゆうがいしゃ)に勤(つと)めることになりました。
다음 달부터 금융회사에 근무하게 되었습니다.

1364

음독 ぎん　銀行(ぎんこう) 은행　銀貨(ぎんか) 은화　金銀(きんぎん) 금은　水銀(すいぎん) 수은
銀杏(ぎんなん) 은행나무

은 **은**
小3　N3

銀行(ぎんこう)は3時(じ)で閉(し)まります。 은행은 3시에 문을 닫습니다.
これは外国(がいこく)の銀貨(ぎんか)です。 이것은 외국의 은화입니다.

1365

음독 おん　恩師(おんし) 은사, 스승　恩人(おんじん) 은인　恩恵(おんけい) 은혜　謝恩(しゃおん) 사은

은혜 **은**
小6　급수 외

学生時代(がくせいじだい)の恩師(おんし)に会(あ)いました。 학생시절의 은사를 만났습니다.
デパートで20周年謝恩(しゅうねんしゃおん)セールをやっています。
백화점에서 20주년 사은세일을 하고 있습니다.

1366

음독 いん　隠居(いんきょ) 은거, 은퇴한 노인　隠退(いんたい) 은퇴　隠蔽(いんぺい) 은폐
훈독 かくす　隠(かく)す 숨기다, 감추다
かくれる　隠(かく)れる 숨다　隠(かく)れん坊(ぼう) 숨바꼭질

隱

숨을 **은**
中　N1

隠蔽(いんぺい)された事実(じじつ)が明(あき)らかになりました。 은폐되었던 사실이 밝혀졌습니다.
日記帳(にっきちょう)を引出(ひきだ)しの奥(おく)に隠(かく)します。 일기장을 서랍 안쪽에 숨깁니다.

1367

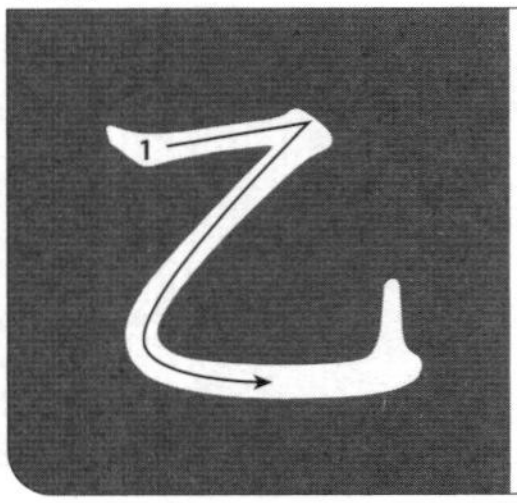

음독 おつ　甲乙(こうおつ) 갑을, 우열
예외 乙女(おとめ) 소녀, 처녀

둘째 천간 **을**
中　N1

二(ふた)つの作品(さくひん)は甲乙(こうおつ)つけがたいです。 두 작품은 우열을 가리기 힘듭니다.
私(わたし)は9月3日(がつみっか)生(う)まれの乙女座(おとめざ)です。 나는 9월 3일생의 처녀자리입니다.

1368

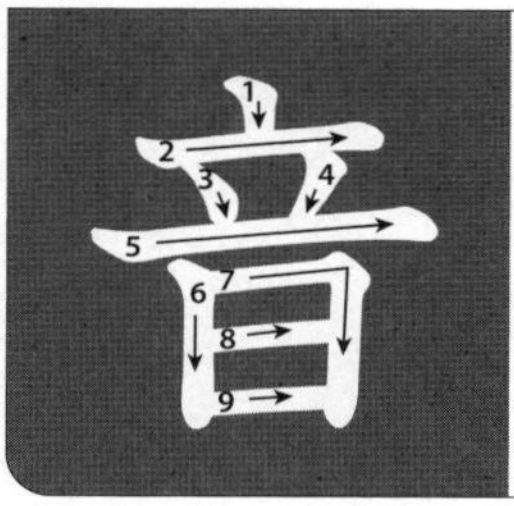

음독 おん: 音楽(おんがく) 음악　音声(おんせい) 음성　高音(こうおん) 고음

いん: 福音(ふくいん) 복음　子音(しいん) 자음　母音(ぼいん) 모음

훈독 おと: 音(おと) 소리　足音(あしおと) 발소리

ね: 音色(ねいろ) 음색

소리 **음**

小1　N3

音楽(おんがく)の時間(じかん)は楽(たの)しいです。음악시간은 즐겁습니다.

足音(あしおと)に気(き)をつけてください。발소리에 주의해 주세요.

1369

음독 いん: 飲酒(いんしゅ) 음주　飲料水(いんりょうすい) 음료수　飲食(いんしょく) 음식　飲用(いんよう) 음용

훈독 のむ: 飲(の)む 마시다　飲(の)み会(かい) 술을 마시고 즐기는 모임　飲(の)み屋(や) 술집

飮

마실 **음**

小3　N4

飲酒運転(いんしゅうんてん)はぜったいだめです。음주운전은 절대 안 됩니다.

コーラが飲(の)みたいです。콜라를 마시고 싶습니다.

1370

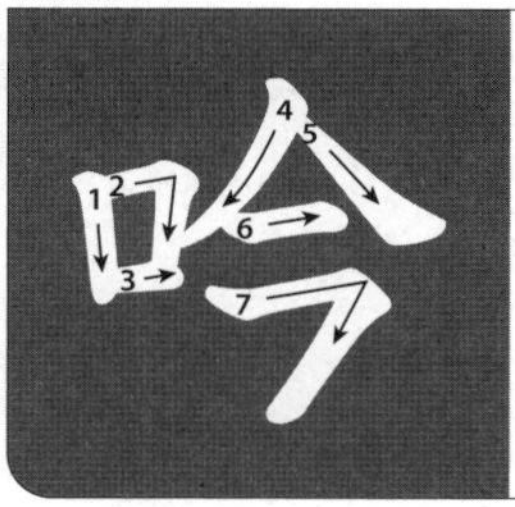

음독 ぎん: 吟(ぎん)じる 소리내어 읊다　吟味(ぎんみ) ①음미 ②잘 조사하여 고름

吟詠(ぎんえい) 음영(가락을 붙여 시를 읊음)

詩吟(しぎん) 시음(한시에 가락을 붙여 읊음)

읊을 **음**

中　N1

先生(せんせい)は漢詩(かんし)を吟(ぎん)じるのが好(す)きです。선생님은 한시를 읊는 것을 좋아합니다.

よく吟味(ぎんみ)して生命保険(せいめいほけん)を選(えら)びます。잘 조사하여 생명보험을 선택합니다.

1371

음독 いん: 陰暦(いんれき) 음력　陰謀(いんぼう) 음모　陰性(いんせい) 음성　陰極(いんきょく) 음극

훈독 かげ: 陰(かげ) 그늘　木陰(こかげ) 나무 밑, 나무 그늘

物陰(ものかげ) 가려서 보이지 않는 곳, 그늘진 곳

かげる: 陰(かげ)る 그늘지다

그늘/음 **음**

中　N1

検査(けんさ)の結果(けっか)は陰性(いんせい)でした。검사 결과는 음성이었습니다.

猫(ねこ)が物陰(ものかげ)に隠(かく)れています。고양이가 그늘진 곳에 숨어 있습니다.

1372

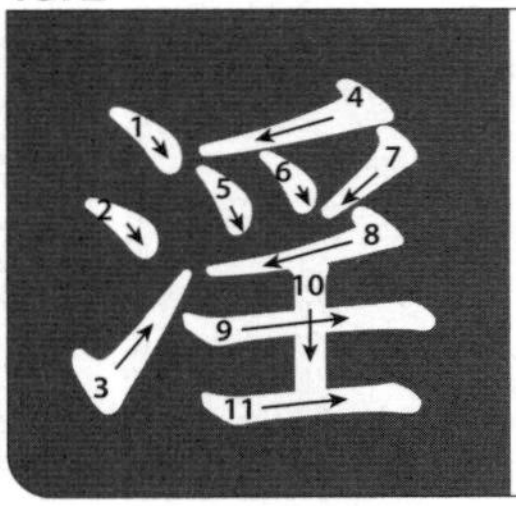

음독 いん　淫乱(いんらん) 음란함　淫行(いんこう) 음행, 음탕한 행동

훈독 みだら　淫(みだ)ら 음란함, 난잡함

음란할 **음**

中　급수 외

淫乱(いんらん)な行(おこな)いを戒(いまし)めます。 음란한 행위를 금합니다.

淫(みだ)らな行為(こうい)をして警察(けいさつ)に捕(つか)まりました。 음란한 행위를 해서 경찰에 붙잡혔습니다.

Tip 이 한자는 婬로도 쓰임

1373

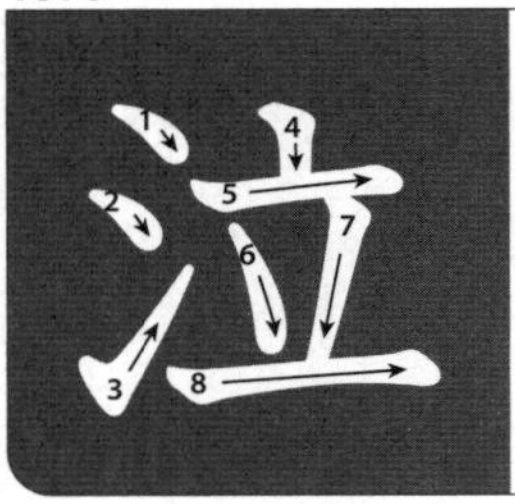

음독 きゅう　感泣(かんきゅう) 감읍(감격하여 욺)　号泣(ごうきゅう) 통곡

훈독 なく　泣(な)く 울다　泣(な)き虫(むし) 울보　泣(な)き声(ごえ) 우는 소리

울 **읍**

小4　N1

父(ちち)が死(し)んで、号泣(ごうきゅう)しました。 아버지가 돌아가셔서 통곡했습니다.

映画(えいが)を見(み)て、泣(な)いてしまいました。 영화를 보고 울고 말았습니다.

Tip **なく**

泣(な)く 사람이 울다

彼女(かのじょ)は悲(かな)しくて泣(な)いている。 그녀는 슬퍼서 울고 있다.

鳴(な)く 새·벌레·짐승 등이 울다

夜中(よなか)に虫(むし)が鳴(な)いている。 한밤중에 벌레가 울고 있다.

1374

음독 おう　応援(おうえん) 응원　応用(おうよう) 응용　呼応(こおう) 호응
反応(はんおう) 반응(はんのう로도 읽음)　応(おう)じる 응하다

훈독 こたえる　応(こた)える 대답하다, 응답하다

應

응할 **응**

小5　N1

韓国(かんこく)チームを応援(おうえん)しました。 한국팀을 응원했습니다.

お客(きゃく)さまの要望(ようぼう)に応(こた)えなければなりません。 손님의 요구에 응하지 않으면 안 됩니다.

1375

음독 **ぎょう** 凝視(ぎょうし) 응시 凝縮(ぎょうしゅく) 응축 凝固(ぎょうこ) 응고 凝結(ぎょうけつ) 응결

훈독 **こる** 凝(こ)る 엉기다

こらす 凝(こ)らす ①엉기게 하다 ②(눈을) 부릅뜨다

엉길 **응**

中 N1

果汁(かじゅう)を凝縮(ぎょうしゅく)してジュースを作(つく)ります。과즙을 응축해서 주스를 만듭니다.

目(め)を凝(こ)らして遠(とお)くを見(み)ます。눈을 부릅뜨고 먼 곳을 봅니다.

1376

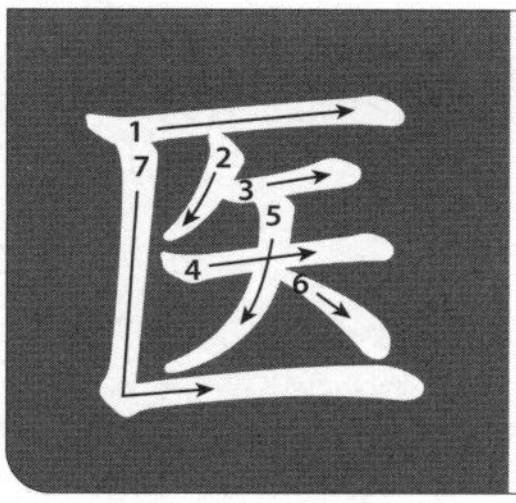

음독 **い** 医者(いしゃ) 의사 医学(いがく) 의학 医療(いりょう) 의료 医薬品(いやくひん) 의약품

醫

의원 **의**

小3 N3

私(わたし)の父(ちち)は医者(いしゃ)です。나의 아버지는 의사입니다.

医学(いがく)はとても発展(はってん)しました。의학은 매우 발전했습니다.

1377

음독 **い** 意思(いし) 의사, 생각 意見(いけん) 의견 意味(いみ) 의미 決意(けつい) 결의 注意(ちゅうい) 주의

뜻 **의**

小3 N3

この単語(たんご)の意味(いみ)が分(わ)かりません。이 단어의 의미를 모르겠습니다.

足元(あしもと)に注意(ちゅうい)してください。발 밑을 조심하세요.

1378

음독 **い** 衣類(いるい) 의류 衣装(いしょう) 의상 白衣(はくい) 백의 更衣(こうい) 옷을 갈아입음

훈독 **ころも** 衣(ころも) 옷 衣替(ころもが)え 갈아입음, 새단장

특이 浴衣(ゆかた) 두루마기 모양의 긴 무명 홑옷, 목욕 후 또는 여름철의 평상복

옷 **의**

小4 N2

女性(じょせい)の更衣室(こういしつ)はあちらです。여성의 탈의실은 저쪽입니다.

夏服(なつふく)に衣替(ころもが)えしました。하복으로 갈아입었습니다.

1379

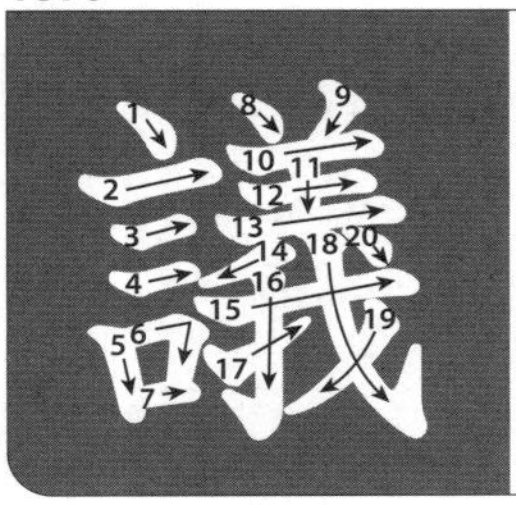

음독 ぎ　議員(ぎいん) 의원　議論(ぎろん) 의논　会議(かいぎ) 회의　協議(きょうぎ) 협의

의논할 **의**

小4　N2

来週(らいしゅう)、国会議員(こっかいぎいん)の選挙(せんきょ)があります。 다음 주, 국회의원 선거가 있습니다.

10時(じ)から会議(かいぎ)があります。 10시부터 회의가 있습니다.

1380

음독 ぎ　義理(ぎり) 의리　義務(ぎむ) 의무　主義(しゅぎ) 주의　講義(こうぎ) 강의

옳을 **의**

小5　N1

中学(ちゅうがく)まで義務教育(ぎむきょういく)です。 중학교까지 의무교육입니다.

韓国(かんこく)も日本(にほん)も民主主義(みんしゅしゅぎ)の国(くに)です。 한국도 일본도 민주주의 국가입니다.

1381

음독 ぎ　疑問(ぎもん) 의문　疑惑(ぎわく) 의혹　質疑(しつぎ) 질의　容疑(ようぎ) 용의

훈독 うたがう　疑(うたが)う 의심하다

의심할 **의**

小6　N2

本(ほん)を読(よ)んで、ますます疑問(ぎもん)がわきました。 책을 읽고 더욱더 의문이 생겼습니다.

人(ひと)を疑(うたが)うのはよくありません。 사람을 의심하는 것은 좋지 않습니다.

1382

음독 い　依頼(いらい) 의뢰　依存(いそん) 의존(いぞん으로도 읽음)　依然(いぜん) 여전

え　帰依(きえ) 귀의(돌아가거나 돌아와 몸을 의지함, 부처와 승가로 돌아가 의지하여 구원을 청함)

의지할 **의**

中　N2

先生(せんせい)に講演(こうえん)の依頼(いらい)をしました。 선생님에게 강연의뢰를 했습니다.

もう４月(がつ)ですが、依然(いぜん)として寒(さむ)い日(ひ)が続(つづ)きます。
벌써 4월입니다만, 여전히 추운 날이 이어집니다.

1383

음독 ぎ　　適宜(てきぎ) 적당함　便宜(べんぎ) 편의

알맞을 **의**

中　N1

味(あじ)が薄(うす)かったら、適宜(てきぎ)、塩(しお)を加(くわ)えてください。
맛이 싱거우면 적당히 소금을 넣어 주세요.

便宜的(べんぎてき)に、その人(ひと)の名前(なまえ)をAさんとします。 편의상 그 사람의 이름을 A씨라고 하겠습니다.

1384

음독 い　　椅子(いす) 의자　車椅子(くるまいす) 휠체어

의자 **의**

中　급수 외

父(ちち)が椅子(いす)に座(すわ)って新聞(しんぶん)を読(よ)んでいます。 아버지가 의자에 앉아 신문을 읽고 있습니다.

1385

음독 ぎ　　儀式(ぎしき) 의식　儀礼(ぎれい) 의례　葬儀(そうぎ) 장의, 장례식
行儀(ぎょうぎ) 예의 범절, 행동거지의 예절

법식/예절 **의**

中　N1

豊作(ほうさく)を感謝(かんしゃ)する儀式(ぎしき)を行(おこな)います。 풍작을 감사하는 의식을 행합니다.

肘(ひじ)をついてご飯(はん)を食(た)べるのは行儀(ぎょうぎ)が悪(わる)いです。
팔꿈치를 대고 밥을 먹는 것은 예의바르지 않습니다.

1386

음독 ぎ　　擬声語(ぎせいご) 의성어　擬態語(ぎたいご) 의태어　擬人法(ぎじんほう) 의인법

모방할 **의**

中　N1

「わくわく」や「ひりひり」は擬態語(ぎたいご)です。 '두근두근'이나 '따끔따끔'은 의태어입니다.

絵本(えほん)にはよく擬人法(ぎじんほう)が使(つか)われます。 그림책에는 자주 의인법이 사용됩니다.

1387

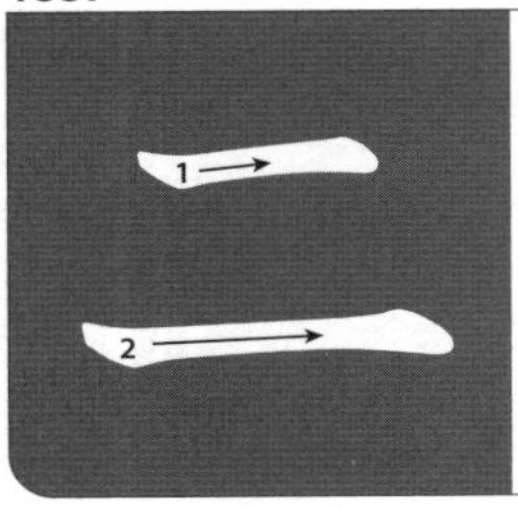

음독 に　二年(にねん) 2년　二回(にかい) 2회　二時(にじ) 두 시

훈독 ふた　二人(ふたり) 두 명

ふたつ　二つ(ふた) 두 개

특이 二十歳(はたち) 스무살　二十日(はつか) 20일　二日(ふつか) 2일

두 **이**

小1　N5

二時(にじ)に学校(がっこう)で会(あ)いましょう。 2시에 학교에서 만납시다.

ケーキを二(ふた)つください。 케이크를 두 개 주세요.

1388

음독 じ　耳目(じもく) 이목　耳鼻科(じびか) 이비(인후)과

훈독 みみ　耳(みみ) 귀　初耳(はつみみ) 처음 들음

귀 **이**

小1　N5

この本(ほん)は耳目(じもく)を集(あつ)めています。 이 책은 이목을 모으고 있습니다.

それは初耳(はつみみ)です。 그것은 처음 듣습니다.

1389

음독 い　以外(いがい) 이 외, 그 밖　以上(いじょう) 이상　以来(いらい) 이래, 이후　以前(いぜん) 이전

써 **이**

小4　N3

これ以外(いがい)の商品(しょうひん)はありませんか。 이것 이외의 상품은 없습니까?

以上(いじょう)で発表(はっぴょう)を終(お)わります。 이상으로 발표를 마치겠습니다.

1390

음독 い　移住(いじゅう) 이주　移民(いみん) 이민　推移(すいい) 추이　転移(てんい) 전이

훈독 うつる　移(うつ)る 바뀌다, 옮기다, 이동하다

うつす　移(うつ)す 옮기다

옮길 **이**

小5　N2

ブラジルには日本人(にほんじん)の移住民(いじゅうみん)が多(おお)いです。 브라질에는 일본인 이주민이 많습니다.

季節(きせつ)が夏(なつ)から秋(あき)へ移(うつ)りました。 계절이 여름에서 가을로 바뀌었습니다.

1391

음독 い　異国(いこく) 이국　異常(いじょう) 이상함　差異(さい) 차이　異議(いぎ) 이의, 다른 의견

훈독 ことなる　異(こと)なる 다르다

다를 이

小6　N1

異常(いじょう)な天気(てんき)が続(つづ)いています。이상한 날씨가 계속되고 있습니다.

私(わたし)と兄(あに)は性格(せいかく)が異(こと)なります。나와 형은 성격이 다릅니다.

Tip 이의

異議(いぎ) 다른 의견

議会(ぎかい)の決定(けってい)に異議(いぎ)を唱(とな)える。의회의 결정에 이의를 주장하다.

異義(いぎ) 다른 뜻, 다른 의미

同音異義語(どうおんいぎご)の勉強(べんきょう)をする。동음이의어를 공부하다.

1392

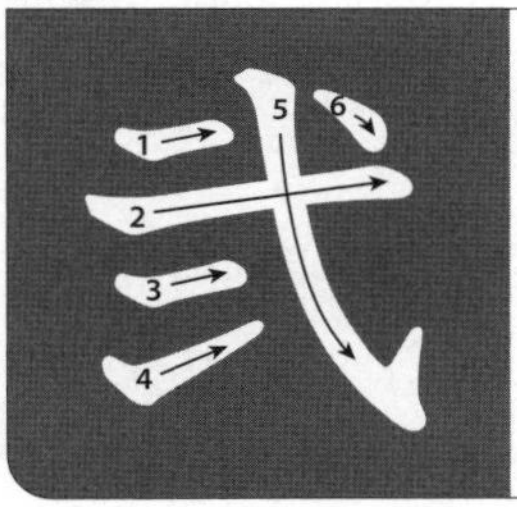

음독 に　弐万円(にまんえん) 2만 엔

두 이

中　N1

「弐(に)」は証書(しょうしょ)などで用(もち)いる漢字(かんじ)です。「弐」는 증서 등에서 사용하는 한자입니다.

1393

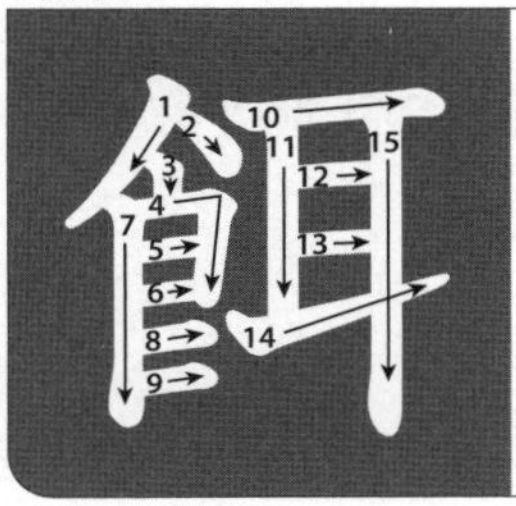

음독 じ　擬餌(ぎじ) 제물낚시, 루어

훈독 えさ　餌(えさ) 먹이, 미끼

え　餌付(えづ)け 길들이기　餌食(えじき) 희생물, 제물

미끼 이

中　급수 외

擬餌(ぎじ)を使(つか)って魚(さかな)を釣(つ)りました。루어를 사용해 물고기를 낚았습니다.

池(いけ)のコイに餌(えさ)をやりました。연못에 있는 잉어에게 먹이를 줬습니다.

Tip 이 한자는 **餌**로도 쓰임

1394

음독 **えき** 収益(しゅうえき) 수익 利益(りえき) 이익 有益(ゆうえき) 유익함

やく ご利益(りやく) 신(神)에게서 받는 덕택, 혜택, 은혜

益

더할/유익할 **익**

小5 N1

今期(こんき)はたくさんの利益(りえき)を上(あ)げました。 이번 시즌은 많은 이익을 올렸습니다.

有益(ゆうえき)な忠告(ちゅうこく)を聞(き)きました。 유익한 충고를 들었습니다.

1395

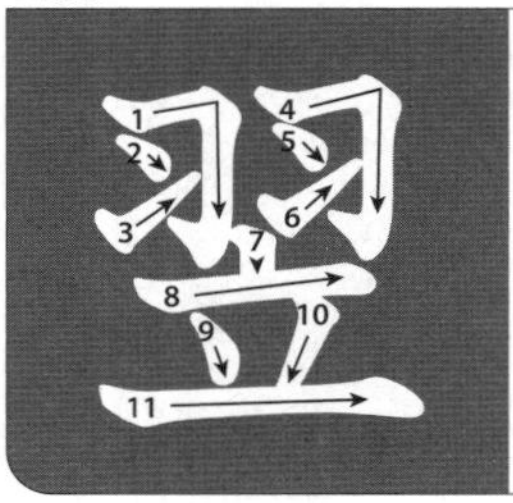

음독 **よく** 翌日(よくじつ) 이튿날 翌月(よくげつ) 다음 달 翌年(よくねん) 이듬해

翌朝(よくあさ) 이튿날 아침

翌

다음날 **익**

小6 N2

山火事(やまかじ)は翌日(よくじつ)まで続(つづ)きました。 산불은 이튿날까지 계속되었습니다.

お酒(さけ)を飲(の)んだ翌朝(よくあさ)は頭(あたま)が痛(いた)いです。 술을 마신 이튿날 아침은 머리가 아픕니다.

1396

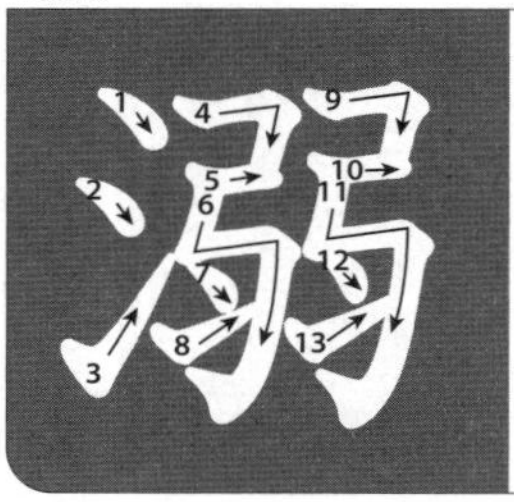

음독 **でき** 溺死(できし) 익사 溺愛(できあい) 몹시 사랑함

훈독 **おぼれる** 溺(おぼ)れる 빠지다

溺

빠질 **익**

中 급수 외

田村(たむら)さんは息子(むすこ)を溺愛(できあい)しています。 다무라 씨는 아들을 몹시 사랑합니다.

溺(おぼ)れた子(こ)どもを助(たす)けました。 물에 빠진 아이를 구했습니다.

1397

음독 **よく** 主翼(しゅよく) 주익(비행기의 주날개) 尾翼(びよく) 미익(비행기의 꼬리날개)

右翼(うよく) 우익 左翼(さよく) 좌익

훈독 **つばさ** 翼(つばさ) 날개

翼

날개/파벌 **익**

中 N1

右翼団体(うよくだんたい)の集会(しゅうかい)が行(おこな)われています。 우익단체의 집회가 열리고 있습니다.

翼(つばさ)を怪我(けが)した白鳥(はくちょう)がいます。 날개를 다친 백조가 있습니다.

1398

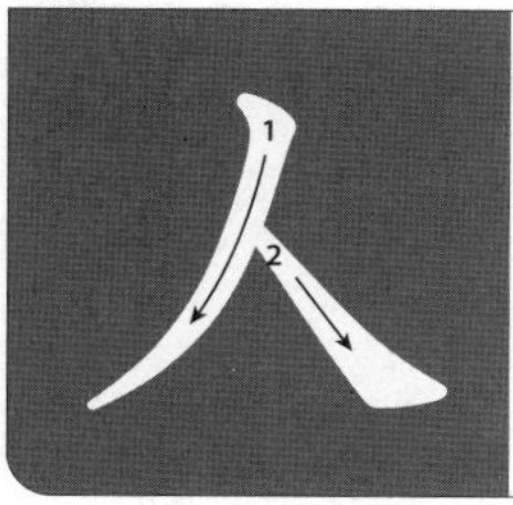

음독 じん　人生(じんせい) 인생　外国人(がいこくじん) 외국인

にん　人気(にんき) 인기　人形(にんぎょう) 인형　病人(びょうにん) 병자

훈독 ひと　人(ひと) 사람　男(おとこ)の人(ひと) 남자　女(おんな)の人(ひと) 여자　人柄(ひとがら) 인품

특이 大人(おとな) 어른　玄人(くろうと) 숙련자　素人(しろうと) 초보자　若人(わこうど) 젊은이　仲人(なこうど) 중매인

사람 **인**

小1　N5

これは外国人(がいこくじん)に人気(にんき)があります。 이것은 외국인에게 인기가 있습니다.

人柄(ひとがら)の良(い)い人(ひと)が好(す)きです。 인품이 좋은 사람이 좋습니다.

1399

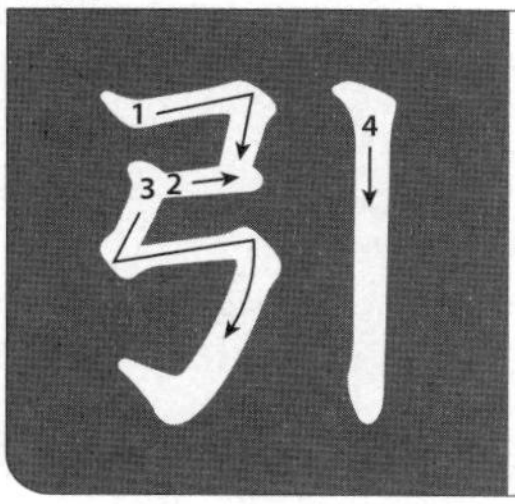

음독 いん　引用(いんよう) 인용　引力(いんりょく) 인력　引退(いんたい) 은퇴　索引(さくいん) 색인

훈독 ひく　引(ひ)く 끌다　引(ひ)き分(わ)け 무승부　割引(わりびき) 할인

ひける　引(ひ)ける ①끝나다 ②마음이 내키지 않다

끌/물러날 **인**

小2　N3

後(うし)ろに索引(さくいん)がありますので、索引を利用(りよう)してください。
뒤에 색인이 있으니 색인을 이용해 주세요.

学生(がくせい)は割引(わりびき)できます。 학생은 할인이 됩니다.

Tip ひく

引(ひ)く 끌다, 당기다

綱(つな)を引(ひ)く。 밧줄을 당기다.

弾(ひ)く 악기를 연주하다

バイオリンを弾(ひ)く。 바이올린을 켜다.

1400

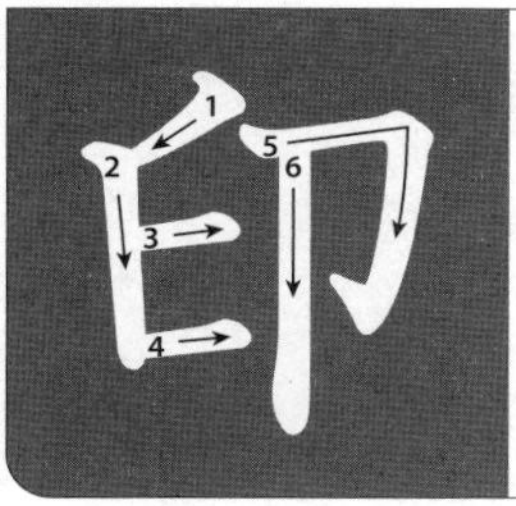

음독 いん　印鑑(いんかん) 인감　印象(いんしょう) 인상　印刷(いんさつ) 인쇄　押印(おういん) 날인, 도장을 찍음

훈독 しるし　印(しるし) 표(시), 기호, 상징　矢印(やじるし) 화살표　目印(めじるし) 표시, 표적

도장/인상 **인**

小4　N2

ここに押印(おういん)してください。 여기에 도장을 찍어 주세요.

訪問(ほうもん)の印(しるし)に判子(はんこ)を押(お)します。 방문표시로 도장을 찍습니다.

1401

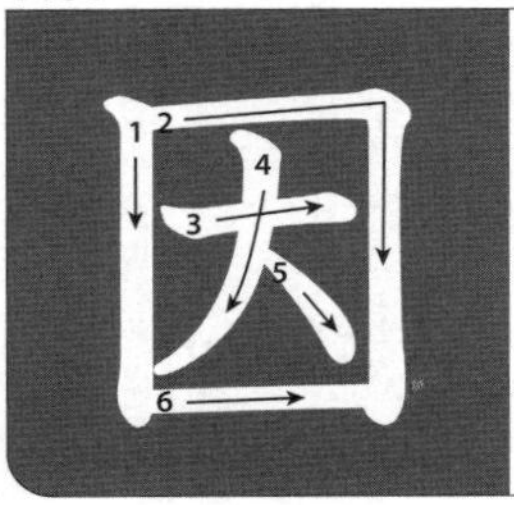

음독 いん　因果(いんが) 인과　因縁(いんねん) 인연　原因(げんいん) 원인　起因(きいん) 기인

훈독 よる　因(よ)る 의거하다, 준하다, 따르다

인할 **인**

小5　N2

この病気(びょうき)の原因(げんいん)はまだ分(わ)かりません。이 병의 원인은 아직 모릅니다.

飲酒運転(いんしゅうんてん)に因(よ)る事故(じこ)が増(ふ)えています。음주운전으로 인한 사고가 늘고 있습니다.

1402

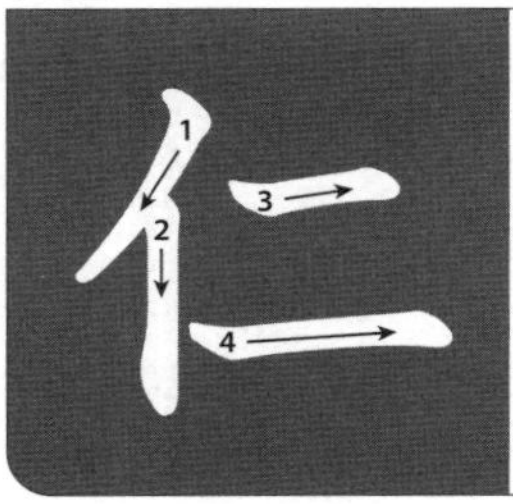

음독 じん　仁義(じんぎ) 인의, 의리　仁愛(じんあい) 인애

に　仁王(におう) 인왕(불교의 수호신)

仁王立(におうだ)ち 인왕처럼 무섭고 억센 모습으로 버티고 서 있음

어질 **인**

小6　N1

「仁義(じんぎ)なき戦(たたか)い」という映画(えいが)を知(し)っていますか。

「의리 없는 전쟁」이라는 영화를 알고 있습니까?

これは有名(ゆうめい)な仁王像(におうぞう)です。이것은 유명한 인왕상입니다.

1403

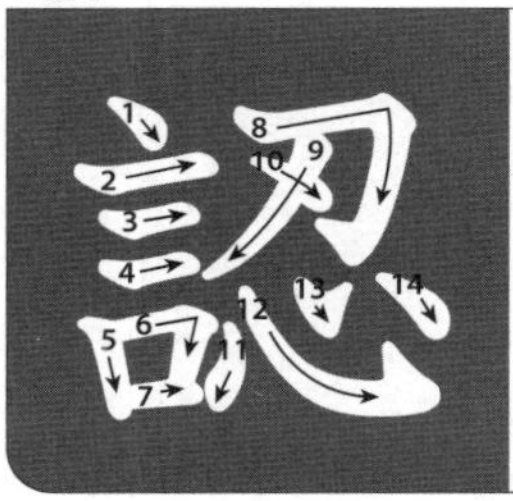

음독 にん　認証(にんしょう) 인증　認知(にんち) 인지　確認(かくにん) 확인　誤認(ごにん) 오인

훈독 みとめる　認(みと)める 인정하다, 허가하다

認

알/인정할 **인**

小6　N2

人数(にんずう)を確認(かくにん)します。인원수를 확인합니다.

両親(りょうしん)が結婚(けっこん)を認(みと)めてくれました。부모님이 결혼을 허락해 주었습니다.

1404

음독 じん　自刃(じじん) 자인(칼로 자결함)　凶刃(きょうじん) 흉인(살상에 쓰인 칼)

훈독 は　刃(は) 칼붙이의 날, 칼날의 이　刃物(はもの) 날붙이

刃

칼날 **인**

中　N1

政治家(せいじか)が暴漢(ぼうかん)の凶刃(きょうじん)に倒(たお)れました。정치가가 폭한의 칼에 쓰러졌습니다.

包丁(ほうちょう)の刃(は)が欠(か)けてしまいました。부엌칼의 이가 빠져 버렸습니다.

1405

음독 にん　忍耐(にんたい) 인내　堪忍(かんにん) 참음, 견딤　残忍(ざんにん) 잔인함

훈독 しのぶ　忍(しの)ぶ ①참다, 견디다 ②몰래 하다

しのばせる　忍(しの)ばせる 숨기다

忍

참을/잔인할 **인**

中　N1

マラソンは忍耐(にんたい)が必要(ひつよう)な競技(きょうぎ)です。 마라톤은 인내가 필요한 경기입니다.

芸能人(げいのうじん)が人目(ひとめ)を忍(しの)んで、旅行(りょこう)に出(で)かけました。
연예인이 남의 눈을 피해 여행을 떠났습니다.

1406

음독 いん　姻戚(いんせき) 인척　姻族(いんぞく) 인족, 인척　婚姻(こんいん) 혼인, 결혼

혼인 **인**

中　N1

上村(うえむら)さんは私(わたし)の姻戚(いんせき)です。 우에무라 씨는 나의 인척입니다.

娘(むすめ)の婚姻(こんいん)が決(き)まって、うれしいです。 딸의 결혼이 정해져서 기쁩니다.

1407

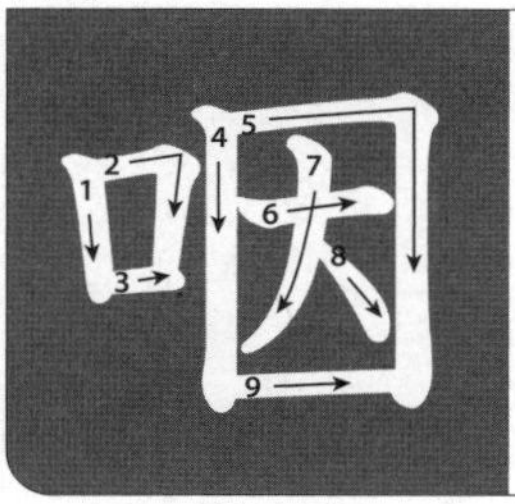

음독 いん　咽頭(いんとう) 인두(식도와 후두에 붙어있는 깔대기 모양의 부분)

咽喉(いんこう) 인후(목구멍)　耳鼻咽喉科(じびいんこうか) 이비인후과

훈독 むせぶ　咽(むせ)ぶ 목이 메다, 울다　咽(むせ)び泣(な)く 흐느껴 울다

특이 嗚咽(おえつ) 오열, 흐느껴 욺

목구멍 **인**

中　급수 외

兄(あに)は耳鼻咽喉科(じびいんこうか)の医者(いしゃ)です。 형은 이비인후과 의사입니다.

試合(しあい)に負(ま)けた選手(せんしゅ)が咽(むせ)び泣(な)いています。 시합에 진 선수가 흐느껴 울고 있습니다.

1408

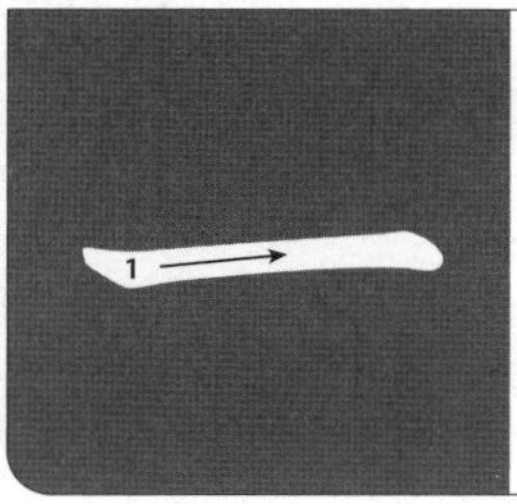

음독 いち　一年(いちねん) 1년　一番(いちばん) 첫 번째, 가장

いつ　一回(いっかい) 한 번　특이 一日(ついたち) 초하루, 1일

훈독 ひと　一人(ひとり) 한 명, 혼자

ひとつ　一(ひと)つ 한 개

한 **일**

小1　N5

一年(いちねん)は365日(にち)です。 1년은 365일입니다.

一(ひと)つ、いくらですか。 한 개, 얼마입니까?

1409

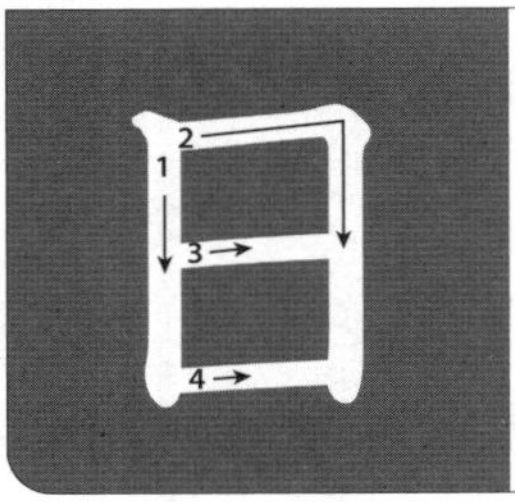

음독 にち　一日(いちにち) 하루　毎日(まいにち) 매일

じつ　本日(ほんじつ) 오늘, 금일　平日(へいじつ) 평일　休日(きゅうじつ) 휴일

훈독 ひ　日曜日(にちようび) 일요일　朝日(あさひ) 아침 해　日帰り(ひがえり) 당일치기

か　二日(ふつか) 2일　四日(よっか) 4일

날 **일**

小1　N5

本日(ほんじつ)はセールです。금일은 세일입니다.

日帰り(ひがえり)で温泉(おんせん)に行(い)きます。당일치기로 온천에 갑니다.

1410

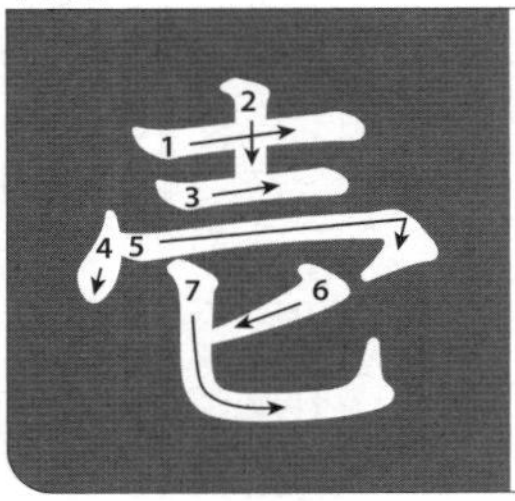

음독 いち　壱(いち) 일, 하나

壹

한 **일**

中　N1

日本(にほん)の10000円札(えんさつ)には漢字(かんじ)で「壱万円(いちまんえん)」と書(か)かれています。

일본의 10000엔 지폐에는 한자로 '壱万円(일만엔)'이라고 적혀 있습니다.

1411

음독 いつ　逸話(いつわ) 일화　逸品(いっぴん) 일품, 걸작품　秀逸(しゅういつ) 뛰어남

逸

뛰어날 **일**

中　N1

エミレの鐘(かね)の逸話(いつわ)を聞(き)きました。에밀레종의 일화를 들었습니다.

『源氏物語(げんじものがたり)』は秀逸(しゅういつ)な古典文学(こてんぶんがく)です。『겐지모노가타리』는 뛰어난 고전문학입니다.

1412

음독 にん　任命(にんめい) 임명　任務(にんむ) 임무　責任(せきにん) 책임　兼任(けんにん) 겸임

훈독 まかせる　任せる(まかせる) 맡기다, 위임하다

まかす　任す(まかす) 맡기다, 위임하다

맡길 **임**

小5　N2

彼(かれ)は責任感(せきにんかん)が強(つよ)い人(ひと)です。그는 책임감이 강한 사람입니다.

部下(ぶか)に仕事(しごと)を任(まか)せました。부하에게 일을 맡겼습니다.

1413

음독 ちん　賃貸(ちんたい) 임대　賃借(ちんしゃく) 임차　運賃(うんちん) 운임　家賃(やちん) 집세

품삯 임

小6 N1

運賃(うんちん)はいくらですか。운임은 얼마입니까?

家賃(やちん)の安(やす)い部屋(へや)がいいです。집세가 싼 방이 좋습니다.

1414

음독 にん　妊娠(にんしん) 임신　妊婦(にんぷ) 임산부　懐妊(かいにん) 회임, 임신　不妊(ふにん) 불임

아이밸 임

中 N1

妻(つま)が妊娠(にんしん)6ヶ月目(ろっかげつめ)に入(はい)りました。아내가 임신 6개월째에 들어섰습니다.

妊婦(にんぷ)に席(せき)を譲(ゆず)りました。임산부에게 자리를 양보했습니다.

1415

음독 にゅう　入学(にゅうがく) 입학　入試(にゅうし) 입시　入場(にゅうじょう) 입장　入院(にゅういん) 입원　収入(しゅうにゅう) 수입

훈독 いる　入(い)る 들어가다, 들다　入(い)り口(ぐち) 입구

いれる　入(い)れる 넣다　押(お)し入(い)れ 벽장

はいる　入(はい)る 들어가다

들 입

小1 N4

病気(びょうき)で入院(にゅういん)しました。병으로 입원했습니다.

10時(じ)に始(はじ)まるので、10時に入(はい)ってください。10시에 시작하니까 10시에 들어와 주세요.

Tip 1268 いる 참조

Tip 수입

収入(しゅうにゅう) 돈이나 물품 따위를 거두어들임

収入(しゅうにゅう)が減(へ)る。수입이 줄다.

輸入(ゆにゅう) 다른 나라로부터 물품을 사들임

外国(がいこく)から車(くるま)を輸入(ゆにゅう)する。외국에서 차를 수입하다.

1416

음독 じょう　過剰(かじょう) 과잉, 지나침　余剰(よじょう) 잉여, 쓰고 난 나머지

剰

남을 **잉**

中　N1

過剰(かじょう)な飲酒(いんしゅ)はとても危険(きけん)です。 지나친 음주는 매우 위험합니다.

余剰(よじょう)な米(こめ)を保存(ほぞん)しておきます。 쓰고 난 나머지 쌀을 보존해 둡니다.

1417

음독 し　子女(しじょ) 자녀　男子(だんし) 남자　女子(じょし) 여자　弟子(でし) 제자

す　様子(ようす) 모습, 모양

훈독 こ　男の子(おとこのこ) 남자아이　女の子(おんなのこ) 여자아이　親子(おやこ) 부모 자식

子(こ)ども 아이

아들 **자**

小1　N5

女子(じょし)トイレはどこですか。 여자 화장실은 어디입니까?

子(こ)どもは小学何年生(しょうがくなんねんせい)ですか。 아이는 초등학교 몇 학년입니까?

1418

음독 じ　漢字(かんじ) 한자　文字(もじ) 문자　赤字(あかじ) 적자　数字(すうじ) 숫자

글자 **자**

小1　N3

日本語(にほんご)の漢字(かんじ)が難(むずか)しいです。 일본어 한자가 어렵습니다.

ファックスの文字(もじ)が読(よ)めません。 팩스의 글자를 읽을 수 없습니다.

1419

음독 じ　自由(じゆう) 자유　自動(じどう) 자동　自己(じこ) 자기　自宅(じたく) 자택

自分自身(じぶんじしん) 자기 자신　自信(じしん) 자신

し　自然(しぜん) 자연

훈독 みずから　自(みずか)ら 스스로

스스로 **자**

小2　N3

自己紹介(じこしょうかい)をしてください。 자기소개를 해 주세요.

昨日(きのう)のことを彼(かれ)が自(みずか)ら話(はな)しました。 어제 일을 그가 스스로 말했습니다.

1420

음독 し　姉妹(しまい) 자매

훈독 あね　姉(あね) 언니, 누나

특이 お姉(ねえ)さん 언니, 누나

손윗누이 자

小2 N3

姉妹校(しまいこう)から学生(がくせい)が来(き)ました。 자매교에서 학생이 왔습니다.

姉(あね)は結婚(けっこん)しています。 언니는 결혼했습니다.

1421

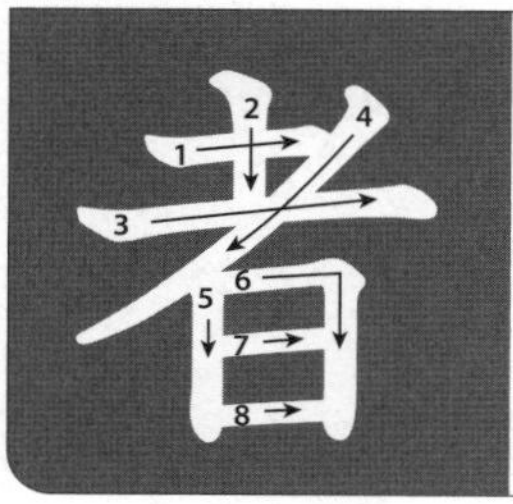

음독 しゃ　学者(がくしゃ) 학자　記者(きしゃ) 기자　作者(さくしゃ) 작자　患者(かんじゃ) 환자

훈독 もの　者(もの) 사람, 자　若者(わかもの) 젊은이　人気者(にんきもの) 인기있는 사람

者

사람 자

小3 N3

私(わたし)の夢(ゆめ)は新聞(しんぶん)記者(きしゃ)です。 내 꿈은 신문기자입니다.

彼(かれ)はクラスの人気者(にんきもの)です。 그는 반에서 인기가 있습니다.

1422

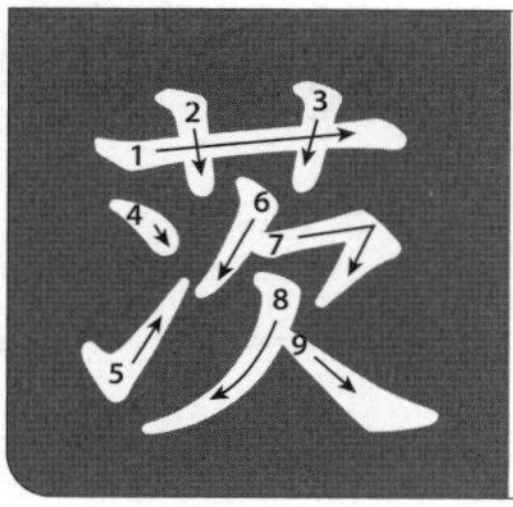

훈독 いばら　茨(いばら) 가시나무　茨城県(いばらきけん) 이바라키현

茨

가시나무 자

小4 급수 외

人生(じんせい)は茨(いばら)の道(みち)と同(おな)じです。 인생은 가시밭길과 같습니다.

茨城県(いばらきけん)は納豆(なっとう)が有名(ゆうめい)です。 이바라키현은 낫토가 유명합니다.

1423

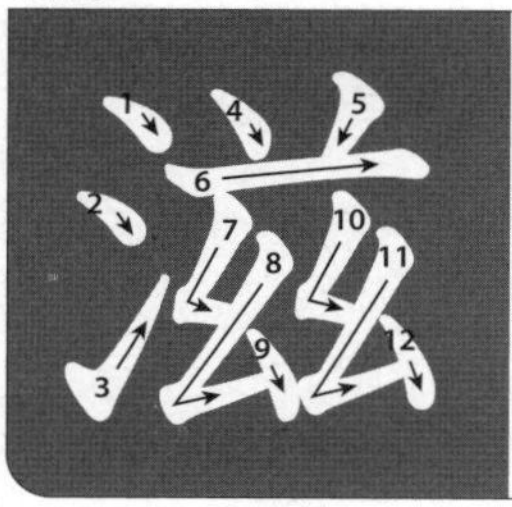

음독 じ　滋養(じよう) 자양

滋養強壮(じようきょうそう) 자양강장(몸의 건강을 좋게 하고 혈기가 왕성함)

예외 滋賀県(しがけん) 시가현

불을 자

小4 N1

日本(にほん)では夏(なつ)、滋養強壮(じようきょうそう)のためにうなぎを食(た)べます。
일본에서는 여름에 자양강장을 위해 장어를 먹습니다.

滋賀県(しがけん)には琵琶湖(びわこ)があります。 시가현에는 비와호가 있습니다.

1424

음독 し　資金(しきん) 자금　資料(しりょう) 자료　投資(とうし) 투자　融資(ゆうし) 융자

재물 **자**

小5 N2

お店(みせ)を開(ひら)く資金(しきん)が足(た)りません。 가게를 열 자금이 부족합니다.

資料(しりょう)をコピーしておきます。 자료를 복사해 둡니다.

1425

음독 し　姿勢(しせい) 자세　姿態(したい) 자태　容姿(ようし) (여성의) 얼굴 모양이나 자태　雄姿(ゆうし) 용감한 모습

훈독 すがた　姿(すがた) 모습, 상태　後ろ姿(うしろすがた) 뒷모습

모양 **자**

小6 N3

正(ただ)しい姿勢(しせい)で本(ほん)を読(よ)みましょう。 올바른 자세로 책을 읽읍시다.

後(うし)ろ姿(すがた)がきれいな人(ひと)です。 뒷모습이 예쁜 사람입니다.

1426

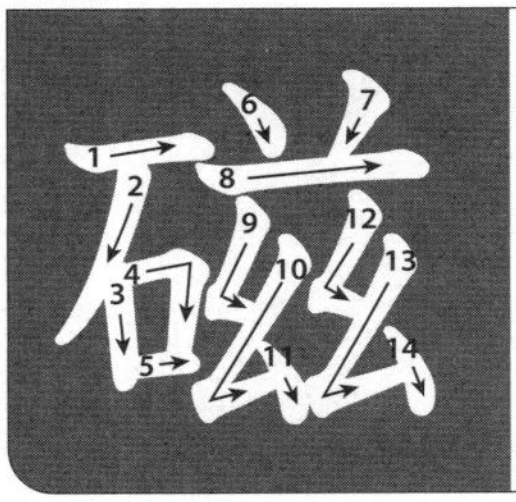

음독 じ　磁気(じき) 자기　磁石(じしゃく) 자석　陶磁器(とうじき) 도자기　青磁(せいじ) 청자

자석/자기 **자**

小6 N1

利川(イチョン)には陶磁器(とうじき)の村(むら)があります。 이천에는 도자기 마을이 있습니다.

高麗(こうらい)の青磁(せいじ)は有名(ゆうめい)です。 고려청자는 유명합니다.

1427

음독 し　刺激(しげき) 자극　刺繍(ししゅう) 자수　名刺(めいし) 명함　風刺(ふうし) 풍자

훈독 さす　刺(さ)す 찌르다　刺(さ)し身(み) 생선회

さされる　刺(さ)さる 찔리다, 박히다

찌를 **자**

中 N2

取引先(とりひきさき)の人(ひと)と名刺(めいし)を交換(こうかん)しました。 거래처 사람과 명함을 교환했습니다.

バラのとげが刺(さ)さりました。 장미 가시가 박혔습니다.

Tip 0894 さす 참조

1428

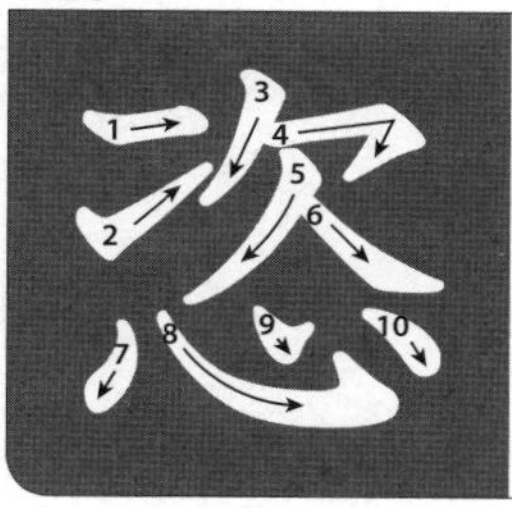

음독 し　恣意(しい) 자의(제멋대로 생각함)

훈독 ほしいまま　恣(ほしいまま) 제멋대로인 모양

방자할 **자**

中　급수 외

会社(かいしゃ)の方針(ほうしん)は社長(しゃちょう)の恣意(しい)で決(き)まります。 회사 방침은 사장님이 마음대로 결정합니다.

大統領(だいとうりょう)が権力(けんりょく)を 恣(ほしいまま) にしています。 대통령이 권력을 남용하고 있습니다.

1429

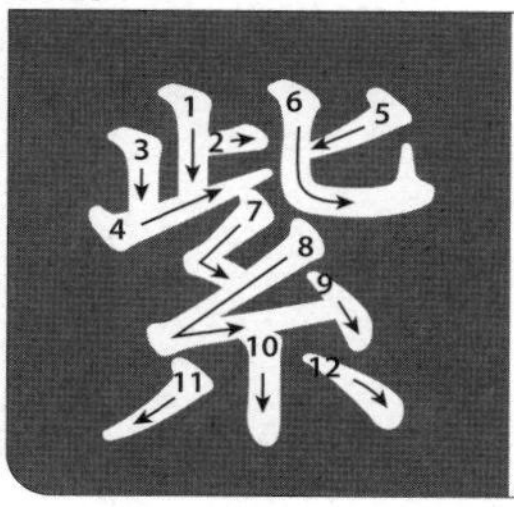

음독 し　紫外線(しがいせん) 자외선

훈독 むらさき　紫(むらさき) 보라색　紫色(むらさきいろ) 보라색

자주빛 **자**

中　N1

サンクリームで紫外線(しがいせん)を予防(よぼう)します。 선크림으로 자외선을 예방합니다.

私(わたし)は紫色(むらさきいろ)の服(ふく)をよく着(き)ます。 나는 보라색 옷을 자주 입습니다.

1430

음독 しゃ　煮沸(しゃふつ) 자비(펄펄 끓임)　煮沸消毒(しゃふつしょうどく) 자비 소독, 열탕 소독

훈독 にる　煮(に)る 삶다

にえる　煮(に)える 삶아지다, 익다

にやす　煮(に)やす 삶다, 끓이다

煮

삶을 **자**

中　급수 외

まな板(いた)を煮沸消毒(しゃふつしょうどく)します。 도마를 열탕 소독합니다.

かぼちゃを煮(に)て食(た)べました。 호박을 삶아 먹었습니다.

1431

음독 じ　慈悲(じひ) 자비　慈善(じぜん) 자선　慈愛(じあい) 자애

훈독 いつくしむ　慈(いつく)しむ 자애하다, 사랑하다

사랑 **자**

中　N1

ユニセフは様々(さまざま)な慈善活動(じぜんかつどう)をしています。
유니세프는 다양한 자선활동을 하고 있습니다.

すべての生(い)き物(もの)を慈(いつく)しみましょう。 모든 생물을 사랑합시다.

1432

음독 し　雌雄(しゆう) 자웅(암컷과 수컷)

훈독 めす　雌(めす) 암컷　雌犬(めすいぬ) 암캐

め　雌花(めばな) 암꽃

암컷 **자**

中 N1

カタツムリは雌雄同体(しゆうどうたい)の生(い)き物(もの)です。달팽이는 자웅동체 생물입니다.

雌花(めばな)と雄花(おばな)の違(ちが)いを観察(かんさつ)しました。암꽃과 수꽃의 차이를 관찰했습니다.

1433

음독 し　諮問(しもん) 자문(전문가에게 의견을 물음)

훈독 はかる　諮(はか)る 자문하다, 상의하다

물을 **자**

中 N1

大臣(だいじん)は審議会(しんぎかい)に諮問(しもん)しました。장관은 심의회에 자문했습니다.

学者(がくしゃ)に諮(はか)って方針(ほうしん)を決(き)めました。학자에게 상의해서 방침을 정했습니다.

Tip 0128 はかる 참조

1434

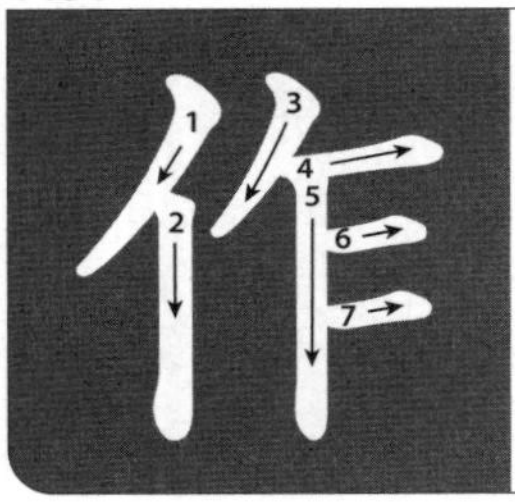

음독 さく　作文(さくぶん) 작문　作品(さくひん) 작품　名作(めいさく) 명작

さ　作業(さぎょう) 작업　動作(どうさ) 동작　発作(ほっさ) 발작

훈독 つくる　作(つく)る 만들다　作(つく)り方(かた) 만드는 방법　手作(てづく)り 수제

지을 **작**

小2 N3

『坊(ぼっ)ちゃん』は夏目漱石(なつめそうせき)の名作(めいさく)です。『도련님』은 나쓰메소세키의 명작입니다.

日本料理(にほんりょうり)の作(つく)り方(かた)を教(おし)えてください。일본요리의 만드는 방법을 가르쳐 주세요.

Tip つくる

作(つく)る 재료를 써서 만들어 내다(규모가 작은 것, 손으로 만들 수 있는 것, 또는 농작물)

洋服(ようふく)を作(つく)る。양복을 만들다.

造(つく)る 만들다, 짓다(규모가 큰 것, 큰 공장에서 만드는 것, 공업품)

貨物船(かもつせん)を造(つく)る。화물선을 만들다.

1435

昨

어제 작

小4 N2

음독 さく

昨日(さくじつ) 어제(きのう로도 읽음)　昨夜(さくや) 어젯밤
昨年(さくねん) 작년　昨今(さっこん) 작금, 요즘

昨夜(さくや)からずっと雨(あめ)が降(ふ)っています。어젯밤부터 계속 비가 내리고 있습니다.

昨年(さくねん)、兄(あに)は引越(ひっこ)しました。작년에 형은 이사했습니다.

1436

酌

술 부을/헤아릴 작

中 N1

음독 しゃく

酌(しゃく) 술을 잔에 따름　酌量(しゃくりょう) 사정을 참작함　晩酌(ばんしゃく) 저녁 반주
斟酌(しんしゃく) 헤아림

훈독 くむ

酌(く)む ①(술 등을) 따르다 ②헤아리다

父(ちち)は毎晩(まいばん)、ビールで晩酌(ばんしゃく)をします。아버지는 매일 밤 맥주로 반주를 합니다.

佐藤(さとう)さんの気持(きも)ちを酌(く)んで、私(わたし)が代弁(だいべん)しました。
사토 씨의 기분을 헤아려서 제가 대변했습니다.

1437

爵

벼슬 작

中 N1

음독 しゃく

爵位(しゃくい) 작위(벼슬과 직위)　公爵(こうしゃく) 공작　伯爵(はくしゃく) 백작
男爵(だんしゃく) 남작

爵

日本(にほん)の爵位制度(しゃくいせいど)は1947年(ねん)に廃止(はいし)されました。일본의 작위제도는 1947년에 폐지되었습니다.

私(わたし)の曽祖父(そうそふ)は男爵(だんしゃく)の爵位(しゃくい)を持(も)っていました。저의 증조부는 남작의 작위를 갖고 있었습니다.

1438

残

남을 잔

小4 N2

음독 ざん

残業(ざんぎょう) 잔업　残念(ざんねん) 유감스러움, 아쉬움　残酷(ざんこく) 잔혹함
残高(ざんだか) 잔고, 잔액

훈독 のこる

残(のこ)る 남다　心残(こころのこ)り 미련, 유감　예외 名残(なごり) 여운, 자취

のこす

残(のこ)す 남기다

残

毎日(まいにち)、残業(ざんぎょう)でたいへんです。매일 잔업이라 힘듭니다.

ご飯(はん)を残(のこ)してはいけません。밥을 남겨서는 안 됩니다.

1439

음독 さん　栈橋(さんばし) 판자다리

桟

사다리 **잔**

中　N1

栈橋(さんばし)を渡(わた)って船(ふね)に乗(の)りました。 판자다리를 건너 배를 탔습니다.

1440

음독 さん　蚕室(さんしつ) 잠실(누에 치는 방)　蚕業(さんぎょう) 양잠업　蚕食(さんしょく) 잠식
養蚕(ようさん) 양잠

훈독 かいこ　蚕(かいこ) 누에

蠶

누에 **잠**

小6　N1

今(いま)は養蚕(ようさん)をする人(ひと)が少(すく)ないです。 지금은 양잠을 하는 사람이 적습니다.

蚕(かいこ)は桑(くわ)を食(た)べます。 누에는 뽕나무를 먹습니다.

1441

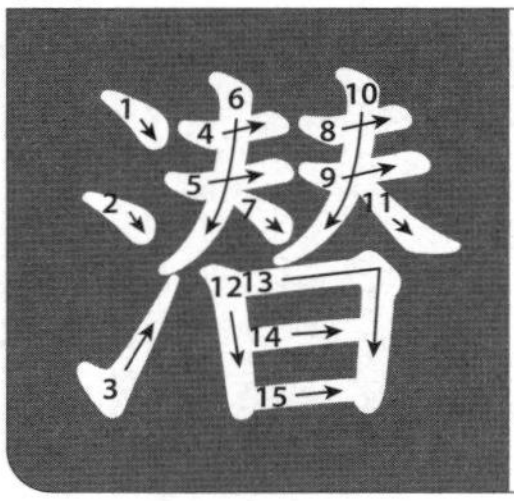

음독 せん　潜伏(せんぷく) 잠복　潜水(せんすい) 잠수　潜入(せんにゅう) 잠입　潜在(せんざい) 잠재

훈독 ひそむ　潜(ひそ)む 숨다, 잠복하다
もぐる　潜(もぐ)る 잠수하다

潛

잠길 **잠**

中　N1

アメリカが新(あたら)しい潜水艦(せんすいかん)を建造(けんぞう)しました。 미국이 새로운 잠수함을 건조했습니다.

海(うみ)に潜(もぐ)ってアワビを取(と)りました。 바다에 잠수해서 전복을 땄습니다.

1442

음독 ざん　暫定(ざんてい) 잠정　暫時(ざんじ) 잠시

잠깐 **잠**

中　N1

政府(せいふ)は暫定的(ざんていてき)な措置(そち)を講(こう)じました。 정부는 잠정적인 조치를 강구했습니다.

大工(だいく)が暫時(ざんじ)休憩(きゅうけい)をとっています。 목수가 잠시 휴식을 취하고 있습니다.

1443

음독 ざつ　雑誌(ざっし) 잡지　雑草(ざっそう) 잡초　複雑(ふくざつ) 복잡함　混雑(こんざつ) 혼잡함

ぞう　雑巾(ぞうきん) 걸레　お雑煮(ぞうに) 떡국(신년 축하 요리의 하나)

雜

섞일 **잡**

小5　N2

庭(にわ)の雑草(ざっそう)をとりました。 정원에 난 잡초를 뽑았습니다.

雑巾(ぞうきん)で床(ゆか)をふきます。 걸레로 마루를 닦습니다.

1444

음독 ちょう　長男(ちょうなん) 장남　長女(ちょうじょ) 장녀　社長(しゃちょう) 사장(님)　成長(せいちょう) 성장

훈독 ながい　長(なが)い 길다　長生(ながい)き 장수

길 **장**

小2　N5

今年(ことし)、長女(ちょうじょ)が結婚(けっこん)しました。 올해 장녀가 결혼했습니다.

最近(さいきん)、長生(ながい)きの人(ひと)が多(おお)くなりました。 최근, 장수하는 사람이 많아졌습니다.

Tip 1224 ながい 참조

1445

음독 じょう　場内(じょうない) 장내　工場(こうじょう) 공장　会場(かいじょう) 회장　運動場(うんどうじょう) 운동장

훈독 ば　場所(ばしょ) 장소　場面(ばめん) 장면　場合(ばあい) 때, 경우　広場(ひろば) 광장

마당/경우 **장**

小2　N3

会場(かいじょう)にたくさんの人(ひと)がいます。 회장에 많은 사람이 있습니다.

ソウルには市庁(しちょう)の前(まえ)に広場(ひろば)があります。 서울에는 시청 앞에 광장이 있습니다.

1446

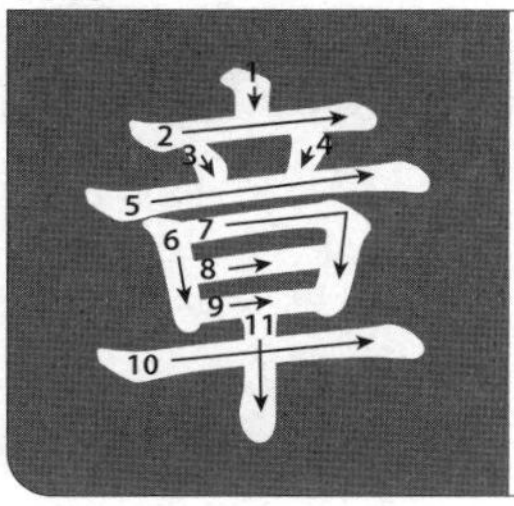

음독 しょう　文章(ぶんしょう) 문장　勲章(くんしょう) 훈장　楽章(がくしょう) 악장　憲章(けんしょう) 헌장

글 **장**

小3　N2

パクさんは文章(ぶんしょう)を書(か)くのが上手(じょうず)です。 박 씨는 문장을 잘 씁니다.

祖父(そふ)は昔(むかし)、勲章(くんしょう)をもらいました。 할아버지는 옛날에 훈장을 받았습니다.

1447

음독 ちょう　帳簿(ちょうぼ) 장부　通帳(つうちょう) 통장　手帳(てちょう) 수첩　日記帳(にっきちょう) 일기장

특이 蚊帳(かや) 모기장

장막/장부 **장**

小3　N1

通帳(つうちょう)を金庫(きんこ)にしまいます。 통장을 금고에 넣습니다.

今日(きょう)の出来事(できごと)を日記帳(にっきちょう)に書(か)きました。 오늘 있었던 일을 일기장에 적었습니다.

1448

음독 ちょう　張本人(ちょうほんにん) 장본인　緊張(きんちょう) 긴장　拡張(かくちょう) 확장　膨張(ぼうちょう) 팽창

훈독 はる　張(は)る ①덮이다 ②뻗다 ③펴다, 치다

張(は)り紙(がみ) ①종이를 바름 ②벽보　欲張(よくば)り 욕심쟁이

넓힐 **장**

小5　급수 외

あしたは面接試験(めんせつしけん)があるので緊張(きんちょう)します。 내일은 면접시험이 있어서 긴장됩니다.

テントを張(は)って、キャンプをしました。 텐트를 치고 캠핑을 했습니다.

1449

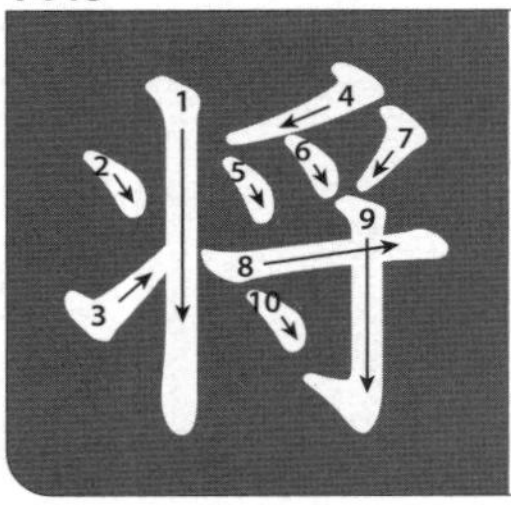

음독 しょう　将来(しょうらい) 장래　将軍(しょうぐん) 장군　主将(しゅしょう) 주장　名将(めいしょう) 명장

將

장수/장차 **장**

小6　N2

将来(しょうらい)の夢(ゆめ)はパイロットです。 장래의 꿈은 파일럿입니다.

彼(かれ)は剣道部(けんどうぶ)の主将(しゅしょう)です。 그는 검도부 주장입니다.

1450

음독 そう　装飾(そうしょく) 장식　装備(そうび) 장비　改装(かいそう) 개장(새롭게 단장함)　包装(ほうそう) 포장

しょう　装束(しょうぞく) 옷차림　衣装(いしょう) 의상

훈독 よそおう　装(よそお)う ①치장하다 ②체하다, 가장하다

裝

꾸밀 **장**

小6　N2

お店(みせ)を改装(かいそう)しました。 가게를 새롭게 단장했습니다.

もみじが山(やま)を装(よそお)っています。 단풍이 산을 치장하고 있습니다.

1451

음독 ちょう　腸(ちょう) 장　胃腸(いちょう) 위장　大腸(だいちょう) 대장　盲腸(もうちょう) 맹장

창자 **장**

小6 N1

大腸(だいちょう)の検査(けんさ)を受(う)けました。대장검사를 받았습니다.

学生(がくせい)のとき、盲腸(もうちょう)の手術(しゅじゅつ)をしました。학생 때, 맹장수술을 했습니다.

1452

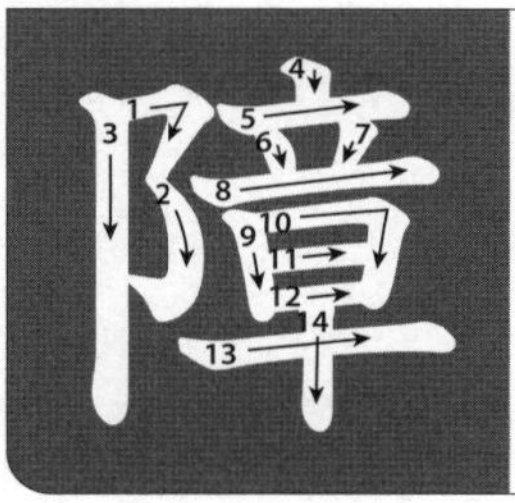

음독 しょう　障害(しょうがい) 장해, 장애　障壁(しょうへき) 장벽　故障(こしょう) 고장　保障(ほしょう) 보장

훈독 さわる　障(さわ)る 해가 되다　目障(めざわ)り 방해물, 눈에 거슬림

막을 **장**

小6 N1

デジカメが故障(こしょう)しました。디지털카메라가 고장났습니다.

無理(むり)に働(はたら)くことは体(からだ)に障(さわ)ります。무리하게 일하는 것은 몸에 해가 됩니다.

1453

음독 ぞう　蔵書(ぞうしょ) 장서　冷蔵(れいぞう) 냉장　所蔵(しょぞう) 소장　埋蔵(まいぞう) 매장

훈독 くら　蔵(くら) 창고　酒蔵(さかぐら) 술 창고　ワイン蔵(ぐら) 와인 창고

藏

감출/광 **장**

小6 N2

冷蔵庫(れいぞうこ)にケーキが入(はい)っています。냉장고에 케이크가 들어 있습니다.

ワイン蔵(ぐら)にワインがいっぱいあります。와인 창고에 와인이 가득 있습니다.

1454

음독 ぞう　臓器(ぞうき) 장기　内臓(ないぞう) 내장　心臓(しんぞう) 심장　肝臓(かんぞう) 간

臟

오장 **장**

小6 N2

心臓(しんぞう)の音(おと)を聞(き)きます。심장소리를 듣습니다.

お酒(さけ)の飲(の)みすぎは肝臓(かんぞう)によくないです。과음은 간에 좋지 않습니다.

ㅈ

1455

음독 じょう　丈夫(じょうぶ) 건강함, 튼튼함　大丈夫(だいじょうぶ) ①괜찮음 ②대장부
頑丈(がんじょう) 튼튼함, 단단함　気丈(きじょう) 마음이 굳센 모양

훈독 たけ　丈(たけ) 키, 기장, 길이

어른/길이 **장**
中 N1

大丈夫(だいじょうぶ)ですから心配(しんぱい)しないでください。 괜찮으니까 걱정하지 마세요.

このズボンはちょっと丈(たけ)が短(みじか)いです。 이 바지는 조금 길이가 짧습니다.

1456

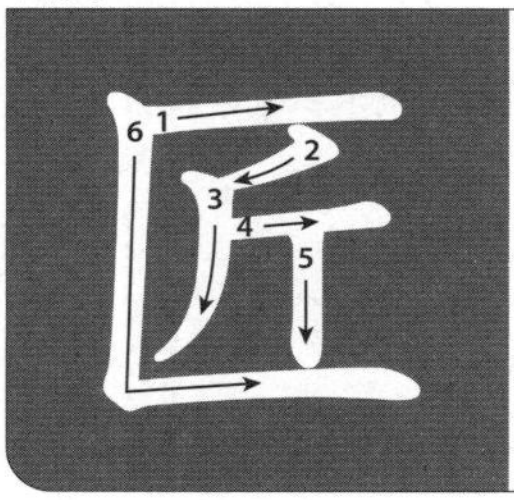

음독 しょう　師匠(ししょう) 선생, 스승　巨匠(きょしょう) 거장　名匠(めいしょう) 명장

장인 **장**
中 N1

師匠(ししょう)に教(おし)えを請(こ)いました。 스승에게 가르침을 청했습니다.

指揮者(しきしゃ)のカラヤンは巨匠(きょしょう)と呼(よ)ばれています。 지휘자 카라얀은 거장이라 불립니다.

1457

음독 そう　壮大(そうだい) 장대함, 웅장함　壮絶(そうぜつ) 장렬함
壮行(そうこう) 장행(떠나는 사람의 앞길을 축복하고 격려함)
壮快(そうかい) 가슴이 벅차도록 장하고 통쾌함

壯

장할 **장**
中 N1

チャイコフスキーは壮大(そうだい)な音楽(おんがく)をたくさん作曲(さっきょく)しました。
차이코프스키는 웅장한 음악을 많이 작곡했습니다.

オリンピック出場選手(しゅつじょうせんしゅ)たちの壮行会(そうこうかい)が開(ひら)かれました。
올림픽 출전 선수들의 환송회가 열렸습니다.

1458

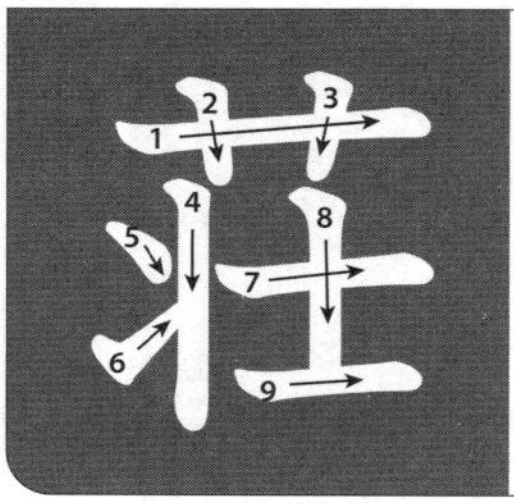

음독 そう　荘厳(そうごん) 장엄함　別荘(べっそう) 별장　山荘(さんそう) 산장

莊

장중할/별장 **장**
中 N1

荘厳(そうごん)なミサの曲(きょく)が聞(き)こえます。 장엄한 미사곡이 들립니다.

休暇(きゅうか)を別荘(べっそう)で過(す)ごしました。 휴가를 별장에서 보냈습니다.

1459

음독 **しょう** 掌握(しょうあく) 장악 車掌(しゃしょう) 차장, 승무원 掌中(しょうちゅう) 수중, 손바닥 안 合掌(がっしょう) 합장

손바닥/맡을 **장**

中 N1

車掌(しゃしょう)に電車(でんしゃ)の乗(の)り換(か)えを尋(たず)ねました。승무원에게 전철의 환승을 물었습니다.

神社(じんじゃ)の前(まえ)では合掌(がっしょう)して祈(いの)ります。신사 앞에서는 합장하고 기도합니다.

1460

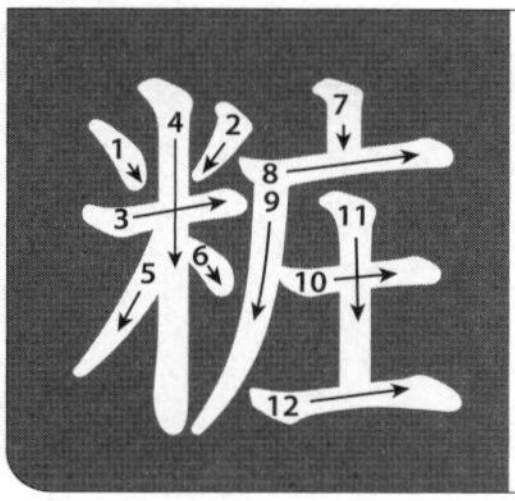

음독 **しょう** 化粧(けしょう) 화장 化粧品(けしょうひん) 화장품 化粧室(けしょうしつ) 화장실

단장할 **장**

中 N1

妹(いもうと)は化粧(けしょう)に時間(じかん)がかかります。여동생은 화장에 시간이 걸립니다.

化粧室(けしょうしつ)はどこですか。화장실은 어디입니까?

1461

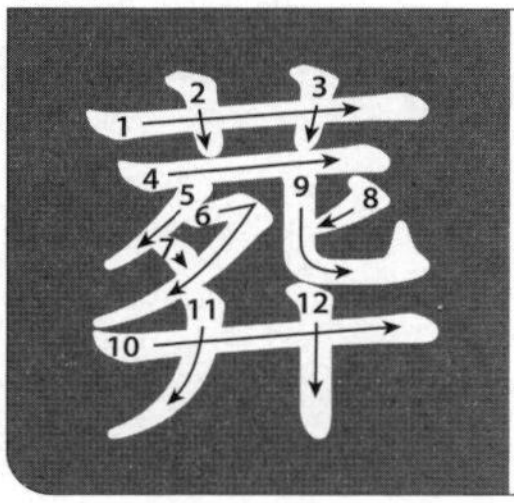

음독 **そう** 葬式(そうしき) 장례식 葬列(そうれつ) 장례 행렬 埋葬(まいそう) 매장 火葬(かそう) 화장

훈독 **ほうむる** 葬(ほうむ)る 묻다, 장사지내다

葬

장사지낼 **장**

中 N1

恩師(おんし)のお葬式(そうしき)に参列(さんれつ)しました。은사의 장례식에 참석했습니다.

ペットの犬(いぬ)を庭(にわ)に葬(ほうむ)りました。애완견을 마당에 묻었습니다.

1462

음독 **しょう** 奨学(しょうがく) 장학 奨励(しょうれい) 장려 勧奨(かんしょう) 권장 推奨(すいしょう) 좋다고 칭찬함

奬

장려할 **장**

中 N1

学校(がっこう)で奨学金(しょうがくきん)の申請(しんせい)をしました。학교에서 장학금 신청을 했습니다.

私(わたし)の学校(がっこう)では海外留学(かいがいりゅうがく)を奨励(しょうれい)しています。
우리 학교에서는 해외유학을 장려하고 있습니다.

1463

음독 さい　才能(さいのう) 재능　才女(さいじょ) 재녀, 재원　天才(てんさい) 천재　才気(さいき) 재기

재주 **재**

小2　N2

子(こ)どもの才能(さいのう)を見(み)つけることは大事(だいじ)なことです。
아이의 재능을 발견하는 것은 중요한 일입니다.

努力(どりょく)しない天才(てんさい)はいません。 노력하지 않는 천재는 없습니다.

1464

음독 ざい　材料(ざいりょう) 재료　材質(ざいしつ) 재질　取材(しゅざい) 취재　木材(もくざい) 목재

재목 **재**

小4　N2

夕飯(ゆうはん)の材料(ざいりょう)がありません。 저녁식사 재료가 없습니다.

取材(しゅざい)の記者(きしゃ)がたくさん集(あつ)まっています。 취재기자가 많이 모여 있습니다.

1465

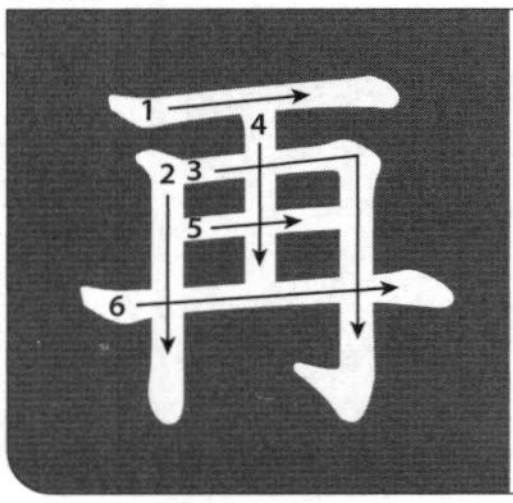

음독 さい　再会(さいかい) 재회　再現(さいげん) 재현　再生(さいせい) 재생　再婚(さいこん) 재혼

さ　再来年(さらいねん) 내후년

훈독 ふたたび　再(ふたた)び 두 번, 다시, 재차

두 **재**

小5　N2

10年(ねん)ぶりに友(とも)だちに再会(さいかい)しました。 10년 만에 친구와 재회했습니다.

円安(えんやす)だったのに、再(ふたた)び円高(えんだか)になりました。 엔화가 약세였는데 다시 엔고가 되었습니다.

1466

음독 ざい　在職(ざいしょく) 재직　在学(ざいがく) 재학　所在(しょざい) 소재　存在(そんざい) 존재

훈독 ある　在(あ)る 있다, 사물이 존재하다

있을 **재**

小5　N2

彼(かれ)は私(わたし)にとって大切(たいせつ)な存在(そんざい)です。 그는 나에게 있어서 소중한 존재입니다.

シドニーに在(あ)るオペラハウスに行(い)きました。 시드니에 있는 오페라하우스에 갔습니다.

1467

음독 さい　災害(さいがい) 재해　災難(さいなん) 재난　火災(かさい) 화재　震災(しんさい) 지진으로 인한 재해

훈독 わざわい　災(わざわ)い 화, 불행, 재난

재앙 **재**

小5　N1

工場(こうじょう)で火災(かさい)が発生(はっせい)しました。공장에서 화재가 발생했습니다.

災(わざわ)いが起(お)きないよう祈(いの)りました。재난이 일어나지 않도록 빌었습니다.

1468

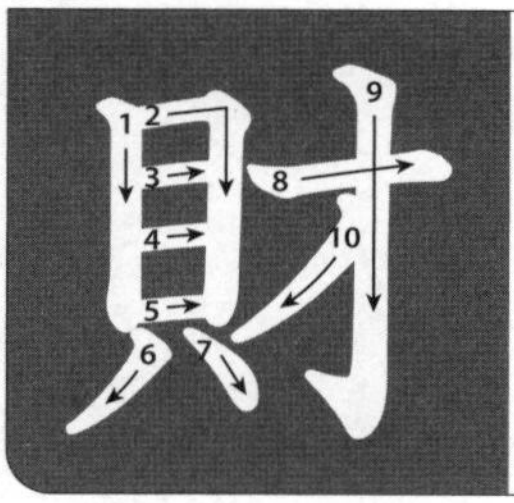

음독 ざい　財産(ざいさん) 재산　財政(ざいせい) 재정　文化財(ぶんかざい) 문화재

私財(しざい) 사재, 개인 재산

さい　財布(さいふ) 지갑

재물 **재**

小5　N2

私(わたし)には何(なん)の財産(ざいさん)もありません。나에게는 아무 재산도 없습니다.

財布(さいふ)をなくしてしまいました。지갑을 잃어버렸습니다.

1469

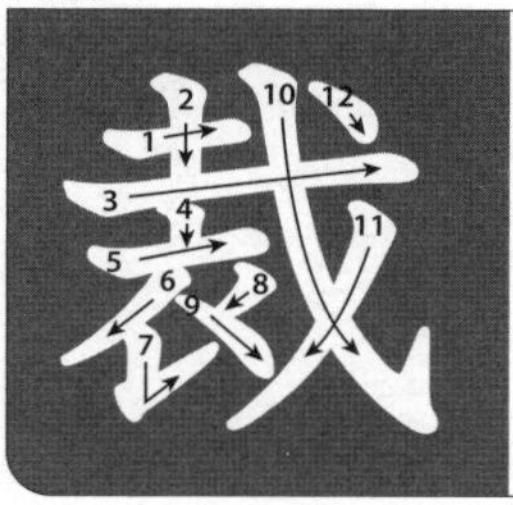

음독 さい　裁判(さいばん) 재판　裁縫(さいほう) 재봉　決裁(けっさい) 결재　体裁(ていさい) ①외관 ②체면

훈독 たつ　裁(た)つ 재단하다

さばく　裁(さば)く 심판하다, 재판하다

마를/분별할 **재**

小6　N1

裁判(さいばん)が10時(じ)から開(ひら)かれます。재판이 10시부터 열립니다.

はさみで布(ぬの)を裁(た)ちます。가위로 천을 재단합니다.

Tip 0364 たつ 参조

1470

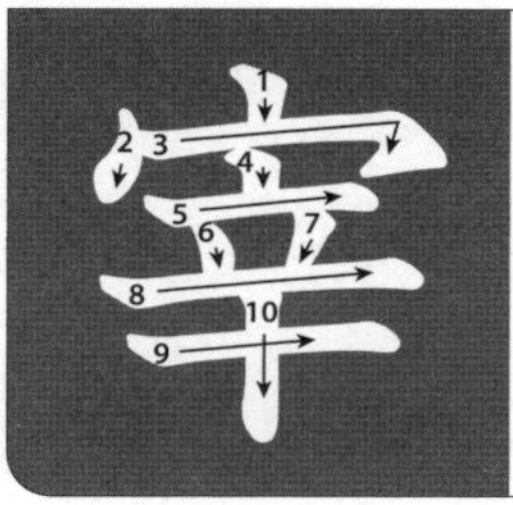

음독 さい　宰相(さいしょう) 재상, 국무 총리　主宰(しゅさい) 주재

재상/주관할 **재**

中　N1

首相(しゅしょう)の発言(はつげん)は一国(いっこく)の宰相(さいしょう)とは思(おも)えません。
수상의 발언은 일국의 재상이라고는 생각할 수 없습니다.

彼(かれ)は劇団(げきだん)を主宰(しゅさい)しています。그는 극단을 주재하고 있습니다.

1471

음독 さい　栽培(さいばい) 재배　盆栽(ぼんさい) 분재

심을 재

中 N1

長野県(ながのけん)はりんごの栽培(さいばい)が盛(さか)んです。 나가노현은 사과재배가 성합니다.

父(ちち)の大事(だいじ)な盆栽(ぼんさい)を割(わ)ってしまいました。 아버지의 소중한 분재를 깎어버렸습니다.

1472

음독 さい　斎場(さいじょう) 장례식장　書斎(しょさい) 서재

齋

집 재/상복 자

中 N1

町(まち)の郊外(こうがい)に斎場(さいじょう)があります。 마을 교외에 장례식장이 있습니다.

父(ちち)は書斎(しょさい)で本(ほん)を読(よ)んでいます。 아버지는 서재에서 책을 읽고 있습니다.

1473

음독 さい　記載(きさい) 기재　掲載(けいさい) 게재　搭載(とうさい) 탑재　転載(てんさい) 전재(옮겨 실음)

훈독 のせる　載(の)せる 싣다, 게재하다

のる　載(の)る 실리다, 게재되다

실을 재

中 N1

新聞(しんぶん)に私(わたし)たちの学校(がっこう)のことが掲載(けいさい)されました。
신문에 우리 학교에 관한 기사가 게재되었습니다.

雑誌(ざっし)に求人広告(きゅうじんこうこく)を載(の)せました。 잡지에 구인광고를 실었습니다.

Tip 1073 のる 참조

1474

음독 そう　争奪(そうだつ) 쟁탈　争点(そうてん) 쟁점　戦争(せんそう) 전쟁　競争(きょうそう) 경쟁

훈독 あらそう　争(あらそ)う 다투다, 경쟁하다

爭

다툴 쟁

小4 N2

1945年(ねん)に戦争(せんそう)が終(お)わりました。 1945년에 전쟁이 끝났습니다.

私(わたし)と吉田(よしだ)さんは成績(せいせき)の１位(い)を争(あらそ)っています。
나와 요시다 씨는 성적 일등을 다투고 있습니다.

1475

음독 **てい** 低下(ていか) 저하 低音(ていおん) 저음 最低(さいてい) 최저, 최하 高低(こうてい) 고저

훈독 **ひく**い 低(ひく)い 낮다
ひくめる 低(ひく)める 낮추다, 낮게 하다
ひくまる 低(ひく)まる 낮아지다

낮을 **저**
小4 N3

学生(がくせい)の就職率(しゅうしょくりつ)が低下(ていか)しています。 학생의 취직률이 저하되고 있습니다.
私(わたし)は彼(かれ)より背(せ)が低(ひく)いです。 나는 그보다 키가 작습니다.

1476

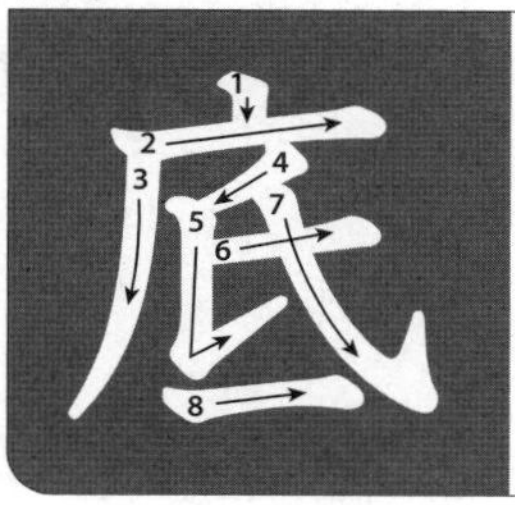

음독 **てい** 底辺(ていへん) 저변, 밑변 根底(こんてい) 근저, 근본 海底(かいてい) 해저 徹底(てってい) 철저, 투철

훈독 **そこ** 底(そこ) 바닥, 끝 川底(かわぞこ) 강바닥, 냇바닥 谷底(たにぞこ) 골짜기의 밑바닥

밑 **저**
小4 N2

海底(かいてい)から昔(むかし)の船(ふね)が出(で)ました。 해저에서 옛날 배가 나왔습니다.
川底(かわぞこ)にいる魚(さかな)が見(み)えます。 강바닥에 있는 물고기가 보입니다.

1477

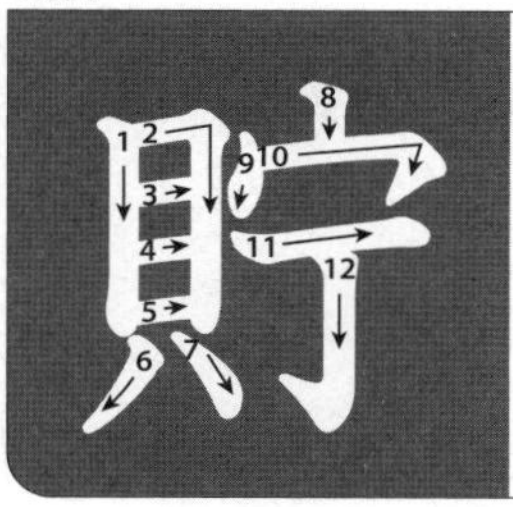

음독 **ちょ** 貯金(ちょきん) 저금 貯蓄(ちょちく) 저축 貯蔵(ちょぞう) 저장 貯水池(ちょすいち) 저수지

쌓을 **저**
小5 N2

100万円(まんえん)を貯金(ちょきん)します。 100만 엔을 저금합니다.
貯水池(ちょすいち)で釣(つ)りをしてはいけません。 저수지에서 낚시를 해서는 안 됩니다.

1478

음독 **ちょ** 著者(ちょしゃ) 저자 著名(ちょめい) 저명함, 유명함 顕著(けんちょ) 현저함 共著(きょうちょ) 공저

훈독 **あらわ**す 著(あらわ)す 저술하다
いちじるしい 著(いちじる)しい 현저하다, 명백하다

著

저술할/두드러질 **저**
小6 N2

本(ほん)に著者(ちょしゃ)のサインをもらいました。 책에 저자의 사인을 받았습니다.
人口(じんこう)が著(いちじる)しく減(へ)りました。 인구가 현저하게 줄었습니다.

Tip 1948 あらわす 참조

1479

음독 **そ** 　狙撃(そげき) 저격

훈독 **ねらう** 　狙う(ねら) 노리다, 겨누다

노릴 **저**

中 급수 외

政府(せいふ)の要人(ようじん)の狙撃事件(そげきじけん)が起(お)こりました。 정부 요인의 저격사건이 일어났습니다.

タカがネズミを狙(ねら)っています。 매가 쥐를 노리고 있습니다.

1480

음독 **てい** 　抵抗(ていこう) 저항　抵触(ていしょく) 저촉　大抵(たいてい) 대강, 대개　並大抵(なみたいてい) 보통, 예사임

막을/저촉될 **저**

中 급수 외

この店(みせ)は大抵(たいてい)、7時(じ)ごろ閉(し)まります。 이 가게는 대개 7시쯤 문을 닫습니다.

すべての科目(かもく)でA⁺を取(と)ることは、並大抵(なみたいてい)ではできません。

모든 과목에서 A⁺를 받는 것은 여간해서는 할 수 없습니다.

1481

음독 **てい** 　邸宅(ていたく) 저택　邸内(ていない) 저택 내　官邸(かんてい) 관저　私邸(してい) 사저

집 **저**

中 N1

中山(なかやま)さんが邸内(ていない)を案内(あんない)してくれました。 나카야마 씨가 저택 안을 안내해 주었습니다.

首相(しゅしょう)は官邸(かんてい)で公務(こうむ)を行(おこな)います。 수상은 관저에서 공무를 수행합니다.

1482

훈독 **はし** 　箸(はし) 젓가락　箸置(はしお)き 젓가락 받침대　割(わ)り箸(ばし) 나무젓가락　菜箸(さいばし) 반찬을 덜 때 쓰는 젓가락

젓가락 **저**

中 급수 외

かわいい箸置(はしお)きをもらいました。 귀여운 젓가락 받침대를 받았습니다.

割(わ)り箸(ばし)を再利用(さいりよう)しました。 나무젓가락을 재활용했습니다.

Tip 이 한자는 箸로도 쓰임

1483

붉을 적

小1 N4

음독 せき 赤十字(せきじゅうじ) 적십자 赤飯(せきはん) 팥밥 赤道(せきどう) 적도

しゃく 赤銅(しゃくどう) 적동색

훈독 あか 赤(あか)ちゃん 아기 赤字(あかじ) 적자

あかい 赤(あか)い 빨갛다

あからむ 赤(あか)らむ 붉어지다, 불그스름해지다

あからめる 赤(あか)らめる 붉히다

예외 真(ま)っ赤(か) 새빨감, 진한 빨강

大学(だいがく)の近(ちか)くに赤十字(せきじゅうじ)病院(びょういん)があります。 대학 근처에 적십자병원이 있습니다.

赤(あか)ちゃんが泣(な)いています。 아기가 울고 있습니다.

Tip まっ○

真(ま)っ赤(か)な 새빨간	真(ま)っ青(さお)な 새파란	
真(ま)っ白(しろ)な 새하얀	真(ま)っ黒(くろ)な 새까만	
真っ黄な (×)	真っ緑な (×)	真っ茶な (×)

1484

피리 적

小3 N1

음독 てき 汽笛(きてき) 기적, 고동 警笛(けいてき) 경적 鼓笛(こてき) 고적, 북과 피리

훈독 ふえ 笛(ふえ) 피리, 호각 口笛(くちぶえ) 휘파람

汽車(きしゃ)が警笛(けいてき)を鳴(な)らしています。 기차가 경적을 울리고 있습니다.

祭(まつ)りの笛(ふえ)の音(おと)が聞(き)こえます。 축제의 피리 소리가 들립니다.

1485

과녁 적

小4 N2

음독 てき 的中(てきちゅう) 적중 的確(てきかく) 정확함 目的(もくてき) 목적 具体的(ぐたいてき) 구체적

훈독 まと 的(まと) 과녁, 표적

木村(きむら)さんはいつも的確(てきかく)なアドバイスをします。
기무라 씨는 언제나 정확한 충고를 합니다.

危(あぶ)ないので、的(まと)の前(まえ)に立(た)たないでください。 위험하니 과녁 앞에 서지 마세요.

1486

음독 **せき** 積雪(せきせつ) 적설 積載(せきさい) 적재 面積(めんせき) 면적 体積(たいせき) 체적, 부피

훈독 **つむ** 積(つ)む 쌓다, 거듭하다

つもる 積(つ)もる 쌓이다

쌓을 **적**

小4 N2

この土地(とち)の面積(めんせき)を測(はか)ります。이 토지의 면적을 측정합니다.

東北地方(とうほくちほう)はたくさんの雪(ゆき)が積(つ)もります。동북지방은 많은 눈이 쌓입니다.

1487

음독 **てき** 適切(てきせつ) 적절함 適応(てきおう) 적응 快適(かいてき) 쾌적함

훈독 **かなう** 適(かな)う ①꼭 맞다, 들어맞다 ②그렇게 할 수 있다

맞을/즐길 **적**

小5 N2

飛行機(ひこうき)のビジネスクラスは広(ひろ)くて快適(かいてき)です。비행기의 비즈니스석은 넓고 쾌적합니다.

これは私(わたし)に適(かな)う仕事(しごと)ではありません。이것은 제가 할 수 있는 일이 아닙니다.

1488

음독 **せき** 成績(せいせき) 성적 業績(ぎょうせき) 업적, 실적 実績(じっせき) 실적 紡績(ぼうせき) 방적

길쌈할/성과 **적**

小5 N2

今学期(こんがっき)は成績(せいせき)がよかったです。이번 학기는 성적이 좋았습니다.

会社(かいしゃ)の業績(ぎょうせき)が上(あ)がりました。회사의 실적이 올랐습니다.

1489

음독 **てき** 敵国(てきこく) 적국 敵視(てきし) 적대시 強敵(きょうてき) 강적 無敵(むてき) 무적 匹敵(ひってき) 필적, 맞먹음

훈독 **かたき** 敵(かたき) 원수, 상대, 적수 敵役(かたきやく) 악역 敵討(かたきう)ち 원수를 갚음, 복수

대적할 **적**

小6 N1

ブラジルチームは強敵(きょうてき)です。브라질팀은 강적입니다.

今日(きょう)の試合(しあい)は、この前(まえ)の試合の敵討(かたきう)ちです。오늘 시합은 요전번 시합의 복수전입니다.

1490

寂

음독 せき/じゃく　寂々(せきせき) 적적함, 고요함　静寂(せいじゃく) 정적　閑寂(かんじゃく) 한적함

훈독 さび　寂(さび) 예스럽고 아취가 있음

さびしい　寂(さび)しい 쓸쓸하다, 한적하다

さびれる　寂(さび)れる 쇠퇴하다, 쓸쓸해지다

고요할 **적**

中　N1

お寺(てら)は静寂(せいじゃく)に包(つつ)まれていました。 절은 정적에 싸여 있었습니다.

昔(むかし)と比(くら)べると、町(まち)が寂(さび)れました。 옛날과 비교하면 마을이 쇠퇴했습니다.

1491

賊

음독 ぞく　盗賊(とうぞく) 도적, 도둑　山賊(さんぞく) 산적　国賊(こくぞく) 역적　海賊(かいぞく) 해적

도둑 **적**

中　N1

盗賊(とうぞく)が王(おう)の墓(はか)を荒(あ)らしました。 도적이 왕의 무덤을 파헤쳤습니다.

ソマリア付近(ふきん)の海賊(かいぞく)が問題(もんだい)になっています。
소말리아 부근의 해적이 문제가 되고 있습니다.

1492

跡

음독 せき　遺跡(いせき) 유적　追跡(ついせき) 추적　筆跡(ひっせき) 필적　奇跡(きせき) 기적

훈독 あと　跡(あと) 자국, 흔적　跡継(あとつ)ぎ 대를 잇는 사람

足跡(あしあと) 발자국, 행방, 종적(そくせき로도 읽음)

발자취 **적**

中　N2

それは奇跡(きせき)のような出来事(できごと)でした。 그것은 기적과 같은 일이었습니다.

雪(ゆき)の上(うえ)に足跡(あしあと)が残(のこ)っています。 눈 위에 발자국이 남아 있습니다.

Tip あと

跡(あと) 유적, 자취, 흔적

昔(むかし)の城(しろ)の跡(あと)を見学(けんがく)する。 옛 성의 유적을 견학하다.

後(あと) 뒤, 후방

子(こ)どもが親(おや)の後(あと)を付(つ)いていく。 아이가 부모 뒤를 따라가다.

1493

음독 てき　水滴(すいてき) 물방울　点滴(てんてき) 링겔

훈독 しずく　滴(しずく) 물방울

したたる　滴る(したたる) 방울져 떨어지다

물방울 적

中 N2

病院(びょういん)で点滴(てんてき)を打(う)ちました。병원에서 링겔을 맞았습니다.

ステーキから肉汁(にくじる)が滴(したた)っています。스테이크에서 육즙이 떨어지고 있습니다.

1494

음독 ちゃく　嫡子(ちゃくし) 적자(대를 이을 아들 = 嫡男(ちゃくなん))　嫡流(ちゃくりゅう) 적류, 적통

嫡出(ちゃくしゅつ) 적출(본처 소생)

정실 적

中 N1

おじの家(いえ)には嫡子(ちゃくし)がいません。삼촌 집에는 적자가 없습니다.

沢村(さわむら)さんの家(いえ)に嫡男(ちゃくなん)が生(う)まれました。사와무라 씨 집에 적자가 태어났습니다.

1495

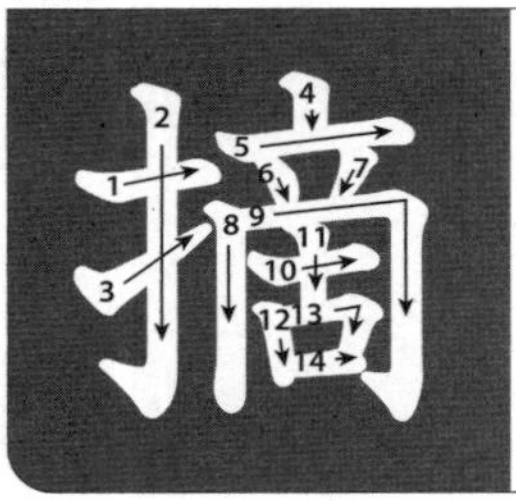

음독 てき　摘出(てきしゅつ) 적출, 빼냄　摘発(てきはつ) 적발　指摘(してき) 지적

훈독 つむ　摘む(つむ) 따다

딸/들추어낼 적

中 N1↑

手術(しゅじゅつ)でガンを摘出(てきしゅつ)します。수술로 암을 적출합니다.

イチゴを摘(つ)んでジャムを作(つく)ります。딸기를 따서 잼을 만듭니다.

1496

음독 せき　書籍(しょせき) 서적　戸籍(こせき) 호적　入籍(にゅうせき) 입적(호적에 오름)

本籍(ほんせき) 본적

문서 적

中 N2

日本書籍(にほんしょせき)のコーナーで日本の雑誌(ざっし)を読(よ)みました。
일본 서적 코너에서 일본 잡지를 읽었습니다.

市役所(しやくしょ)で入籍(にゅうせき)の手続(てつづ)きをしました。시청에서 입적 절차를 밟았습니다.

1497

음독 でん　田園(でんえん) 전원　塩田(えんでん) 염전　油田(ゆでん) 유전　水田(すいでん) 수전, 논

훈독 た　田(た) 논　田植(たう)え 모내기　田(た)んぼ 논　田畑(たはた) 논밭

특이 田舎(いなか) 시골

밭/논 전

小1 N3

西海(さいかい)には塩田(えんでん)が多(おお)いです。 서해에는 염전이 많습니다.

春(はる)になると田植(たう)えが始(はじ)まります。 봄이 되면 모내기가 시작됩니다.

1498

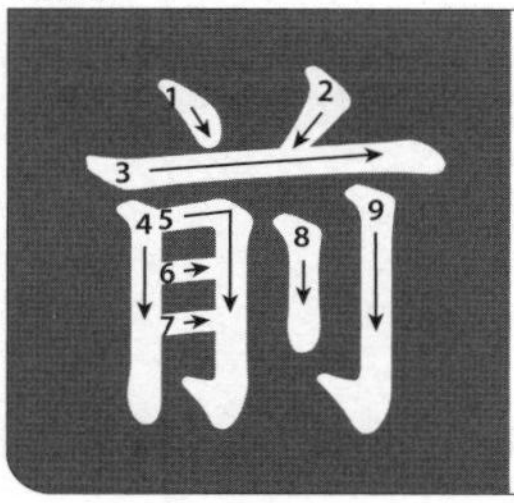

음독 ぜん　前後(ぜんご) 전후　前期(ぜんき) 전기　前日(ぜんじつ) 전날　午前(ごぜん) 오전　事前(じぜん) 사전

훈독 まえ　前(まえ) 앞　名前(なまえ) 이름　前歯(まえば) 앞니　前書(まえが)き 머리말, 서문　前売券(まえうりけん) 예매권

앞 전

小2 N5

午前(ごぜん)11時(じ)に来(き)てください。 오전 11시에 와 주세요.

コンサートの前売券(まえうりけん)を買(か)っておきました。 콘서트의 예매권을 사뒀습니다.

1499

음독 でん　電気(でんき) 전기　電話(でんわ) 전화　電車(でんしゃ) 전철　終電(しゅうでん) 마지막 전철, 막차　充電(じゅうでん) 충전

전기 전

小2 N5

電気(でんき)がない生活(せいかつ)は不便(ふべん)です。 전기가 없는 생활은 불편합니다.

終電(しゅうでん)は夜(よる)の11時半(じはん)です。 막차는 밤 11시 반입니다.

1500

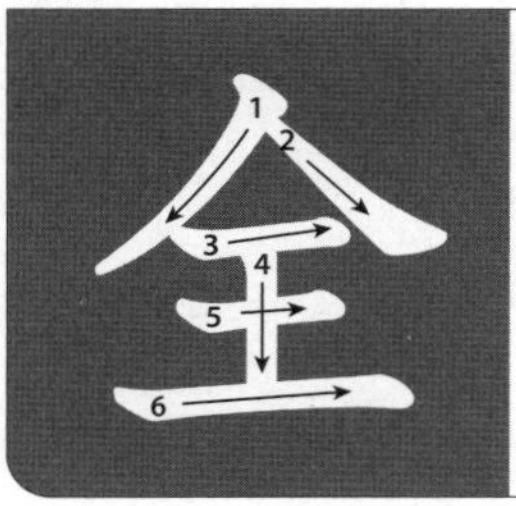

음독 ぜん　全部(ぜんぶ) 전부　全国(ぜんこく) 전국　完全(かんぜん) 완전함　安全(あんぜん) 안전함

훈독 まったく　全(まった)く 전혀

全

온전할/모두 전

小3 N2

参加者(さんかしゃ)は全部(ぜんぶ)で何人(なんにん)ですか。 참가자는 전부 해서 몇 명입니까?

暗(くら)くて部屋(へや)の中(なか)が全(まった)く見(み)えません。 어두워서 방 안이 전혀 보이지 않습니다.

1501

음독 てん　転校(てんこう) 전학　転職(てんしょく) 전직, 이직　運転(うんてん) 운전　自転車(じてんしゃ) 자전거

훈독 ころがる/ころげる　転(ころ)がる・転(ころ)げる 구르다, 넘어지다

ころがす　転(ころ)がす 굴리다, 넘어뜨리다

ころぶ　転(ころ)ぶ 구르다, 넘어지다

轉

구를/옮길 **전**

小3　N3

はやく車(くるま)を運転(うんてん)してみたいです。 빨리 차를 운전해 보고 싶습니다.

転(ころ)んで、けがをしてしまいました。 넘어져서 다치고 말았습니다.

1502

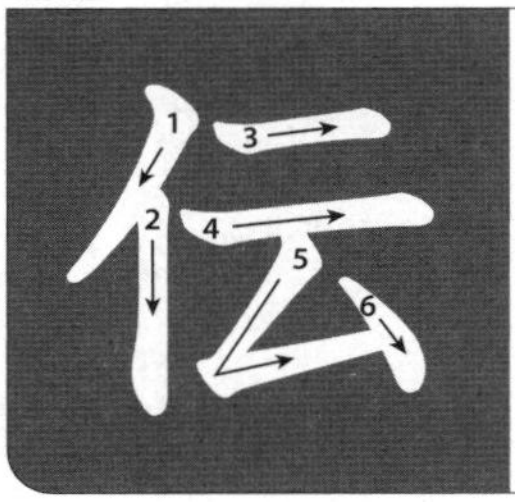

음독 でん　伝説(でんせつ) 전설　伝言(でんごん) 전언, 전갈　遺伝(いでん) 유전　宣伝(せんでん) 선전

훈독 つたえる　伝(つた)える 전하다, 알리다

つたわる　伝(つた)わる 전해지다, 전승되다

つたう　伝(つた)う 어떤 것을 따라서 옮겨 가다, 타고 가다

傳

전할 **전**

小4　N2

キムさんからの伝言(でんごん)があります。 김 씨에게서 온 전갈이 있습니다.

漢字(かんじ)は中国(ちゅうごく)から伝(つた)わりました。 한자는 중국에서 전해졌습니다.

1503

음독 てん　典型(てんけい) 전형　辞典(じてん) 사전　古典(こてん) 고전　特典(とくてん) 특전

책 **전**

小4　N1

彼(かれ)は典型的(てんけいてき)な日本人(にほんじん)です。 그는 전형적인 일본인입니다.

日本(にほん)の古典(こてん)を勉強(べんきょう)しています。 일본의 고전을 공부하고 있습니다.

Tip 사전

事典(じてん) 백과사전의 준말

植物(しょくぶつ)を百科事典(ひゃっかじてん)で調(しら)べる。 식물을 백과사전으로 찾다.

辞典(じてん) 낱말의 의미·어원·용법 따위를 해설한 책

意味(いみ)を英和辞典(えいわじてん)で調(しら)べる。 뜻을 영일사전으로 찾다.

1504

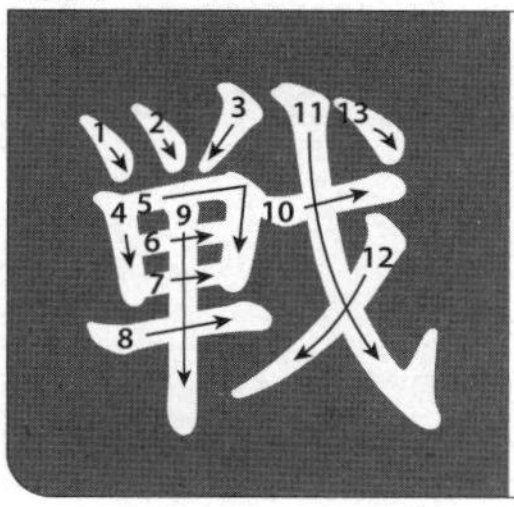

음독 **せん**　戦争(せんそう) 전쟁　戦闘(せんとう) 전투　作戦(さくせん) 작전　苦戦(くせん) 고전

훈독 **いくさ**　戦(いくさ) 전쟁, 싸움, 전투

たたかう　戦(たたか)う 싸우다, 전쟁하다

戦

싸움 **전**

小4 N2

選手(せんしゅ)たちは作戦(さくせん)を練(ね)りました。 선수들은 작전을 짰습니다.

昔(むかし)、日本(にほん)はアメリカと戦(たたか)いました。 옛날에 일본은 미국과 전쟁했습니다.

ㅈ

Tip たたかう

戦(たたか)う 전쟁하다, 전투하다

敵(てき)と戦(たたか)う。 적과 전투하다.

闘(たたか)う 곤란 등에 맞서다, 싸우다

病気(びょうき)と闘(たたか)う。 질병과 싸우다.

1505

음독 **せん**　専門(せんもん) 전문　専攻(せんこう) 전공　専用(せんよう) 전용　専属(せんぞく) 전속

훈독 **もっぱ**ら　専(もっぱ)ら 오로지, 한결같이, 전적으로

専

오로지 **전**

小6 N2

専攻(せんこう)は何(なん)ですか。 전공은 무엇입니까?

本(ほん)は専(もっぱ)らマンガしか読(よ)みません。 책은 오로지 만화밖에 읽지 않습니다.

1506

음독 **てん**　展示(てんじ) 전시　展覧(てんらん) 전람　発展(はってん) 발전　進展(しんてん) 진전

펼 **전**

小6 N1

ランの展示会(てんじかい)に行(い)きました。 난초 전시회에 갔습니다.

事件(じけん)に進展(しんてん)がありません。 사건에 진전이 없습니다.

1507

음독 **せん** 銭湯(せんとう) 대중 목욕탕 金銭(きんせん) 금전 古銭(こせん) 옛날 돈 銅銭(どうせん) 동전

훈독 **ぜに** 銭(ぜに) 돈, 금속 화폐 小銭(こぜに) 잔돈

銭

돈 **전**

小6 N1

毎週(まいしゅう)、銭湯(せんとう)に行(い)きます。 매주 대중목욕탕에 갑니다.

財布(さいふ)には小銭(こぜに)しかありません。 지갑에는 잔돈밖에 없습니다.

1508

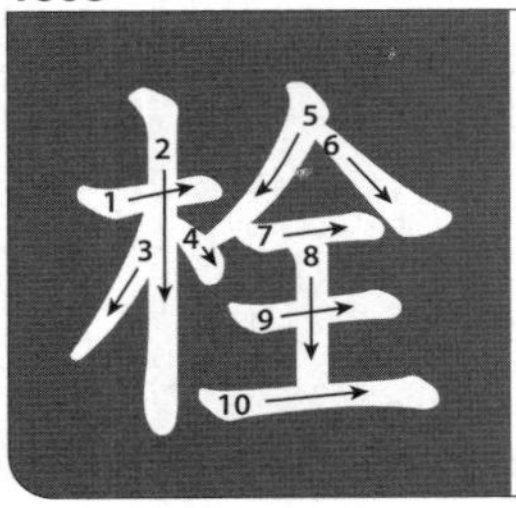

음독 **せん** 栓(せん) 마개 栓抜(せんぬ)き 병따개, 오프너 消火栓(しょうかせん) 소화전

栓

마개 **전**

中 N1

コルクで瓶(びん)に栓(せん)をします。 코르크로 병에 마개를 합니다.

消防士(しょうぼうし)が消火栓(しょうかせん)を点検(てんけん)しています。 소방관이 소화전을 점검하고 있습니다.

1509

음독 **でん** 殿堂(でんどう) 전당 宮殿(きゅうでん) 궁전 神殿(しんでん) 신전

てん 御殿(ごてん) 호화로운 주택

훈독 **との** 殿様(とのさま) 주군 殿方(とのがた) 남자분

どの 湯殿(ゆどの) 욕실

전각 **전**

中 N2

エジプトで古代(こだい)の神殿(しんでん)が見(み)つかりました。 이집트에서 고대 신전이 발견되었습니다.

銭湯(せんとう)に「殿方浴場(とのがたよくじょう)」と書(か)いてあります。 대중목욕탕에 '남자목욕탕'이라고 써 있습니다.

1510

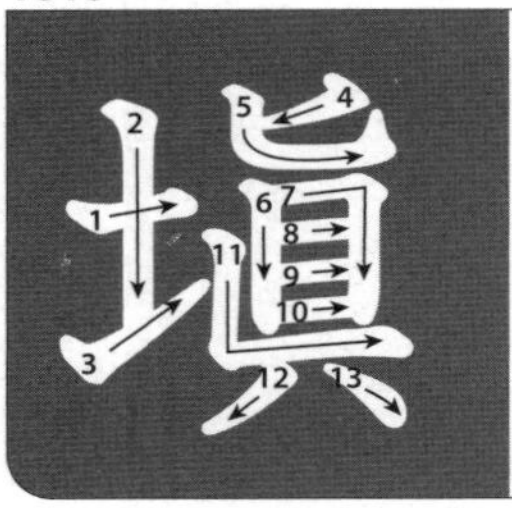

음독 **てん** 塡充(てんじゅう) 충전(틈새를 메워서 채움) 補塡(ほてん) 보전, 보충

装塡(そうてん) 장전(총포에 탄알이나 화약을 재어 넣는 일)

메울 **전**

中 급수 외

不足(ふそく)した人員(じんいん)を補塡(ほてん)します。 부족한 인원을 보충합니다.

銃(じゅう)に弾丸(だんがん)を装塡(そうてん)します。 총에 탄환을 장전합니다.

Tip 이 한자는 **填**로도 쓰임

1511

음독 せん — 煎餅(せんべい) 센베이　煎茶(せんちゃ) 전차(엽차를 더운 물에 우린 음료)
煎(せん)じる 달이다

훈독 いる — 煎(い)る 볶다

달일 **전**

中　급수 외

薬草(やくそう)を煎(せん)じて服用(ふくよう)します。 약초를 달여서 복용합니다.

父(ちち)がコーヒー豆(まめ)を煎(い)っています。 아버지가 커피콩을 볶고 있습니다.

Tip 이 한자는 煎로도 쓰임

1512

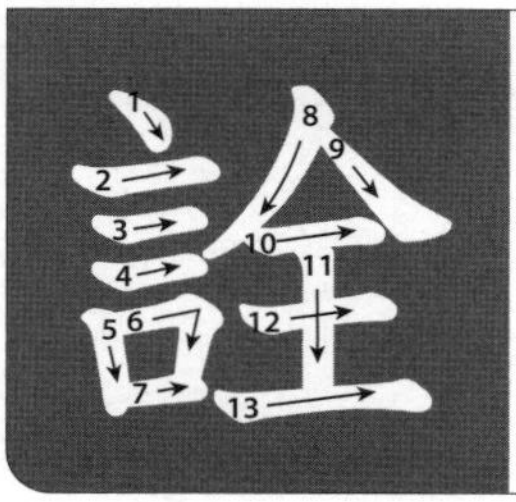

음독 せん — 詮索(せんさく) 탐색(세세한 점까지 파고 듦)　詮議(せんぎ) 전의, 죄인의 문초
所詮(しょせん) 어차피, 결국, 필경

詮

설명할 **전**

中　급수 외

他人(たにん)を詮索(せんさく)することはよくありません。 타인을 꼬치꼬치 캐는 것은 좋지 않습니다.

所詮(しょせん)、人生(じんせい)ははかないものです。 어차피 인생은 덧없는 것입니다.

1513

음독 せん — 処方箋(しょほうせん) 처방전　付箋(ふせん) 찌지, 포스트잇　便箋(びんせん) 편지지

찌지 **전**

中　급수 외

処方箋(しょほうせん)を持(も)って薬局(やっきょく)に行(い)きます。 처방전을 가지고 약국에 갑니다.

便箋(びんせん)を使(つか)って友(とも)だちに手紙(てがみ)を書(か)きました。 편지지를 사용해 친구에게 편지를 썼습니다.

Tip 이 한자는 箋로도 쓰임

1514

음독 せつ — 切実(せつじつ) 절실함　親切(しんせつ) 친절함　大切(たいせつ) 중요함, 소중함
さい — 一切(いっさい) ①일체, 모두 ②일절, 전혀

훈독 きる — 切(き)る 자르다　切手(きって) 우표　切符(きっぷ) 표
きれる — 切(き)れる 끊어지다, 베이다

끊을 **절**/모두 **체**

小2　N3

日本人(にほんじん)が親切(しんせつ)に道(みち)を教(おし)えてくれました。 일본인이 친절하게 길을 가르쳐 주었습니다.

玉(たま)ねぎを切(き)ると涙(なみだ)が出(で)ます。 양파를 자르면 눈물이 나옵니다.

1515

음독 せつ　折衷(せっちゅう) 절충　折半(せっぱん) 절반　挫折(ざせつ) 좌절　骨折(こっせつ) 골절

훈독 おる　折(お)る 접다, 굽히다　折(お)り紙(がみ) 종이접기

おれる　折(お)れる 접히다, 꺾이다, 부러지다

꺾을 절

小4 N2

転(ころ)んで腕(うで)を骨折(こっせつ)しました。 넘어져서 팔이 골절되었습니다.

台風(たいふう)で枝(えだ)が折(お)れました。 태풍으로 가지가 부러졌습니다.

1516

음독 せつ　節約(せつやく) 절약　節電(せつでん) 절전　関節(かんせつ) 관절　調節(ちょうせつ) 조절

せち　お節料理(せちりょうり) 명절 때 먹는 조림요리

훈독 ふし　節(ふし) 마디, 관절　節々(ふしぶし) 마디마디　節穴(ふしあな) 옹이구멍

節

마디/절약할 절

小4 N1

節電(せつでん)を心(こころ)がけましょう。 절전에 유의합시다.

風邪(かぜ)をひいて、体(からだ)の節々(ふしぶし)が痛(いた)いです。 감기에 걸려서 몸 마디마디가 아픕니다.

1517

음독 ぜつ　絶滅(ぜつめつ) 절멸, 근절　絶対(ぜったい) 절대　壮絶(そうぜつ) 장렬함　拒絶(きょぜつ) 거절

훈독 たえる　絶(た)える 끊어지다, 없어지다

たやす　絶(た)やす 끊어지게 하다, 없애다, 끊다

たつ　絶(た)つ 끊다, 자르다, 절단하다

끊을 절

小5 N2

約束(やくそく)を絶対(ぜったい)に忘(わす)れないでください。 약속을 절대로 잊지 마세요.

外国(がいこく)にいる友(とも)だちの消息(しょうそく)が絶(た)えました。 외국에 있는 친구의 소식이 끊어졌습니다.

Tip 0364 たつ 参조

1518

음독 せつ　窃盗(せっとう) 절도　窃盗罪(せっとうざい) 절도죄　剽窃(ひょうせつ) 표절

竊

훔칠 절

中 N1

彼(かれ)は窃盗罪(せっとうざい)で捕(つか)まりました。 그는 절도죄로 잡혔습니다.

その歌(うた)は剽窃(ひょうせつ)の疑(うたが)いがあります。 그 노래는 표절 의혹이 있습니다.

1519

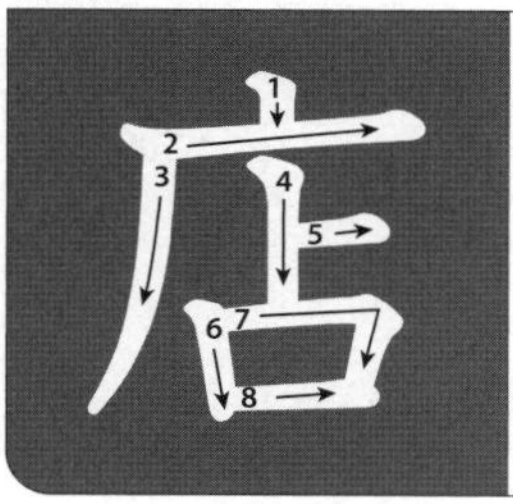

음독 **てん** 店員(てんいん) 점원 店長(てんちょう) 점장 書店(しょてん) 서점 売店(ばいてん) 매점

훈독 **みせ** 店(みせ) 가게 夜店(よみせ) 밤거리 노점 店番(みせばん) 가게를 봄

가게 **점**

小2 N5

駅(えき)の売店(ばいてん)でお茶(ちゃ)とべんとうを買(か)いました。 역 매점에서 차와 도시락을 샀습니다.

いつか韓国料理(かんこくりょうり)の店(みせ)を始(はじ)めようと思(おも)います。
언젠가 한국요리 가게를 시작하려고 생각합니다.

1520

음독 **てん** 点数(てんすう) 점수 点検(てんけん) 점검 終点(しゅうてん) 종점 百点(ひゃくてん) 백점 満点(まんてん) 만점

點

점 **점**

小2 N2

まもなく終点(しゅうてん)です。 곧 종점입니다.

テストで百点満点(ひゃくてんまんてん)をとりました。 시험에서 백점 만점을 받았습니다.

1521

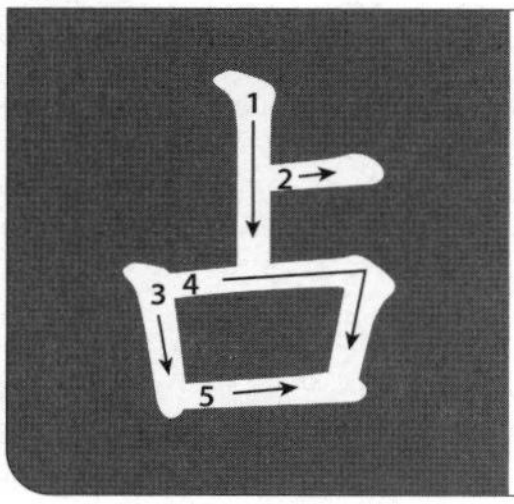

음독 **せん** 占拠(せんきょ) 점거 占領(せんりょう) 점령 占星術(せんせいじゅつ) 점성술 独占(どくせん) 독점

훈독 **しめる** 占(し)める 차지하다

うらなう 占(うらな)う 점치다 占(うらな)い師(し) 점쟁이 星占(ほしうらな)い 점성술

점령할/점칠 **점**

中 N2

ヨーロッパでは占星術(せんせいじゅつ)が発達(はったつ)しました。 유럽에서는 점성술이 발달했습니다.

賛成(さんせい)が多数(たすう)を占(し)めました。 찬성이 다수를 차지했습니다.

1522

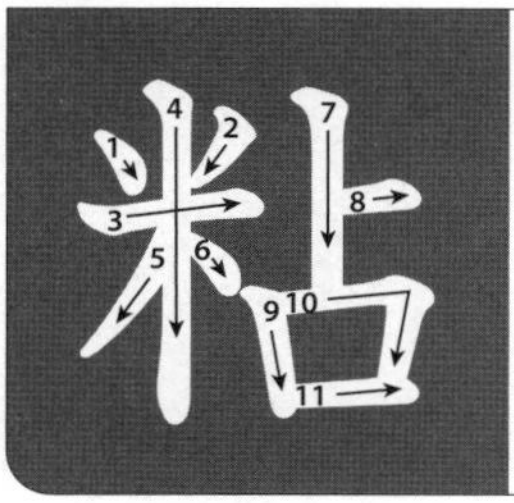

음독 **ねん** 粘土(ねんど) 점토, 찰흙 粘膜(ねんまく) 점막 粘液(ねんえき) 점액 粘着(ねんちゃく) 점착(끈끈하게 달라붙음)

훈독 **ねばる** 粘(ねば)る 끈적거리다, 끈기있게 견디어내다 粘々(ねばねば) 끈적끈적

붙을 **점**

中 N1

子(こ)どもの頃(ころ)、粘土(ねんど)でよく遊(あそ)びました。 어렸을 때 점토를 가지고 자주 놀았습니다.

小麦粉(こむぎこ)に水(みず)を入(い)れて、粘(ねば)るまで混(ま)ぜてください。
밀가루에 물을 넣어 찰질 때까지 섞어 주세요.

1523

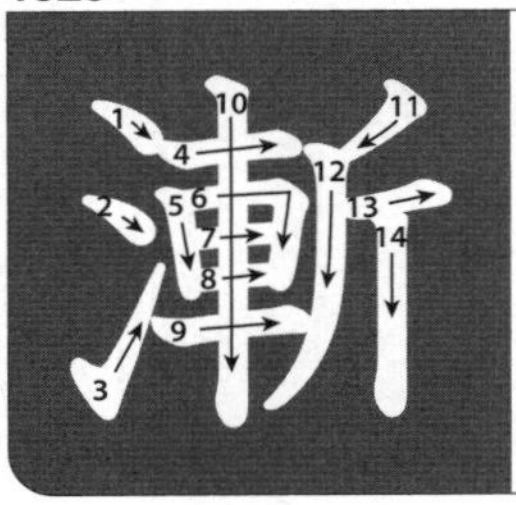

음독 **ぜん**　漸次(ぜんじ) 점차　漸進(ぜんしん) 점진　漸増(ぜんぞう) 점증, 점점 늘어남
漸減(ぜんげん) 점감, 점점 줄어듦

점점 **점**
中 N1

その国(くに)は漸進的(ぜんしんてき)に民主主義(みんしゅしゅぎ)が定着(ていちゃく)しました。
그 나라는 점진적으로 민주주의가 정착했습니다.

去年(きょねん)から売(う)り上(あ)げが漸増(ぜんぞう)しています。 작년부터 매상이 점점 늘고 있습니다.

1524

음독 **せつ**　接続(せつぞく) 접속　接近(せっきん) 접근　面接(めんせつ) 면접　直接(ちょくせつ) 직접
接(せっ)する 접하다, 면하다

훈독 **つぐ**　接(つ)ぐ 잇다, 이어 붙이다　接(つ)ぎ木(き) 접붙이기

이을/접할 **접**
小5 N2

面接(めんせつ)のためのスーツを買(か)いました。 면접을 위한 양복을 샀습니다.

ギブスをして骨(ほね)を接(つ)ぎました。 깁스를 해서 뼈를 이어 붙였습니다.

1525

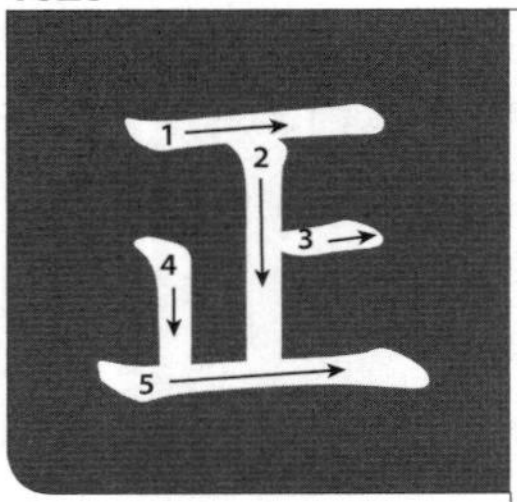

음독 **しょう**　正面(しょうめん) 정면　お正月(しょうがつ) 설날
せい　正門(せいもん) 정문　正式(せいしき) 정식　不正(ふせい) 부정(바르지 않음)

훈독 **ただ**しい　正(ただ)しい 바르다, 정당하다
ただす　正(ただ)す 바로잡다, 고치다
まさ　正(まさ)に 확실히, 정말로

바를 **정**
小1 N3

正式(せいしき)にあいさつしてください。 정식으로 인사해 주세요.

正(ただ)しいかどうか確(たし)かめてください。 맞는지 어떤지 확인해 주세요.

Tip
ただす

正(ただ)す 바로잡다, 고치다
姿勢(しせい)を正(ただ)す。 자세를 바로잡다.

質(ただ)す 묻다, 질문하다
政治家(せいじか)に発言(はつげん)の真意(しんい)を質(ただ)す。 정치인에게 발언의 진의를 묻다.

1526

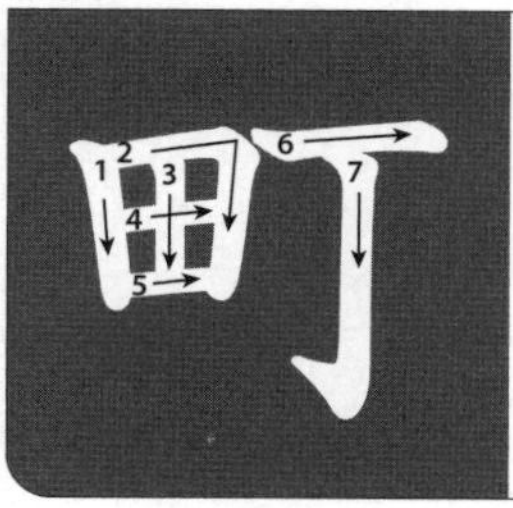

음독 **ちょう** 町長(ちょうちょう) 지방의 장　五町目(ごちょうめ) 5정목(지방자치제 단위, 5번가)

훈독 **まち** 町(まち) 시내, 읍내　港町(みなとまち) 항구도시　町(まち)はずれ 변두리
町角(まちかど) 길모퉁이

밭두둑 **정**

小1 N3

五町目(ごちょうめ)に役所(やくしょ)があります。5번가에 관공서가 있습니다.

横浜(よこはま)は港町(みなとまち)です。요코하마는 항구도시입니다.

Tip 0004 まち 참조

1527

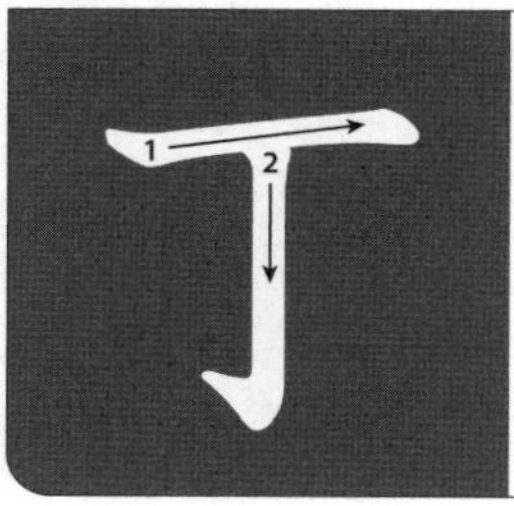

음독 **ちょう** 一丁目(いっちょうめ) 1번지, 1번가
落丁(らくちょう) 낙장(책이나 잡지에서 책장이 일부 빠져 있는 일)

てい 丁寧(ていねい) ①친절함, 정중함, 공손함 ②주의 깊고 신중함
装丁(そうてい) 책의 장정(인쇄물에 표지를 붙여 책의 모양을 갖추게 하는 일)

고무래/친절할 **정**

小3 N3

一丁目(いっちょうめ)の交差点(こうさてん)に交番(こうばん)があります。1번가 교차로에 파출소가 있습니다.

丁寧(ていねい)にあいさつしてください。정중히 인사해 주세요.

1528

음독 **てい** 定員(ていいん) 정원　定期(ていき) 정기　決定(けってい) 결정　安定(あんてい) 안정

じょう 定規(じょうぎ) 자, 규준　案(あん)の定(じょう) 예상했던 대로, 아니나다를까

훈독 **さだめる** 定(さだ)める 정하다, 결정하다

さだまる 定(さだ)まる 정해지다, 결정되다

さだか 定(さだ)か 확실함, 분명함

정할 **정**

小3 N2

定員(ていいん)は何人(なんにん)ですか。정원은 몇 명입니까?

日本(にほん)は1946年(ねん)に憲法(けんぽう)を定(さだ)めました。일본은 1946년에 헌법을 정했습니다.

Tip 사자성어

杓子定規(しゃくしじょうぎ) 획일적인 방법, 융통성이 없음

彼(かれ)は杓子定規(しゃくしじょうぎ)な考(かんが)え方(かた)をする。그는 획일적인 생각을 한다.

1529

음독 **てい**　庭園(ていえん) 정원　庭球(ていきゅう) 정구, 테니스　家庭(かてい) 가정
校庭(こうてい) 교정, 학교 마당

훈독 **にわ**　庭(にわ) 마당　庭師(にわし) 정원사　裏庭(うらにわ) 뒷마당, 뒤뜰

뜰 **정**

小3　N2

校庭(こうてい)で子(こ)どもが遊(あそ)んでいます。 교정에서 아이가 놀고 있습니다.

庭(にわ)ですずめが鳴(な)いています。 마당에서 참새가 울고 있습니다.

1530

음독 **せい**　整理(せいり) 정리　整備(せいび) 정비　調整(ちょうせい) 조정
均整(きんせい) (둘 이상의) 세력의 균형이 잡혀 있음

훈독 **ととの**う　整(ととの)う 정돈되다, 구비되다, 성립되다
ととのえる　整(ととの)える 정돈하다, 조정하다, 갖추다

가지런할 **정**

小3　N1

押入(おしい)れの中(なか)を整理(せいり)しました。 벽장 안을 정리했습니다.

準備(じゅんび)が整(ととの)いましたので、式(しき)を始(はじ)めます。 준비가 되었기 때문에 식을 시작하겠습니다.

1531

음독 **せい**　静止(せいし) 정지　静粛(せいしゅく) 정숙　冷静(れいせい) 냉정함　安静(あんせい) 안정
じょう　静脈(じょうみゃく) 정맥

훈독 **しず**か　静(しず)か 고요함
しずまる　静(しず)まる 조용해지다
しずめる　静(しず)める 가라앉히다, 진정시키다

静

고요할 **정**

小4　N2

手術(しゅじゅつ)のあとは安静(あんせい)が必要(ひつよう)です。 수술 후에는 안정이 필요합니다.

ちょっと静(しず)かにしてください。 조금 조용히 해 주세요.

Tip **しずまる**

静(しず)まる 조용해지다

部屋(へや)が静(しず)まる。 방이 조용해지다.

鎮(しず)まる 진정되다

争(あらそ)いが鎮(しず)まる。 난리가 진정되다.

1532

음독 **せい** 市井(しせい) 시정, 거리
油井(ゆせい) 유정(지하의 천연 석유를 퍼 올리기 위해 판 우물)
しょう 天井(てんじょう) 천장
훈독 **い** 井戸(いど) 우물 福井県(ふくいけん) 후쿠이현

우물/마을 **정**

小4 N1

彼(かれ)は背(せ)が高(たか)いので、天井(てんじょう)まで手(て)が届(とど)きます。
그는 키가 크기 때문에 천장까지 손이 닿습니다.

昔(むかし)、家(いえ)の前(まえ)には井戸(いど)がありました。옛날 집 앞에는 우물이 있었습니다.

1533

음독 **せい** 政治(せいじ) 정치 政策(せいさく) 정책 国政(こくせい) 국정 行政(ぎょうせい) 행정
しょう 摂政(せっしょう) 섭정(군주를 대신하여 나라를 다스림)
훈독 **まつりごと** 政(まつりごと) 영토와 국민을 다스림

정사 **정**

小5 N2

毎朝(まいあさ)、テレビで政治(せいじ)のニュースを見(み)ます。매일 아침, TV로 정치뉴스를 봅니다.

「政治(せいじ)」を昔(むかし)の日本語(にほんご)で「政(まつりごと)」と言(い)いました。
'정치'를 옛날 일본어로 「まつりごと」라고 했습니다.

1534

음독 **てい** 停止(ていし) 정지 停留所(ていりゅうじょ) 정류소 停電(ていでん) 정전 停戦(ていせん) 정전
バス停(てい) 버스 정류장

머무를/멈출 **정**

小5 N2

市民(しみん)センターは次(つぎ)の停留所(ていりゅうじょ)で降(お)りてください。
시민센터는 다음 정류소에서 내려 주세요.

雷(かみなり)が落(お)ちて停電(ていでん)しました。벼락이 떨어져서 정전이 되었습니다.

Tip 정전

停電(ていでん) 전기가 끊김
台風(たいふう)で停電(ていでん)が起(お)きる。태풍 때문에 정전이 되다.

停戦(ていせん) 전쟁을 중단함
停戦条約(ていせんじょうやく)を結(むす)ぶ。정전조약을 체결하다.

1535

情

음독 じょう　情勢(じょうせい) 정세　情緒(じょうちょ) 정서, 정조, 정취　感情(かんじょう) 감정　愛情(あいじょう) 애정

せい　風情(ふぜい) 훌륭한 경치, 운치

훈독 なさけ　情(なさ)け 정, 인정, 동정　情(なさ)けない 한심하다, 비참하다

情(なさ)け深(ぶか)い 인정이 많다, 관대하다

마음/형편/정취 **정**

小5　N2

愛情(あいじょう)あふれる料理(りょうり)です。 애정이 넘치는 요리입니다.

吉田(よしだ)さんはとても情(なさ)け深(ぶか)い人(ひと)です。 요시다 씨는 매우 인정이 많은 사람입니다.

1536

程

음독 てい　程度(ていど) 정도　日程(にってい) 일정　課程(かてい) 과정　旅程(りょてい) 여정

훈독 ほど　程(ほど) 사물·동작·상태의 정도나 한도, 알맞은 정도　程々(ほどほど) 적당히

身(み)の程(ほど) 분수　身(み)の程(ほど)知(し)らず (자신의) 분수를 모름, 또 그런 사람

한도/일정 **정**

小5　N2

来年(らいねん)、修士課程(しゅうしかてい)に進学(しんがく)します。 내년에 석사과정에 진학합니다.

お酒(さけ)も程々(ほどほど)に飲(の)みましょう。 술도 적당히 마십시다.

Tip 과정

課程(かてい) 학습할 내용과 분량, 정도

博士課程(はくしかてい)に進学(しんがく)する。 박사과정에 진학하다.

過程(かてい) 일이 되어가는 경로

工場(こうじょう)で製造過程(せいぞうかてい)を見学(けんがく)する。 공장에서 제조과정을 견학하다.

1537

精

음독 せい　精神(せいしん) 정신　精密(せいみつ) 정밀　妖精(ようせい) 요정　丹精(たんせい) 정성을 들임

しょう　精進(しょうじん) 정진　不精(ぶしょう) 귀찮아 함

精

깨끗할/정밀할 **정**

小5　N2

これは精密機械(せいみつきかい)ですから、壊(こわ)れやすいです。
이것은 정밀기계라서 고장나기 쉽습니다.

出不精(でぶしょう)なので、休日(きゅうじつ)は家(いえ)にずっといます。 나가기가 귀찮아 휴일에는 집에 계속 있습니다.

1538

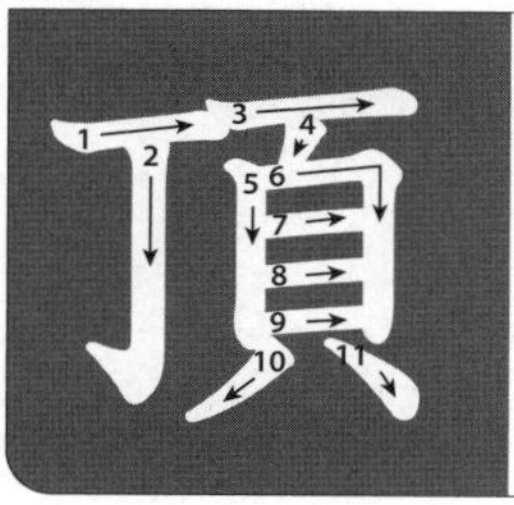

음독 ちょう　頂点(ちょうてん) 정점　頂上(ちょうじょう) 정상　山頂(さんちょう) 정상, 산꼭대기　絶頂(ぜっちょう) 절정

훈독 いただく　頂(いただ)く 받들다, 얻다, 머리에 얹다

いただき　頂(いただき) 꼭대기, 정상

꼭대기/취득할 **정**

小6　N2

白頭山(ペクトゥサン)の山頂(さんちょう)には湖(みずうみ)があります。 백두산 정상에는 호수가 있습니다.

先生(せんせい)から手紙(てがみ)を頂(いただ)きました。 선생님에게서 편지를 받았습니다.

1539

훈독 どん　牛丼(ぎゅうどん) 소고기덮밥　天丼(てんどん) 튀김덮밥　親子丼(おやこどん) 닭고기 계란덮밥

どんぶり　丼(どんぶり) ①사발 ②덮밥

우물 **정**

中　급수 외

昼食(ちゅうしょく)は牛丼(ぎゅうどん)を食(た)べました。 점심은 소고기덮밥을 먹었습니다.

丼(どんぶり)にごはんをよそいます。 사발에 밥을 담습니다.

1540

음독 てい　贈呈(ぞうてい) 증정　進呈(しんてい) 진정, 드림　露呈(ろてい) 노정, 드러남

呈

드릴/나타날 **정**

中　N1

贈呈品(ぞうていひん)としてティーカップをもらいました。 증정품으로 찻잔을 받았습니다.

国(くに)の政治(せいじ)の問題(もんだい)が露呈(ろてい)しました。 나라의 정치 문제가 드러났습니다.

1541

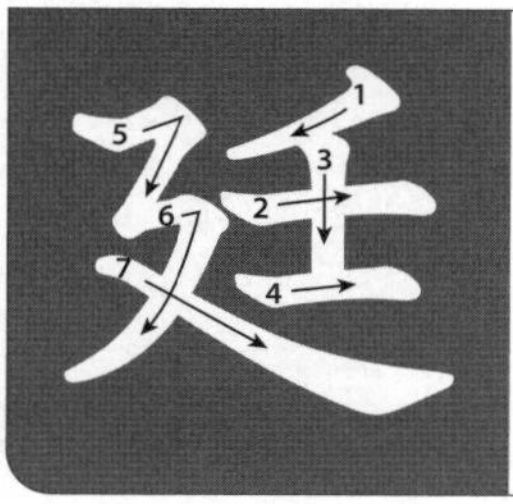

음독 てい　法廷(ほうてい) 법정　開廷(かいてい) 개정　宮廷(きゅうてい) 궁정　朝廷(ちょうてい) 조정

조정 **정**

中　N1

法廷(ほうてい)では静(しず)かにしてください。 법정에서는 조용히 해 주세요.

開廷(かいてい)は午前(ごぜん)10時(じ)です。 개정은 오전 10시입니다.

1542

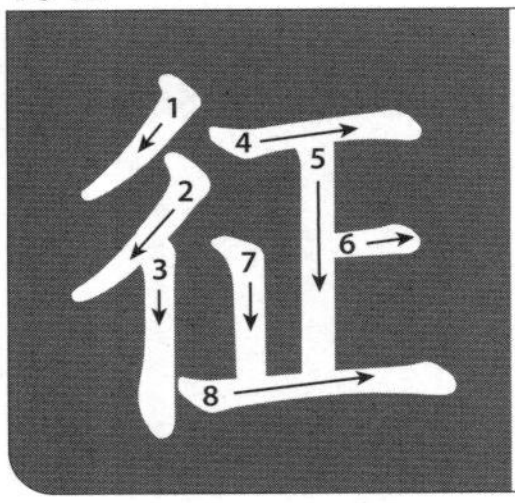

음독 せい　征服(せいふく) 정복　征伐(せいばつ) 정벌, 토벌　遠征(えんせい) 원정　出征(しゅっせい) 출정

칠 **정**

中　N1

有名(ゆうめい)な登山家(とざんか)からエベレスト征服(せいふく)の話(はなし)を聞(き)きました。
유명한 산악인에게 에베레스트 정복 이야기를 들었습니다.

サッカーチームが海外遠征(かいがいえんせい)に出(で)かけました。 축구팀이 해외원정을 떠났습니다.

1543

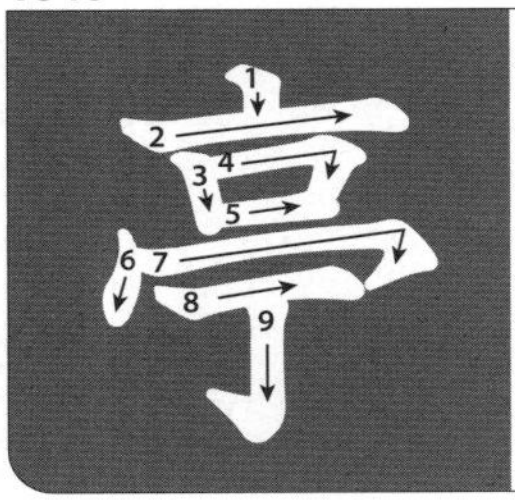

음독 てい　亭主(ていしゅ) 집주인, 남편
料亭(りょうてい) 요정(주로 일본 요리를 제공하는 고급 음식점)

정자 **정**

中　N1

私(わたし)の亭主(ていしゅ)は家(いえ)で何(なに)もしません。 제 남편은 집에서 아무것도 안 합니다.

料亭(りょうてい)の料理(りょうり)はとても高(たか)いです。 요정의 요리는 매우 비쌉니다.

1544

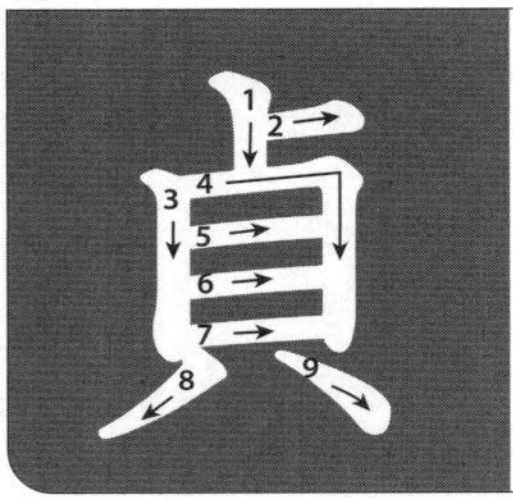

음독 てい　貞潔(ていけつ) 정결함　貞淑(ていしゅく) 정숙함　貞操(ていそう) 정조　貞節(ていせつ) 정절

곧을 **정**

中　N1

彼女(かのじょ)は貞潔(ていけつ)な女性(じょせい)です。 그녀는 정결한 여성입니다.

夫婦間(ふうふかん)では貞操(ていそう)を守(まも)らなければなりません。
부부간에는 정조를 지키지 않으면 안 됩니다.

1545

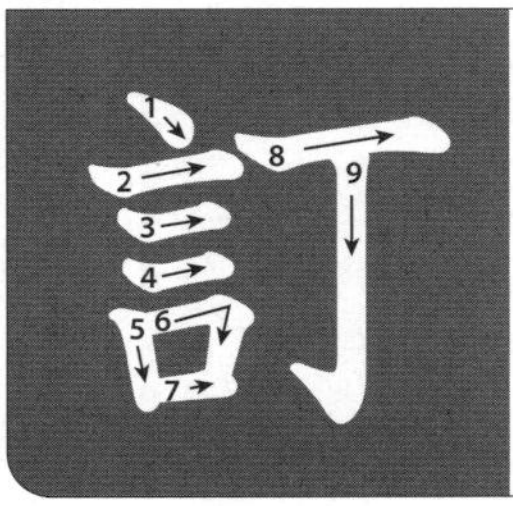

음독 てい　訂正(ていせい) 정정　改訂(かいてい) 개정　校訂(こうてい) 교정

바로잡을 **정**

中　N1

間違(まちが)った記述(きじゅつ)を訂正(ていせい)します。 잘못된 기술을 정정합니다.

原稿(げんこう)の校訂(こうてい)作業(さぎょう)を行(おこな)います。 원고의 교정 작업을 합니다.

1546

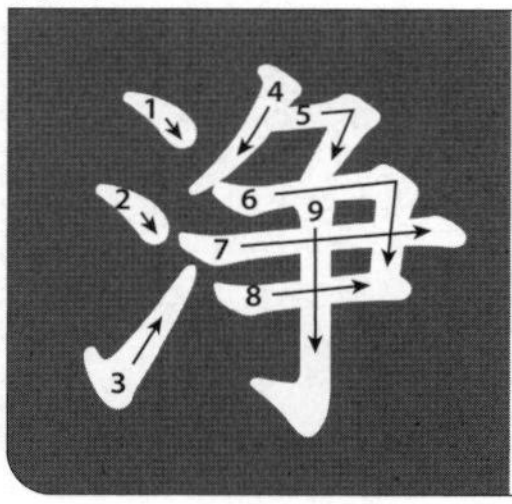

음독 **じょう**　浄化(じょうか) 정화　浄水(じょうすい) 정수　清浄(せいじょう) 청정(맑고 깨끗함)
洗浄(せんじょう) 세정, 세척

浄

깨끗할 **정**
中 N1

蛇口(じゃぐち)に浄水器(じょうすいき)を設置(せっち)しました。 수도꼭지에 정수기를 설치했습니다.

赤(あか)ちゃんがいる部屋(へや)に空気清浄機(くうきせいじょうき)を置(お)きます。
아기가 있는 방에 공기청정기를 둡니다.

1547

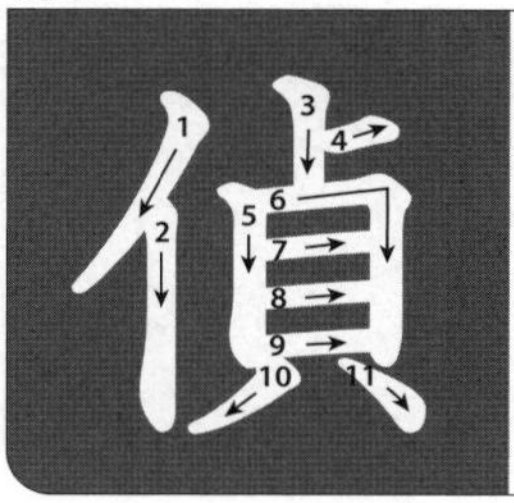

음독 **てい**　偵察(ていさつ) 정찰　探偵(たんてい) 탐정　密偵(みってい) 밀정

염탐할 **정**
中 N1

米軍(べいぐん)の偵察機(ていさつき)が飛(と)んでいます。 미군의 정찰기가 날고 있습니다.

探偵小説(たんていしょうせつ)を読(よ)むのが好(す)きです。 탐정소설을 읽는 것을 좋아합니다.

1548

음독 **しょう**　水晶(すいしょう) 수정　結晶(けっしょう) 결정

맑을 **정**
中 N1

水晶(すいしょう)のペンダントをもらいました。 수정 펜던트를 받았습니다.

雪(ゆき)の結晶(けっしょう)のデザインを選(えら)びました。 눈의 결정 디자인을 선택했습니다.

1549

음독 **てい**　競艇(きょうてい) 경정(모터보트 경주)　救命艇(きゅうめいてい) 구명정　艦艇(かんてい) 함정

배 **정**
中 N1

兄(あに)は週末(しゅうまつ)、競艇場(きょうていじょう)に行(い)きます。 형은 주말에 경정장에 갑니다.

事故(じこ)の現場(げんば)に救命艇(きゅうめいてい)が到着(とうちゃく)しました。 사고 현장에 구명정이 도착했습니다.

1550

음독 **じょう** 錠剤(じょうざい) 정제, 알약 　一錠(いちじょう) 한 알 　二錠(にじょう) 두 알 　手錠(てじょう) 수갑
施錠(せじょう) 자물쇠를 채움, 문을 잠금 　南京錠(ナンキンじょう) 주머니 모양의 자물쇠

덩이/정제 **정**
中 N1

この薬(くすり)は一日三回(いちにちさんかい)二錠(にじょう)ずつ飲(の)んでください。 이 약은 하루에 세 번 두 알씩 드세요.
出(で)かけるときは必(かなら)ず施錠(せじょう)します。 외출할 때에는 반드시 문을 잠급니다.

1551

음독 **てい** 師弟(してい) 사제
だい 兄弟(きょうだい) 형제
で 弟子(でし) 제자, 문하생 　弟子入(でしい)り 제자가 됨

훈독 **おとうと** 弟(おとうと) 남동생

아우 **제**
小2 N3

板前(いたまえ)に弟子入(でしい)りしました。 요리사에 입문했습니다.
兄(あに)と弟(おとうと)がいます。 형과 남동생이 있습니다.

1552

음독 **だい** 第一印象(だいいちいんしょう) 첫인상 　次第(しだい) 순서 　落第(らくだい) 낙제 　及第(きゅうだい) 급제

차례/시험 **제**
小3 N1

小川(おがわ)さんの第一印象(だいいちいんしょう)はとても良(よ)かったです。 오가와 씨의 첫인상은 매우 좋았습니다.
今回(こんかい)のテストで落第(らくだい)してしまいました。 이번 시험에서 낙제하고 말았습니다.

1553

음독 **さい** 祭日(さいじつ) 신사 또는 궁중의 제사가 있는 날 　祭祀(さいし) 제사
祝祭(しゅくさい) 축제 　前夜祭(ぜんやさい) 전야제

훈독 **まつる** 祭(まつ)る 제사지내다
まつり 祭(まつ)り (집단적인) 행사, 축제 　夏祭(なつまつ)り 여름 축제

제사 **제**
小3 N2

前夜祭(ぜんやさい)には多(おお)くの人(ひと)が来(き)ました。 전야제에는 많은 사람이 왔습니다.
夏祭(なつまつ)りの時期(じき)になりました。 여름 축제의 시기가 되었습니다.

1554

음독 だい　題名(だいめい) 제명, 표제명　題目(だいもく) 제목　課題(かだい) 과제　題材(だいざい) 제재, 소재
題する(だいする) 제목을 붙이다

제목 **제**
小3 N3

卒業論文(そつぎょうろんぶん)の題目(だいもく)が決(き)まりません。 졸업논문의 제목이 정해지지 않습니다.
次(つぎ)の課題(かだい)は何(なん)ですか。 다음 과제는 무엇입니까?

1555

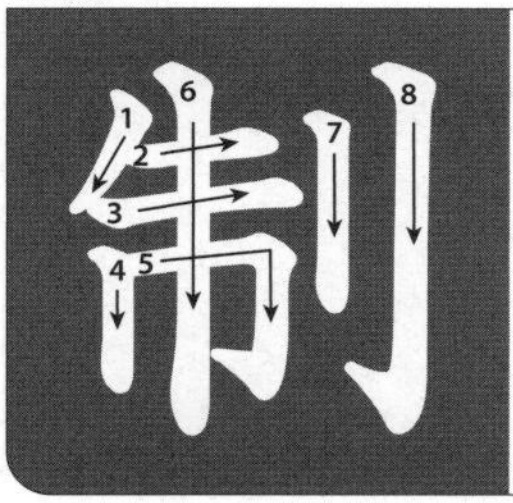

음독 せい　制度(せいど) 제도　制限(せいげん) 제한　規制(きせい) 규제　統制(とうせい) 통제

절제할 **제**
小5 N2

韓国(かんこく)は夫婦別姓(ふうふべっせい)の制度(せいど)があります。 한국은 부부별성의 제도가 있습니다.
年齢制限(ねんれいせいげん)があって、映画(えいが)が見(み)られません。 연령제한이 있어서 영화를 볼 수 없습니다.

1556

음독 てい　提示(ていじ) 제시　提案(ていあん) 제안　提出(ていしゅつ) 제출　前提(ぜんてい) 전제
훈독 さげる　提(さ)げる 손에 들다

제시할/손에 들 **제**
小5 N1

宿題(しゅくだい)を提出(ていしゅつ)してください。 숙제를 제출해 주세요.
女(おんな)の子(こ)がかばんを提(さ)げています。 여자아이가 가방을 들고 있습니다.

Tip さげる

提(さ)げる 손에 들다
かばんを提(さ)げる。 가방을 들다.

下(さ)げる 내리다
値段(ねだん)を下(さ)げる。 가격을 내리다.

1557

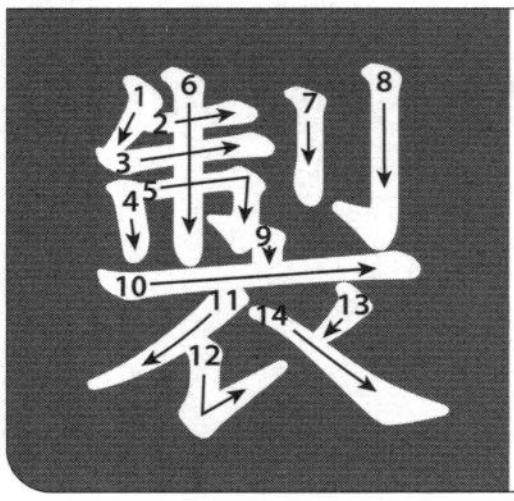

음독 せい　製本(せいほん) 제본　製薬(せいやく) 제약　日本製(にほんせい) 일제, 일본산
作製(さくせい) 제작, 작성

지을 **제**
小5　N1

兄(あに)は製薬会社(せいやくがいしゃ)の研究員(けんきゅういん)です。 형은 제약회사의 연구원입니다.
日本製(にほんせい)の品物(しなもの)は高(たか)いです。 일본산 물건은 비쌉니다.

1558

음독 さい　際限(さいげん) 제한　国際(こくさい) 국제　交際(こうさい) 교제　実際(じっさい) 실제
훈독 きわ　際(きわ) ①가장자리, 옆 ②때, 경우　窓際(まどぎわ) 창가
間際(まぎわ) 직전, 막 ~하려는 찰나

가/사이/사귈 **제**
小5　N2

空港(くうこう)に新(あたら)しい国際(こくさい)ターミナルができました。 공항에 새로운 국제 터미널이 생겼습니다.
木村(きむら)さんが窓際(まどぎわ)に座(すわ)っています。 기무라 씨가 창가에 앉아 있습니다.

1559

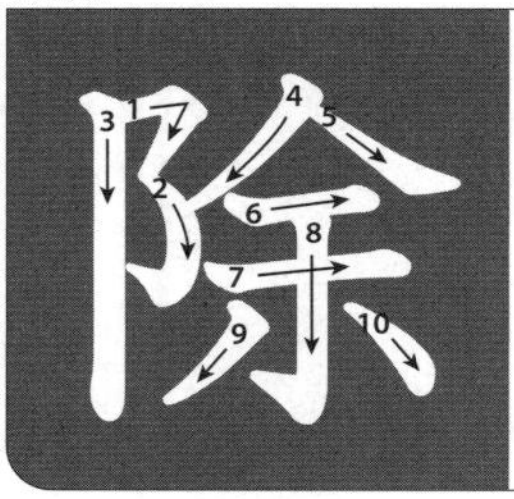

음독 じょ　除去(じょきょ) 제거　除草(じょそう) 제초　解除(かいじょ) 해제　削除(さくじょ) 삭제
じ　掃除(そうじ) 청소
훈독 のぞく　除(のぞ)く 없애다, 제외하다

없앨/제외할 **제**
小6　N2

ファイルを削除(さくじょ)しました。 파일을 삭제했습니다.
九州(きゅうしゅう)を除(のぞ)いて、あしたは晴(は)れるでしょう。 규슈를 제외하고 내일은 맑겠습니다.

1560

음독 さい　返済(へんさい) 반제(꾸어 쓴 돈이나 빌려 쓴 물건을 갚음)　救済(きゅうさい) 구제
共済(きょうさい) 공제　経済(けいざい) 경제
훈독 すむ　済(す)む 끝나다, 해결되다
すます　済(す)ます 끝내다, 해결하다

濟

도울/이룰 **제**
小6　N2

毎月(まいつき)、100万(まん)ウォンずつ返済(へんさい)します。 매달 100만 원씩 갚겠습니다.
7時(じ)に仕事(しごと)が済(す)みました。 7시에 업무가 끝났습니다.

1561

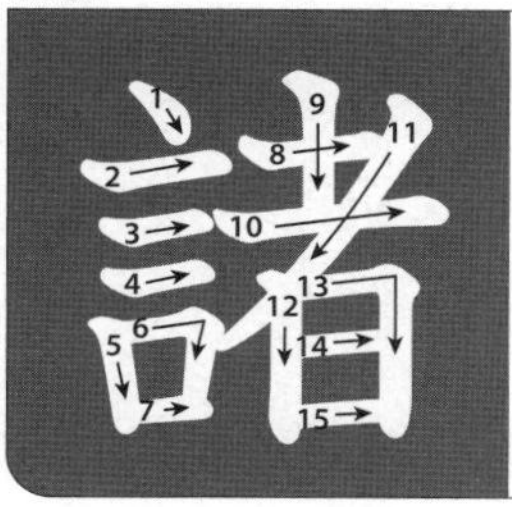

음독 **しょ** 　 **諸君**(しょくん) 제군, 여러분　**諸島**(しょとう) 제도, 여러 섬들　**諸国**(しょこく) 제국, 여러 나라　**諸説**(しょせつ) 여러 가지 설, 의견

諸

여러 **제**

小6　N2

ハワイ諸島(しょとう)をめぐります。하와이 제도를 돌아봅니다.

諸国(しょこく)の代表(だいひょう)が集(あつ)まりました。여러 나라의 대표가 모였습니다.

1562

음독 **せい** 　 **斉唱**(せいしょう) 제창　**一斉**(いっせい) 일제

齊

가지런할 **제**

中　N1

開会式(かいかいしき)で国歌(こっか)を斉唱(せいしょう)します。개회식에서 국가를 제창합니다.

マラソンの選手(せんしゅ)たちが一斉(いっせい)にスタートしました。
마라톤 선수들이 일제히 출발했습니다.

1563

음독 **てい** 　 **帝国**(ていこく) 제국　**帝政**(ていせい) 제정　**皇帝**(こうてい) 황제　**女帝**(じょてい) 여제

특이 **帝**(みかど) 천황, 황제

임금 **제**

中　N1

ローマ帝国(ていこく)の歴史(れきし)について勉強(べんきょう)しました。로마제국의 역사에 대해서 공부했습니다.

溥儀(ふぎ)は中国(ちゅうごく)の最後(さいご)の皇帝(こうてい)です。푸이는 중국의 마지막 황제입니다.

1564

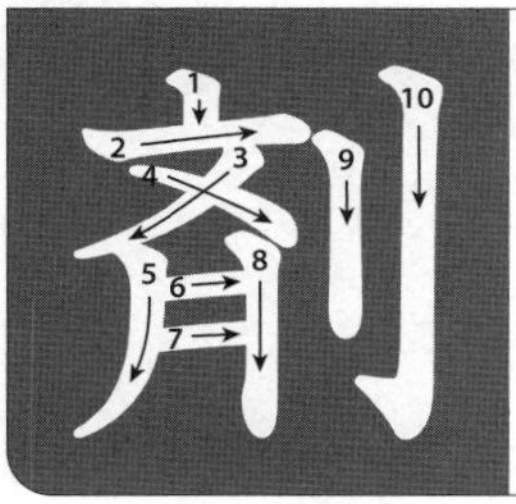

음독 **ざい** 　 **解熱剤**(げねつざい) 해열제　**接着剤**(せっちゃくざい) 접착제　**鎮痛剤**(ちんつうざい) 진통제　**殺虫剤**(さっちゅうざい) 살충제

劑

약제 **제**

中　N1

病院(びょういん)で解熱剤(げねつざい)をもらいました。병원에서 해열제를 받았습니다.

折(お)れた人形(にんぎょう)の腕(うで)を接着剤(せっちゃくざい)でつなぎます。부러진 인형의 팔을 접착제로 붙입니다.

1565

음독 てい　堤防(ていぼう) 제방　防潮堤(ぼうちょうてい) 방조제(밀려드는 조수를 막기 위해 쌓은 둑)
防波堤(ぼうはてい) 방파제(밀려드는 파도를 막기 위해 쌓은 둑)

훈독 つつみ　堤(つつみ) 둑, 제방

둑 **제**

中 N1

波(なみ)が堤防(ていぼう)を乗(の)り越(こ)えています。파도가 제방을 넘었습니다.

川(かわ)の氾濫(はんらん)を防(ふせ)ぐために堤(つつみ)を築(きず)きます。강의 범람을 막기 위해 둑을 쌓습니다.

1566

음독 そう　早朝(そうちょう) 조조, 이른 아침　早退(そうたい) 조퇴　早春(そうしゅん) 이른 봄, 초봄
さっ　早速(さっそく) 곧, 즉시　早急(さっきゅう) 조급함(そうきゅう로도 읽음)

훈독 はやい　早(はや)い 이르다, 빠르다　早口(はやくち) 말이 빠름
はやまる/はやめる　早(はや)まる 빨라지다, 서두르다　早(はや)める 앞당기다

이를 **조**

小1 N3

早朝割引(そうちょうわりびき)を利用(りよう)すると安(やす)いです。조조할인을 이용하면 쌉니다.

早(はや)く帰(かえ)りましょう。빨리 돌아갑시다.

Tip 1001 はやい 참조

1567

음독 ちょう　鳥類(ちょうるい) 조류　一石二鳥(いっせきにちょう) 일석이조　白鳥(はくちょう) 백조

훈독 とり　鳥(とり) 새　鳥小屋(とりごや) 닭장　鳥(とり)かご 새장

새 **조**

小2 N3

「白鳥(はくちょう)の湖(みずうみ)」というバレエを見(み)ました。「백조의 호수」라는 발레를 봤습니다.

窓際(まどぎわ)に鳥(とり)がとまっています。창가에 새가 앉아 있습니다.

1568

음독 そ　組織(そしき) 조직　組成(そせい) 조성

훈독 くむ　組(く)む 엮다, 짜다　組(く)み立(た)て 조립
くみ　組合(くみあい) 조합　三組(さんくみ) 3조, 3반　番組(ばんぐみ) 프로그램

짤 **조**

小2 N2

大学(だいがく)の組織(そしき)が変(か)わりました。대학의 조직이 바뀌었습니다.

おもしろい番組(ばんぐみ)がありますか。재미있는 프로그램이 있습니까?

1569

朝

음독 **ちょう** 朝食(ちょうしょく) 조식 朝刊(ちょうかん) 조간 朝礼(ちょうれい) 조례 早朝(そうちょう) 조조, 이른 아침

훈독 **あさ** 朝(あさ) 아침 朝日(あさひ) 아침 해 朝(あさ)ごはん 아침밥 朝顔(あさがお) 나팔꽃 朝寝坊(あさねぼう) 늦잠

예외 今朝(けさ) 오늘 아침

아침 **조**

小2 N3

毎朝(まいあさ)、朝刊(ちょうかん)を読(よ)んでいます。 매일 아침, 조간을 읽고 있습니다.

昔(むかし)、朝顔(あさがお)は薬(くすり)でした。 옛날에 나팔꽃은 약이었습니다.

1570

助

음독 **じょ** 助言(じょげん) 조언 助手(じょしゅ) 조수 救助(きゅうじょ) 구조 援助(えんじょ) 원조

훈독 **たす**ける 助(たす)ける 구하다, 돕다

たすかる 助(たす)かる 살아나다, 목숨을 건지다

すけ 助(すけ)っ人(と) 일을 돕는 사람, 조력자

도울 **조**

小3 N2

先生(せんせい)に助言(じょげん)を求(もと)めました。 선생님께 조언을 구했습니다.

手術(しゅじゅつ)をして、父(ちち)の命(いのち)は助(たす)かりました。 수술을 해서 아버지의 목숨을 구했습니다.

1571

調

음독 **ちょう** 調節(ちょうせつ) 조절 調子(ちょうし) 상태 快調(かいちょう) 쾌조, 호조 順調(じゅんちょう) 순조로움

훈독 **しら**べる 調(しら)べる 조사하다

ととのう 調(ととの)う 정돈되다, 구비되다, 성립되다

ととのえる 調(ととの)える 정돈하다, 조정하다, 갖추다

조절할/조사할/갖출 **조**

小3 N2

このボタンで温度(おんど)を調節(ちょうせつ)してください。 이 버튼으로 온도를 조절해 주세요.

図書館(としょかん)でソウルの歴史(れきし)を調(しら)べました。 도서관에서 서울의 역사를 조사했습니다.

1572

兆

음독 **ちょう** 兆候(ちょうこう) 징조, 징후 前兆(ぜんちょう) 전조, 징조, 조짐 吉兆(きっちょう) 길조 一兆(いっちょう) 1조

훈독 **きざ**す 兆(きざ)す 움트다, 싹트다, 징조가 보이다 兆(きざ)し 조짐, 징조, 전조

조/조짐 **조**

小4 N2

地震(じしん)は何(なん)の前兆(ぜんちょう)もなく起(お)きます。 지진은 아무 징조도 없이 일어납니다.

病気(びょうき)が治(なお)る兆(きざ)しが見(み)えません。 병이 나을 조짐이 보이지 않습니다.

ㅈ

1573

照

음독 しょう　照明(しょうめい) 조명　照会(しょうかい) 조회　参照(さんしょう) 참조　対照(たいしょう) 대조

훈독 てる　照(て)る 밝게 빛나다, 비치다　日照(ひで)り 가뭄

てらす　照(て)らす 비추다

てれる　照(て)れる 쑥스러워하다, 수줍어하다　照(て)れ屋(や) 수줍음을 잘타는 사람

비칠/대조할 조

小4　N2

良子(よしこ)さんと京子(きょうこ)さんは対照的(たいしょうてき)な性格(せいかく)です。 요시코 씨와 교코 씨는 대조적인 성격입니다.

暗(くら)いので、ちょっと手元(てもと)を照(て)らしてください。 어두우니까 주변을 좀 비춰 주세요.

1574

条

음독 じょう　条件(じょうけん) 조건　条例(じょうれい) 조례　条約(じょうやく) 조약　信条(しんじょう) 신조

條

조목 조

小5　N1

入学(にゅうがく)する条件(じょうけん)が難(むずか)しいです。 입학하는 조건이 어렵습니다.

外国(がいこく)と条約(じょうやく)を結びました。 외국과 조약을 맺었습니다.

1575

祖

음독 そ　祖父(そふ) 할아버지　祖国(そこく) 조국　開祖(かいそ) 창시자

祖

할아버지 조

小5　N2

祖父(そふ)は今年(ことし)、90歳(さい)になります。 할아버지는 올해 90세입니다.

祖国(そこく)を離(はな)れて、外国(がいこく)に行(い)きます。 조국을 떠나 외국에 갑니다.

1576

造

음독 ぞう　造船(ぞうせん) 조선　造形(ぞうけい) 조형　構造(こうぞう) 구조　木造(もくぞう) 목조

훈독 つくる　造(つく)る 만들다, 제작하다

지을 조

小5　N2

日本(にほん)には木造(もくぞう)の家(いえ)が多(おお)いです。 일본에는 목조로 된 집이 많습니다.

米(こめ)で酒(さけ)を造(つく)ります。 쌀로 술을 만듭니다.

Tip 1434 つくる 참조

1577

潮

음독 ちょう　潮流(ちょうりゅう) 조류　満潮(まんちょう) 만조, 밀물　干潮(かんちょう) 간조, 썰물　風潮(ふうちょう) 풍조

훈독 しお　潮(しお) 바닷물, 조수　潮風(しおかぜ) 바닷바람

밀물/조수 조

小6　N1

今(いま)は満潮(まんちょう)の時間(じかん)です。 지금은 만조 시간입니다.

潮風(しおかぜ)が気持(きも)ちいいです。 바닷바람이 기분 좋습니다.

1578

操

음독 そう　操縦(そうじゅう) 조종　操作(そうさ) 조작　体操(たいそう) 체조　情操(じょうそう) 정조, 정서

훈독 みさお　操(みさお) 지조, 절개, 정조

あやつる　操(あやつ)る 조종하다, 다루다　操(あやつ)り人形(にんぎょう) 꼭두각시, 인형극에 쓰는 인형

다룰/지조 조

小6　N1

毎朝(まいあさ)、体操(たいそう)をしています。 매일 아침, 체조를 하고 있습니다.

操(あやつ)り人形(にんぎょう)の劇(げき)を見(み)ました。 인형극을 봤습니다.

1579

爪

훈독 つめ　爪(つめ) 손톱　爪切(つめき)り 손톱깎이

つま　爪先(つまさき) 발끝　爪楊枝(つまようじ) 이쑤시개

손톱 조

中　급수 외

爪(つめ)にマニキュアを塗(ぬ)ります。 손톱에 매니큐어를 바릅니다.

靴(くつ)が窮屈(きゅうくつ)で爪先(つまさき)が痛(いた)いです。 구두가 꽉 끼어서 발끝이 아픕니다.

1580

弔

음독 ちょう　弔辞(ちょうじ) 조사(죽은 사람을 애도하는 글)　弔問(ちょうもん) 조문, 문상

弔電(ちょうでん) 조전　慶弔費(けいちょうひ) 경조비

훈독 とむらう　弔(とむら)う 애도하다, 조문하다

조문할 조

中　N1

川村(かわむら)さんが弔辞(ちょうじ)を述(の)べています。 가와무라 씨가 조사를 읽고 있습니다.

事故(じこ)で娘(むすめ)を亡(な)くした遺族(いぞく)を弔(とむら)います。 사고로 딸을 잃은 유족을 애도합니다.

ㅈ

1581

음독 そ　阻害(そがい) 저해, 가로막음　阻止(そし) 저지　悪阻(おそ) 입덧(つわり로도 읽음)

훈독 はばむ　阻む(はば) 막다, 저지하다

막힐 조

中 N1

未成年(みせいねん)の飲酒(いんしゅ)は成長(せいちょう)を阻害(そがい)します。 미성년의 음주는 성장을 저해합니다.

機動隊(きどうたい)がデモの行進(こうしん)を阻(はば)みました。 기동대가 데모 행진을 막았습니다.

1582

음독 そ　租税(そぜい) 조세　免租(めんそ) 조세 면제

公租公課(こうそこうか) 공조공과(국가나 지방자치단체가 공공의 목적을 위하여 부과하는 세금 및 그 밖의 공적 부담)

租借地(そしゃくち) 조차지(한 나라가 다른 나라로부터 빌려 통치하는 영토)

조세 조

中 N1

先生(せんせい)が子(こ)どもたちに租税教育(そぜいきょういく)をしています。
선생님이 아이들에게 조세교육을 하고 있습니다.

中国(ちゅうごく)の遼東半島(りょうとうはんとう)は日本(にほん)の租借地(そしゃくち)でした。 중국의 요동반도는 일본의 조차지였습니다.

1583

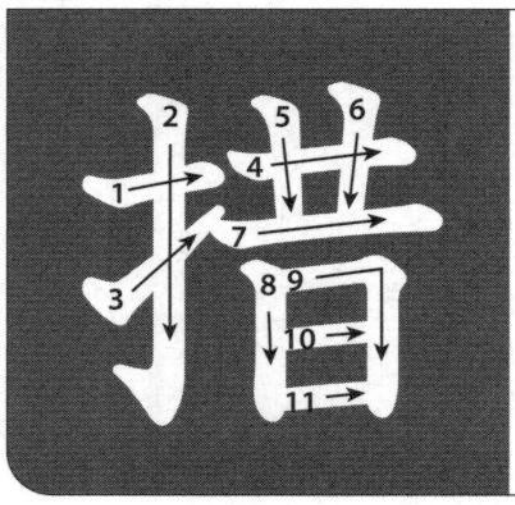

음독 そ　措置(そち) 조치

조처할 조

中 N1

台風(たいふう)の災害(さいがい)に対(たい)して万全(ばんぜん)の措置(そち)をとります。
태풍 재해에 대해서 만전의 조치를 취합니다.

1584

음독 そう　御曹司(おんぞうし) 자제, 상속자　法曹(ほうそう) 법조, 법조인

무리 조

中 급수 외

彼(かれ)は大企業(だいきぎょう)の御曹司(おんぞうし)です。 그는 대기업의 자제입니다.

裁判官(さいばんかん)、検察官(けんさつかん)、弁護士(べんごし)を法曹三者(ほうそうさんしゃ)といいます。
재판관, 검찰관, 변호사를 법조삼자라고 합니다.

1585

음독 **そ** 粗品(そしな) 변변치 못한 물건 粗糖(そとう) 정제하지 않은 설탕
粗悪(そあく) 조악함, 조잡함 粗暴(そぼう) 거칠고 난폭함

훈독 **あらい** 粗い(あら) ①거칠다 ②성기다 粗筋(あらすじ) 줄거리, 개요

거칠/대략 조
中 N1

インターネットで買(か)った品物(しなもの)は粗悪品(そあくひん)でした。
인터넷으로 산 물건은 조악품이었습니다.

このざるは目(め)が粗(あら)いです。 이 소쿠리는 눈이 성깁니다.

Tip あらい

粗い(あら) 거칠다, 꺼칠꺼칠하다
肌(はだ)のきめが粗(あら)い。 피부 결이 거칠다.

荒い(あら) 거칠다, 난폭하다
波(なみ)が荒(あら)い。 파도가 거세다.

1586

음독 **ちょう** 彫刻(ちょうこく) 조각 彫像(ちょうぞう) 조각상 木彫(もくちょう) 목조

훈독 **ほる** 彫る(ほ) 새기다

새길 조
中 N1

美術館(びじゅつかん)で彫刻(ちょうこく)を鑑賞(かんしょう)します。 미술관에서 조각을 감상합니다.

木(き)に自分(じぶん)の名前(なまえ)を彫(ほ)りました。 나무에 자신의 이름을 새겼습니다.

1587

음독 **ちょう** 眺望(ちょうぼう) 조망, 전망

훈독 **ながめる** 眺める(なが) 바라보다 眺め(なが) 전망

바라볼 조
中 N1

眺望(ちょうぼう)のいいレストランで食事(しょくじ)をしました。 전망이 좋은 레스토랑에서 식사를 했습니다.

東京(とうきょう)タワーの上(うえ)から東京の町(まち)を眺(なが)めました。
도쿄타워 위에서 도쿄 거리를 바라보았습니다.

1588

음독 ちょう　釣魚(ちょうぎょ) 조어, 낚시질

훈독 つる　釣(つ)る 낚다　釣(つ)り 낚시　釣(つ)り竿(ざお) 낚싯대　釣(つ)り鐘(がね) 종, 범종

낚을/낚시 조

中 N1

魚(さかな)の種類(しゅるい)を釣魚(ちょうぎょ)図鑑(ずかん)で調(しら)べます。 물고기 종류를 조어도감에서 찾습니다.

釣(つ)った魚(さかな)を焼(や)いて食(た)べました。 낚은 물고기를 구워서 먹었습니다.

1589

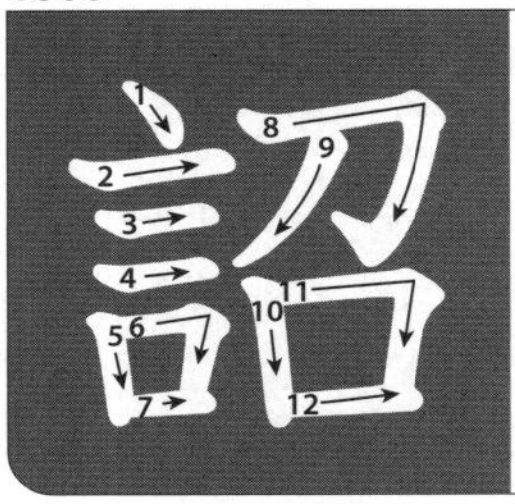

음독 しょう　詔書(しょうしょ) 조서, 조칙(임금의 명령을 일반에게 알리기 위하여 적은 문서)
詔勅(しょうちょく) 조칙

훈독 みことのり　詔(みことのり) 조칙

조서 조

中 N1

国会(こっかい)に議会解散(ぎかいかいさん)の詔書(しょうしょ)が届(とど)きました。 국회에 의회해산 조서가 왔습니다.

1881年(ねん)に国会開設(こっかいかいせつ)の 詔(みことのり) が出(だ)されました。 1881년에 국회개설 조칙이 나왔습니다.

1590

음독 そう　遭遇(そうぐう) 조우　遭難(そうなん) 조난　遭難者(そうなんしゃ) 조난자

훈독 あう　遭(あ)う ①우연히 만나다 ②겪다, 당하다

遭

만날 조

中 N1

遭難者(そうなんしゃ)が救助(きゅうじょ)されました。 조난자가 구조되었습니다.

山(やま)で吹雪(ふぶき)に遭(あ)いました。 산에서 눈보라를 만났습니다.

Tip あう

遭(あ)う (어떤 일을) 당하다

災害(さいがい)に遭(あ)う。 재해를 당하다.

会(あ)う 만나다

友達(ともだち)に会(あ)う。 친구를 만나다.

合(あ)う 맞다, 일치하다

計算(けいさん)が合(あ)う。 계산이 맞다.

1591

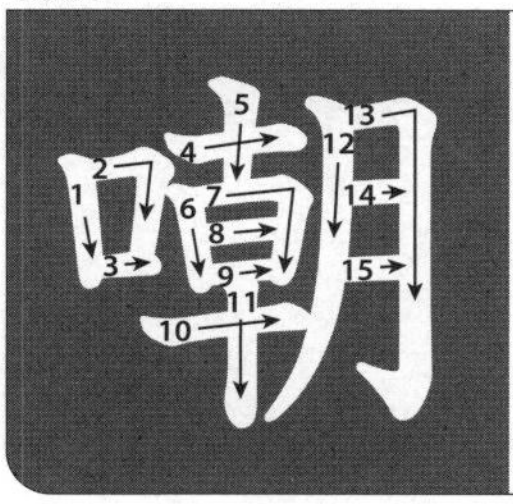

음독 **ちょう** 嘲笑(ちょうしょう) 조소 嘲弄(ちょうろう) 조롱 自嘲(じちょう) 자조

훈독 **あざける** 嘲る(あざける) 비웃다

비웃을 조

中 급수 외

変(へん)な発言(はつげん)をして、嘲笑(ちょうしょう)が起(お)こりました。이상한 발언을 해서 조소가 일었습니다.

人(ひと)の失敗(しっぱい)を嘲(あざけ)ることはよくありません。다른 사람의 실수를 비웃는 것은 좋지 않습니다.

Tip 이 한자는 **嘲**로도 쓰임

1592

음독 **そう** 水槽(すいそう) 수조 浴槽(よくそう) 욕조

구유 조

中 N1

水槽(すいそう)の中(なか)で熱帯魚(ねったいぎょ)が泳(およ)いでいます。수조 안에서 열대어가 헤엄치고 있습니다.

浴槽(よくそう)にお湯(ゆ)をためました。욕조에 뜨거운 물을 담았습니다.

1593

음독 **そう** 乾燥(かんそう) 건조 焦燥(しょうそう) 초조 焦燥感(しょうそうかん) 초조감

마를/초조할 조

中 N2

冬(ふゆ)は空気(くうき)が乾燥(かんそう)します。겨울은 공기가 건조합니다.

入試(にゅうし)の時期(じき)になって、気持(きも)ちが焦燥(しょうそう)します。입시 시기가 되어 기분이 초조합니다.

1594

훈독 **くる** 繰(く)る 차례로 넘기다 繰(く)り返(かえ)す 반복하다, 되풀이하다 繰(く)り広(ひろ)げる 펼치다, 벌이다

고치 켤 조

中 N1

漢字(かんじ)を繰(く)り返(かえ)し書(か)いて覚(おぼ)えます。한자를 반복해서 쓰고 외웁니다.

韓国(かんこく)チームと日本(にほん)チームは熱戦(ねっせん)を繰(く)り広(ひろ)げました。
한국팀과 일본팀은 열전을 벌였습니다.

1595

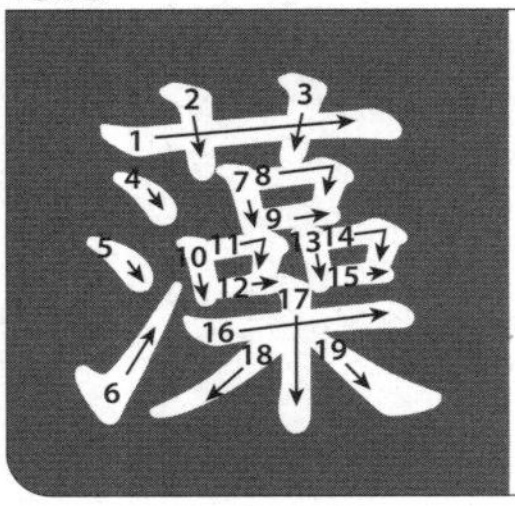

음독 そう　藻類(そうるい) 조류(물속에 사는 식물)　緑藻(りょくそう) 녹조류　海藻(かいそう) 해초, 바닷말

훈독 も　藻(も) 말(해초 및 수초의 총칭)

藻

마름 조

中 N1

海藻(かいそう)はダイエットにいいです。 해초는 다이어트에 좋습니다.

池(いけ)に藻(も)が繁殖(はんしょく)しています。 연못에 말이 번식하고 있습니다.

1596

음독 そく　一足(いっそく) ①한 켤레 ②한쪽 발　不足(ふそく) 부족　満足(まんぞく) 만족

훈독 あし　足(あし) 다리, 발　手足(てあし) 손발　**특이** 足袋(たび) 일본식 버선

たりる　足(た)りる 충분하다

たす　足(た)す 더하다, 채우다

발/채울 족

小1 N5

アフターサービスは満足(まんぞく)でしたか。 애프터서비스는 만족하셨습니까?

勉強(べんきょう)する時間(じかん)が足(た)りないです。 공부할 시간이 부족합니다.

Tip 0021 あし 参조

1597

음독 ぞく　家族(かぞく) 가족　親族(しんぞく) 친족, 친척　民族(みんぞく) 민족　水族館(すいぞくかん) 수족관

겨레 족

小3 N3

私(わたし)は5人(にん)家族(かぞく)です。 나의 가족은 다섯 명입니다.

週末(しゅうまつ)、水族館(すいぞくかん)に行(い)きました。 주말에 수족관에 갔습니다.

1598

음독 そん　存在(そんざい) 존재　存続(そんぞく) 존속　既存(きそん) 기존

ぞん　存命(ぞんめい) 존명　保存(ほぞん) 보존　存(ぞん)じる 알고 있다, 생각하다

있을/생각할 존

小6 N2

この問題(もんだい)は既存(きそん)の方法(ほうほう)で解決(かいけつ)することができません。
이 문제는 기존의 방법으로 해결할 수 없습니다.

その話(はなし)は存(ぞん)じません。 그 이야기는 모릅니다.

1599

음독 **そん** 尊重(そんちょう) 존중 尊敬(そんけい) 존경 尊厳(そんげん) 존엄 自尊(じそん) 자존

훈독 **たっとい/とうとい** 尊(たっと)い・尊(とうと)い ①소중하다 ②고귀하다

たっとぶ/とうとぶ 尊(たっと)ぶ・尊(とうと)ぶ 공경하다, 존경하다, 존중하다

공경할/소중할 **존**

小6 N2

私(わたし)はキムさんの判断(はんだん)を尊重(そんちょう)します。 나는 김 씨의 판단을 존중합니다.

命(いのち)はとても尊(とうと)いものです。 목숨은 매우 소중한 것입니다.

1600

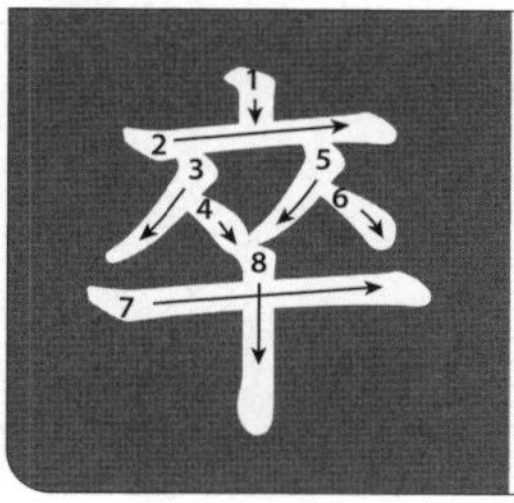

음독 **そつ** 卒業(そつぎょう) 졸업 脳卒中(のうそっちゅう) 뇌졸중

新卒(しんそつ) 그 해에 학교를 졸업함, 또는 졸업자 大卒(だいそつ) 대학 졸업, 대졸

마칠 **졸**

小4 N2

あしたは卒業式(そつぎょうしき)です。 내일은 졸업식입니다.

新卒(しんそつ)の新入社員(しんにゅうしゃいん)が入(はい)りました。 금년 졸업한 신입사원이 들어왔습니다.

1601

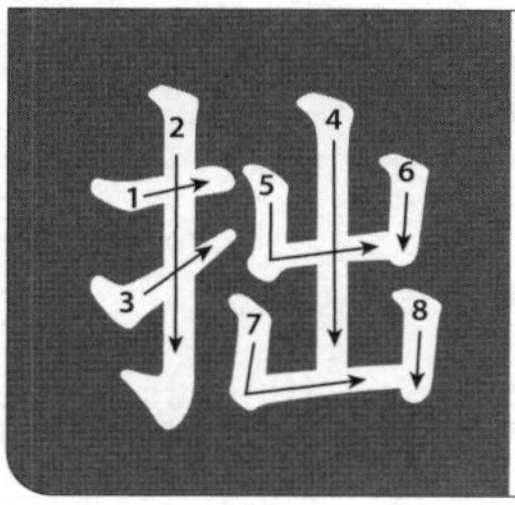

음독 **せつ** 拙論(せつろん) 졸론 拙著(せっちょ) 졸저(자기 저서의 겸칭)

稚拙(ちせつ) 치졸함, 미숙하고 서투름

훈독 **つたない** 拙(つたな)い 서투르다, 변변치 못하다

옹졸할 **졸**

中 N1

詳(くわ)しい内容(ないよう)は拙著(せっちょ)を参照(さんしょう)してください。 자세한 내용은 졸저를 참조해 주세요.

私(わたし)の韓国語(かんこくご)は拙(つたな)いです。 제 한국어는 변변치 못합니다.

1602

음독 **しゅう** 終点(しゅうてん) 종점 終了(しゅうりょう) 종료 最終(さいしゅう) 최종 始終(しじゅう) 시종, 항상

훈독 **おわる** 終(お)わる 끝나다

おえる 終(お)える 끝내다

마칠 **종**

小3 N3

今日(きょう)の営業(えいぎょう)は終了(しゅうりょう)しました。 오늘 영업은 종료했습니다.

授業(じゅぎょう)は3時(じ)に終(お)わります。 수업은 3시에 끝납니다.

1603

음독 **しゅ** 種類(しゅるい) 종류 種目(しゅもく) 종목 品種(ひんしゅ) 품종 人種(じんしゅ) 인종

훈독 **たね** 種(たね) 종자, 씨 種(たね)まき 파종, 씨뿌리기

씨 종

小4 N2

お米(こめ)の品種(ひんしゅ)を改良(かいりょう)しました。 쌀의 품종을 개량했습니다.

春(はる)になって種(たね)まきの季節(きせつ)になりました。 봄이 되어서 파종의 계절이 되었습니다.

1604

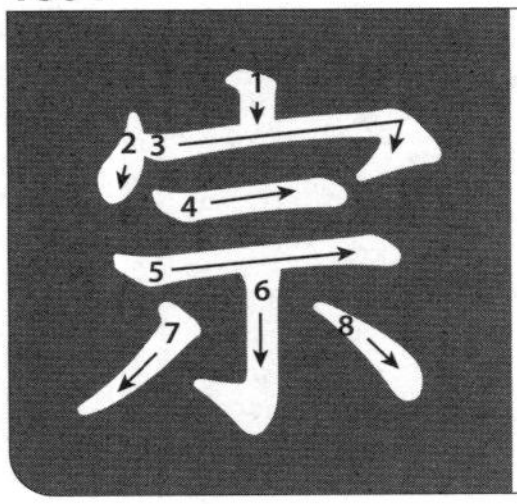

음독 **しゅう** 宗教(しゅうきょう) 종교 宗派(しゅうは) 종파 宗徒(しゅうと) 신도 改宗(かいしゅう) 개종

そう 宗家(そうけ) 종가, 큰집, 본가

으뜸 종

小6 N1

日本(にほん)は宗教(しゅうきょう)の自由(じゆう)があります。 일본은 종교의 자유가 있습니다.

イスラム教(きょう)からキリスト教(きょう)に改宗(かいしゅう)しました。 이슬람교에서 기독교로 개종했습니다.

1605

음독 **じゅう** 従業員(じゅうぎょういん) 종업원 従順(じゅうじゅん) 순종 服従(ふくじゅう) 복종

主従(しゅじゅう) 주종(주인과 부하)

しょう 従容(しょうよう) 태연하고 침착한 모양

훈독 **したがう** 従(したが)う 따르다

したがえる 従(したが)える 따르게 하다, 데리고 가다

특이 従兄弟(いとこ)・従姉妹(いとこ) 사촌형제

従

따를 종

小6 N1

会社(かいしゃ)に従業員(じゅうぎょういん)が500人(にん)います。 회사에 종업원이 500명 있습니다.

父(ちち)の考(かんが)えに従(したが)いました。 아버지의 생각에 따랐습니다.

Tip 속담

郷(ごう)に入(い)っては郷(ごう)に従(したが)え。 로마에 가면 로마의 법을 따르라.

老(お)いては子(こ)に従(したが)え。 늙어서는 자식을 따르라.

1606

음독 **じゅう** 縦断(じゅうだん) 종단 縦横(じゅうおう) 종횡(세로와 가로) 操縦(そうじゅう) 조종
縦走(じゅうそう) 종주(능선을 따라 걸어 산봉우리를 넘어감, 산맥이 길게 또는 남북으로 이어져 있음)

훈독 **たて** 縦(たて) 세로 縦書き(たてがき) 세로쓰기

縱

세로 **종**

小6 N1

日本列島(にほんれっとう)を縦断(じゅうだん)しました。 일본열도를 종단했습니다.

縦書き(たてがき)で書(か)きました。 세로쓰기로 썼습니다.

1607

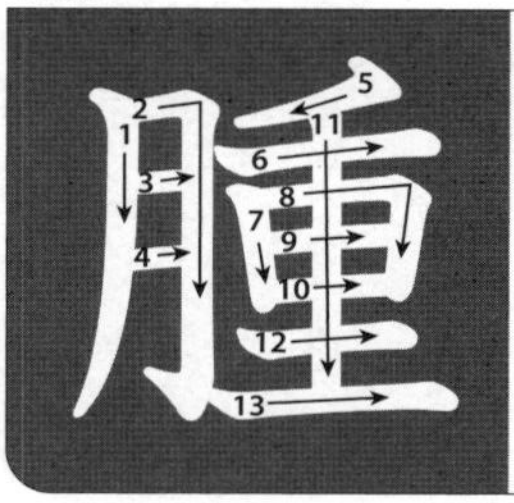

음독 **しゅ** 腫瘍(しゅよう) 종양 浮腫(ふしゅ) 부종 子宮筋腫(しきゅうきんしゅ) 자궁근종

훈독 **はれる** 腫れる(はれる) 붓다
はらす 腫らす(はらす) 붓게 하다

종기/부르틀 **종**

中 급수 외

肺(はい)に腫瘍(しゅよう)が見(み)つかりました。 폐에 종양이 발견되었습니다.

一晩中(ひとばんじゅう)泣(な)いたら、目(め)が腫(は)れました。 밤새 울었더니 눈이 부었습니다.

1608

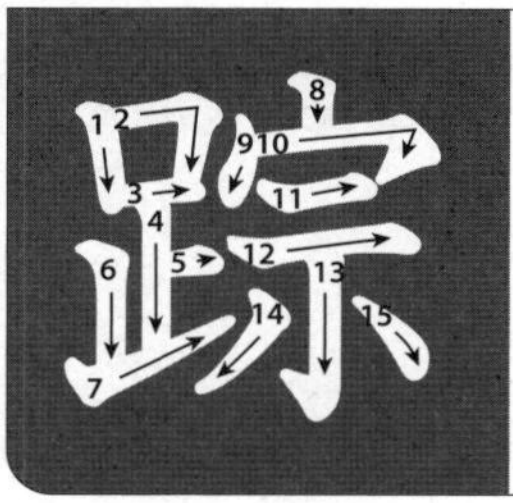

음독 **そう** 失踪(しっそう) 실종

자취 **종**

中 급수 외

幼児(ようじ)の失踪事件(しっそうじけん)が起(お)こりました。 유아 실종사건이 일어났습니다.

1609

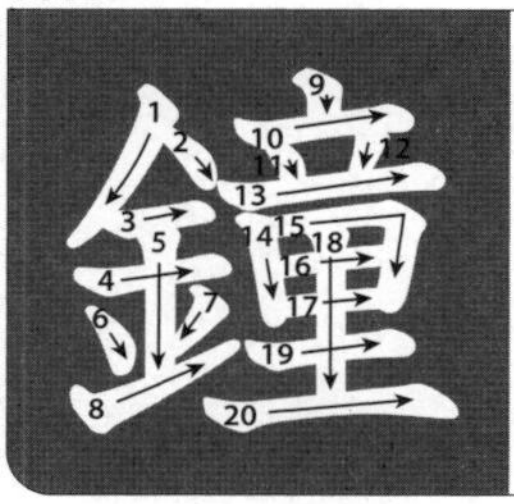

음독 **しょう** 鐘楼(しょうろう) 종루, 종각(종을 달아두는 누각) 梵鐘(ぼんしょう) 범종(종루에 매다는 종)
警鐘(けいしょう) 경종(위급할 때 알리는 종, 잘못된 일에 경계하여 주는 충고를 비유하는 말)

훈독 **かね** 鐘(かね) 종 釣り鐘(つりがね) 종, 범종

쇠북 **종**

中 N1

お寺(てら)から梵鐘(ぼんしょう)の音(おと)が聞(き)こえてきます。 절에서 범종 소리가 들려옵니다.

大晦日(おおみそか)には除夜(じょや)の鐘(かね)をつきます。 섣달 그믐날에는 제야의 종을 칩니다.

1610

음독 さ　　左折(させつ) 좌회전

훈독 ひだり　　左(ひだり) 왼쪽　左手(ひだりて) 왼손　左利き(ひだりきき) 왼손잡이

왼 **좌**

小1　N5

ここで左折(させつ)してください。 여기에서 좌회전해 주세요.

彼(かれ)は左利き(ひだりきき)です。 그는 왼손잡이입니다.

1611

음독 さ　　佐賀県(さがけん) 사가현　大佐(たいさ) 대좌, 대령　中佐(ちゅうさ) 중좌, 중령　少佐(しょうさ) 소좌, 소령

보좌할 **좌**

小4　N1

佐賀県(さがけん)は陶磁器(とうじき)の産地(さんち)として有名(ゆうめい)です。 사가현은 도자기 산지로서 유명합니다.

大佐(たいさ)は中佐(ちゅうさ)より上位(じょうい)の階級(かいきゅう)です。 대령은 중령보다 상위 계급입니다.

1612

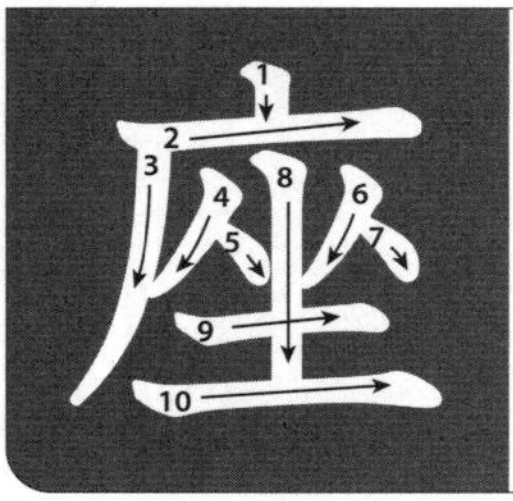

음독 ざ　　座席(ざせき) 좌석　座布団(ざぶとん) 방석　星座(せいざ) 별자리　上座(かみざ) 상좌, 윗자리

훈독 すわる　　座る(すわる) 앉다

자리 **좌**

小6　N2

前(まえ)の座席(ざせき)が空(あ)いています。 앞의 좌석이 비어 있습니다.

どうぞ、座(すわ)ってください。 자, 앉아 주세요.

1613

음독 ざ　　挫折(ざせつ) 좌절　捻挫(ねんざ) 염좌, 삠　頓挫(とんざ) 좌절

꺾을 **좌**

中　급수 외

受験(じゅけん)に失敗(しっぱい)して挫折(ざせつ)しました。 수험에 실패해서 좌절했습니다.

ビル建設(けんせつ)の計画(けいかく)が頓挫(とんざ)してしまいました。 빌딩 건설 계획이 좌절되고 말았습니다.

1614

음독 ざい　罪状(ざいじょう) 죄상　罪名(ざいめい) 죄명　犯罪(はんざい) 범죄　有罪(ゆうざい) 유죄

훈독 つみ　罪(つみ) ①죄 ②벌, 형벌

허물 죄

小5　N2

有罪(ゆうざい)の判決(はんけつ)が下(くだ)りました。 유죄 판결이 내려졌습니다.

『罪(つみ)と罰(ばつ)』という小説(しょうせつ)を読(よ)みました。『죄와 벌』이라는 소설을 읽었습니다.

1615

음독 そう　走行(そうこう) 주행　走者(そうしゃ) 주자　逃走(とうそう) 도주　競走(きょうそう) 경주

훈독 はしる　走(はし)る 달리다, 뛰다

특이 師走(しわす) 음력 섣달

달릴 주

小2　N3

彼(かれ)は百(ひゃく)メートル競走(きょうそう)の最高(さいこう)の選手(せんしゅ)です。 그는 100미터 경주의 최고 선수입니다.

廊下(ろうか)を走(はし)ってはいけません。 복도를 뛰어서는 안 됩니다.

1616

음독 ちゅう　昼食(ちゅうしょく) 점심　昼夜(ちゅうや) 주야

훈독 ひる　昼(ひる) 낮　昼寝(ひるね) 낮잠　昼間(ひるま) 주간

昼休(ひるやす)み 점심 후의 휴식, 점심시간

晝

낮 주

小2　N3

昼食(ちゅうしょく)はお弁当(べんとう)を食(た)べています。 점심은 도시락을 먹고 있습니다.

昼休(ひるやす)みに銀行(ぎんこう)に行(い)ってきました。 점심시간에 은행에 다녀왔습니다.

1617

음독 しゅう　毎週(まいしゅう) 매주　今週(こんしゅう) 이번 주　先週(せんしゅう) 지난주　週末(しゅうまつ) 주말

週刊誌(しゅうかんし) 주간지

돌 주

小2　N5

先週(せんしゅう)、仙台(せんだい)に行(い)ってきました。 지난주, 센다이에 다녀왔습니다.

週末(しゅうまつ)はバイトをしています。 주말에는 아르바이트를 하고 있습니다.

1618

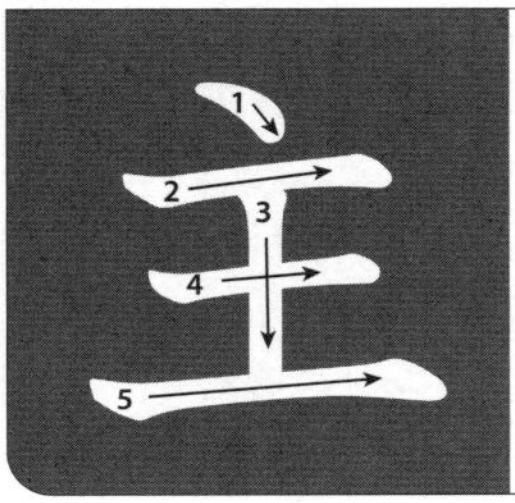

음독 **しゅ** 主婦(しゅふ) 주부 主役(しゅやく) 주역 主張(しゅちょう) 주장 主題(しゅだい) 주제

す 三日坊主(みっかぼうず) 금새 싫증이 나서 오래 지속하지 못함, 작심삼일

훈독 **ぬし** 主(ぬし) 주인 家主(やぬし) 집주인 飼い主(かいぬし) 사육주

おも 主(おも)に 주로 主(おも)な 주된

주인 **주**

小3 N3

母(はは)は主婦(しゅふ)で、父(ちち)は会社員(かいしゃいん)です。 어머니는 주부이고, 아버지는 회사원입니다.

主(おも)な内容(ないよう)は次(つぎ)のとおりです。 주된 내용은 다음과 같습니다.

Tip 주장

主張(しゅちょう) 자기 의견을 내세움

無罪(むざい)を主張(しゅちょう)する。 무죄를 주장하다.

主将(しゅしょう) 팀의 대표

サッカー部(ぶ)の主将(しゅしょう)を務(つと)める。 축구부의 주장을 맡다.

1619

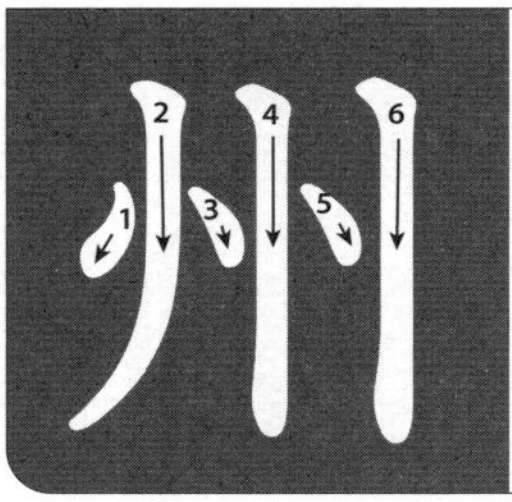

음독 **しゅう** 州知事(しゅうちじ) 주지사 州立(しゅうりつ) 주립 九州(きゅうしゅう) 규슈, 일본 서남부의 섬

欧州(おうしゅう) 구주, 유럽주

す 三角州(さんかくす) 삼각주

고을/모래톱 **주**

小3 N2

九州(きゅうしゅう)と韓国(かんこく)はとても近(ちか)いです。 규슈와 한국은 매우 가깝습니다.

川(かわ)の河口(かこう)に三角州(さんかくす)があります。 강의 하구에 삼각주가 있습니다.

1620

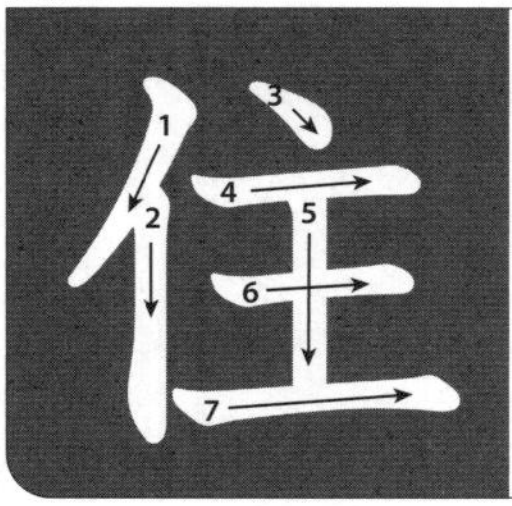

음독 **じゅう** 住民(じゅうみん) 주민 住所(じゅうしょ) 주소 居住(きょじゅう) 거주 移住(いじゅう) 이주

훈독 **すむ** 住(す)む 살다, 거주하다

すまう 住(す)まう 살다, 거주하다 住(す)まい 사는 곳, 거주함

살 **주**

小3 N3

住民(じゅうみん)センターで料理(りょうり)を習(なら)っています。 주민센터에서 요리를 배우고 있습니다.

私(わたし)は学校(がっこう)の近(ちか)くに住(す)んでいます。 나는 학교 근처에 살고 있습니다.

1621

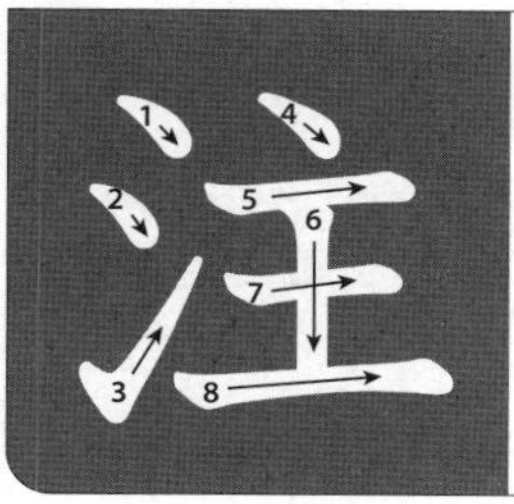

음독 **ちゅう** 注意(ちゅうい) 주의 注文(ちゅうもん) 주문 発注(はっちゅう) 발주 脚注(きゃくちゅう) 각주

훈독 **そそぐ** 注(そそ)ぐ ①붓다, 따르다 ②정신을 쏟다

부을/주를 달 주

小3 N3

紅茶(こうちゃ)とホットケーキを注文(ちゅうもん)しました。 홍차와 핫케이크를 주문했습니다.

お湯(ゆ)を注(そそ)ぐだけで食(た)べられます。 뜨거운 물만 부으면 먹을 수 있습니다.

1622

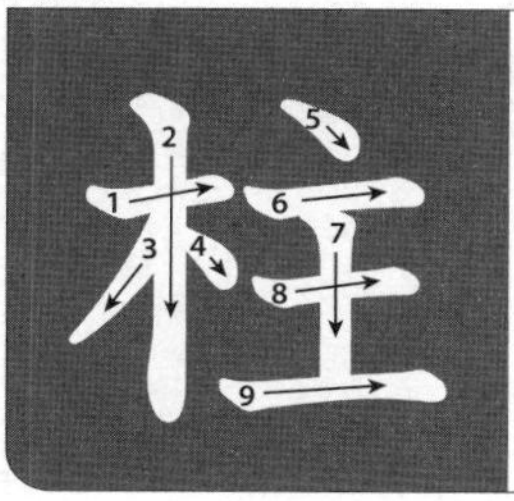

음독 **ちゅう** 電柱(でんちゅう) 전봇대 支柱(しちゅう) 지주 鉄柱(てっちゅう) 쇠기둥 円柱(えんちゅう) 원기둥

훈독 **はしら** 柱(はしら) ①기둥 ②일의 중요한 부분 電信柱(でんしんばしら) 전신주 霜柱(しもばしら) 서릿발

기둥 주

小3 N2

電柱(でんちゅう)を登(のぼ)ってはいけません。 전봇대를 올라가서는 안 됩니다.

父(ちち)は一家(いっか)の柱(はしら)です。 아버지는 한 집안의 기둥입니다.

1623

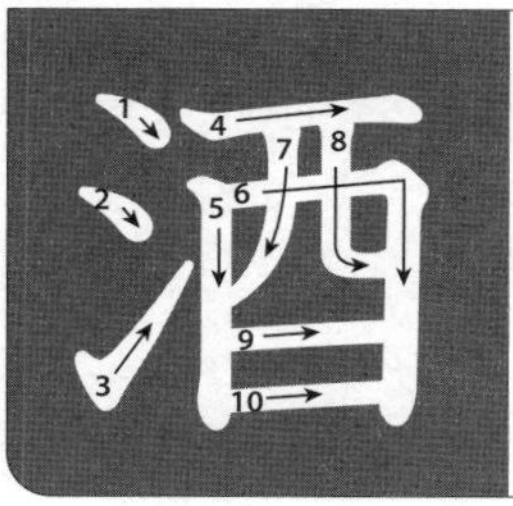

음독 **しゅ** 酒席(しゅせき) 술자리 酒税(しゅぜい) 주세 洋酒(ようしゅ) 양주 禁酒(きんしゅ) 금주

훈독 **さけ** 酒(さけ) 술 甘酒(あまざけ) 단술, 감주

さか 酒屋(さかや) 주류 판매업 居酒屋(いざかや) 술집

술 주

小3 N2

免税店(めんぜいてん)で洋酒(ようしゅ)を買(か)いました。 면세점에서 양주를 샀습니다.

居酒屋(いざかや)で一杯(いっぱい)やりましょうか。 술집에서 한잔 할까요?

1624

음독 **しゅう** 周囲(しゅうい) 주위 周期(しゅうき) 주기 周辺(しゅうへん) 주변 一周(いっしゅう) 일주

훈독 **まわり** 周(まわ)り 주위, 주변

둘레/돌 주

小4 N2

この周囲(しゅうい)に薬局(やっきょく)がありますか。 이 주위에 약국이 있습니까?

池(いけ)の周(まわ)りにきれいな花(はな)が咲(さ)いています。 연못 주변에 예쁜 꽃이 피어 있습니다.

1625

음독 **ちゅう** 宙返り(ちゅうがえ) 공중제비, 비행기의 공중회전
宙吊り(ちゅうづ) 공중에 매달림, 공중에 몸을 뜨게 하는 장치 宇宙(うちゅう) 우주

하늘 **주**
小6 N1

彼(かれ)は宙返り(ちゅうがえ)が得意(とくい)です。그는 공중제비를 잘합니다.

ゴンドラが宙吊り(ちゅうづ)になりました。곤돌라가 공중에 매달렸습니다.

1626

음독 **そう** 演奏(えんそう) 연주 伴奏(ばんそう) 반주 合奏(がっそう) 합주 独奏(どくそう) 독주

훈독 **かな**でる 奏でる(かな) 악기를 켜다, 연주하다

연주할 **주**
小6 N1

伴奏(ばんそう)に合(あ)わせて、歌(うた)ってください。반주에 맞춰서 불러 주세요.

バイオリンが美(うつく)しいメロディーを奏(かな)でています。
바이올린이 아름다운 멜로디를 연주하고 있습니다.

1627

훈독 **かぶ** 株(かぶ) 그루터기, 그루 株式(かぶしき) 주식 株価(かぶか) 주가 株主(かぶぬし) 주주

그루/주식 **주**
小6 N1

会社(かいしゃ)の株(かぶ)を買(か)いました。회사 주식을 샀습니다.

株価(かぶか)が上(あ)がりました。주가가 올랐습니다.

1628

음독 **しゅ** 朱肉(しゅにく) 인주 朱印(しゅいん) 주인(붉은 인주로 찍은 도장)
朱書き(しゅが) 주서(붉은 글씨로 씀)

붉을 **주**
中 N1

印鑑(いんかん)を朱肉(しゅにく)に押(お)し当(あ)てます。인감을 인주에 꾹 찍습니다.

封筒(ふうとう)に「履歴書在中(りれきしょざいちゅう)」と朱書(しゅが)きしてください。
봉투에 '이력서 재중'이라고 붉은 글씨로 써 주세요.

1629

음독 しゅう　舟航(しゅうこう) 항해

훈독 ふね　舟(ふね) 배　丸木舟(まるきぶね) 통나무배

ふな　舟歌(ふなうた) 뱃노래

배 주

中　N2

この島(しま)には1日(にち)2便(びん)の定期船(ていきせん)が舟航(しゅうこう)しています。
이 섬에는 하루 두 편의 정기선이 항해하고 있습니다.

池(いけ)に舟(ふね)を浮(う)かべて遊(あそ)びました。 연못에 배를 띄워 놀았습니다.

Tip 0943 ふね 참조

1630

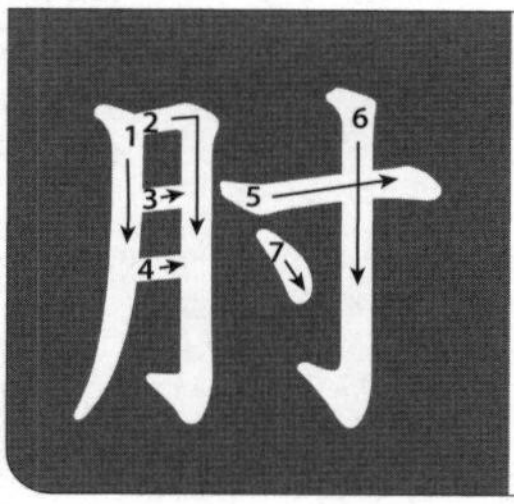

훈독 ひじ　肘(ひじ) 팔꿈치　肘掛(ひじか)け 팔걸이　肘掛(ひじか)け椅子(いす) 팔걸이 의자

팔꿈치 주

中　급수 외

肘(ひじ)をついて食事(しょくじ)をしてはいけません。 팔꿈치를 대고 식사를 해서는 안 됩니다.

社長(しゃちょう)が肘掛(ひじか)け椅子(いす)に座(すわ)っています。 사장님이 팔걸이 의자에 앉아 있습니다.

1631

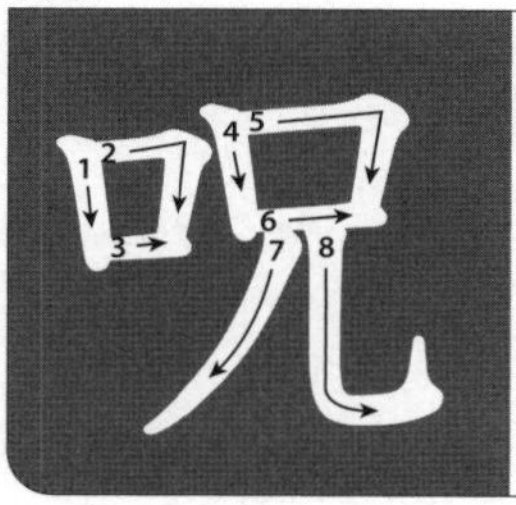

음독 じゅ　呪縛(じゅばく) 주박(주술의 힘으로 움직이지 못하게 함)　呪術(じゅじゅつ) 주술

呪文(じゅもん) 주문　呪詛(じゅそ) 저주

훈독 のろう　呪(のろ)う 저주하다

주술/저주할 주

中　급수 외

占(うらな)い師(し)が呪文(じゅもん)をとなえています。 점쟁이가 주문을 외우고 있습니다.

不運(ふうん)な自分(じぶん)の人生(じんせい)を呪(のろ)いました。 불운한 자신의 인생을 저주했습니다.

1632

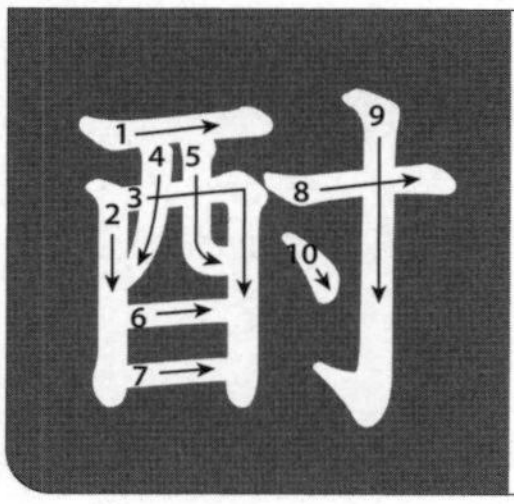

음독 ちゅう　焼酎(しょうちゅう) 소주

진한 술 주

中　급수 외

九州地方(きゅうしゅうちほう)では焼酎(しょうちゅう)をよく飲(の)みます。 규슈지방에서는 소주를 자주 마십니다.

1633

음독 しゅ　珠算(しゅざん) 주산　珠玉(しゅぎょく) 주옥　真珠(しんじゅ) 진주
예외 数珠(じゅず) 염주

구슬 **주**
中 N1

子(こ)どもの時(とき)、珠算(しゅざん)を習(なら)いました。어렸을 때 주산을 배웠습니다.
田中(たなか)さんが真珠(しんじゅ)のネックレスを付(つ)けています。
다나카 씨가 진주 목걸이를 하고 있습니다.

1634

음독 ちゅう　駐在(ちゅうざい) 주재　駐車(ちゅうしゃ) 주차　常駐(じょうちゅう) 상주
進駐(しんちゅう) 진주(진군하여 머무름)

머무를 **주**
中 N2

車(くるま)を駐車(ちゅうしゃ)する場所(ばしょ)がありません。차를 주차할 장소가 없습니다.
この島(しま)には陸軍(りくぐん)が常駐(じょうちゅう)しています。이 섬에는 육군이 상주하고 있습니다.

1635

음독 ちゅう　鋳造(ちゅうぞう) 주조　鋳鉄(ちゅうてつ) 주철
훈독 いる　鋳(い)る 주조하다　鋳型(いがた) 거푸집(속이 비어 있어 쇠붙이를 녹여 붓는 틀)
鋳物(いもの) 주물

鑄

쇠불릴 **주**
中 N1

新(あたら)しい貨幣(かへい)を鋳造(ちゅうぞう)しています。새로운 화폐를 주조하고 있습니다.
鋳型(いがた)に溶(と)かした鉄(てつ)を入(い)れます。거푸집에 녹인 쇠를 넣습니다.

1636

음독 ちく　爆竹(ばくちく) 폭죽　松竹梅(しょうちくばい) 송죽매(소나무와 대나무와 매화)
훈독 たけ　竹(たけ) 대나무　竹林(たけばやし) 대나무숲　竹の子(たけのこ) 죽순　竹細工(たけざいく) 죽세공
특이 竹刀(しない) 죽도

대 **죽**
小1 N2

海辺(うみべ)で爆竹(ばくちく)遊(あそ)びをしました。해변에서 폭죽놀이를 했습니다.
竹(たけ)でざるを作(つく)りました。대나무로 소쿠리를 만들었습니다.

1637

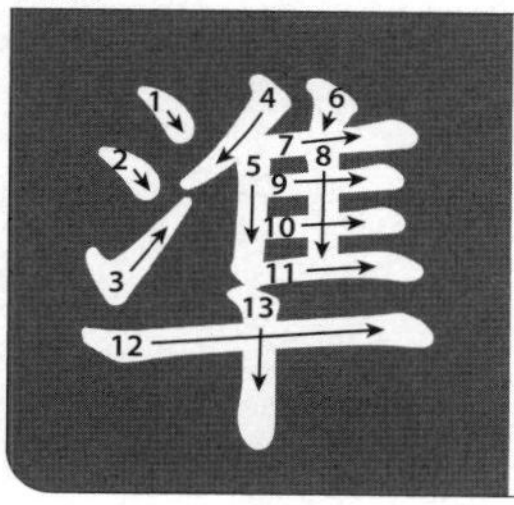

음독 **じゅん**　準備(じゅんび) 준비　準優勝(じゅんゆうしょう) 준우승　基準(きじゅん) 기준　水準(すいじゅん) 수준

준할 **준**

小5　N2

日本(にほん)チームが準優勝(じゅんゆうしょう)しました。 일본팀이 준우승했습니다.

評価(ひょうか)の基準(きじゅん)が高(たか)いです。 평가 기준이 높습니다.

1638

음독 **しゅん**　俊敏(しゅんびん) 준민함(두뇌 회전이 빠르고 행동이 날렵함)
俊英(しゅんえい) 준영, 준재(＝俊才(しゅんさい))

준걸 **준**

中　N1

その新聞社(しんぶんしゃ)は俊敏(しゅんびん)な記者(きしゃ)を求(もと)めています。 그 신문사는 준민한 기자를 원하고 있습니다.

俊英(しゅんえい)な彼(かれ)は有名大学(ゆうめいだいがく)に進学(しんがく)しました。 준영한 그는 유명대학에 진학했습니다.

1639

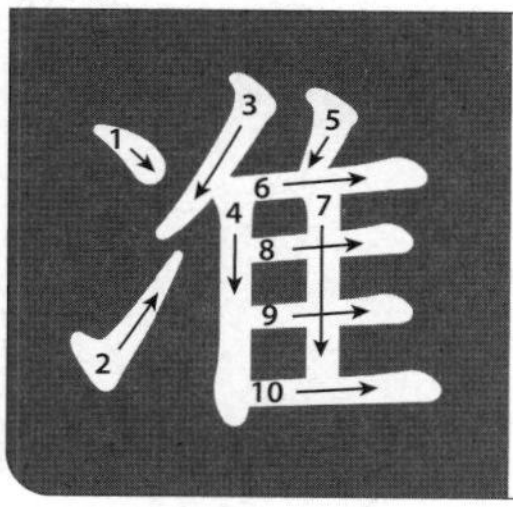

음독 **じゅん**　准教授(じゅんきょうじゅ) 준교수(한국의 부교수와 같은 지위)
批准(ひじゅん) 비준

승인할 **준**

中　N1

父(ちち)は大学(だいがく)の准教授(じゅんきょうじゅ)です。 아버지는 대학의 부교수입니다.

アメリカが条約(じょうやく)に批准(ひじゅん)しました。 미국이 조약에 비준했습니다.

1640

음독 **じゅん**　遵守(じゅんしゅ) 준수

遵

좇을 **준**

中　N1

誰(だれ)もが法律(ほうりつ)を遵守(じゅんしゅ)しなければなりません。 누구나 법률을 준수해야 합니다.

1641

음독 **ちゅう** 中学生(ちゅうがくせい) 중학생 中心(ちゅうしん) 중심 食事中(しょくじちゅう) 식사중

じゅう 一日中(いちにちじゅう) 하루종일 世界中(せかいじゅう) 전 세계

훈독 **なか** 中(なか) 안, 속 中身(なかみ) 내용물 夜中(よなか) 한밤중

가운데 중

小1 N5

弟(おとうと)は中学生(ちゅうがくせい)です。 남동생은 중학생입니다.

箱(はこ)の中身(なかみ)は何(なん)ですか。 상자 속에 든 것은 무엇입니까?

Tip なか

中(なか) 안, 속

箱(はこ)の中(なか)を見(み)る。 상자 안을 보다.

仲(なか) 사이

仲(なか)が良(い)い。 사이가 좋다.

1642

음독 **じゅう** 重要(じゅうよう) 중요함 重大(じゅうだい) 중대함 体重(たいじゅう) 체중 厳重(げんじゅう) 엄중함

ちょう 貴重(きちょう) 귀중함 尊重(そんちょう) 존중

훈독 **え** 二重(ふたえ) 이중, 두 겹

おもい 重(おも)い 무겁다

かさねる 重(かさ)ねる 겹치다, 반복하다

かさなる 重(かさ)なる 포개어지다, 거듭되다

무거울/귀중할/겹칠 중

小3 N3

貴重品(きちょうひん)はフロントにあずけてください。 귀중품은 프런트에 맡겨 주세요.

重(おも)い荷物(にもつ)は私(わたし)が持(も)ちます。 무거운 짐은 제가 들겠습니다.

Tip 관용구

腰(こし)が重(おも)い 좀처럼 내키지 않다

宿題(しゅくだい)をしなければならないのに腰(こし)が重(おも)い。 숙제를 해야 하는데 내키지 않는다.

1643

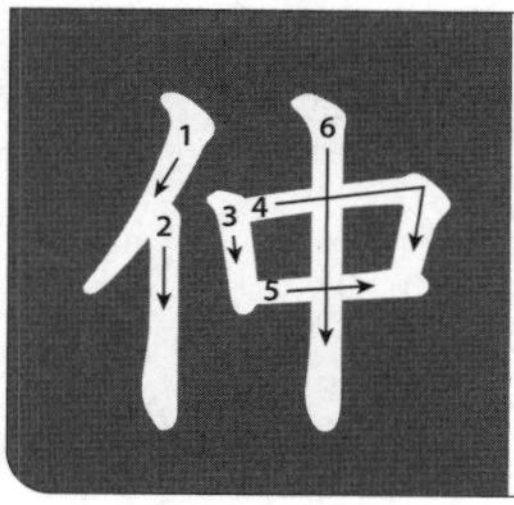

음독 ちゅう 仲介(ちゅうかい) 중개 仲裁(ちゅうさい) 중재 仲秋(ちゅうしゅう) 중추(음력 8월 15일)

훈독 なか 仲(なか) 사이, 관계 仲間(なかま) 동료, 한패 仲良し(なかよし) 사이가 좋음, 단짝

예외 仲人(なこうど) 중매인

중간 중

小4 N2

田中(たなか)さんがけんかの仲裁(ちゅうさい)をしました。 다나카 씨가 싸움을 중재했습니다.

二人(ふたり)はとても仲(なか)がいいです。 둘은 매우 사이가 좋습니다.

Tip 1641 なか 참조

1644

음독 しゅう 衆議院(しゅうぎいん) 중의원 民衆(みんしゅう) 민중 公衆(こうしゅう) 공중 群衆(ぐんしゅう) 군중

しゅ 衆生(しゅじょう) 중생, 생명이 있는 모든 것

무리 중

小6 N1

衆議院(しゅうぎいん)の選挙(せんきょ)があります。 중의원 선거가 있습니다.

公衆電話(こうしゅうでんわ)で連絡(れんらく)をしました。 공중전화로 연락을 했습니다.

1645

음독 そく 即位(そくい) 즉위 即答(そくとう) 즉답 即席(そくせき) 즉석 即興(そっきょう) 즉흥

훈독 すなわち 即ち(すなわち) 즉, 곧, 바꿔 말하면

卽

곧 즉

中 N1

村田(むらた)さんは私(わたし)の質問(しつもん)に即答(そくとう)しました。 무라타 씨는 내 질문에 즉시 답했습니다.

航空機(こうくうき)は高度(こうど)33,000フィート、即ち(すなわち)高度約(やく)10Kmのところを飛(と)びます。
항공기는 고도 33,000 피트, 즉 고도 약 10Km인 곳을 비행합니다.

1646

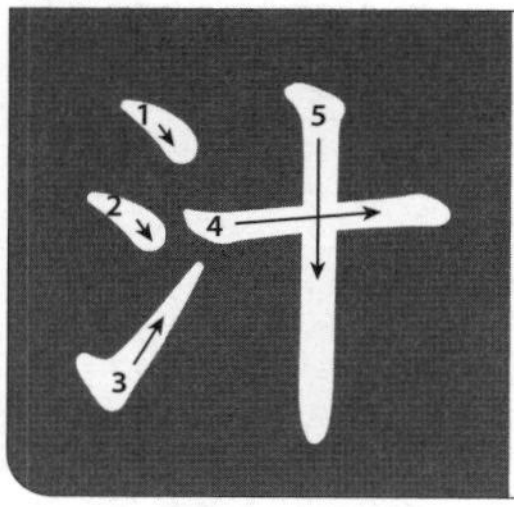

음독 じゅう 果汁(かじゅう) 과즙 墨汁(ぼくじゅう) 먹물

훈독 しる 汁(しる) 즙, 국물 味噌汁(みそしる) 된장국

특이 灰汁(あく) 잿물, 떫은 맛

즙 즙

中 N1

ワインはぶどうの果汁(かじゅう)から作(つく)られます。 와인은 포도과즙으로 만들어집니다.

我(わ)が家(や)では毎朝(まいあさ)、味噌汁(みそしる)を飲(の)みます。 우리 집에서는 매일 아침 된장국을 먹습니다.

1647

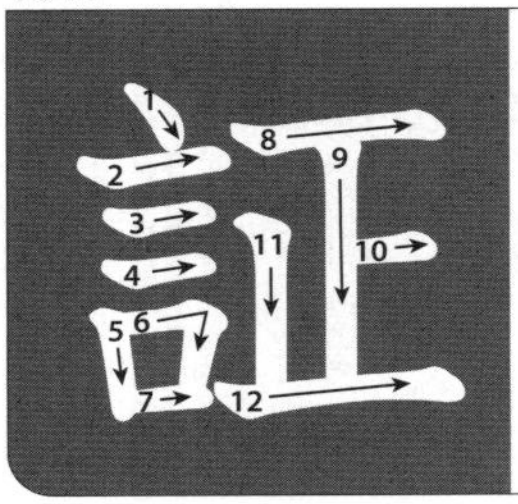

음독 しょう　証明(しょうめい) 증명　証拠(しょうこ) 증거　許可証(きょかしょう) 허가증　確証(かくしょう) 확증

證

증거 **증**

小5　N1

難(むずか)しい数学(すうがく)の問題(もんだい)が証明(しょうめい)されました。 어려운 수학문제가 증명되었습니다.

証拠(しょうこ)を見(み)せてください。 증거를 보여 주세요.

1648

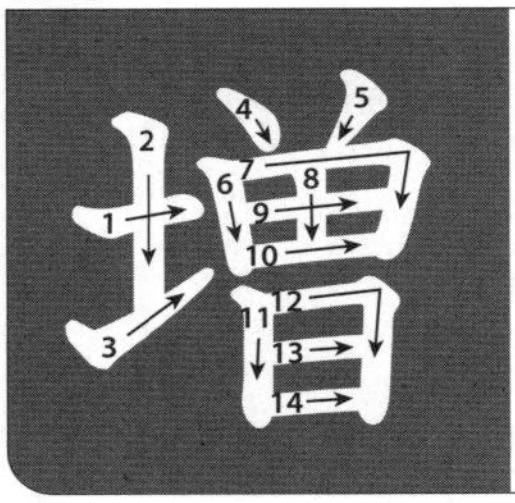

음독 ぞう　増加(ぞうか) 증가　増減(ぞうげん) 증감　倍増(ばいぞう) 배증, 배가　激増(げきぞう) 격증

훈독 ます　増(ま)す 많아지다, 늘다

ふえる　増(ふ)える 늘다, 늘어나다

ふやす　増(ふ)やす 늘리다, 불리다

增

더할 **증**

小5　N2

結婚(けっこん)しない人(ひと)が増加(ぞうか)しています。 결혼하지 않는 사람이 증가하고 있습니다.

韓国語(かんこくご)を勉強(べんきょう)する人(ひと)が増(ふ)えました。 한국어를 공부하는 사람이 늘었습니다.

Tip 1098 ふやす 참조

1649

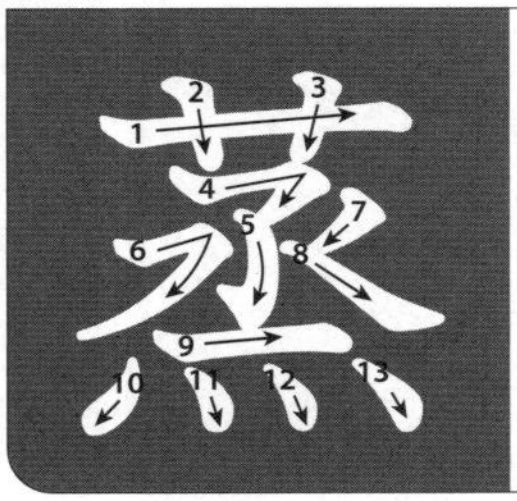

음독 じょう　蒸気(じょうき) 증기　蒸発(じょうはつ) 증발　蒸留(じょうりゅう) 증류　水蒸気(すいじょうき) 수증기

훈독 むす　蒸(む)す 찌다

むれる　蒸(む)れる 뜸들다

むらす　蒸(む)らす 뜸들이다

蒸

찔 **증**

小6　N2

やかんから蒸気(じょうき)が出(で)ています。 주전자에서 증기가 나오고 있습니다.

とうもろこしを蒸(む)して食(た)べました。 옥수수를 쪄서 먹었습니다.

1650

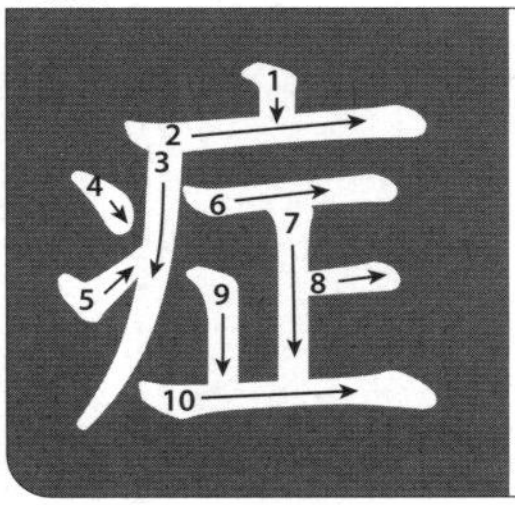

음독 しょう　症状(しょうじょう) 증상　症候群(しょうこうぐん) 증후군　重症(じゅうしょう) 중증　炎症(えんしょう) 염증

증세 **증**

中　N1

風邪(かぜ)の症状(しょうじょう)が出(で)たので病院(びょういん)に行(い)きます。 감기 증상이 있어서 병원에 갑니다.

重症(じゅうしょう)の患者(かんじゃ)が運(はこ)び込(こ)まれました。 중증 환자가 옮겨져 왔습니다.

1651

음독 そう　曽孫(そうそん) 증손　曽祖父(そうそふ) 증조부　曽祖母(そうそぼ) 증조모

曾

일찍 증

中　급수 외

曽孫(そうそん)が生(う)まれました。증손이 태어났습니다.

私(わたし)が子(こ)どもを産(う)んで、祖母(そぼ)は曽祖母(そうそぼ)になりました。
내가 아이를 낳아, 할머니는 증조할머니가 되었습니다.

1652

음독 ぞう　憎悪(ぞうお) 증오　愛憎(あいぞう) 애증

훈독 にくむ　憎(にく)む 미워하다

にくい/にくらしい　憎(にく)い 밉다　憎(にく)らしい 얄밉다

にくしみ　憎(にく)しみ 미움, 증오

憎

미울 증

中　N2

多(おお)くの人(ひと)が戦争(せんそう)を憎悪(ぞうお)しています。많은 사람이 전쟁을 증오하고 있습니다.

人(ひと)を憎(にく)んでも、何(なに)も解決(かいけつ)しません。다른 사람을 미워해도 아무것도 해결되지 않습니다.

1653

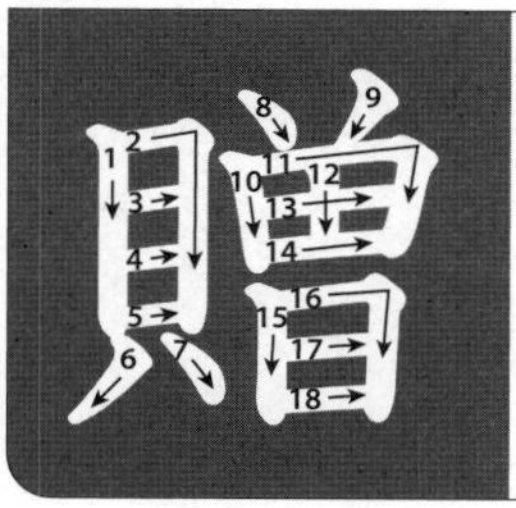

음독 ぞう　贈与(ぞうよ) 증여　贈賄(ぞうわい) 증회, 뇌물을 줌

そう　寄贈(きそう) 기증(きぞう로도 읽음)

훈독 おくる　贈(おく)る 보내다, 선물하다

贈

줄 증

中　N2

建設会社(けんせつがいしゃ)の社員(しゃいん)が贈賄(ぞうわい)で逮捕(たいほ)されました。건설회사 사원이 뇌물 증여로 체포되었습니다.

お歳暮(せいぼ)を親戚(しんせき)に贈ります。연말 선물을 친척에게 보냅니다.

1654

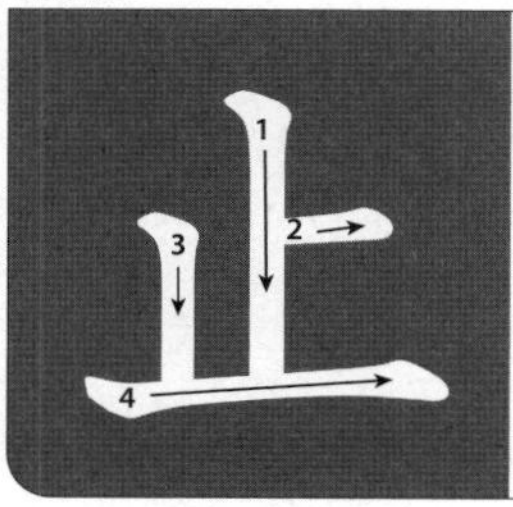

음독 し　中止(ちゅうし) 중지　禁止(きんし) 금지　停止(ていし) 정지　止血(しけつ) 지혈

훈독 とまる　止(と)まる 멈추다, 서다

とめる　止(と)める 멈추다, 세우다　通行止(つうこうど)め 통행 금지

그칠 지

小2　N4

ここは通行禁止(つうこうきんし)です。여기는 통행금지입니다.

この電車(でんしゃ)は急行(きゅうこう)ですから、次(つぎ)の駅(えき)には止(と)まりません。
이 전철은 급행이므로 다음 역에는 서지 않습니다.

Tip 0540 とめる 참조

ㅈ

1655

音독 ち　地図(ちず) 지도　地理(ちり) 지리　地球(ちきゅう) 지구　土地(とち) 토지　大地(だいち) 대지

じ　地獄(じごく) 지옥

땅 **지**

小2　N3

この道(みち)は地図(ちず)にありません。 이 길은 지도에 없습니다.

いつか地球(ちきゅう)を一周(いっしゅう)したいです。 언젠가 지구를 일주하고 싶습니다.

1656

음독 ち　電池(でんち) 전지　用水池(ようすいち) 용수지　貯水池(ちょすいち) 저수지

훈독 いけ　池(いけ) 연못　古池(ふるいけ) 오래된 연못　ため池(いけ) 저수지

못 **지**

小2　N3

新(あたら)しい電池(でんち)に取(と)り換(か)えてください。 새 건전지로 바꿔 주세요.

危(あぶ)ないですから、この池(いけ)で泳(およ)いではいけません。
위험하니까 이 연못에서 수영해서는 안 됩니다.

1657

음독 ち　知人(ちじん) 지인　知識(ちしき) 지식　通知(つうち) 통지　告知(こくち) 고지, 통지

훈독 しる　知(し)る 알다　知(し)り合(あ)い 아는 사이(사람), 지인

알 **지**

小2　N3

会社(かいしゃ)から採用(さいよう)の通知(つうち)が来(き)ました。 회사로부터 채용 통지가 왔습니다.

日本人(にほんじん)の知(し)り合(あ)いがいますか。 아는 일본인이 있습니까?

Tip 알다

分(わ)かる 알다, 이해하다

登山(とざん)の楽(たの)しみが分(わ)かる。 등산의 재미를 알다.

知(し)る 지식적으로 알다, 깨닫다

この映画(えいが)のタイトルを知(し)っている。 이 영화의 제목을 알고 있다.

1658

紙

종이 **지**

小2 N3

음독 し　紙面(しめん) 지면　紙上(しじょう) (특히 신문의) 지상　用紙(ようし) 용지　表紙(ひょうし) 표지

훈독 かみ　紙(かみ) 종이　紙(かみ)ぶくろ 종이봉투　紙(かみ)くず 휴지　折(お)り紙(がみ) 종이접기

振(ふ)り込(こ)み用紙(ようし)をください。입금 용지를 주세요.

紙(かみ)くずはゴミ箱(ばこ)に捨(す)ててください。휴지는 쓰레기통에 버려 주세요.

1659

持

가질 **지**

小3 N3

음독 じ　持参(じさん) 지참　持病(じびょう) 지병　所持(しょじ) 소지　維持(いじ) 유지

훈독 もつ　持(も)つ ①(손에) 들다 ②소유하다 ③지속하다　持(も)ち主(ぬし) 소유주　金持(かねも)ち 부자　気持(きも)ち 기분

あしたはお弁当(べんとう)を持参(じさん)してください。내일은 도시락을 지참해 주세요.

車(くるま)を持(も)っています。차를 소유하고 있습니다.

1660

指

가리킬/손가락 **지**

小3 N2

음독 し　指名(しめい) 지명　指示(しじ) 지시　指定(してい) 지정　指紋(しもん) 지문

훈독 ゆび　指(ゆび) 손가락　親指(おやゆび) 엄지손가락　指輪(ゆびわ) 반지

さす　指(さ)す 가리키다

野球場(やきゅうじょう)の指定席(していせき)を予約(よやく)しました。야구장의 지정석을 예약했습니다.

大切(たいせつ)な指輪(ゆびわ)を失(な)くしてしまいました。소중한 반지를 잃어버렸습니다.

Tip 0894 さす 참조

1661

支

지탱할 **지**

小5 N2

음독 し　支持(しじ) 지지, 버팀　支援(しえん) 지원　支給(しきゅう) 지급　収支(しゅうし) 수지

훈독 ささえる　支(ささ)える ①받치다, 버티다 ②지탱하다, 유지하다

私(わたし)は木村(きむら)さんの考(かんが)え方(かた)を支持(しじ)します。나는 기무라 씨의 사고방식을 지지합니다.

大(おお)きな柱(はしら)が屋根(やね)を支(ささ)えています。큰 기둥이 지붕을 지탱하고 있습니다.

1662

음독 し　志願(しがん) 지원　志望(しぼう) 지망　意志(いし) 의지　同志(どうし) 동지

훈독 こころざす　志す(こころざす) 뜻을 세우다, 지망하다

こころざし　志(こころざし) 뜻, 호의

뜻 지

小5 N1

海兵隊(かいへいたい)に志願(しがん)しました。 해병대에 지원했습니다.

医師(いし)を志(こころざ)して、勉強(べんきょう)しています。 의사를 지망해서 공부하고 있습니다.

1663

음독 し　枝折(しおり) 서표, 책갈피　楊枝(ようじ) 이쑤시개

훈독 えだ　枝(えだ) 가지　枝道(えだみち) 샛길　枝豆(えだまめ) 가지째 꺾은 풋콩

가지 지

小5 N2

本(ほん)の中(なか)に枝折(しおり)を挟(はさ)んでおきます。 책 안에 책갈피를 끼워 둡니다.

木(き)の枝(えだ)を折(お)ってしまいました。 나뭇가지를 꺾고 말았습니다.

1664

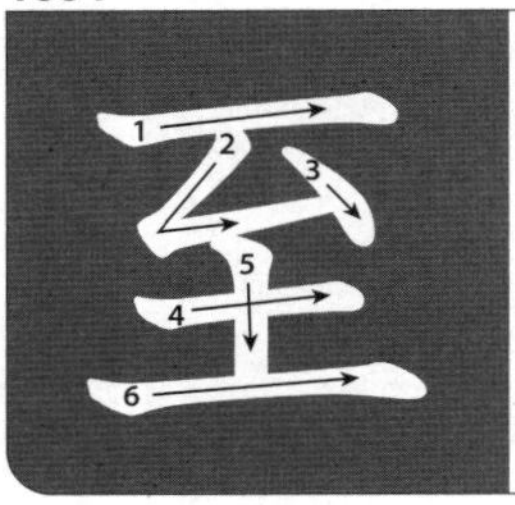

음독 し　至急(しきゅう) 지급, 매우 급함　至極(しごく) 더할 나위 없음, 지극

必至(ひっし) 필연, 불가피　夏至(げし) 하지

훈독 いたる　至る(いたる) 다다르다, 도달하다, 되다　至る所(いたるところ) 도처에, 가는 곳마다

이를 지

小6 N1

至急(しきゅう)、連絡(れんらく)をください。 급히 연락을 주세요.

至(いた)る所(ところ)にゴミがあって、汚(きたな)いです。 도처에 쓰레기가 있어서 더럽습니다.

1665

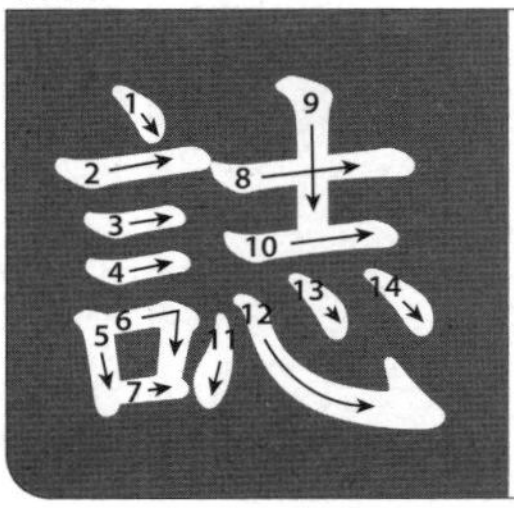

음독 し　誌上(しじょう) 기사면, 지면　雑誌(ざっし) 잡지　日誌(にっし) 일지　週刊誌(しゅうかんし) 주간지

기록할 지

小6 N2

キムさんの写真(しゃしん)が雑誌(ざっし)に載(の)りました。 김 씨의 사진이 잡지에 실렸습니다.

金曜日(きんようび)に週刊誌(しゅうかんし)が発売(はつばい)されます。 금요일에 주간지가 발매됩니다.

1666

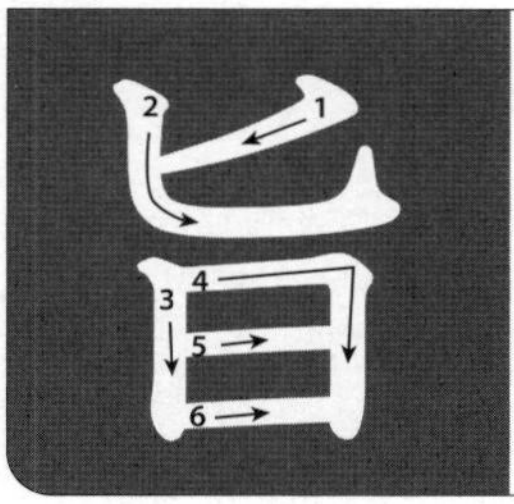

음독 し　要旨(ようし) 요지　諭旨(ゆし) 유지　趣旨(しゅし) 취지　論旨(ろんし) 논지

훈독 むね　旨(むね) 취지, 뜻

うまい　旨(うま)い ①좋다, 바람직하다 ②맛있다

뜻/맛있을 **지**

中 N1

本田(ほんだ)さんの話(はなし)は趣旨(しゅし)が分(わ)かりにくいです。
혼다 씨의 이야기는 취지를 이해하기 어렵습니다.

会議(かいぎ)に欠席(けっせき)する旨(むね)を部下(ぶか)に伝(つた)えます。 회의에 불참한다는 뜻을 부하에게 전합니다.

1667

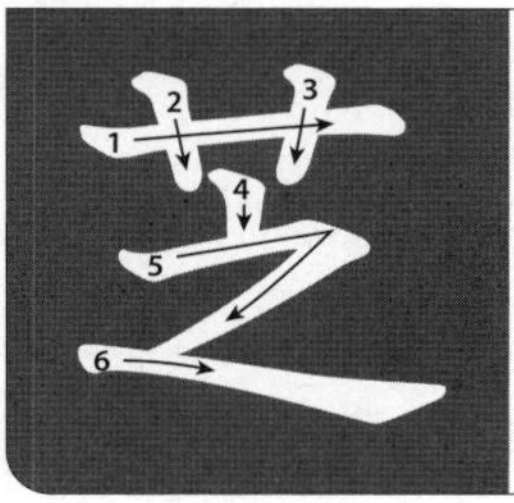

훈독 しば　芝(しば) 잔디　芝生(しばふ) 잔디밭　芝居(しばい) 연극

芝

지초 **지**

中 N1

芝生(しばふ)に入(はい)らないでください。 잔디밭에 들어가지 마세요.

週末(しゅうまつ)、劇場(げきじょう)で芝居(しばい)を見(み)ました。 주말에 극장에서 연극을 봤습니다.

1668

음독 し　四肢(しし) 사지, 팔다리　義肢(ぎし) 의수와 의족　選択肢(せんたくし) 선택지

팔다리 **지**

中 N1

手(て)や足(あし)を失(うしな)った人(ひと)のために義肢(ぎし)を作(つく)ります。
손이나 발을 잃은 사람을 위해서 의수와 의족을 만듭니다.

四(よっ)つの選択肢(せんたくし)から選(えら)んでください。 4개의 선택지에서 골라 주세요.

1669

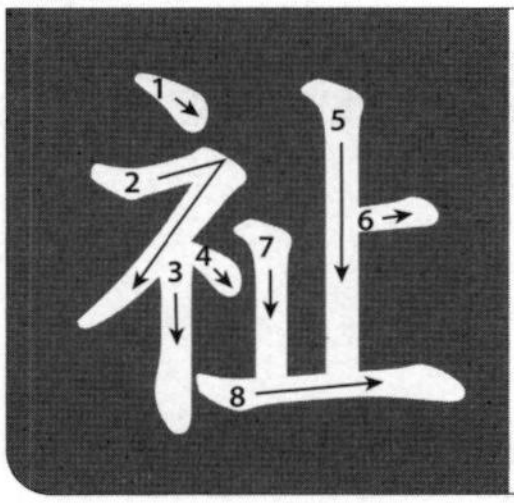

음독 し　福祉(ふくし) 복지

祉

복 **지**

中 N1

社会福祉(しゃかいふくし)に貢献(こうけん)しましょう。 사회복지에 공헌합시다.

1670

음독 し　脂肪(しぼう) 지방　脂質(ししつ) 지질, 지방분　皮脂(ひし) 피지

油脂(ゆし) 유지(동물성 및 식물성 기름의 총칭)

훈독 あぶら　脂(あぶら) 지방, 비계　脂身(あぶらみ) 비계, 기름살　脂汗(あぶらあせ) 진땀

특이 脂(やに) 진(나무껍질 등에서 나오는 끈끈한 물질)

기름 **지**

中 N2

脂質(ししつ)の取(と)りすぎは体(からだ)によくありません。 지나친 지방분 섭취는 몸에 좋지 않습니다.

おなかが痛(いた)くて脂汗(あぶらあせ)も出(で)ます。 배가 아파서 진땀도 납니다.

Tip 1341 あぶら 참조

1671

음독 ち　遅刻(ちこく) 지각　遅延(ちえん) 지연　遅滞(ちたい) 지체

훈독 おくれる　遅(おく)れる 늦어지다　手遅(ておく)れ 때늦음, 시기를 놓침

おくらす　遅(おく)らす 늦추다, 늦게 하다

おそい　遅(おそ)い 늦다

遅

더딜/늦을 **지**

中 N2

朝寝坊(あさねぼう)して遅刻(ちこく)してしまいました。 늦잠을 자서 지각하고 말았습니다.

大雪(おおゆき)でバスの到着(とうちゃく)が遅(おく)れます。 대설로 버스 도착이 늦어집니다.

Tip おくれる

遅(おく)れる 정해진 날・시각에 늦다

電車(でんしゃ)が遅(おく)れる。 전철이 지연되다.

後(おく)れる 뒤지다, 뒤떨어지다

時代(じだい)に後(おく)れる。 시대에 뒤떨어지다.

1672

훈독 つける　漬(つ)ける 담그다　漬物(つけもの) 절임　お茶漬(ちゃづけ) 더운 찻물에 만 밥

つかる　漬(つ)かる ①담가지다, 맛이 들다 ②잠기다

담글 **지**

中 N1

私(わたし)の家(うち)では毎年(まいとし)、キムチを漬(つ)けます。 우리 집에서는 매년 김치를 담급니다.

朝食(ちょうしょく)に必(かなら)ずきゅうりの漬物(つけもの)を食(た)べます。 아침식사에 꼭 오이절임을 먹습니다.

1673

음독 し　真摯(しんし) 진지함

잡을 **지**

中　급수 외

川村(かわむら)さんは真摯(しんし)な態度(たいど)で反省(はんせい)しました。 가와무라 씨는 진지한 태도로 반성했습니다.

1674

음독 ちょく　直接(ちょくせつ) 직접　直線(ちょくせん) 직선

じき　直訴(じきそ) 직소(직접 호소함)　正直(しょうじき) ①정직 ②솔직히 말해서

훈독 ただちに　直(ただ)ちに 곧, 즉시

なおす　直(なお)す 고치다

なおる　直(なお)る 고쳐지다

곧을/고칠/곧 **직**

小2　N2

この書類(しょるい)は直接(ちょくせつ)、本人(ほんにん)に渡(わた)さなければなりません。
이 서류는 직접 본인에게 건네지 않으면 안 됩니다.

パソコンが故障(こしょう)したので、直(なお)してください。 컴퓨터가 고장났으니 고쳐 주세요.

Tip なおす

直(なお)す 고치다, 정정하다

故障(こしょう)を直(なお)す。 고장난 것을 고치다.

治(なお)す 치료하다

風邪(かぜ)を治(なお)す。 감기를 치료하다.

1675

음독 しょく　職業(しょくぎょう) 직업　職種(しょくしゅ) 직종　就職(しゅうしょく) 취직　退職(たいしょく) 퇴직, 사직

직분 **직**

小5　N2

職業(しょくぎょう)は何(なん)ですか。 직업은 무엇입니까?

父(ちち)は去年(きょねん)、会社(かいしゃ)を退職(たいしょく)しました。 아버지는 지난해에 회사를 퇴직하셨습니다.

1676

음독 **しょく** 織機(しょっき) 직기, 베틀　紡織(ぼうしょく) 방직(실을 뽑아서 천을 짬)
染織(せんしょく) 염직(피륙의 염색과 직조)

しき 組織(そしき) 조직

훈독 **おる** 織(お)る 짜다, 짜서 만들다　織物(おりもの) 직물

짤 **직**

小5 N1

これは会社(かいしゃ)の組織図(そしきず)です。이것은 회사의 조직도입니다.

京都(きょうと)の織物(おりもの)は有名(ゆうめい)です。교토의 직물은 유명합니다.

1677

음독 **しん** 真実(しんじつ) 진실　真意(しんい) 진의　真理(しんり) 진리　純真(じゅんしん) 순진함

훈독 **ま** 真夏(まなつ) 한여름　真冬(まふゆ) 한겨울　真昼(まひる) 한낮　真っ白(まっしろ) 새하얌
真心(まごころ) 진심, 정성　真面目(まじめ) 진지함, 성실함

眞

참 **진**

小3 N3

事件(じけん)の真実(しんじつ)が分(わ)かりません。사건의 진실을 모르겠습니다.

キムさんから真心(まごころ)のこもったプレゼントをもらいました。
김 씨에게서 정성이 담긴 선물을 받았습니다.

1678

음독 **しん** 進化(しんか) 진화　進学(しんがく) 진학　前進(ぜんしん) 전진　先進国(せんしんこく) 선진국

훈독 **すすむ** 進(すす)む 나아가다, 전진하다

すすめる 進(すす)める 진행하다, 전진시키다

進

나아갈 **진**

小3 N3

ここの高校(こうこう)は進学率(しんがくりつ)がいいです。여기 고등학교는 진학률이 좋습니다.

まっすぐ進(すす)んで、交差点(こうさてん)を左(ひだり)に曲(ま)がってください。
똑바로 가서 교차로를 왼쪽으로 도세요.

Tip 0262 すすめる 参조

1679

음독 **じん** 尽力(じんりょく) 진력, 힘씀　理不尽(りふじん) 불합리함
縦横無尽(じゅうおうむじん) 종횡무진, 자유자재임　一網打尽(いちもうだじん) 일망타진

훈독 **つくす/つきる** 尽(つ)くす 다하다　尽(つ)きる 다하다, 떨어지다

つかす 尽(つ)かす 다하여 없어지다, 소진하다

盡

다할 **진**

中 N1

オリンピックを韓国(かんこく)で開催(かいさい)するために尽力(じんりょく)しました。
올림픽을 한국에서 개최하기 위해 힘썼습니다.

最善(さいぜん)を尽(つ)くしましたが、だめでした。최선을 다했지만 안 되었습니다.

1680

음독 しん　興味津々(きょうみしんしん) 흥미진진

훈독 つ　津波(つなみ) 쓰나미, 해일　津々浦々(つつうらうら) 방방곡곡

나루/넘칠 **진**

中　N1

山田(やまだ)さんは興味津々(きょうみしんしん)で私(わたし)の話(はなし)を聞(き)きました。
야마다 씨는 흥미진진하게 나의 이야기를 들었습니다.

全国(ぜんこく)津々浦々(つつうらうら)を旅行(りょこう)してみたいです。 전국 방방곡곡을 여행해 보고 싶습니다.

1681

음독 ちん　珍妙(ちんみょう) 기묘함　珍味(ちんみ) 진미　珍品(ちんぴん) 진품　珍奇(ちんき) 진기함

훈독 めずらしい　珍(めずら)しい 희귀하다

보배/희귀할 **진**

中　N2

パレードには珍妙(ちんみょう)な服(ふく)を着(き)た人(ひと)が参加(さんか)しました。
퍼레이드에는 기묘한 옷을 입은 사람이 참가했습니다.

高山(こうざん)には珍(めずら)しい植物(しょくぶつ)が生(は)えています。 높은 산에는 희귀한 식물이 자라고 있습니다.

1682

음독 じん　陣地(じんち) 진지　陣痛(じんつう) 진통　敵陣(てきじん) 적진　報道陣(ほうどうじん) 보도진

진 칠 **진**

中　N1

妻(つま)に陣痛(じんつう)が来(き)ました。 아내에게 진통이 왔습니다.

事件(じけん)の現場(げんば)に報道陣(ほうどうじん)が集(あつ)まっています。 사건 현장에 보도진이 모여 있습니다.

1683

음독 しん　振動(しんどう) 진동　振幅(しんぷく) 진폭　三振(さんしん) 삼진　不振(ふしん) 부진

훈독 ふる　振(ふ)る 흔들다　振替(ふりかえ) 대체　振込(ふりこ)み 계좌 이체

ふるう　振(ふ)るう 흔들다, 휘두르다

ふれる　振(ふ)れる 흔들리다

떨칠/진동할/빼낼 **진**

中　N1

近(ちか)くで工事(こうじ)をしているので家(いえ)が振動(しんどう)します。
근처에서 공사를 하고 있어서 집이 진동합니다.

マッコリは飲(の)む前(まえ)によく振(ふ)ってください。 막걸리는 마시기 전에 잘 흔들어 주세요.

1684

음독 **ちん**　陳列(ちんれつ) 진열　陳謝(ちんしゃ) 진사(까닭을 말하며 사과함)　陳述(ちんじゅつ) 진술　陳腐(ちんぷ) 진부함

늘어놓을/말할 **진**
中　급수 외

店員(てんいん)が商品(しょうひん)を棚(たな)に陳列(ちんれつ)しています。 점원이 상품을 선반에 진열하고 있습니다.

記者会見(きしゃかいけん)で社長(しゃちょう)が陳謝(ちんしゃ)しました。 기자회견에서 사장이 사과했습니다.

1685

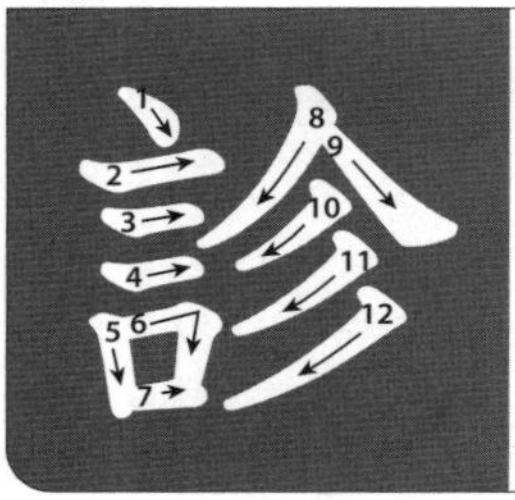

음독 **しん**　診察(しんさつ) 진찰　診療(しんりょう) 진료　診断(しんだん) 진단　聴診(ちょうしん) 청진

훈독 **みる**　診(み)る 진찰하다

진찰할 **진**
中　N1

町(まち)に診療所(しんりょうじょ)ができました。 마을에 진료소가 생겼습니다.

体(からだ)の具合(ぐあい)が悪(わる)いので医者(いしゃ)に診(み)てもらいました。
몸 상태가 안 좋아서 의사에게 진찰받았습니다.

Tip 0094 みる 참조

1686

음독 **しん**　震災(しんさい) 진재(지진으로 인한 재해)　震度(しんど) 진도　地震(じしん) 지진　余震(よしん) 여진

훈독 **ふる**う　震(ふる)う 떨리다　身震(みぶる)い 몸을 떪
ふるえる　震(ふる)える 흔들리다, 떨리다

지진/흔들릴 **진**
中　N2

震災(しんさい)でビルが崩壊(ほうかい)しました。 지진으로 빌딩이 붕괴했습니다.

寒(さむ)くて体(からだ)が震(ふる)えます。 추워서 몸이 떨립니다.

1687

음독 **ちん**　鎮圧(ちんあつ) 진압　鎮痛剤(ちんつうざい) 진통제　鎮静(ちんせい) 진정　鎮魂(ちんこん) 진혼

훈독 **しず**める　鎮(しず)める 진압하다, 가라앉히다
しずまる　鎮(しず)まる 진정되다, 가라앉다

鎭

진압할/진정할 **진**
中　N1

頭痛(ずつう)がするので鎮痛剤(ちんつうざい)を飲(の)みました。 두통이 나서 진통제를 먹었습니다.

警察(けいさつ)は暴徒化(ぼうとか)したサッカーファンを鎮(しず)めました。
경찰은 폭도화한 축구 팬을 진압했습니다.

1688

음독 しつ　質問(しつもん) 질문　質量(しつりょう) 질량　品質(ひんしつ) 품질　性質(せいしつ) 성질

しち　質屋(しちや) 전당포　人質(ひとじち) 인질, 볼모

특이 質(たち) (타고난) 성질, 체질　質(ただ)す 묻다, 질문하다

바탕/저당물 **질**

小5 N3

先生(せんせい)に質問(しつもん)をしました。 선생님에게 질문을 했습니다.

品質管理(ひんしつかんり)の仕事(しごと)をしています。 품질관리의 일을 하고 있습니다.

Tip 1525 ただす 참조

1689

음독 しつ　叱責(しっせき) 질책　叱咤(しった) 질타

훈독 しかる　叱(しか)る 야단치다, 나무라다

꾸짖을 **질**

中 N1

上司(じょうし)が部下(ぶか)を激(はげ)しく叱責(しっせき)しています。 상사가 부하를 심하게 질책하고 있습니다.

宿題(しゅくだい)をしなかったので先生(せんせい)が叱(しか)りました。 숙제를 안 해서 선생님이 야단쳤습니다.

Tip 이 한자는 叱로도 쓰임

1690

음독 てつ　更迭(こうてつ) 경질

번갈아들 **질**

中 N1

首相(しゅしょう)は大臣(だいじん)を更迭(こうてつ)しました。 수상은 장관을 경질했습니다.

1691

음독 しつ　疾病(しっぺい) 질병　疾患(しっかん) 질환　疾走(しっそう) 질주　疾風(しっぷう) 질풍

병/빨리 **질**

中 N1

彼(かれ)は肺(はい)に疾患(しっかん)が見(み)つかって入院(にゅういん)しました。 그는 폐에 질환이 발견되어 입원했습니다.

チーターが草原(そうげん)を疾走(しっそう)しています。 치타가 초원을 질주하고 있습니다.

1692

秩

음독 ちつ　秩序(ちつじょ) 질서

차례 **질**

中　N1

秩序(ちつじょ)のある社会(しゃかい)を築(きず)きましょう。 질서 있는 사회를 구축합시다.

1693

窒

음독 ちつ　窒素(ちっそ) 질소　窒息(ちっそく) 질식

막힐 **질**

中　N1

窒素(ちっそ)は作物(さくもつ)の肥料(ひりょう)になります。 질소는 작물의 비료가 됩니다.

換気(かんき)をして窒息(ちっそく)に気(き)をつけてください。 환기를 해서 질식에 주의해 주세요.

1694

嫉

음독 しつ　嫉妬(しっと) 질투

훈독 ねたむ　嫉(ねた)む 질투하다

ねたましい　嫉(ねた)ましい 샘이 나다, 질투나다

시샘할 **질**

中　급수 외

木村(きむら)さんは彼(かれ)の成功(せいこう)に嫉妬(しっと)しました。 기무라 씨는 그의 성공에 질투했습니다.

恋人(こいびと)がいる友(とも)だちが嫉(ねた)ましいです。 애인이 있는 친구가 질투납니다.

1695

朕

음독 ちん　朕(ちん) 짐(천자·제왕의 자칭)

朕

나 **짐**

中　N1

昔(むかし)、天皇(てんのう)は自分(じぶん)を「朕(ちん)」と呼(よ)びました。 옛날에 천황은 자신을 '짐'이라고 불렀습니다.

1696

음독 しゅう　集合(しゅうごう) 집합　集中(しゅうちゅう) 집중　募集(ぼしゅう) 모집　収集(しゅうしゅう) 수집

훈독 あつまる　集(あつ)まる 모이다

あつめる　集(あつ)める 모으다

つどう　集(つど)う 모이다

모을 **집**

小3　N3

午後(ごご)3時(じ)にここに集合(しゅうごう)してください。 오후 3시에 여기로 집합해 주세요.

切手(きって)を集(あつ)めるのが趣味(しゅみ)です。 우표를 모으는 것이 취미입니다.

1697

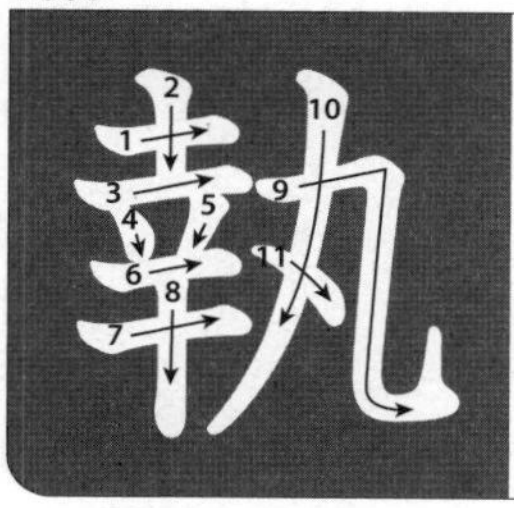

음독 しつ　執行(しっこう) 집행　執筆(しっぴつ) 집필　執刀(しっとう) 집도　固執(こしつ) 고집

しゅう　執念(しゅうねん) 집념　執着(しゅうちゃく) 집착

훈독 とる　執(と)る 지휘하다, 집행하다

잡을 **집**

中　N1

医者(いしゃ)が手術(しゅじゅつ)を執刀(しっとう)します。 의사가 수술을 집도합니다.

田中(たなか)さんがプロジェクトの指揮(しき)を執(と)りました。
다나카 씨가 프로젝트의 지휘를 했습니다.

Tip とる

執(と)る 지휘하다, 집행하다
指揮(しき)を執(と)る。 지휘를 하다.

取(と)る 취하다, 받다, 따다, 잡다
資格(しかく)を取(と)る。 자격을 따다.

捕(と)る (동물 등을) 잡다
ねずみを捕(と)る。 쥐를 잡다.

採(と)る 채취하다
山菜(さんさい)を採(と)る。 산나물을 채취하다.

撮(と)る 촬영하다, 찍다
写真(しゃしん)を撮(と)る。 사진을 찍다.

1698

음독 ちょう　徴収(ちょうしゅう) 징수　徴兵(ちょうへい) 징병　象徴(しょうちょう) 상징　特徴(とくちょう) 특징

徵

거둘/소집할 **징**

中　N1

参加者(さんかしゃ)から1000円(えん)ずつ徴収(ちょうしゅう)します。 참가자로부터 1000엔씩 징수합니다.

白(しろ)い鳩(はと)は平和(へいわ)の象徴(しょうちょう)です。 하얀 비둘기는 평화의 상징입니다.

1699

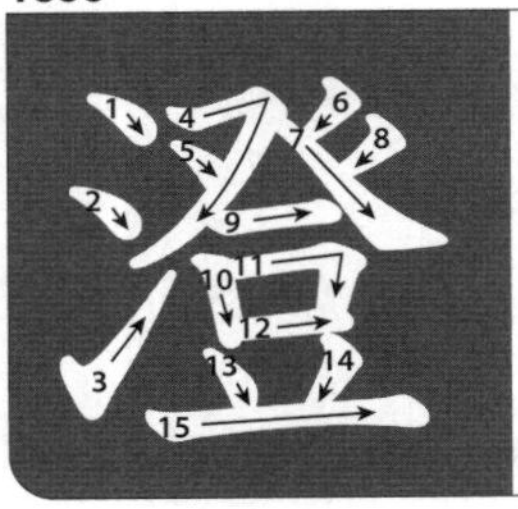

음독 ちょう　清澄(せいちょう) 맑고 깨끗함

훈독 すむ　澄(す)む 맑다

すます　澄(す)ます 맑게 하다

맑을 징

中 N1

清澄(せいちょう)な山(やま)の空気(くうき)は気持(きも)ちいいです。 맑고 깨끗한 산의 공기는 기분 좋습니다.

外(そと)に出(で)て澄(す)んだ空気(くうき)を吸(す)いました。 밖에 나가서 맑은 공기를 마셨습니다.

1700

음독 ちょう　懲戒(ちょうかい) 징계　懲罰(ちょうばつ) 징벌　懲役(ちょうえき) 징역　懲悪(ちょうあく) 징악(악을 징계함)

훈독 こりる　懲(こ)りる 질리다, 데다

こらす　懲(こ)らす 징계하다, 응징하다

こらしめる　懲(こ)らしめる 징계하다, 응징하다

懲

징계할 징

中 N1

会社(かいしゃ)は社員(しゃいん)を懲戒処分(ちょうかいしょぶん)にしました。 회사는 사원을 징계처분했습니다.

肺(はい)の病気(びょうき)に懲(こ)りて、タバコをやめました。 폐병에 질려서 담배를 끊었습니다.

1701

음독 しゃ　自動車(じどうしゃ) 자동차　電車(でんしゃ) 전철　新車(しんしゃ) 신차　中古車(ちゅうこしゃ) 중고차

自転車(じてんしゃ) 자전거

훈독 くるま　車(くるま) 자동차　車(くるま)いす 휠체어

수레 차/수레 거

小1 N5

先月(せんげつ)、中古車(ちゅうこしゃ)を買(か)いました。 지난달, 중고차를 샀습니다.

車(くるま)の多(おお)い時代(じだい)になりました。 차가 많은 시대가 되었습니다.

1702

음독 ちゃ　お茶(ちゃ) 차　紅茶(こうちゃ) 홍차　緑茶(りょくちゃ) 녹차

さ　喫茶店(きっさてん) 찻집　茶道(さどう) 다도

茶

차 차/차 다

小2 N3

おいしい紅茶(こうちゃ)が飲(の)みたいです。 맛있는 홍차를 마시고 싶습니다.

喫茶店(きっさてん)に行(い)きませんか。 찻집에 가지 않을래요?

1703

음독 じ　次男(じなん) 차남　次回(じかい) 다음 번　目次(もくじ) 목차

し　次第(しだい) 순서, (명사 뒤에 붙어) ~나름임

훈독 つぎ　次(つぎ) 다음

つぐ　次(つ)ぐ 잇따르다, 버금가다

버금 **차**

小3 N3

ぼくは次男(じなん)です。 저는 차남입니다.

次(つぎ)は誰(だれ)の順番(じゅんばん)ですか。 다음은 누구 차례입니까?

1704

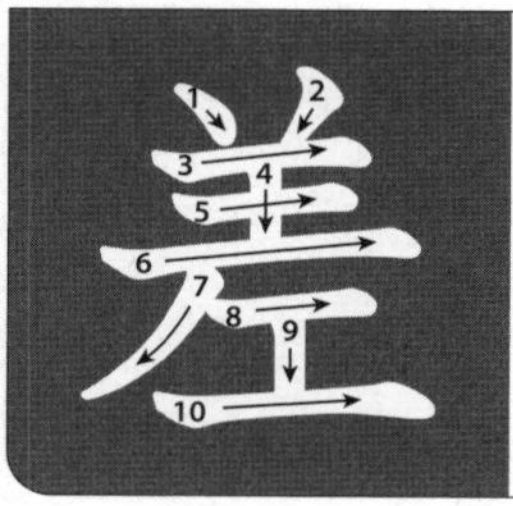

음독 さ　差額(さがく) 차액　差別(さべつ) 차별　時差(じさ) 시차　格差(かくさ) 격차

훈독 さす　差(さ)す ①비치다, 나타나다 ②꽂다, 쓰다

다를 **차**

小4 N2

東京(とうきょう)とニューヨークは14時間(じかん)の時差(じさ)があります。
도쿄와 뉴욕은 14시간의 시차가 있습니다.

雨(あめ)が降(ふ)ってきたので傘(かさ)を差(さ)しました。 비가 내려서 우산을 썼습니다.

Tip 0894 さす 참조

1705

음독 しゃく　借用(しゃくよう) 차용　借金(しゃっきん) 빚　賃借(ちんしゃく) 임차

拝借(はいしゃく) 삼가 빌려 씀(借(か)りる의 겸사말)

훈독 かりる　借(か)りる 빌리다

빌릴 **차**

小4 N3

借金(しゃっきん)を全部(ぜんぶ)、返(かえ)すことができました。 빚을 전부 갚을 수가 있었습니다.

図書館(としょかん)で本(ほん)を借(か)ります。 도서관에서 책을 빌립니다.

1706

훈독 かつ　且(か)つ 또, 게다가

또 **차**

中 N1

外国語(がいこくご)が話(はな)せて、且(か)つパソコンができる人(ひと)を求(もと)めています。
외국어를 할 수 있고, 또 컴퓨터가 가능한 사람을 구하고 있습니다.

1707

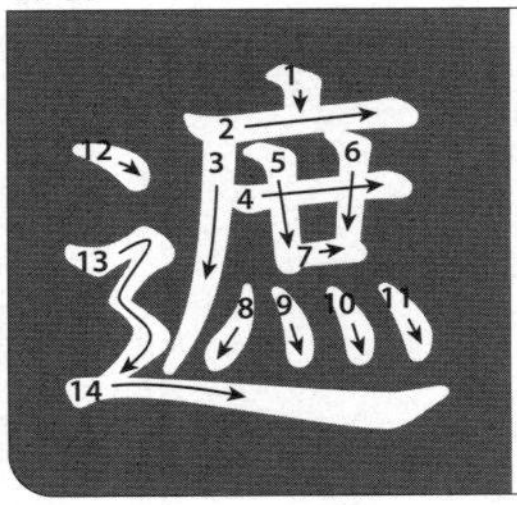

음독 **しゃ** 遮断(しゃだん) 차단 遮光(しゃこう) 차광 遮音(しゃおん) 방음 遮二無二(しゃにむに) 무턱대고

훈독 **さえぎる** 遮る(さえぎる) 가리다, 차단하다

가릴 **차**

中 N1

空気(くうき)を遮断(しゃだん)して、漬物(つけもの)を貯蔵(ちょぞう)します。 공기를 차단하여 절임(일본식 김치)을 저장합니다.

カーテンで光(ひかり)を遮(さえぎ)ります。 커튼으로 빛을 가립니다.

1708

음독 **ちゃく** 着陸(ちゃくりく) 착륙 着実(ちゃくじつ) 착실함 到着(とうちゃく) 도착 愛着(あいちゃく) 애착

훈독 **きる** 着る(きる) (옷을) 입다 上着(うわぎ) 겉옷, 상의

きせる 着せる(きせる) 입히다

つく 着く(つく) 도착하다, 닿다

つける 着ける(つける) (몸에) 쓰다, 끼다, 매다

붙을/다다를/입을 **착**

小3 N3

飛行機(ひこうき)がもうすぐ到着(とうちゃく)します。 비행기가 이제 곧 도착합니다.

上着(うわぎ)はここに掛(か)けてください。 겉옷은 여기에 걸어 주세요.

Tip 0790 つく 참조

Tip 관용구

濡(ぬ)れ衣(ぎぬ)を着(き)せられる 누명을 쓰다

泥棒(どろぼう)の濡(ぬ)れ衣(ぎぬ)を着(き)せられる。 도둑의 누명을 쓰다.

歯(は)に衣着(きぬき)せぬ 솔직하게 말하다, 가식 없이 말하다

彼(かれ)は歯(は)に衣着(きぬき)せぬ言(い)い方(かた)をする。 그는 가식 없이 말한다.

1709

음독 **そく** 捕捉(ほそく) 포착

훈독 **とらえる** 捉える(とらえる) ①잡다 ②파악하다

잡을 **착**

中 급수 외

レーダーが敵機(てっき)を捕捉(ほそく)しました。 레이더가 적기를 포착했습니다.

彼(かれ)は私(わたし)が言(い)ったことを違(ちが)う意味(いみ)に捉(とら)えました。
그는 내가 말한 것을 다른 의미로 파악했습니다.

1710

음독 さく　搾取(さくしゅ) 착취　搾乳(さくにゅう) 착유, 젖을 짬

훈독 しぼる　搾(しぼ)る 짜다　乳搾(ちちしぼ)り 젖을 짬

짤 착

中 N1

酪農場(らくのうじょう)では毎朝(まいあさ)、搾乳(さくにゅう)をします。 낙농장에서는 매일 아침 젖을 짭니다.

レモンの果汁(かじゅう)を搾(しぼ)りました。 레몬 과즙을 짰습니다.

Tip 0217 しぼる 참조

1711

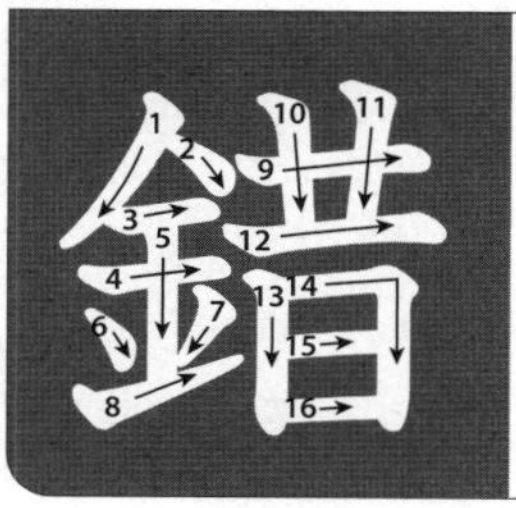

음독 さく　錯誤(さくご) 착오　錯覚(さっかく) 착각　錯乱(さくらん) 착란　錯綜(さくそう) 복잡하게 뒤얽힘

어긋날 착

中 N1

「女性(じょせい)は家(いえ)で働(はたら)く」という考(かんが)えは時代錯誤(じだいさくご)です。
'여성은 집에서 일한다'라는 생각은 시대착오입니다.

情報(じょうほう)が錯綜(さくそう)して、混乱(こんらん)しています。 정보가 복잡하게 뒤얽혀 혼란을 주고 있습니다.

1712

음독 さん　賛成(さんせい) 찬성　賛辞(さんじ) 찬사　自賛(じさん) 자찬　絶賛(ぜっさん) 절찬, 극찬

贊

도울/칭찬할 찬

小5 N2

みんなの意見(いけん)に賛成(さんせい)です。 모두의 의견에 찬성입니다.

彼(かれ)は世界(せかい)が絶賛(ぜっさん)する人(ひと)です。 그는 세계가 극찬하는 사람입니다.

1713

음독 さつ　札束(さつたば) 지폐 다발, 돈뭉치　改札(かいさつ) 개찰　入札(にゅうさつ) 입찰　落札(らくさつ) 낙찰

훈독 ふだ　札(ふだ) 표, 팻말　名札(なふだ) 명찰, 명패　花札(はなふだ) 화투

편지/뽑을 찰

小4 N2

改札口(かいさつぐち)が混(こ)んでいます。 개찰구가 붐빕니다.

名札(なふだ)を付(つ)けてください。 명찰을 달아 주세요.

1714

음독 さつ　察知(さっち) 살펴서 앎, 헤아려 앎　警察(けいさつ) 경찰　検察(けんさつ) 검찰
診察(しんさつ) 진찰

살필 찰
小4 N2

駅(えき)の近(ちか)くに検察庁(けんさつちょう)があります。역 근처에 검찰청이 있습니다.
診察時間(しんさつじかん)は午後(ごご)2時(じ)からです。진찰시간은 오후 2시부터입니다.

1715

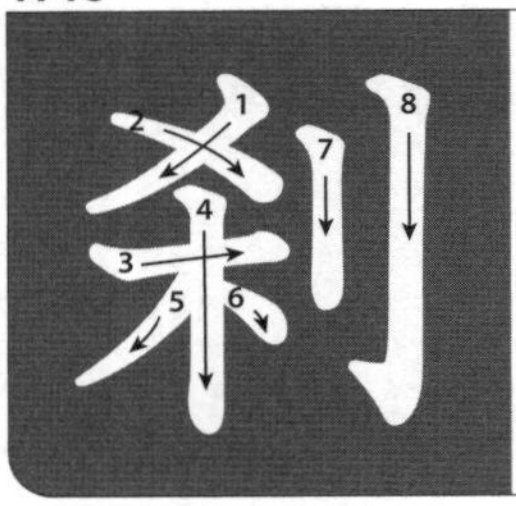

음독 さつ　古刹(こさつ) 고찰, 옛 절　名刹(めいさつ) 명찰(유명한 절)
せつ　刹那(せつな) 찰나

절 찰
中 급수 외

京都(きょうと)には古刹(こさつ)が建(た)ち並(なら)んでいます。교토에는 고찰이 늘어서 있습니다.
その詩(し)を読(よ)んで人生(じんせい)の刹那(せつな)を感(かん)じました。그 시를 읽고 인생의 찰나를 느꼈습니다.

1716

음독 さつ　挨拶(あいさつ) 인사

짓누를 찰
中 급수 외

開会式(かいかいしき)で社長(しゃちょう)が挨拶(あいさつ)をしました。개회식에서 사장님이 인사를 했습니다.

1717

음독 さつ　擦過傷(さっかしょう) 찰과상　摩擦(まさつ) 마찰　貿易摩擦(ぼうえきまさつ) 무역마찰
훈독 する　擦(す)る 문지르다, 갈다, 비비다　擦(す)り傷(きず) 찰과상
すれる　擦(す)れる ①닳다 ②마주 스치다

문지를 찰
中 N1

米中間(べいちゅうかん)で貿易摩擦(ぼうえきまさつ)が問題(もんだい)になりました。중미 간에 무역마찰이 문제가 되었습니다.
ジーンズが擦(す)れて、穴(あな)があきました。청바지가 닳아서 구멍이 생겼습니다.

Tip 1012 する 참조

1718

음독 **さん** 参加(さんか) 참가 参考(さんこう) 참고 降参(こうさん) 항복, 굴복 持参(じさん) 지참

훈독 **まいる** 参る(まいる) 가다, 오다(겸사말)

参

참여할 **참**

小4 N2

図書館(としょかん)で参考文献(さんこうぶんけん)を探(さが)しました。 도서관에서 참고문헌을 찾았습니다.

1時(じ)に先生(せんせい)のお宅(たく)へ参(まい)ります。 1시에 선생님댁에 가겠습니다.

1719

음독 **さん** 惨劇(さんげき) 참극 惨状(さんじょう) 참상 悲惨(ひさん) 비참함

ざん 惨殺(ざんさつ) 참살 無惨(むざん) 무참, 잔인함, 잔혹함

훈독 **みじめ** 惨め(みじ) 비참함, 참담함

むごい 惨い(むご) 잔인하다, 잔혹하다(=惨(むご)たらしい)

惨

참혹할/무자비할 **참**

中 N1

列車事故(れっしゃじこ)の現場(げんば)はとても悲惨(ひさん)でした。 열차사고 현장은 매우 비참했습니다.

彼(かれ)は惨(みじ)めな生活(せいかつ)に負(ま)けないで、勉強(べんきょう)しました。

그는 비참한 생활에 지지 않고 공부했습니다.

1720

음독 **ざん** 斬新(ざんしん) 참신함 斬首(ざんしゅ) 참수(목을 벰) 斬殺(ざんさつ) 참살(끔찍하게 죽임)

훈독 **きる** 斬る(き) 베다

벨 **참**

中 급수 외

斬新(ざんしん)な発想(はっそう)で問題(もんだい)を解決(かいけつ)しました。 참신한 발상으로 문제를 해결했습니다.

新聞(しんぶん)に世相(せそう)を斬(き)る論評(ろんぴょう)が載(の)っています。 신문에 세상을 분석하는 논평이 실려 있습니다.

1721

음독 **そう** 倉庫(そうこ) 창고 穀倉(こくそう) 곡창(곡식 저장 창고)

船倉(せんそう) 선창(배 안에 짐을 싣는 곳)

훈독 **くら** 倉(くら) 곳간, 창고 胸倉(むなぐら) 멱살

곳집 **창**

小4 N1

道具(どうぐ)を倉庫(そうこ)にしまいます。 도구를 창고에 넣습니다.

倉(くら)の中(なか)はとても暗(くら)いです。 창고 안은 매우 어둡습니다.

ㅊ

1722

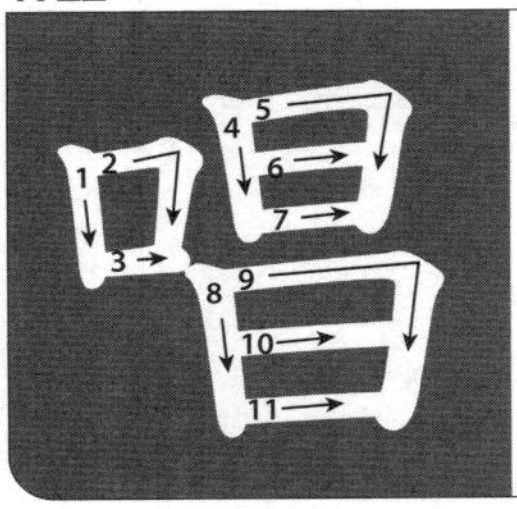

음독 **しょう** 唱和(しょうわ) 창화(한 사람이 선창하고 여러 사람이 따라 부름)
合唱(がっしょう) 합창　暗唱(あんしょう) 암송　独唱(どくしょう) 독창

훈독 **となえる** 唱(とな)える ①외다, 읊다 ②외치다 ③주장하다

부를/주장할 **창**
小4　N1

合唱団(がっしょうだん)で歌(うた)を歌(うた)いました。 합창단에서 노래를 불렀습니다.

魔術師(まじゅつし)がアブラカダブラと呪文(じゅもん)を唱(とな)えています。
마술사가 '수리수리마수리'라고 주문을 외우고 있습니다.

Tip 관용구

異議(いぎ)を唱(とな)える 이의를 주장하다

木村(きむら)さんは会議(かいぎ)で異議(いぎ)を唱(とな)えました。 기무라 씨는 회의에서 이의를 주장했습니다.

今際(いまわ)の念仏誰(ねんぶつだれ)も唱(とな)える 임종 시 염불은 누구나 왼다, 평소에는 안 믿는 신불(神仏)을 어려움에 빠지면 찾게 됨(= 苦(くる)しい時(とき)の神頼(かみだの)み)

「今際(いまわ)の念仏誰(ねんぶつだれ)も唱(とな)える」と言(い)って、人(ひと)は死(し)を怖(こわ)がるものだ。
'임종 시 염불은 누구나 왼다'는 말처럼, 사람은 죽음을 두려워하는 법이다.

1723

음독 **そう** 窓外(そうがい) 창 밖　同窓(どうそう) 동창　車窓(しゃそう) 차창　学窓(がくそう) 학창

훈독 **まど** 窓(まど) 창문　窓口(まどぐち) 창구　窓辺(まどべ) 창가(＝窓際(まどぎわ))

창 **창**
小6　N2

高校生(こうこうせい)のときの同窓会(どうそうかい)がありました。 고등학생 때의 동창회가 있었습니다.

窓(まど)を開(あ)けましょうか。 창문을 열까요?

1724

음독 **そう** 創設(そうせつ) 창설　創業(そうぎょう) 창업　創立(そうりつ) 창립　独創(どくそう) 독창

시작할/만들 **창**
小6　N1

新(あたら)しい部門(ぶもん)を創設(そうせつ)しました。 새로운 부문을 창설했습니다.

学校(がっこう)が創立(そうりつ)100周年(しゅうねん)を迎(むか)えました。 학교가 창립 100주년을 맞았습니다.

1725

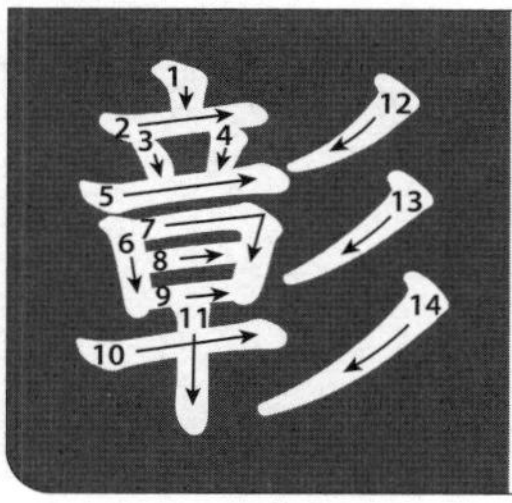

음독 しょう　表彰(ひょうしょう) 표창　表彰状(ひょうしょうじょう) 표창장

드러날 창

中 N1

写真(しゃしん)のコンテストで表彰(ひょうしょう)されました。 사진 콘테스트에서 표창받았습니다.

1726

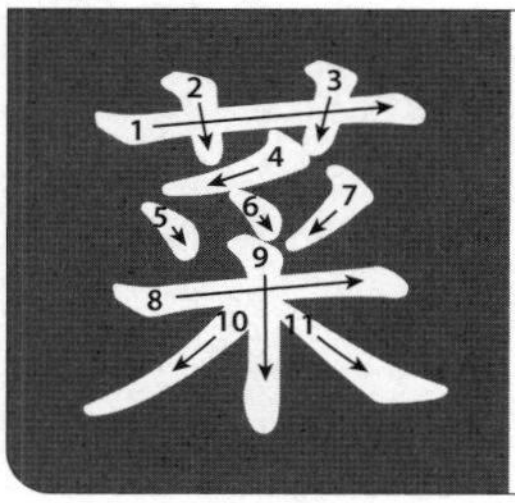

음독 さい　菜食(さいしょく) 채식　野菜(やさい) 채소　白菜(はくさい) 배추

菜箸(さいばし) (요리를 만들거나 반찬을 각자의 접시에 덜 때 쓰는) 긴 젓가락

훈독 な　菜の花(なのはな) 유채꽃　青菜(あおな) 푸른 채소

菜

나물 채

小4 N3

今年(ことし)も白菜(はくさい)がたくさん取(と)れました。 올해도 배추가 많이 수확되었습니다.

菜の花(なのはな)がとてもきれいです。 유채꽃이 매우 예쁩니다.

1727

음독 さい　採用(さいよう) 채용　採血(さいけつ) 채혈　採点(さいてん) 채점　採取(さいしゅ) 채취

훈독 とる　採(と)る ①캐다, 채취하다 ②채용하다

캘/고를 채

小5 N2

採血(さいけつ)をして検査(けんさ)をしました。 채혈을 해서 검사를 했습니다.

山(やま)で山菜(さんさい)を採(と)りました。 산에서 산나물을 캤습니다.

Tip 1697 とる 참조

1728

음독 さい　采(さい) 주사위　采配(さいはい) 지휘채, 지휘

風采(ふうさい) 풍채(드러나 보이는 사람의 겉모양)

풍채/주사위 채

中 급수 외

社長(しゃちょう)が自(みずか)らプロジェクトの采配(さいはい)を振(ふ)りました。

사장이 스스로 프로젝트를 지휘했습니다.

40代(だい)なのに平社員(ひらしゃいん)で風采(ふうさい)が上(あ)がりません。 40대인데도 평사원이라 초라해 보입니다.

1729

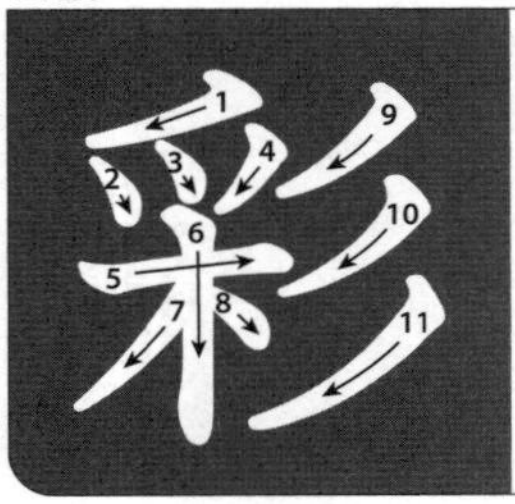

음독 さい　多彩(たさい) 다채로움　迷彩(めいさい) 미채(채색을 하여 위장함)　油彩(ゆさい) 유채

훈독 いろどる　彩る(いろどる) ①색칠하다, 채색하다 ②장식하다, 꾸미다

채색 **채**

中　N1

世界(せかい)には多彩(たさい)な文化(ぶんか)があります。 세상에는 다채로운 문화가 있습니다.

紅葉(もみじ)が山(やま)を彩(いろど)っています。 단풍이 산을 물들이고 있습니다.

1730

음독 さい　債権(さいけん) 채권　債務(さいむ) 채무　国債(こくさい) 국채　負債(ふさい) 부채, 빚

빚 **채**

中　N1

政府(せいふ)が国債(こくさい)を発行(はっこう)しました。 정부가 국채를 발행했습니다.

不況(ふきょう)で負債(ふさい)を抱(かか)える会社(かいしゃ)が増(ふ)えました。 불황으로 부채를 안고 있는 회사가 늘었습니다.

1731

음독 せき　責任(せきにん) 책임　責務(せきむ) 책무　問責(もんせき) 문책　自責(じせき) 자책

훈독 せめる　責める(せめる) 꾸짖다, 채근하다, 나무라다

꾸짖을/책임 **책**

小5　N2

責任(せきにん)をもって仕事(しごと)をします。 책임을 갖고 일을 합니다.

先輩(せんぱい)が後輩(こうはい)の失敗(しっぱい)を責(せ)めています。 선배가 후배의 실수를 꾸짖고 있습니다.

1732

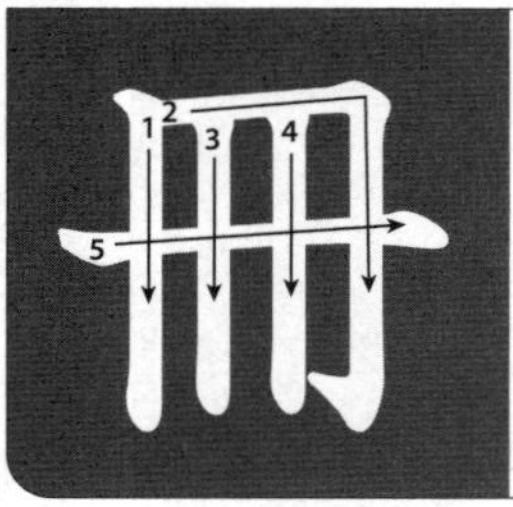

음독 さつ　冊子(さっし) 책자, 책　一冊(いっさつ) 한 권　何冊(なんさつ) 몇 권　別冊(べっさつ) 별책

さく　短冊(たんざく) 글씨를 쓰는 조붓한 종이

책 **책**

小6　N2

これはフランス語(ご)の旅行会話(りょこうかいわ)の冊子(さっし)です。 이것은 프랑스어로 된 여행회화 책자입니다.

本(ほん)を一冊(いっさつ)、買(か)いました。 책을 한 권 샀습니다.

1733

策

음독 さく　策略(さくりゃく) 책략, 계략　対策(たいさく) 대책　政策(せいさく) 정책　散策(さんさく) 산책

꾀 책

小6　N1

少子化(しょうしか)の対策(たいさく)を話(はな)し合(あ)います。 저출산 대책을 의논합니다.

森(もり)の中(なか)を散策(さんさく)しました。 숲 속을 산책했습니다.

1734

柵

음독 さく　柵(さく) 울타리

울타리 책

中　급수 외

畑(はたけ)を柵(さく)で囲(かこ)います。 밭을 울타리로 두릅니다.

1735

妻

음독 さい　妻子(さいし) 처자　妻帯(さいたい) 아내를 둠　夫妻(ふさい) 부처, 부부

良妻(りょうさい) 양처, 좋은 아내　良妻賢母(りょうさいけんぼ) 현모양처

훈독 つま　妻(つま) 아내

아내 처

小5　N2

大統領(だいとうりょう)夫妻(ふさい)が来日(らいにち)しました。 대통령 부처가 일본에 왔습니다.

妻(つま)とは3年前(ねんまえ)に結婚(けっこん)しました。 아내와는 3년 전에 결혼했습니다.

1736

処

음독 しょ　処理(しょり) 처리　処分(しょぶん) 처분　処罰(しょばつ) 처벌　対処(たいしょ) 대처

處

처리할 처

小6　N2

いらない物(もの)を処分(しょぶん)しました。 필요없는 물건을 처분했습니다.

この問題(もんだい)にどう対処(たいしょ)しますか。 이 문제에 어떻게 대처하겠습니까?

1737

음독 せい　凄惨(せいさん) 처참함　凄絶(せいぜつ) 처절함

훈독 すごい　凄(すご)い 굉장하다, 대단하다

すさまじい　凄(すさ)まじい 무시무시하다, 굉장하다

처량할/무성할 처

中　급수 외

祖母(そぼ)は凄惨(せいさん)な戦争(せんそう)の思(おも)い出(で)を話(はな)しました。
할머니는 처참한 전쟁의 추억을 이야기했습니다.

凄(すさ)まじい勢力(せいりょく)の台風(たいふう)が来(き)ました。 무시무시한 세력의 태풍이 왔습니다.

1738

음독 しゃく　尺度(しゃくど) 자, 길이, 척도　尺八(しゃくはち) 퉁소(피리의 한 종류)
一尺(いっしゃく) 일척, 한 자　縮尺(しゅくしゃく) 축척

자 척

小6　N1

日本(にほん)には「尺八(しゃくはち)」という楽器(がっき)があります。 일본에는 '퉁소'라는 악기가 있습니다.

一尺(いっしゃく)は約(やく)30.3センチメートルです。 일척은 약 30.3센티미터입니다.

1739

음독 せき　排斥(はいせき) 배척　斥候(せっこう) 척후(적의 형편이나 지형 등을 살핌)

훈독 しりぞける　斥(しりぞ)ける 멀리하다, 거절하다, 물리치다

물리칠 척

中　N1

外国人(がいこくじん)の排斥運動(はいせきうんどう)に反対(はんたい)します。 외국인 배척운동에 반대합니다.

上司(じょうし)は私(わたし)の意見(いけん)を斥(しりぞ)けました。 상사는 나의 의견을 거절했습니다.

1740

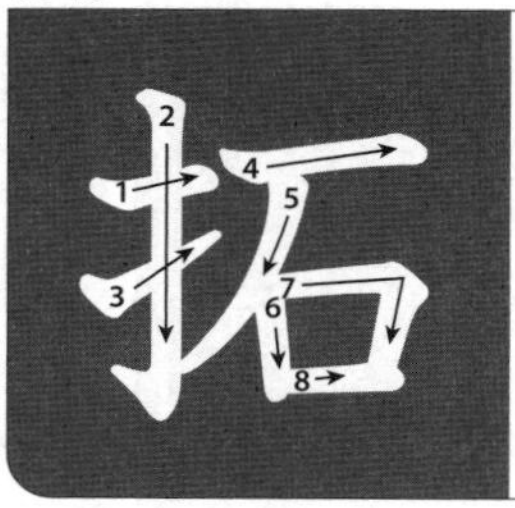

음독 たく　拓殖(たくしょく) 척식(개척과 식민)　干拓(かんたく) 간척　開拓(かいたく) 개척
拓本(たくほん) 탁본

넓힐 척/박을 탁

中　N1

干潟(ひがた)を干拓(かんたく)して、畑(はたけ)を作(つく)ります。 갯벌을 간척하여 밭을 만듭니다.

北海道(ほっかいどう)は明治時代(めいじじだい)に開拓(かいたく)されました。 홋카이도는 메이지시대에 개척되었습니다.

1741

음독 せき　隻眼(せきがん) 외눈　一隻(いっせき) 한 척　二隻(にせき) 두 척

외짝/척 **척**

中　N2

伊達政宗(だてまさむね)は隻眼(せきがん)の武将(ぶしょう)として有名(ゆうめい)です。다테 마사무네는 외눈의 무장으로써 유명합니다.

一隻(いっせき)の船(ふね)が航行(こうこう)しています。한 척의 배가 항해하고 있습니다.

1742

음독 せき　脊椎(せきつい) 척추　脊髄(せきずい) 척수　脊柱(せきちゅう) 척주, 등뼈

등마루 **척**

中　급수 외

父(ちち)が脊椎(せきつい)ヘルニアで入院(にゅういん)しました。아버지가 척추디스크로 입원했습니다.

脊髄(せきずい)には太(ふと)い神経(しんけい)があります。척수에는 굵은 신경이 있습니다.

1743

음독 ちょく　進捗(しんちょく) 진척

훈독 はかどる　捗(はかど)る 진척되다

칠 **척**

中　급수 외

工事(こうじ)の進捗状況(しんちょくじょうきょう)を住民(じゅうみん)に説明(せつめい)します。공사의 진척상황을 주민에게 설명합니다.

睡眠不足(すいみんぶそく)で仕事(しごと)が捗(はかど)りません。수면부족으로 일이 진척되지 않습니다.

Tip 이 한자는 **捗**로도 쓰임

1744

음독 せき　親戚(しんせき) 친척　遠戚(えんせき) 먼 친척　姻戚(いんせき) 인척

친척 **척**

中　급수 외

親戚(しんせき)のおじさんの家(いえ)へ遊(あそ)びに行(い)きました。친척 아저씨 집에 놀러 갔습니다.

私(わたし)の遠戚(えんせき)には芸能人(げいのうじん)がいます。나의 먼 친척에는 연예인이 있습니다.

1745

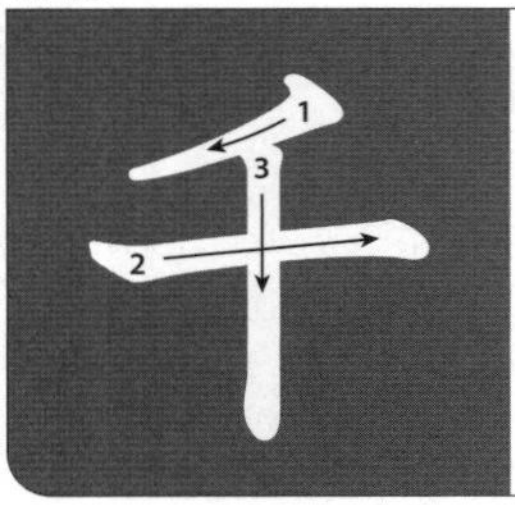

음독 **せん** 千円(せんえん) 천 엔　千人(せんにん) 천 명　千年(せんねん) 1000년

훈독 **ち** 千切る(ちぎる) 손으로 잘게 찢다　千代(ちよ) 영원

일천 **천**

小1 N5

この寺(てら)は千年前(せんねんまえ)の建物(たてもの)です。이 절은 1000년 전 건물입니다.

これは千切り絵(ちぎりえ)の作品(さくひん)です。이것은 손으로 찢어 붙여 만든 그림 작품입니다.

1746

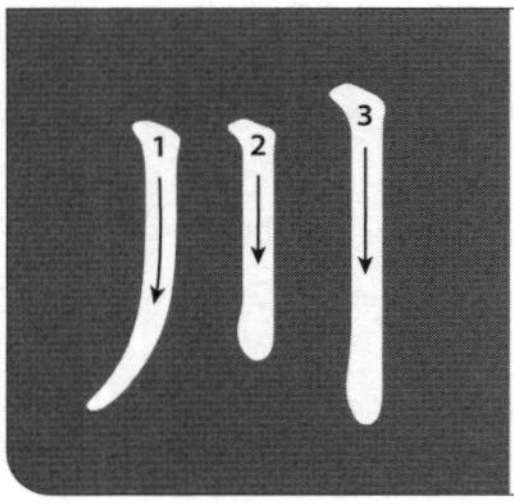

음독 **せん** 河川(かせん) 하천

훈독 **かわ** 川(かわ) 강　川上(かわかみ) 강의 상류　川下(かわしも) 강의 하류

내 **천**

小1 N5

近(ちか)くで河川工事(かせんこうじ)をしています。근처에서 하천공사를 하고 있습니다.

ソウルには大(おお)きな川(かわ)が流(なが)れています。서울에는 큰 강이 흐르고 있습니다.

1747

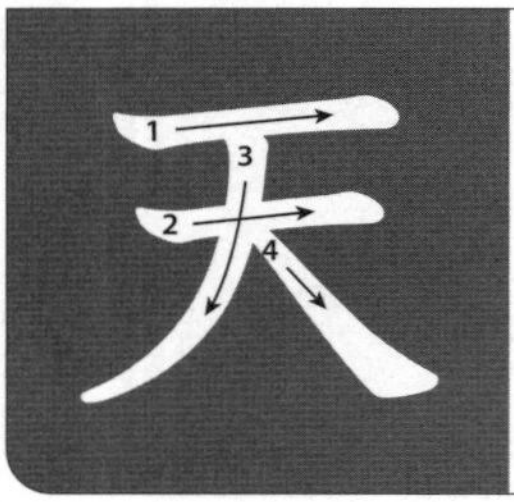

음독 **てん** 天気(てんき) 날씨　天才(てんさい) 천재　天国(てんごく) 천국　天文台(てんもんだい) 천문대
雨天(うてん) 우천, 비가 옴

훈독 **あめ** 天(あめ) 하늘

あま 天の川(あまのがわ) 은하수　天下り(あまくだり) 낙하산 인사

하늘 **천**

小1 N5

雨天(うてん)の時(とき)は、運動会(うんどうかい)は中止(ちゅうし)です。우천시에는 운동회는 중지입니다.

天気(てんき)が良(い)い時(とき)は天の川(あまのがわ)がよく見(み)えます。날씨가 좋을 때는 은하수가 잘 보입니다.

1748

음독 **せん** 浅学(せんがく) 학식이 얕음　浅薄(せんぱく) 천박함　浅慮(せんりょ) 얕은 생각
浅海(せんかい) 얕은 바다

훈독 **あさい** 浅い(あさい) 얕다　遠浅(とおあさ) 물가에서 멀리까지 물이 얕음

淺

얕을 **천**

小4 N2

浅学(せんがく)な私(わたし)には分(わ)かりません。학식이 얕은 저는 모르겠습니다.

浅(あさ)いところで泳(およ)ぎましょう。얕은 곳에서 수영합시다.

1749

음독 **せん** 泉水(せんすい) 샘물　温泉(おんせん) 온천　冷泉(れいせん) 냉천, 찬 샘　源泉(げんせん) 원천

훈독 **いずみ** 泉(いずみ) 샘, 샘물

샘 **천**

小6 N2

箱根(はこね)は温泉(おんせん)が有名(ゆうめい)です。 하코네는 온천이 유명합니다.

泉(いずみ)の水(みず)をくみました。 샘물을 펐습니다.

1750

음독 **せん** 実践(じっせん) 실천

踐

실천할 **천**

中 N1

研修会(けんしゅうかい)で学(まな)んだことを実践(じっせん)に移(うつ)します。
연수회에서 배웠던 것을 실천에 옮깁니다.

1751

음독 **せん** 遷都(せんと) 천도　変遷(へんせん) 변천　左遷(させん) 좌천

遷

옮길 **천**

中 N1

教育制度(きょういくせいど)の変遷(へんせん)を調(しら)べました。 교육제도의 변천을 조사했습니다.

人事部(じんじぶ)は田中(たなか)さんを左遷(させん)しました。 인사부는 다나카 씨를 좌천시켰습니다.

1752

음독 **せん** 推薦(すいせん) 추천　自薦(じせん) 자기 자신을 추천함　他薦(たせん) 남이 추천함

훈독 **すす**める 薦(すす)める 추천하다

薦

천거할 **천**

中 N1

推薦(すいせん)で山本(やまもと)さんが会長(かいちょう)に選(えら)ばれました。 추천으로 야마모토 씨가 회장으로 뽑혔습니다.

先生(せんせい)が太宰治(だざいおさむ)の本(ほん)を薦(すす)めました。 선생님이 다자이 오사무의 책을 추천했습니다.

Tip 0262 すすめる 참조

1753

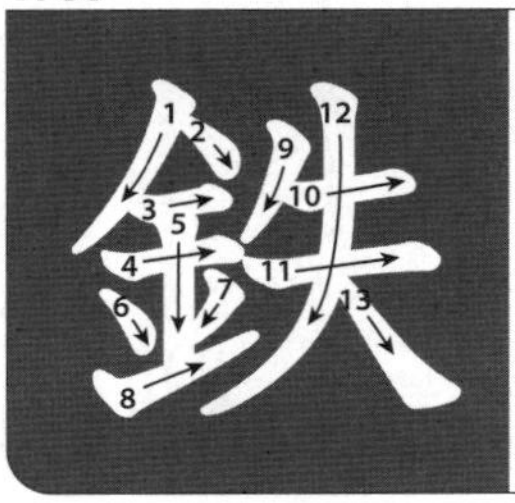

음독 **てつ**　鉄道(てつどう) 철도　鉄棒(てつぼう) 철봉　鉄筋(てっきん) 철근　地下鉄(ちかてつ) 지하철

鐵

쇠 **철**

小3　N2

新(あたら)しい鉄道(てつどう)ができました。 새로운 철도가 생겼습니다.

東京(とうきょう)の地下鉄(ちかてつ)はとても複雑(ふくざつ)です。 도쿄의 지하철은 매우 복잡합니다.

1754

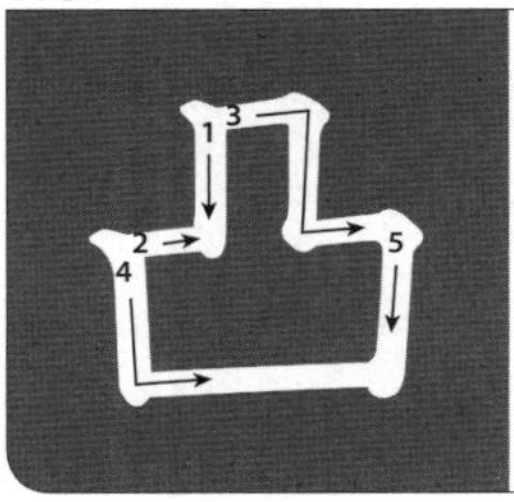

음독 **とつ**　凸(とつ)レンズ 볼록렌즈　凸面鏡(とつめんきょう) 볼록거울　凹凸(おうとつ) 요철, 울퉁불퉁

훈독 **でこ**　凸凹(でこぼこ) 요철, 울퉁불퉁

볼록할 **철**

中　N1

凸(とつ)レンズは光(ひかり)を集(あつ)める性質(せいしつ)があります。 볼록렌즈는 빛을 모으는 성질이 있습니다.

凸凹(でこぼこ)がある場所(ばしょ)ではサッカーはできません。 요철이 있는 장소에서는 축구는 못합니다.

1755

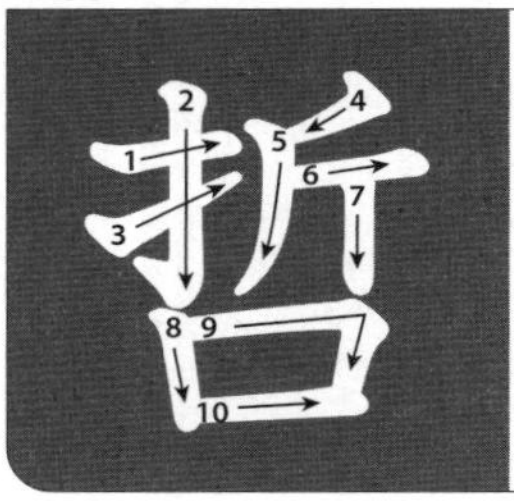

음독 **てつ**　哲学(てつがく) 철학　哲人(てつじん) 철인, 철학자　変哲(へんてつ) 별다름, 이상함

밝을 **철**

中　N1

哲学(てつがく)の問題(もんだい)は難(むずか)しくて頭(あたま)が痛(いた)くなります。 철학 문제는 어려워서 머리가 아파집니다.

何(なん)の変哲(へんてつ)もない日々(ひび)がつまらないです。 별다른 일도 없는 날들이 재미없습니다.

1756

음독 **てつ**　徹夜(てつや) 철야　徹底(てってい) 철저, 투철　冷徹(れいてつ) 냉철함　貫徹(かんてつ) 관철

통할 **철**

中　N1

徹夜(てつや)でテストの勉強(べんきょう)をしました。 철야로 시험 공부를 했습니다.

徹底的(てっていてき)にゴミを拾(ひろ)って、町(まち)をきれいにしました。
철저히 쓰레기를 주워서 동네를 깨끗하게 했습니다.

1757

음독 てつ　撤回(てっかい) 철회　撤去(てっきょ) 철거　撤収(てっしゅう) 철수　撤廃(てっぱい) 철폐, 폐지

撤(てっ)する ①철거하다 ②철수하다

거둘 **철**

中　N1

その政治家(せいじか)は自分(じぶん)の発言(はつげん)を撤回(てっかい)しました。그 정치가는 자신의 발언을 철회했습니다.

工事(こうじ)の足場(あしば)を撤去(てっきょ)しています。공사의 발판을 철거하고 있습니다.

1758

음독 てん　添付(てんぷ) 첨부　添削(てんさく) 첨삭　添加(てんか) 첨가　添乗員(てんじょういん) 투어 가이드

훈독 そえる　添(そ)える 첨부하다, 곁들이다

そう　添(そ)う 따르다　付(つ)き添(そ)い 시중드는 사람

더할 **첨**

中　N1

ファイルを添付(てんぷ)してメールで送(おく)りました。파일을 첨부해서 메일로 보냈습니다.

ステーキにフライドポテトを添(そ)えます。스테이크에 감자튀김을 곁들입니다.

1759

음독 じょう　一畳(いちじょう) 1조　二畳(にじょう) 2조

훈독 たたむ　畳(たた)む ①개다 ②접다

たたみ　畳(たたみ) 다다미

疊

포개어 갤 **첩**

中　N2

私(わたし)の部屋(へや)の広(ひろ)さは六畳(ろくじょう)です。내 방의 넓이는 6조입니다.

乾(かわ)いた洗濯物(せんたくもの)を畳(たた)みます。마른 빨래를 갭니다.

1760

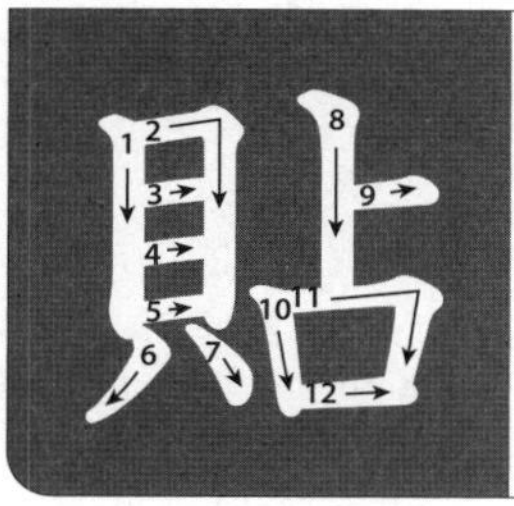

음독 ちょう/てん　貼付(ちょうふ) 붙임(てんぷ로도 읽음)

훈독 はる　貼(は)る 붙이다

붙일 **첩**

中　급수 외

腰(こし)に湿布(しっぷ)を貼付(ちょうふ)します。허리에 파스를 붙입니다.

封筒(ふうとう)に切手(きって)を貼(は)りました。봉투에 우표를 붙였습니다.

ㅊ

1761

음독 **せい** 青少年(せいしょうねん) 청소년 青春(せいしゅん) 청춘

훈독 **あお** 青信号(あおしんごう) 청신호, 파란불(신호등) 青空(あおぞら) 푸른 하늘

あおい 青い(あお) 파랗다

예외 真(ま)っ青(さお) 새파람

青

푸를 **청**

小1 N4

この町(まち)には青少年(せいしょうねん)が多(おお)いです。 이 마을에는 청소년이 많습니다.

青信号(あおしんごう)になるまで待(ま)ちましょう。 파란불이 될 때까지 기다립시다.

1762

음독 **せい** 晴天(せいてん) 맑은 하늘 快晴(かいせい) 쾌청

晴耕雨読(せいこううどく) 청경우독(부지런히 일하며 공부함)

훈독 **は**れる 晴(は)れる (날씨가) 맑다, 개다 晴(は)れ着(ぎ) 나들이옷

はらす 晴(は)らす 개게 하다, 풀다 気(き)晴(ば)らし 기분 전환

晴

갤 **청**

小2 N2

10月(がつ)は晴天(せいてん)の日(ひ)が多(おお)いです。 10월은 하늘이 맑은 날이 많습니다.

晴(は)れることを祈(いの)って、てるてる坊主(ぼうず)をつるします。
날이 개기를 빌어 데루테루인형을 매답니다.

1763

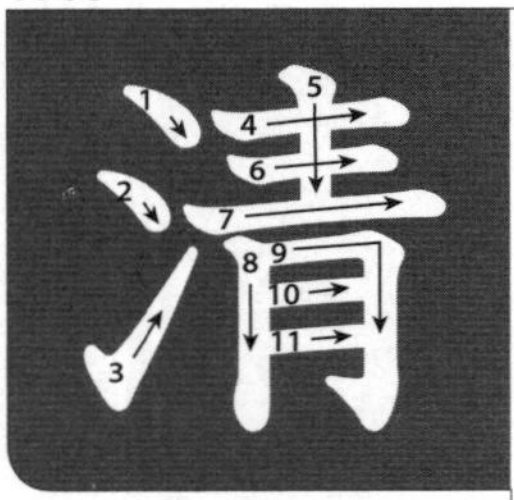

음독 **せい** 清潔(せいけつ) 청결 清酒(せいしゅ) 청주 清掃(せいそう) 청소 清流(せいりゅう) 청류(맑게 흐르는 물)

しょう 清浄(しょうじょう) 청정(せいじょう로도 읽음)

훈독 **きよ**い 清(きよ)い 맑다, 깨끗하다

きよらか 清(きよ)らか 맑음, 깨끗함

きよまる 清(きよ)まる 맑아지다, 깨끗해지다

きよめる 清(きよ)める 맑게 하다, 깨끗이 하다

清

맑을 **청**

小4 N2

いつも体(からだ)を清潔(せいけつ)にしましょう。 항상 몸을 청결히 합시다.

山(やま)には清(きよ)らかな川(かわ)が流(なが)れています。 산에는 맑은 냇물이 흐르고 있습니다.

Tip 속담

清水(きよみず)の舞台(ぶたい)から飛(と)び降(お)りる

기요미즈 무대에서 뛰어내리다(중요한 결단을 할 때 쓰는 표현)

清水(きよみず)の舞台(ぶたい)から飛(と)び降(お)りるつもりで、高級(こうきゅう)ブランドのバッグを買(か)った。
큰 마음 먹고 명품 가방을 샀다.

1764

庁

음독 ちょう　庁舎(ちょうしゃ) 청사　官庁(かんちょう) 관청　警察庁(けいさつちょう) 경찰청　県庁(けんちょう) 현청

廳

관청 **청**

小6　N2

新(あたら)しい庁舎(ちょうしゃ)ができました。새로운 청사가 생겼습니다.

県庁(けんちょう)の前(まえ)にバス停(てい)があります。현청 앞에 버스정류장이 있습니다.

1765

請

음독 せい　請願(せいがん) 청원　請求(せいきゅう) 청구　申請(しんせい) 신청　要請(ようせい) 요청

훈독 こう　請(こ)う 청하다

うける　請(う)ける 도급하다, 떠맡다　請負人(うけおいにん) 도급업자

請

청할 **청**

中　N1

カード会社(がいしゃ)から請求書(せいきゅうしょ)が来(き)ました。카드회사에서 청구서가 왔습니다.

上司(じょうし)に休暇(きゅうか)の許可(きょか)を請(こ)いました。상사에게 휴가의 허가를 청했습니다.

1766

聴

음독 ちょう　聴衆(ちょうしゅう) 청중　聴解(ちょうかい) 청해　拝聴(はいちょう) 배청, 삼가 들음　傾聴(けいちょう) 경청

훈독 きく　聴(き)く 듣다

聽

들을 **청**

中　N1

午後(ごご)から聴解(ちょうかい)のテストがあります。오후부터 청해 시험이 있습니다.

候補者(こうほしゃ)は市民(しみん)の声(こえ)を聴(き)きました。후보자는 시민의 목소리를 들었습니다.

Tip 0659 きく 참조

1767

体

음독 たい　体育(たいいく) 체육　体力(たいりょく) 체력　身体(しんたい) 신체, 몸　肉体(にくたい) 육체

てい　世間体(せけんてい) 세상에 대한 체면

훈독 からだ　体(からだ) 몸　体(からだ)つき 몸매

體

몸 **체**

小2　N3

今日(きょう)は身体検査(しんたいけんさ)の日(ひ)です。오늘은 신체검사를 하는 날입니다.

運動(うんどう)は体(からだ)にいいです。운동은 몸에 좋습니다.

1768

음독 **てい** 逓信(ていしん) 체신(편지 등을 전하는 일) 逓増(ていぞう) 체증, 차차 증가함 逓減(ていげん) 체감, 차차 감소함

遞

전할/번갈아 **체**

中 N1

電話(でんわ)や郵便(ゆうびん)に関(かん)する行政(ぎょうせい)を逓信行政(ていしんぎょうせい)といいます。
전화나 우편에 관한 행정을 체신행정이라고 합니다.

会社(かいしゃ)の収益(しゅうえき)が逓減(ていげん)しています。 회사의 수익이 점점 감소하고 있습니다.

1769

음독 **たい** 逮捕(たいほ) 체포

잡을 **체**

中 N1

警察(けいさつ)が窃盗犯(せっとうはん)を逮捕(たいほ)しました。 경찰이 절도범을 체포했습니다.

1770

음독 **たい** 交替(こうたい) 교체, 교대 代替(だいたい) 대체

훈독 **かえる** 替(か)える 교체하다, 바꾸다

かわる 替(か)わる 교체되다, 바뀌다

예외 為替(かわせ) 외환

바꿀 **체**

中 N2

三人(さんにん)で交替(こうたい)しながら働(はたら)きます。 3명이 교대하면서 일합니다.

タイヤを冬用(ふゆよう)に替(か)えました。 타이어를 겨울용으로 바꿨습니다.

Tip 0387 かえる 참조

1771

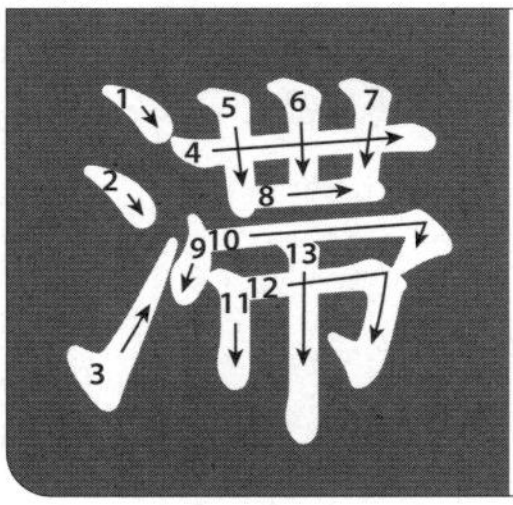

음독 **たい** 滞在(たいざい) 체류 滞納(たいのう) 체납 渋滞(じゅうたい) 정체, 밀림 停滞(ていたい) 정체(일이 순조롭게 진행되지 않음)

훈독 **とどこおる** 滞(とどこお)る 밀리다, 정체되다

滯

막힐 **체**

中 N1

アメリカに十日間(とおかかん)、滞在(たいざい)する予定(よてい)です。 미국에 열흘간 체류할 예정입니다.

202号室(ごうしつ)の住人(じゅうにん)の家賃(やちん)振(ふ)り込(こ)みが滞(とどこお)っています。
202호실 거주자의 집세 입금이 밀렸습니다.

1772

음독 **てい** 締結(ていけつ) 체결 締約(ていやく) 체약(조약·계약을 맺음)

훈독 **しまる** 締(し)まる 단단하게 죄이다 取(と)り締(し)まり 단속
戸締(とじ)まり 문단속

しめる 締(し)める 죄다, 잠그다 締(し)め切(き)り 마감

맺을/단속할 **체**

中 N1

日本(にほん)がフランスと条約(じょうやく)を締結(ていけつ)しました。 일본이 프랑스와 조약을 체결했습니다.

レポート提出(ていしゅつ)の締(し)め切(き)りを守(まも)ってください。 리포트 제출 마감을 지켜 주세요.

Tip 0217 しめる 참조

1773

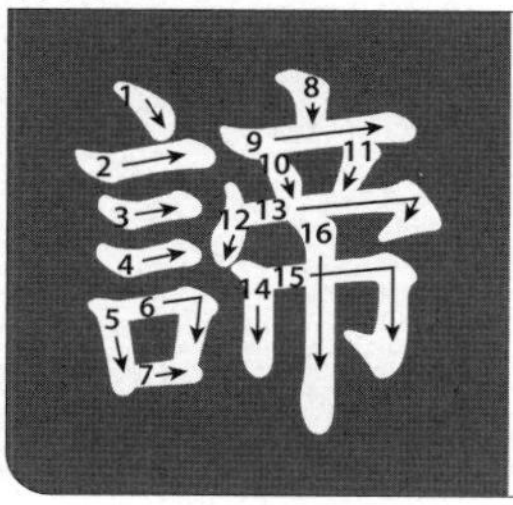

음독 **てい** 諦念(ていねん) 체념 諦観(ていかん) ①명확히 본질을 밝힘 ②체념함

훈독 **あきらめる** 諦(あきら)める 포기하다 諦(あきら)め 단념, 체념

살필 **체**

中 급수 외

彼(かれ)は、この恋(こい)は実(みの)らないだろうと諦念(ていねん)しました。
그는 이 사랑은 이루어지지 않을 거라고 체념했습니다.

諦(あきら)めないで努力(どりょく)すれば夢(ゆめ)は叶(かな)います。 포기하지 않고 노력하면 꿈은 이루어집니다.

1774

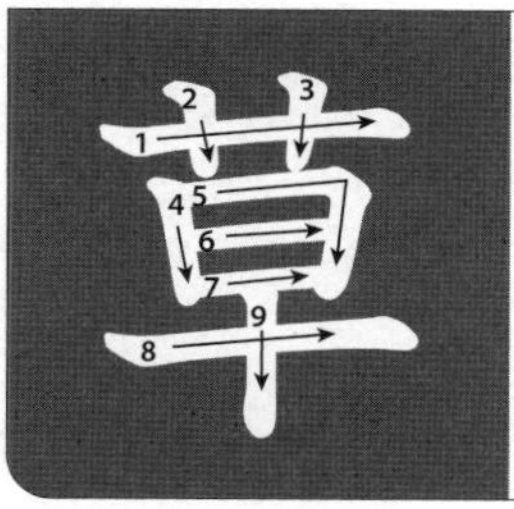

음독 **そう** 草原(そうげん) 초원 海草(かいそう) 해초 草書(そうしょ) 초서(체)
예외 草履(ぞうり) 짚신, 샌들

훈독 **くさ** 草(くさ) 풀 草花(くさばな) 화초 草色(くさいろ) 초록빛

草

풀 **초**

小1 N2

春(はる)になって、草原(そうげん)に花(はな)が咲(さ)きました。 봄이 되어 초원에 꽃이 피었습니다.

庭(にわ)の草(くさ)をとりました。 정원의 풀을 뽑았습니다.

1775

음독 **びょう** 秒速(びょうそく) 초속 秒針(びょうしん) 초침 一秒(いちびょう) 1초 毎秒(まいびょう) 매초

분초 **초**

小3 N2

秒針(びょうしん)が止(と)まってしまいました。 초침이 멈춰 버렸습니다.

一分一秒(いっぷんいちびょう)でも惜(お)しいです。 1분 1초라도 아깝습니다.

1776

처음 **초**

小4 N2

음독 **しょ** 初級(しょきゅう) 초급 初日(しょにち) 첫날 初冬(しょとう) 초겨울 最初(さいしょ) 최초, 맨 처음
当初(とうしょ) 당초, 최초

훈독 **はじめ** 初(はじ)め 처음, 시초
はじめて 初(はじ)めて 최초로, 처음으로
はつ 初雪(はつゆき) 첫눈 初恋(はつこい) 첫사랑
うい 初産(ういざん) 초산
そめる 書初(かきぞ)め 신춘 휘호

初級(しょきゅう)クラスで韓国語(かんこくご)を勉強(べんきょう)します。 초급반에서 한국어를 공부합니다.

景福宮(キョンボックン)に初(はじ)めて行(い)きました。 경복궁에 처음으로 갔습니다.

Tip 1083 はじめて 참조

Tip 초동

初冬(しょとう) 초겨울
初冬(しょとう)の山(やま)を歩(ある)く。 초겨울 산을 걷다.

初動(しょどう) 처음 행동
初動捜査(しょどうそうさ)が遅(おく)れる。 초동 수사가 늦어지다.

1777

부를 **초**

小5 N2

음독 **しょう** 招待(しょうたい) 초대 招請(しょうせい) 초청 招集(しょうしゅう) 소집 招来(しょうらい) 초래, 불러옴

훈독 **まねく** 招(まね)く ①부르다 ②초대하다 ③초래하다

日本(にほん)の結婚式(けっこんしき)は招待状(しょうたいじょう)がないと行(い)けません。
일본의 결혼식은 초대장이 없으면 갈 수 없습니다.

留学生(りゅうがくせい)を招(まね)いてパーティーをしました。 유학생을 초대해서 파티를 했습니다.

1778

뽑을 **초**

中 N1

음독 **しょう** 抄本(しょうほん) 초본(원본의 일부를 분리한 것) 抄録(しょうろく) 초록(발초한 기록)
抄訳(しょうやく) 초역(필요한 부분을 뽑아서 번역함)

市役所(しやくしょ)で戸籍抄本(こせきしょうほん)をもらいました。 시청에서 호적초본을 받았습니다.

古典(こてん)を子(こ)ども向(む)けに抄訳(しょうやく)します。 고전을 아동용으로 초역합니다.

1779

음독 **しょう** 　肖像(しょうぞう) 초상　不肖(ふしょう) 불초(어버이를 닮지 않고 못남)

肖

닮을/같을 초

中　N1

これは父(ちち)が描(えが)いた肖像(しょうぞう)画(が)です。이것은 아버지가 그린 초상화입니다.

不肖(ふしょう)の息子(むすこ)が結婚(けっこん)することになりました。불초 자식이 결혼하게 되었습니다.

1780

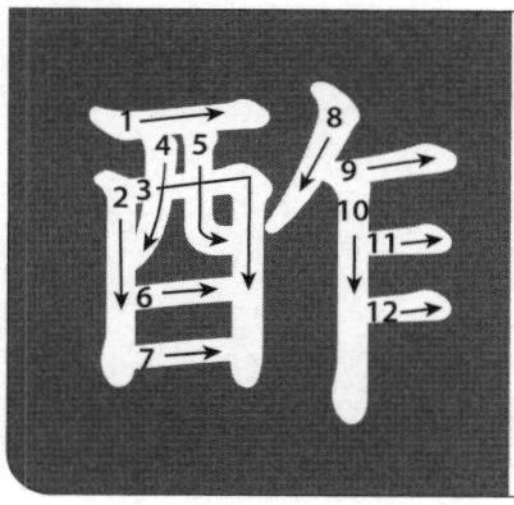

음독 **さく** 　酢酸(さくさん) 초산

훈독 **す** 　酢(す) 식초　食酢(しょくす) 식초(しょくずろ도 읽음)　酢和(すあ)え 초무침

초 초

中　N1

酢酸(さくさん)は工業製品(こうぎょうせいひん)を作(つく)るのに重要(じゅうよう)です。초산은 공업제품을 만드는데 중요합니다.

ワカメを酢(す)で和(あ)えました。미역을 식초에 무쳤습니다.

1781

음독 **しょう** 　焦点(しょうてん) 초점　焦燥(しょうそう) 초조

훈독 **こげる/こがす** 　焦(こ)げる 타다, 눋다　焦(こ)がす 눋게 하다, 태우다

こがれる 　焦(こ)がれる 연모하다, 애태우다

あせる 　焦(あせ)る 안달하다, 초조하게 굴다

탈/안달할 초

中　N1

レンズの焦点(しょうてん)を合(あ)わせます。렌즈의 초점을 맞춥니다.

目玉焼(めだまや)きが焦(こ)げてしまいました。계란프라이가 타 버렸습니다.

1782

음독 **しょう** 　硝酸(しょうさん) 질산　硝薬(しょうやく) 화약　硝石(しょうせき) 초석, 질산칼륨

특이 硝子(ガラス) 유리

硝

화약/초석 초

中　N1

硝酸(しょうさん)は火薬(かやく)や肥料(ひりょう)に使(つか)います。질산은 화약이나 비료에 사용합니다.

硝薬(しょうやく)がありますから、ここは禁煙(きんえん)です。화약이 있어서 여기는 금연입니다.

ㅊ

1783

음독 ちょう　超過(ちょうか) 초과　超越(ちょうえつ) 초월　超絶(ちょうぜつ) 초절, 초월

훈독 こえる　超(こ)える 넘다

こす　超(こ)す 넘다, 넘기다

뛰어넘을 **초**

中 N2

請求書(せいきゅうしょ)の金額(きんがく)は予算(よさん)を超過(ちょうか)していました。 청구서 금액은 예산을 초과했습니다.

エレベーターに定員(ていいん)を超(こ)える人(ひと)が乗(の)りました。 엘리베이터에 정원을 넘는 사람이 탔습니다.

Tip 1323 こえる 참조

1784

음독 しょう　座礁(ざしょう) 좌초　暗礁(あんしょう) 암초　珊瑚礁(さんごしょう) 산호초

암초 **초**

中 N1

嵐(あらし)で船(ふね)が座礁(ざしょう)しました。 폭풍으로 배가 좌초되었습니다.

沖縄(おきなわ)の海(うみ)には珊瑚礁(さんごしょう)が広(ひろ)がっています。 오키나와 바다에는 산호초가 펼쳐져 있습니다.

1785

음독 そ　礎石(そせき) 초석　基礎(きそ) 기초

훈독 いしずえ　礎(いしずえ) 초석

주춧돌 **초**

中 N1

外国語(がいこくご)の勉強(べんきょう)は基礎(きそ)が大切(たいせつ)です。 외국어 공부는 기초가 중요합니다.

戦後(せんご)に民主主義(みんしゅしゅぎ)の礎(いしずえ)が築(きず)かれました。 전후에 민주주의의 초석이 구축되었습니다.

1786

음독 そく　促進(そくしん) 촉진　促成(そくせい) 촉성, 속성　催促(さいそく) 재촉　督促(とくそく) 독촉

훈독 うながす　促(うなが)す ①재촉하다, 독촉하다 ②촉진하다

재촉할 **촉**

中 N2

取引先(とりひきさき)に返事(へんじ)の催促(さいそく)をします。 거래처에 답변을 재촉합니다.

妻(つま)が夫(おっと)にダイエットを促(うなが)しています。 아내가 남편에게 다이어트를 독촉하고 있습니다.

1787

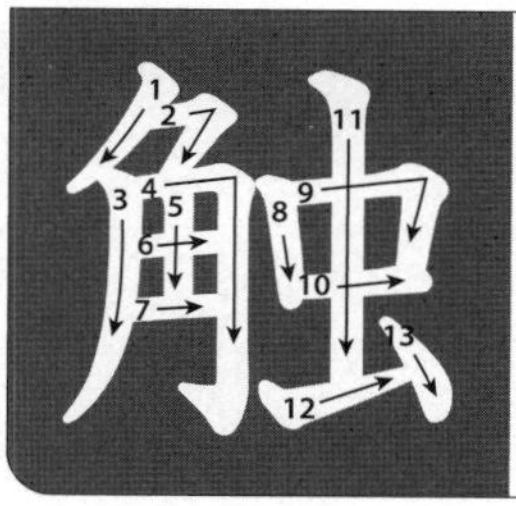

음독 しょく　触発(しょくはつ) 촉발, 자극받음　触覚(しょっかく) 촉각　感触(かんしょく) 감촉　接触(せっしょく) 접촉

훈독 ふれる　触(ふ)れる 닿다, 접촉하다

さわる　触(さわ)る 손을 대다, 만지다

觸

닿을 촉

中　N2

米国留学(べいこくりゅうがく)した友(とも)だちに触発(しょくはつ)されて、英語(えいご)の勉強(べんきょう)をします。
미국 유학을 한 친구에게 자극받아 영어 공부를 합니다.

展示品(てんじひん)には触(さわ)らないでください。 전시품은 만지지 마세요.

1788

음독 しょく　嘱託(しょくたく) 촉탁, 위탁　嘱望(しょくぼう) 촉망　委嘱(いしょく) 위촉

囑

부탁할 촉

中　N1

市役所(しやくしょ)は行政(ぎょうせい)の一部(いちぶ)を民間(みんかん)に嘱託(しょくたく)しています。
시청은 행정의 일부를 민간에 위탁하고 있습니다.

彼(かれ)は将来(しょうらい)を嘱望(しょくぼう)されています。 그는 장래를 촉망받고 있습니다.

1789

음독 そん　村長(そんちょう) 촌장　村落(そんらく) 촌락　農村(のうそん) 농촌　漁村(ぎょそん) 어촌

훈독 むら　村(むら) 마을　村人(むらびと) 마을사람

마을 촌

小1　N3

私(わたし)の父(ちち)は村長(そんちょう)です。 나의 아버지는 촌장입니다.

この村(むら)には子(こ)どもが少(すく)ないです。 이 마을에는 아이가 적습니다.

1790

음독 すん　寸前(すんぜん) 직전, 바로 전　寸劇(すんげき) 촌극, 토막극
寸断(すんだん) 잘게 끊음, 토막토막 자름　一寸(いっすん) 잠시, 잠깐, 조금

마디 촌

小6　N1

ゴールの寸前(すんぜん)で転(ころ)びました。 골인 직전에 넘어졌습니다.

広場(ひろば)で寸劇(すんげき)を見(み)ました。 광장에서 촌극을 봤습니다.

1791

음독 **そう** 総会(そうかい) 총회 総合(そうごう) 종합 総長(そうちょう) 총장 総理(そうり) 총리

總

다 **총**

小5 N2

総会(そうかい)で会長(かいちょう)を選(えら)びます。 총회에서 회장을 선출합니다.

今(いま)の総理大臣(そうりだいじん)は誰(だれ)ですか。 지금의 총리대신은 누구입니까?

1792

훈독 **つか** 塚(つか) 둔덕, 무덤

무덤 **총**

中 N1

庭(にわ)に死(し)んだペットのための塚(つか)を築(きず)きました。

마당에 죽은 애완동물을 위한 무덤을 쌓았습니다.

1793

음독 **じゅう** 銃(じゅう) 총 銃弾(じゅうだん) 총탄, 총알 拳銃(けんじゅう) 권총 猟銃(りょうじゅう) 엽총

총 **총**

中 N1

軍隊(ぐんたい)では銃(じゅう)を撃(う)つ練習(れんしゅう)をします。 군대에서는 총을 쏘는 연습을 합니다.

1968年(ねん)、キング牧師(ぼくし)が銃弾(じゅうだん)に倒(たお)れました。 1968년, 킹 목사가 총탄에 쓰러졌습니다.

1794

음독 **さつ** 撮影(さつえい) 촬영 空撮(くうさつ) 공중에서 촬영함 盗撮(とうさつ) 도촬

훈독 **とる** 撮(と)る 촬영하다, 찍다

사진 찍을 **촬**

中 N1

空港(くうこう)で映画(えいが)の撮影(さつえい)が行(おこな)われています。 공항에서 영화 촬영이 진행되고 있습니다.

京都(きょうと)を旅行(りょこう)して、たくさんの写真(しゃしん)を撮(と)りました。

교토를 여행하며 많은 사진을 찍었습니다.

Tip 1697 とる 참조

1795

음독 さい
最高(さいこう) 최고　最新(さいしん) 최신　最大(さいだい) 최대　最後(さいご) 최후, 마지막

훈독 もっとも
最(もっと)も 가장, 제일
예외 最寄(もよ)り 가장 가까움

가장 **최**
小4 N2

最新(さいしん)モデルのケータイがほしいです。 최신모델의 휴대전화를 갖고 싶습니다.
富士山(ふじさん)は日本(にほん)で最(もっと)も高(たか)い山(やま)です。 후지산은 일본에서 가장 높은 산입니다.

1796

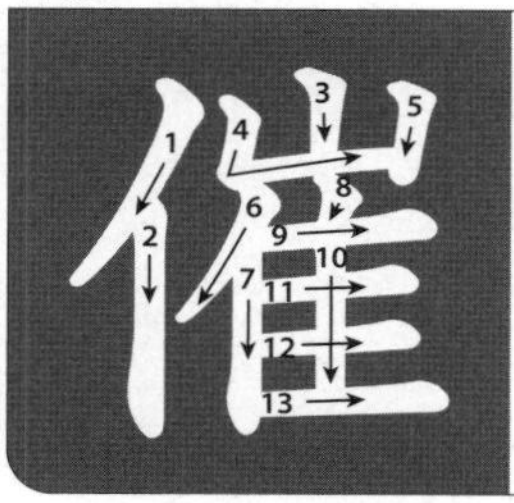

음독 さい
催促(さいそく) 재촉　催眠(さいみん) 최면　開催(かいさい) 개최　主催(しゅさい) 주최

훈독 もよおす
催(もよお)す ①개최하다 ②(어떤 기분을) 불러 일으키다
催(もよお)し 모임, 행사, 회합

재촉할/열 **최**
中 N1

学校(がっこう)主催(しゅさい)の就職説明会(しゅうしょくせつめいかい)が開(ひら)かれました。 학교 주최의 취직설명회가 열렸습니다.
書店(しょてん)で有名作家(ゆうめいさっか)のサイン会(かい)が催(もよお)されました。
서점에서 유명작가의 사인회가 열렸습니다.

1797

음독 しゅう
秋分(しゅうぶん) 추분　秋季(しゅうき) 추계, 가을철　立秋(りっしゅう) 입추
中秋(ちゅうしゅう) 중추(음력 8월 15일)

훈독 あき
秋(あき) 가을　秋風(あきかぜ) 가을바람　秋雨(あきさめ) 가을비

가을 **추**
小2 N3

秋分(しゅうぶん)は夜(よる)と昼(ひる)の長(なが)さが同(おな)じです。 추분은 밤과 낮의 길이가 같습니다.
秋(あき)になると、こおろぎが鳴(な)きます。 가을이 되면 귀뚜라미가 웁니다.

1798

음독 つい
追加(ついか) 추가　追憶(ついおく) 추억　追求(ついきゅう) 추구　追伸(ついしん) 추신

훈독 おう
追(お)う 따르다, 추구하다　追(お)い越(こ)す 추월하다　追(お)い風(かぜ) 순풍

쫓을/따를 **추**
小3 N2

一人分(ひとりぶん)、追加(ついか)をお願(ねが)いします。 1인분 추가를 부탁합니다.
前(まえ)の車(くるま)を追(お)い越(こ)しました。 앞차를 추월했습니다.

1799

推

음독 **すい**　推移(すいい) 추이　推進(すいしん) 추진　推薦(すいせん) 추천　推理(すいり) 추리
類推(るいすい) 유추

훈독 **おす**　推す(おす) ①밀다, 추진시키다 ②추천하다

밀/추측할 추
小6 N1

推理小説(すいりしょうせつ)が好(す)きです。추리소설을 좋아합니다.
私(わたし)は学生会長(がくせいかいちょう)にパクさんを推(お)します。저는 학생회장으로 박 씨를 추천합니다.

1800

抽

음독 **ちゅう**　抽選(ちゅうせん) 추첨　抽象(ちゅうしょう) 추상　抽出(ちゅうしゅつ) 추출

뽑을 추
中 N1

抽選(ちゅうせん)で景品(けいひん)をもらいました。추첨으로 경품을 받았습니다.
壁(かべ)に抽象画(ちゅうしょうが)を飾(かざ)ります。벽에 추상화를 장식합니다.

1801

枢

음독 **すう**　枢軸(すうじく) 추축(권력이나 정치의 중심), 중추　中枢(ちゅうすう) 중추
枢機卿(すうききょう) 추기경

樞

중요 부분 추
中 N1

自動車(じどうしゃ)の生産(せいさん)は日本(にほん)の枢軸産業(すうじくさんぎょう)です。자동차 생산은 일본의 중추산업입니다.
霞ヶ関(かすみがせき)には国家(こっか)の中枢機関(ちゅうすうきかん)が集(あつ)まっています。
가스미가세키에는 국가의 중추기관이 모여 있습니다.

1802

椎

음독 **つい**　脊椎(せきつい) 척추　頸椎(けいつい) 경추, 목등뼈

예외 椎茸(しいたけ) 표고버섯

등골 추
中 급수 외

体操選手(たいそうせんしゅ)は頸椎(けいつい)を傷(いた)めることがあります。체조선수는 경추를 다칠 때가 있습니다.
椎茸(しいたけ)は色々(いろいろ)な料理(りょうり)に使(つか)えます。표고버섯은 다양한 요리에 사용할 수 있습니다.

1803

음독 つい　墜落(ついらく) 추락　撃墜(げきつい) 격추　失墜(しっつい) 실추

墜

떨어질 추

中 N1

嵐(あらし)で飛行機(ひこうき)が墜落(ついらく)しました。폭풍으로 비행기가 추락했습니다.

政治(せいじ)に対(たい)する信用(しんよう)が失墜(しっつい)しました。정치에 대한 신용이 실추되었습니다.

1804

음독 しゅう　醜態(しゅうたい) 추태　醜悪(しゅうあく) 추악　醜聞(しゅうぶん) 추문

훈독 みにくい　醜(みにく)い 추하다, 보기 흉하다

추할 추

中 N1

酔(よ)っ払(ぱら)ったサラリーマンが醜態(しゅうたい)をさらしています。
술에 취한 샐러리맨이 추태를 부리고 있습니다.

子(こ)どもが『醜(みにく)いアヒルの子(こ)』を読(よ)んでいます。아이가『미운오리새끼』를 읽고 있습니다.

1805

음독 しゅく　祝日(しゅくじつ) 축일, 국경일　祝辞(しゅくじ) 축사　祝福(しゅくふく) 축복　祝電(しゅくでん) 축전

しゅう　祝言(しゅうげん) ①축하의 말, 축사 ②혼례

훈독 いわう　祝(いわ)う 축하하다

祝

축하할 축

小4 N2

5月5日(ごがついつか)の子(こ)どもの日(ひ)は祝日(しゅくじつ)です。5월 5일 어린이날은 국경일입니다.

先輩(せんぱい)の入社(にゅうしゃ)を祝(いわ)いました。선배의 입사를 축하했습니다.

1806

음독 ちく　築造(ちくぞう) 축조　建築(けんちく) 건축　新築(しんちく) 신축　増築(ぞうちく) 증축

훈독 きずく　築(きず)く 쌓다, 축조하다

쌓을 축

小5 N2

家族(かぞく)が増(ふ)えたので家(いえ)を増築(ぞうちく)します。가족이 늘어서 집을 증축합니다.

川(かわ)に橋(はし)を築(きず)きました。강에 다리를 축조했습니다.

1807

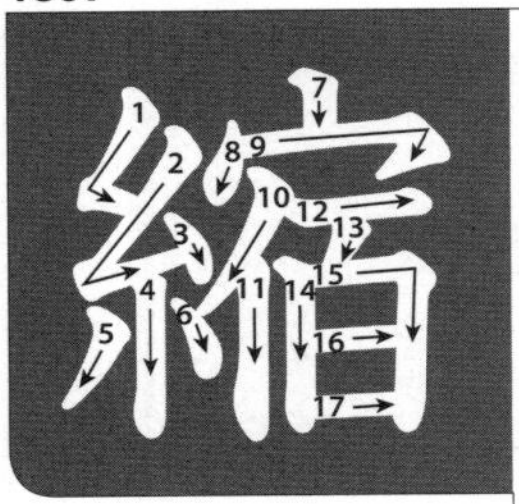

줄일 **축**

小6 N4

음독 **しゅく** 　縮小(しゅくしょう) 축소　縮図(しゅくず) 축도　短縮(たんしゅく) 단축　圧縮(あっしゅく) 압축

훈독 **ちぢむ** 　縮む(ちぢむ) 줄다, 오그라들다, 줄어들다

ちぢまる 　縮まる(ちぢまる) 오그라들다, 줄어들다

ちぢめる 　縮める(ちぢめる) 줄이다, 축소하다

ちぢれる 　縮れる(ちぢれる) 주름이 지다, 곱슬곱슬해지다

ちぢらす 　縮らす(ちぢらす) 오글오글하게 하다, 곱슬곱슬하게 지지다

縮小(しゅくしょう)コピーの方法(ほうほう)が分(わ)かりますか。 축소 복사하는 방법을 압니까?

セーターが縮(ちぢ)んでしまいました。 스웨터가 줄어들고 말았습니다.

Tip 관용구

寿命(じゅみょう)が縮(ちぢ)む思(おも)い 수명이 줄어든 기분(매우 놀랐을 때 쓰는 표현)

津波(つなみ)が家(いえ)の近(ちか)くまで来(き)て、寿命(じゅみょう)が縮(ちぢ)む思(おも)いがした。
쓰나미가 집 가까이까지 와서 십년감수했다.

1808

쫓을 **축**

中 N1

음독 **ちく** 　逐一(ちくいち) 하나하나 차례로, 낱낱이 상세하게

逐語(ちくご) 축어(원문의 단어 하나하나를 충실히 맞춰 감)

駆逐(くちく) 몰아냄, 쫓아냄

韓国語(かんこくご)を日本語(にほんご)に逐語訳(ちくごやく)します。 한국어를 일본어로 충실히 번역합니다.

ゴキブリを家(いえ)から駆逐(くちく)したいです。 바퀴벌레를 집에서 몰아내고 싶습니다.

1809

짐승 **축**

中 N2

음독 **ちく** 　畜産(ちくさん) 축산　畜舎(ちくしゃ) 축사　家畜(かちく) 가축　牧畜(ぼくちく) 목축

畜産(ちくさん)に携(たずさ)わる人(ひと)が減(へ)っています。 축산에 종사하는 사람이 줄고 있습니다.

家畜(かちく)に餌(えさ)をやるのが日課(にっか)です。 가축에게 먹이를 주는 것이 일과입니다.

1810

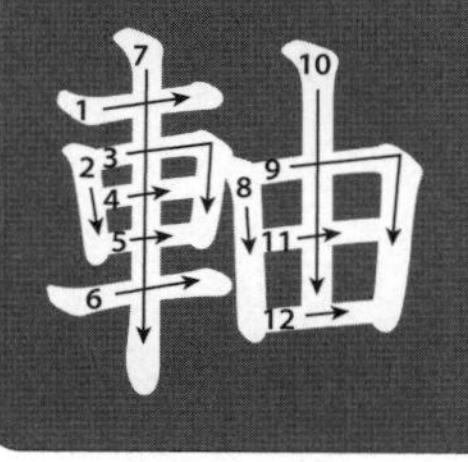

음독 じく　縦軸(たてじく) 세로축　横軸(よこじく) 가로축　地軸(ちじく) 지축
車軸(しゃじく) 차축(두 개의 바퀴를 이은 중심축)

축 축
中 N1

グラフの縦軸(たてじく)は収益(しゅうえき)を表(あらわ)します。 그래프의 세로축은 수익을 나타냅니다.
地球(ちきゅう)の地軸(ちじく)は傾(かたむ)いています。 지구의 지축은 기울어져 있습니다.

1811

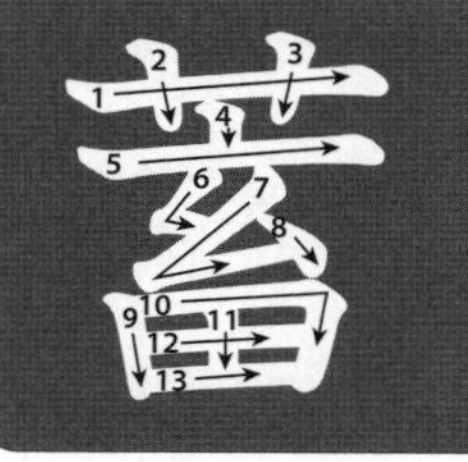

음독 ちく　蓄電(ちくでん) 축전(전기를 모아둠)　蓄積(ちくせき) 축적　備蓄(びちく) 비축
貯蓄(ちょちく) 저축
훈독 たくわえる　蓄(たくわ)える 모아두다, 저축하다

蓄

모을 축
中 급수 외

災害時(さいがいじ)に備(そな)えて、食糧(しょくりょう)を備蓄(びちく)します。 재해시에 대비해 식량을 비축합니다.
ラクダはこぶに栄養(えいよう)を蓄(たくわ)えています。 낙타는 혹에 영양을 모아두고 있습니다.

1812

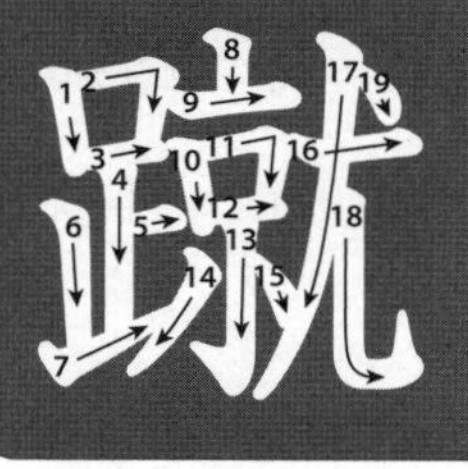

음독 しゅう　一蹴(いっしゅう) 일축(제안이나 부탁을 단번에 거절함)
훈독 ける　蹴(け)る 차다

찰 축
中 급수 외

上司(じょうし)は私(わたし)の提案(ていあん)を一蹴(いっしゅう)しました。 상사는 내 제안을 일축했습니다.
蹴(け)ったボールが窓(まど)を割(わ)ってしまいました。 찬 공이 창문을 깨버렸습니다.

1813

음독 しゅん　春分(しゅんぶん) 춘분　立春(りっしゅん) 입춘　春夏秋冬(しゅんかしゅうとう) 춘하추동　青春(せいしゅん) 청춘
훈독 はる　春(はる) 봄　春一番(はるいちばん) 입춘 후 처음으로 부는 강한 남풍　春先(はるさき) 초봄
春雨(はるさめ) ①봄비 ②당면　春休(はるやす)み 봄방학

봄 춘
小2 N3

日本(にほん)は春分(しゅんぶん)の日(ひ)が休(やす)みです。 일본은 춘분의 날이 휴일입니다.
春休(はるやす)みは短(みじか)いです。 봄방학은 짧습니다.

1814

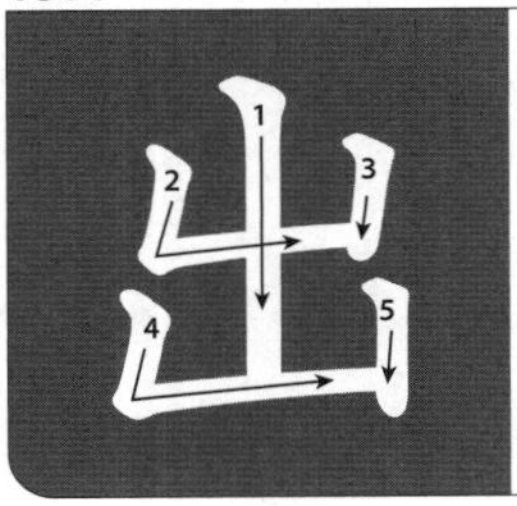

음독 **しゅつ** 出現(しゅつげん) 출현　出席(しゅっせき) 출석　出発(しゅっぱつ) 출발　支出(ししゅつ) 지출
すい 出納(すいとう) 출납

훈독 **でる** 出る(で) 나가다, 나오다　出前(でまえ) 배달 요리
だす 出す(だ) 내다

날 **출**
小1 N5

あした は 必ず(かなら) 出席(しゅっせき)します。내일은 꼭 출석하겠습니다.
一人(ひとり)一万円(いちまんえん)ずつ出(だ)してください。한 사람이 1만 엔씩 내 주세요.

1815

음독 **ちゅう** 昆虫(こんちゅう) 곤충　害虫(がいちゅう) 해충

훈독 **むし** 虫(むし) 벌레　虫眼鏡(むしめがね) 돋보기　虫歯(むしば) 충치　水虫(みずむし) 무좀

蟲

벌레 **충**
小1 N2

男(おとこ)の子(こ)は昆虫(こんちゅう)が好(す)きです。남자아이는 곤충을 좋아합니다.
虫歯(むしば)をぬきました。충치를 뺐습니다.

1816

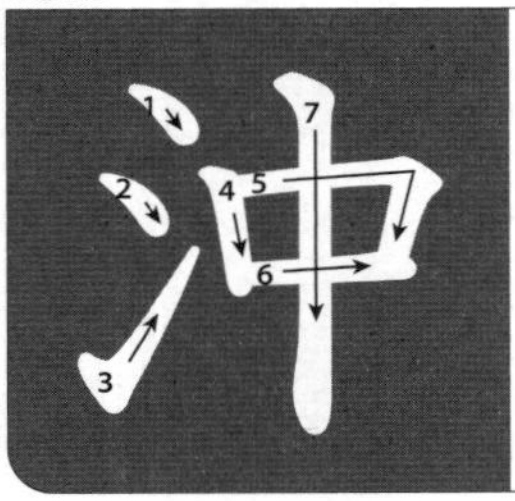

음독 **ちゅう** 沖積平野(ちゅうせきへいや) 충적평야(하천 주변에 모래·자갈 따위가 쌓여 생긴 평야)

훈독 **おき** 沖(おき) 앞바다　沖合い(おきあい) 앞바다 부근　沖釣り(おきづり) 앞바다에서 하는 낚시
沖縄県(おきなわけん) 오키나와현

화할 **충**
小4 N1

東京(とうきょう)は沖積平野(ちゅうせきへいや)にある都市(とし)です。도쿄는 충적평야에 있는 도시입니다.
イルカの群(む)れが沖(おき)で泳(およ)いでいます。돌고래 떼가 앞바다에서 헤엄치고 있습니다.

1817

음독 **ちゅう** 忠告(ちゅうこく) 충고　忠誠(ちゅうせい) 충성　忠実(ちゅうじつ) 충실함　忠臣(ちゅうしん) 충신

충성 **충**
小6 N1

キムさんは忠告(ちゅうこく)を聞(き)きませんでした。김 씨는 충고를 듣지 않았습니다.
事件(じけん)を忠実(ちゅうじつ)に再現(さいげん)しました。사건을 충실히 재현했습니다.

1818

음독 じゅう　充分(じゅうぶん) 충분함　充電(じゅうでん) 충전　補充(ほじゅう) 보충　拡充(かくじゅう) 확충

훈독 あてる　充(あ)てる 충당하다, 어떤 용도에 쓰다

채울 충

中　N1

夜(よる)の間(あいだ)にケータイを充電(じゅうでん)します。 밤 사이에 휴대전화를 충전합니다.

このお金(かね)は借金(しゃっきん)の返済(へんさい)に充(あ)てます。 이 돈은 빚 갚는 데에 사용합니다.

1819

음독 ちゅう　衷心(ちゅうしん) 충심, 진심

折衷(せっちゅう) 절충(양쪽의 좋은 점을 골라 뽑아 알맞게 조화시키는 일)

折衷案(せっちゅうあん) 절충안

속마음/알맞을 충

中　N1

私(わたし)は沢村(さわむら)さんに衷心(ちゅうしん)より非礼(ひれい)を詫(わ)びました。
나는 사와무라 씨에게 진심으로 무례를 사과했습니다.

意見(いけん)が対立(たいりつ)する二人(ふたり)に折衷案(せっちゅうあん)を提示(ていじ)しました。
의견이 대립하는 두 사람에게 절충안을 제시했습니다.

1820

음독 しょう　衝突(しょうとつ) 충돌　衝撃(しょうげき) 충격　緩衝(かんしょう) 완충

折衝(せっしょう) 절충(국제간의 외교적 담판 또는 흥정)

부딪칠/전차 충

中　N1

小(ち)さな隕石(いんせき)が火星(かせい)に衝突(しょうとつ)しました。 작은 운석이 화성에 충돌했습니다.

アメリカのテロ事件(じけん)は世界(せかい)に衝撃(しょうげき)を与(あた)えました。
미국의 테러사건은 세계에 충격을 주었습니다.

1821

음독 しゅ　取材(しゅざい) 취재　取得(しゅとく) 취득　採取(さいしゅ) 채취　先取(せんしゅ) 선취

훈독 とる　取(と)る 취하다, 받다, 따다　取(と)り消(け)し 취소

예외 取(と)っ手(て) 손잡이

가질 취

小3　N2

日本(にほん)の記者(きしゃ)が韓国(かんこく)を取材(しゅざい)に来(き)ました。 일본기자가 한국을 취재하러 왔습니다.

ちょっと塩(しお)を取(と)ってください。 소금 좀 집어 주세요.

Tip 1697 とる 참조

ㅊ

1822

음독 しゅう　就職(しゅうしょく) 취직　就寝(しゅうしん) 취침　就航(しゅうこう) 취항　去就(きょしゅう) 거취

じゅ　成就(じょうじゅ) 성취

훈독 つく　就(つ)く 취임하다, 취업하다

つける　就(つ)ける 앉히다, 종사시키다

나아갈/이룰 취

小6　N1

就寝時間(しゅうしんじかん)は11時(じ)です。취침시간은 11시입니다.

料理(りょうり)の仕事(しごと)に就(つ)きたいです。요리하는 일에 취업하고 싶습니다.

Tip 0790 つく 참조

1823

음독 すい　吹奏楽(すいそうがく) 취주악

훈독 ふく　吹(ふ)く ①(바람이) 불다 ②(입으로) 불다　吹(ふ)き回(まわ)し 그때의 형편

예외 吹雪(ふぶき) 눈보라　吹聴(ふいちょう) 말을 퍼뜨림

불 취

中　N2

私(わたし)は吹奏楽(すいそうがく)のクラブ活動(かつどう)をしています。나는 취주악 동아리 활동을 하고 있습니다.

誰(だれ)かが口笛(くちぶえ)を吹(ふ)いています。누군가가 휘파람을 불고 있습니다.

Tip 0818 ふく 참조

1824

음독 すい　炊飯(すいはん) 취반, 밥을 지음　炊飯器(すいはんき) 전기 밥솥　炊事(すいじ) 취사

自炊(じすい) 자취

훈독 たく　炊(た)く 밥을 짓다

불 땔 취

中　N1

食事(しょくじ)は外食(がいしょく)しないで自炊(じすい)します。식사는 외식하지 않고 자취합니다.

ごはんを炊(た)いて、味噌汁(みそしる)を作(つく)りました。밥을 짓고 된장국을 만들었습니다.

1825

음독 しゅう　消臭(しょうしゅう) 제취, 냄새를 없앰　脱臭(だっしゅう) 탈취　悪臭(あくしゅう) 악취

훈독 くさい　臭(くさ)い 냄새나다

におう　臭(にお)う 악취가 나다

臭

냄새 취

中　N1

冷蔵庫(れいぞうこ)の中(なか)に脱臭剤(だっしゅうざい)を置(お)きます。냉장고 안에 탈취제를 둡니다.

納豆(なっとう)は臭(くさ)いですが、おいしいです。낫토는 냄새나지만 맛있습니다.

1826

음독 すい　麻酔(ますい) 마취　泥酔(でいすい) 만취　心酔(しんすい) 심취

훈독 よう　酔(よ)う 취하다　酔(よ)っ払(ぱら)う 만취하다　二日酔(ふつかよ)い 숙취

酔

취할 취

中 N1

山本(やまもと)さんはモーツァルトに心酔(しんすい)しています。
야마모토 씨는 모차르트에 심취해 있습니다.

ワインを飲(の)みすぎて酔(よ)ってしまいました。 와인을 많이 마셔서 취해 버렸습니다.

1827

음독 しゅ　趣味(しゅみ) 취미　趣旨(しゅし) 취지　趣向(しゅこう) 취향

훈독 おもむき　趣(おもむき) ①멋, 풍취 ②느낌, 분위기

뜻/멋 취

中 급수 외

シェフは趣向(しゅこう)を凝(こ)らした料理(りょうり)を作(つく)りました。
셰프는 (손님의) 취향을 고려한 요리를 만들었습니다.

部屋(へや)には花(はな)が飾(かざ)ってあって、趣(おもむき)がありました。
방에는 꽃이 장식되어 있어서 분위기가 있었습니다.

1828

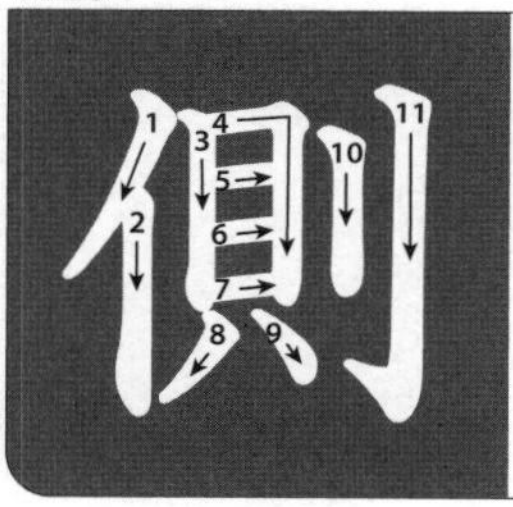

음독 そく　側面(そくめん) 측면　側近(そっきん) 측근　側室(そくしつ) 측실, 첩

훈독 がわ　両側(りょうがわ) 양측, 양쪽　右側(みぎがわ) 오른쪽　左側(ひだりがわ) 왼쪽　片側(かたがわ) 한쪽

특이 側(そば) 곁, 옆

곁 측

小4 N2

佐藤(さとう)さんの意外(いがい)な側面(そくめん)を知(し)りました。 사토 씨의 의외의 측면을 알았습니다.

右側(みぎがわ)を歩(ある)いてください。 오른쪽으로 걸으세요.

1829

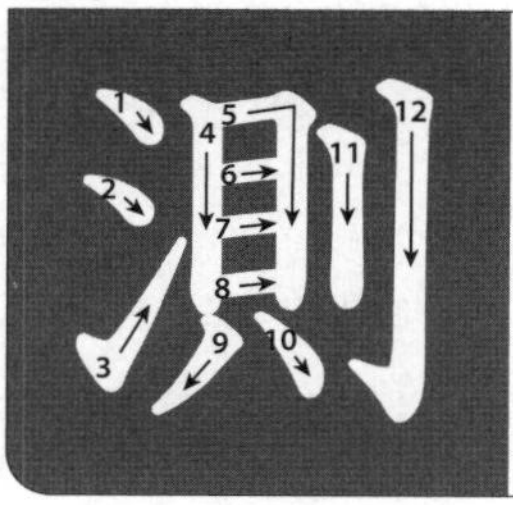

음독 そく　測量(そくりょう) 측량　測定(そくてい) 측정　計測(けいそく) 계측　推測(すいそく) 추측

훈독 はかる　測(はか)る 재다, 측정하다

헤아릴/잴 측

小5 N2

100メートル走(そう)の速(はや)さを測定(そくてい)します。 100미터 달리기 속도를 측정합니다.

畑(はたけ)の面積(めんせき)を測(はか)りました。 밭의 면적을 측정했습니다.

Tip 0128 はかる 참조

ㅊ

1830

음독 そう　地層(ちそう) 지층　高層(こうそう) 고층　階層(かいそう) 계층　断層(だんそう) 단층

層

층 **층**

小6　N2

これは1万年前(まんねんまえ)の地層(ちそう)です。 이것은 1만 년 전의 지층입니다.

高層(こうそう)マンションに住(す)んでいます。 고층아파트에 살고 있습니다.

1831

음독 し　歯科(しか) 치과　歯石(しせき) 치석　抜歯(ばっし) 발치, 이를 뽑음　知歯(ちし) 사랑니

훈독 は　歯(は) 이　歯磨(はみが)き 양치질　歯(は)ブラシ 칫솔

歯医者(はいしゃ) 치과, 치과의사　虫歯(むしば) 충치

歯

이 **치**

小3　N2

親知(おやし)らずを抜歯(ばっし)しました。 사랑니를 뺐습니다.

虫歯(むしば)ができたので、歯医者(はいしゃ)に行(い)きます。 충치가 생겨서 치과에 갑니다.

1832

음독 じ　政治(せいじ) 정치

ち　統治(とうち) 통치　治安(ちあん) 치안　治療(ちりょう) 치료　自治(じち) 자치

훈독 おさめる　治(おさ)める 진정시키다, 다스리다

おさまる　治(おさ)まる 진정되다, 다스려지다

なおる　治(なお)る 낫다

なおす　治(なお)す 고치다, 치료하다

다스릴/병 고칠 **치**

小4　N2

政治(せいじ)について考(かんが)えましょう。 정치에 대해서 생각합시다.

薬(くすり)を飲(の)んで風邪(かぜ)を治(なお)しました。 약을 먹어서 감기를 치료했습니다.

Tip 1022 おさめる,1674 なおす 参조

Tip 표현

君臨(くんりん)すれども統治(とうち)せず 군림하되 통치하지 않는다(영국의 통치 형태를 이르는 말)

うちの会社(かいしゃ)の社長(しゃちょう)は「君臨(くんりん)すれども統治(とうち)せず」を経営方針(けいえいほうしん)にしている。
우리 회사 사장님은 '군림하되 통치하지 않는다'를 경영방침으로 하고 있다.

1833

음독 ち　置換(ちかん) 치환　位置(いち) 위치　処置(しょち) 처치　配置(はいち) 배치

훈독 おく　置(お)く 두다, 놓다　物置(ものおき) 광, 곳간

둘 치

小4 N2

けがの処置(しょち)をしました。부상을 처치했습니다.

ここに物(もの)を置(お)かないでください。여기에 물건을 두지 마세요.

1834

음독 ち　価値(かち) 가치　数値(すうち) 수치, 값　平均値(へいきんち) 평균치　血糖値(けっとうち) 혈당치

훈독 ね　値(ね) 값, 가격　値段(ねだん) 가격　値打(ねう)ち 가격, 값어치

あたい　値(あたい) 가격, 값어치　～に値(あたい)する ~할 만하다

값 치

小6 N2

数値(すうち)を計算(けいさん)します。수치를 계산합니다.

この絵(え)は５百万円(ひゃくまんえん)の値打(ねう)ちがあります。이 그림은 5백만 엔의 값어치가 있습니다.

1835

음독 ち　恥辱(ちじょく) 치욕　破廉恥(はれんち) 파렴치　羞恥(しゅうち) 수치　厚顔無恥(こうがんむち) 후안무치

훈독 はじ/はじる　恥(はじ) 부끄러움, 창피　恥(は)じる 부끄러워하다

はじらう　恥(は)じらう 부끄러워하다

はずかしい　恥(は)ずかしい 부끄럽다

부끄러울 치

中 N2

彼(かれ)の厚顔無恥(こうがんむち)な行動(こうどう)には呆(あき)れました。그의 후안무치한 행동에는 질렸습니다.

みんなの前(まえ)で歌(うた)うのは恥(は)ずかしいです。모두가 있는 앞에서 노래하는 것은 부끄럽습니다.

1836

음독 ち　致命(ちめい) 치명　致死(ちし) 치사　誘致(ゆうち) 유치, 불러들임　拉致(らち) 납치

훈독 いたす　致(いた)す 하다(する의 겸사말)

이를 치

中 N1

市長(しちょう)が熱心(ねっしん)に企業(きぎょう)を誘致(ゆうち)しています。시장이 열심히 기업을 유치하고 있습니다.

お客様(きゃくさま)をご案内致(あんないいた)します。손님을 안내해드리겠습니다.

1837

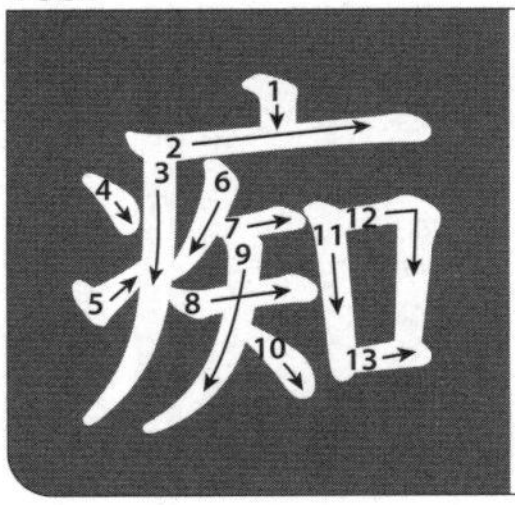

음독 **ち**　　痴漢(ちかん) 치한　痴呆(ちほう) 치매　愚痴(ぐち) 푸념　音痴(おんち) 음치

癡

어리석을 **치**

中　N1

友(とも)だちに職場(しょくば)の愚痴(ぐち)を話(はな)しました。 친구에게 직장의 푸념을 말했습니다.

音痴(おんち)なのでカラオケは嫌(きら)いです。 음치라서 노래방은 싫어합니다.

1838

음독 **ち**　　稚拙(ちせつ) 치졸, 미숙하고 서투름　稚魚(ちぎょ) 치어　幼稚(ようち) 유치함, 미숙함

어릴 **치**

中　N1

彼(かれ)の論文(ろんぶん)は稚拙(ちせつ)で、役(やく)に立(た)ちません。 그의 논문은 미숙하고 서툴러서 도움이 안 됩니다.

マナーを守(まも)らない幼稚(ようち)な大人(おとな)が増(ふ)えました。
매너를 지키지 않는 유치한 어른이 늘었습니다.

1839

음독 **ち**　　緻密(ちみつ) 치밀함　精緻(せいち) 정교하고 치밀함　細緻(さいち) 치밀

빽빽할 **치**

中　급수 외

緻密(ちみつ)な計算(けいさん)をして、来年(らいねん)の予算(よさん)を組(く)みます。
치밀한 계산을 해서, 내년 예산을 편성합니다.

細緻(さいち)を極(きわ)めた風景画(ふうけいが)がすばらしいです。 매우 치밀한 풍경화가 멋집니다.

1840

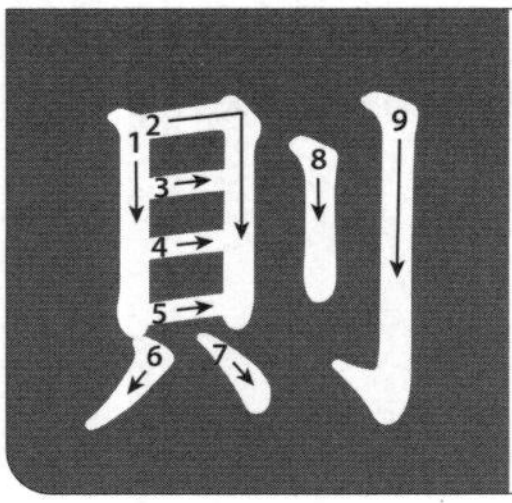

음독 **そく**　　規則(きそく) 규칙　原則(げんそく) 원칙　校則(こうそく) 교칙, 학교 규칙　反則(はんそく) 반칙

법칙 **칙**

小5　N2

校則(こうそく)が変(か)わりました。 교칙이 바뀌었습니다.

反則(はんそく)をしたアメリカチームが負(ま)けました。 반칙을 한 미국팀이 졌습니다.

1841

음독 ちょく　勅使(ちょくし) 칙사(임금이 파견하는 특사)　勅書(ちょくしょ) 칙서
勅令(ちょくれい) 칙령(천황이 의회의 심의를 거치지 않고 직접 내린 명령)
密勅(みっちょく) 밀칙(은밀히 내리는 조칙)

칙서 **칙**

中 N1

天皇(てんのう)が勅使(ちょくし)を遣(つか)わしました。 천황이 칙사를 보냈습니다.

今(いま)の日本(にほん)で、天皇(てんのう)が勅令(ちょくれい)を出(だ)すことはありません。
지금의 일본에서 천황이 칙령을 내는 일은 없습니다.

1842

음독 しん　親戚(しんせき) 친척　親切(しんせつ) 친절함　両親(りょうしん) 부모　親友(しんゆう) 친구　親交(しんこう) 친교

훈독 おや　親(おや) 부모　親子(おやこ) 부모 자식　親孝行(おやこうこう) 효도, 효행
したしい　親(した)しい 친하다
したしむ　親(した)しむ 친하게 지내다

친할/어버이 **친**

小2 N3

お正月(しょうがつ)に親戚(しんせき)が集(あつ)まりました。 설날에 친척이 모였습니다.

田中(たなか)さんのところは親子(おやこ)そっくりです。 다나카 씨 집안은 부모 자식이 쏙 닮았습니다.

1843

음독 しち　七人(しちにん) 일곱 명　七時(しちじ) 7시　七月(しちがつ) 7월

훈독 なな　七(なな) 칠　七本(ななほん) 일곱 병　예외 七夕(たなばた) 칠석
ななつ　七(なな)つ 일곱 개
なの　七日(なのか) 7일

일곱 **칠**

小1 N5

毎日(まいにち)、夜七時(よるしちじ)のニュースを見(み)ます。 매일, 저녁 7시 뉴스를 봅니다.

アイスクリームを七(なな)つください。 아이스크림을 일곱 개 주세요.

1844

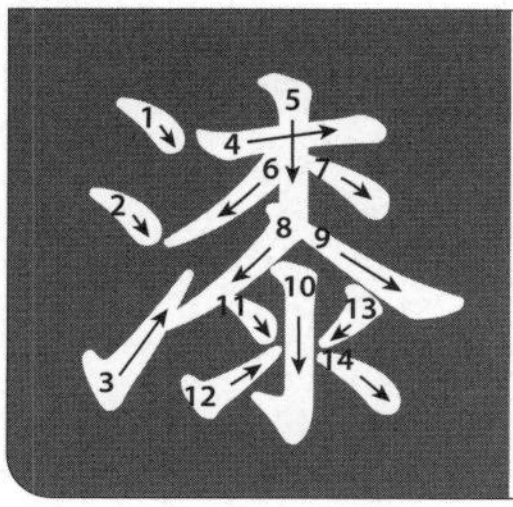

음독 しつ　漆器(しっき) 칠기　漆黒(しっこく) 칠흑

훈독 うるし　漆(うるし) 옻

옻 **칠**

中 N1

結婚(けっこん)のお祝(いわ)いに漆器(しっき)を贈(おく)りました。 결혼 축하선물로 칠기를 선물했습니다.

漆(うるし)を触(さわ)って肌(はだ)がかぶれました。 옻을 만져서 피부가 올라왔습니다.

ㅊ

1845

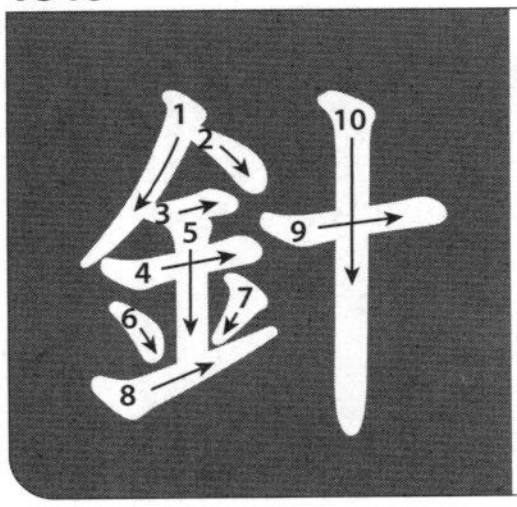

음독 しん　針灸(しんきゅう) 침구, 침과 뜸　針葉樹(しんようじゅ) 침엽수　方針(ほうしん) 방침　秒針(びょうしん) 초침

훈독 はり　針(はり) 바늘, 침, 가시　針金(はりがね) 철사

바늘 **침**

小6　N2

会社(かいしゃ)の方針(ほうしん)を話(はな)し合(あ)いました。 회사의 방침을 의논했습니다.

時計(とけい)の針(はり)が10時(じ)を指(さ)しています。 시곗바늘이 10시를 가리키고 있습니다.

1846

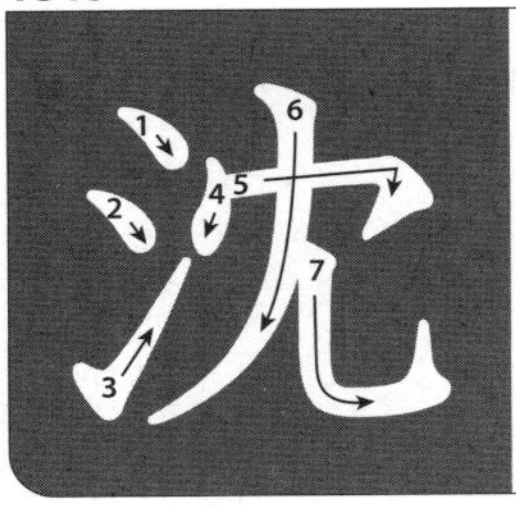

음독 ちん　沈没(ちんぼつ) 침몰　沈黙(ちんもく) 침묵　撃沈(げきちん) 격침　意気消沈(いきしょうちん) 의기소침

훈독 しずむ　沈(しず)む 가라앉다, 지다

しずめる　沈(しず)める 가라앉히다

잠길 **침**

中　N2

吉田(よしだ)さんは彼女(かのじょ)にふられて、意気消沈(いきしょうちん)しています。
요시다 씨는 여자 친구에게 차여서 의기소침해 있습니다.

海(うみ)に沈(しず)む夕日(ゆうひ)がきれいです。 바다로 지는 석양이 예쁩니다.

1847

음독 ちん　陶枕(とうちん) 도자기 베개

훈독 まくら　枕(まくら) 베개　腕枕(うでまくら) 팔베개　水枕(みずまくら) 물베개

베개 **침**

中　급수 외

夏(なつ)に陶枕(とうちん)を使(つか)って寝(ね)ると、気持(きも)ちいいです。
여름에 도자기 베개를 써서 자면 기분이 좋습니다.

枕(まくら)が高(たか)すぎて、眠(ねむ)れません。 베개가 너무 높아서 잘 수 없습니다.

1848

음독 しん　侵害(しんがい) 침해　侵入(しんにゅう) 침입　侵犯(しんぱん) 침범　侵略(しんりゃく) 침략　侵攻(しんこう) 침공

훈독 おかす　侵(おか)す ①침범하다 ②침해하다

侵

침노할 **침**

中　N1

泥棒(どろぼう)は窓(まど)から侵入(しんにゅう)しました。 도둑은 창문으로 침입했습니다.

外国(がいこく)の船(ふね)が領海(りょうかい)を侵(おか)しました。 외국 배가 영해를 침범했습니다.

Tip 0628 おかす 참조

1849

음독 しん　浸水(しんすい) 침수　浸透(しんとう) 침투　浸食(しんしょく) 침식

훈독 ひたす　浸(ひた)す 담그다, 흠뻑 적시다

ひたる　浸(ひた)る 잠기다, 빠지다

浸

잠길 **침**

中　N1

大雨(おおあめ)で住宅(じゅうたく)が浸水(しんすい)して、大(おお)きな被害(ひがい)が出(で)ました。
폭우로 주택이 침수되어 큰 피해가 났습니다.

足(あし)を水(みず)に浸(ひた)して、涼(すず)みました。 발을 물에 담가 식혔습니다.

1850

음독 しん　寝室(しんしつ) 침실　寝台(しんだい) 침대　寝具(しんぐ) 침구　就寝(しゅうしん) 취침

훈독 ねる　寝(ね)る 자다　寝言(ねごと) 잠꼬대　寝坊(ねぼう) 늦잠　寝巻(ねま)き 잠옷

ねかす　寝(ね)かす 재우다

寢

잘 **침**

中　N2

寝室(しんしつ)に新(あたら)しいベッドを置(お)きました。 침실에 새 침대를 두었습니다.

風邪(かぜ)を引(ひ)いたので、薬(くすり)を飲(の)んで寝(ね)ました。 감기에 걸려서 약을 먹고 잤습니다.

1851

음독 しょう　称賛(しょうさん) 칭찬　名称(めいしょう) 명칭　対称(たいしょう) 대칭　称(しょう)する 칭하다

훈독 となえる　称(とな)える 칭하다, 일컫다

たたえる　称(たた)える 기리다, 칭송하다

稱

일컬을/칭찬할 **칭**

中　N1

国民(こくみん)はその金(きん)メダリストを称賛(しょうさん)しました。 국민은 그 금메달리스트를 칭찬했습니다.

先生(せんせい)の偉大(いだい)な業績(ぎょうせき)を称(たた)えます。 선생님의 위대한 업적을 칭송합니다.

1852

음독 かい　快晴(かいせい) 쾌청　快適(かいてき) 쾌적함　軽快(けいかい) 경쾌함　爽快(そうかい) 상쾌함

훈독 こころよい　快(こころよ)い 기분이 좋다, 상쾌하다　快(こころよ)く 흔쾌히

쾌할 **쾌**

小5　N2

今日(きょう)は快晴(かいせい)です。 오늘은 쾌청합니다.

田中(たなか)さんが快(こころよ)く引(ひ)き受(う)けてくれました。 다나카 씨가 흔쾌히 맡아 주었습니다.

ㅊ

1853

음독 だ　打者(だしゃ) 타자　打破(だは) 타파　安打(あんだ) 안타　乱打(らんだ) 난타

훈독 うつ　打(う)つ 치다　打(う)ち合(あ)わせ 미리 상의함

칠 **타**

小3　N2

打者(だしゃ)がホームランを打(う)ちました。 타자가 홈런을 쳤습니다.

あしたの日程(にってい)の打(う)ち合(あ)わせをしましょう。 내일 일정을 상의합시다.

Tip 0092 うつ 참조

1854

음독 た　他人(たにん) 타인, 남　他国(たこく) 타국, 타향　他殺(たさつ) 타살　自他(じた) 자타, 자기와 타인

훈독 ほか　他(ほか) 그 밖, 이외

다를/다른 사람 **타**

小3　N3

このことは他人(たにん)に言(い)わないでください。 이 일은 다른 사람에게 말하지 마세요.

他(ほか)のサイズはありませんか。 다른 사이즈는 없습니까?

1855

음독 だ　妥当(だとう) 타당함　妥協(だきょう) 타협　妥結(だけつ) 타결

온당할 **타**

中　N1

私(わたし)は審査員(しんさいん)の評価(ひょうか)が妥当(だとう)だと思(おも)いません。
나는 심사위원의 평가가 타당하다고 생각하지 않습니다.

私(わたし)は妥協(だきょう)ができない性格(せいかく)です。 나는 타협이 불가능한 성격입니다.

1856

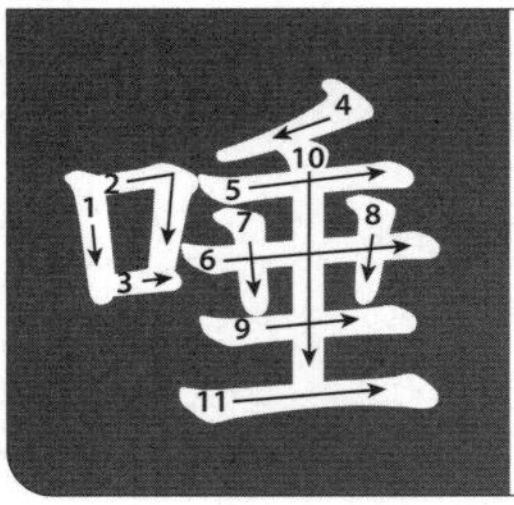

음독 だ　唾液(だえき) 타액, 침

훈독 つば　唾(つば) 침　生唾(なまつば) 군침

침 **타**

中　급수 외

唾液(だえき)に殺菌(さっきん)の作用(さよう)があるそうです。 타액에 살균작용이 있다고 합니다.

おいしそうなケーキを見(み)たら生唾(なまつば)が出(で)ました。
맛있어 보이는 케이크를 봤더니 군침이 돌았습니다.

1857

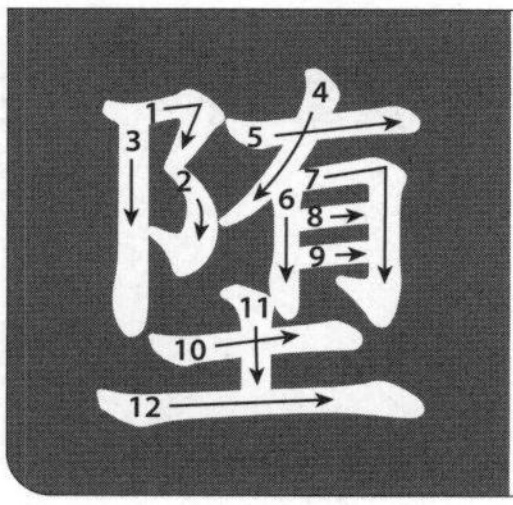

음독 だ　　堕落(だらく) 타락　堕胎(だたい) 낙태

堕

떨어질 **타**

中　N1

堕落(だらく)した生活(せいかつ)を反省(はんせい)します。 타락한 생활을 반성합니다.

この国(くに)では堕胎(だたい)が禁止(きんし)されています。 이 나라에서는 낙태가 금지되어 있습니다.

1858

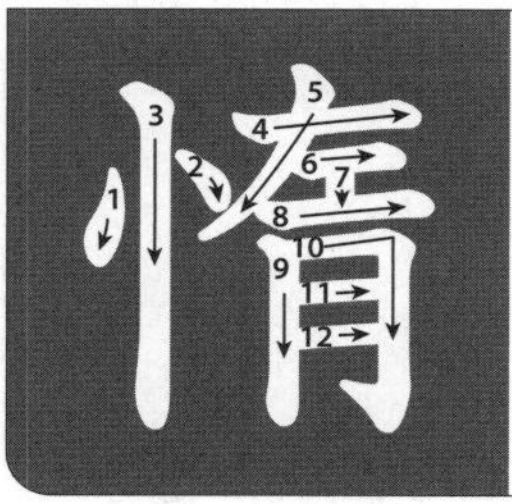

음독 だ　　惰性(だせい) 타성, 관성　惰力(だりょく) 타력(버릇이나 습관이 갖는 힘)
怠惰(たいだ) 나태함, 게으름

게으를 **타**

中　N1

惰性(だせい)で船(ふね)は急停止(きゅうていし)ができません。 관성 때문에 배는 급정거가 안 됩니다.

部長(ぶちょう)は怠惰(たいだ)な社員(しゃいん)を注意(ちゅうい)しました。 부장은 나태한 사원에게 주의를 주었습니다.

1859

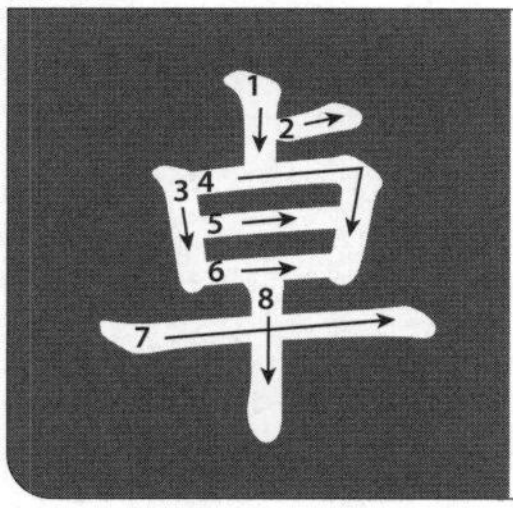

음독 たく　　卓球(たっきゅう) 탁구　卓上(たくじょう) 탁상　食卓(しょくたく) 식탁　電卓(でんたく) 전자계산기

탁자 **탁**

中　급수 외

これは来年(らいねん)の卓上(たくじょう)カレンダーです。 이것은 내년 탁상달력입니다.

電卓(でんたく)を使(つか)って計算(けいさん)します。 전자계산기를 사용해서 계산합니다.

1860

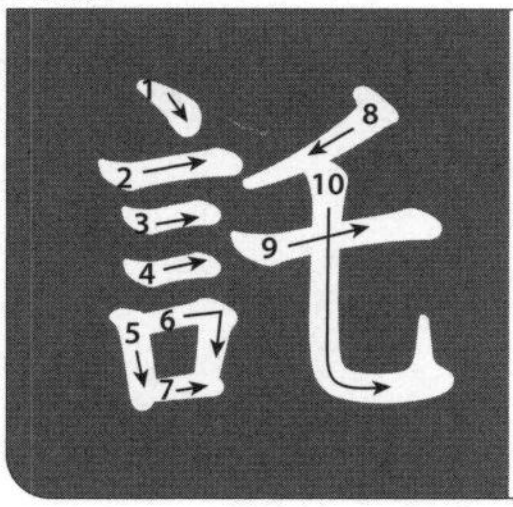

음독 たく　　託児所(たくじしょ) 어린이집　委託(いたく) 위탁　受託(じゅたく) 수탁, 위탁　信託(しんたく) 신탁

부탁할 **탁**

中　N1

私(わたし)の会社(かいしゃ)には託児所(たくじしょ)があります。 우리 회사에는 어린이집이 있습니다.

業務(ぎょうむ)の一部(いちぶ)を他(ほか)の会社(かいしゃ)に委託(いたく)しました。 업무의 일부를 다른 회사에 위탁했습니다.

1861

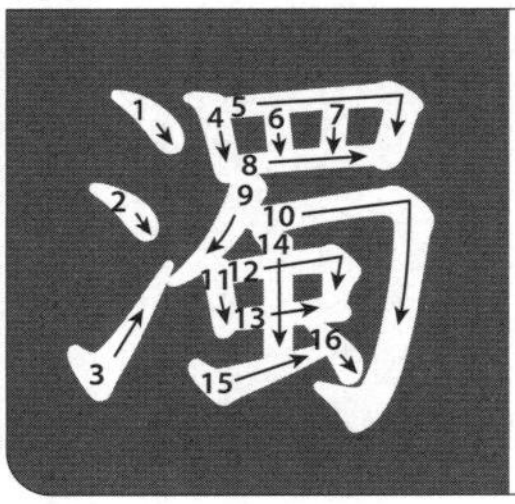

음독 だく　濁音(だくおん) 탁음　濁点(だくてん) 탁점　汚濁(おだく) 오탁, 오염　混濁(こんだく) 혼탁

훈독 にごる　濁(にご)る 탁해지다

にごす　濁(にご)す 탁하게 하다

흐릴 **탁**

中 N1

河川(かせん)の水質(すいしつ)汚濁(おだく)が問題(もんだい)になっています。 하천의 수질오염이 문제시되고 있습니다.

雨(あめ)で川(かわ)の水(みず)が濁(にご)っています。 비로 강물이 탁해졌습니다.

1862

음독 たく　洗濯(せんたく) 세탁, 빨래　洗濯機(せんたくき) 세탁기

濯

씻을 **탁**

中 N2

料理(りょうり)は妻(つま)がして、洗濯(せんたく)は僕(ぼく)がします。 요리는 아내가 하고, 빨래는 내가 합니다.

1863

음독 たん　炭鉱(たんこう) 탄광　炭素(たんそ) 탄소　石炭(せきたん) 석탄　練炭(れんたん) 연탄

훈독 すみ　炭(すみ) 숯　炭火(すみび) 숯불

숯 **탄**

小3 N2

昔(むかし)は石炭(せきたん)をよく使(つか)いました。 옛날에는 석탄을 자주 사용했습니다.

炭(すみ)を使(つか)って、肉(にく)を焼(や)きました。 숯을 사용해서, 고기를 구웠습니다.

1864

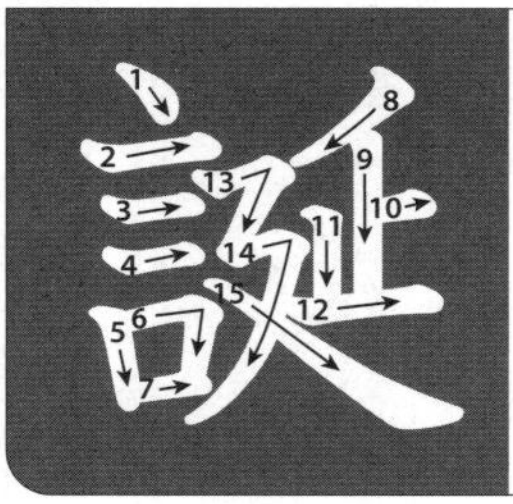

음독 たん　誕生(たんじょう) 탄생, 출생　生誕(せいたん) 탄생　聖誕(せいたん) 성탄　降誕(こうたん) 강탄, 탄신

낳을 **탄**

小6 N1

今日(きょう)は木村(きむら)さんの誕生日(たんじょうび)です。 오늘은 기무라 씨의 생일입니다.

聖誕節(せいたんせつ)にクリスマスカードを贈(おく)ります。 성탄절에 크리스마스 카드를 보냅니다.

1865

음독 だん　弾丸(だんがん) 탄환, 총알　弾劾(だんがい) 탄핵　爆弾(ばくだん) 폭탄　糾弾(きゅうだん) 규탄

훈독 ひく　弾(ひ)く (악기를) 치다, 켜다

はずむ　弾(はず)む ①튀다 ②탄력이 붙다, 신이 나다

たま　弾(たま) 총알

彈

탄알/힐책할/연주할 **탄**

中 N1

大統領(だいとうりょう)の弾劾裁判(だんがいさいばん)が開(ひら)かれました。 대통령의 탄핵 재판이 열렸습니다.

旧友(きゅうゆう)にあって思(おも)わず話(はなし)が弾(はず)みました。
옛 친구를 만나서 뜻하지 않게 이야기가 활기를 띠었습니다.

Tip 1399 ひく 참조

1866

음독 たん　嘆息(たんそく) 탄식　悲嘆(ひたん) 비탄　感嘆(かんたん) 감탄

훈독 なげく　嘆(なげ)く 한탄하다

なげかわしい　嘆(なげ)かわしい 한심스럽다

嘆

탄식할 **탄**

中 N1

友(とも)だちが亡(な)くなって悲嘆(ひたん)にくれました。 친구가 죽어서 비탄에 잠겼습니다.

自己中心的(じこちゅうしんてき)な人(ひと)が増(ふ)えた世(よ)の中(なか)が嘆(なげ)かわしいです。
자기중심적인 사람이 늘어난 세상이 한심스럽습니다.

1867

음독 たん　破綻(はたん) 파탄

훈독 ほころびる　綻(ほころ)びる・綻(ほころ)ぶ ①(실밥이) 풀리다 ②조금 벌어지다

ほころぶ

터질 **탄**

中 급수 외

経営(けいえい)が破綻(はたん)した会社(かいしゃ)を救済(きゅうさい)します。 경영이 파탄난 회사를 구제합니다.

セーターが綻(ほころ)んでしまいました。 스웨터의 실밥이 풀려 버렸습니다.

1868

음독 だつ　脱帽(だつぼう) 탈모, 모자를 벗음　脱字(だつじ) 탈자　離脱(りだつ) 이탈　逸脱(いつだつ) 일탈

훈독 ぬぐ　脱(ぬ)ぐ 벗다

ぬげる　脱(ぬ)げる 벗겨지다

脫

벗을/빠질/벗어날 **탈**

中 N1

原稿(げんこう)の誤字(ごじ)や脱字(だつじ)をチェックします。 원고의 오자나 탈자를 체크합니다.

脱(ぬ)いだコートはこのハンガーに掛(か)けてください。
벗은 코트는 이 옷걸이에 걸어 주세요.

E

1869

음독 だつ　奪還(だっかん) 탈환　強奪(ごうだつ) 강탈　争奪(そうだつ) 쟁탈

훈독 うばう　奪(うば)う 빼앗다

빼앗을 **탈**

中　N1

ATMの現金(げんきん)が強奪(ごうだつ)されました。ATM의 현금이 강탈당했습니다.

泥棒(どろぼう)が私(わたし)のかばんを奪(うば)いました。도둑이 내 가방을 빼앗았습니다.

1870

음독 たん　探検(たんけん) 탐험　探偵(たんてい) 탐정　探索(たんさく) 탐색　探究(たんきゅう) 탐구

훈독 さぐる　探(さぐ)る 찾다, 탐색하다, 조사하다

さがす　探(さが)す 찾다

찾을 **탐**

小6　N2

子(こ)どもの頃(ころ)、探検家(たんけんか)にあこがれました。어렸을 때 탐험가를 동경했습니다.

財布(さいふ)を探(さが)しています。지갑을 찾고 있습니다.

1871

음독 どん　貪欲(どんよく) 탐욕

훈독 むさぼる　貪(むさぼ)る 탐하다, 탐내다

탐할 **탐**

中　급수 외

学生(がくせい)は貪欲(どんよく)に学(まな)ばなければなりません。학생은 탐욕스럽게 배우지 않으면 안 됩니다.

犬(いぬ)が餌(えさ)を貪(むさぼ)っています。개가 먹이를 탐내고 있습니다.

1872

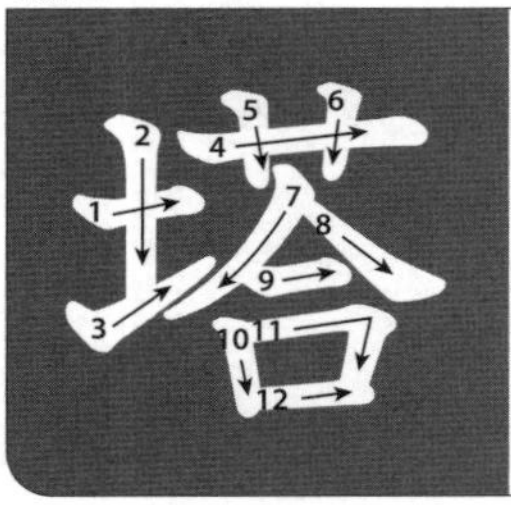

음독 とう　塔(とう) 탑　電波塔(でんぱとう) 전파탑　管制塔(かんせいとう) 관제탑

象牙(ぞうげ)の塔(とう) 상아탑(속세를 떠나 오로지 학문이나 예술에만 잠기는 경지)

塔

탑 **탑**

中　N2

大学(だいがく)は象牙(ぞうげ)の塔(とう)ではいけません。대학은 상아탑이어서는 안 됩니다.

操縦士(そうじゅうし)が管制塔(かんせいとう)から指示(しじ)を受(う)けています。조종사가 관제탑에서 지시를 받고 있습니다.

1873

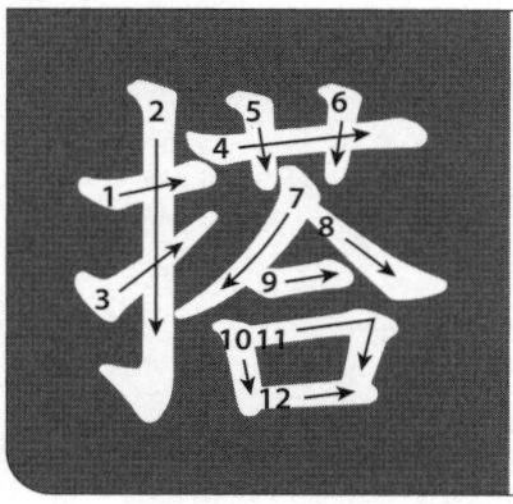

음독 とう　搭載(とうさい) 탑재　搭乗(とうじょう) 탑승

搭

탈 **탑**

中 N1

ミサイルを搭載(とうさい)した爆撃機(ばくげきき)が飛(と)んでいます。 미사일을 탑재한 폭격기가 날고 있습니다.

空港(くうこう)のカウンターで搭乗手続(とうじょうてつづ)きをします。 공항 카운터에서 탑승수속을 합니다.

1874

음독 とう　湯治(とうじ) 온천 요양　銭湯(せんとう) 대중목욕탕　熱湯(ねっとう) 열탕　薬湯(やくとう) 약탕

훈독 ゆ　湯(ゆ) 뜨거운 물, 목욕물　湯気(ゆげ) 김, 수증기　湯飲(ゆの)み 찻잔　湯船(ゆぶね) 욕조, 목욕통

끓일 **탕**

小3 N2

最近(さいきん)、銭湯(せんとう)が少(すく)なくなりました。 최근에 대중목욕탕이 적어졌습니다.

湯船(ゆぶね)にお湯(ゆ)をためます。 욕조에 물을 받습니다.

1875

음독 たい　太陽(たいよう) 태양　太古(たいこ) 태고, 먼 옛날　太平洋(たいへいよう) 태평양

た　丸太(まるた) 통나무

훈독 ふとい　太(ふと)い 굵다

ふとる　太(ふと)る 살찌다

클 **태**

小2 N3

太平洋(たいへいよう)はとても広(ひろ)いです。 태평양은 매우 넓습니다.

太(ふと)ったのでダイエットをしようと思(おも)います。 살이 쪄서 다이어트를 할 생각합니다.

1876

음독 たい　態度(たいど) 태도　態勢(たいせい) 태세　状態(じょうたい) 상태　実態(じったい) 실태

모습 **태**

小5 N1

彼(かれ)の生意気(なまいき)な態度(たいど)が嫌(きら)いです。 그의 건방진 태도가 싫습니다.

会社(かいしゃ)の経営状態(けいえいじょうたい)がよくありません。 회사의 경영상태가 좋지 않습니다.

1877

汰

음독 た　淘汰(とうた) 도태　表沙汰(おもてざた) 표면화, 세상에 알려짐
ご無沙汰(ぶさた) 격조함, 무소식

도태시킬 **태**
中 급수 외

すべての生物(せいぶつ)は自然(しぜん)の淘汰(とうた)を受(う)けます。 모든 생물은 자연의 도태를 받습니다.
このことは表沙汰(おもてざた)にしないでください。 이 일은 표면화하지 말아 주세요.

1878

怠

음독 たい　怠慢(たいまん) 태만　怠惰(たいだ) 나태함, 게으름　倦怠(けんたい) 권태
훈독 おこたる　怠(おこた)る 소홀히 하다
なまける　怠(なま)ける 게으름을 피우다

게으를 **태**
中 N1

市民(しみん)が公務員(こうむいん)の怠慢(たいまん)に激怒(げきど)しました。 시민이 공무원의 태만에 격노했습니다.
佐藤(さとう)さんが勤務中(きんむちゅう)にタバコを吸(す)って怠(なま)けています。
사토 씨가 근무중에 담배를 피우면서 게으름을 피우고 있습니다.

1879

胎

음독 たい　胎児(たいじ) 태아　胎動(たいどう) 태동　受胎(じゅたい) 수태, 임신

아이 밸 **태**
中 N1

おなかに耳(みみ)をつけて胎児(たいじ)の胎動(たいどう)を聞(き)きます。 배에 귀를 대고 태아의 태동을 듣습니다.
妊娠(にんしん)5ヶ月頃(ごかげつごろ)から胎動(たいどう)が始(はじ)まります。 임신 5개월쯤부터 태동이 시작됩니다.

1880

泰

음독 たい　泰平(たいへい) 태평, 평안함　安泰(あんたい) 편안함

편안할 **태**
中 N1

昔(むかし)の王(おう)は国家(こっか)の泰平(たいへい)を祈願(きがん)しました。 옛날 왕은 국가의 태평을 기원했습니다.
お金(かね)も家(いえ)もあるので、老後(ろうご)は安泰(あんたい)です。 돈도 집도 있어서 노후는 편안합니다.

1881

음독 だ

駄菓子(だがし) 막과자, 싸구려 과자　駄目(だめ) 안 됨

無駄(むだ) 소용없음, 쓸데없음, 헛됨

예외 下駄(げた) 나막신

짐 실을 **태**

中　N1

そんなことをしては駄目(だめ)です。그런 일을 해서는 안 됩니다.

テストの前日(ぜんじつ)に勉強(べんきょう)しても無駄(むだ)です。시험 전날에 공부해도 소용없습니다.

1882

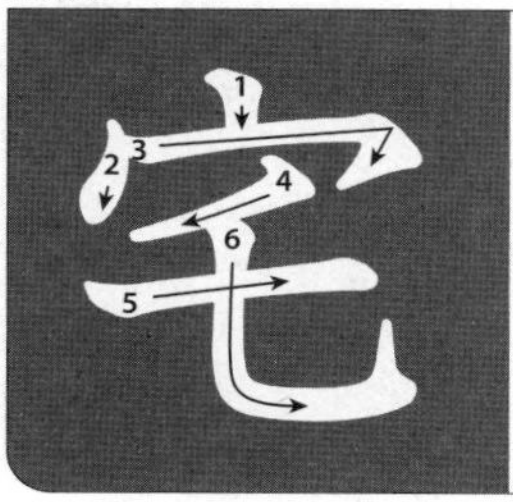

음독 たく

宅配(たくはい) 택배　住宅(じゅうたく) 주택　帰宅(きたく) 귀가　自宅(じたく) 자택

お宅(たく) 댁

집 **택**/댁 **댁**

小6　N2

宅配便(たくはいびん)が届(とど)きました。택배가 도착했습니다.

いつも7時(じ)に帰宅(きたく)します。항상 7시에 귀가합니다.

1883

음독 たく

採択(さいたく) 채택　選択(せんたく) 선택　二者択一(にしゃたくいつ) 양자택일

擇

가릴 **택**

中　N1

小学校(しょうがっこう)で使(つか)う教科書(きょうかしょ)を採択(さいたく)します。초등학교에서 사용할 교과서를 채택합니다.

「はい」か「いいえ」の二者択一(にしゃたくいつ)で選(えら)んでください。
'네'나 '아니요' 양자택일로 선택해 주세요.

1884

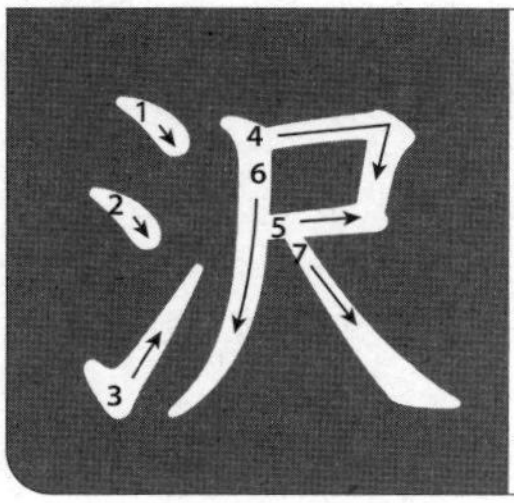

음독 たく

沢山(たくさん) 많이　沢庵(たくあん) 단무지　光沢(こうたく) 광택

훈독 さわ

沢(さわ) 습지, 얕은 못

澤

못/윤택 **택**

中　N1

この真珠(しんじゅ)は大(おお)きくて光沢(こうたく)があります。이 진주는 크고 광택이 있습니다.

山(やま)にはきれいな沢(さわ)が流(なが)れています。산에는 깨끗한 습지가 흐르고 있습니다.

1885

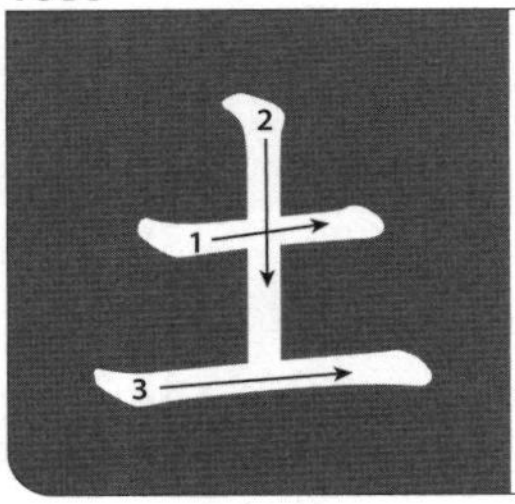

음독 ど　国土(こくど) 국토　土曜日(どようび) 토요일
　　 と　土地(とち) 토지
훈독 つち　土(つち) 흙　土(つち)ぼこり 흙투성이

흙 토
小1 N5

土(ど)・日(にち)は割引(わりび)きできません。 토・일요일은 할인되지 않습니다.
植木鉢(うえきばち)に土(つち)を入(い)れます。 화분에 흙을 넣습니다.

1886

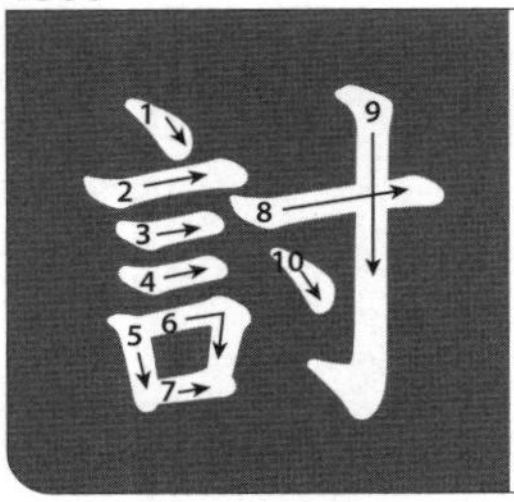

음독 とう　討論(とうろん) 토론　討議(とうぎ) 토의　検討(けんとう) 검토　征討(せいとう) 정벌, 토벌
훈독 うつ　討(う)つ ①공격하다, 쓰러뜨리다 ②베다, 죽이다

탐구할/공격할 토
小6 N1

計画書(けいかくしょ)の内容(ないよう)を検討(けんとう)しました。 계획서의 내용을 검토했습니다.
親(おや)の敵(かたき)を討(う)ちました。 부모님의 원수를 갚았습니다.

Tip 0092 うつ 참조

1887

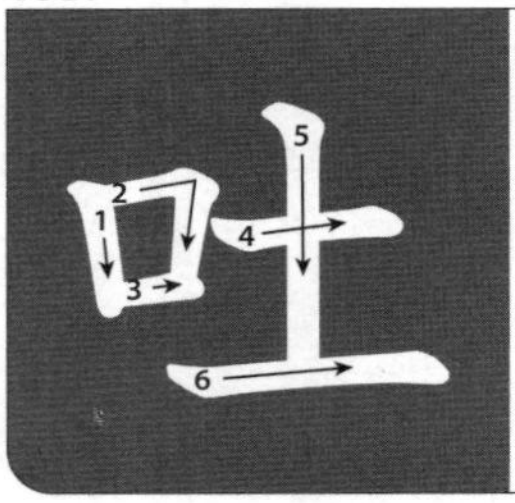

음독 と　吐息(といき) 한숨　吐血(とけつ) 토혈　嘔吐(おうと) 구토
훈독 はく　吐(は)く 토하다, 내뱉다

토할 토
中 N1

子(こ)どもが風邪(かぜ)をひいて嘔吐(おうと)しました。 아이가 감기에 걸려서 구토했습니다.
人(ひと)に向(む)かってタバコの煙(けむり)を吐(は)かないでください。
다른 사람을 향해서 담배 연기를 내뱉지 마세요.

1888

음독 つう　通学(つうがく) 통학　通行(つうこう) 통행　交通(こうつう) 교통　共通(きょうつう) 공통
　　 つ　通夜(つや) 초상집에서 밤샘
훈독 とおる/とおす　通(とお)る 지나가다　大通(おおどお)り 대로　通(とお)す 통하게 하다
　　 かよう　通(かよ)う 다니다

통할/오고 갈 통
小2 N3

私(わたし)は毎日(まいにち)、バスを使(つか)って通学(つうがく)しています。
나는 매일, 버스를 이용하여 통학하고 있습니다.
仕事(しごと)が終(お)わった後(あと)は、ジムに通(かよ)います。 일이 끝난 후에는 피트니스에 다닙니다.

1889

統

음독 とう　統一(とういつ) 통일　統治(とうち) 통치　伝統(でんとう) 전통　系統(けいとう) 계통

훈독 すべる　統(す)べる 통합하다, 통치하다, 지배하다

거느릴/합칠/계통 **통**

小5　N1

これは日本(にほん)の伝統料理(でんとうりょうり)です。이것은 일본의 전통요리입니다.

昔(むかし)は王様(おうさま)は天下(てんか)を統(す)べました。옛날에는 임금님은 천하를 다스렸습니다.

1890

痛

음독 つう　頭痛(ずつう) 두통　腹痛(ふくつう) 복통　鎮痛(ちんつう) 진통　痛風(つうふう) 통풍

훈독 いたい　痛(いた)い 아프다

いたむ　痛(いた)む 아프다, 고통스럽다, 괴롭다

いためる　痛(いた)める 아프게 하다, 고통을 주다

아플 **통**

小6　N2

腹痛(ふくつう)がして、薬(くすり)を飲(の)みました。복통이 나서 약을 먹었습니다.

虫歯(むしば)で歯(は)が痛(いた)みます。충치로 이가 아픕니다.

Tip 0906 いたむ 참조

1891

筒

음독 とう　水筒(すいとう) 물통　封筒(ふうとう) 봉투

훈독 つつ　筒(つつ) 통　茶筒(ちゃづつ) 차통(차를 넣어 두는 통)

통 **통**

中　N2

お弁当(べんとう)と水筒(すいとう)を持(も)ってピクニックに出(で)かけました。
도시락과 물통을 갖고 소풍을 갔습니다.

茶筒(ちゃづつ)にお茶(ちゃ)の葉(は)を入(い)れます。차통에 찻잎을 넣습니다.

1892

退

음독 たい　退場(たいじょう) 퇴장　退院(たいいん) 퇴원　辞退(じたい) 사퇴　引退(いんたい) 은퇴

훈독 しりぞく　退(しりぞ)く 물러나다, 비키다

しりぞける　退(しりぞ)ける ①물리치다 ②거절하다

물러날/물리칠 **퇴**

小5　N2

あした、祖母(そぼ)が退院(たいいん)します。내일, 할머니가 퇴원합니다.

課長(かちょう)は私(わたし)の意見(いけん)を退(しりぞ)けました。과장님은 나의 의견을 거절했습니다.

1893

음독 たい　堆肥(たいひ) 퇴비　堆積(たいせき) 퇴적

훈독 うずたかい　堆(うずたか)い 두두룩하게 높다

언덕/쌓을 **퇴**

中　급수 외

畑(はたけ)に堆肥(たいひ)をまきます。밭에 퇴비를 뿌립니다.

山(やま)では雪(ゆき)が堆(うずたか)く積(つ)もりました。산에는 눈이 산더미같이 쌓였습니다.

1894

음독 とう　投手(とうしゅ) 투수　投資(とうし) 투자　投入(とうにゅう) 투입　投票(とうひょう) 투표

훈독 なげる　投(な)げる 던지다　投(な)げやり 중도에 그만둠, 자포자기함

던질 **투**

小3　N2

今月(こんげつ)の十日(とおか)は投票日(とうひょうび)です。이달 10일은 투표일입니다.

ボールを高(たか)く投(な)げてください。공을 높이 던져 주세요.

1895

음독 と　嫉妬(しっと) 질투

훈독 ねたむ　妬(ねた)む 질투하다

ねたましい　妬(ねた)ましい 질투나다

샘낼 **투**

中　급수 외

松本(まつもと)さんは同僚(どうりょう)の昇進(しょうしん)に嫉妬(しっと)しました。마츠모토 씨는 동료의 승진을 질투했습니다.

お金持(かねも)ちの人(ひと)が妬(ねた)ましいです。부자인 사람이 질투납니다.

1896

음독 とう　透明(とうめい) 투명함　透過(とうか) 투과　浸透(しんとう) 침투

훈독 すく　透(す)く 틈이 생기다

すかす　透(す)かす 틈새를 만들다, 비쳐 보이게 하다

すける　透(す)ける 들여다 보이다, 비쳐 보이다

투명할/투과할 **투**

中　N1

透明(とうめい)なガラスに絵(え)を描(えが)きます。투명한 유리에 그림을 그립니다.

人影(ひとかげ)がレースのカーテンに透(す)けて見(み)えます。
사람의 그림자가 레이스 커튼에 비쳐 보입니다.

1897

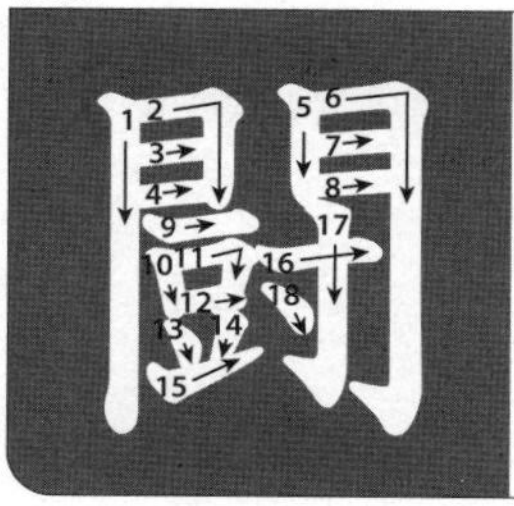

음독 とう　闘争(とうそう) 투쟁　闘病(とうびょう) 투병　戦闘(せんとう) 전투　乱闘(らんとう) 난투

훈독 たたかう　闘(たたか)う 싸우다, 투쟁하다

鬪

싸움 투

中 N1

父(ちち)はガンとの闘病(とうびょう)に数年(すうねん)を過(す)ごしました。 아버지는 암과의 투병에 수년을 보냈습니다.

その国(くに)では市民(しみん)が、今(いま)も自由(じゆう)を求(もと)めて闘(たたか)っています。
그 나라에서는 시민이, 지금도 자유를 찾아 싸우고 있습니다.

Tip 1504 たたかう 참조

1898

음독 とく　特別(とくべつ) 특별함　特急(とっきゅう) 특급　特徴(とくちょう) 특징　独特(どくとく) 독특함

특별할 특

小4 N3

由美(ゆみ)さんは私(わたし)にとって特別(とくべつ)な存在(そんざい)です。 유미 씨는 나에게 있어서 특별한 존재입니다.

日本語(にほんご)の特徴(とくちょう)は何(なん)ですか。 일본어의 특징은 무엇입니까?

1899

음독 は　波長(はちょう) 파장　波止場(はとば) 부두, 항구　電波(でんぱ) 전파　音波(おんぱ) 음파

훈독 なみ　波(なみ) 파도　津波(つなみ) 해일　人波(ひとなみ) 인파

물결/진동할 파

小3 N2

ここは電波(でんぱ)を受信(じゅしん)することができません。 이곳은 전파를 수신할 수 없습니다.

今日(きょう)は波(なみ)が高(たか)いです。 오늘은 파도가 높습니다.

1900

음독 は　破片(はへん) 파편　破産(はさん) 파산　撃破(げきは) 격파　突破(とっぱ) 돌파

훈독 やぶる　破(やぶ)る 찢다, 깨다, 부수다

やぶれる　破(やぶ)れる 찢어지다, 깨지다, 부서지다

깨뜨릴 파

小5 N2

ガラスの破片(はへん)があるので、注意(ちゅうい)してください。
유리 파편이 있으니 주의하세요.

手紙(てがみ)を見(み)て、すぐ破(やぶ)りました。 편지를 보고 바로 찢었습니다.

Tip 1913 やぶれる 참조

Ⅱ

1901

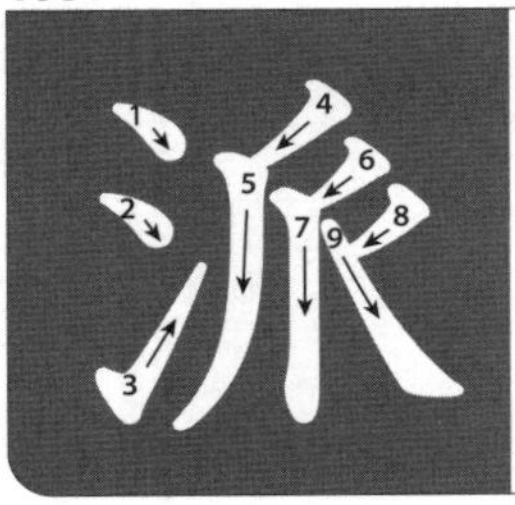

음독 は 派生(はせい) 파생 派遣(はけん) 파견 党派(とうは) 당파 立派(りっぱ) 훌륭함, 뛰어남

갈래/보낼 **파**

小6 N1

社長(しゃちょう)は社員(しゃいん)を外国(がいこく)に派遣(はけん)しました。 사장님은 사원을 외국에 파견했습니다.

立派(りっぱ)な先生(せんせい)になりたいです。 훌륭한 선생님이 되고 싶습니다.

1902

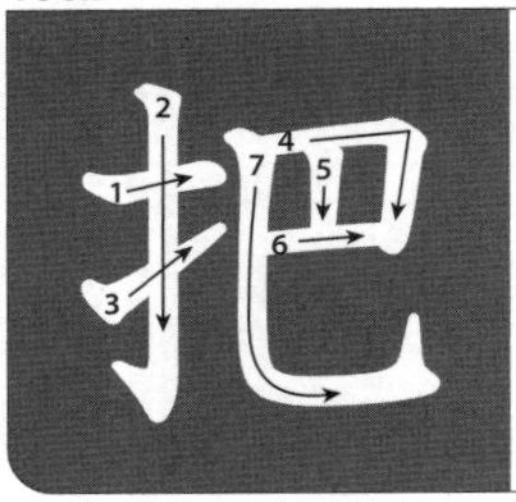

음독 は 把握(はあく) 파악 大雑把(おおざっぱ) 대강, 대략적, 대충

잡을 **파**

中 N1

参加者(さんかしゃ)の人数(にんずう)を把握(はあく)します。 참가자의 인원 수를 파악합니다.

先生(せんせい)は共産主義(きょうさんしゅぎ)について大雑把(おおざっぱ)に説明(せつめい)しました。
선생님은 공산주의에 대해서 대략적으로 설명했습니다.

1903

음독 ば 老婆(ろうば) 노파 産婆(さんば) 산파, 조산사

예외 お婆(ばあ)さん 할머니 婆(ばば) 노파, 늙은 여자

할머니 **파**

中 N1

老婆(ろうば)を描(か)いた絵(え)が飾(かざ)ってあります。 노파를 그린 그림이 장식되어 있습니다.

お婆(ばあ)さんに席(せき)を譲(ゆず)りました。 할머니에게 자리를 양보했습니다.

1904

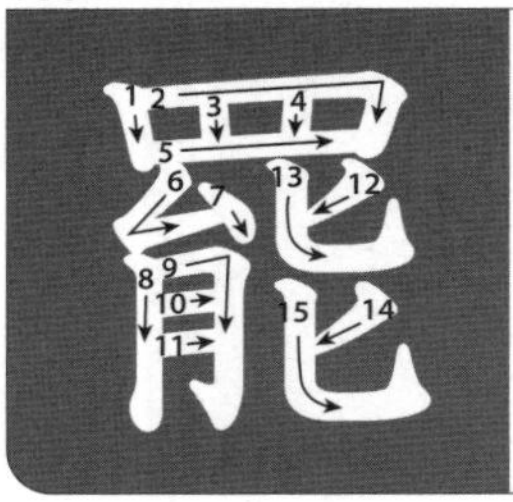

음독 ひ 罷免(ひめん) 파면 罷業(ひぎょう) 파업

그만둘 **파**

中 급수 외

首相(しゅしょう)には大臣(だいじん)を罷免(ひめん)する権限(けんげん)があります。
수상에게는 장관을 파면할 권한이 있습니다.

日本(にほん)では罷業(ひぎょう)を「ストライキ(strike)」と言(い)います。
일본에서는 파업을 '스트라이크'라고 말합니다.

1905

坂

언덕 **판**

小3 N2

음독 **はん** 急坂(きゅうはん) 가파른 비탈 登坂(とうはん) 등판, 고갯길을 올라감

훈독 **さか** 坂(さか) 고개, 비탈길 坂道(さかみち) 고갯길, 비탈길

上り坂(のぼりざか) 오르막길, 상승 기세 下り坂(くだりざか) 내리막길, 쇠퇴기

登坂車線(とうはんしゃせん)は重(おも)いトラックなどが走(はし)る道(みち)です。
등판차선은 무거운 트럭 등이 달리는 길입니다.

坂道(さかみち)で転(ころ)んでしまいました。 비탈길에서 넘어지고 말았습니다.

1906

板

널빤지 **판**

小3 N2

음독 **はん** 板木(はんぎ) 판목(인쇄를 위해 글씨 등을 새긴 목판) 鉄板(てっぱん) 철판

ばん 看板(かんばん) 간판 黒板(こくばん) 칠판 登板(とうばん) (야구의) 등판

훈독 **いた** 板(いた) 판자, 널빤지 板前(いたまえ) 주방, 조리장, 요리사 まな板(いた) 도마

駅前(えきまえ)に人気(にんき)の鉄板焼(てっぱんや)きのお店(みせ)があります。 역 앞에 인기 있는 철판구이 가게가 있습니다.

兄(あに)は板前(いたまえ)になるために専門学校(せんもんがっこう)に通(かよ)っています。
형은 요리사가 되기 위해 전문학교에 다니고 있습니다.

1907

阪

언덕 **판**

小4 N1

음독 **はん** 阪神(はんしん) 오사카와 고베 京阪神(けいはんしん) 교토, 오사카, 고베

훈독 **さか** 大阪(おおさか) 오사카

友(とも)だちと阪神地方(はんしんちほう)を旅行(りょこう)しました。 친구와 한신지방을 여행했습니다.

大阪(おおさか)は日本第二(にほんだいに)の都市(とし)です。 오사카는 일본 제2의 도시입니다.

1908

判

판단할 **판**

小5 N2

음독 **はん** 判定(はんてい) 판정 判断(はんだん) 판단 批判(ひはん) 비판

ばん 裁判(さいばん) 재판

判

その判断(はんだん)はあなたに任(まか)せます。 그 판단은 당신에게 맡기겠습니다.

彼(かれ)の意見(いけん)は批判(ひはん)を受(う)けました。 그의 의견은 비판을 받았습니다.

1909

版

음독 はん　版画(はんが) 판화　版木(はんぎ) 판목　出版(しゅっぱん) 출판　改訂版(かいていばん) 개정판　限定版(げんていばん) 한정판

판목 **판**

小5　N2

出版社(しゅっぱんしゃ)で働(はたら)いてみたいです。 출판사에서 일해 보고 싶습니다.

この商品(しょうひん)は限定版(げんていばん)です。 이 상품은 한정판입니다.

1910

販

음독 はん　販売(はんばい) 판매　市販(しはん) 시판, 시중 판매　通販(つうはん) 통신판매

팔 **판**

中　N2

未成年(みせいねん)にタバコを販売(はんばい)してはいけません。 미성년자에게 담배를 판매해서는 안 됩니다.

通販(つうはん)で流行(りゅうこう)の服(ふく)を買(か)いました。 통신판매로 유행하는 옷을 샀습니다.

1911

八

음독 はち　八人(はちにん) 여덟 명　八月(はちがつ) 8월

훈독 や　八百屋(やおや) 채소가게

やつ/やっつ　八(や)つ 여덟　八(やっ)つ 여덟 개

よう　八日(ようか) 8일

여덟 **팔**

小1　N5

私(わたし)の誕生日(たんじょうび)は八月八日(はちがつようか)です。 제 생일은 8월 8일입니다.

八百屋(やおや)でトマトを買(か)いました。 채소가게에서 토마토를 샀습니다.

1912

貝

훈독 かい　貝(かい) 조개　貝(かい)がら 조개껍데기　ほたて貝(がい) 가리비

조개 **패**

小1　N2

貝(かい)を焼(や)いて食(た)べると、おいしいです。 조개를 구워서 먹으면 맛있습니다.

貝(かい)がらで作(つく)ったものです。 조개껍데기로 만든 것입니다.

1913

음독 はい　敗戦(はいせん) 패전　敗因(はいいん) 패인　勝敗(しょうはい) 승패　失敗(しっぱい) 실패, 실수

훈독 やぶれる　敗(やぶ)れる 패하다, 지다

패할 **패**

小4　N2

今日(きょう)の試合(しあい)の敗因(はいいん)を考(かんが)えました。 오늘 시합의 패인을 생각했습니다.

日本(にほん)チームはアメリカチームに敗(やぶ)れてしまいました。
일본팀은 미국팀에 패하고 말았습니다.

Tip やぶれる

敗(やぶ)れる 패하다, 지다

戦(たたか)いに敗(やぶ)れる。 싸움에 지다.

破(やぶ)れる 찢어지다

紙(かみ)が破(やぶ)れる。 종이가 찢어지다.

1914

훈독 うた　子守唄(こもりうた) 자장가　長唄(ながうた) 나가우타(일본 전통예능의 하나)

염불 소리 **패**

中　급수 외

母親(ははおや)が子守唄(こもりうた)を歌(うた)っています。 어머니가 자장가를 부르고 있습니다.

長唄(ながうた)は日本(にほん)の伝統芸能(でんとうげいのう)の一(ひと)つです。 나가우타는 일본 전통예능의 하나입니다.

1915

음독 は　覇権(はけん) 패권　覇者(はしゃ) 패자　制覇(せいは) 제패　連覇(れんぱ) 연패

으뜸 **패**

中　N1

二(ふた)つの政党(せいとう)が覇権(はけん)を争(あらそ)っています。 두 정당이 패권을 다투고 있습니다.

マラソン大会(たいかい)で木村(きむら)さんが三連覇(さんれんぱ)を達成(たっせい)しました。
마라톤 대회에서 기무라 씨가 삼연패를 달성했습니다.

ㅍ

1916

膨

음독 ぼう　膨張(ぼうちょう) 팽창　膨大(ぼうだい) 팽대, 방대함

훈독 ふくらむ　膨(ふく)らむ 부풀다, 불룩해지다

ふくれる　膨(ふく)れる ①부풀다, 불룩해지다 ②(화가 나서) 뾰로통해지다

부풀 **팽**

中 N1

宇宙(うちゅう)には膨大(ぼうだい)な数(かず)の星(ほし)があります。우주에는 방대한 수의 별이 있습니다.

オーブンの中(なか)でパン生地(きじ)が膨(ふく)らんでいます。

오븐 안에서 빵 반죽이 부풀어 오르고 있습니다.

1917

便

음독 べん　便利(べんり) 편리함　便宜(べんぎ) 편의　不便(ふべん) 불편함

びん　便乗(びんじょう) 편승　郵便(ゆうびん) 우편　船便(ふなびん) 배편

훈독 たより　便(たよ)り 소식, 편지

편할/소식 **편**

小4 N3

この町(まち)は交通(こうつう)が不便(ふべん)です。이 동네는 교통이 불편합니다.

外国(がいこく)にいる友(とも)だちから便(たよ)りがありました。외국에 있는 친구에게서 소식이 있었습니다.

1918

編

음독 へん　編集(へんしゅう) 편집　編入(へんにゅう) 편입　長編(ちょうへん) 장편　前編(ぜんぺん) 전편

훈독 あむ　編(あ)む ①엮다, 뜨다 ②(계획을) 짜다　編(あ)み物(もの) 뜨개질

編

엮을 **편**

小5 N2

大学(だいがく)3年生(ねんせい)に編入(へんにゅう)しました。대학교 3학년에 편입했습니다.

毛糸(けいと)でマフラーを編(あ)んでいます。털실로 목도리를 짜고 있습니다.

1919

片

음독 へん　片鱗(へんりん) 편린(아주 작은 일부분)　断片(だんぺん) 단편　破片(はへん) 파편

木片(もくへん) 나무 조각

훈독 かた　片腕(かたうで) 한 쪽 팔　片思(かたおも)い 짝사랑　片道(かたみち) 편도

조각/한 쪽 **편**

小6 N2

古文書(こぶんしょ)の断片(だんぺん)が見(み)つかりました。고문서의 단편이 발견되었습니다.

片道(かたみち)はいくらですか。편도는 얼마입니까?

1920

음독 **へん** 偏見(へんけん) 편견 偏食(へんしょく) 편식 偏愛(へんあい) 편애
偏在(へんざい) 편재(한 곳에 치우쳐 있음)

훈독 **かたよる** 偏る(かたよる) ①(한쪽으로) 치우치다, 기울다 ②불공평하다

偏

치우칠 **편**

中 N1

人種(じんしゅ)の偏見(へんけん)と差別(さべつ)をなくしましょう。 인종의 편견과 차별을 없앱시다.

肉(にく)ばかりの偏(かたよ)った食生活(しょくせいかつ)を改(あらた)めます。 고기만 먹는 한쪽으로 치우친 식생활을 고칩니다.

1921

음독 **へん** 遍歴(へんれき) 편력 遍在(へんざい) 편재(두루 퍼져 있음) 普遍(ふへん) 보편
一遍(いっぺん) 한 번, 단번에

遍

두루/번 **편**

中 N1

小麦(こむぎ)は世界(せかい)に遍在(へんざい)する穀物(こくもつ)です。 밀은 세계에 두루 퍼져 있는 곡물입니다.

おいしいですから、一遍(いっぺん)、食(た)べてみてください。 맛있으니까 한 번 드셔 보세요.

1922

음독 **へい** 平和(へいわ) 평화 平均(へいきん) 평균 平日(へいじつ) 평일 水平線(すいへいせん) 수평선
びょう 平等(びょうどう) 평등

훈독 **たいら** 平ら(たいら) ①평평함 ②편안함
ひら 平社員(ひらしゃいん) 평사원 平泳ぎ(ひらおよぎ) 평영 平屋(ひらや) 단층집

평평할/평안할/보통 **평**

小3 N2

テストの平均点(へいきんてん)は70点(てん)でした。 시험의 평균점은 70점이었습니다.

兄(あに)はまだ平社員(ひらしゃいん)です。 형은 아직 평사원입니다.

1923

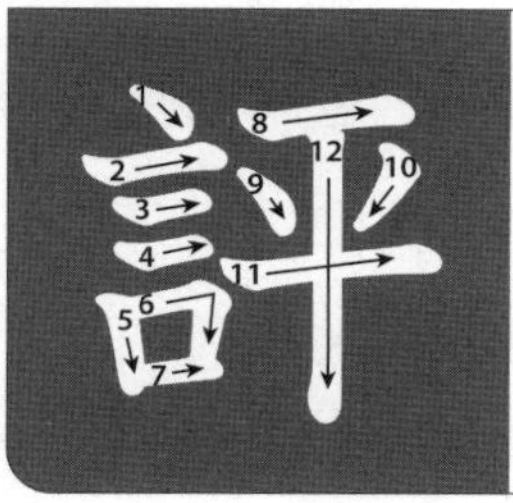

음독 **ひょう** 評判(ひょうばん) 평판 評議会(ひょうぎかい) 평의회 講評(こうひょう) 강평 批評(ひひょう) 비평
評する(ひょうする) 평하다, 평가하다

評

평할 **평**

小5 N1

近所(きんじょ)に評判(ひょうばん)のいい店(みせ)があります。 근처에 평판이 좋은 가게가 있습니다.

先生(せんせい)の講評(こうひょう)を聞(き)きました。 선생님의 강평을 들었습니다.

Ⅱ

1924

훈독 つぼ　坪(つぼ) 평(면적의 단위)　一坪(ひとつぼ) 한 평　坪庭(つぼにわ) 안뜰

坪

들/평 **평**

中　N1

一坪(ひとつぼ)は約(やく)3.3平方(へいほう)メートルです。 한 평은 약 3.3평방미터입니다.

坪庭(つぼにわ)に芝(しば)を植(う)えました。 안뜰에 잔디를 심었습니다.

1925

음독 はい　肺(はい) 폐　肺炎(はいえん) 폐렴　肺(はい)がん 폐암　肺活量(はいかつりょう) 폐활량

허파 **폐**

小6　N1

タバコは肺(はい)によくありません。 담배는 폐에 좋지 않습니다.

肺炎(はいえん)で入院(にゅういん)しました。 폐렴으로 입원했습니다.

1926

음독 へい　陛下(へいか) 폐하　天皇陛下(てんのうへいか) 천황 폐하　皇后陛下(こうごうへいか) 황후 폐하

대궐 섬돌 **폐**

小6　N1

陛下(へいか)がアメリカを訪問(ほうもん)しました。 폐하가 미국을 방문했습니다.

皇后陛下(こうごうへいか)がいらっしゃいました。 황후 폐하가 오셨습니다.

1927

음독 へい　閉鎖(へいさ) 폐쇄　閉店(へいてん) 폐점　開閉(かいへい) 개폐　密閉(みっぺい) 밀폐

훈독 しまる/しめる　閉(し)まる 닫히다　閉(し)める 닫다

とじる　閉(と)じる 자 ①닫히다 ②끝나다 타 ①닫다 ②눈을 감다

とざす　閉(と)ざす ①닫다, 잠그다 ②(길·통행을) 막다

닫을 **폐**

小6　N2

閉店(へいてん)は夜(よる)10時(じ)です。 폐점은 밤 10시입니다.

窓(まど)を閉(し)めてください。 창문을 닫아 주세요.

Tip 0217 しめる 참조

1928

음독 はい　廃棄(はいき) 폐기　廃業(はいぎょう) 폐업　荒廃(こうはい) 황폐　撤廃(てっぱい) 철폐

훈독 すたれる　廃(すた)れる ①쇠퇴하다 ②한물가다

すたる　廃(すた)る ①쇠퇴하다 ②손상되다

廢

버릴/쇠퇴할 **폐**

中　N1

壊(こわ)れたパソコンを廃棄処分(はいきしょぶん)します。고장 난 컴퓨터를 폐기처분합니다.

人口(じんこう)が減(へ)って、町(まち)が廃(すた)れました。인구가 감소해서 마을이 쇠퇴했습니다.

1929

음독 へい　貨幣(かへい) 화폐　紙幣(しへい) 지폐　造幣(ぞうへい) 조폐

幣

화폐 **폐**

中　N1

昔(むかし)の貨幣(かへい)は希少価値(きしょうかち)があります。옛날 화폐는 희소가치가 있습니다.

銀行員(ぎんこういん)が紙幣(しへい)を数(かぞ)えています。은행원이 지폐를 세고 있습니다.

1930

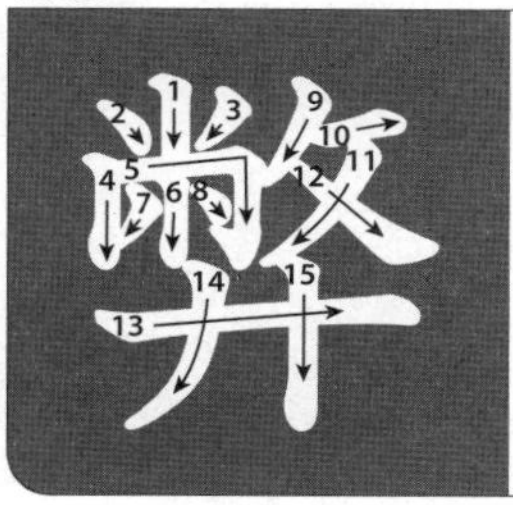

음독 へい　弊害(へいがい) 폐해, 해　弊社(へいしゃ) 폐사, 저희 회사　疲弊(ひへい) 피폐

語弊(ごへい) 어폐(적절치 않게 사용하여 일어나는 말의 폐단이나 결점)

弊

폐단/해질/자기 **폐**

中　N1

インターネットは便利(べんり)ですが、弊害(へいがい)もあります。인터넷은 편리하지만 폐해도 있습니다.

語弊(ごへい)があるかもしれないので、発言(はつげん)を訂正(ていせい)します。
어폐가 있을지도 모르기 때문에 발언을 정정합니다.

1931

음독 へい　遮蔽(しゃへい) 가리고 덮음　隠蔽(いんぺい) 은폐

蔽

덮을 **폐**

中　급수 외

フィルムの現像(げんぞう)は光(ひかり)を遮蔽(しゃへい)した場所(ばしょ)でします。
필름현상은 빛을 가린 장소에서 합니다.

警察(けいさつ)は事実(じじつ)を隠蔽(いんぺい)しました。경찰은 사실을 은폐했습니다.

1932

包

음독 ほう　包装(ほうそう) 포장　包囲(ほうい) 포위　包丁(ほうちょう) ①부엌칼 ②요리사　内包(ないほう) 내포

훈독 つつむ　包(つつ)む 싸다, 두르다, 에워싸다　包(つつ)み紙(がみ) 포장지　小包(こづつみ) 소포

包

쌀 포

小4　N2

かわいい包装(ほうそう)紙(し)を買(か)いました。귀여운 포장지를 샀습니다.

プレゼントをきれいな紙(かみ)で包(つつ)みます。선물을 예쁜 종이로 포장합니다.

1933

布

음독 ふ　布団(ふとん) 이불　布教(ふきょう) 포교, 전도　布告(ふこく) 포고　布巾(ふきん) 행주
毛布(もうふ) 모포, 담요　財布(さいふ) 지갑

훈독 ぬの　布(ぬの) 피륙, 직물, 무명

베/펼/돈 포

小5　N2

寒(さむ)かったら毛布(もうふ)を使(つか)ってください。추우면 담요를 쓰세요.

大(おお)きな布(ぬの)がほしいです。큰 직물을 원합니다.

1934

怖

음독 ふ　恐怖(きょうふ) 공포　畏怖(いふ) 두려워함

훈독 こわい　怖(こわ)い 무섭다
특이 怖気(おじけ) 공포심(おぞけ로도 읽음)

두려워할 포

中　N2

原発(げんぱつ)に恐怖(きょうふ)を感(かん)じます。원자력 발전소에 공포를 느낍니다.

ジェットコースターが怖(こわ)くて乗(の)れません。제트 코스터가 무서워서 못 탑니다.

1935

抱

음독 ほう　抱擁(ほうよう) 포옹　介抱(かいほう) 병구완, 간호　辛抱(しんぼう) 참음, 인내

훈독 だく　抱(だ)く 안다
いだく　抱(いだ)く 안다, (마음에) 품다
かかえる　抱(かか)える 안다, 끼다, 감싸 쥐다

抱

안을 포

中　N2

おなかが空(す)きましたが、夕食(ゆうしょく)の時間(じかん)まで辛抱(しんぼう)しました。
배가 고팠지만, 저녁 시간까지 참았습니다.

田村(たむら)さんが大(おお)きなかばんを抱(かか)えています。다무라 씨가 큰 가방을 안고 있습니다.

1936

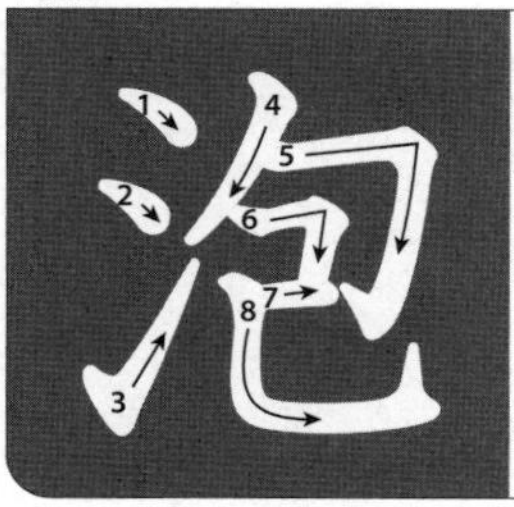

음독 **ほう** 水泡(すいほう) 수포 気泡(きほう) 기포 発泡(はっぽう) 발포, 거품이 남

훈독 **あわ** 泡(あわ) 거품

泡

거품 **포**

中 N1

これまでの努力(どりょく)が水泡(すいほう)に帰(き)しました。 지금까지의 노력이 수포로 돌아갔습니다.

シャワーでシャンプーの泡(あわ)をすすぎます。 샤워로 샴푸의 거품을 헹굽니다.

1937

음독 **ほう** 胞子(ほうし) 홀씨, 포자 細胞(さいぼう) 세포(さいほう로도 읽음) 同胞(どうほう) 동포

胞

세포/친형제 **포**

中 N1

細胞(さいぼう)が分裂(ぶんれつ)する様子(ようす)を観察(かんさつ)します。 세포가 분열하는 모습을 관찰합니다.

外国(がいこく)にいる同胞(どうほう)を支援(しえん)しています。 외국에 있는 동포를 지원하고 있습니다.

1938

음독 **ほ** 捕獲(ほかく) 포획 逮捕(たいほ) 체포 拿捕(だほ) 나포

훈독 **とらえる** 捕(と)らえる 잡다, 붙잡다

とらわれる 捕(と)らわれる 붙잡히다, 사로잡히다

とる 捕(と)る 잡다

つかまえる 捕(つか)まえる 잡다

つかまる 捕(つか)まる 잡히다, 붙잡히다

잡을 **포**

中 N2

ワシがネズミを捕獲(ほかく)して飛(と)んでいきました。 독수리가 쥐를 포획해서 날아갔습니다.

外野(がいや)の選手(せんしゅ)がフライボールを捕(と)りました。 외야선수가 뜬공을 잡았습니다.

Tip 1697 とる 참조

Tip 속담

捕(と)らぬ狸(たぬき)の皮算用(かわざんよう)

떡 줄 사람은 생각지도 않는데 김칫국부터 마신다(흔히 경제적인 화제에 쓰임)

まだ宝(たから)くじに当(あ)たっていないのに、彼(かれ)は捕(と)らぬ狸(たぬき)の皮算用(かわざんよう)をしている。

아직 복권에 당첨되지도 않았는데, 그는 김칫국부터 마시고 있다.

II

1939

음독 ほう　砲丸(ほうがん) 포환　砲撃(ほうげき) 포격　大砲(たいほう) 대포　発砲(はっぽう) 발포

砲

대포 포

中　N1

彼(かれ)は砲丸(ほうがん)投(な)げの選手(せんしゅ)です。그는 투포환 선수입니다.

強盗(ごうとう)は銃(じゅう)を発砲(はっぽう)しました。강도는 총을 발포했습니다.

1940

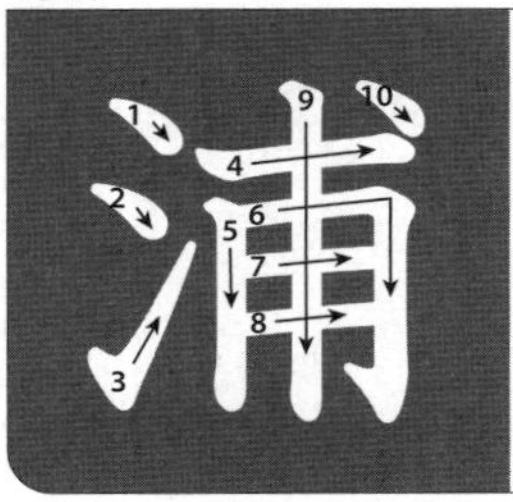

음독 ほ　長汀曲浦(ちょうていきょくほ) 장정곡포(길게 뻗은 경치 좋은 해변)

훈독 うら　浦(うら) 포구, 해변　津々浦々(つつうらうら) 방방곡곡

바닷가 포

中　N1

長汀曲浦(ちょうていきょくほ)の海岸線(かいがんせん)が美(うつく)しいです。길게 뻗은 해변의 해안선이 아름답습니다.

津々浦々(つつうらうら)に桜(さくら)が咲(さ)いています。방방곡곡에 벚꽃이 피어 있습니다.

1941

음독 ほ　哺乳類(ほにゅうるい) 포유류　哺乳瓶(ほにゅうびん) 젖병

먹일 포

中　급수 외

クジラは哺乳類(ほにゅうるい)の動物(どうぶつ)です。고래는 포유류 동물입니다.

赤(あか)ちゃんが哺乳瓶(ほにゅうびん)でミルクを飲(の)んでいます。아기가 젖병으로 우유를 먹고 있습니다.

1942

음독 ほう　飽食(ほうしょく) 포식　飽和(ほうわ) 포화　飽満(ほうまん) 포만

훈독 あきる　飽(あ)きる 질리다, 싫증나다

あかす　飽(あ)かす 싫증나게 하다

飽

배부를/싫증날 포

中　N1

ここの老人(ろうじん)ホームは飽和状態(ほうわじょうたい)です。이곳의 양로원은 포화상태입니다.

何度(なんど)も同(おな)じDVDを見(み)て、飽(あ)きてしまいました。
몇 번이나 같은 DVD를 봐서 질려 버렸습니다.

1943

음독 ほ　舗装(ほそう) 포장　店舗(てんぽ) 점포

특이 老舗(しにせ) 전통이 있는 오래된 점포

鋪

펼/가게 포

中　N1

道路(どうろ)を舗装(ほそう)する工事(こうじ)をしています。 도로를 포장하는 공사를 하고 있습니다.

商店街(しょうてんがい)には色々(いろいろ)な店舗(てんぽ)が並(なら)んでいます。 상점가에는 여러 점포가 늘어서 있습니다.

1944

음독 ほう　褒賞(ほうしょう) 포상　褒美(ほうび) 상, 포상

훈독 ほめる　褒(ほ)める 칭찬하다

칭찬할 포

中　N1

好成績(こうせいせき)の力士(りきし)に褒賞(ほうしょう)が贈(おく)られました。 성적이 좋은 씨름꾼에게 포상이 주어졌습니다.

幼稚園(ようちえん)の先生(せんせい)が子(こ)どもの絵(え)を褒(ほ)めています。
유치원 선생님이 아이의 그림을 칭찬하고 있습니다.

1945

음독 ぼう　暴力(ぼうりょく) 폭력　暴風(ぼうふう) 폭풍　乱暴(らんぼう) 난폭함　凶暴(きょうぼう) 흉악하고 난폭함

ばく　暴露(ばくろ) 폭로

훈독 あばく　暴(あば)く 폭로하다, 들추어내다, 파내다

あばれる　暴(あば)れる 날뛰다, 난폭하게 굴다, 대담하게 행동하다

사나울/드러날 폭

小5　N2

暴力(ぼうりょく)は絶対(ぜったい)にいけません。 폭력은 절대로 안 됩니다.

馬(うま)が暴(あば)れはじめました。 말이 날뛰기 시작했습니다.

1946

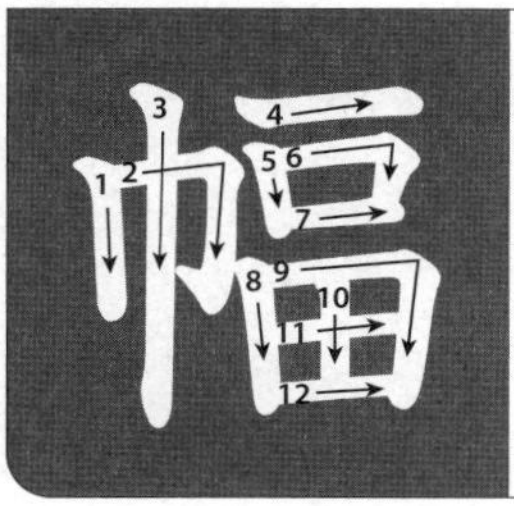

음독 ふく　増幅(ぞうふく) 증폭　振幅(しんぷく) 진폭　恰幅(かっぷく) 풍채, 몸매

훈독 はば　幅(はば) 폭　肩幅(かたはば) 어깨통, (옷의) 품　歩幅(ほはば) 보폭

폭 폭

中　N2

微弱(びじゃく)な電波(でんぱ)を増幅(ぞうふく)します。 미약한 전파를 증폭시킵니다.

このコートは肩幅(かたはば)が小(ちい)さいです。 이 코트는 품이 작습니다.

ㅍ

1947

音読 **ばく**　爆弾(ばくだん) 폭탄　爆発(ばくはつ) 폭발　爆破(ばくは) 폭파　起爆(きばく) 기폭

불터질 **폭**

中　N2

化学工場(かがくこうじょう)で爆発(ばくはつ)事故(じこ)が起(お)きました。화학공장에서 폭발사고가 일어났습니다.

岩山(いわやま)を爆破(ばくは)してトンネルを掘(ほ)ります。바위산을 폭파해 터널을 팝니다.

1948

音読 **ひょう**　表現(ひょうげん) 표현　表情(ひょうじょう) 표정　代表(だいひょう) 대표　発表(はっぴょう) 발표

훈독 **おもて**　表(おもて) 앞면, 표면, 바깥쪽

あらわす　表(あらわ)す 나타내다, 표현하다

あらわれる　表(あらわ)れる 나타나다

겉/나타낼 **표**

小3　N2

みんなの前(まえ)で発表(はっぴょう)をしました。모두가 있는 앞에서 발표를 했습니다.

家(いえ)の表(おもて)に車(くるま)がとまっています。집 앞에 차가 세워져 있습니다.

Tip **あらわす**

表(あらわ)す 나타내다, 표현하다

言葉(ことば)で表(あらわ)す。말로 표현하다.

現(あらわ)す 드러내다

舞台(ぶたい)に歌手(かしゅ)が姿(すがた)を現(あらわ)す。
무대에 가수가 모습을 드러내다.

著(あらわ)す 저술하다

書物(しょもつ)を著(あらわ)す。책을 저술하다.

1949

音読 **ひょう**　票決(ひょうけつ) 표결　開票(かいひょう) 개표　得票(とくひょう) 득표　伝票(でんぴょう) 전표

표 **표**

小4　N1

開票(かいひょう)の結果(けっか)が出(で)ました。개표 결과가 나왔습니다.

伝票(でんぴょう)の整理(せいり)をします。전표 정리를 합니다.

1950

음독 **ひょう** 標識(ひょうしき) 표지 標的(ひょうてき) 표적, 과녁 目標(もくひょう) 목표 商標(しょうひょう) 상표

표할 **표**

小4 N1

道路(どうろ)標識(ひょうしき)をよく見(み)てください。 도로표지를 잘 보세요.

今月(こんげつ)の目標(もくひょう)を決(き)めましょう。 이달의 목표를 정합시다.

1951

음독 **ひょう** 土俵(どひょう) 씨름판 一俵(いっぴょう) 한 가마 二俵(にひょう) 두 가마 三俵(さんびょう) 세 가마

훈독 **たわら** 俵(たわら) 섬, 가마니 米俵(こめだわら) 쌀섬, 쌀가마니

나누어 줄 **표**

小5 N1

相撲(すもう)をとる場所(ばしょ)を「土俵(どひょう)」といいます。 스모를 하는 장소를 「土俵」라고 합니다.

今(いま)では俵(たわら)はほとんど使(つか)いません。 요즘에는 가마니는 거의 쓰지 않습니다.

1952

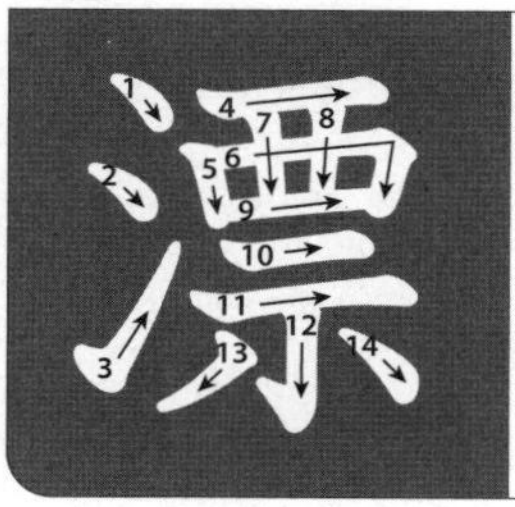

음독 **ひょう** 漂白(ひょうはく) 표백 漂白剤(ひょうはくざい) 표백제
漂着(ひょうちゃく) 표착(물에 떠다니다 어떤 곳에 닿음) 漂流(ひょうりゅう) 표류

훈독 **ただよう** 漂う(ただよう) 떠다니다, 떠돌다

떠다닐/표백할 **표**

中 N1

海(うみ)で漂流(ひょうりゅう)していた人(ひと)が助(たす)けられました。 바다에 표류하고 있던 사람이 구조되었습니다.

水面(すいめん)の上(うえ)に木(こ)の葉(は)が漂(ただよ)っています。 수면 위로 나뭇잎이 떠다니고 있습니다.

1953

음독 **ひん** 品質(ひんしつ) 품질 品種(ひんしゅ) 품종 商品(しょうひん) 상품 返品(へんぴん) 반품

훈독 **しな** 品(しな) 물건, 상품 品切れ(しなぎれ) 품절 手品(てじな) 마술, 속임수

물건 **품**

小3 N3

返品(へんぴん)は断(ことわ)ります。 반품은 사절입니다.

特売品(とくばいひん)は品切(しなぎ)れになりました。 특매품은 품절되었습니다.

ㅍ

1954

음독 **ふう** 風雨(ふうう) 풍우, 바람과 비 風景(ふうけい) 풍경

ふ 風呂(ふろ) 목욕(탕) 風情(ふぜい) 운치, 기색

훈독 **かぜ** 風(かぜ) 바람 **특이** 風邪(かぜ) 감기

かざ 風下(かざしも) 바람이 불어 가는 쪽 風車(かざぐるま) 풍차, 바람개비

바람 **풍**

小2 N3

お風呂(ふろ)に入(はい)ったあと、ビールを飲(の)みます。목욕한 다음 맥주를 마십니다.

エアコンの風(かぜ)より、自然(しぜん)の風が気持(きも)ちいいです。
에어컨 바람보다 자연 바람이 기분 좋습니다.

1955

음독 **ほう** 豊作(ほうさく) 풍작 豊富(ほうふ) 풍부함 豊漁(ほうりょう) 풍어(물고기 등이 많이 잡힘)
豊年(ほうねん) 풍년

훈독 **ゆた**か 豊か(ゆたか) 풍부함, 풍족함

풍년 **풍**

小5 N2

レモンはビタミンが豊富(ほうふ)です。레몬은 비타민이 풍부합니다.

くりが豊(ゆた)かに実(みの)りました。밤이 풍성하게 열렸습니다.

1956

음독 **ひ** 皮膚(ひふ) 피부 皮肉(ひにく) ①피상적 ②빈정거림 表皮(ひょうひ) 표피
脱皮(だっぴ) 탈피

훈독 **かわ** 皮(かわ) 가죽, 껍질 毛皮(けがわ) 모피, 털가죽

가죽 **피**

小3 N2

アトピーで皮膚科(ひふか)に通(かよ)っています。아토피라서 피부과에 다니고 있습니다.

りんごの皮(かわ)をむいてくれませんか。사과껍질을 벗겨 주지 않을래요?

Tip **かわ**

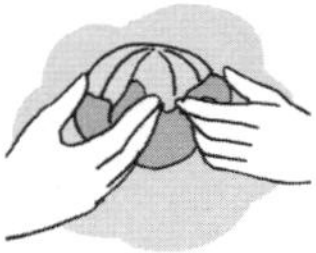

皮(かわ) 껍질

みかんの皮(かわ)をむく。귤 껍질을 벗기다.

革(かわ) 가죽

牛(うし)の革(かわ)でかばんを作(つく)る。소가죽으로 가방을 만들다.

1957

彼

음독 ひ　彼岸(ひがん) 춘분/추분을 중심으로 한 7일간

훈독 かれ　彼(かれ) 그, 남자친구　彼氏(かれし) 남자친구

かの　彼女(かのじょ) 그녀, 여자친구

저 **피**

中　N2

彼岸(ひがん)の時期(じき)にはお墓(はか)に参(まい)ります。 히간 시기에는 성묘합니다.

新(あたら)しい彼氏(かれし)と付(つ)き合(あ)っています。 새로운 남자친구와 사귀고 있습니다.

1958

披

음독 ひ　披露(ひろう) 피로, 공개함　披露宴(ひろうえん) 피로연

披瀝(ひれき) 피력(마음속의 생각을 숨김없이 말함)

펼 **피**

中　N1

田中(たなか)さんがギターの演奏(えんそう)を披露(ひろう)しました。 다나카 씨가 기타 연주를 공개했습니다.

これは、ある政治家(せいじか)の過去(かこ)を披瀝(ひれき)した本(ほん)です。
이것은 어느 정치가의 과거를 피력한 책입니다.

1959

疲

음독 ひ　疲労(ひろう) 피로　疲弊(ひへい) 피폐

훈독 つかれる　疲(つか)れる 피곤하다, 힘들다

피곤할 **피**

中　N2

毎日(まいにち)、残業(ざんぎょう)して疲労(ひろう)が溜(た)まります。 매일 야근해서 피로가 쌓입니다.

疲(つか)れたので、少(すこ)し休(やす)みました。 힘들어서 조금 쉬었습니다.

1960

被

음독 ひ　被害(ひがい) 피해　被告(ひこく) 피고　被災(ひさい) 재해를 입음

被疑者(ひぎしゃ) 피의자

훈독 こうむる　被(こうむ)る (은혜나 손해를) 입다, 받다

입을 **피**

中　N2

被告(ひこく)が法廷(ほうてい)に入(はい)ってきました。 피고가 법정에 들어왔습니다.

会社(かいしゃ)は大(おお)きな損害(そんがい)を被(こうむ)りました。 회사는 큰 손해를 입었습니다.

ㅍ

1961

음독 ひ　避暑(ひしょ) 피서　避難(ひなん) 피난　回避(かいひ) 회피
退避(たいひ) 퇴피(위험을 피하기 위해 그 자리에서 물러남)

훈독 さける　避(さ)ける 피하다

피할 **피**
中 N1

毎年(まいとし)、高原(こうげん)のリゾートホテルへ避暑(ひしょ)に行(い)きます。
매년 고원에 있는 리조트 호텔로 피서를 갑니다.

水(みず)たまりを避(さ)けて通(とお)ります。 물 웅덩이를 피해서 지나갑니다.

1962

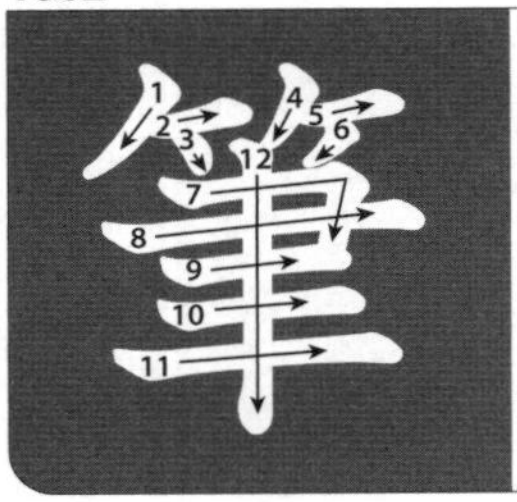

음독 ひつ　筆順(ひつじゅん) 필순　筆者(ひっしゃ) 필자　万年筆(まんねんひつ) 만년필　鉛筆(えんぴつ) 연필

훈독 ふで　筆(ふで) 붓　絵筆(えふで) 화필(그림을 그리는 붓)　筆先(ふでさき) 붓끝

붓 **필**
小3 N2

この漢字(かんじ)の筆順(ひつじゅん)を教(おし)えてください。 이 한자의 필순을 가르쳐 주세요.

絵筆(えふで)を３本(ぼん)買(か)いました。 화필을 3자루 샀습니다.

1963

음독 ひつ　必要(ひつよう) 필요함　必修(ひっしゅう) 필수　必読(ひつどく) 필독　必然(ひつぜん) 필연

훈독 かならず　必(かなら)ず 반드시, 꼭

반드시 **필**
小4 N2

外国(がいこく)に行(い)くときはパスポートが必要(ひつよう)です。 외국에 갈 때는 여권이 필요합니다.

約束(やくそく)は必(かなら)ず守(まも)ってください。 약속은 반드시 지켜 주세요.

Tip 필수

必修(ひっしゅう) 반드시 학습하여야 함

大学(だいがく)で必修科目(ひっしゅうかもく)を選択(せんたく)する。
대학교에서 필수과목을 선택하다.

必需(ひつじゅ) 꼭 쓰이는 것

スーパーで必需品(ひつじゅひん)を買(か)う。
슈퍼마켓에서 필수품을 사다.

必須(ひっす) 꼭 있어야 함

就職(しゅうしょく)には英語(えいご)が必須(ひっす)だ。 취직하려면 영어가 필수다.

1964

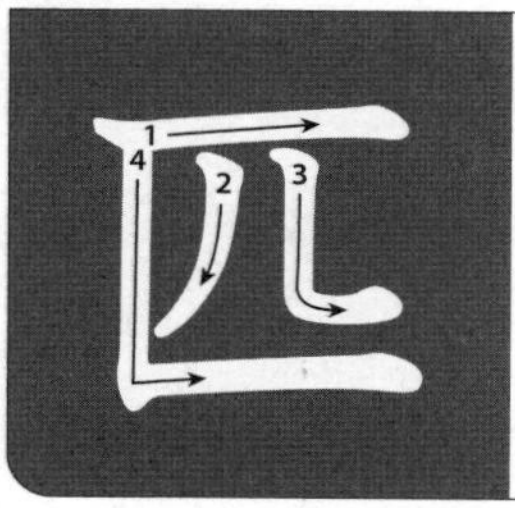

음독 **ひつ** 匹敵(ひってき) 필적(능력이나 세력이 엇비슷하여 서로 맞섬)

훈독 **ひき** 一匹(いっぴき) 한 마리 二匹(にひき) 두 마리 三匹(さんびき) 세 마리 何匹(なんびき) 몇 마리

맞설/마리 **필**

中 N2

大豆(だいず)のタンパク質(しつ)は肉(にく)に匹敵(ひってき)します。 콩의 단백질은 고기에 필적합니다.

うちでは犬(いぬ)を二匹(にひき)飼(か)っています。 우리 집에서는 개를 두 마리 기르고 있습니다.

1965

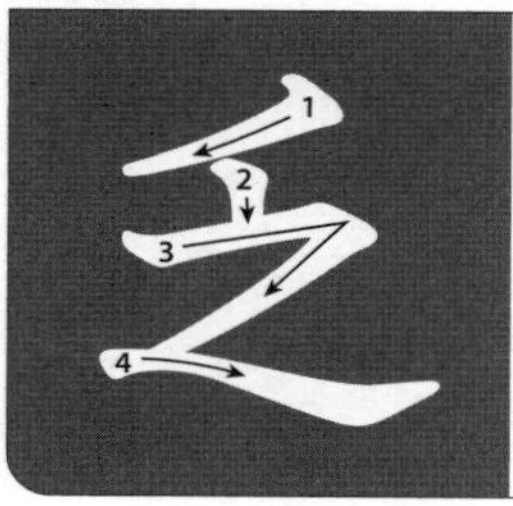

음독 **ぼう** 貧乏(びんぼう) 가난함 欠乏(けつぼう) 결핍 窮乏(きゅうぼう) 궁핍

훈독 **とぼ**しい 乏(とぼ)しい 부족하다, 가난하다

모자랄 **핍**

中 N1

ビタミンが欠乏(けつぼう)すると体(からだ)に障害(しょうがい)が出(で)ます。 비타민이 결핍되면 몸에 장애가 생깁니다.

新入社員(しんにゅうしゃいん)なので営業(えいぎょう)の経験(けいけん)が乏(とぼ)しいです。 신입사원이라서 영업 경험이 부족합니다.

1966

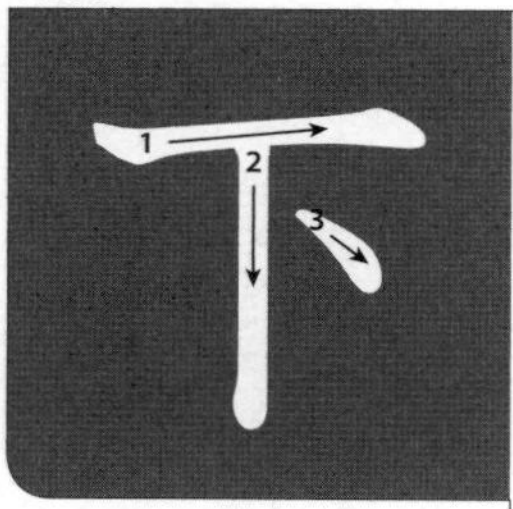

음독 **か** 下流(かりゅう) 하류 地下(ちか) 지하 地下鉄(ちかてつ) 지하철

げ 下車(げしゃ) 하차 下宿(げしゅく) 하숙

훈독 **した/しも** 下(した) 아래, 밑 下(しも) 강의 하류, 아래쪽

もと 下(もと) 밑, ~하

さげる 下(さ)げる (위치를) 낮추다

さがる 下(さ)がる (기온·열 등이) 내려가다

おりる 下(お)りる 내리다, 내려가다

おろす 下(お)ろす 내리다, 내려놓다

くだる 下(くだ)る 내려가다

특이 下手(へた) 잘 못함

아래 **하**

小1 N5

食堂(しょくどう)は地下一階(ちかいっかい)です。 식당은 지하 1층입니다.

今月(こんげつ)から急(きゅう)に気温(きおん)が下(さ)がりました。 이달부터 갑자기 기온이 내려갔습니다.

Tip 0311 もと 참조

ㅎ

1967

음독 か　幾何学(きかがく) 기하학

훈독 なに　何か(なにか) 무언가　何物(なにもの) 어떤 것　何事(なにごと) 무슨 일

なん　何時(なんじ) 몇 시　何個(なんこ) 몇 개

무엇 하

小2 N5

私(わたし)は大学(だいがく)で幾何学(きかがく)を勉強(べんきょう)しています。 나는 대학에서 기하학을 공부하고 있습니다.

何個(なんこ)必要(ひつよう)ですか。 몇 개 필요합니까?

1968

음독 か　夏季(かき) 하계　初夏(しょか) 초여름

げ　夏至(げし) 하지

훈독 なつ　夏(なつ) 여름　真夏(まなつ) 한여름　夏休み(なつやすみ) 여름방학, 여름휴가

夏服(なつふく) 하복

여름 하

小2 N3

初夏(しょか)の気配(けはい)がします。 초여름 기운이 납니다.

夏(なつ)はクーラーが必要(ひつよう)です。 여름은 냉방 장치가 필요합니다.

1969

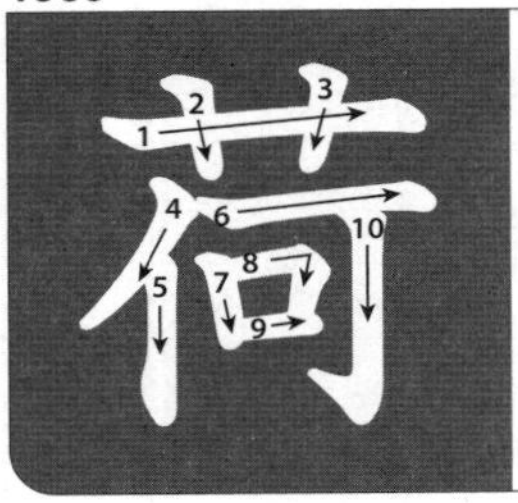

음독 か　荷重(かじゅう) 하중　出荷(しゅっか) 출하　入荷(にゅうか) 입하　集荷(しゅうか) 집하

훈독 に　荷物(にもつ) 짐　荷札(にふだ) (짐의) 꼬리표　荷作り(にづくり) 짐을 꾸림, 포장

荷

짐 하

小3 N2

新(あたら)しい商品(しょうひん)が入荷(にゅうか)しました。 새로운 상품이 들어왔습니다.

旅行(りょこう)の荷作(にづく)りをします。 여행 짐을 쌉니다.

1970

음독 が　賀正(がしょう) 새해를 축하함　年賀状(ねんがじょう) 연하장　祝賀(しゅくが) 축하

謹賀(きんが) 근하, 삼가 축하함　謹賀新年(きんがしんねん) 근하신년

滋賀県(しがけん) 시가현

하례할 하

小4 N1

知(し)り合(あ)いに年賀状(ねんがじょう)を書(か)きました。 지인에게 연하장을 썼습니다.

優勝(ゆうしょう)チームの祝賀(しゅくが)パーティーが開(ひら)かれました。 우승팀의 축하파티가 열렸습니다.

1971

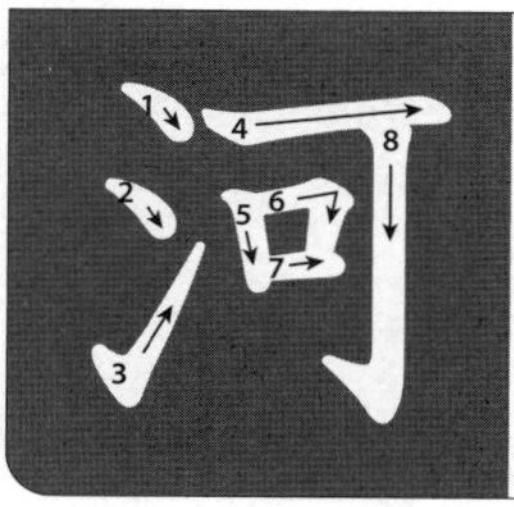

강 하

小5 N2

음독 か　河川(かせん) 하천　河口(かこう) 하구, 강어귀　運河(うんが) 운하　銀河(ぎんが) 은하, 은하수

훈독 かわ　河(かわ) 강, 하천　河原(かわら) 강가의 모래밭

河口(かこう)の近(ちか)くで釣(つ)りをしました。 하구 근처에서 낚시를 했습니다.

「河(かわ)」は大(おお)きい川(かわ)の意味(いみ)です。 '하천'은 큰 강의 의미입니다.

1972

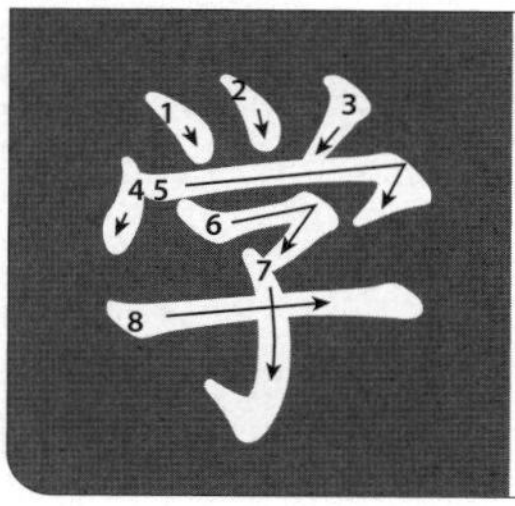

배울 학

小1 N5

음독 がく　大学(だいがく) 대학(교)　入学(にゅうがく) 입학　学年(がくねん) 학년　学費(がくひ) 학비　進学(しんがく) 진학

훈독 まなぶ　学(まな)ぶ 배우다

學

大学(だいがく)に入学(にゅうがく)しました。 대학에 입학했습니다.

先生(せんせい)から人生(じんせい)の大事(だいじ)なことを学(まな)びました。 선생님께 인생의 중요한 것을 배웠습니다.

1973

학대할 학

中 N1

음독 ぎゃく　虐待(ぎゃくたい) 학대　虐殺(ぎゃくさつ) 학살　残虐(ざんぎゃく) 잔학함, 잔인함

훈독 しいたげる　虐(しいた)げる 학대하다

虐

子(こ)どもを虐待(ぎゃくたい)する親(おや)を告発(こくはつ)しました。 아이를 학대하는 부모를 고발했습니다.

暴君(ぼうくん)が国民(こくみん)を虐(しいた)げています。 폭군이 국민을 학대하고 있습니다.

1974

학 학

中 N1

음독 かく　鶏群(けいぐん)の一鶴(いっかく) 군계일학(많은 사람 가운데에 섞여 있는 뛰어난 한 사람)

훈독 つる　鶴(つる) 학

前田(まえだ)さんは会社(かいしゃ)の鶏群(けいぐん)の一鶴(いっかく)のような社員(しゃいん)です。
마에다 씨는 회사의 군계일학 같은 사원입니다.

この湿地(しっち)には、冬(ふゆ)に鶴(つる)が飛来(ひらい)します。 이 습지에는 겨울에 학이 날아옵니다.

1975

음독 かん　寒波(かんぱ) 한파　寒風(かんぷう) 한풍　厳寒(げんかん) 엄한, 혹한　悪寒(おかん) 오한

훈독 さむい　寒い(さむい) 춥다　寒気(さむけ) 한기, 오한

찰 한

小3 N3

寒波(かんぱ)が続(つづ)いています。 한파가 계속되고 있습니다.

寒(さむ)い日(ひ)のおでんはおいしいです。 추운 날 먹는 어묵은 맛있습니다.

1976

음독 かん　漢字(かんじ) 한자　漢族(かんぞく) 한족　漢方薬(かんぽうやく) 한약　漢文(かんぶん) 한문

漢

한나라 한

小3 N3

毎日(まいにち)、16字(じ)ずつ漢字(かんじ)を勉強(べんきょう)します。 매일 16자씩 한자를 공부합니다.

風邪(かぜ)には漢方薬(かんぽうやく)がいいです。 감기에는 한약이 좋습니다.

1977

음독 げん　限界(げんかい) 한계　限度(げんど) 한도　制限(せいげん) 제한　期限(きげん) 기한

훈독 かぎる　限る(かぎる) 한정하다, 한하다

한할 한

小5 N2

制限速度(せいげんそくど)を守(まも)ってください。 제한속도를 지켜 주세요.

入場(にゅうじょう)は未成年(みせいねん)に限(かぎ)ります。 입장은 미성년자에 한합니다.

1978

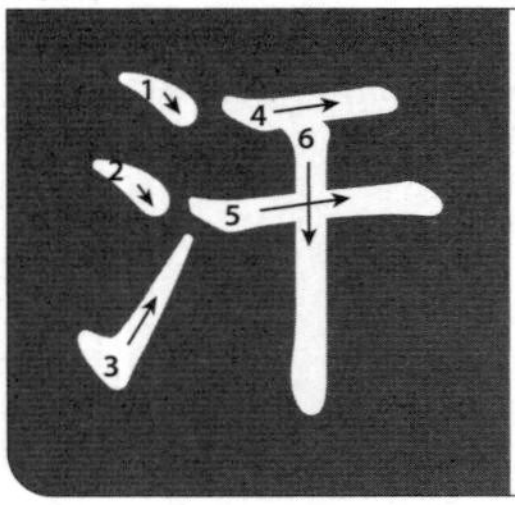

음독 かん　汗腺(かんせん) 땀샘　発汗(はっかん) 발한

훈독 あせ　汗(あせ) 땀　脂汗(あぶらあせ) 진땀

땀 한

中 N2

生姜(しょうが)には発汗作用(はっかんさよう)があります。 생강에는 발한작용이 있습니다.

サウナで汗(あせ)を流(なが)しました。 사우나에서 땀을 흘렸습니다.

1979

음독 こん　痛恨(つうこん) 통한(몹시 한스러움)　遺恨(いこん) 한, 원한　怨恨(えんこん) 원한

훈독 うらむ　恨む(うらむ) 원망하다, 미워하다

うらめしい　恨めしい(うらめしい) 원망스럽다, 한스럽다

한 **한**

中　N1

その選手(せんしゅ)サッカー選手は痛恨(つうこん)のミスをしました。그 축구 선수는 통한의 실수를 했습니다.

他人(たにん)を恨(うら)んでも何(なに)もなりません。타인을 원망해도 아무 소용 없습니다.

1980

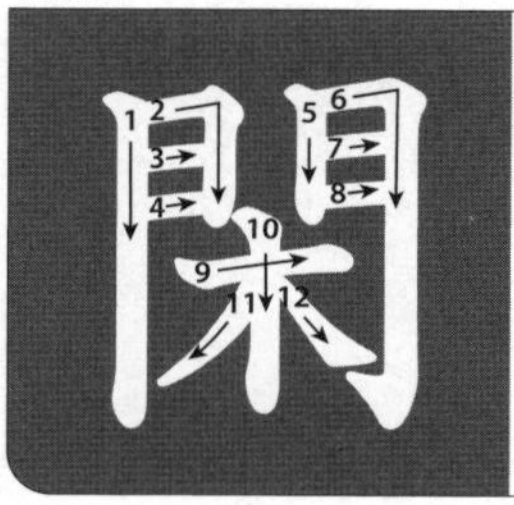

음독 かん　閑静(かんせい) 한가하고 고요함, 한적함　閑散(かんさん) 한산　閑職(かんしょく) 한직

한가할 **한**

中　N1

伯父(おじ)さんは閑静(かんせい)な住宅街(じゅうたくがい)に住(す)んでいます。큰아버지는 한적한 주택가에 살고 있습니다.

コンサートの会場(かいじょう)は閑散(かんさん)としていました。콘서트장은 한산했습니다.

1981

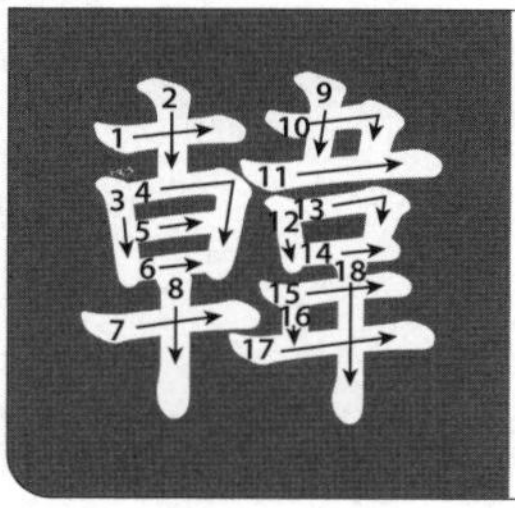

음독 かん　韓国(かんこく) 한국　韓国語(かんこくご) 한국어　訪韓(ほうかん) 방한

나라 **한**

中　N1

韓国(かんこく)と日本(にほん)はとても近(ちか)いです。한국과 일본은 매우 가깝습니다.

日本(にほん)の首相(しゅしょう)が訪韓(ほうかん)しました。일본 수상이 방한했습니다.

1982

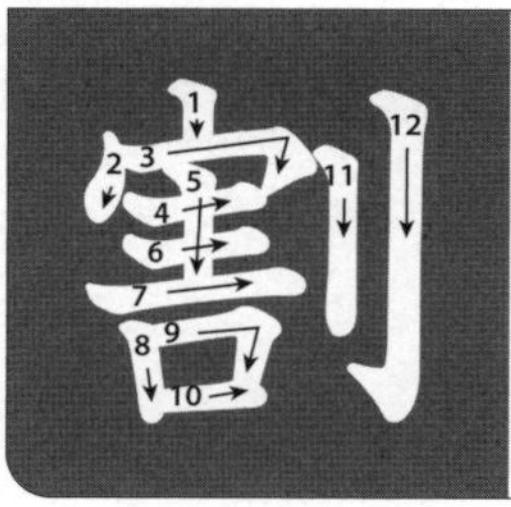

음독 かつ　割愛(かつあい) 할애　割賦(かっぷ) 할부　割腹(かっぷく) 할복　分割払(ぶんかつばら)い 할부

훈독 わる/わり　割(わ)る 깨다, 쪼개다　割(わ)り勘(かん) 각자 부담

時間割(じかんわ)り 시간표　割引(わりび)き 할인

われる/さく　割(わ)れる 깨지다　割(さ)く 찢다, 쪼개다

벨/나눌 **할**

小6　N2

支払(しはら)いは分割払(ぶんかつばら)いでお願(ねが)いします。지불은 할부로 부탁드립니다.

コップを割(わ)ってしまいました。컵을 깨고 말았습니다.

1983

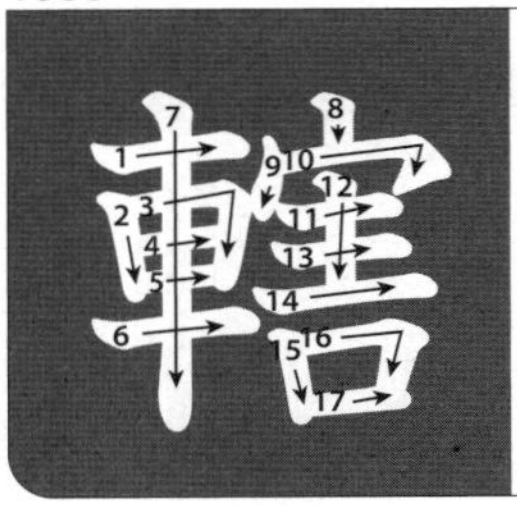

음독 かつ　管轄(かんかつ) 관할　直轄(ちょっかつ) 직할(직접 관할)　総轄(そうかつ) 총할, 총괄

관리할 할

中　N1

新宿警察署(しんじゅくけいさつしょ)は新宿区(く)を管轄(かんかつ)しています。
신주쿠 경찰서는 신주쿠구를 관할하고 있습니다.

この委員会(いいんかい)は大統領直轄(だいとうりょうちょっかつ)の組織(そしき)です。 이 위원회는 대통령 직할 조직입니다.

1984

음독 がん　含有(がんゆう) 함유　含量(がんりょう) 함량　包含(ほうがん) 포함

훈독 ふくむ　含(ふく)む 포함하다, 지니다

ふくめる　含(ふく)める 포함하다, 포함시키다

머금을 함

中　N2

ここの温泉(おんせん)はナトリウムの含有量(がんゆうりょう)が多(おお)いです。
이곳의 온천은 나트륨 함유량이 많습니다.

教室(きょうしつ)には私(わたし)を含(ふく)めて10人(にん)いました。 교실에는 나를 포함해서 10명 있었습니다.

1985

음독 かん　陥落(かんらく) 함락　陥没(かんぼつ) 함몰　欠陥(けっかん) 결함

훈독 おちいる　陥(おちい)る 빠지다

おとしいれる　陥(おとしい)れる 빠뜨리다, 빠지게 하다

陷

빠질 함

中　N1

新製品(しんせいひん)の車(くるま)に欠陥(けっかん)が見(み)つかりました。 신제품 차에 결함이 발견되었습니다.

その選手(せんしゅ)はスランプに陥(おちい)りました。 그 선수는 슬럼프에 빠졌습니다.

1986

음독 かん　艦隊(かんたい) 함대　艦船(かんせん) 함선　母艦(ぼかん) 모함　潜水艦(せんすいかん) 잠수함　帰艦(きかん) 귀함

큰 배 함

中　N1

アメリカ軍(ぐん)の艦隊(かんたい)が航海(こうかい)しています。 미군의 함대가 항해하고 있습니다.

戦闘機(せんとうき)が母艦(ぼかん)に帰艦(きかん)しました。 전투기가 모함으로 귀함했습니다.

1987

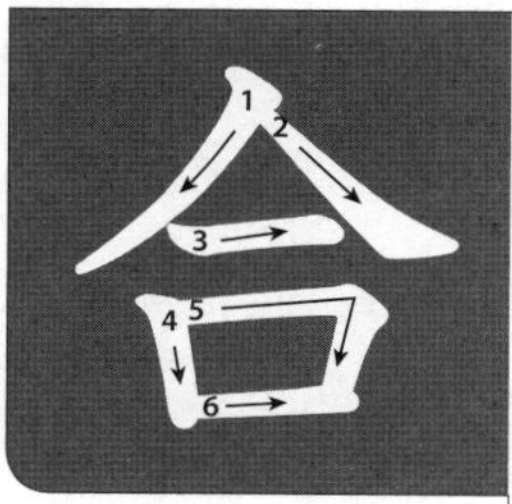

합할/맞을 **합**

小2 N3

음독 **ごう** 合計(ごうけい) 합계 合格(ごうかく) 합격 集合(しゅうごう) 집합

がっ 合宿(がっしゅく) 합숙

かっ 合羽(かっぱ) 소매 없는 비옷

훈독 **あう** 合(あ)う 맞다, 일치하다 合図(あいず) 신호 待合室(まちあいしつ) 대합실

あわす 合(あ)わす 합치다, 맞추다

あわせる 合(あ)わせる 합치다, 맞추다

大学(だいがく)に合格(ごうかく)して、父(ちち)からスーツをもらいました。
대학에 합격해서 아버지에게 정장을 받았습니다.

何回計算(なんかいけいさん)しても、数字(すうじ)が合(あ)いません。 몇 번 계산해도 숫자가 맞지 않습니다.

Tip 1590 あう 참조

Tip 관용구

口裏(くちうら)を合(あ)わせる 말하는 내용이 서로 달라지지 않도록 말을 맞추다

部下(ぶか)たちは口裏(くちうら)を合(あ)わせて、上司(じょうし)をだましました。
부하들은 몰래 말을 맞춰서 상사를 속였다.

1988

항구 **항**

小3 N2

음독 **こう** 港湾(こうわん) 항만 空港(くうこう) 공항 出港(しゅっこう) 출항 入港(にゅうこう) 입항

훈독 **みなと** 港(みなと) 항구, 포구

空港(くうこう)からタクシーに乗(の)りました。 공항에서부터 택시를 탔습니다.

船(ふね)が港(みなと)を出(で)ます。 배가 항구를 나옵니다.

1989

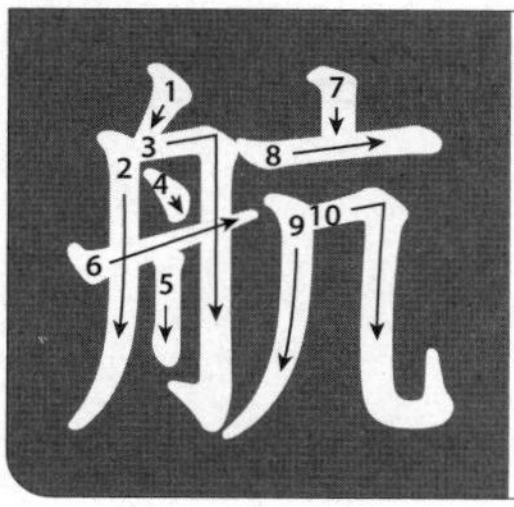

배 **항**

小5 N2

음독 **こう** 航空(こうくう) 항공 航路(こうろ) 항로 運航(うんこう) 운항 欠航(けっこう) 결항

姉(あね)は航空会社(こうくうがいしゃ)で働(はたら)いています。 언니는 항공회사에서 일하고 있습니다.

台風(たいふう)で飛行機(ひこうき)が欠航(けっこう)しました。 태풍으로 비행기가 결항되었습니다.

1990

음독 こう　抗議(こうぎ) 항의　抗争(こうそう) 항쟁　対抗(たいこう) 대항　反抗(はんこう) 반항

겨룰 **항**

中　N1

消費者(しょうひしゃ)は製品会社(せいひんがいしゃ)に抗議(こうぎ)をしました。 소비자는 제품회사에 항의를 했습니다.

息子(むすこ)が思春期(ししゅんき)になって、親(おや)に反抗(はんこう)します。 아들이 사춘기가 되어 부모에게 반항합니다.

1991

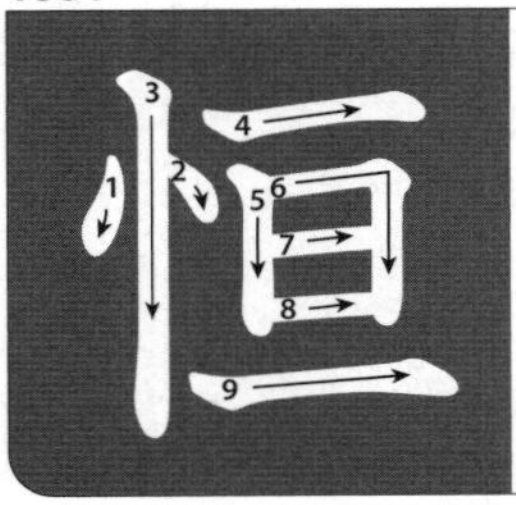

음독 こう　恒例(こうれい) 항례(정기적인 의식이나 행사)　恒久(こうきゅう) 항구, 영구　恒星(こうせい) 항성, 붙박이별

항상 **항**

中　N1

毎年(まいとし)恒例(こうれい)のスピーチ大会(たいかい)が開(ひら)かれます。 매년 정기적인 스피치대회가 열립니다.

恒久(こうきゅう)の平和(へいわ)を願(ねが)います。 영구적인 평화를 바랍니다.

1992

음독 こう　項目(こうもく) 항목　事項(じこう) 사항　要項(ようこう) 요강　条項(じょうこう) 조항

항목 **항**

中　N1

資料(しりょう)を項目(こうもく)ごとに整理(せいり)します。 자료를 항목별로 정리합니다.

大学(だいがく)の募集要項(ぼしゅうようこう)を読(よ)みます。 대학 모집요강을 읽습니다.

1993

음독 かい　海外(かいがい) 해외　海水浴(かいすいよく) 해수욕　公海(こうかい) 공해　地中海(ちちゅうかい) 지중해

훈독 うみ　海(うみ) 바다　海辺(うみべ) 해변　海風(うみかぜ) 해풍

특이 海女(あま) 해녀

海

바다 **해**

小2　N3

父(ちち)は海外(かいがい)に出張中(しゅっちょうちゅう)です。 아버지는 해외에 출장 중입니다.

窓(まど)から海(うみ)が見(み)えます。 창문에서 바다가 보입니다.

1994

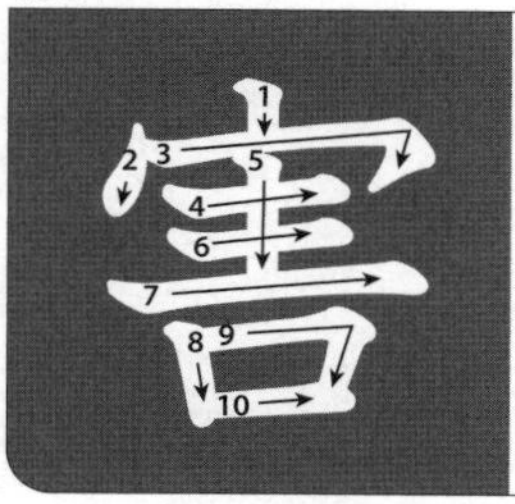

음독 **がい** 害虫(がいちゅう) 해충 被害(ひがい) 피해 災害(さいがい) 재해 妨害(ぼうがい) 방해

해할 **해**

小4 N2

地震(じしん)で大(おお)きな被害(ひがい)が出(で)ました。 지진으로 큰 피해가 났습니다.

みんなで災害対策(さいがいたいさく)を考(かんが)えました。 다같이 재해 대책을 강구했습니다.

1995

음독 **かい** 解答(かいとう) 해답 解説(かいせつ) 해설 理解(りかい) 이해 読解(どっかい) 독해

げ 解熱(げねつ) 해열 解毒(げどく) 해독

훈독 **と**く/**と**ける 解(と)く 풀다 解(と)ける 풀리다, 해소되다

とかす 解(と)かす (머리를) 빗다

풀 **해**

小5 N2

解説書(かいせつしょ)を読(よ)んでも分(わ)かりません。 해설서를 읽어도 모르겠습니다.

数学(すうがく)の問題(もんだい)を解(と)きます。 수학 문제를 풉니다.

Tip 1284 とく 참조

1996

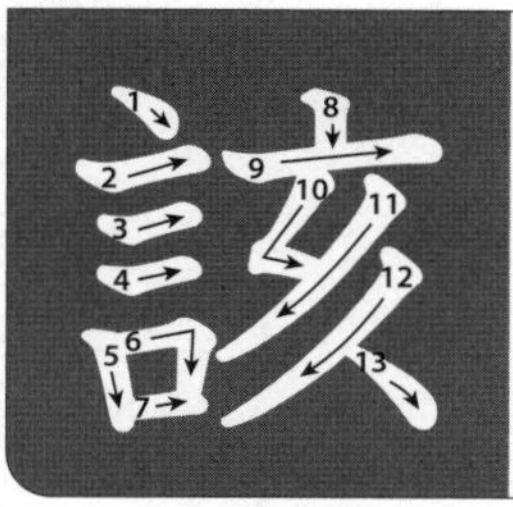

음독 **がい** 該当(がいとう) 해당 該当者(がいとうしゃ) 해당자 当該(とうがい) 당해, 해당, 그

맞을/그 **해**

中 N1

税金免除(ぜいきんめんじょ)に該当(がいとう)する人(ひと)は申(もう)し出(で)てください。
세금면제에 해당하는 사람은 신청해 주세요.

問題(もんだい)になった大統領(だいとうりょう)の演説(えんぜつ)の当該箇所(とうがいかしょ)を検証(けんしょう)します。
문제가 된 대통령의 연설의 해당 부분을 검증합니다.

1997

음독 **かい** 楷書(かいしょ) 해서(서체의 하나)

본보기 **해**

中 급수 외

漢字(かんじ)を楷書(かいしょ)できれいに書(か)いてください。 한자를 해서체로 예쁘게 써 주세요.

1998

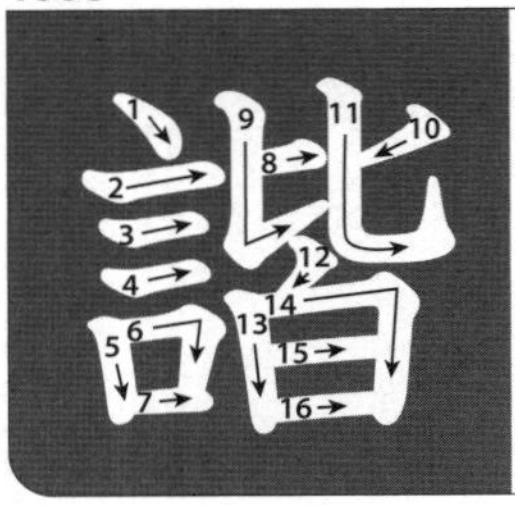

음독 かい　諧謔(かいぎゃく) 해학, 익살, 유머
俳諧(はいかい) 하이카이(일본의 단시형 문예형식의 하나)

농담할 **해**
中 급수 외

木村(きむら)さんは諧謔(かいぎゃく)のある話(はなし)をします。 기무라 씨는 해학이 있는 이야기를 합니다.
俳諧教室(はいかいきょうしつ)で俳句(はいく)を習(なら)っています。 하이카이 교실에서 하이쿠를 배우고 있습니다.

1999

음독 がい　骸骨(がいこつ) 해골　死骸(しがい) 시체, 사체　形骸(けいがい) ①육체, 송장 ②빈 껍데기

뼈 **해**
中 급수 외

猫(ねこ)の死骸(しがい)を土(つち)に埋(う)めます。 고양이의 시체를 땅에 묻습니다.
形骸化(けいがいか)した会議(かいぎ)をなくします。 유명무실해진 회의를 없앱니다.

2000

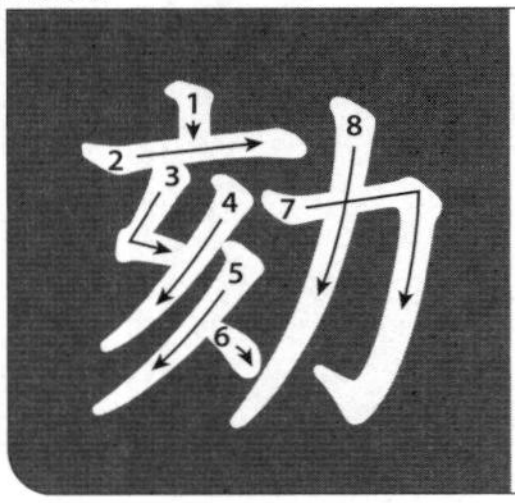

음독 がい　弾劾(だんがい) 탄핵(공직에 있는 사람의 부정이나 비행 따위를 조사하여 그 책임을 추궁함)

꾸짖을 **핵**
中 N1

国民(こくみん)は大統領(だいとうりょう)の弾劾(だんがい)を求(もと)めました。 국민은 대통령의 탄핵을 원했습니다.

2001

음독 かく　核(かく) 핵　核家族(かくかぞく) 핵가족　核爆弾(かくばくだん) 핵폭탄　中核(ちゅうかく) 중핵, 핵심

핵심/원자핵 **핵**
中 N1

このマンションには核家族(かくかぞく)の家庭(かてい)が多(おお)く住(す)んでいます。
이 아파트에는 핵가족 가정이 많이 살고 있습니다.
核爆弾(かくばくだん)はなくす必要(ひつよう)があります。 핵폭탄은 없앨 필요가 있습니다.

2002

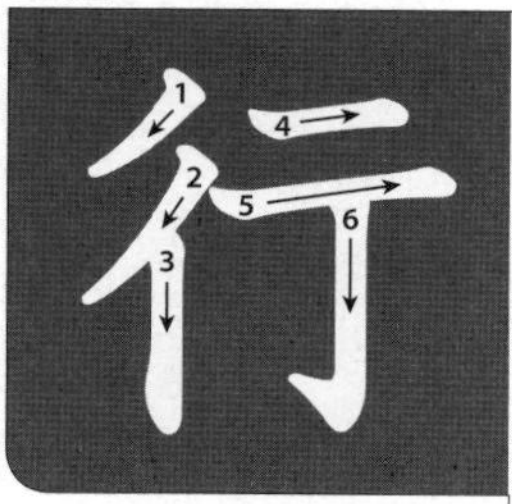

다닐/행할 **행**

小2 N5

음독 **こう** 行動(こうどう) 행동 飛行機(ひこうき) 비행기 銀行(ぎんこう) 은행

ぎょう 行事(ぎょうじ) 행사 行列(ぎょうれつ) 행렬

あん 行灯(あんどん) 행등, 초롱불

훈독 **いく** 行(い)く 가다

ゆく 行(ゆ)く 가다 行(ゆ)き先(さき) 행선지 行方(ゆくえ) 행방

おこなう 行(おこな)う 행동하다, 실시하다

今(いま)まで飛行機(ひこうき)に乗(の)ったことがありません。 지금까지 비행기를 탄 적이 없습니다.

スーパーへ買(か)い物(もの)に行(い)きます。 슈퍼마켓에 장을 보러 갑니다.

Tip 관용구

一筋縄(ひとすじなわ)では行(い)かない 보통 방법으로는 뜻대로 할 수 없다

彼女(かのじょ)を説得(せっとく)することは、一筋縄(ひとすじなわ)では行(い)かない。

그녀를 설득하는 일은 보통 방법으로는 안 된다.

2003

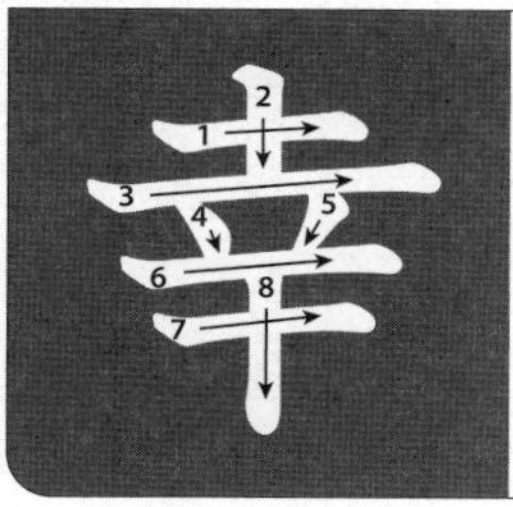

다행 **행**

小3 N2

음독 **こう** 幸運(こううん) 행운 幸福(こうふく) 행복 不幸(ふこう) 불행 多幸(たこう) 다복

훈독 **さいわ**い 幸(さいわ)い ①행복, 다행 ②다행히

さち 幸(さち) 행복, 행운

しあわせ 幸(しあわ)せ 행복함

幸運(こううん)を祈(いの)ります。 행운을 빕니다.

あなたに会(あ)えて、とても幸(しあわ)せです。 당신을 만나서 매우 행복합니다.

2004

향할 **향**

小3 N2

음독 **こう** 向上(こうじょう) 향상 方向(ほうこう) 방향 傾向(けいこう) 경향 意向(いこう) 의향

훈독 **む**く/**む**かう 向(む)く 향하다 向(む)かう 향하다 向(む)かい風(かぜ) 맞바람, 역풍

むける 向(む)ける 향하게 하다, 기울이다

むこう 向(む)こう 맞은편, 건너편 向(む)こう岸(ぎし) 건너편 물가

道(みち)に迷(まよ)って、方向(ほうこう)が分(わ)からなくなりました。 길을 잃어서 방향을 모르게 되었습니다.

向(む)こうから山田(やまだ)さんが歩(ある)いてきます。 건너편에서 야마다 씨가 걸어옵니다.

2005

음독 こう　香水(こうすい) 향수　香辛料(こうしんりょう) 향신료　芳香(ほうこう) 방향　蚊取り線香(かとりせんこう) 모기향

훈독 か　香川県(かがわけん) 가가와현　移り香(うつりが) 어떤 물건에 옮아서 남아 있는 향기

かおり　香(かお)り 향기

かおる　香(かお)る 향기나다

향기 향

小4　N2

友(とも)だちにプレゼントで香水(こうすい)をあげました。 친구에게 선물로 향수를 주었습니다.

このせっけんはバラの香(かお)りがします。 이 비누는 장미향이 납니다.

2006

음독 きょう　郷土(きょうど) 향토, 태어난 곳　郷愁(きょうしゅう) 향수(고향을 그리는 마음)

故郷(こきょう) 고향　同郷(どうきょう) 동향(같은 고향)

ごう　水郷(すいごう) 물가나 바닷가의 마을

鄕

시골 향

小6　N1

「ひつまぶし」は名古屋(なごや)の郷土料理(きょうどりょうり)です。
'히츠마부시(밥통에 들어 있는 장어요리)'는 나고야의 향토요리입니다.

町(まち)で同郷(どうきょう)の人(ひと)に会(あ)いました。 시내에서 같은 고향 사람을 만났습니다.

2007

음독 きょう　享受(きょうじゅ) 향수, 누림　享年(きょうねん) 향년　享楽(きょうらく) 향락

누릴 향

中　N1

私(わたし)たちは科学技術(かがくぎじゅつ)の恩恵(おんけい)を享受(きょうじゅ)しています。
우리들은 과학기술의 은혜를 누리고 있습니다.

父(ちち)は享年(きょうねん)80歳(さい)で亡(な)くなりました。 아버지는 향년 80세로 돌아가셨습니다.

2008

음독 きょう　交響曲(こうきょうきょく) 교향곡　影響(えいきょう) 영향　音響(おんきょう) 음향

훈독 ひびく　響(ひび)く 울리다

響

울릴 향

中　N1

ワーグナーの交響曲(こうきょうきょく)をよく聴(き)きます。 바그너의 교향곡을 자주 듣습니다.

トンネルの中(なか)では声(こえ)が響(ひび)きます。 터널 안에서는 목소리가 울립니다.

2009

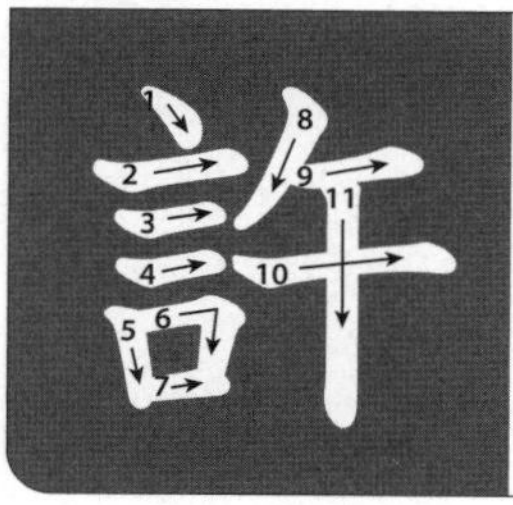

음독 きょ　許可(きょか) 허가　許諾(きょだく) 허락　免許(めんきょ) 면허　特許(とっきょ) 특허

훈독 ゆるす　許す(ゆるす) 허락하다, 용서하다

허락할 **허**

小5 N2

車(くるま)の免許(めんきょ)は持(も)っていますか。 자동차 면허는 가지고 있습니까?

部長(ぶちょう)が私(わたし)の失敗(しっぱい)を許(ゆる)してくれました。 부장님이 제 실수를 용서해 주었습니다.

2010

음독 きょ　虚無(きょむ) 허무　虚偽(きょぎ) 허위, 거짓　空虚(くうきょ) 공허　謙虚(けんきょ) 겸허함

こ　虚空(こくう) 허공

훈독 むなしい　虚しい(むなしい) 허무하다, 헛되다

虛

빌/헛될 **허**

中 N1

謙虚(けんきょ)な姿勢(しせい)で面接(めんせつ)に臨(のぞ)みます。 겸허한 자세로 면접에 임합니다.

卒業(そつぎょう)したら、友(とも)だちと連絡(れんらく)が途絶(とだ)えて虚(むな)しいです。
졸업하니 친구와 연락이 끊어져서 허무합니다.

2011

음독 けん　憲法(けんぽう) 헌법　憲兵(けんぺい) 헌병　合憲(ごうけん) 합헌　違憲(いけん) 위헌

법 **헌**

小6 N1

5月3日(ごがつみっか)は憲法記念日(けんぽうきねんび)です。 5월 3일은 헌법기념일입니다.

憲兵隊(けんぺいたい)に入隊(にゅうたい)しました。 헌병대에 입대했습니다.

2012

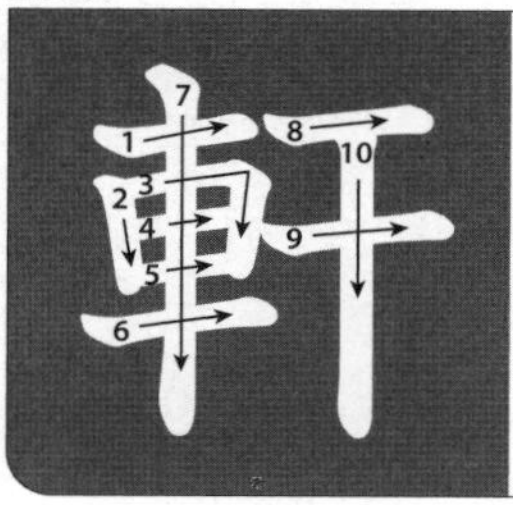

음독 けん　軒(けん) 건물을 세는 말, 채, 집

훈독 のき　軒(のき) 처마　軒下(のきした) 처마 밑　軒並み(のきなみ) 모두, 다같이

집/처마 **헌**

中 N2

この町(まち)にはカラオケが一軒(いっけん)もありません。 이 동네에는 노래방이 하나도 없습니다.

軒下(のきした)に洗濯物(せんたくもの)を干(ほ)します。 처마 밑에 빨래를 말립니다.

ㅎ

2013

献

음독 けん　献血(けんけつ) 헌혈　献身(けんしん) 헌신　貢献(こうけん) 공헌　文献(ぶんけん) 문헌

こん　献立(こんだて) 식단, 메뉴

獻

바칠 헌

中　N1

大川(おおかわ)さんは部長(ぶちょう)を献身的(けんしんてき)に支(ささ)えました。
오오카와 씨는 부장님을 헌신적으로 보필했습니다.

母(はは)が夕食(ゆうしょく)の献立(こんだて)を考(かんが)えています。 엄마가 저녁 식단을 생각하고 있습니다.

2014

験

음독 けん　受験(じゅけん) 수험　経験(けいけん) 경험　実験(じっけん) 실험　試験(しけん) 시험

げん　霊験(れいげん) 영험, 영검(れいけん으로도 읽음)

驗

시험/영험할 험

小4　N3

経験(けいけん)のある人(ひと)を探(さが)しています。 경험이 있는 사람을 찾고 있습니다.

あしたは運転免許(うんてんめんきょ)の試験(しけん)があります。 내일은 운전면허시험이 있습니다.

2015

険

음독 けん　険悪(けんあく) 험악　保険(ほけん) 보험　冒険(ぼうけん) 모험　危険(きけん) 위험

훈독 けわしい　険(けわ)しい 험하다

險

험할 험

小5　N2

危険(きけん)ですから、中(なか)に入(はい)らないでください。 위험하니까 안에 들어가지 마세요.

この山(やま)の登山道(とざんどう)は険(けわ)しいです。 이 산의 등산로는 험합니다.

2016

革

음독 かく　革命(かくめい) 혁명　革新(かくしん) 혁신　改革(かいかく) 개혁　変革(へんかく) 변혁

훈독 かわ　革(かわ) 가죽　革製品(かわせいひん) 가죽제품　革靴(かわぐつ) 가죽 구두

가죽/고칠 혁

小6　N2

外国(がいこく)で革命(かくめい)が起(お)きました。 외국에서 혁명이 일어났습니다.

牛(うし)の革(かわ)でできたかばんです。 소가죽으로 만든 가방입니다.

Tip 1956 かわ 참조

2017

음독 かく　威嚇(いかく) 위협

성낼 **혁**

中　N1

うちの犬(いぬ)は来客(らいきゃく)を威嚇(いかく)します。 우리 집 개는 방문객을 위협합니다.

2018

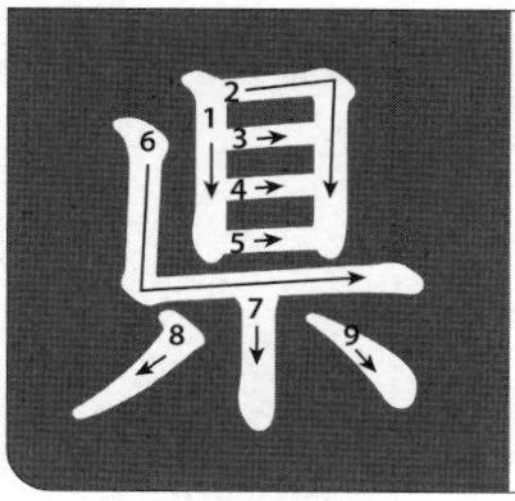

음독 けん
県(けん) 현(일본 지방 행정 구역의 하나)
県知事(けんちじ) 현지사(한국의 도지사에 해당함)
県立(けんりつ) 현립　県民(けんみん) 현민, 현의 주민
都道府県(とどうふけん) 도도부현(일본의 행정구역)

縣

고을 **현**

小3　N3

青森県(あおもりけん)はりんごが有名(ゆうめい)です。 아오모리현은 사과가 유명합니다.

日本(にほん)は「1都(いっと)1道(いちどう)2府(にふ)43県(けん)」で、総数(そうすう)は「47都道府県(とどうふけん)」です。
일본은 1도 1도 2부 43현으로, 총수는 '47도도부현'입니다.

2019

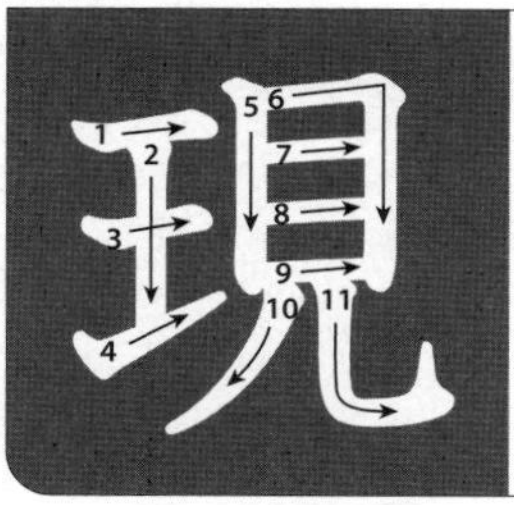

음독 げん　現代(げんだい) 현대　現在(げんざい) 현재　表現(ひょうげん) 표현　再現(さいげん) 재현

훈독 あらわれる　現(あらわ)れる 나타나다, 출현하다
あらわす　現(あらわ)す 나타내다, 드러내다

나타날/지금 **현**

小5　N2

彼(かれ)は現在(げんざい)、病院(びょういん)にいます。 그는 현재, 병원에 있습니다.

空(そら)に虹(にじ)が現(あらわ)れました。 하늘에 무지개가 나타났습니다.

Tip 1948 あらわす 참조

Tip 현상

現象(げんしょう) 사물의 모양과 상태

雷(かみなり)は自然現象(しぜんげんしょう)の一(ひと)つだ。 천둥은 자연현상의 하나이다.

現状(げんじょう) 나타나 보이는 현재의 상태, 현 상황

グローバル時代(じだい)の現状(げんじょう)を考(かんが)える。 글로벌 시대의 현 상황을 생각하다.

2020

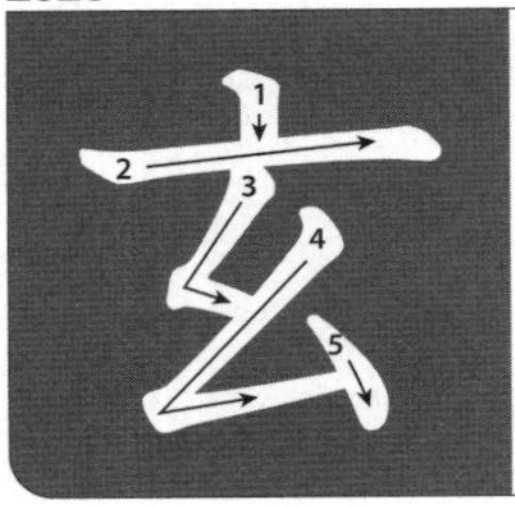

음독 げん　玄関(げんかん) 현관　玄米(げんまい) 현미　玄武岩(げんぶがん) 현무암(화산암의 하나)
幽玄(ゆうげん) 유현(깊고 그윽함)
특이 玄人(くろうと) 전문가, 능숙자

검을/깊을/통달할 **현**
中　N1

玄関(げんかん)の前(まえ)で友(とも)だちと別(わか)れました。 현관 앞에서 친구와 헤어졌습니다.
玄米(げんまい)は健康(けんこう)にいいです。 현미는 건강에 좋습니다.

2021

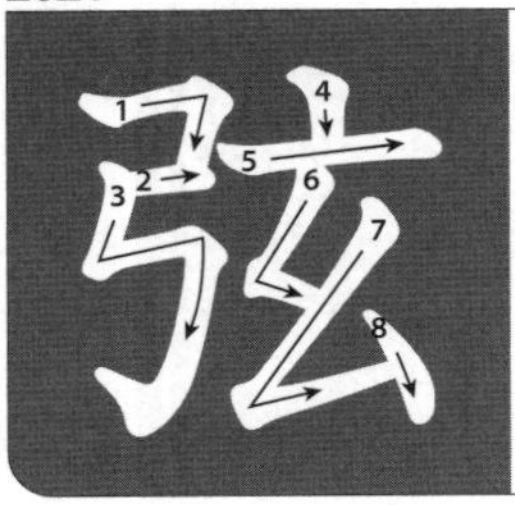

음독 げん　弦楽器(げんがっき) 현악기
훈독 つる　弦(つる) 현, 활시위

시위/악기줄 **현**
中　N1

ギターやバイオリンは弦楽器(げんがっき)です。 기타나 바이올린은 현악기입니다.
弓(ゆみ)に弦(つる)を張(は)ります。 활에 시위를 멥니다.

2022

음독 げん　舷灯(げんとう) 현등(야간에 항해 중인 선박의 뱃전에 다는 등)
右舷(うげん) 우현　左舷(さげん) 좌현

뱃전 **현**
中　급수 외

舷灯(げんとう)は船(ふね)が夜間航行(やかんこうこう)する時(とき)に使(つか)います。 현등은 배가 야간항해할 때에 사용합니다.
船(ふね)の右舷(うげん)に氷山(ひょうざん)が衝突(しょうとつ)しました。 배의 우현에 빙산이 충돌했습니다.

2023

음독 けん　賢明(けんめい) 현명함　賢者(けんじゃ) 현자　良妻賢母(りょうさいけんぼ) 현모양처
훈독 かしこい　賢(かしこ)い 영리하다, 슬기롭다

어질 **현**
中　N2

社長(しゃちょう)の賢明(けんめい)な判断(はんだん)で売(う)り上(あ)げが伸(の)びました。
사장님의 현명한 판단으로 매상이 늘어났습니다.

ラブラドル・レトリーバーはとても賢(かしこ)い犬(いぬ)です。
래브라도 리트리버는 매우 영리한 개입니다.

2024

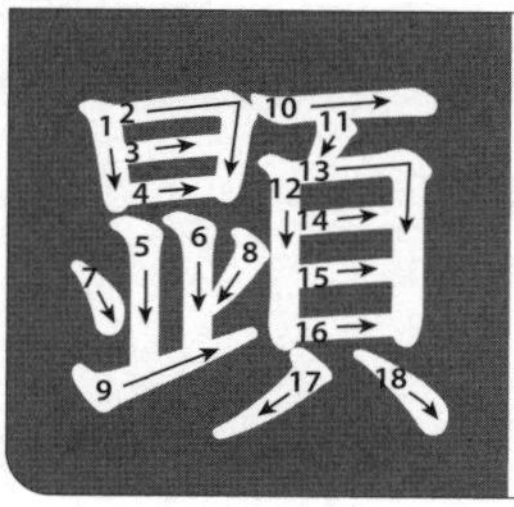

음독 **けん**　顕著(けんちょ) 현저함　顕微鏡(けんびきょう) 현미경　顕示(けんじ) 현시(나타내어 보임)

顯

나타날 **현**

中 N1

グラフが景気(けいき)の低下(ていか)を顕著(けんちょ)に示(しめ)しています。
그래프가 경기저하를 현저히 나타내고 있습니다.

吉田(よしだ)さんは自己顕示欲(じこけんじよく)が強(つよ)いです。 요시다 씨는 자기과시욕이 강합니다.

2025

음독 **けん**　懸命(けんめい) 열심임　懸賞(けんしょう) 현상(상품이나 상금을 내거는 일)
け　懸念(けねん) 걱정, 염려

훈독 **か**ける　懸(か)ける 걸다
かかる　懸(か)かる 걸리다, 매달리다

걸 **현**

中 N1

一生懸命(いっしょうけんめい)に就職活動(しゅうしょくかつどう)をして就職(しゅうしょく)しました。 열심히 구직활동을 해서 취직했습니다.

学校(がっこう)の名誉(めいよ)を懸(か)けて、学生(がくせい)コンクールに出(で)ます。
학교의 명예를 걸고 학생콩쿠르에 나갑니다.

Tip 0010 かける 참조

2026

음독 **けつ**　血液(けつえき) 혈액　血圧(けつあつ) 혈압　出血(しゅっけつ) 출혈　献血(けんけつ) 헌혈

훈독 **ち**　血(ち) 피　鼻血(はなぢ) 코피

피 **혈**

小3 N2

大学生(だいがくせい)になって、初(はじ)めて献血(けんけつ)をしました。 대학생이 되서 처음으로 헌혈을 했습니다.

けがをして血(ち)が出(で)ました。 다쳐서 피가 났습니다.

2027

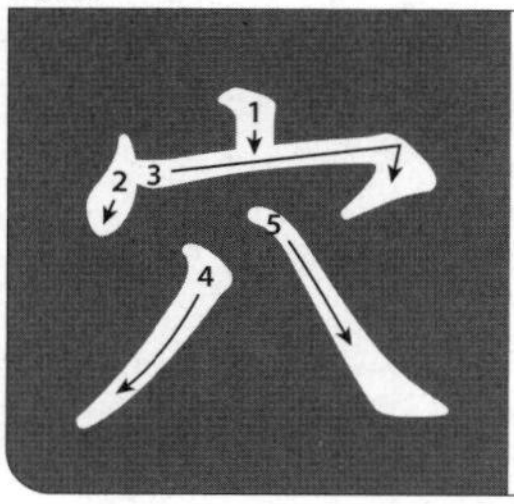

음독 **けつ**　洞穴(どうけつ) 동굴　墓穴(ぼけつ) 묘혈, 무덤 구덩이　虎穴(こけつ) 호랑이굴

훈독 **あな**　穴(あな) 구멍　毛穴(けあな) 모공　落(お)とし穴(あな) 함정, 계략

구멍 **혈**

小6 N1

洞穴(どうけつ)にコウモリがいます。 동굴에 박쥐가 있습니다.

犬(いぬ)が穴(あな)を掘(ほ)っています。 개가 구멍을 파고 있습니다.

ㅎ

2028

음독 けん　嫌悪(けんお) 혐오　嫌疑(けんぎ) 혐의

げん　機嫌(きげん) 기분, 심기　不機嫌(ふきげん) 기분이 안 좋음

훈독 きらう　嫌(きら)う 싫어하다　嫌(きら)い 싫어함, 꺼림

いや　嫌(いや) 싫음

嫌

싫어할/의심할 **혐**

中　N1

今日(きょう)、部長(ぶちょう)は機嫌(きげん)が悪(わる)いです。 오늘 부장님은 기분이 좋지 않습니다.

私(わたし)はトマトが嫌(きら)いです。 나는 토마토를 싫어합니다.

2029

음독 きょう　協力(きょうりょく) 협력　協定(きょうてい) 협정　協議(きょうぎ) 협의　妥協(だきょう) 타협

화합할 **협**

小4　N4

友(とも)だちと協力(きょうりょく)して作品(さくひん)を作(つく)りました。 친구와 협력해서 작품을 만들었습니다.

日本政府(にほんせいふ)と韓国政府(かんこくせいふ)が協議(きょうぎ)をしました。 일본 정부와 한국 정부가 협의를 했습니다.

2030

음독 きょう　峡谷(きょうこく) 협곡　海峡(かいきょう) 해협

峡

골짜기 **협**

中　N1

峡谷(きょうこく)に大(おお)きな橋(はし)がかかっています。 협곡에 큰 다리가 걸려 있습니다.

本州(ほんしゅう)と北海道(ほっかいどう)の間(あいだ)には津軽海峡(つがるかいきょう)があります。
혼슈와 홋카이도 사이에는 쓰가루해협이 있습니다.

2031

음독 きょう　挟撃(きょうげき) 협격, 협공

훈독 はさむ　挟(はさ)む ①끼(우)다 ②사이에 두다

はさまる　挟(はさ)まる 끼이다

挟

낄 **협**

中　N2

敵(てき)を挟撃(きょうげき)する作戦(さくせん)を立(た)てました。 적을 협공할 작전을 세웠습니다.

車(くるま)のドアに手(て)を挟(はさ)んでしまいました。 차 문에 손을 끼고 말았습니다.

2032

음독 **きょう** 狭義(きょうぎ) 협의, 좁은 뜻　狭心症(きょうしんしょう) 협심증　偏狭(へんきょう) 편협

훈독 **せま**い 狭(せま)い 좁다
せばめる 狭(せば)める 좁히다
せばまる 狭(せば)まる 좁아지다

狭

좁을 **협**
中 N1

会長(かいちょう)は狭心症(きょうしんしょう)の薬(くすり)を飲(の)んでいます。 회장님은 협심증 약을 먹고 있습니다.
私(わたし)の部屋(へや)は川村(かわむら)さんの部屋より狭(せま)いです。 내 방은 가와무라 씨 방보다 좁습니다.

2033

음독 **きょう** 脅威(きょうい) 위협　脅迫(きょうはく) 협박

훈독 **おびや**かす 脅(おびや)かす 위협하다
おどす 脅(おど)す 협박하다
おどかす 脅(おど)かす 협박하다, 겁을 주다

위협할 **협**
中 N1

誘拐犯(ゆうかいはん)が脅迫電話(きょうはくでんわ)をかけてきました。 유괴범이 협박전화를 걸었습니다.
テロが国際社会(こくさいしゃかい)を脅(おびや)かしています。 테러가 국제사회를 위협하고 있습니다.

2034

훈독 **わき** 脇(わき) ①겨드랑이 ②곁, 옆　脇見(わきみ) 한눈팔기, 곁눈질
両脇(りょうわき) ①양쪽 겨드랑이 ②양옆

겨드랑이 **협**
中 급수 외

運転中(うんてんちゅう)は脇見(わきみ)をしないでください。 운전 중에는 한눈팔지 마세요.
酔(よ)った友(とも)だちの両脇(りょうわき)を抱(かか)えて、帰(かえ)りました。
술 취한 친구의 양쪽 겨드랑이를 끼고 돌아왔습니다.

2035

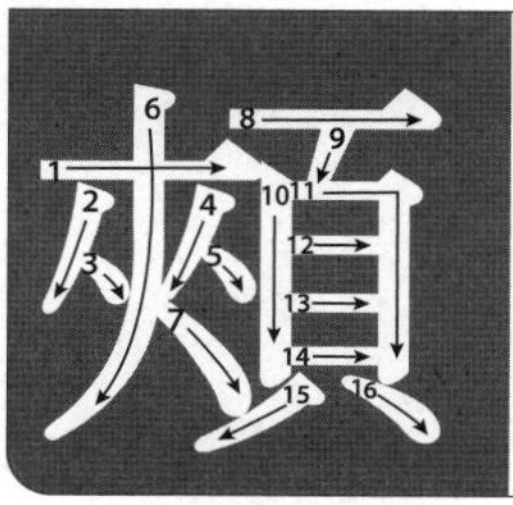

훈독 **ほお** 頬(ほお) 뺨, 볼　頬張(ほおば)る 볼이 미어지도록 먹다

뺨 **협**
中 급수 외

娘(むすめ)はリンゴのような頬(ほお)をしています。 딸은 사과 같은 볼을 하고 있습니다.
子(こ)どもがご飯(はん)を頬張(ほおば)っています。 아이가 밥을 볼이 미어터지게 먹고 있습니다.

Tip 이 한자는 **頰**로도 쓰임

2036

음독	きょう	兄弟(きょうだい) 형제
	けい	父兄(ふけい) 보호자　義兄(ぎけい) 형부, 매형
훈독	あに	兄(あに) 형, 오빠　兄嫁(あによめ) 형수
	にい	お兄(にい)さん 형, 오빠

형 **형**

小2 N3

何人兄弟(なんにんきょうだい)ですか。 형제는 몇 명입니까?

兄(あに)は京都(きょうと)に住(す)んでいます。 형은 교토에 살고 있습니다.

2037

음독	けい	形式(けいしき) 형식　形容詞(けいようし) 형용사　図形(ずけい) 도형
	ぎょう	形相(ぎょうそう) 형상　人形(にんぎょう) 인형
훈독	かた	形見(かたみ) 기념품, 유품　手形(てがた) ①손도장 ②어음
	かたち	形(かたち) 형태

모양 **형**

小2 N2

子(こ)どもは人形(にんぎょう)が好(す)きです。 아이는 인형을 좋아합니다.

この指輪(ゆびわ)は母(はは)の形見(かたみ)です。 이 반지는 어머니의 유품입니다.

2038

음독	けい	典型(てんけい) 전형　模型(もけい) 모형　体型(たいけい) 체형　原型(げんけい) 원형
훈독	かた	新型(しんがた) 신형　大型(おおがた) 대형　小型(こがた) 소형　血液型(けつえきがた) 혈액형

모형 **형**

小5 N2

飛行機(ひこうき)の模型(もけい)を作(つく)るのが好(す)きです。 비행기 모형을 만드는 것을 좋아합니다.

血液型(けつえきがた)はA型(がた)です。 혈액형은 A형입니다.

2039

음독	けい	刑罰(けいばつ) 형벌　刑務所(けいむしょ) 형무소　実刑(じっけい) 실형　死刑(しけい) 사형

형벌 **형**

中 N1

刑務所(けいむしょ)から囚人(しゅうじん)が脱走(だっそう)しました。 형무소에서 죄수가 탈주했습니다.

被告人(ひこくにん)は実刑判決(じっけいはんけつ)を受(う)けました。 피고인은 실형 판결을 받았습니다.

2040 桁

음독 こう　衣桁(いこう) 의항(기모노 옷걸이)

훈독 けた　桁(けた) 자릿수　桁外れ(けたはずれ) 표준과 엄청나게 차이가 남

桁違い(けたちがい) 수의 자리가 틀림, 차이가 매우 큼

도리 **형**

中　급수 외

和服(わふく)を衣桁(いこう)に掛(か)けます。 일본옷을 옷걸이에 겁니다.

暗証番号(あんしょうばんごう)を四桁(よんけた)で決(き)めてください。 비밀번호를 4자리로 정해 주세요.

2041 蛍

음독 けい　蛍光灯(けいこうとう) 형광등

훈독 ほたる　蛍(ほたる) 반딧불

螢

반딧불 **형**

中　N1

部屋(へや)の蛍光灯(けいこうとう)を取(と)り替(か)えます。 방의 형광등을 교체합니다.

蛍(ほたる)の光(ひかり)がとてもきれいです。 반딧불의 빛이 너무 예쁩니다.

2042 衡

음독 こう　均衡(きんこう) 균형　平衡(へいこう) 평형

度量衡(どりょうこう) 도량형(길이·부피·무게 따위의 단위를 재는 법)

저울대 **형**

中　N1

輸入(ゆにゅう)と輸出(ゆしゅつ)の均衡(きんこう)を保(たも)ちます。 수입과 수출의 균형을 유지합니다.

耳(みみ)の病気(びょうき)にかかって体(からだ)の平衡感覚(へいこうかんかく)を失(うしな)いました。

귓병에 걸려서 몸의 평형감각을 잃었습니다.

2043 恵

음독 けい　恩恵(おんけい) 은혜

え　知恵(ちえ) 지혜

훈독 めぐむ　恵む(めぐむ) 은혜를 베풀다　恵み(めぐみ) 은혜, 혜택

惠

은혜 **혜**

中　N1

知恵(ちえ)を絞(しぼ)って、新製品(しんせいひん)のモデルを考(かんが)えました。

지혜를 쥐어 짜서 신제품 모델을 생각했습니다.

自然(しぜん)の恵(めぐ)みに感謝(かんしゃ)します。 자연의 은혜에 감사합니다.

2044

음독 こ
戸籍(こせき) 호적　戸主(こしゅ) 호주　一戸建て(いっこだて) 단독주택
下戸(げこ) 술을 못하는 사람

훈독 と
戸締まり(とじまり) 문단속　戸棚(とだな) 찬장　井戸(いど) 우물

戸

집 호
小2　N2

お酒(さけ)が飲(の)めない人(ひと)を下戸(げこ)といいます。술을 못 마시는 사람을 '게코(下戸)'라고 합니다.

きちんと戸締(とじ)まりをしてから出(で)かけましょう。
단단히 문단속을 하고 나서 외출합시다.

2045

음독 ごう
号外(ごうがい) 호외　信号(しんごう) 신호　番号(ばんごう) 번호　記号(きごう) 기호

號

부호 호
小3　N2

信号(しんごう)が青(あお)に変(か)わりました。신호가 파란색으로 바뀌었습니다.

暗証番号(あんしょうばんごう)を押(お)してください。비밀번호를 눌러 주세요.

2046

음독 こ
湖面(こめん) 호면, 호수의 수면　湖岸(こがん) 호숫가　湖畔(こはん) 호반, 호숫가
淡水湖(たんすいこ) 담수호

훈독 みずうみ
湖(みずうみ) 호수

호수 호
小3　N2

春川(チュンチョン)は湖畔(こはん)の都市(とし)と言(い)われています。춘천은 호반의 도시라고들 합니다.

琵琶湖(びわこ)は日本(にほん)でいちばん大(おお)きい湖(みずうみ)です。비와호는 일본에서 가장 큰 호수입니다.

2047

음독 こう
好意(こうい) 호의　好感(こうかん) 호감　愛好(あいこう) 애호, 좋아함　友好(ゆうこう) 우호

훈독 すく
好く(すく) 좋아하다

このむ
好む(このむ) 좋아하다, 즐기다　好み(このみ) 좋아함, 기호, 취향

좋을 호
小4　N3

父(ちち)は音楽(おんがく)を愛好(あいこう)しています。아버지는 음악을 애호하고 있습니다.

好(この)みのタイプはどんな人(ひと)ですか。좋아하는 타입은 어떤 사람입니까?

2048

음독 ご　護衛(ごえい) 호위　保護(ほご) 보호　警護(けいご) 경호　弁護(べんご) 변호

護

도울/보호할 호

小5　N1

迷子(まいご)を保護(ほご)しています。미아를 보호하고 있습니다.

彼(かれ)の夢(ゆめ)は弁護士(べんごし)です。그의 꿈은 변호사입니다.

2049

음독 こ　呼吸(こきゅう) 호흡　呼応(こおう) 호응　点呼(てんこ) 점호

連呼(れんこ) 연호(같은 말을 되풀이해서 외침)

훈독 よぶ　呼(よ)ぶ 부르다　呼(よ)び出(だ)し 호출　呼(よ)び鈴(りん) 초인종

부를 호

小6　N2

人数(にんずう)を点呼(てんこ)して確認(かくにん)しました。인원 수를 점호해서 확인했습니다.

呼(よ)び鈴(りん)が鳴(な)っています。초인종이 울리고 있습니다.

2050

음독 ご　互換(ごかん) 호환　交互(こうご) 번갈아 함　相互(そうご) 상호, 서로

훈독 たがい　互(たが)い 서로, 쌍방, 상호　お互(たが)いに 서로

서로 호

中　N2

姉妹校(しまいこう)は相互(そうご)に記念品(きねんひん)を交換(こうかん)しました。자매교는 서로 기념품을 교환했습니다.

けんかの原因(げんいん)はお互(たが)いにありました。싸움의 원인은 서로에게 있었습니다.

2051

음독 こ　虎穴(こけつ) 호랑이굴

虎視眈々(こしたんたん) 호시탐탐(남의 것을 빼앗기 위하여 기회를 엿봄)

훈독 とら　虎(とら) 호랑이

범 호

中　N1

ライオンが虎視眈々(こしたんたん)と獲物(えもの)を狙(ねら)っています。
사자가 호시탐탐 사냥감을 노리고 있습니다.

野生(やせい)の虎(とら)の数(かず)が減(へ)ってしまいました。야생 호랑이 수가 줄어들고 말았습니다.

ㅎ

2052

음독 こ　　弧(こ) 호, 원호　括弧(かっこ) 괄호

활 호

中　N1

数学(すうがく)のテストで弧(こ)の長(なが)さを求(もと)める問題(もんだい)が出(で)ました。
수학 시험에서 원호의 길이를 구하는 문제가 나왔습니다.

括弧(かっこ)に自分(じぶん)の意見(いけん)を書(か)いてください。 괄호에 자신의 의견을 써 주세요.

2053

음독 ごう　　豪雨(ごうう) 호우　豪快(ごうかい) 호쾌함　強豪(きょうごう) 강호
酒豪(しゅごう) 주호(주량이 센 사람)

호걸/성할 호

中　N1

豪雨(ごうう)で土砂崩(どしゃくず)れが起(お)きました。 호우로 산사태가 일어났습니다.

柔道選手(じゅうどうせんしゅ)が豪快(ごうかい)に背負(せお)い投(な)げをしました。 유도선수가 호쾌하게 업어치기를 했습니다.

2054

음독 わく　　惑星(わくせい) 혹성　困惑(こんわく) 곤혹, 난처함　魅惑(みわく) 매혹　迷惑(めいわく) 폐, 불쾌함

훈독 まどう　　惑(まど)う 당혹하다, 망설이다　戸惑(とまど)う 당황하다

미혹할 혹

中　N1

電車内(でんしゃない)で大声(おおごえ)で話(はな)すのは迷惑(めいわく)です。 전철 안에서 큰 소리로 얘기하는 것은 폐가 됩니다.

予想(よそう)していなかった質問(しつもん)をされて戸惑(とまど)いました。
예상치 못했던 질문을 받아 당황했습니다.

2055

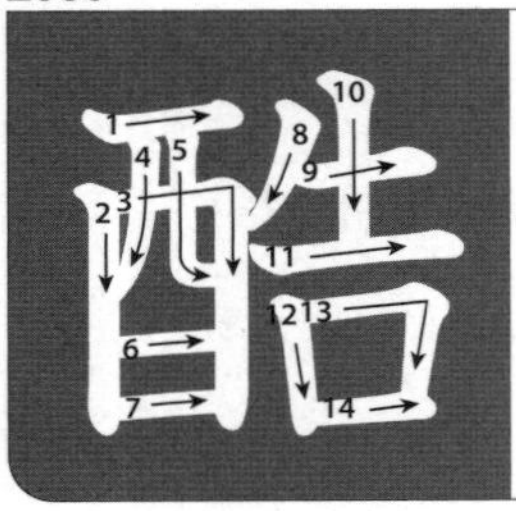

음독 こく　　酷暑(こくしょ) 혹서　苛酷(かこく) 가혹함　残酷(ざんこく) 잔혹함

심할 혹

中　N1

今年(ことし)の夏(なつ)は酷暑(こくしょ)です。 올 여름은 혹서입니다.

消防士(しょうぼうし)になるための訓練(くんれん)は苛酷(かこく)です。 소방관이 되기 위한 훈련은 가혹합니다.

2056

음독 こん　混雑(こんざつ) 혼잡　混乱(こんらん) 혼란　混同(こんどう) 혼동　混合(こんごう) 혼합

훈독 まざる　混(ま)ざる 섞이다(=混(ま)じる)

まぜる　混(ま)ぜる 섞다, 뒤섞다

こむ　混(こ)む 혼잡하다, 붐비다

섞을 혼

小5 N4

デパートは混雑(こんざつ)していました。 백화점은 혼잡했습니다.

お湯(ゆ)を入(い)れて、よく混(ま)ぜてください。 뜨거운 물을 넣고 잘 섞어 주세요.

Tip 0212 まざる 참조

Tip 사자성어

公私混同(こうしこんどう) 공사혼동(공적인 일과 사적인 일을 혼동하는 것)

職員(しょくいん)の公私混同(こうしこんどう)は良(よ)くない。 직원이 공사를 혼동하는 것은 좋지 않다.

玉石混交(ぎょくせきこんこう) 옥석혼효(옥석이 뒤섞인 상태, 좋은 것과 나쁜 것이 뒤섞인 상태)

インターネットの情報(じょうほう)は玉石混交(ぎょくせきこんこう)だ。
인터넷 정보는 좋은 것과 나쁜 것이 뒤섞여 있다.

2057

음독 こん　婚約(こんやく) 약혼　婚姻(こんいん) 혼인　結婚(けっこん) 결혼　未婚(みこん) 미혼

혼인할 혼

中 N2

彼女(かのじょ)に婚約指輪(こんやくゆびわ)を贈(おく)りました。 그녀에게 약혼반지를 주었습니다.

区役所(くやくしょ)に婚姻届(こんいんとどけ)を出(だ)しました。 구청에 혼인신고서를 냈습니다.

2058

음독 こん　魂胆(こんたん) 속셈　霊魂(れいこん) 영혼　鎮魂(ちんこん) 진혼(죽은 사람의 넋을 달램)
闘魂(とうこん) 투혼

훈독 たましい　魂(たましい) 혼, 넋

넋 혼

中 N1

相手(あいて)が何(なに)を考(かんが)えているのか魂胆(こんたん)が読(よ)めません。
상대방이 무엇을 생각하고 있는지 속셈을 읽을 수 없습니다.

お盆(ぼん)には先祖(せんぞ)の魂(たましい)を供養(くよう)します。 추석에는 선조의 혼을 공양합니다.

2059

음독 **こう** 　紅茶(こうちゃ) 홍차　紅葉(こうよう) 단풍이 듦, 단풍잎　紅白(こうはく) 홍백

く 　真紅(しんく) 진홍

훈독 **べに** 　紅(べに) 홍화, 잇꽃　口紅(くちべに) 립스틱

くれない 　紅(くれない) 다홍

붉을 **홍**

小6　N2

紅茶(こうちゃ)にレモンを入(い)れますか。홍차에 레몬을 넣습니까?

きれいな色(いろ)の口紅(くちべに)です。예쁜 색의 립스틱입니다.

2060

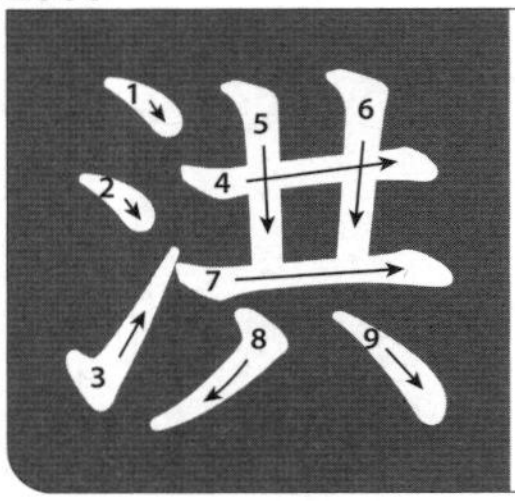

음독 **こう** 　洪水(こうずい) 홍수

홍수 **홍**

中　N1

洪水(こうずい)のために住民(じゅうみん)たちが避難(ひなん)しています。홍수 때문에 주민들이 피난하고 있습니다.

2061

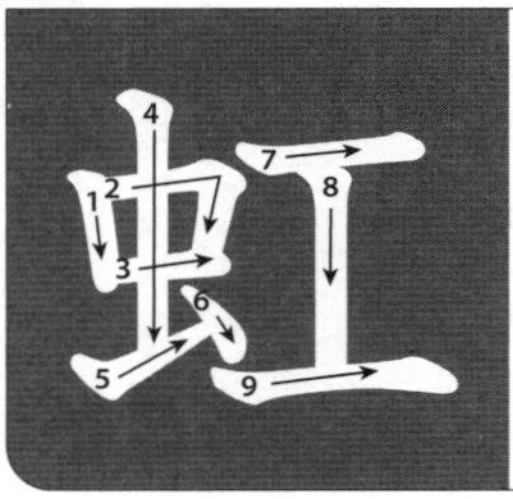

훈독 **にじ** 　虹(にじ) 무지개

무지개 **홍**

中　N1

雨(あめ)のあとに虹(にじ)がかかりました。비 온 뒤에 무지개가 떴습니다.

2062

음독 **か** 　火曜日(かようび) 화요일　火事(かじ) 화재　火山(かざん) 화산

훈독 **ひ** 　火(ひ) 불　花火(はなび) 불꽃놀이

ほ 　火影(ほかげ) 불빛, 등불 빛

특이 火傷(やけど) 화상(かしょう로도 읽음)

불 **화**

小1　N5

火事(かじ)に気(き)をつけましょう。화재에 주의합시다.

月末(げつまつ)に花火大会(はなびたいかい)があります。월말에 불꽃놀이 축제가 있습니다.

2063

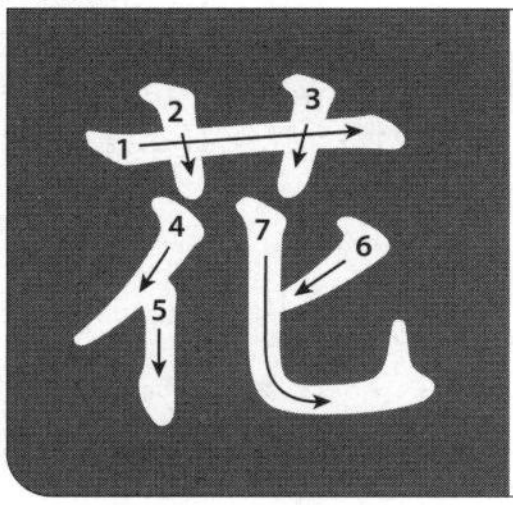

음독 **か** 花びん(かびん) 꽃병 花粉(かふん) 꽃가루 開花(かいか) 개화

훈독 **はな** 花(はな) 꽃 花嫁(はなよめ) 신부 花見(はなみ) 꽃구경 花火(はなび) 불꽃놀이 花束(はなたば) 꽃다발

花

꽃 **화**

小1 N5

さくらの開花(かいか)はいつですか。 벚꽃 개화는 언제입니까?

花嫁(はなよめ)はきれいです。 신부는 예쁩니다.

2064

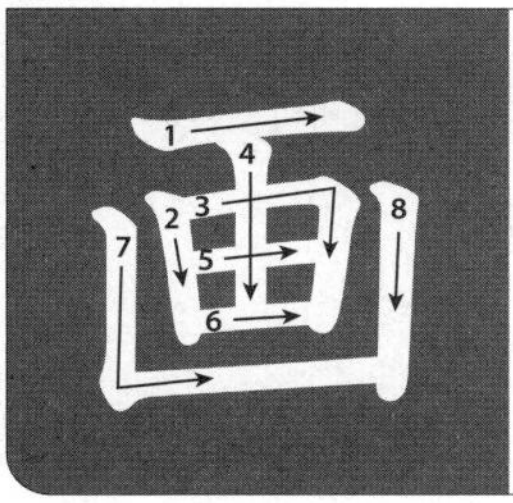

음독 **が** 画家(がか) 화가 映画(えいが) 영화 漫画(まんが) 만화

かく 計画(けいかく) 계획 企画(きかく) 기획 画数(かくすう) 획수

畵

그림 **화**/계획할/그을 **획**

小2 N3

弟(おとうと)は漫画(まんが)をかくことが好(す)きです。 남동생은 만화를 그리는 것을 좋아합니다.

夏休(なつやす)みの計画(けいかく)はありますか。 여름방학 계획은 있습니까?

2065

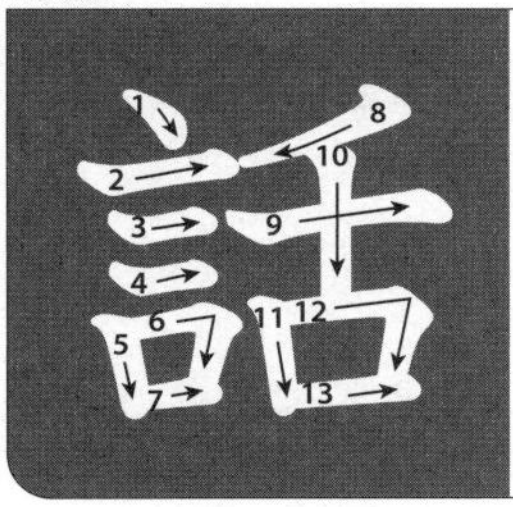

음독 **わ** 話題(わだい) 화제 会話(かいわ) 회화 手話(しゅわ) 수화 神話(しんわ) 신화

훈독 **はなす** 話(はな)す 말하다 話(はな)し合(あ)う 서로 이야기하다, 의논하다

はなし 話(はなし) 이야기 昔話(むかしばなし) 옛날이야기

말씀 **화**

小2 N5

最近(さいきん)の韓国(かんこく)の話題(わだい)は何(なん)ですか。 최근 한국의 화제는 무엇입니까?

友(とも)だちと旅行(りょこう)の計画(けいかく)を話(はな)し合(あ)いました。 친구와 여행 계획을 의논했습니다.

2066

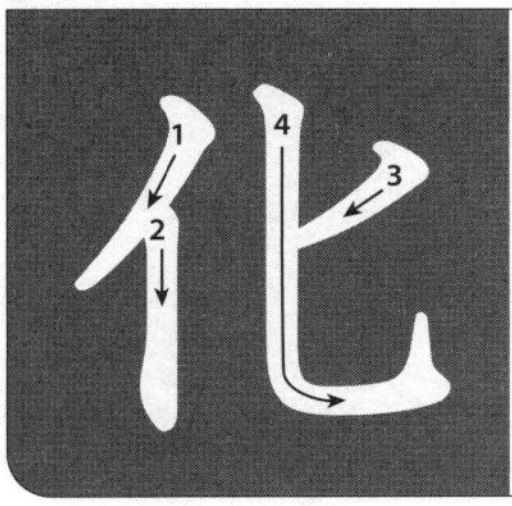

음독 **か** 化学(かがく) 화학 化石(かせき) 화석 文化(ぶんか) 문화 進化(しんか) 진화

け 化粧(けしょう) 화장

훈독 **ばける** 化(ば)ける 둔갑하다 お化(ば)け 도깨비, 요괴

ばかす 化(ば)かす 호리다

될/요술 **화**

小3 N2

化粧(けしょう)すれば、きれいになります。 화장하면 예뻐집니다.

ここはお化(ば)けが出(で)るそうです。 여기는 도깨비가 나온다고 합니다.

2067

화할/온화할 **화**

小3 N2

음독 **わ** 和平(わへい) 화평, 평화 和解(わかい) 화해 平和(へいわ) 평화 柔和(にゅうわ) 유화, 온화함

お 和尚(おしょう) 스님, 주지

특이 大和(やまと) 일본의 다른 이름

훈독 **なご**む 和む(なごむ) 온화해지다

なごやか 和やか(なごやか) 온화함

やわらぐ 和らぐ(やわらぐ) 누그러지다

やわらげる 和らげる(やわらげる) 누그러뜨리다, 완화하다

世界(せかい)が平和(へいわ)になることを望(のぞ)んでいます。 세계가 평화롭게 되기를 바라고 있습니다.

最後(さいご)まで和(なご)やかな雰囲気(ふんいき)でした。 마지막까지 온화한 분위기였습니다.

Tip 고사성어

付和雷同(ふわらいどう) 부화뇌동(자신의 생각이나 주장 없이 남의 의견에 동조한다는 뜻)

その政治家(せいじか)はいつも多数派(たすうは)に付和雷同(ふわらいどう)する。
그 정치가는 언제나 다수파에 부화뇌동한다.

2068

재물 **화**

小4 N2

음독 **か** 貨幣(かへい) 화폐, 돈 貨物(かもつ) 화물 金貨(きんか) 금화 百貨店(ひゃっかてん) 백화점

貨物列車(かもつれっしゃ)が走(はし)っています。 화물열차가 달리고 있습니다.

記念金貨(きねんきんか)を買(か)いました。 기념금화를 샀습니다.

2069

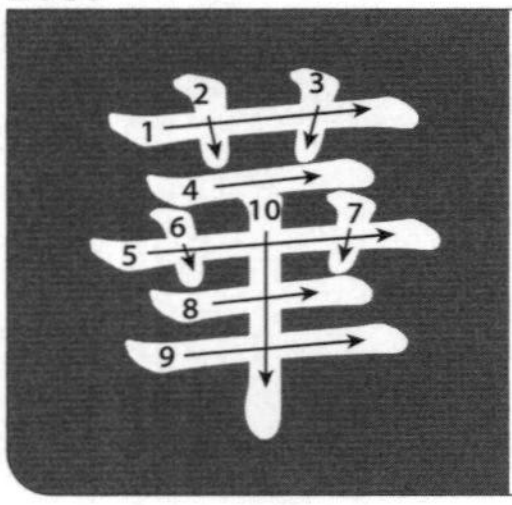

화려할 **화**

中 N1

음독 **か** 華麗(かれい) 화려함 中華(ちゅうか) 중화 豪華(ごうか) 호화로움

け 華厳宗(けごんしゅう) 화엄종 특이 華奢(きゃしゃ) 가냘프고 맵시 있음, 날씬함

훈독 **はな**やか 華やか(はなやか) 화려함, 화사함

はなばなしい 華々しい(はなばなしい) 화려하다, 눈부시다

華

私(わたし)は日本料理(にほんりょうり)より中華(ちゅうか)料理の方(ほう)が好(す)きです。
나는 일본요리보다 중화요리를 더 좋아합니다.

女優(じょゆう)が華(はな)やかなドレスを着(き)ています。 여배우가 화려한 드레스를 입고 있습니다.

2070

음독 か　禍福(かふく) 화복(불행과 행복)　禍根(かこん) 화근　戦禍(せんか) 전화(전쟁으로 인한 피해)　惨禍(さんか) 참화

禍

재앙 **화**

中　N1

禍福(かふく)は交互(こうご)にやってくると言(い)います。 불행과 행복은 번갈아서 찾아온다고 합니다.

その町(まち)は田舎(いなか)だったので戦禍(せんか)を免(まぬか)れました。
그 마을은 시골이어서 전쟁 피해를 면했습니다.

2071

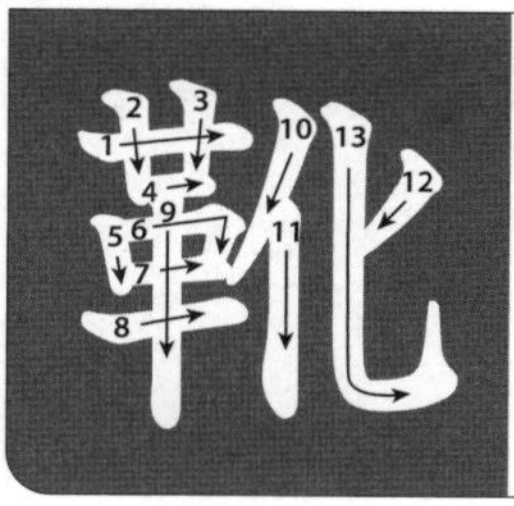

음독 か　長靴(ちょうか) 장화(ながぐつ로도 읽음)　軍靴(ぐんか) 군화

훈독 くつ　靴(くつ) 신발　靴下(くつした) 양말　運動靴(うんどうぐつ) 운동화　革靴(かわぐつ) 가죽 구두

신 **화**

中　N2

軍人(ぐんじん)が軍靴(ぐんか)を磨(みが)いています。 군인이 군화를 닦고 있습니다.

新(あたら)しい靴(くつ)をはいて学校(がっこう)に行(い)きました。 새 신을 신고 학교에 갔습니다.

2072

음독 かく　確実(かくじつ) 확실함　確率(かくりつ) 확률　正確(せいかく) 정확함　的確(てきかく) 적확, 정확함

훈독 たしか　確(たし)か 확실함, 정확함

たしかめる　確(たし)かめる 확인하다

확실할 **확**

小5　N2

キムさんはいつも時間(じかん)を正確(せいかく)に守(まも)ります。 김 씨는 항상 시간을 정확하게 지킵니다.

地図(ちず)を見(み)て確(たし)かめましょう。 지도를 보고 확인합시다.

2073

음독 かく　拡大(かくだい) 확대　拡張(かくちょう) 확장　拡散(かくさん) 확산　拡充(かくじゅう) 확충

擴

넓힐 **확**

小6　N1

小(ちい)さい字(じ)を拡大(かくだい)して読(よ)みます。 작은 글자를 확대해서 읽습니다.

道路(どうろ)の拡張工事(かくちょうこうじ)をしています。 도로의 확장공사를 하고 있습니다.

ㅎ

2074

음독 かく　収穫(しゅうかく) 수확

穫

거둘 확

中 N1

米(こめ)の収穫(しゅうかく)の季節(きせつ)になりました。 쌀 수확의 계절이 되었습니다.

2075

음독 がん　丸薬(がんやく) 환약　弾丸(だんがん) 탄환　砲丸(ほうがん) 포환　一丸(いちがん) 하나의 탄환, 한 덩어리

훈독 まる　丸(まる) 동그라미　丸(まる)ごと 통째로　丸太(まるた) 통나무

まるい　丸(まる)い 둥글다

まるめる　丸(まる)める 둥글게 하다, 뭉치다

둥글 환

小2 N4

みんなが一丸(いちがん)となって頑張(がんば)りました。 모두가 똘똘 뭉쳐 노력했습니다.

大(おお)きなケーキを一人(ひとり)で丸(まる)ごと食(た)べてしまいました。
큰 케이크를 혼자서 통째로 먹어 버렸습니다.

2076

음독 げん　幻想(げんそう) 환상　幻影(げんえい) 환영　幻覚(げんかく) 환각　幻聴(げんちょう) 환청

훈독 まぼろし　幻(まぼろし) 환상

헛보일 환

中 N1

雪(ゆき)の野原(のはら)がとても幻想的(げんそうてき)です。 눈 덮인 들판이 매우 환상적입니다.

彼(かれ)の俳優(はいゆう)になるという夢(ゆめ)は幻(まぼろし)に終(お)わりました。
그의 배우가 된다는 꿈은 환상으로 끝났습니다.

2077

음독 かん　患部(かんぶ) 환부　患者(かんじゃ) 환자　疾患(しっかん) 질환, 질병　急患(きゅうかん) 급환

훈독 わずらう　患(わずら)う 병을 앓다, 병이 나다

질병 환

中 N2

手術(しゅじゅつ)で患部(かんぶ)を切除(せつじょ)します。 수술로 환부를 절제합니다.

部長(ぶちょう)はストレスで胃(い)を患(わずら)いました。 부장님은 스트레스로 위장병이 났습니다.

2078

음독 かん　喚起(かんき) 환기(주의나 여론, 생각 등을 불러 일으킴)
喚声(かんせい) 환성　召喚(しょうかん) 소환
阿鼻叫喚(あびきょうかん) 아비규환(여러 사람이 비참한 지경에 빠져 울부짖는 참상을 비유적으로 이르는 말)

부를/부르짖을 **환**
中　N1

保健所(ほけんじょ)が食中毒(しょくちゅうどく)に対(たい)する注意(ちゅうい)を喚起(かんき)しました。
보건소가 식중독에 대한 주의를 환기시켰습니다.

韓国(かんこく)チームが優勝(ゆうしょう)して、喚声(かんせい)を上(あ)げました。 한국팀이 우승해서 환성을 질렀습니다.

2079

음독 かん　換金(かんきん) 환금(돈으로 바꿈)　換算(かんさん) 환산　交換(こうかん) 교환　転換(てんかん) 전환

훈독 かえる　換(か)える 바꾸다, 교환하다
かわる　換(か)わる 바뀌다, 교체되다

바꿀 **환**
中　N2

社長(しゃちょう)は経営方針(けいえいほうしん)を転換(てんかん)しました。 사장님은 경영방침을 전환했습니다.

小切手(こぎって)を現金(げんきん)に換(か)えました。 수표를 현금으로 바꿨습니다.

Tip 0387 かえる 참조

2080

음독 かん　歓迎(かんげい) 환영　歓喜(かんき) 환희　歓談(かんだん) 환담　歓楽街(かんらくがい) 환락가

歡

기쁠 **환**
中　N1

新入生(しんにゅうせい)の歓迎(かんげい)パーティーが開(ひら)かれました。 신입생 환영파티가 열렸습니다.

出席者(しゅっせきしゃ)たちが休憩(きゅうけい)の時間(じかん)に歓談(かんだん)しています。
출석자들이 휴식시간에 환담하고 있습니다.

2081

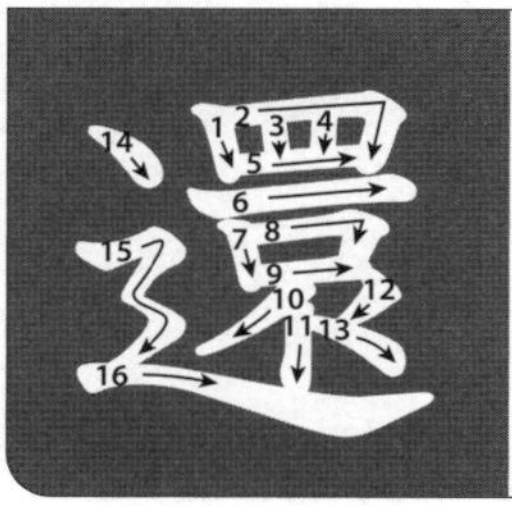

음독 かん　還付(かんぷ) 환급　還元(かんげん) 환원　帰還(きかん) 귀환　返還(へんかん) 반환

돌아올 **환**
中　N1

過払(かばら)いの税金(ぜいきん)が還付(かんぷ)されました。 초과 지급된 세금이 환급되었습니다.

宇宙飛行士(うちゅうひこうし)が地球(ちきゅう)に帰還(きかん)しました。 우주비행사가 지구로 귀환했습니다.

ㅎ

2082

음독 **かん**　環境(かんきょう) 환경　一環(いっかん) 일환　循環(じゅんかん) 순환

고리/돌 **환**

中　N1

ダイオキシンは環境(かんきょう)に悪(わる)い影響(えいきょう)を与(あた)えます。 다이옥신은 환경에 나쁜 영향을 줍니다.

教育(きょういく)の一環(いっかん)としてボランティア活動(かつどう)をします。 교육의 일환으로써 봉사활동을 합니다.

2083

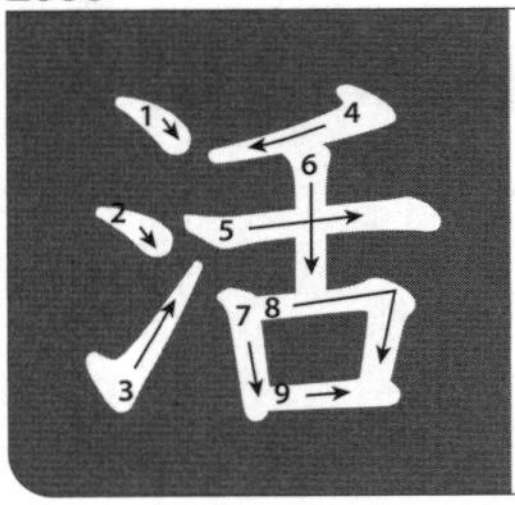

음독 **かつ**　活動(かつどう) 활동　活用(かつよう) 활용　生活(せいかつ) 생활　復活(ふっかつ) 부활

훈독 **い**かす　活(い)かす 활용하다, 특성을 발휘시키다

살 **활**

小2　N2

学生(がくせい)のときに、色々(いろいろ)なボランティア活動(かつどう)をしました。
학생 때 여러 봉사활동을 했습니다.

最近(さいきん)、物価(ぶっか)が上(あ)がったので生活(せいかつ)が苦(くる)しくなりました。
최근 물가가 올라서 생활이 힘들어졌습니다.

Tip **いかす**

活(い)かす 활용하다

留学(りゅうがく)の経験(けいけん)を活(い)かす。 유학 경험을 활용하다.

生(い)かす 되살리다

魚(さかな)を水槽(すいそう)の中(なか)で生(い)かす。 물고기를 수조 안에서 살리다.

2084

음독 **かつ**　滑走(かっそう) 활주　滑車(かっしゃ) 도르래　円滑(えんかつ) 원활함

こつ　滑稽(こっけい) 골계, 우스꽝스러움

훈독 **すべ**る　滑(すべ)る 미끄러지다

なめらか　滑(なめ)らか 매끈매끈함

미끄러울 **활**/
익살스러울 **골**

中　N1

株主総会(かぶぬしそうかい)は円滑(えんかつ)に進(すす)みました。 주주총회는 원활하게 진행되었습니다.

雪(ゆき)の道(みち)で滑(すべ)って転(ころ)びました。 눈길에서 미끄러져 넘어졌습니다.

2085

음독 **おう** 黄金(おうごん) 황금 黄色人種(おうしょくじんしゅ) 황색 인종 硫黄(いおう) 유황

こう 黄砂(こうさ) 황사 黄河(こうが) 황하

훈독 **き** 黄色(きいろ) 노랑색 黄身(きみ) 노른자위

こ 黄金(こがね) 황금

黄

누를 **황**

小2 N2

黄砂(こうさ)で車(くるま)が汚(よご)れてしまいました。 황사로 차가 더러워져 버렸습니다.

この料理(りょうり)は卵(たまご)の黄身(きみ)だけを使(つか)います。 이 요리는 달걀의 노른자위만을 사용합니다.

2086

음독 **こう** 皇帝(こうてい) 황제 皇后(こうごう) 황후 皇居(こうきょ) 황거(천황이 거처하는 곳)

皇室(こうしつ) 황실

おう 皇子(おうじ) 황자, 천황의 아들

임금 **황**

小6 N1

ここは昔(むかし)、皇帝(こうてい)が住(す)んでいた所(ところ)です。 여기는 옛날에 황제가 살고 있던 곳입니다.

皇居(こうきょ)の近(ちか)くで写真(しゃしん)をとりました。 황거 근처에서 사진을 찍었습니다.

2087

음독 **きょう** 状況(じょうきょう) 상황 不況(ふきょう) 불황, 불경기 近況(きんきょう) 근황

상황 **황**

中 N2

記者(きしゃ)が事故(じこ)の状況(じょうきょう)を伝(つた)えています。 기자가 사고 상황을 전하고 있습니다.

離(はな)れて暮(く)らす両親(りょうしん)に近況(きんきょう)を知(し)らせました。 떨어져 사는 부모님에게 근황을 알렸습니다.

2088

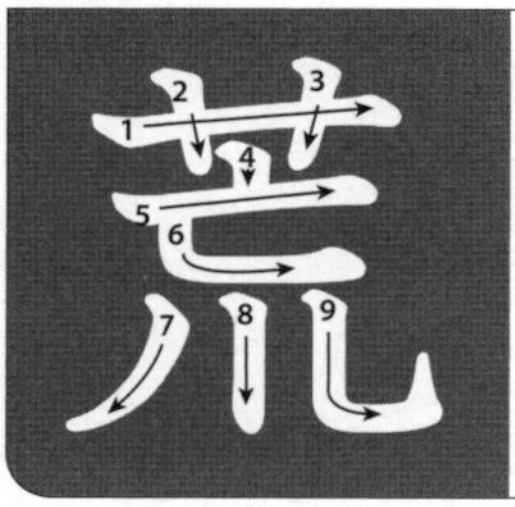

음독 **こう** 荒廃(こうはい) 황폐 荒天(こうてん) 거친 날씨 破天荒(はてんこう) 전대미문, 미증유

훈독 **あらい** 荒(あら)い 거칠다

あれる 荒(あ)れる 거칠어지다

あらす 荒(あ)らす 어지럽게 하다, 휩쓸다

荒

거칠 **황**

中 N2

人手(ひとで)が減(へ)って畑(はたけ)が荒廃(こうはい)しました。 일손이 줄어 밭이 황폐해졌습니다.

台風(たいふう)の接近(せっきん)で海(うみ)が荒(あ)れています。 태풍의 접근으로 바다가 사나워졌습니다.

Tip 1585 あらい 참조

2089

음독 こう　恐慌(きょうこう) 공황

훈독 あわてる　慌(あわ)てる 당황하다

あわただしい　慌(あわ)ただしい 분주하다, 조급하다

慌

어리둥절할/조급할 **황**

中 N1

1929年(ねん)に世界恐慌(せかいきょうこう)が起(お)こりました。1929년에 세계공황이 일어났습니다.

大事(だいじ)な書類(しょるい)を落(お)として慌(あわ)てました。중요한 서류를 잃어버려서 당황했습니다.

2090

음독 かい　会議(かいぎ) 회의　会話(かいわ) 회화　会社(かいしゃ) 회사

え　会釈(えしゃく) 가벼운 인사　一期一会(いちごいちえ) 일생에 한 번뿐인 만남

훈독 あう　会(あ)う 만나다　出会(であ)い 만남

會

모일/만날 **회**

小2 N5

日本語会話(にほんごかいわ)の時間(じかん)は楽(たの)しいです。일본어회화 시간은 즐겁습니다.

デパートで昔(むかし)の友(とも)だちに会(あ)いました。백화점에서 옛 친구를 만났습니다.

Tip 1590 あう 참조

2091

음독 かい　回送(かいそう) 회송　回転(かいてん) 회전　回答(かいとう) 회답　次回(じかい) 다음 번

え　回心(えしん) 회심, 개심

훈독 まわる　回(まわ)る 돌다　回(まわ)り道(みち) 길을 돌아서 감, 우회로

まわす　回(まわ)す 돌리다

돌아올/돌이킬 **회**

小2 N3

このバスは回送(かいそう)なので乗(の)れません。이 버스는 회송이므로 탈 수 없습니다.

風車(ふうしゃ)を回(まわ)して電気(でんき)を作(つく)ります。풍차를 돌려서 전기를 만듭니다.

2092

음독 え　絵(え) 그림　絵葉書(えはがき) 그림엽서　絵(え)の具(ぐ) 그림물감

かい　絵画(かいが) 회화, 그림

繪

그림 **회**

小2 N2

外国(がいこく)の友(とも)だちから絵葉書(えはがき)が届(とど)きました。외국친구로부터 그림엽서가 도착했습니다.

絵画展示会(かいがてんじかい)に行(い)きました。그림 전시회에 갔습니다.

2093

훈독 とち　栃の木(とちのき) 칠엽수　栃木県(とちぎけん) 도치기현

상수리나무 **회**

小4　급수 외

栃木県(とちぎけん)は東京(とうきょう)から約(やく)100キロ離(はな)れています。
도치기현은 도쿄에서 약 100km 떨어져 있습니다.

2094

음독 かい　灰燼(かいじん) 잿더미　石灰(せっかい) 석회

훈독 はい　灰(はい) 재　灰皿(はいざら) 재떨이　灰色(はいいろ) 회색　火山灰(かざんばい) 화산재

灰

재 **회**

小6　N2

石灰(せっかい)は肥料(ひりょう)の一(ひと)つです。 석회는 비료의 하나입니다.

灰皿(はいざら)はありますか。 재떨이는 있습니까?

2095

음독 かい　悔恨(かいこん) 회한, 뉘우침　後悔(こうかい) 후회　**예외** 懺悔(ざんげ) 참회

훈독 くいる　悔(く)いる 뉘우치다, 후회하다

くやむ　悔(く)やむ 뉘우치다, 후회하다

くやしい　悔(くや)しい 분하다

悔

뉘우칠/분하게 여길 **회**

中　N1

友(とも)だちとけんかした事(こと)を後悔(こうかい)しました。 친구와 싸운 일을 후회했습니다.

今(いま)さら悔(く)やんでも仕方(しかた)ありません。 이제 와서 후회한들 소용없습니다.

2096

음독 わい　賄賂(わいろ) 뇌물　贈賄(ぞうわい) 증회, 뇌물을 줌　収賄(しゅうわい) 수회, 뇌물을 받음

훈독 まかなう　賄(まかな)う ①만들어 주다 ②조달하다

뇌물/선사할 **회**

中　N1

市長(しちょう)が収賄(しゅうわい)した疑(うたが)いがあります。 시장이 뇌물을 받은 의혹이 있습니다.

夜遅(よるおそ)くまで勉強(べんきょう)する息子(むすこ)に夜食(やしょく)を賄(まかな)います。
밤 늦게까지 공부하는 아들에게 야식을 만들어 줍니다.

ㅎ

2097

품을/생각할/길들일 **회**

中 N1

음독 **かい** 懐妊(かいにん) 회임, 임신 述懐(じゅっかい) 술회(마음에 품은 생각이나 추억을 말함)

훈독 **なつ**かしい 懐(なつ)かしい 그립다

なつかしむ 懐(なつ)かしむ 그리워하다

なつく 懐(なつ)く 친해지다

なつける 懐(なつ)ける 따르게 하다, 길들이다

ふところ 懐(ふところ) ①품 ②호주머니(에 가지고 있는 돈)

懐

田中(たなか)さんは昔(むかし)のことを述懐(じゅっかい)しました。 다나카 씨는 옛 일을 술회했습니다.

アルバムに懐(なつ)かしい昔(むかし)の写真(しゃしん)がありました。 앨범에 그리운 옛 사진이 있었습니다.

Tip 고사성어

虚心坦懐(きょしんたんかい) 허심탄회(품은 생각을 터놓고 말할 만큼 아무 거리낌이 없고 솔직함)

その会社(かいしゃ)の職員(しょくいん)たちは虚心坦懐(きょしんたんかい)に話(はな)し合(あ)う。

그 회사의 직원들은 허심탄회하게 이야기를 주고받는다.

2098

얻을/잡을 **획**

中 N1

음독 **かく** 獲得(かくとく) 획득 捕獲(ほかく) 포획

乱獲(らんかく) 남획(새·짐승·물고기 등을 마구 잡음)

훈독 **え**る 獲(え)る 사냥하다 獲物(えもの) 사냥감

獲

国際大会(こくさいたいかい)の出場権(しゅつじょうけん)を獲得(かくとく)しました。 국제대회 출전권을 획득했습니다.

ワシが獲物(えもの)をくわえて飛(と)んでいます。 매가 사냥감을 물고 날고 있습니다.

2099

가로/제멋대로 할 **횡**

小3 N2

음독 **おう** 横断(おうだん) 횡단 横領(おうりょう) 횡령 縦横(じゅうおう) 종횡

専横(せんおう) 전횡, 제멋대로 휘두름

훈독 **よこ** 横(よこ) 가로, 옆 横顔(よこがお) 옆얼굴

横道(よこみち) ①옆길, 골목길 ②본 줄거리에서 벗어난 이야기

横

ここで道路(どうろ)を横断(おうだん)してはいけません。 여기에서 도로를 횡단해서는 안 됩니다.

コンビニの横(よこ)に花屋(はなや)があります。 편의점 옆에 꽃집이 있습니다.

2100

음독 こう　効果(こうか) 효과　効率(こうりつ) 효율　即効(そっこう) 즉효　有効(ゆうこう) 유효

훈독 きく　効く(き) 듣다, 효과가 있다　効き目(きめ) 효과, 효능

效

나타낼/보람 효

小5　N2

仕事(しごと)の効率(こうりつ)が悪(わる)いです。 업무 효율이 나쁩니다.

この薬(くすり)は効(き)き目(め)がありますか。 이 약은 효과가 있습니까?

Tip 0659 きく 참조

2101

음독 こう　親孝行(おやこうこう) 효도(함)　親不孝(おやふこう) 불효(함)　孝子(こうし) 효자　忠孝(ちゅうこう) 충효

효도 효

小6　N1

パクさんはとても親孝行(おやこうこう)な人(ひと)です。 박 씨는 매우 효성스러운 사람입니다.

親不孝(おやふこう)をしてはいけません。 불효를 해서는 안 됩니다.

2102

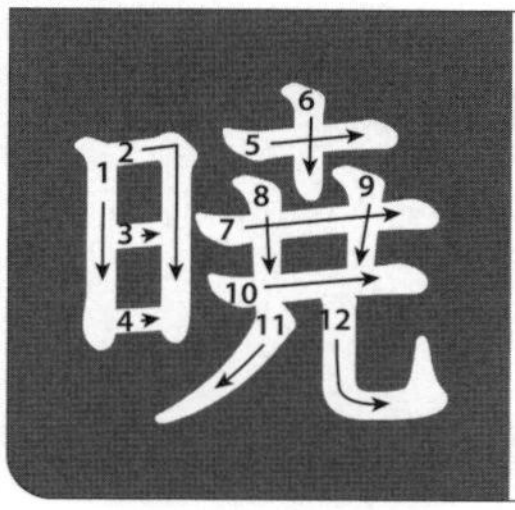

음독 ぎょう　暁鐘(ぎょうしょう) 새벽종

훈독 あかつき　暁(あかつき) ①새벽 ②(장래 어떤 일이 실현되는) (그) 때, (그) 날

曉

새벽 효

中　N1

コンピューターの登場(とうじょう)はIT社会(しゃかい)の暁鐘(ぎょうしょう)でした。
컴퓨터의 등장은 IT사회의 새벽종이었습니다.

この会社(かいしゃ)に採用(さいよう)された暁(あかつき)には、懸命(けんめい)に働(はたら)くつもりです。
이 회사에 채용된 그 때에는 열심히 일할 생각입니다.

2103

음독 こう　酵素(こうそ) 효소　酵母(こうぼ) 효모　発酵(はっこう) 발효

삭힐 효

中　N1

体(からだ)の中(なか)にはたくさんの酵素(こうそ)があります。 몸 안에는 많은 효소가 있습니다.

パンの生地(きじ)を発酵(はっこう)させます。 빵 반죽을 발효시킵니다.

2104

뒤 **후**

小2 N4

음독	**ご**	午後(ごご) 오후　最後(さいご) 최후, 마지막　後日(ごじつ) 후일
	こう	後悔(こうかい) 후회　後援(こうえん) 후원　後輩(こうはい) 후배
훈독	**のち**	後(のち) 뒤, 후　後(のち)ほど 나중에
	うしろ	後(うし)ろ 뒤　後(うし)ろ姿(すがた) 뒷모습
	あと	後(あと) 뒤, 후　後始末(あとしまつ) 뒷정리
	おくれる	後(おく)れる 뒤지다, 늦어지다

今日(きょう)はテストの最後(さいご)の日(ひ)です。 오늘은 시험 마지막 날입니다.

運転(うんてん)する時(とき)は後(うし)ろをよく見(み)てください。 운전할 때는 뒤를 잘 보세요.

Tip 1492 あと, 1671 おくれる 참조

Tip 뒤

後(うし)ろ
움직이지 않는 사람이나 물건·장소·방향의 뒤쪽
田中(たなか)さんの後(うし)ろに座(すわ)る。
다나카 씨의 뒤에 앉다.

後(あと)
움직이는 사람이나 물건·시간의 뒤쪽
田中(たなか)さんの後(あと)を追(お)う。
다나카 씨의 뒤를 쫓다.

2105

기후/상황 **후**

小4 N4

음독	**こう**	気候(きこう) 기후　症候(しょうこう) 증후, 증상　立候補(りっこうほ) 입후보　兆候(ちょうこう) 징후, 징조
훈독	**そうろう**	居候(いそうろう) 식객, 더부살이

選挙(せんきょ)に立候補(りっこうほ)しました。 선거에 입후보했습니다.

学生(がくせい)のとき、親戚(しんせき)の家(いえ)に居候(いそうろう)しました。 학생시절, 친척집에 더부살이 했습니다.

2106

두터울 **후**

小5 N4

음독	**こう**	厚意(こうい) 후의　厚生(こうせい) 후생(생활을 넉넉하고 윤택하게 함)　濃厚(のうこう) 농후, 짙음　温厚(おんこう) 온후함
훈독	**あつい**	厚(あつ)い 두껍다

吉田(よしだ)さんは温厚(おんこう)な性格(せいかく)です。 요시다 씨는 온후한 성격입니다.

この本(ほん)は厚(あつ)くて重(おも)いです。 이 책은 두꺼워서 무겁습니다.

Tip 0924 あつい 참조

2107

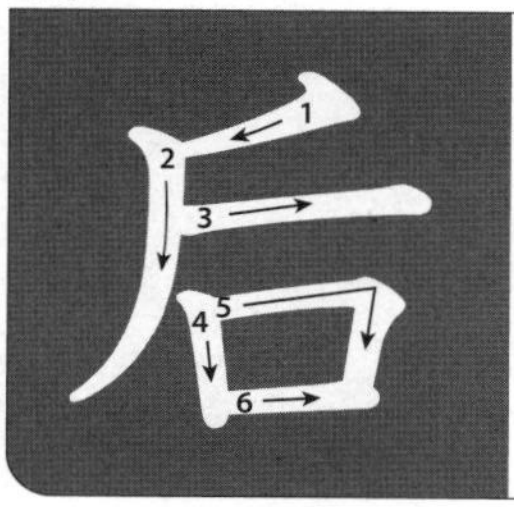

음독 こう　后妃(こうひ) 후비, 왕비　皇后(こうごう) 황후　皇太后(こうたいごう) 황태후　王后(おうこう) 왕후

훈독 きさき　后(きさき) 왕비

임금/왕후 후

小6　N4

皇后(こうごう)がヨーロッパを訪(おとず)れました。 황후가 유럽을 방문했습니다.

天皇(てんのう)の后(きさき)になりました。 천황의 왕비가 되었습니다.

2108

음독 きゅう　不朽(ふきゅう) 불후　老朽(ろうきゅう) 노후

훈독 くちる　朽(く)ちる 썩다

썩을 후

中　N1

その映画(えいが)は不朽(ふきゅう)の名作(めいさく)です。 그 영화는 불후의 명작입니다.

朽(く)ちた木(き)にきのこが生(は)えています。 썩은 나무에 버섯이 자라 있습니다.

2109

음독 こう　諸侯(しょこう) 제후(옛날 중국에서 인민을 다스렸던 사람)

侯爵(こうしゃく) 후작, 작위(爵位)의 하나

제후 후

中　N1

昔(むかし)、中国(ちゅうごく)では諸侯(しょこう)が各地域(かくちいき)を支配(しはい)していました。
옛날에 중국에서는 제후가 각 지역을 지배했었습니다.

2110

음독 こう　咽喉(いんこう) 인후, 목

훈독 のど　喉(のど) 목, 목구멍　喉自慢(のどじまん) 노래자랑

목구멍 후

中　급수 외

タバコは咽喉(いんこう)ガンの原因(げんいん)になります。 담배는 인후암의 원인이 됩니다.

休(やす)まずに登山(とざん)をしたので喉(のど)が渇(かわ)きました。
쉬지 않고 등산을 했기 때문에 목이 말랐습니다.

2111

음독 きゅう　嗅覚(きゅうかく) 후각

훈독 かぐ　嗅(か)ぐ 냄새를 맡다

맡을 후

中　급수 외

犬(いぬ)は嗅覚(きゅうかく)が優(すぐ)れた動物(どうぶつ)です。 개는 후각이 뛰어난 동물입니다.

猫(ねこ)が餌(えさ)のにおいを嗅(か)いでいます。 고양이가 먹이 냄새를 맡고 있습니다.

Tip 이 한자는 嗅로도 쓰임

2112

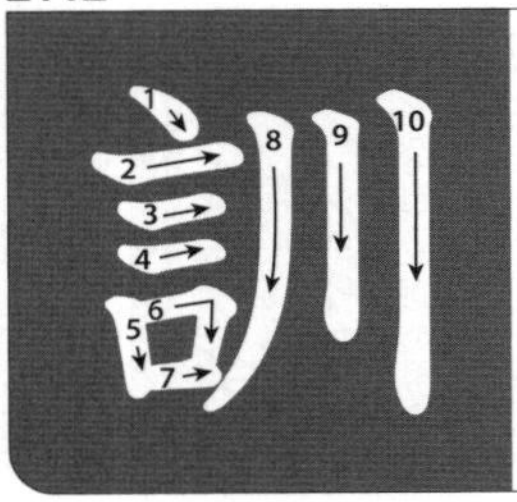

음독 くん　訓読(くんどく) 훈독　訓練(くんれん) 훈련　教訓(きょうくん) 교훈　家訓(かくん) 가훈

가르칠 훈

小4　N2

この漢字(かんじ)の訓読(くんどく)は何(なん)ですか。 이 한자의 훈독은 무엇입니까?

軍隊(ぐんたい)の訓練(くんれん)はきびしいです。 군대의 훈련은 엄격합니다.

2113

음독 くん　勲章(くんしょう) 훈장　殊勲(しゅくん) 수훈　武勲(ぶくん) 무훈, 무공

훈독 いさお　勲(いさお) 공, 공적

勳

공 훈

中　N1

映画監督(えいがかんとく)に芸術勲章(げいじゅつくんしょう)が授与(じゅよ)されました。 영화감독에게 예술훈장이 수여되었습니다.

そのバイオリニストはコンクールで優勝(ゆうしょう)して勲(いさお)を立(た)てました。
그 바이올리니스트는 콩쿠르에서 우승해 공을 세웠습니다.

2114

음독 くん　薫風(くんぷう) 훈풍

훈독 かおる　薫(かお)る 향기가 나다　薫(かお)り 향기

薰

향초 훈

中　N1

初夏(しょか)の薫風(くんぷう)が気持(きも)ちいいです。 초여름 훈풍이 기분 좋습니다.

この大学(だいがく)のキャンパスは崇高(すうこう)な学問(がくもん)の薫(かお)りがします。
이 대학 캠퍼스는 숭고한 학문의 향기가 납니다.

2115

음독 き　毀損(きそん) 훼손

훈독 こわす　毀(こわ)す 부수다, 허물다

こぼれる　毀(こぼ)れる 망가지다

こぼつ　毀(こぼ)つ 부수다, 깨뜨리다

毀

부술 **훼**

中　급수 외

テレビ局(きょく)を名誉(めいよ)毀損(きそん)で訴(うった)えました。 방송국을 명예훼손으로 고소했습니다.

包丁(ほうちょう)の刃(は)が毀(こぼ)れて、使(つか)えません。 부엌칼 날이 망가져서 쓰지 못합니다.

2116

음독 き　揮発(きはつ) 휘발　揮毫(きごう) 휘호　指揮(しき) 지휘　発揮(はっき) 발휘

휘두를/흩어질 **휘**

小6　N1

オーケストラを指揮(しき)します。 오케스트라를 지휘합니다.

実力(じつりょく)を発揮(はっき)してメダルを取(と)りました。 실력을 발휘해서 메달을 땄습니다.

2117

음독 い　語彙(ごい) 어휘

무리 **휘**

中　급수 외

英語(えいご)の語彙(ごい)が難(むずか)しくて解釈(かいしゃく)できません。 영어 어휘가 어려워서 해석할 수 없습니다.

2118

음독 き　輝石(きせき) 휘석　光輝(こうき) 광휘, 빛

훈독 かがやく　輝(かがや)く 빛나다

빛날 **휘**

中　N1

宝石(ほうせき)が光輝(こうき)を放(はな)っています。 보석이 빛을 발하고 있습니다.

夜空(よぞら)に多(おお)くの星(ほし)が輝(かがや)いています。 밤하늘에 많은 별이 빛나고 있습니다.

2119

休

음독 きゅう　休日(きゅうじつ) 휴일　休学(きゅうがく) 휴학　休憩(きゅうけい) 휴게, 휴식　休刊(きゅうかん) 휴간

훈독 やすむ　休(やす)む 쉬다　一休(ひとやす)み 잠깐 쉼　夏休(なつやす)み 여름방학　冬休(ふゆやす)み 겨울방학

やすまる　休(やす)まる 편안해지다

やすめる　休(やす)める 쉬게 하다

쉴 휴

小1　N5

休憩室(きゅうけいしつ)はどこですか。휴게실은 어디입니까?

夏休(なつやす)みを待(ま)っています。여름방학을 기다리고 있습니다.

2120

携

음독 けい　携帯(けいたい) 휴대　連携(れんけい) 연휴(긴밀히 협력함), 제휴　提携(ていけい) 제휴

훈독 たずさえる　携(たずさ)える 휴대하다, 지니다

たずさわる　携(たずさ)わる 관여하다, 종사하다

이끌/휴대할 휴

中　급수 외

私(わたし)はいつも携帯用(けいたいよう)の灰皿(はいざら)を持(も)っています。나는 언제나 휴대용 재떨이를 갖고 있습니다.

父(ちち)は建築(けんちく)の仕事(しごと)に携(たずさ)わっています。아버지는 건축 일에 종사하고 있습니다.

2121

胸

음독 きょう　胸部(きょうぶ) 흉부　胸囲(きょうい) 가슴둘레　胸像(きょうぞう) 흉상　度胸(どきょう) 담력, 배짱

훈독 むね　胸(むね) 가슴

胸焼(むねや)け 명치 언저리가 쓰리고 아픔, 가슴앓이(むなやけ로도 읽음)

むな　胸騒(むなさわ)ぎ 가슴이 두근거림

가슴 흉

小6　N2

胸部(きょうぶ)のレントゲンをとります。흉부 엑스레이를 찍습니다.

お酒(さけ)を飲(の)みすぎて胸焼(むねや)けがします。술을 과음해서 속이 쓰립니다.

2122

凶

음독 きょう　凶作(きょうさく) 흉작　凶悪(きょうあく) 흉악　吉凶(きっきょう) 길흉

흉할 흉

中　N1

今年(ことし)は冷夏(れいか)で米(こめ)が凶作(きょうさく)でした。올해는 여름이 덥지 않아 쌀이 흉작이었습니다.

占(うらな)い師(し)が吉凶(きっきょう)を占(うらな)っています。점쟁이가 길흉을 점치고 있습니다.

2123

음독 こく　黒人(こくじん) 흑인　黒板(こくばん) 칠판　黒点(こくてん) 검은 점　暗黒(あんこく) 암흑

훈독 くろ　黒(くろ) 검정　黒色(くろいろ) 검정색　黒字(くろじ) 흑자　黒砂糖(くろざとう) 흑설탕

くろい　黒(くろ)い 검다

黒

검을 흑

小2　N3

黒板(こくばん)に答(こた)えを書(か)いてください。 칠판에 답을 써 주세요.

私(わたし)は黒色(くろいろ)の服(ふく)をよく着(き)ます。 나는 검정색 옷을 자주 입습니다.

2124

음독 こん　痕跡(こんせき) 흔적　血痕(けっこん) 혈흔　弾痕(だんこん) 탄흔

훈독 あと　痕(あと) 흔적

특이 痘痕(あばた) 마맛자국, 곰보 자국

흔적 흔

中　급수 외

部屋(へや)には血痕(けっこん)が残(のこ)っていました。 방에는 혈흔이 남아 있었습니다.

レーザーでにきびの痕(あと)を治(なお)します。 레이저로 여드름의 흔적을 치료합니다.

2125

음독 きゅう　吸収(きゅうしゅう) 흡수　吸入(きゅうにゅう) 흡입　吸引(きゅういん) 흡인　深呼吸(しんこきゅう) 심호흡

훈독 すう　吸(す)う 들이마시다, 빨다　吸(す)いがら 담배꽁초

마실 흡

小6　N2

大(おお)きく息(いき)を吸(す)って深呼吸(しんこきゅう)をしましょう。 숨을 크게 들이마셔서 심호흡을 합시다.

たばこは外(そと)で吸(す)ってください。 담배는 밖에서 피워 주세요.

2126

음독 こう　興奮(こうふん) 흥분　興行(こうぎょう) 흥행　復興(ふっこう) 부흥　再興(さいこう) 다시 일으킴, 부흥

きょう　興味(きょうみ) 흥미　即興(そっきょう) 즉흥　余興(よきょう) 여흥

훈독 おこる　興(おこ)る ①일어나다, 번성하다 ②발생하다

おこす　興(おこ)す 일으키다, 흥하게 하다

일 흥

小5　N1

日本(にほん)のドラマに興味(きょうみ)があります。 일본 드라마에 흥미가 있습니다.

新(あたら)しい会社(かいしゃ)を興(おこ)しました。 새로운 회사를 일으켰습니다.

Tip 0302 おこす 참조

2127

음독 **き** 希望(きぼう) 희망　希少(きしょう) 희소함, 드묾　希薄(きはく) 희박함
希求(ききゅう) 희구(강하게 바라고 구함)

바랄/드물 **희**
小4　N2

どんなことがあっても希望(きぼう)を捨(す)てないでください。
어떤 일이 있어도 희망을 버리지 마세요.

これはとても希少(きしょう)な植物(しょくぶつ)です。 이것은 매우 드문 식물입니다.

2128

음독 **き** 喜劇(きげき) 희극, 코미디　歓喜(かんき) 환희　狂喜(きょうき) 광희

훈독 **よろこ**ぶ 喜(よろこ)ぶ 기뻐하다

기쁠 **희**
小5　N2

おもしろい喜劇(きげき)を見(み)ました。 재미있는 희극을 봤습니다.

その知(し)らせを聞(き)いて母(はは)は喜(よろこ)びました。 그 소식을 듣고 어머니는 기뻐했습니다.

2129

훈독 **ひめ** 姫(ひめ) 공주, 귀인의 딸　白雪姫(しらゆきひめ) 백설공주　織(お)り姫(ひめ) 직녀

姫

아가씨 **희**
中　N1

子(こ)どもが『白雪姫(しらゆきひめ)』の絵本(えほん)を読(よ)んでいます。
아이가 『백설공주』 그림책을 읽고 있습니다.

７月７日(しちがつなのか)は彦星(ひこぼし)と織(お)り姫(ひめ)が会(あ)う日(ひ)です。 7월 7일은 견우와 직녀가 만나는 날입니다.

2130

음독 **ぎ** 戯曲(ぎきょく) 희곡　遊戯(ゆうぎ) 유희, 놀이
예외 戯作(げさく) 희작(에도시대 후기의 통속 오락 소설)
특이 悪戯(いたずら) 장난

훈독 **たわむ**れる 戯(たわむ)れる 장난치다

戲

놀이 **희**
中　N1

その脚本家(きゃくほんか)は新(あたら)しい戯曲(ぎきょく)を書(か)きました。 그 각본가는 새로운 희곡을 썼습니다.

子(こ)どもたちが運動場(うんどうじょう)で戯(たわむ)れています。 아이들이 운동장에서 장난치고 있습니다.

2131

음독 ぎ　犠牲(ぎせい) 희생　犠打(ぎだ) 희생타

犠

희생 희

中　N1

事故(じこ)で多(おお)くの犠牲者(ぎせいしゃ)が出(で)ました。 사고로 많은 희생자가 나왔습니다.

その打者(だしゃ)は犠打(ぎだ)を打(う)ちました。 그 타자는 희생타를 쳤습니다.

2132

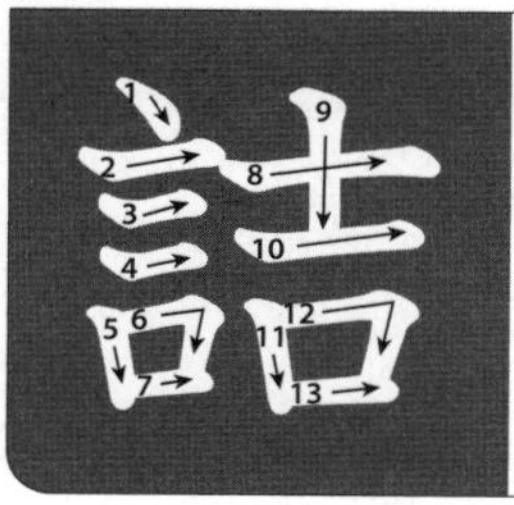

음독 きつ　詰問(きつもん) 힐문, 추궁　詰責(きっせき) 힐책　難詰(なんきつ) 힐난

훈독 つめる　詰(つ)める 채우다　缶詰(かんづめ) 통조림

つまる　詰(つ)まる 가득 차다, 막히다

つむ　詰(つ)む 막히다, 궁해지다

따질 힐

中　N2

先生(せんせい)が学生(がくせい)に遅刻(ちこく)の理由(りゆう)を詰問(きつもん)しています。
선생님이 학생에게 지각의 이유를 추궁하고 있습니다.

浴槽(よくそう)の排水管(はいすいかん)が詰(つ)まってしまいました。 욕조의 배수관이 막혀 버렸습니다.

2133

훈독 こむ　込(こ)む ①몰리다, 붐비다 ②정교하다

こめる　込(こ)める 채우다, 담다

(일본 한자) 담다

中　N2

母(はは)はいつも手(て)の込(こ)んだ料理(りょうり)を作(つく)ってくれます。
어머니는 늘 손이 많이 가는 요리를 만들어 줍니다.

愛情(あいじょう)を込(こ)めて作(つく)った私(わたし)の料理(りょうり)を食(た)べてください。
애정을 담아 만든 제 요리를 드세요.

2134

훈독 はた　畑作(はたさく) 밭농사　田畑(たはた) 논밭(でんぱた로도 읽음)

はたけ　畑(はたけ) 밭　畑仕事(はたけしごと) 밭일　麦畑(むぎばたけ) 보리밭

(일본 한자) 밭

小3　N2

畑(はたけ)でキャベツを育(そだ)てています。 밭에서 양배추를 기르고 있습니다.

畑仕事(はたけしごと)を終(お)えて、家(うち)に帰(かえ)ります。 밭일을 끝내고 집으로 돌아갑니다.

2135

훈독 わく

枠(わく) ①테두리, 범위 ②틀　枠内(わくない) 범위 내

窓枠(まどわく) 창틀　木枠(きわく) 나무틀

(일본 한자) 테, 테두리

中　급수 외

コンクリートを枠(わく)の中(なか)に流(なが)し込(こ)みます。콘크리트를 틀 안에 부어 넣습니다.

プロジェクトは予算(よさん)の枠内(わくない)で実行(じっこう)しなければなりません。
프로젝트는 예산의 범위 내에서 실행해야 합니다.

2136

훈독 とうげ

峠(とうげ) 고개, 절정기, 고비

(일본 한자) 고개

中　N1

峠(とうげ)で少(すこ)し休(やす)んで、山頂(さんちょう)に行(い)きましょう。고개에서 잠시 쉬고 산 정상으로 갑시다.

부록

» 비슷한 한자 비교하기

» 색인

비슷한 한자 비교하기

한글	한자	단어	읽는 법	의미
가	嫁	転嫁	てんか	전가
가	稼	稼働	かどう	가동
각	各	各自	かくじ	각자
명	名	名前	なまえ	이름
각	殻	外殻	がいかく	외각, 겉껍데기
곡	穀	穀物	こくもつ	곡물
관	款	借款	しゃっかん	차관
례	隷	奴隷	どれい	노예
각	覚	感覚	かんかく	감각
상	賞	大賞	たいしょう	대상
간	干	干拓	かんたく	간척
천	千	千円	せんえん	천 엔
간	墾	開墾	かいこん	개간
간	懇	懇談	こんだん	간담
갈	喝	恐喝	きょうかつ	공갈
갈	渇	渇望	かつぼう	갈망
감	減	減少	げんしょう	감소
멸	滅	絶滅	ぜつめつ	절멸, 멸종, 근절
감	勘	勘定	かんじょう	셈, 계산
감	堪	堪忍	かんにん	견딤, 인내
강/항	降	降雪	こうせつ	강설, 눈이 내림
융	隆	隆盛	りゅうせい	융성
강	康	健康	けんこう	건강
용	庸	凡庸	ぼんよう	범용, 평범함
개	開	開始	かいし	개시, 시작
관	関	関係	かんけい	관계
각	閣	内閣	ないかく	내각
문	聞	新聞	しんぶん	신문
열	閲	閲覧	えつらん	열람
개	慨	感慨	かんがい	감개
개	概	概念	がいねん	개념

한글	한자	단어	읽는 법	의미
갱	坑	坑夫	こうふ	갱부, 광부
항	抗	抵抗	ていこう	저항
거	巨	巨人	きょじん	거인
신	臣	大臣	だいじん	대신, 장관
거	据	据える	すえる	설치하다
거	裾	裾	すそ	옷자락
건	建	建築	けんちく	건축
건	健	健康	けんこう	건강
건	鍵	鍵盤	けんばん	건반
검	倹	倹約	けんやく	검약, 절약
험	険	保険	ほけん	보험
검	検	検査	けんさ	검사
검	剣	剣道	けんどう	검도
견	見	見学	けんがく	견학
패	貝	貝殻	かいがら	조가비, 패각
구	具	道具	どうぐ	도구
견	遣	派遣	はけん	파견
유	遺	遺跡	いせき	유적
결	決	解決	かいけつ	해결
쾌	快	快晴	かいせい	쾌청
겸	謙	謙遜	けんそん	겸손함
겸	鎌	鎌倉	かまくら	가마쿠라(지명)
경	径	半径	はんけい	반경, 반지름
경	経	経由	けいゆ	경유
경	軽	軽視	けいし	경시
경	耕	農耕	のうこう	농경
모	耗	消耗	しょうもう	소모
경	警	警察	けいさつ	경찰
경	驚	驚異	きょうい	경이
계	系	系統	けいとう	계통
계	係	係長	かかりちょう	계장

한글	한자	단어	읽는 법	의미
계	契	契約	けいやく	계약
흡	喫	喫煙	きつえん	흡연
결	潔	清潔	せいけつ	청결(함)
고	古	考古学	こうこがく	고고학
석	石	化石	かせき	화석
우	右	左右	さゆう	좌우
고	考	思考	しこう	사고
로/노	老	老人	ろうじん	노인
효	孝	親孝行	おやこうこう	효도
고	孤	孤独	こどく	고독
호	弧	括弧	かっこ	괄호
고	稿	原稿	げんこう	원고
교	橋	鉄橋	てっきょう	철교
공	功	成功	せいこう	성공
교	巧	技巧	ぎこう	기교
과	果	果物	くだもの	과일
소	巣	巣	す	새집, 둥지
과	菓	菓子	かし	과자
과	過	過去	かこ	과거
와	渦	渦	うず	소용돌이
화	禍	災禍	さいか	재화, 재난
관	缶	空き缶	あきかん	빈 깡통
악	岳	山岳	さんがく	산악
관	官	警察官	けいさつかん	경찰관
궁	宮	宮崎県	みやざきけん	미야자키현(지명)
괴	塊	団塊	だんかい	덩어리
혼	魂	霊魂	れいこん	영혼
추	醜	醜聞	しゅうぶん	추문
구	九	九月	くがつ	구월
환	丸	弾丸	だんがん	탄환
구	丘	丘	おか	언덕
병	兵	兵士	へいし	병사
구	句	文句	もんく	불만
순	旬	上旬	じょうじゅん	상순
구	欧	欧州	おうしゅう	구주, 유럽
구	殴	殴打	おうだ	구타

한글	한자	단어	읽는 법	의미
고	苦	苦労	くろう	고생, 수고
약	若	若者	わかもの	젊은이
구	構	構造	こうぞう	구조
강	講	講義	こうぎ	강의
구	購	購入	こうにゅう	구입
군	郡	日高郡	ひだかぐん	히다카군(지명)
군	群	大群	たいぐん	대군, 큰 무리
권	券	駐車券	ちゅうしゃけん	주차권
권	巻	竜巻	たつまき	회오리바람
권	拳	拳銃	けんじゅう	권총
권	勧	勧誘	かんゆう	권유
환	歓	歓迎	かんげい	환영
관	観	観察	かんさつ	관찰
귀	帰	帰国	きこく	귀국
소	掃	掃除	そうじ	청소
규	規	規則	きそく	규칙
현	現	現代	げんだい	현대
금	今	今日	きょう/こんにち	오늘
령	令	命令	めいれい	명령
기	伎	歌舞伎	かぶき	가부키
기	技	技術	ぎじゅつ	기술
기	岐	岐路	きろ	기로, 갈림길
지	枝	枝	えだ	가지
기	欺	詐欺	さぎ	사기
기	期	期待	きたい	기대
기	幾	幾何学	きかがく	기하학
기	畿	近畿	きんき	긴키(지명)
기	機	機械	きかい	기계
기	棋	将棋	しょうぎ	장기
기	旗	国旗	こっき	국기
기	碁	囲碁	いご	바둑
기	基	基地	きち	기지
기	棄	廃棄	はいき	폐기
엽	葉	言葉	ことば	말, 언어, 단어
근	斤	一斤	いっきん	한 근
척	斥	排斥	はいせき	배척

한글	한자	단어	읽는 법	의미
남	男	男性	だんせい	남성
용	勇	勇気	ゆうき	용기
내	内	室内	しつない	실내
육	肉	牛肉	ぎゅうにく	소고기
노	奴	奴隷	どれい	노예
여	如	如実	にょじつ	여실
호	好	良好	りょうこう	양호
농	農	農業	のうぎょう	농업
풍	豊	豊作	ほうさく	풍작
뇌	悩	苦悩	くのう	고뇌
뇌	脳	頭脳	ずのう	두뇌
흉	胸	度胸	どきょう	담력, 배짱
단	但	但し	ただし	단, 단지
백	伯	伯父	おじ/はくふ	큰아버지
당	党	政党	せいとう	정당
당	堂	講堂	こうどう	강당
대	大	大学	だいがく	대학
견	犬	犬	いぬ	개
태	太	太陽	たいよう	태양
대	代	代金	だいきん	대금, 요금
벌	伐	伐採	ばっさい	벌채
도	刀	刀	かたな	칼
력	力	重力	じゅうりょく	중력
인	刃	刃物	はもの	날붙이
도	逃	逃亡	とうぼう	도망
도	挑	挑戦	ちょうせん	도전
앵	桃	桜桃	おうとう	버찌, 앵두
도	度	今度	こんど	이번, 다음 번
석	席	座席	ざせき	좌석
도	途	途中	とちゅう	도중
서	徐	徐行	じょこう	서행
제	除	排除	はいじょ	배제
도	島	半島	はんとう	반도
조	鳥	鳥類	ちょうるい	조류
노	努	努力	どりょく	노력
노	怒	激怒	げきど	격노

한글	한자	단어	읽는 법	의미
동	凍	冷凍	れいとう	냉동
진	陳	陳列	ちんれつ	진열
동	棟	病棟	びょうとう	병동
동	動	自動車	じどうしゃ	자동차
동	働	労働	ろうどう	노동
등	謄	謄本	とうほん	등본
등	騰	急騰	きゅうとう	급등
락/악	楽	音楽	おんがく	음악
약	薬	頭痛薬	ずつうやく	두통약
랑/낭	郎	新郎	しんろう	신랑
랑/낭	朗	朗読	ろうどく	낭독
려/여	旅	旅行	りょこう	여행
족	族	家族	かぞく	가족
시	施	施行	しこう	시행
선	旋	旋回	せんかい	선회
력/역	歴	歴史	れきし	역사
력/역	暦	陽暦	ようれき	양력
련/연	練	練習	れんしゅう	연습
련/연	錬	鍛錬	たんれん	단련
례/예	礼	礼儀	れいぎ	예의
찰	札	千円札	せんえんさつ	천 엔권
란/난	乱	乱暴	らんぼう	난폭함
로/노	労	労働	ろうどう	노동
영	栄	栄養	えいよう	영양
형	蛍	蛍光灯	けいこうとう	형광등
록/녹	緑	緑茶	りょくちゃ	녹차
연	縁	因縁	いんねん	인연
록/녹	録	記録	きろく	기록
뢰	頼	依頼	いらい	의뢰
뢰	瀬	浅瀬	あさせ	얕은 곳
뢰	雷	雷	かみなり	천둥
전	電	電話	でんわ	전화
료	了	完了	かんりょう	완료
자	子	弟子	でし	제자
예	予	予備	よび	예비
모	矛	矛盾	むじゅん	모순

한글	한자	단어	읽는 법	의미
료/요	僚	同僚	どうりょう	동료
료/요	瞭	明瞭	めいりょう	명료함
료/요	寮	寮	りょう	기숙사
료/요	療	治療	ちりょう	치료
루/누	累	累積	るいせき	누적
루/누	塁	塁審	るいしん	(야구) 누심
륜/윤	輪	車輪	しゃりん	차륜, 수레바퀴
론/논	論	論文	ろんぶん	논문
유	諭	教諭	きょうゆ	교유, 교사
률/율	律	法律	ほうりつ	법률
진	津	津波	つなみ	쓰나미, 해일
모	募	募集	ぼしゅう	모집
묘	墓	墓地	ぼち	묘지
막	幕	開幕	かいまく	개막
모	暮	歳暮	せいぼ	세모, 연말
모	慕	思慕	しぼ	사모
막	膜	網膜	もうまく	망막
모	模	規模	きぼ	규모
만	万	万年筆	まんねんひつ	만년필
방	方	方法	ほうほう	방법
만	漫	漫画	まんが	만화
만	慢	自慢	じまん	자랑
말	末	週末	しゅうまつ	주말
미	未	未来	みらい	미래
매	埋	埋葬	まいそう	매장
리	理	物理	ぶつり	물리
맥	麦	麦芽	ばくが	맥아, 엿기름
소	素	素朴	そぼく	소박(함)
면	勉	勉強	べんきょう	공부
일	逸	逸話	いつわ	일화
면	眠	睡眠	すいみん	수면
안	眼	眼科	がんか	안과
명	皿	灰皿	はいざら	재떨이
혈	血	血液	けつえき	혈액
모	侮	侮辱	ぶじょく	모욕
매	梅	梅雨	つゆ/ばいう	장마

한글	한자	단어	읽는 법	의미
해	海	海水浴	かいすいよく	해수욕
회	悔	後悔	こうかい	후회
모	冒	冒険	ぼうけん	모험
위	胃	胃腸	いちょう	위장
목	木	木	き	나무
본	本	本	ほん	책
목	牧	牧場	ぼくじょう	목장
방	放	放送	ほうそう	방송
묘	苗	苗木	なえぎ	묘목
적	笛	口笛	くちぶえ	휘파람
묘	描	描写	びょうしゃ	묘사
묘	猫	猫	ねこ	고양이
무	無	無理	むり	무리
무	舞	舞台	ぶたい	무대
문	文	文章	ぶんしょう	문장
교	交	交通	こうつう	교통
문	問	問題	もんだい	문제
간	間	時間	じかん	시간
미	微	微妙	びみょう	미묘(함)
징	徴	特徴	とくちょう	특징
밀	密	秘密	ひみつ	비밀
밀	蜜	蜂蜜	はちみつ	벌꿀
박	泊	宿泊	しゅくはく	숙박
박	迫	脅迫	きょうはく	협박
추	追	追憶	ついおく	추억
반	反	反対	はんたい	반대
피	皮	皮膚	ひふ	피부
우	友	友人	ゆうじん	친구
반	班	取材班	しゅざいはん	취재반
반	斑	斑点	はんてん	반점
반	般	一般	いっぱん	일반
선	船	貨物船	かもつせん	화물선
항	航	航空	こうくう	항공
반	飯	夕飯	ゆうはん	저녁 밥
식	飾	装飾	そうしょく	장식
음	飲	飲料水	いんりょうすい	음료수

한글	한자	단어	읽는 법	의미
반	頒	頒布	はんぷ	반포, 배포
령/영	領	領土	りょうど	영토
방	防	予防	よぼう	예방
방	妨	妨害	ぼうがい	방해
배	俳	俳優	はいゆう	배우
배	排	排出	はいしゅつ	배출
배	倍	倍数	ばいすう	배수
배	陪	陪審	ばいしん	배심
배	培	栽培	さいばい	재배
부	剖	解剖	かいぼう	해부
부	部	部署	ぶしょ	부서
배	背	背信	はいしん	배신
척	脊	脊椎	せきつい	척추
백	白	白鳥	はくちょう	백조
자	自	自分	じぶん	자기
번	番	順番	じゅんばん	순서
심	審	審判	しんぱん	심판
변	変	変化	へんか	변화
련/연	恋	恋愛	れんあい	연애
만	蛮	蛮行	ばんこう	만행
복/부	復	往復	おうふく	왕복
복	腹	腹痛	ふくつう	복통
복	複	複数	ふくすう	복수
봉	俸	年俸	ねんぽう	연봉
봉	峰	最高峰	さいこうほう	최고봉
부	夫	夫婦	ふうふ	부부
천	天	天国	てんごく	천국
부	扶	扶養	ふよう	부양
말	抹	抹茶	まっちゃ	말차, 녹차
분	粉	粉末	ふんまつ	분말
분	紛	紛糾	ふんきゅう	분규
분	噴	噴水	ふんすい	분수
분	憤	憤激	ふんげき	격분함
분	墳	古墳	こふん	고분
불	仏	仏教	ぶっきょう	불교
불	払	支払い	しはらい	지불

한글	한자	단어	읽는 법	의미
비	比	比較	ひかく	비교
북	北	北極	ほっきょく	북극
사	士	士官	しかん	사관
토	土	土曜日	どようび	토요일
사	仕	仕事	しごと	일, 업무
임	任	赴任	ふにん	부임
사	史	歴史	れきし	역사
리	吏	官吏	かんり	관리
사	司	司会	しかい	사회
사	伺	伺候	しこう	웃어른에게 문안을 드림
하	何	幾何学	きかがく	기하학
사	私	私立	しりつ	사립
화	和	和解	わかい	화해
사	使	使用	しよう	사용
편	便	便利	べんり	편리
사	思	思想	しそう	사상
은	恩	恩恵	おんけい	은혜
사	卸	卸売り	おろしうり	도매
어	御	御用	ごよう	볼일, 용건
삼	杉	杉林	すぎばやし	삼나무 숲
형	形	形式	けいしき	형식
채	彩	色彩	しきさい	색채
상	象	象	ぞう	코끼리
상	像	石像	せきぞう	석상
색/삭	索	索引	さくいん	색인
소	素	素朴	そぼく	소박함
서	暑	避暑	ひしょ	피서
서	署	警察署	けいさつしょ	경찰서
석	昔	昔日	せきじつ	옛날
음	音	音楽	おんがく	음악
설/세	説	説明	せつめい	설명
세	税	税金	ぜいきん	세금
예	鋭	鋭利	えいり	예리함
성	成	成人	せいじん	성인
위	威	脅威	きょうい	협위, 위협
척	戚	親戚	しんせき	친척

한글	한자	단어	읽는 법	의미
성	性	性別	せいべつ	성별
성	姓	姓名	せいめい	성명
세	勢	勢力	せいりょく	세력
열	熱	微熱	びねつ	미열
숙	熟	成熟	せいじゅく	성숙
숙	塾	塾	じゅく	학원
소	小	小学生	しょうがくせい	초등학생
소	少	少数派	しょうすうは	소수파
소	笑	微笑	びしょう	미소
답	答	正答	せいとう	정답
소	焼	燃焼	ねんしょう	연소
효	暁	暁鐘	ぎょうしょう	새벽종
속	束	花束	はなたば	꽃다발
동	東	東京	とうきょう	도쿄
속	俗	習俗	しゅうぞく	습속, 풍습
유	裕	余裕	よゆう	여유
쇄	砕	粉砕	ふんさい	분쇄
수	粋	抜粋	ばっすい	발췌
취	酔	船酔い	ふなよい	뱃멀미
수	水	水泳	すいえい	수영
영	永	永遠	えいえん	영원
빙	氷	氷河	ひょうが	빙하
수	囚	囚人	しゅうじん	수인, 죄수
인	因	原因	げんいん	원인
곤	困	困惑	こんわく	곤혹
고	固	固体	こたい	고체
수	受	受信	じゅしん	수신
수	授	授業	じゅぎょう	수업
수	秀	優秀	ゆうしゅう	우수
계	季	季節	きせつ	계절
위	委	委員会	いいんかい	위원회
수	帥	総帥	そうすい	총수
사	師	恩師	おんし	은사
수	殊	特殊	とくしゅ	특수
주	珠	珠算	しゅざん	주산
주	株	株式	かぶしき	주식

한글	한자	단어	읽는 법	의미
수	随	随筆	ずいひつ	수필
수	髄	骨髄	こつずい	골수
수	数	数学	すうがく	수학
류	類	分類	ぶんるい	분류
순	盾	矛盾	むじゅん	모순
순	循	循環	じゅんかん	순환
순	純	純粋	じゅんすい	순수
둔	鈍	鈍感	どんかん	둔감
순	唇	口唇	こうしん	입술
욕	辱	屈辱	くつじょく	굴욕
술	述	記述	きじゅつ	기술
미	迷	迷路	めいろ	미로
시	矢	矢印	やじるし	화살표
실	失	失格	しっかく	실격
주	朱	朱肉	しゅにく	인주
시	侍	侍	さむらい	무사
대	待	待機	たいき	대기
식	植	植樹	しょくじゅ	식수, 식목
식	殖	殖産	しょくさん	식산
신	申	申請	しんせい	신청
갑	甲	甲羅	こうら	등딱지
신	神	神話	しんわ	신화
신	紳	紳士	しんし	신사
신	新	革新	かくしん	혁신
친	親	親戚	しんせき	친척
실	室	教室	きょうしつ	교실
질	窒	窒素	ちっそ	질소
심	心	感心	かんしん	감탄
필	必	必要	ひつよう	필요
심	深	深海	しんかい	심해
탐	探	探索	たんさく	탐색
씨	氏	氏名	しめい	성함
민	民	国民	こくみん	국민
저	底	底	そこ	바닥
앙	仰	信仰	しんこう	신앙
억	抑	抑制	よくせい	억제

한글	한자	단어	읽는 법	의미
애	哀	哀愁	あいしゅう	애수
충	衷	衷心	ちゅうしん	충심
쇠	衰	衰弱	すいじゃく	쇠약
야	冶	冶金	やきん	야금(공업용어)
치	治	治療	ちりょう	치료
역	役	役割	やくわり	역할
투	投	投票	とうひょう	투표
양	羊	羊毛	ようもう	양모, 양털
신	辛	香辛料	こうしんりょう	향신료
행	幸	幸福	こうふく	행복
양	陽	太陽	たいよう	태양
양	揚	掲揚	けいよう	게양
장	場	工場	こうじょう	공장
탕	湯	銭湯	せんとう	대중목욕탕
장	腸	大腸	だいちょう	대장, 큰 창자
양	壌	土壌	どじょう	토양
애	嬢	令嬢	れいじょう	영애, 따님
양	譲	譲渡	じょうと	양도
억	億	一億	いちおく	일억
억	憶	記憶	きおく	기억
억	臆	臆病	おくびょう	겁이 많음
연	然	自然	しぜん	자연
연	燃	燃料	ねんりょう	연료
염	炎	炎症	えんしょう	염증
담	淡	淡水	たんすい	담수
오	午	午後	ごご	오후
우	牛	牛乳	ぎゅうにゅう	우유
오	娯	娯楽	ごらく	오락
오	誤	誤解	ごかい	오해
왕	王	王子	おうじ	왕자
옥	玉	玉石	ぎょくせき	옥석
우	宇	宇宙	うちゅう	우주
자	字	名字	みょうじ	성씨
우	偶	偶然	ぐうぜん	우연
우	遇	優遇	ゆうぐう	우대
우	隅	一隅	いちぐう	한구석

한글	한자	단어	읽는 법	의미
우	虞	虞	おそれ	염려, 우려
려/여	慮	考慮	こうりょ	고려
로/노	虜	捕虜	ほりょ	포로
우	憂	憂鬱	ゆううつ	우울
우	優	優勝	ゆうしょう	우승
원	垣	垣根	かきね	울타리
항	恒	恒常	こうじょう	항상
원	原	原油	げんゆ	원유
원	源	起源	きげん	기원
원	援	援助	えんじょ	원조
난	暖	暖房	だんぼう	난방
원	媛	才媛	さいえん	재원
완	緩	緩和	かんわ	완화
원	遠	遠足	えんそく	소풍
원	猿	類人猿	るいじんえん	유인원
월	越	越冬	えっとう	월동
초	超	超過	ちょうか	초과
위	偉	偉大	いだい	위대
위	違	違反	いはん	위반
유	由	自由	じゆう	자유
전	田	塩田	えんでん	염전
유	悠	悠然	ゆうぜん	유연
수	愁	郷愁	きょうしゅう	향수
유	唯	唯一	ゆいいつ	유일
준	准	批准	ひじゅん	비준
추	推	推測	すいそく	추측
추	椎	脊椎	せきつい	척추
수	誰	誰	だれ	누구
의	衣	衣類	いるい	의류
의	依	依頼	いらい	의뢰
의	宜	適宜	てきぎ	적당함
선	宣	宣告	せんこく	선고
의	義	正義	せいぎ	정의
의	儀	儀式	ぎしき	의식
희	犠	犠牲	ぎせい	희생
의	議	会議	かいぎ	회의

한글	한자	단어	읽는 법	의미
의	疑	疑問	ぎもん	의문
응	凝	凝固	ぎょうこ	응고
의	擬	擬態語	ぎたいご	의태어
이	以	以上	いじょう	이상
사	似	類似	るいじ	유사
익	翌	翌日	よくじつ	익일
습	習	学習	がくしゅう	학습
인	人	人間	にんげん	인간
입	入	入学	にゅうがく	입학
팔	八	八月	はちがつ	8월
일	日	休日	きゅうじつ	휴일
단	旦	元旦	がんたん	설날
목	目	注目	ちゅうもく	주목
자	者	患者	かんじゃ	환자
저	著	著者	ちょしゃ	저자
저	箸	割り箸	わりばし	나무젓가락
자	煮	煮る	にる	삶다
자	資	資源	しげん	자원
임	賃	運賃	うんちん	운임
대	貸	貸与	たいよ	대여
작	作	作品	さくひん	작품
작	昨	昨年	さくねん	작년
장	帳	手帳	てちょう	수첩
장	張	拡張	かくちょう	확장
장	章	文章	ぶんしょう	문장
장	障	故障	こしょう	고장
재	材	材料	ざいりょう	재료
촌	村	村長	そんちょう	촌장
림/임	林	林野	りんや	임야
재	栽	盆栽	ぼんさい	분재
재	裁	裁判	さいばん	재판
재	載	掲載	けいさい	게재
저	低	最低	さいてい	최저
저	底	徹底	てってい	철저
저	抵	大抵	たいてい	대개, 대강
저	邸	邸宅	ていたく	저택

한글	한자	단어	읽는 법	의미
적	賊	海賊	かいぞく	해적
부	賦	割賦	かっぷ	할부
전	全	全部	ぜんぶ	전부
금	金	預金	よきん	예금
절	折	骨折	こっせつ	골절
기	祈	祈願	きがん	기원
석	析	分析	ぶんせき	분석
정	廷	法廷	ほうてい	법정
연	延	延期	えんき	연기
정	亭	亭主	ていしゅ	집주인, 남편
정	停	バス停	バスてい	버스 정류장
정	情	感情	かんじょう	감정
청	清	清酒	せいしゅ	청주
청	晴	晴天	せいてん	맑은 하늘
정	精	精神	せいしん	정신
청	請	請求	せいきゅう	청구
제	弟	兄弟	きょうだい	형제
제	第	次第	しだい	순서
제	斉	一斉	いっせい	일제
재	斎	書斎	しょさい	서재
제	済	救済	きゅうさい	구제
제	剤	解熱剤	げねつざい	해열제
제	祭	祝祭	しゅくさい	축제
제	際	国際	こくさい	국제
제	提	提言	ていげん	제언
제	堤	堤防	ていぼう	제방, 둑
조	祖	先祖	せんぞ	선조, 조상
조	租	租税	そぜい	조세
조	組	組織	そしき	조직
조	粗	粗悪	そあく	조악함, 조잡함
조	操	体操	たいそう	체조
조	燥	乾燥	かんそう	건조
조	繰	繰り返す	くりかえす	반복하다
조	朝	朝刊	ちょうかん	조간
조	潮	潮流	ちょうりゅう	조류
조	嘲	嘲笑	ちょうしょう	조소

한글	한자	단어	읽는 법	의미
좌	左	左遷	させん	좌천
재	在	在任	ざいにん	재임
주	住	住宅	じゅうたく	주택
가	佳	佳作	かさく	가작
왕	往	往復	おうふく	왕복
주	走	競走	きょうそう	경주
도	徒	生徒	せいと	(초·중·고등)학생
주	奏	演奏	えんそう	연주
태	泰	安泰	あんたい	편안함
준	俊	俊敏	しゅんびん	준민함
사	唆	示唆	しさ	시사
중	仲	仲人	なこうど	중매인
신	伸	伸縮	しんしゅく	신축
지	持	持参	じさん	지참
특	特	特徴	とくちょう	특징
직	直	正直	しょうじき	정직함
치	値	価値	かち	가치
직	職	職業	しょくぎょう	직업
식	識	認識	にんしき	인식
직	織	組織	そしき	조직
섬	繊	繊維	せんい	섬유
진	鎮	鎮圧	ちんあつ	진압
쇄	鎖	封鎖	ふうさ	봉쇄
질	迭	更迭	こうてつ	경질
송	送	運送	うんそう	운송
집	執	執筆	しっぴつ	집필
보	報	報告	ほうこく	보고
차	差	差異	さい	차이
착	着	到着	とうちゃく	도착
차	借	借金	しゃっきん	빚
석	惜	惜敗	せきはい	석패
조	措	措置	そち	조치
찰	察	検察	けんさつ	검찰
찰	擦	摩擦	まさつ	마찰
채	菜	野菜	やさい	채소
채	採	採取	さいしゅ	채취

한글	한자	단어	읽는 법	의미
책	責	責任	せきにん	책임
채	債	債務	さいむ	채무
지	漬	漬物	つけもの	절임
적	積	積雪	せきせつ	적설
적	績	成績	せいせき	성적
척	捗	進捗	しんちょく	진척
섭	渉	交渉	こうしょう	교섭
천	千	千円	せんえん	천 엔
간	干	干拓	かんたく	간척
천	浅	浅薄	せんぱく	천박함
잔	残	残業	ざんぎょう	잔업
잔	桟	桟橋	さんばし	잔교, 판자다리
천	践	実践	じっせん	실천
전	銭	金銭	きんせん	금전
철	徹	徹夜	てつや	철야
철	撤	撤去	てっきょ	철거
체	替	交替	こうたい	교체
찬	賛	賛成	さんせい	찬성
체	逓	逓信	ていしん	체신
지	遅	遅刻	ちこく	지각
초	抄	抄録	しょうろく	발췌함
초	秒	秒針	びょうしん	초침
축	逐	駆逐	くちく	몰아냄, 쫓아냄
수	遂	完遂	かんすい	완수
대	隊	軍隊	ぐんたい	군대
충	忠	忠実	ちゅうじつ	충실
환	患	患者	かんじゃ	환자
충	衝	衝撃	しょうげき	충격
형	衡	均衡	きんこう	균형
위	衛	衛生	えいせい	위생
칙	則	反則	はんそく	반칙
측	側	側面	そくめん	측면
측	測	測量	そくりょう	측량
침	侵	侵略	しんりゃく	침략
침	浸	浸水	しんすい	침수

한글	한자	단어	읽는 법	의미
탁	卓	卓球	たっきゅう	탁구
도	悼	哀悼	あいとう	애도
탁	濯	洗濯	せんたく	세탁
요	曜	曜日	ようび	요일
탑	塔	電波塔	でんぱとう	전파탑
탑	搭	搭乗	とうじょう	탑승
통	統	統一	とういつ	통일
총	総	総合	そうごう	종합
투	透	透明	とうめい	투명
유	誘	勧誘	かんゆう	권유
파	派	派閥	はばつ	파벌
맥	脈	山脈	さんみゃく	산맥
판	坂	上り坂	のぼりざか	오르막길, 상승 기세
판	阪	大阪	おおさか	오사카(지명)
판	板	黒板	こくばん	칠판
판	版	版画	はんが	판화
판	販	販売	はんばい	판매
패	敗	敗北	はいぼく	패배
폐	陛	陛下	へいか	폐하
계	階	階段	かいだん	계단
해	楷	楷書	かいしょ	해서
폐	閉	閉幕	へいまく	폐막
한	閑	閑静	かんせい	한적하고 고요함
폐	幣	貨幣	かへい	화폐
폐	弊	弊社	へいしゃ	자기 회사의 겸사말
포	抱	介抱	かいほう	병구완, 간호
포	泡	水泡	すいほう	수포, 물거품
포	胞	細胞	さいぼう	세포
포	砲	大砲	たいほう	대포
포	飽	飽和	ほうわ	포화
포	捕	逮捕	たいほ	체포
포	浦	浦	うら	해안, 해변
포	哺	哺乳類	ほにゅうるい	포유류
보	補	補足	ほそく	보충

한글	한자	단어	읽는 법	의미
표	票	投票	とうひょう	투표
표	漂	漂流	ひょうりゅう	표류
표	標	標識	ひょうしき	표지
학	虐	虐待	ぎゃくたい	학대
허	虚	謙虚	けんきょ	겸허
한	限	限界	げんかい	한계
한	恨	怨恨	えんこん	원한
협	峡	峡谷	きょうこく	협곡
협	挟	挟撃	きょうげき	협격, 협공
협	狭	狭義	きょうぎ	협의, 좁은 뜻
협	協	協力	きょうりょく	협력
협	脇	脇見	わきみ	한눈팔기, 곁눈질
형	刑	死刑	しけい	사형
형	形	三角形	さんかくけい	삼각형
화	話	会話	かいわ	회화
어	語	言語	げんご	언어
환	幻	幻想	げんそう	환상
유	幼	幼稚園	ようちえん	유치원
환	喚	喚起	かんき	환기
환	換	交換	こうかん	교환
황	黄	卵黄	らんおう	노란자위
횡	横	横断	おうだん	횡단
효	効	効果	こうか	효과
교	郊	郊外	こうがい	교외
후	侯	諸侯	しょこう	제후
후	候	気候	きこう	기후
후	喉	咽喉	いんこう	인후
휴	休	連休	れんきゅう	연휴
체	体	身体	しんたい	신체
흑	黒	黒人	こくじん	흑인
묵	墨	墨汁	ぼくじゅう	먹물
묵	黙	黙認	もくにん	묵인
휘	揮	指揮	しき	지휘
휘	輝	光輝	こうき	광휘, 빛

색인

– 총획수로 정리되었고, 숫자는 **「일련번호-페이지」**를 나타냄

牛	소 우	1288-358
友	벗 우	1289-358
円	둥글 원/화폐단위 엔	1308-363
元	처음/근원 원	1309-363
月	달 월	1322-367
六	여섯 육	1359-376
引	끌/물러날 인	1399-387
仁	어질 인	1402-388
日	날 일	1409-390
切	끊을 절/모두 체	1514-417
井	우물/마을 정	1532-423
爪	손톱 조	1579-435
弔	조문할 조	1580-435
中	가운데 중	1641-452
止	그칠 지	1654-455
支	지탱할 지	1661-457
尺	자 척	1738-478
天	하늘 천	1747-480
太	클 태	1875-513
片	조각/한 쪽 편	1919-524
匹	맞설/마리 필	1964-537
乏	모자랄 핍	1965-537
戸	집 호	2044-558
互	서로 호	2050-559
火	불 화	2062-562
化	될/요술 화	2066-563
幻	헛보일 환	2076-566
凶	흉할 흉	2122-578

〈총 5획〉

加	더할 가	0003-10
可	허락할 가	0006-11
刊	새길 간	0023-16
甘	달 감	0037-20
甲	갑옷/첫째 천간 갑	0045-23
去	갈 거	0067-29
巨	클 거	0070-30
古	옛 고	0143-50
尻	꽁무니 고	0151-52
功	공 공	0170-57
広	넓을 광	0202-66
巧	공교할 교	0215-70
句	글귀 구	0228-74
旧	예 구	0229-74
丘	언덕 구	0233-75
奴	종 노	0349-106
尼	여승 니	0357-108
旦	아침 단	0367-111
台	대 대/태풍 태	0386-116
代	대신할 대	0387-116
冬	겨울 동	0426-126
令	명령할/아름다울 령	0499-145
礼	예도 례	0505-147
立	설 립	0566-163
末	끝 말	0583-168
皿	그릇 명	0618-177
母	어머니 모	0623-178
矛	창 모	0626-179
目	눈 목	0637-182
未	아닐 미	0667-190
民	백성 민	0674-191
半	반 반	0688-195
白	흰 백	0729-206
犯	범할 범	0740-209
氾	넘칠 범	0742-210
辺	가 변	0750-212
弁	말씀 변	0752-212
丙	셋째 천간 병	0757-214
本	근본/책 본	0778-219
付	줄/붙을 부	0790-222
北	북녘 북/패할 배	0810-227
払	떨칠/지불할 불	0823-231
氷	얼음 빙	0846-237
四	넉 사	0847-238
写	베낄 사	0852-239
仕	섬길/일할 사	0853-239
司	맡을 사	0857-241
史	사기 사	0860-242
生	날 생	0920-259
石	돌 석	0935-263
仙	신선 선	0948-266
世	세상/대 세	0976-274
召	부를 소	0990-277
囚	가둘 수	1028-288
市	저자 시	1080-301
矢	화살 시	1081-302
示	보일 시	1086-303
申	알릴/말할 신	1101-307
失	잃을 실	1116-311
圧	누를 압	1147-319
央	가운데 앙	1149-320
永	길 영	1224-340
玉	구슬 옥	1246-346
瓦	기와 와	1254-348
外	바깥 외	1265-351
凹	오목할 요	1269-352
用	쓸 용	1278-355
右	오른쪽 우	1286-358
由	말미암을 유	1339-371
幼	어릴 유	1343-372
以	써 이	1389-384
田	밭/논 전	1497-413
占	점령할/점칠 점	1521-419
正	바를 정	1525-420
丼	우물 정	1539-425
左	왼 좌	1610-444
主	주인 주	1618-446
汁	즙 즙	1646-453
叱	꾸짖을 질	1689-465
且	또 차	1706-469
札	편지/뽑을 찰	1713-471

冊	책 책	1732-476
処	처리할 처	1736-477
斥	물리칠 척	1739-478
凸	볼록할 철	1754-482
庁	관청 청	1764-485
出	날 출	1814-498
打	칠 타	1853-508
他	다를/다른 사람 타	1854-508
平	평평할/평안할/보통 평	1922-525
包	쌀 포	1932-528
布	베/펼/돈 포	1933-528
皮	가죽 피	1956-534
必	반드시 필	1963-536
玄	검을/깊을/통달할 현	2020-552
穴	구멍 혈	2027-553
兄	형 형	2036-556
号	부호 호	2045-558
込	(일본 한자) 담다	2133-581

〈총 6획〉

仮	거짓 가	0007-12
各	각각 각	0015-14
江	강 강	0053-25
件	물건 건	0078-32
考	생각할 고	0144-50
曲	굽을 곡	0162-55
共	함께 할 공	0171-58
缶	두레박 관	0195-64
光	빛 광	0203-66
交	사귈/섞일 교	0212-69
臼	절구 구	0234-75
机	책상 궤	0263-83
叫	부르짖을 규	0271-85
扱	다룰 급	0296-92
気	기운 기	0298-92
企	꾀할 기	0314-97
肌	살 기	0315-97

伎	재간 기	0316-98
吉	길할 길	0330-101
年	해 년	0345-105
多	많을 다	0360-109
団	둥글/모임 단	0363-110
当	마땅할/맡을/그 당	0380-114
同	한가지 동	0427-127
灯	등불 등	0448-132
両	두 량	0474-139
列	늘어설 렬	0493-143
劣	못할 렬	0494-144
老	늙을 로	0509-148
吏	관리 리	0557-161
忙	바쁠 망	0588-169
妄	망령될 망	0589-169
毎	매양 매	0591-170
名	이름 명	0615-176
米	쌀 미	0664-189
朴	소박할/순박할 박	0679-193
百	일백 백	0730-207
伐	칠 벌	0737-209
汎	넓을 범	0743-210
帆	돛 범	0744-210
伏	엎드릴/굴복할 복	0775-218
妃	왕비 비	0836-235
糸	실 사	0848-238
寺	절 사	0849-238
死	죽을 사	0854-240
色	빛 색	0917-258
西	서녘 서	0922-259
先	먼저 선	0942-265
舌	혀 설	0960-269
成	이룰 성	0966-271
守	지킬 수	1020-285
旬	열흘 순	1058-295
巡	돌/순행할 순	1059-296
式	의식/방식 식	1093-305
迅	빠를 신	1106-309
安	편안 안	1138-317
仰	우러를 앙	1150-320
羊	양 양	1169-325
如	같을 여	1193-331
汚	더러울 오	1240-344
羽	깃/날개 우	1290-359
宇	하늘 우	1291-359
芋	토란 우	1295-360
危	위태할 위	1328-368
有	있을 유	1340-371
肉	고기 육	1360-377
衣	옷 의	1378-381
耳	귀 이	1388-384
弐	두 이	1392-385
印	도장/인상 인	1400-387
因	인할 인	1401-388
任	맡길 임	1412-390
字	글자 자	1418-392
自	스스로 자	1419-392
匠	장인 장	1456-402
壮	장할 장	1457-402
再	두 재	1465-404
在	있을 재	1466-404
争	다툴 쟁	1474-406
全	온전할/모두 전	1500-413
伝	전할 전	1502-414
早	이를 조	1566-432
兆	조/조짐 조	1572-433
存	있을/생각할 존	1598-440
州	고을/모래톱 주	1619-446
朱	붉을 주	1628-448
舟	배 주	1629-449
竹	대 죽	1636-450
仲	중간 중	1643-453
地	땅 지	1655-456
池	못 지	1656-456

至	이를 지	1664-458
旨	뜻/맛있을 지	1666-459
芝	지초 지	1667-459
尽	다할 진	1679-462
次	버금 차	1703-469
虫	벌레 충	1815-498
充	채울 충	1818-499
宅	집 택/댁 댁	1882-515
吐	토할 토	1887-516
汗	땀 한	1978-540
合	합할/맞을 합	1987-543
行	다닐/행할 행	2002-547
向	향할 향	2004-547
血	피 혈	2026-553
刑	형벌 형	2039-556
好	좋을 호	2047-558
会	모일/만날 회	2090-570
回	돌아올/돌이킬 회	2091-570
灰	재 회	2094-571
后	임금/왕후 후	2107-575
朽	썩을 후	2108-575
休	쉴 휴	2119-578
吸	마실 흡	2125-579

〈총 7획〉		
角	뿔/모퉁이 각	0014-14
却	물리칠 각	0019-15
肝	간/요긴할 간	0028-18
改	고칠 개	0057-26
坑	구덩이 갱	0066-29
見	볼 견	0094-37
決	결단할 결	0100-39
更	고칠 경/다시 갱	0119-44
系	이을 계	0134-48
戒	경계할/타이를 계	0136-48
告	고할 고	0149-52
谷	골짜기 곡	0161-55

困	난처할/가난할 곤	0164-56
攻	칠 공	0174-59
串	꿸 관	0194-64
狂	미칠 광	0205-67
究	연구할 구	0223-72
求	구할 구	0226-73
局	관청 국	0244-78
君	임금 군	0246-79
均	고를 균	0273-86
克	이길 극	0277-87
近	가까울 근	0279-87
汽	물 끓는 김 기	0299-93
岐	갈림길 기	0303-94
技	재주 기	0309-96
忌	꺼릴/기일 기	0317-98
那	어찌 나	0333-102
男	사내 남	0337-103
努	힘쓸 노	0348-106
尿	오줌 뇨	0355-108
但	다만 단	0368-111
対	대할 대	0388-117
図	그림 도	0397-119
豆	콩 두	0440-130
卵	알 란	0458-134
乱	어지러울 란	0459-135
来	올 래	0471-138
冷	찰 랭	0472-138
良	어질/좋을 량	0475-139
戻	돌려줄 려	0480-140
呂	음률 려	0481-140
励	힘쓸 려	0482-141
労	일할 로	0510-148
弄	희롱할 롱	0519-150
里	마을 리	0553-160
利	이로울/통할 리	0554-160
忘	잊을 망	0587-169
売	팔 매	0592-170

麦	보리 맥	0602-172
没	빠질 몰	0640-182
妙	묘할 묘	0643-183
尾	꼬리 미	0669-190
返	돌이킬 반	0690-196
伴	짝 반	0693-196
抜	뽑을 발	0701-199
防	막을 방	0707-200
妨	방해할 방	0709-201
邦	나라 방	0710-201
芳	꽃다울/향기 날 방	0711-202
坊	동네/절 방	0712-202
伯	백작/큰아버지 백	0731-207
別	나눌/다를/헤어질 별	0753-213
兵	병사 병	0755-213
否	아닐 부	0796-224
扶	도울 부	0797-224
批	비평할 비	0834-234
社	모일/토지신 사	0850-238
似	닮을 사	0861-242
私	사사 사	0867-244
沙	모래 사	0872-245
伺	문안할 사	0873-245
杉	삼나무 삼	0893-251
状	형상 상	0901-254
床	평상/마루 상	0907-255
序	차례/머리말 서	0925-260
声	소리 성	0965-271
束	묶을 속	1002-281
秀	빼어날 수	1029-288
寿	목숨 수	1030-288
身	몸 신	1102-307
臣	신하 신	1104-308
伸	펼/늘일 신	1107-309
辛	매울/괴로울 신	1108-309
芯	등심초 심	1119-312
児	아이 아	1126-314

我	나 아	1128-314
亜	버금 아	1130-315
冶	불릴 야	1163-323
抑	누를 억	1185-329
言	말씀 언	1188-330
余	남을 여	1191-331
役	직무 역	1194-331
迎	맞을 영	1227-341
芸	재주 예	1231-342
呉	성씨 오	1241-345
沃	기름질 옥	1248-346
完	완전할 완	1256-348
妖	요염할/괴이할 요	1270-353
位	자리 위	1325-368
囲	에워쌀 위	1326-368
吟	읊을 음	1370-379
応	응할 응	1374-380
医	의원 의	1376-381
忍	참을/잔인할 인	1405-389
壱	한 일	1410-390
妊	아이밸 임	1414-391
作	지을 작	1434-396
材	재목 재	1464-404
災	재앙 재	1467-405
低	낮을 저	1475-407
赤	붉을 적	1483-409
折	꺾을 절	1515-418
町	밭두둑 정	1526-421
呈	드릴/나타날 정	1540-425
廷	조정 정	1541-425
弟	아우 제	1551-428
助	도울 조	1570-433
条	조목 조	1574-434
足	발/채울 족	1596-440
佐	보좌할 좌	1611-444
走	달릴 주	1615-445
住	살 주	1620-446

肘	팔꿈치 주	1630-449
即	곧 즉	1645-453
志	뜻 지	1662-458
車	수레 차/수레 거	1701-468
体	몸 체	1767-485
初	처음 초	1776-488
抄	뽑을 초	1778-488
肖	닮을/같을 초	1779-489
村	마을 촌	1789-491
沖	화할 충	1816-498
吹	불 취	1823-500
沈	잠길 침	1846-506
快	쾌할 쾌	1852-507
妥	온당할 타	1855-508
汰	도태시킬 태	1877-514
択	가릴 택	1883-515
沢	못/윤택 택	1884-515
投	던질 투	1894-518
把	잡을 파	1902-520
坂	언덕 판	1905-521
阪	언덕 판	1907-521
判	판단할 판	1908-521
貝	조개 패	1912-522
何	무엇 하	1967-538
含	머금을 함	1984-542
抗	겨룰 항	1990-544
形	모양 형	2037-556
花	꽃 화	2063-563
孝	효도 효	2101-573
希	바랄/드물 희	2127-580

〈총 8획〉

価	값 가	0005-11
佳	아름다울 가	0008-12
苛	가혹할 가	0009-12
刻	새길 각	0017-15
岬	곶 갑	0046-23
岡	언덕 강	0048-24
居	살 거	0069-30
拒	막을 거	0071-30
拠	근거/웅거할 거	0072-30
肩	어깨 견	0096-37
京	서울 경	0107-41
径	길/지름 경	0109-41
茎	줄기 경	0118-43
季	계절 계	0132-47
届	이를 계	0135-48
苦	쓸 고	0146-51
固	굳을 고	0148-52
股	넓적다리 고	0152-53
昆	벌레 곤	0165-56
空	빌 공	0167-57
供	이바지할 공	0172-58
果	실과 과	0180-60
官	벼슬 관	0189-63
怪	괴이할 괴	0207-67
拐	후릴 괴	0208-68
具	갖출 구	0224-73
殴	때릴 구	0235-76
欧	구라파 구	0236-76
拘	잡을 구	0237-76
国	나라 국	0243-78
屈	굽힐 굴	0250-80
券	문서 권	0257-81
金	쇠 금	0286-89
肯	수긍할 긍	0297-92
奇	기이할 기	0318-98
祈	빌 기	0319-98
奈	나락 나	0332-102
念	생각 념	0346-106
泥	진흙 니	0358-109
担	멜/맡을 담	0374-113
到	이를 도	0404-121
毒	독 독	0419-125

突	갑자기/부딪칠 돌	0425-126
東	동녘 동	0428-127
拉	끌고 갈 랍	0466-136
例	법식 례	0506-147
炉	화로 로	0511-148
林	수풀 림	0564-163
抹	지울/가루/칠할 말	0584-168
妹	누이 매	0593-170
枚	낱 매	0596-171
盲	소경/눈 멀 맹	0605-173
免	면할 면	0610-174
明	밝을 명	0616-176
命	목숨 명	0619-177
侮	업신여길 모	0627-179
牧	칠 목	0638-182
苗	모 묘	0644-183
武	무예/무사 무	0649-185
茂	무성할 무	0652-185
門	문 문	0658-187
物	물건 물	0663-189
味	맛 미	0666-189
弥	미륵 미	0670-190
泊	머무를/배 댈 박	0680-193
拍	칠 박	0681-193
迫	핍박할/다가올 박	0682-193
放	놓을 방	0706-200
房	방/꽃송이 방	0713-202
肪	살찔 방	0714-202
拝	절 배	0720-204
杯	잔 배	0723-205
法	법 법	0746-211
並	나란히 병	0756-214
併	아우를 병	0758-214
歩	걸음 보	0763-215
宝	보배 보	0766-216
服	옷/약 먹을 복	0770-217
奉	받들/바칠 봉	0780-220

府	마을/관청 부	0791-223
阜	언덕 부	0792-223
附	붙을 부	0798-224
奔	달릴/빠를 분	0814-229
非	아닐 비	0830-233
肥	살찔 비	0831-234
沸	끓을 비	0837-235
泌	분비할 비	0838-235
事	일 사	0855-240
使	쓸/사신 사	0856-240
舎	집 사	0862-242
邪	간사할 사	0874-245
尚	오히려/아직/높을 상	0908-256
昔	예 석	0936-263
析	쪼갤 석	0939-264
性	성품 성	0969-272
姓	성씨 성	0973-273
所	곳/관청 소	0983-276
沼	못/늪 소	0991-278
松	소나무 송	1010-283
刷	인쇄할 쇄	1012-283
受	받을 수	1021-286
垂	드리울 수	1026-287
叔	아저씨 숙	1052-294
述	서술할 술	1065-297
承	받을 승	1076-300
昇	오를 승	1078-301
始	시작할 시	1083-302
侍	모실 시	1088-304
実	열매/실제로 행할 실	1115-311
芽	싹 아	1127-314
岳	큰 산 악	1134-316
岸	낭떠러지 안	1139-317
岩	바위 암	1143-318
押	누를 압	1148-320
夜	밤 야	1161-323
若	어릴 약	1167-324

易	바꿀 역/쉬울 이	1196-332
延	늘일 연	1205-334
沿	물 따라갈 연	1206-334
炎	불꽃 염	1217-338
泳	헤엄칠 영	1221-339
英	영국/뛰어날 영	1222-339
宛	완연할 완	1257-349
玩	놀이할 완	1258-349
往	갈 왕	1263-350
旺	왕성할 왕	1264-351
雨	비 우	1287-358
委	맡길 위	1324-367
油	기름 유	1341-372
乳	젖 유	1344-373
育	기를 육	1361-377
泣	울 읍	1373-380
依	의지할 의	1382-382
宜	알맞을 의	1383-383
姉	손윗누이 자	1420-393
者	사람 자	1421-393
刺	찌를 자	1427-394
長	길 장	1444-399
底	밑 저	1476-407
狙	노릴 저	1479-408
抵	막을/저촉될 저	1480-408
邸	집 저	1481-408
的	과녁 적	1485-409
典	책 전	1503-414
店	가게 점	1519-419
定	정할 정	1528-421
征	칠 정	1542-426
制	절제할 제	1555-429
斉	가지런할 제	1562-431
阻	막힐 조	1581-436
卒	마칠 졸	1600-441
拙	옹졸할 졸	1601-441
宗	으뜸 종	1604-442

注	부을/주를 달 주	1621-447
周	둘레/돌 주	1624-447
宙	하늘 주	1625-448
呪	주술/저주할 주	1631-449
知	알 지	1657-456
枝	가지 지	1663-458
肢	팔다리 지	1668-459
祉	복 지	1669-459
直	곧을/고칠/곧 직	1674-461
迭	번갈아들 질	1690-465
刹	절 찰	1715-472
参	참여할 참	1718-473
采	풍채/주사위 채	1728-475
妻	아내 처	1735-477
拓	넓힐 척/박을 탁	1740-478
青	푸를 청	1761-484
招	부를 초	1777-488
抽	뽑을 추	1800-494
枢	중요 부분 추	1801-494
忠	충성 충	1817-498
取	가질 취	1821-499
炊	불 땔 취	1824-500
治	다스릴/병 고칠 치	1832-502
枕	베개 침	1847-506
卓	탁자 탁	1859-509
妬	샘낼 투	1895-518
波	물결/진동할 파	1899-519
板	널빤지 판	1906-521
版	판목 판	1909-522
坪	들/평 평	1924-526
怖	두려워할 포	1934-528
抱	안을 포	1935-528
泡	거품 포	1936-529
表	겉/나타낼 표	1948-532
彼	저 피	1957--535
披	펼 피	1958-535
河	강 하	1971-539
学	배울 학	1972-539
劾	꾸짖을 핵	2000-546
幸	다행 행	2003-547
享	누릴 향	2007-548
弦	시위/악기줄 현	2021-552
協	화합할 협	2029-554
呼	부를 호	2049-559
虎	범 호	2051-559
画	그림 화/ 계획할/그을 획	2064-563
和	화할/온화할 화	2067-564
拡	넓힐 확	2073-565
況	상황 황	2087-569
効	나타낼/보람 효	2100-573
枠	(일본 한자) 테, 테두리	2135-582

〈총 9획〉

架	시렁/가설할 가	0010-13
看	볼 간	0026-17
皆	다 개	0060-27
客	손 객	0065-28
建	세울 건	0076-31
計	셀 계	0128-46
係	맬/이을 계	0129-47
界	지경 계	0130-47
契	맺을 계	0137-49
故	연고 고	0150-52
孤	외로울 고	0153-53
拷	칠 고	0154-53
枯	마를 고	0155-53
科	과목 과	0179-60
冠	갓 관	0196-64
括	묶을 괄	0201-66
郊	들 교	0216-70
軍	군사 군	0247-79
巻	책/말을 권	0258-82
軌	바퀴자국 궤	0264-83
糾	얽힐 규	0272-86
急	급할 급	0292-91
級	등급 급	0293-91
紀	적을/해/규율 기	0310-96
南	남녘 남	0338-103
耐	견딜 내	0343-105
怒	성낼 노	0350-107
単	홑 단	0362-110
段	층계 단	0365-111
胆	쓸개 담	0375-113
待	기다릴 대	0389-117
度	법도/정도/때 도	0399-120
挑	돋울 도	0405-121
逃	도망할 도	0406-121
独	홀로 독	0420-125
洞	굴 동/밝을 통	0433-128
郎	사내 랑	0468-137
侶	짝 려	0483-141
柳	버들 류	0541-156
律	법칙/음률 률	0548-158
厘	이 리	0558-161
昧	어두울 매	0597-171
面	낯 면	0607-174
冒	무릅쓸 모	0628-179
某	아무 모	0629-180
美	아름다울 미	0665-189
迷	헤맬/혼미할 미	0668-190
眉	눈썹 미	0671-191
発	필 발	0700-198
勃	우쩍 일어날 발	0702-199
背	등/배반할 배	0721-204
変	변할 변	0751-212
柄	자루/근본 병	0759-214
保	지킬 보	0764-216
封	봉할 봉	0781-220
負	질 부	0787-221
赴	갈 부	0799-225

訃	부고 부	0800-225
盆	동이 분	0815-229
飛	날 비	0828-233
卑	낮을/저속할 비	0839-236
思	생각 사	0851-239
査	조사할 사	0863-242
砂	모래 사	0868-244
卸	풀 사	0875-246
削	깎을 삭	0883-248
相	서로/모양/정승 상	0898-253
牲	희생 생	0921-259
叙	펼/줄 서	0927-261
宣	널리 펼 선	0946-266
星	별 성	0964-270
省	살필/관청 성/덜 생	0967-271
城	성 성	0968-272
洗	씻을 세	0979-275
昭	밝을 소	0984-276
咲	꽃필 소	0992-278
俗	풍속 속	1005-281
送	보낼 송	1009-282
砕	부술 쇄	1013-284
首	머리 수	1018-285
狩	사냥할 수	1031-289
帥	장수 수	1032-289
盾	방패 순	1060-296
拾	주울 습/열 십	1069-298
乗	탈 승	1073-299
柿	감나무 시	1089-304
施	베풀/실시할 시	1090-304
是	옳을 시	1091-304
食	밥/먹을 식	1092-305
拭	씻을/닦을 식	1097-306
神	신령/정신 신	1103-308
信	믿을/소식 신	1105-308
室	집 실	1114-311
甚	심할 심	1120-312
哀	슬플/가엾을 애	1152-321
約	맺을/줄일 약	1166-324
洋	큰 바다/서양 양	1170-325
逆	거스릴/거꾸로 역	1197-332
疫	전염병 역	1200-333
研	갈 연	1201-333
染	물들 염	1216-337
栄	영광/번성할 영	1223-339
映	비칠 영	1226-340
屋	집 옥	1247-346
畏	두려워할 외	1266-351
要	요긴할 요	1268-352
勇	용감할 용	1279-355
怨	원망할 원	1318-366
垣	담 원	1319-366
胃	밥통 위	1329-369
威	위엄 위	1330-369
為	할 위	1331-369
柔	부드러울 유	1346-373
幽	그윽할/귀신/가둘 유	1347-373
音	소리 음	1368-379
姻	혼인 인	1406-389
咽	목구멍 인	1407-389
茨	가시나무 자	1422-393
姿	모양 자	1425-394
昨	어제 작	1435-397
荘	장중할/별장 장	1458-402
前	앞 전	1498-413
専	오로지 전	1505-415
窃	훔칠 절	1518-418
点	점 점	1520-419
政	정사 정	1533-423
亭	정자 정	1543-426
貞	곧을 정	1544-426
訂	바로잡을 정	1545-426
浄	깨끗할 정	1546-427
帝	임금 제	1563-431
祖	할아버지 조	1575-434
昼	낮 주	1616-445
柱	기둥 주	1622-447
奏	연주할 주	1626-448
俊	준걸 준	1638-451
重	무거울/귀중할/겹칠 중	1642-452
持	가질 지	1659-457
指	가리킬/손가락 지	1660-457
津	나루/넘칠 진	1680-463
珍	보배/희귀할 진	1681-463
茶	차 차/차 다	1702-468
拶	짓누를 찰	1716-472
柵	울타리 책	1734-477
浅	얕을 천	1748-480
泉	샘 천	1749-481
草	풀 초	1774-487
秒	분초 초	1775-487
促	재촉할 촉	1786-490
秋	가을 추	1797-493
追	쫓을/따를 추	1798-493
祝	축하할 축	1805-495
春	봄 춘	1813-497
臭	냄새 취	1825-500
則	법칙 칙	1840-504
勅	칙서 칙	1841-505
侵	침노할 침	1848-506
炭	숯 탄	1863-510
怠	게으를 태	1878-514
胎	아이 밸 태	1879-514
退	물러날/물리칠 퇴	1892-517
派	갈래/보낼 파	1901-520
便	편할/소식 편	1917-524
肺	허파 폐	1925-526
胞	세포/친형제 포	1937-529
品	물건 품	1953-533
風	바람 풍	1954-534

虐	학대할 학	1973-539
限	한할 한	1977-540
恨	한 한	1979-541
恒	항상 항	1991-544
海	바다 해	1993-544
香	향기 향	2005-548
革	가죽/고칠 혁	2016-550
県	고을 현	2018-551
峡	골짜기 협	2030-554
挟	낄 협	2031-554
狭	좁을 협	2032-555
型	모형 형	2038-556
弧	활 호	2052-560
紅	붉을 홍	2059-562
洪	홍수 홍	2060-562
虹	무지개 홍	2061-562
活	살 활	2083-568
皇	임금 황	2086-569
荒	거칠 황	2088-569
栃	상수리나무 회	2093-571
悔	뉘우칠/분하게 여길 회	2095-571
後	뒤 후	2104-574
厚	두터울 후	2106-574
侯	제후 후	2109-575
畑	(일본 한자) 밭	2134-581
峠	(일본 한자) 고개	2136-582

〈총 10획〉		
家	집 가	0002-10
降	내릴 강/항복할 항	0051-24
剛	굳셀 강	0054-25
個	낱 개	0058-27
挙	들 거	0068-29
倹	검소할 검	0085-34
剣	칼 검	0086-34
格	인격/지위/격자 격	0089-35
兼	겸할 겸	0104-40
耕	밭 갈 경	0114-42
高	높을 고	0145-51
庫	곳집 고	0147-51
骨	뼈 골	0166-56
恐	두려울 공	0175-59
恭	공손할 공	0176-59
貢	바칠 공	0177-60
校	학교 교	0211-69
郡	고을 군	0248-79
宮	집 궁	0255-81
拳	주먹 권	0260-82
帰	돌아갈 귀	0266-84
鬼	귀신 귀	0268-85
根	뿌리 근	0280-88
記	기록할 기	0300-93
起	일어날 기	0302-94
既	이미 기	0320-99
飢	주릴 기	0321-99
納	들일 납	0339-104
娘	여자 낭	0340-104
悩	번뇌할 뇌	0354-108
能	능할 능	0356-108
匿	숨길 닉	0359-109
党	무리 당	0382-115
唐	당나라/당황할 당	0384-115
帯	띠 대	0390-117
島	섬 도	0400-120
徒	무리 도	0402-120
倒	넘어질 도	0407-122
途	길 도	0408-122
桃	복숭아 도	0409-122
凍	얼 동	0434-128
胴	몸통 동	0435-129
朗	밝을 랑	0467-137
浪	물결/함부로/유랑할 랑	0469-137
旅	나그네 려	0479-140
連	잇닿을 련	0490-143
恋	그리워할 련	0491-143
烈	매울/세찰 렬	0495-144
料	헤아릴/값 료	0526-152
竜	용 룡	0532-154
涙	눈물 루	0533-154
流	흐를 류	0538-155
留	머무를 류	0540-156
倫	인륜 륜	0546-158
馬	말 마	0568-164
梅	매화 매	0595-171
埋	묻을 매	0598-171
脈	줄기 맥	0603-173
勉	힘쓸 면	0608-174
眠	잘 면	0611-175
冥	어두울/저승 명	0620-177
耗	소모할 모	0630-180
畝	이랑 묘	0645-184
蚊	모기 문	0661-188
紋	무늬 문	0662-188
敏	민첩할 민	0675-192
剝	벗길 박	0683-194
班	나눌 반	0692-196
畔	물가 반	0694-197
般	일반 반	0695-197
倣	본뜰 방	0715-203
紡	길쌈 방	0716-203
配	나눌 배	0718-204
倍	곱 배	0719-204
俳	배우 배	0722-205
病	병 병	0754-213
俸	녹 봉	0782-220
峰	봉우리 봉	0783-220
浮	뜰 부	0801-225
剖	쪼갤 부	0802-225
釜	가마솥 부	0803-226
粉	가루 분	0812-228
紛	어지러울 분	0816-229

秘	숨길 비	0835-235
浜	물가 빈	0843-237
師	스승 사	0864-243
射	쏠 사	0869-244
唆	부추길 사	0876-246
殺	죽일 살/덜 쇄	0890-250
挿	꽂을 삽	0894-251
祥	상서로울 상	0909-256
桑	뽕나무 상	0910-256
索	찾을 색	0918-258
書	글 서	0923-260
徐	천천히 할 서	0928-261
逝	갈/죽을 서	0929-261
席	자리 석	0937-263
扇	부채 선	0949-267
消	사라질 소	0985-276
笑	웃음 소	0986-276
素	본디/성질/처음 소	0989-277
宵	밤 소	0993-278
速	빠를 속	1001-280
孫	손자 손	1006-282
衰	쇠할 쇠	1015-284
修	닦을/고칠 수	1022-286
捜	찾을 수	1033-289
殊	다를 수	1034-289
袖	소매 수	1035-290
粋	순수할 수	1036-290
純	순수할 순	1057-295
唇	입술 순	1061-296
殉	따라죽을 순	1062-296
時	때 시	1082-302
息	쉴/숨/이자 식	1094-305
娠	아이 밸 신	1109-310
案	생각 안	1140-318
俺	나 암	1145-319
挨	밀칠 애	1153-321
桜	벗나무 앵	1160-323

弱	약할 약	1164-324
宴	잔치 연	1207-335
悦	기쁠 열	1213-336
娯	즐길 오	1242-345
悟	깨달을 오	1243-345
翁	늙은이 옹	1252-347
浴	목욕할 욕	1275-354
辱	욕될 욕	1277-355
容	모양 용	1280-356
原	근원/들 원	1310-364
院	집 원	1313-364
員	인원 원	1314-365
恩	은혜 은	1365-378
益	더할/유익할 익	1394-386
恣	방자할 자	1428-395
酌	술 부을/헤아릴 작	1436-397
残	남을 잔	1438-397
桟	사다리 잔	1439-398
蚕	누에 잠	1440-398
将	장수/장차 장	1450-400
財	재물 재	1468-405
宰	재상/주관할 재	1470-405
栽	심을 재	1471-406
展	펼 전	1506-415
栓	마개 전	1508-416
庭	뜰 정	1529-422
除	없앨/제외할 제	1559-430
剤	약제 제	1564-431
造	지을 조	1576-434
租	조세 조	1582-436
従	따를 종	1605-442
座	자리 좌	1612-444
挫	꺾을 좌	1613-444
酒	술 주	1623-447
株	그루/주식 주	1627-448
酎	진한 술 주	1632-449
珠	구슬 주	1633-450

准	승인할 준	1639-451
症	증세 증	1650-454
紙	종이 지	1658-457
脂	기름 지	1670-460
真	참 진	1677-462
陣	진칠 진	1682-463
振	떨칠/진동할/빼낼 진	1683-463
疾	병/빨리 질	1691-465
秩	차례 질	1692-466
朕	나 짐	1695-466
差	다를 차	1704-469
借	빌릴 차	1705-469
捉	잡을 착	1709-470
倉	곳집 창	1721-473
凄	처량할/무성할 처	1737-478
隻	외짝/척 척	1741-479
脊	등마루 척	1742-479
捗	칠 척	1743-479
哲	밝을 철	1755-482
逓	전할/번갈아 체	1768-486
逐	쫓을 축	1808-496
畜	짐승 축	1809-496
衷	속마음/알맞을 충	1819-499
値	값 치	1834-503
恥	부끄러울 치	1835-503
致	이를 치	1836-503
針	바늘 침	1845-506
浸	잠길 침	1849-507
称	일컬을/칭찬할 칭	1851-507
託	부탁할 탁	1860-509
泰	편안할 태	1880-514
討	탐구할/공격할 토	1886-516
通	통할/오고 갈 통	1888-516
透	투명할/투과할 투	1896-518
特	특별할 특	1898-519
破	깨뜨릴 파	1900-519
唄	염불 소리 패	1914-523

陛	대궐 섬돌 폐	1926-526
捕	잡을 포	1938-529
砲	대포 포	1939-530
浦	바닷가 포	1940-530
哺	먹일 포	1941-530
俵	나누어 줄 표	1951-533
疲	피곤할 피	1959-535
被	입을 피	1960-535
夏	여름 하	1968-538
荷	짐 하	1969-538
陥	빠질 함	1985-542
航	배 항	1989-543
害	해할 해	1994-545
核	핵심/원자핵 핵	2001-546
軒	집/처마 헌	2012-549
脅	위협할 협	2033-555
脇	겨드랑이 협	2034-555
桁	도리 형	2040-557
恵	은혜 혜	2043-557
華	화려할 화	2069-564
候	기후/상황 후	2105-574
訓	가르칠 훈	2112-576
胸	가슴 흉	2121-578
姫	아가씨 희	2129-580

〈총 11획〉		
殻	껍질 각	0020-15
脚	다리 각	0021-16
喝	꾸짖을/외칠 갈	0031-18
渇	목마를 갈	0032-19
勘	헤아릴 감	0038-21
紺	감색 감	0039-21
強	강할 강	0047-23
康	편안할 강	0049-24
据	있을 거	0073-31
健	굳셀 건	0077-32
乾	마를 건	0080-32

掲	걸 게	0087-35
経	지날/글 경	0113-42
頃	잠깐 경	0120-44
梗	줄기 경	0121-44
械	기계 계	0133-48
啓	일깨워줄 계	0138-49
渓	시내 계	0139-49
控	제할/고할 공	0178-60
菓	과자 과	0183-61
郭	둘레 곽	0187-62
貫	뚫을 관	0197-65
掛	걸 괘	0206-67
教	가르칠 교	0213-70
球	공 구	0225-73
救	구원할 구	0230-74
惧	두려워할 구	0238-76
菊	국화 국	0245-78
掘	팔 굴	0251-80
堀	굴 굴	0252-80
亀	거북 귀/터질 균	0269-85
規	법 규	0270-85
菌	세균 균	0274-86
埼	갑 기	0304-94
崎	험할 기	0305-95
基	터 기	0311-96
寄	이를/의지할 기	0312-97
脳	골 뇌	0353-107
断	끊을 단	0364-110
淡	맑을 담	0376-113
堂	집 당	0381-115
袋	자루 대	0393-118
都	도읍 도	0401-120
悼	슬퍼할 도	0410-122
盗	도둑 도	0411-123
陶	질그릇 도	0412-123
豚	돼지 돈	0423-126
動	움직일 동	0429-127

得	얻을 득	0445-131
略	간략할/범할 략	0473-138
涼	서늘할 량	0477-139
猟	사냥 렵	0498-145
鹿	사슴 록	0515-149
累	여러/자주 루	0534-154
陸	뭍 륙	0544-157
率	비율 률/거느릴 솔	0547-158
隆	높을 륭	0550-159
陵	언덕 릉	0551-159
理	사리/수선할 리	0552-159
梨	배나무 리	0555-160
粒	낟알 립	0567-164
麻	삼/마비될 마	0569-164
望	바랄 망	0585-168
猛	사나울 맹	0606-173
描	그릴 묘	0646-184
猫	고양이 묘	0647-184
務	힘쓸 무	0650-185
問	물을 문	0660-188
密	빽빽할/숨길 밀	0676-192
舶	배 박	0684-194
訪	찾을 방	0708-201
排	밀어낼 배	0724-205
陪	모실 배	0725-205
培	배양할 배	0726-206
瓶	병 병	0760-215
部	떼/부서 부	0788-222
副	버금 부	0793-223
婦	아내/여자 부	0795-224
符	부호 부	0804-226
崩	무너질 붕	0824-232
貧	가난할 빈	0842-236
捨	버릴 사	0870-244
斜	비스듬할 사	0877-246
蛇	긴 뱀 사	0878-246
赦	용서할 사	0879-247

産	낳을 산	0886-249
澁	떫을/막힐 삽	0895-252
商	장사 상	0897-252
常	항상 상	0902-254
爽	시원할 상	0911-256
庶	여러/벼슬 없을 서	0930-262
釈	설명할/놓아줄 석	0940-264
惜	아낄/애석할 석	0941-264
船	배 선	0943-265
旋	돌 선	0950-267
雪	눈 설	0957-269
設	베풀/마련할 설	0959-269
涉	건널/간섭할 섭	0962-270
盛	성할/담을 성	0970-272
細	가늘/자세할 세	0975-274
巣	새집 소	0987-277
紹	소개할 소	0994-278
掃	쓸 소	0995-279
訟	송사할 송	1011-283
授	줄 수	1023-287
羞	부끄러울 수	1037-290
宿	잘 숙	1050-293
淑	맑을/얌전할 숙	1053-294
粛	엄숙할 숙	1054-294
術	재주 술	1066-297
崇	높일 숭	1067-298
習	익힐/습관 습	1070-298
視	볼 시	1087-303
紳	큰 띠 신	1110-310
深	깊을 심	1118-312
悪	악할 악/미워할 오	1133-316
眼	눈 안	1141-318
涯	끝 애	1154-321
崖	벼랑 애	1155-321
液	진 액	1157-322
野	들/범위 야	1162-323
魚	물고기 어	1180-328

域	지경 역	1198-332
訳	번역할 역	1199-333
軟	연할 연	1208-335
捻	비틀 염	1218-338
欲	하고자 할 욕	1276-354
庸	보통 용	1282-356
郵	우편 우	1292-359
偶	짝/짝수/우연 우	1296-360
萎	시들 위	1332-369
偽	거짓 위	1333-370
尉	벼슬 위	1334-370
唯	오직 유	1348-374
悠	한가로울 유	1349-374
陰	그늘/음 음	1371-379
淫	음란할 음	1372-380
移	옮길 이	1390-384
異	다를 이	1391-385
翌	다음날 익	1395-386
逸	뛰어날 일	1411-390
剰	남을 잉	1416-392
章	글 장	1446-399
帳	장막/장부 장	1447-400
張	넓힐 장	1449-400
斎	집 재/상복 자	1472-406
著	저술할/두드러질 저	1478-407
笛	피리 적	1484-409
寂	고요할 적	1490-411
転	구를/옮길 전	1501-414
粘	붙을 점	1522-419
接	이을/접할 접	1524-420
停	머무를/멈출 정	1534-423
情	마음/형편/정취 정	1535-424
頂	꼭대기/취득할 정	1538-425
偵	염탐할 정	1547-427
第	차례/시험 제	1552-428
祭	제사 제	1553-428
済	도울/이룰 제	1560-430

鳥	새 조	1567-432
組	짤 조	1568-432
措	조처할 조	1583-436
曹	무리 조	1584-436
粗	거칠/대략 조	1585-437
彫	새길 조	1586-437
眺	바라볼 조	1587-437
釣	낚을/낚시 조	1588-438
族	겨레 족	1597-440
終	마칠 종	1602-441
週	돌 주	1617-445
曽	일찍 증	1651-455
進	나아갈 진	1678-462
陳	늘어놓을/말할 진	1684-464
窒	막힐 질	1693-466
執	잡을 집	1697-467
惨	참혹할/무자비할 참	1719-473
斬	벨 참	1720-473
唱	부를/주장할 창	1722-474
窓	창 창	1723-474
菜	나물 채	1726-475
採	캘/고를 채	1727-475
彩	채색 채	1729-476
責	꾸짖을/책임 책	1731-476
戚	친척 척	1744-479
添	더할 첨	1758-483
清	맑을 청	1763-484
逮	잡을 체	1769-486
推	밀/추측할 추	1799-494
酔	취할 취	1826-501
側	곁 측	1828-501
唾	침 타	1856-508
脱	벗을/빠질/벗어날 탈	1868-511
探	찾을 탐	1870-512
貪	탐할 탐	1871-512
堆	언덕/쌓을 퇴	1893-518
婆	할머니 파	1903-520

販	팔 판	1910-522
敗	패할 패	1913-523
偏	치우칠 편	1920-525
閉	닫을 폐	1927-526
票	표 표	1949-532
郷	시골 향	2006-548
許	허락할 허	2009-549
虚	빌/헛될 허	2010-549
険	험할 험	2015-550
現	나타날/지금 현	2019-551
舷	뱃전 현	2022-552
蛍	반딧불 형	2041-557
混	섞을 혼	2056-561
婚	혼인할 혼	2057-561
貨	재물 화	2068-564
患	질병 환	2077-566
黄	누를 황	2085-569
黒	검을 흑	2123-579
痕	흔적 흔	2124-579

〈총 12획〉

街	거리 가	0004-11
覚	깨달을 각	0016-14
間	사이 간	0022-16
葛	칡 갈	0033-19
減	덜 감	0036-20
堪	견딜 감	0040-21
敢	감히 감	0041-21
開	열 개	0056-26
距	떨어질 거	0074-31
検	검사할 검	0084-34
堅	굳을 견	0097-38
結	맺을 결	0102-39
軽	가벼울 경	0108-41
景	볕/경치 경	0110-41
敬	공경 경	0116-43
硬	굳을 경	0122-45
階	층계 계	0131-47
雇	품 팔 고	0156-54
過	지날/지나칠/잘못 과	0182-61
棺	널 관	0198-65
款	항목 관	0199-65
絞	목맬 교	0217-71
圏	우리 권	0261-82
貴	귀할 귀	0267-84
極	다할 극	0275-86
勤	부지런할/근무할 근	0281-88
筋	힘줄 근	0282-88
琴	거문고 금	0289-90
給	줄 급	0294-91
期	기약할 기	0301-93
幾	몇 기	0322-99
棋	바둑 기	0323-99
欺	속일 기	0324-100
喫	먹을 끽	0331-101
短	짧을 단	0361-109
達	통달할/전달할 달	0372-112
答	대답할 답	0378-114
隊	무리/군대 대	0391-117
貸	빌릴 대	0392-118
道	길 도	0398-119
渡	건널 도	0413-123
童	아이 동	0430-127
棟	마룻대 동	0436-129
痘	역질 두	0442-130
鈍	둔할 둔	0444-131
登	오를 등	0446-131
等	등급/같을 등	0447-132
落	떨어질 락	0455-134
絡	이을/얽을 락	0456-134
嵐	산바람 람	0463-136
廊	행랑/복도 랑	0470-137
量	헤아릴 량	0476-139
裂	찢을 렬	0496-144
塁	보루 루	0535-155
硫	유황 류	0542-157
痢	설사 리	0559-161
満	찰 만	0577-166
晩	늦을/깊은 밤 만	0578-166
蛮	오랑캐 만	0579-167
湾	물굽이 만	0580-167
買	살 매	0594-170
媒	중매 매	0599-172
募	모을/뽑을 모	0631-180
帽	모자 모	0632-180
無	없을 무	0648-184
貿	무역할 무	0651-185
博	넓을 박	0678-192
飯	밥 반	0691-196
斑	얼룩 반	0696-197
傍	곁 방	0717-203
番	차례 번	0732-207
塀	담 병	0761-215
報	갚을/알릴 보	0765-216
補	보탤 보	0767-216
普	넓을 보	0768-217
復	회복할 복/다시 부	0772-218
棒	막대 봉	0779-219
富	부유할 부	0794-223
雰	기운 분	0817-229
棚	선반 붕	0825-232
悲	슬플/동정할 비	0826-232
費	쓸 비	0832-234
備	갖출 비	0833-234
扉	사립문 비	0840-236
詞	말 사	0871-245
詐	속일 사	0880-247
散	흩을 산	0887-249
傘	우산 산	0889-250
森	수풀 삼	0892-251
象	코끼리/모양 상	0903-254

喪	잃을/사망할 상	0912-257
暑	더울 서	0924-260
婿	사위 서	0931-262
善	착할/좋을 선	0947-266
税	세금 세	0977-274
焼	불사를 소	0988-277
訴	호소할/고소할 소	0996-279
疎	성길 소	0997-279
属	무리 속	1004-281
遂	드디어/이룰 수	1038-290
須	모름지기 수	1039-291
痩	여윌 수	1040-291
随	따를 수	1041-291
順	차례 순	1056-295
循	돌 순	1063-297
湿	젖을 습	1071-299
勝	이길/뛰어날 승	1074-300
植	심을 식	1095-305
殖	불릴 식	1098-306
尋	캐물을/보통 심	1121-313
握	쥘 악	1135-316
陽	볕 양	1171-325
揚	날릴/올릴 양	1174-326
御	거느릴 어	1183-328
然	그럴 연	1202-333
葉	잎 엽	1220-339
営	경영할 영	1225-340
詠	읊을 영	1228-341
奥	깊을 오	1244-345
温	따뜻할 온	1250-347
渦	소용돌이 와	1255-348
腕	팔뚝/솜씨 완	1259-349
揺	흔들 요	1271-353
湧	물 솟을 용	1283-357
遇	만날/대우할 우	1297-360
隅	구석 우	1298-361
雲	구름 운	1302-362
運	옮길/운수 운	1303-362
雄	수컷/씩씩할 웅	1307-363
媛	여자 원	1315-365
援	도울 원	1320-366
越	넘을 월	1323-367
偉	위대할/훌륭할 위	1335-370
遊	놀 유	1342-372
愉	즐거울 유	1350-374
喩	비유할 유	1351-374
猶	망설일 유	1352-375
裕	넉넉할 유	1353-375
飲	마실 음	1369-379
椅	의자 의	1384-383
滋	불을 자	1423-393
紫	자주빛 자	1429-395
煮	삶을 자	1430-395
場	마당/경우 장	1445-399
装	꾸밀 장	1451-401
掌	손바닥/맡을 장	1459-403
粧	단장할 장	1460-403
葬	장사지낼 장	1461-403
裁	마를/분별할 재	1469-405
貯	쌓을 저	1477-407
絶	끊을 절	1517-418
程	한도/일정 정	1536-424
晶	맑을 정	1548-427
提	제시할/손에 들 제	1556-429
堤	둑 제	1565-432
朝	아침 조	1569-433
詔	조서 조	1589-438
尊	공경할/소중할 존	1599-441
衆	무리 중	1644-453
証	증거 증	1647-454
遅	더딜/늦을 지	1671-460
診	진찰할 진	1685-464
集	모을 집	1696-467
着	붙을/다다를/입을 착	1708-470
創	시작할/만들 창	1724-474
策	꾀 책	1733-477
畳	포개어 갤 첩	1759-483
貼	붙일 첩	1760-483
晴	갤 청	1762-484
替	바꿀 체	1770-486
酢	초 초	1780-489
焦	탈/안달할 초	1781-489
硝	화약/초석 초	1782-489
超	뛰어넘을 초	1783-490
塚	무덤 총	1792-492
最	가장 최	1795-493
椎	등골 추	1802-494
軸	축 축	1810-497
就	나아갈/이룰 취	1822-500
測	헤아릴/잴 측	1829-501
歯	이 치	1831-502
堕	떨어질 타	1857-509
惰	게으를 타	1858-509
弾	탄알/힐책할/연주할 탄	1865-511
塔	탑 탑	1872-512
搭	탈 탑	1873-513
湯	끓일 탕	1874-513
統	거느릴/합칠/계통 통	1889-517
痛	아플 통	1890-517
筒	통 통	1891-517
遍	두루/번 편	1921-525
評	평할 평	1923-525
廃	버릴/쇠퇴할 폐	1928-527
幅	폭 폭	1946-531
筆	붓 필	1962-536
賀	하례할 하	1970-538
寒	찰 한	1975-540
閑	한가할 한	1980-541
割	벨/나눌 할	1982-541
港	항구 항	1988-543
項	항목 항	1992-544

湖	호수 호	2046-558
惑	미혹할 혹	2054-560
喚	부를/부르짖을 환	2078-567
換	바꿀 환	2079-567
慌	어리둥절할/조급할 황	2089-570
絵	그림 회	2092-570
曉	새벽 효	2102-273
喉	목구멍 후	2110-575
揮	휘두를/흩어질 휘	2116-577
喜	기쁠 희	2128-580

〈총 13획〉

嫁	시집갈 가	0011-13
暇	틈/한가할 가	0012-13
幹	줄기/근본/중요부분 간	0024-17
褐	갈색 갈	0034-19
感	느낄 감	0035-20
慨	분개할 개	0061-27
蓋	덮을 개	0062-28
裾	옷자락 거	0075-31
傑	뛰어날 걸	0083-33
隔	사이 뜰 격	0091-36
絹	비단 견	0095-37
遣	보낼 견	0098-38
傾	기울 경	0123-45
継	이을 계	0140-49
鼓	북 고	0157-54
誇	자랑할 과	0184-61
寛	너그러울 관	0200-65
鉱	쇳돌 광	0204-67
塊	덩어리 괴	0209-68
較	견줄 교	0218-71
溝	도랑 구	0240-77
群	무리 군	0249-79
窟	굴 굴	0253-80
勧	권할 권	0262-83
隙	틈 극	0278-87
僅	겨우 근	0284-89
禁	금할 금	0288-90
碁	바둑 기	0325-100
棄	버릴 기	0326-100
暖	따뜻할 난	0336-103
農	농사 농	0351-107
跳	뛸 도	0414-123
塗	칠할 도	0415-124
督	감독할/재촉할 독	0421-125
頓	가지런히 할/갑자기 돈	0424-126
働	일할 동	0431-128
裸	벗을 라	0452-133
楽	즐길 락/노래 악	0454-133
酪	쇠젖 락	0457-134
廉	값쌀/염치 렴	0497-144
鈴	방울 령	0501-146
零	떨어질/영 령	0502-146
路	길 로	0508-148
虜	사로잡을 로	0512-149
滝	비 올 롱	0520-151
雷	우레 뢰	0522-151
賂	뇌물 뢰	0523-151
楼	다락 루	0536-155
慄	떨릴 률	0549-158
裏	속 리	0556-160
幕	장막 막	0573-165
漠	넓을/사막 막	0574-165
盟	맹세/모임 맹	0604-173
滅	꺼질/멸할 멸	0613-175
睦	화목할 목	0639-182
夢	꿈 몽	0641-183
墓	무덤 묘	0642-183
微	작을 미	0672-191
搬	옮길 반	0697-197
頒	반포할 반	0698-198
鉢	바리때 발	0703-199
煩	번거로울/번민할 번	0734-208
福	복 복	0771-217
腹	배 복	0774-218
蜂	벌 봉	0784-221
辞	말씀/사퇴할 사	0858-241
飼	기를 사	0865-243
嗣	이을 사	0881-247
想	생각 상	0899-253
傷	다칠 상	0906-255
詳	자세할 상	0913-257
塞	막힐 색/변방 새	0919-258
署	마을/관청 서	0926-261
羨	부러워할 선	0951-267
腺	샘 선	0952-267
禅	선 선	0953-268
摂	다스릴/잡을 섭	0963-270
誠	정성/진실 성	0971-273
聖	성스러울 성	0972-273
勢	형세 세	0978-274
歳	해 세	0980-275
塑	흙 빚을 소	0998-279
続	이을 속	1003-281
損	줄을/해칠 손	1007-282
数	셈 수	1019-285
睡	졸음 수	1042-291
酬	갚을 수	1043-292
愁	근심 수	1044-292
僧	중 승	1079-301
詩	시 시	1084-303
試	시험 시	1085-303
飾	꾸밀 식	1099-307
新	새 신	1100-307
慎	삼갈 신	1111-310
腎	콩팥 신	1112-310
雅	맑을 아	1131-315
暗	어두울/외울 암	1144-319
愛	사랑 애	1151-320
業	일/학업 업	1190-330

煙	연기 연	1209-335
鉛	납 연	1210-336
塩	소금 염	1215-337
預	맡길 예	1232-342
詣	이를/참배할 예	1235-343
誉	명예 예	1236-343
傲	거만할 오	1245-346
頑	완고할 완	1260-349
腰	허리 요	1272-353
溶	녹을 용	1284-357
愚	어리석을 우	1299-361
虞	염려할 우	1300-361
遠	멀 원	1311-364
園	동산 원	1312-364
源	근원 원	1317-365
猿	원숭이 원	1321-366
違	어긋날 위	1336-370
意	뜻 의	1377-381
義	옳을 의	1380-382
溺	빠질 익	1396-386
賃	품삯 임	1413-391
資	재물 자	1424-394
慈	사랑 자	1431-395
腸	창자 장	1448-400
奨	장려할 장	1462-403
載	실을 재	1473-406
賊	도둑 적	1491-411
跡	발자취 적	1492-411
電	전기 전	1499-413
戦	싸움 전	1504-415
殿	전각 전	1509-416
塡	메울 전	1510-416
煎	달일 전	1511-417
詮	설명할 전	1512-417
節	마디/절약할 절	1516-418
艇	배 정	1549-427
照	비칠/대조할 조	1573-434

腫	종기/부르틀 종	1607-443
罪	허물 죄	1614-445
準	준할 준	1637-451
蒸	찔 증	1649-454
嫉	시샘할 질	1694-466
搾	짤 착	1710-471
債	빚 채	1730-476
践	실천할 천	1750-481
鉄	쇠 철	1753-482
滞	막힐 체	1771-486
触	닿을 촉	1787-491
催	재촉할/열 최	1796-493
蓄	모을 축	1811-497
置	둘 치	1833-503
痴	어리석을 치	1837-504
稚	어릴 치	1838-504
寝	잘 침	1850-507
嘆	탄식할 탄	1866-511
飽	배부를/싫증날 포	1942-530
豊	풍년 풍	1955-534
漢	한나라 한	1976-540
解	풀 해	1995-545
該	맞을/그 해	1996-545
楷	본보기 해	1997-545
献	바칠 헌	2013-550
嫌	싫어할/의심할 혐	2028-554
話	말씀 화	2065-563
禍	재앙 화	2070-565
靴	신 화	2071-565
滑	미끄러울 활/ 익살스러울 골	2084-568
賄	뇌물/선사할 회	2096-571
嗅	맡을 후	2111-576
毀	부술 훼	2115-577
彙	무리 휘	2117-577
携	이끌/휴대할 휴	2120-578
詰	따질 힐	2132-581

〈총 14획〉		
歌	노래 가	0001-10
閣	관서 각	0018-15
綱	대강/줄 강	0055-25
箇	낱 개	0063-28
概	대개 개	0064-28
境	경계 경	0115-43
穀	곡식 곡	0163-56
寡	적을 과	0185-62
管	대롱 관	0190-63
関	관계할 관	0191-63
慣	익숙할 관	0193-64
構	얽을 구	0231-75
駆	몰/몰아낼 구	0239-77
旗	기 기	0306-95
寧	편안할 녕	0347-106
端	끝 단	0369-112
徳	큰 덕	0395-118
稲	벼 도	0416-124
読	읽을 독	0418-124
銅	구리 동	0432-128
辣	매울 랄	0461-135
歴	지낼 력	0487-142
暦	책력 력	0488-142
練	익힐 련	0489-142
領	다스릴/받을 령	0500-145
緑	푸를 록	0514-149
僚	동료/관리 료	0528-153
漏	샐 루	0537-155
瑠	맑은 유리 류	0543-157
膜	꺼풀/막 막	0575-166
漫	흩어질 만	0581-167
慢	거만할/느릴 만	0582-167
網	그물/조직 망	0590-169
綿	솜/이어질 면	0609-174
蔑	업신여길 멸	0614-175
鳴	울 명	0617-176

銘	새길 명	0621-177
模	본뜰 모	0624-178
暮	저물 모	0625-178
慕	그릴 모	0633-181
貌	모양 모	0634-181
墨	먹 묵	0655-186
聞	들을 문	0659-187
蜜	꿀 밀	0677-192
髪	터럭 발	0704-199
罰	벌할 벌	0738-209
閥	문벌 벌	0739-209
複	겹칠 복	0773-218
僕	종/저 복	0776-219
腐	썩을 부	0805-226
鼻	코 비	0827-232
碑	비석 비	0841-236
算	셈 산	0885-248
酸	실 산	0888-250
像	모양 상	0904-254
緒	마음/줄 서	0932-262
誓	맹세할 서	0933-262
説	말씀 설/달랠 세	0958-269
遡	거스릴 소	0999-280
遜	겸손할 손	1008-282
需	쓰일/쓸 수	1045-292
塾	글방 숙	1055-295
様	모양 양	1172-326
瘍	헐 양	1175-326
語	말씀 어	1181-328
漁	고기 잡을 어	1182-328
駅	역 역	1195-332
演	설명할/연기할 연	1203-334
誤	그르칠 오	1239-344
獄	옥 옥	1249-347
踊	춤출 용	1285-357
熊	곰 웅	1306-363
誘	꾈 유	1354-375

維	벼리/유지할 유	1355-375
銀	은 은	1364-378
隠	숨을 은	1366-378
疑	의심할 의	1381-382
認	알/인정할 인	1403-388
磁	자석/자기 자	1426-394
雌	암컷 자	1432-396
雑	섞일 잡	1443-399
障	막을 장	1452-401
適	맞을/즐길 적	1487-410
滴	물방울 적	1493-412
嫡	정실 적	1494-412
摘	딸/들추어낼 적	1495-412
銭	돈 전	1507-416
箋	찌지 전	1513-417
漸	점점 점	1523-420
静	고요할 정	1531-422
精	깨끗할/정밀할 정	1537-424
製	지을 제	1557-430
際	가/사이/사귈 제	1558-430
遭	만날 조	1590-438
種	씨 종	1603-442
増	더할 증	1648-454
憎	미울 증	1652-455
誌	기록할 지	1665-458
漬	담글 지	1672-460
徴	거둘/소집할 징	1698-467
遮	가릴 차	1707-470
察	살필 찰	1714-472
彰	드러날 창	1725-475
総	다 총	1791-492
銃	총 총	1793-492
層	층 층	1830-502
漆	옻 칠	1844-505
綻	터질 탄	1867-511
奪	빼앗을 탈	1869-512
態	모습 태	1876-513

駄	짐 실을 태	1881-515
漂	떠다닐/표백할 표	1952-533
豪	호걸/성할 호	2053-560
酷	심할 혹	2055-560
魂	넋 혼	2058-561
酵	삭힐 효	2103-573

〈총 15획〉

稼	일할 가	0013-14
監	볼 감	0042-22
撃	칠 격	0092-36
潔	깨끗할 결	0103-40
慶	경사 경	0124-45
憬	동경할 경	0125-45
稽	머무를 계	0141-50
稿	원고 고	0158-54
課	공부할 과	0181-61
駒	망아지 구	0241-77
窮	다할/궁할 궁	0256-81
権	권세 권	0259-82
潰	무너질 궤	0265-84
劇	연극 극	0276-87
器	그릇 기	0307-95
畿	경기 기	0327-100
緊	팽팽할/급할 긴	0329-101
諾	허락할 낙	0334-102
談	말씀 담	0373-113
踏	밟을 답	0379-114
導	인도할 도	0403-121
憧	동경할 동	0437-129
慮	생각할 려	0484-141
霊	신령 령	0503-146
論	논할 론	0518-150
寮	작은 집 료	0529-153
輪	바퀴 륜	0545-157
履	밟을 리	0560-161
璃	유리 리	0561-162

摩	문지를 마	0570-164
魅	매혹할 매	0600-172
罵	꾸짖을 매	0601-172
舞	춤출 무	0653-186
默	잠잠할 묵	0656-186
撲	칠 박	0685-194
盤	바탕/받침 반	0699-198
輩	무리 배	0727-206
賠	물어줄 배	0728-206
範	한계/규범 범	0745-211
餠	떡 병	0762-215
敷	펼 부	0806-226
賦	부세/받을 부	0807-227
膚	살갗 부	0808-227
噴	뿜을 분	0818-230
憤	분할 분	0819-230
墳	무덤 분	0820-230
賓	손 빈	0844-237
賜	줄 사	0882-247
箱	상자 상	0900-253
賞	상줄/즐길 상	0905-255
潟	개펄 석	0938-264
線	줄 선	0944-265
選	가릴 선	0945-266
誰	누구 수	1046-292
穗	이삭 수	1047-293
熟	익을 숙	1051-294
膝	무릎 슬	1068-298
繩	노끈 승	1075-300
審	살필 심	1122-313
餓	주릴 아	1132-315
謁	뵐 알	1142-318
養	기를 양	1173-326
億	억 억	1184-329
緣	인연/가장자리 연	1211-336
熱	더울 열	1212-336
閱	볼 열	1214-337
影	그림자/모습 영	1229-341
銳	날카로울 예	1233-342
緩	느릴 완	1261-350
窯	기와 가마 요	1273-354
憂	근심 우	1301-361
慰	위로할 위	1337-371
遺	남길 유	1345-373
潤	윤택할/젖을 윤	1362-377
儀	법식/예절 의	1385-383
餌	미끼 이	1393-385
潛	잠길 잠	1441-398
暫	잠깐 잠	1442-398
藏	감출/광 장	1453-401
箸	젓가락 저	1482-408
敵	대적할 적	1489-410
諸	여러 제	1561-431
調	조절할/조사할/갖출 조	1571-433
潮	밀물/조수 조	1577-435
嘲	비웃을 조	1591-439
槽	구유 조	1592-439
踪	자취 종	1608-443
駐	머무를 주	1634-450
鑄	쇠불릴 주	1635-450
遵	좇을 준	1640-451
摯	잡을 지	1673-461
震	지진/흔들릴 진	1686-464
質	바탕/저당물 질	1688-465
澄	맑을 징	1699-468
賛	도울/칭찬할 찬	1712-471
遷	옮길 천	1751-481
徹	통할 철	1756-482
撤	거둘 철	1757-483
請	청할 청	1765-485
締	맺을/단속할 체	1772-487
囑	부탁할 촉	1788-491
撮	사진찍을 촬	1794-492
墜	떨어질 추	1803-495
衝	부딪칠/전차 충	1820-499
趣	뜻/멋 취	1827-501
誕	낳을 탄	1864-510
罷	그만둘 파	1904-520
編	엮을 편	1918-524
幣	화폐 폐	1929-527
弊	폐단/해질/자기 폐	1930-527
蔽	덮을 폐	1931-527
舗	펼/가게 포	1943-531
褒	칭찬할 포	1944-531
暴	사나울/드러날 폭	1945-531
標	표할 표	1950-533
確	확실할 확	2072-565
歓	기쁠 환	2080-567
横	가로/제멋대로 할 횡	2099-572
勳	공 훈	2113-576
輝	빛날 휘	2118-577
戯	놀이 희	2130-580

〈총 16획〉

墾	개간할 간	0029-18
憾	섭섭할 감	0043-22
鋼	강철 강	0052-25
憩	쉴 게	0088-35
激	격할 격	0090-35
錮	막을 고	0159-54
館	집 관	0188-62
壊	무너질 괴	0210-68
橋	다리 교	0214-70
錦	비단 금	0290-90
機	베틀/기회/계기 기	0308-95
濃	짙을 농	0352-107
壇	단 단	0370-112
曇	흐릴 담	0377-114
糖	엿 당	0383-115
賭	내기 도	0417-124
篤	도타울/위독할 독	0422-125

頭	머리 두	0439-130
鍊	불릴/단련할 련	0492-143
隷	종 례	0507-147
録	기록할 록	0516-150
頼	의뢰할/의지할 뢰	0524-152
隣	이웃 린	0563-162
磨	갈 마	0571-165
麺	밀가루 면	0612-175
謀	꾀 모	0635-181
薄	엷을 박	0686-194
縛	얽을 박	0687-195
繁	번성할 번	0733-207
壁	벽 벽	0747-211
縫	꿰맬 봉	0785-221
奮	떨칠 분	0813-228
膳	반찬 선	0954-268
醒	깰 성	0974-273
輸	보낼 수	1024-287
樹	나무 수	1027-288
獣	짐승 수	1048-293
薪	섶 신	1113-311
薬	약 약	1165-324
壌	흙덩이 양	1176-327
嬢	아가씨 양	1177-327
憶	생각할 억	1186-329
燃	탈 연	1204-334
穏	평온할 온	1251-347
擁	안을 옹	1253-348
謡	노래 요	1274-354
衛	지킬 위	1327-368
緯	씨 위	1338-371
諭	타이를 유	1356-376
儒	선비 유	1357-376
融	녹을/융통할 융	1363-377
凝	엉길 응	1375-381
諮	물을 자	1433-396
積	쌓을 적	1486-410

整	가지런할 정	1530-422
錠	덩이/정제 정	1550-428
操	다룰/지조 조	1578-435
縦	세로 종	1606-443
錯	어긋날 착	1711-471
薦	천거할 천	1752-481
諦	살필 체	1773-487
築	쌓을 축	1806-495
緻	빽빽할 치	1839-504
親	친할/어버이 친	1842-505
濁	흐릴 탁	1861-510
膨	부풀 팽	1916-524
避	피할 피	1961-536
諧	농담할 해	1998-546
骸	뼈 해	1999-546
憲	법 헌	2011-549
賢	어질 현	2023-552
頬	뺨 협	2035-555
衡	저울대 형	2042-557
還	돌아올 환	2081-567
懐	품을/생각할/길들일 회	2097-572
獲	얻을/잡을 획	2098-572
薫	향초 훈	2114-576
興	일 흥	2126-579

〈총 17획〉

懇	간절할 간	0030-18
講	강의 강	0050-24
鍵	열쇠/건반 건	0081-33
謙	겸손할 겸	0105-40
鍋	냄비 과	0186-62
矯	바로잡을 교	0219-71
購	살 구	0242-77
謹	삼갈 근	0285-89
鍛	쇠 불릴 단	0371-112
戴	일 대	0394-118

瞳	눈동자 동	0438-129
謄	베낄 등	0449-132
覧	볼 람	0462-135
齢	나이 령	0504-147
療	병 고칠 료	0530-153
瞭	분명할 료	0531-154
謎	수수께끼 미	0673-191
頻	자주 빈	0845-237
謝	사례할/사죄할 사	0866-243
償	갚을 상	0914-257
霜	서리 상	0915-257
鮮	선명할/싱싱할 선	0955-268
繊	가늘 섬	0961-270
闇	숨을/어두울 암	1146-319
曖	희미할 애	1156-322
臆	겁낼 억	1187-329
厳	엄할 엄	1189-330
優	뛰어날/배우 우	1293-359
擬	모방할 의	1386-383
翼	날개/파벌 익	1397-386
爵	벼슬 작	1437-397
績	길쌈할/성과 적	1488-410
燥	마를/초조할 조	1593-439
擦	문지를 찰	1717-472
聴	들을 청	1766-485
礁	암초 초	1784-490
醜	추할 추	1804-495
縮	줄일 축	1807-496
濯	씻을 탁	1862-510
轄	관리할 할	1983-542
嚇	성낼 혁	2017-551
環	고리/돌 환	2082-568
犠	희생 희	2131-581

〈총 18획〉

簡	간략할 간	0027-17
繭	고치 견	0099-38

鎌	낫 겸	0106-40
覲	볼 관	0192-63
襟	옷깃 금	0291-91
騎	말탈 기	0328-101
難	어려울 난	0335-102
藤	등나무 등	0450-132
濫	넘칠/함부로 할 람	0464-136
藍	쪽 람	0465-136
糧	양식 량	0478-140
類	무리 류	0539-156
臨	임할 림	0565-163
藩	울타리 번	0735-208
翻	번역할/뒤집힐 번	0736-208
癖	버릇 벽	0748-211
璧	구슬 벽	0749-212
覆	뒤집힐 복/덮을 부	0777-219
繕	수선할 선	0956-268
騷	떠들 소	1000-280
鎖	쇠사슬/잠글 쇄	1014-284
瞬	눈 깜짝일 순	1064-297
顎	턱 악	1136-316
顔	낯 안	1137-317
額	이마/현판/액수 액	1158-322
曜	요일 요	1267-352
癒	병나을 유	1358-376
題	제목 제	1554-429
贈	줄 증	1653-455
職	직분 직	1675-461
織	짤 직	1676-462
鎭	진압할/진정할 진	1687-464
懲	징계할 징	1700-468
礎	주춧돌 초	1785-490
鬪	싸움 투	1897-519
韓	나라 한	1981-541
驗	시험/영험할 험	2014-550
顯	나타날 현	2024-553
穫	거둘 확	2074-566

〈총 19획〉

鏡	거울 경	0111-42
警	경계할 경	0117-43
鯨	고래 경	0126-46
鷄	닭 계	0142-50
羅	늘어설/포괄할 라	0453-133
麗	고울 려	0485-141
麓	산기슭 록	0517-150
瀨	여울 뢰	0525-152
離	떠날 리	0562-162
霧	안개 무	0654-186
譜	족보 보	0769-217
簿	문서 부	0809-227
璽	옥새 새	0916-258
髓	뼛골 수	1049-293
識	알 식	1096-306
艶	고울 염	1219-338
韻	운/운치 운	1304-362
願	원할 원	1316-365
臟	오장 장	1454-401
繰	고치 켤 조	1594-439
藻	마름 조	1595-440
蹴	찰 축	1812-497
覇	으뜸 패	1915-523
爆	불터질 폭	1947-532

〈총 20획〉

競	다툴 경	0112-42
騰	오를 등	0451-133
欄	난간/난 란	0460-135
讓	양보할/넘겨줄 양	1178-327
釀	술빚을/조성할 양	1179-327
議	의논할 의	1379-382
籍	문서 적	1496-412
鐘	쇠북 종	1609-443
響	울릴 향	2008-548
懸	걸 현	2025-553

護	도울/보호할 호	2048-559

〈총 21획〉

顧	돌아볼 고	0160-55
露	이슬/드러날 로	0513-149
魔	마귀 마	0572-165
躍	뛸 약	1168-325
鶴	학 학	1974-539
艦	큰 배 함	1986-542

〈총 22획〉

驚	놀랄 경	0127-46
籠	대바구니/틀어박힐 롱	0521-151
襲	엄습할/이을 습	1072-299

〈총 23획〉

鑑	거울/살펴볼 감	0044-22

〈총 29획〉

鬱	우울할 울	1305-362

memo

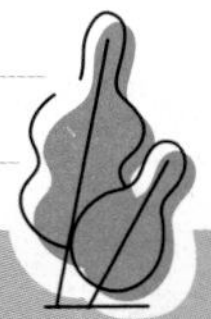

NEW 일본어 상용한자 2136 한권으로 끝내기

지은이 한선희, 이이호시 카즈야
펴낸이 정규도
펴낸곳 (주)다락원

초판 1쇄 발행 2014년 12월 16일
개정1판 1쇄 발행 2020년 11월 2일
개정1판 6쇄 발행 2025년 1월 3일

편집 총괄 송화록
책임 편집 김은경
표지디자인 장미연
내지디자인 정현석, 장미연, 조영남, 이승현

다락원 경기도 파주시 문발로 211
내용문의 (02)736-2031 내선 460~465
구입문의 (02)736-2031 내선 250~252
Fax (02)732-2037
출판등록 1977년 9월 16일 제406-2008-000007호

ISBN 978-89-277-1246-6 13730

http://www.darakwon.co.kr

- 다락원 홈페이지를 방문하시면 상세한 출판 정보와 함께 동영상강좌, MP3 자료 등 다양한 어학 정보를 얻으실 수 있습니다.
- 다락원 홈페이지에서 **「NEW 일본어 상용한자 2136 한권으로 끝내기」**를 검색하신 후 관련자료의 MP3를 다운로드 받거나, 교재 표지의 **QR코드를 스캔**하시면 스마트폰으로 바로 듣거나 다운로드가 가능합니다.